新编
物权法
小全书

LAWS AND REGULATIONS
ON PROPERTY

7

法律出版社法规中心 编

法律出版社
LAW PRESS · CHINA

图书在版编目(CIP)数据

新编物权法小全书 / 法律出版社法规中心编. -- 7版. -- 北京 : 法律出版社, 2020
(新编法律小全书系列)
ISBN 978-7-5197-4558-5

Ⅰ. ①新… Ⅱ. ①法… Ⅲ. ①物权法-汇编-中国 Ⅳ. ①D923.29

中国版本图书馆CIP数据核字(2020)第082524号

新编物权法小全书
XINBIAN WUQUANFA XIAOQUANSHU

法律出版社法规中心 编

责任编辑 张发靖 陈 熙
装帧设计 李 瞻

出版 法律出版社
总发行 中国法律图书有限公司
经销 新华书店
印刷 三河市龙大印装有限公司
责任印制 张建伟

编辑统筹 法规出版分社
开本 A5
印张 20
字数 805千
版本 2020年7月第7版
印次 2020年7月第1次印刷

法律出版社/北京市丰台区莲花池西里7号(100073)
网址/www.lawpress.com.cn
投稿邮箱/info@lawpress.com.cn
举报维权邮箱/jbwq@lawpress.com.cn
销售热线/400-660-8393
咨询电话/010-63939796

中国法律图书有限公司/北京市丰台区莲花池西里7号(100073)
全国各地中法图分、子公司销售电话:
统一销售客服/400-660-8393/6393
第一法律书店/010-83938432/8433 西安分公司/029-85330678 重庆分公司/023-67453036
上海分公司/021-62071639/1636 深圳分公司/0755-83072995

书号:ISBN 978-7-5197-4558-5 **定价**:60.00元

修订说明

“新编法律小全书系列”丛书自出版以来，得到了社会各界人士的认可与好评，本次修订，我们对丛书内容进行全面梳理，增补了2017年11月至2020年6月期间公布的法律、法规、司法解释及部门规章，同时删除了所有失效、废止法规。本丛书继续突出以下特点：

1.突出热点。丛书根据法律适用的重点、热点和难点，按照文件类别共分为20个分册，其内容涵盖了宪法国家法、公司、金融、土地、征地拆迁、房地产、建筑、道路交通、劳动、社会保障、婚姻家庭、民事、物权、合同、侵权赔偿和刑事等诸多法律领域。

2.全面收录。丛书全面收录了相关领域的各类规范性法律文件，包括全国人大及其常委会通过的法律、有关法律问题的决定，国务院发布的行政法规、法规性文件，最高人民法院和最高人民检察院公布的司法解释、司法业务文件，国务院各部委公布的部门规章等。

3.方便实用。丛书秉承“法律小全书”一贯的编辑宗旨，竭力为读者提供更多、更方便的实用信息，包括：(1)常用的文书范本、典型案例和流程图表；(2)主体法律附加条文主旨；(3)部分分册增加收录更具指导意义的地方审判政策。

4.动态增补。为了适应法律的不断发展，本丛书还为读者提供免费法规资讯增补服务(详见增补登记表)，并请读者提出对本丛书的意见和建议。

值得注意的是，本书此次修订，增加了民法典的相关内容，同时保留物权法及相关司法解释并用“仿宋”字体标识。在附录中收录新旧法条对照，对民法典新增内容，用“**加粗**”格式体现；对变动内容，用“*斜体*”格式体现；对删除内容，用“~~删除线~~”表示。

希望本书能够为您的工作生活提供有益的帮助。本书不足之处，欢迎读者指正。

法律出版社法规中心
2020年6月

总 目 录

常用法规简目

一、综　合

二、物权公示

三、所有权

四、用益物权

五、担保物权

目　录

三、所有权

1. 所有权的权属与保护

(1)土地所有权及其保护

(2)自然资源所有权及其保护

(3)土地征收及其补偿

四、用益物权

1. 土地承包经营权

文书范本

实用图表

典型案例

2. 建设用地使用权

3. 宅基地使用权

实用图表

4. 探矿权、采矿权

一、综　合

中华人民共和国民法典(节录)

1. 2020年5月28日第十三届全国人民代表大会第三次会议通过
2. 2020年5月28日中华人民共和国主席令第45号公布
3. 自2021年1月1日起施行

第一编　总　　则

第五章　民事权利

第一百零九条　【人身自由、人格尊严受法律保护】[①]自然人的人身自由、人格尊严受法律保护。

第一百一十条　【民事主体的人格权】自然人享有生命权、身体权、健康权、姓名权、肖像权、名誉权、荣誉权、隐私权、婚姻自主权等权利。

法人、非法人组织享有名称权、名誉权和荣誉权。

第一百一十一条　【个人信息受法律保护】自然人的个人信息受法律保护。任何组织或者个人需要获取他人个人信息的,应当依法取得并确保信息安全,不得非法收集、使用、加工、传输他人个人信息,不得非法买卖、提供或者公开他人个人信息。

第一百一十二条　【因婚姻、家庭关系等产生的人身权利受保护】自然人因婚姻家庭关系等产生的人身权利受法律保护。

第一百一十三条　【财产权利平等保护】民事主体的财产权利受法律平等保护。

第一百一十四条　【物权的定义及类型】民事主体依法享有物权。

物权是权利人依法对特定的物享有直接支配和排他的权利,包括所有权、用益物权和担保物权。

第一百一十五条　【物权客体】物包括不动产和动产。法律规定权利作为物权客体的,依照其规定。

第一百一十六条　【物权法定原则】物权的种类和内容,由法律规定。

第一百一十七条　【征收、征用】为了公共利益的需要,依照法律规定的权限和程序征收、征用不动产或者动产的,应当给予公平、合理的补偿。

第一百一十八条　【债权的定义】民事主体依法享有债权。

债权是因合同、侵权行为、无因管理、不当得利以及法律的其他规定,权利人请求特定义务人为或者不为一定行为的权利。

第一百一十九条　【合同的约束力】依法成立的合同,对当事人具有法律约束力。

第一百二十条　【侵权责任的承担】民事权益受到侵害的,被侵权人有权请求侵权人承担侵权责任。

第一百二十一条　【无因管理】没有法定的或者约定的义务,为避免他人利益受损失而进行管理的人,有权请求受益人偿还由此支出的必要费用。

---

① 条文主旨为编者所加,下同。

第一百二十二条　【不当得利】因他人没有法律根据，取得不当利益，受损失的人有权请求其返还不当利益。

第一百二十三条　【知识产权的定义】民事主体依法享有知识产权。

知识产权是权利人依法就下列客体享有的专有的权利：

（一）作品；

（二）发明、实用新型、外观设计；

（三）商标；

（四）地理标志；

（五）商业秘密；

（六）集成电路布图设计；

（七）植物新品种；

（八）法律规定的其他客体。

第一百二十四条　【继承权】自然人依法享有继承权。

自然人合法的私有财产，可以依法继承。

第一百二十五条　【投资性权利】民事主体依法享有股权和其他投资性权利。

第一百二十六条　【其他民事权益】民事主体享有法律规定的其他民事权利和利益。

第一百二十七条　【数据、网络虚拟财产的保护】法律对数据、网络虚拟财产的保护有规定的，依照其规定。

第一百二十八条　【民事权利的特别保护】法律对未成年人、老年人、残疾人、妇女、消费者等的民事权利保护有特别规定的，依照其规定。

第一百二十九条　【民事权利的取得方式】民事权利可以依据民事法律行为、事实行为、法律规定的事件或者法律规定的其他方式取得。

第一百三十条　【按照自己的意愿依法行使民事权利】民事主体按照自己的意愿依法行使民事权利，不受干涉。

第一百三十一条　【权利义务一致】民事主体行使权利时，应当履行法律规定的和当事人约定的义务。

第一百三十二条　【不得滥用民事权利】民事主体不得滥用民事权利损害国家利益、社会公共利益或者他人合法权益。

第二编　物　　权

第一分编　通　　则

第一章　一般规定

第二百零五条　【物权编的调整范围】本编调整因物的归属和利用产生的民事关系。

第二百零六条　【社会主义基本经济制度与社会主义市场经济】国家坚持和完善公有制为主体、多种所有制经济共同发展，按劳分配为主体、多种分配方式并存，社会主义市场经济体制等社会主义基本经济制度。

国家巩固和发展公有制经济，鼓励、支持和引导非公有制经济的发展。

国家实行社会主义市场经济，保障一切市场主体的平等法律地位和发展权利。

第二百零七条　【物权平等保护原则】国家、集体、私人的物权和其他权利人的物权受法律平等保护，任何组织或者个人不得侵犯。

第二百零八条　【物权公示原则】不动产物权的设立、变更、转让和消灭，应当依照法律规定登记。动产物权的设立和转让，应当依照法律规定交付。

第二章　物权的设立、变更、转让和消灭

第一节　不动产登记

第二百零九条　【不动产物权登记的效力】不动产物权的设立、变更、转让和消灭，经依法登记，发生效力；未经登记，不发生效力，但是法律另有规定的除外。

依法属于国家所有的自然资源，所有权可以不登记。

第二百一十条　【不动产登记机构和不动产统一登记】不动产登记，由不动产所在地的登记机构办理。

国家对不动产实行统一登记制度。统一登记的范围、登记机构和登记办法，由法律、行政法规规定。

第二百一十一条　【不动产登记申请资料】当事人申请登记，应当根据不同登记事项提供权属证明和不动产界址、面积等必要材料。

第二百一十二条　【登记机构的职责】登记机构应当履行下列职责：

（一）查验申请人提供的权属证明和其他必要材料；

（二）就有关登记事项询问申请人；

（三）如实、及时登记有关事项；

（四）法律、行政法规规定的其他职责。

申请登记的不动产的有关情况需要进一步证明的，登记机构可以要求申请人补充材料，必要时可以实地查看。

第二百一十三条　【登记机构不得从事的行为】登记机构不得有下列行为：

（一）要求对不动产进行评估；

（二）以年检等名义进行重复登记；

（三）超出登记职责范围的其他行为。

第二百一十四条　【不动产物权变动的生效时间】不动产物权的设立、变更、转让和消灭，依照法律规定应当登记的，自记载于不动产登记簿时发生效力。

第二百一十五条　【合同效力与物权变动区分】当事人之间订立有关设立、变更、转让和消灭不动产物权的合同，除法律另有规定或者当事人另有约定外，自合同成立时生效；未办理物权登记的，不影响合同效力。

第二百一十六条　【不动产登记簿的效力和管理】不动产登记簿是物权归属和内容的根据。

不动产登记簿由登记机构管理。

第二百一十七条　【不动产登记簿与不动产权属证书的关系】不动产权属证书是权利人享有该不动产物权的证明。不动产权属证书记载的事项，应当与不动产登记簿一致；记载不一致的，除有证据证明不动产登记簿确有错误外，以不动产登记簿为准。

第二百一十八条　【不动产登记资料的查询、复制】权利人、利害关系人可以申请查询、复制不动产登记资料，登记机构应当提供。

第二百一十九条　【不动产登记资料的合理使用】利害关系人不得公开、非法使用权利人的不动产登记资料。

第二百二十条　【更正登记与异议登记】权利人、利害关系人认为不动产登记簿记载的事项错误的，可以申请更正登记。不动产登记簿记载的权利人书面同意更正或者有证据证明登记确有错误的，登记机构应当予以更正。

不动产登记簿记载的权利人不同意更正的，利害关系人可以申请异议登记。登记机构予以异议登记，申请人自异议登记之日起十五日内不提起诉讼的，异议登记失效。异议登记不当，造成权利人损害的，权利人可以向申请人请求损害赔偿。

第二百二十一条　【预告登记】当事人签订买卖房屋的协议或者签订其他不动产物权的协议，为保障将来实现物权，按照约定可以向登记机构申请预告登记。预告登记后，未经预告登记的权利人同意，处分该不动产的，不发生物权效力。

预告登记后，债权消灭或者自能够进行不动产登记之日起九十日内未申请登记的，预告登记失效。

第二百二十二条 【不动产登记错误的赔偿】当事人提供虚假材料申请登记，造成他人损害的，应当承担赔偿责任。

因登记错误，造成他人损害的，登记机构应当承担赔偿责任。登记机构赔偿后，可以向造成登记错误的人追偿。

第二百二十三条 【不动产登记的费用】不动产登记费按件收取，不得按照不动产的面积、体积或者价款的比例收取。

第二节 动产交付

第二百二十四条 【动产交付的效力】动产物权的设立和转让，自交付时发生效力，但是法律另有规定的除外。

第二百二十五条 【特殊动产登记的效力】船舶、航空器和机动车等的物权的设立、变更、转让和消灭，未经登记，不得对抗善意第三人。

第二百二十六条 【简易交付】动产物权设立和转让前，权利人已经占有该动产的，物权自民事法律行为生效时发生效力。

第二百二十七条 【指示交付】动产物权设立和转让前，第三人占有该动产的，负有交付义务的人可以通过转让请求第三人返还原物的权利代替交付。

第二百二十八条 【占有改定】动产物权转让时，当事人又约定由出让人继续占有该动产的，物权自该约定生效时发生效力。

第三节 其他规定

第二百二十九条 【法律文书或征收决定导致的物权变动】因人民法院、仲裁机构的法律文书或者人民政府的征收决定等，导致物权设立、变更、转让或者消灭的，自法律文书或者征收决定等生效时发生效力。

第二百三十条 【因继承取得物权】因继承取得物权的，自继承开始时发生效力。

第二百三十一条 【因事实行为发生物权变动】因合法建造、拆除房屋等事实行为设立或者消灭物权的，自事实行为成就时发生效力。

第二百三十二条 【处分非因民事法律行为享有的不动产物权】处分依照本节规定享有的不动产物权，依照法律规定需要办理登记的，未经登记，不发生物权效力。

第三章 物权的保护

第二百三十三条 【物权纠纷解决方式】物权受到侵害的，权利人可以通过和解、调解、仲裁、诉讼等途径解决。

第二百三十四条 【物权确认请求权】因物权的归属、内容发生争议的，利害关系人可以请求确认权利。

第二百三十五条 【返还原物请求权】无权占有不动产或者动产的，权利人可以请求返还原物。

第二百三十六条 【排除妨害请求权】妨害物权或者可能妨害物权的，权利人可以请求排除妨害或者消除危险。

第二百三十七条 【物权复原请求权】造成不动产或者动产毁损的，权利人可以依法请求修理、重作、更换或者恢复原状。

第二百三十八条 【物权损害赔偿请求权】侵害物权，造成权利人损害的，权利人可以依法请求损害赔偿，也可以依法请求承担其他民事责任。

第二百三十九条 【物权保护方式的单用与并用】本章规定的物权保护方式，可以单独适用，也可以根据权利被侵害的情形合并适用。

第二分编 所 有 权

第四章 一 般 规 定

第二百四十条 【所有权的定义】所有权人

对自己的不动产或者动产，依法享有占有、使用、收益和处分的权利。

第二百四十一条　【所有权人设立他物权】所有权人有权在自己的不动产或者动产上设立用益物权和担保物权。用益物权人、担保物权人行使权利，不得损害所有权人的权益。

第二百四十二条　【国家专属所有权】法律规定专属于国家所有的不动产和动产，任何组织或者个人不能取得所有权。

第二百四十三条　【征收】为了公共利益的需要，依照法律规定的权限和程序可以征收集体所有的土地和组织、个人的房屋以及其他不动产。

征收集体所有的土地，应当依法及时足额支付土地补偿费、安置补助费以及农村村民住宅、其他地上附着物和青苗等的补偿费用，并安排被征地农民的社会保障费用，保障被征地农民的生活，维护被征地农民的合法权益。

征收组织、个人的房屋以及其他不动产，应当依法给予征收补偿，维护被征收人的合法权益；征收个人住宅的，还应当保障被征收人的居住条件。

任何组织或者个人不得贪污、挪用、私分、截留、拖欠征收补偿费等费用。

第二百四十四条　【耕地保护】国家对耕地实行特殊保护，严格限制农用地转为建设用地，控制建设用地总量。不得违反法律规定的权限和程序征收集体所有的土地。

第二百四十五条　【征用】因抢险救灾、疫情防控等紧急需要，依照法律规定的权限和程序可以征用组织、个人的不动产或者动产。被征用的不动产或者动产使用后，应当返还被征用人。组织、个人的不动产或者动产被征用或者征用后毁损、灭失的，应当给予补偿。

第五章　国家所有权和集体所有权、私人所有权

第二百四十六条　【国有财产的范围、国家所有的性质和国家所有权的行使】法律规定属于国家所有的财产，属于国家所有即全民所有。

国有财产由国务院代表国家行使所有权。法律另有规定的，依照其规定。

第二百四十七条　【矿藏、水流、海域的国家所有权】矿藏、水流、海域属于国家所有。

第二百四十八条　【无居民海岛的国家所有权】无居民海岛属于国家所有，国务院代表国家行使无居民海岛所有权。

第二百四十九条　【国家所有土地的范围】城市的土地，属于国家所有。法律规定属于国家所有的农村和城市郊区的土地，属于国家所有。

第二百五十条　【自然资源的国家所有权】森林、山岭、草原、荒地、滩涂等自然资源，属于国家所有，但是法律规定属于集体所有的除外。

第二百五十一条　【野生动植物资源的国家所有权】法律规定属于国家所有的野生动植物资源，属于国家所有。

第二百五十二条　【无线电频谱资源的国家所有权】无线电频谱资源属于国家所有。

第二百五十三条　【文物的国家所有权】法律规定属于国家所有的文物，属于国家所有。

第二百五十四条　【国防资产和基础设施的国家所有权】国防资产属于国家所有。

铁路、公路、电力设施、电信设施和油气管道等基础设施，依照法律规定为国家所有的，属于国家所有。

第二百五十五条　【国家机关的物权】国家

机关对其直接支配的不动产和动产，享有占有、使用以及依照法律和国务院的有关规定处分的权利。

第二百五十六条 【国家举办的事业单位的物权】国家举办的事业单位对其直接支配的不动产和动产，享有占有、使用以及依照法律和国务院的有关规定收益、处分的权利。

第二百五十七条 【国家出资的企业出资人制度】国家出资的企业，由国务院、地方人民政府依照法律、行政法规规定分别代表国家履行出资人职责，享有出资人权益。

第二百五十八条 【国有财产的保护】国家所有的财产受法律保护，禁止任何组织或者个人侵占、哄抢、私分、截留、破坏。

第二百五十九条 【国有财产管理的法律责任】履行国有财产管理、监督职责的机构及其工作人员，应当依法加强对国有财产的管理、监督，促进国有财产保值增值，防止国有财产损失；滥用职权，玩忽职守，造成国有财产损失的，应当依法承担法律责任。

违反国有财产管理规定，在企业改制、合并分立、关联交易等过程中，低价转让、合谋私分、擅自担保或者以其他方式造成国有财产损失的，应当依法承担法律责任。

第二百六十条 【集体财产的范围】集体所有的不动产和动产包括：

（一）法律规定属于集体所有的土地和森林、山岭、草原、荒地、滩涂；

（二）集体所有的建筑物、生产设施、农田水利设施；

（三）集体所有的教育、科学、文化、卫生、体育等设施；

（四）集体所有的其他不动产和动产。

第二百六十一条 【农民集体所有财产归属及重大事项集体决定】农民集体所有的不动产和动产，属于本集体成员集体所有。

下列事项应当依照法定程序经本集体成员决定：

（一）土地承包方案以及将土地发包给本集体以外的组织或者个人承包；

（二）个别土地承包经营权人之间承包地的调整；

（三）土地补偿费等费用的使用、分配办法；

（四）集体出资的企业的所有权变动等事项；

（五）法律规定的其他事项。

第二百六十二条 【集体所有的不动产所有权行使】对于集体所有的土地和森林、山岭、草原、荒地、滩涂等，依照下列规定行使所有权：

（一）属于村农民集体所有的，由村集体经济组织或者村民委员会依法代表集体行使所有权；

（二）分别属于村内两个以上农民集体所有的，由村内各该集体经济组织或者村民小组依法代表集体行使所有权；

（三）属于乡镇农民集体所有的，由乡镇集体经济组织代表集体行使所有权。

第二百六十三条 【城镇集体所有的财产权利行使】城镇集体所有的不动产和动产，依照法律、行政法规的规定由本集体享有占有、使用、收益和处分的权利。

第二百六十四条 【集体成员对集体财产的知情权】农村集体经济组织或者村民委员会、村民小组应当依照法律、行政法规以及章程、村规民约向本集体成员公布集体财产的状况。集体成员有权查阅、复制相关资料。

第二百六十五条　【集体所有财产保护及农村集体成员合法权益保护】集体所有的财产受法律保护，禁止任何组织或者个人侵占、哄抢、私分、破坏。

农村集体经济组织、村民委员会或者其负责人作出的决定侵害集体成员合法权益的，受侵害的集体成员可以请求人民法院予以撤销。

第二百六十六条　【私有财产的范围】私人对其合法的收入、房屋、生活用品、生产工具、原材料等不动产和动产享有所有权。

第二百六十七条　【私人合法财产的保护】私人的合法财产受法律保护，禁止任何组织或者个人侵占、哄抢、破坏。

第二百六十八条　【国家、集体和私人依法出资设立公司或其他企业】国家、集体和私人依法可以出资设立有限责任公司、股份有限公司或者其他企业。国家、集体和私人所有的不动产或者动产投到企业的，由出资人按照约定或者出资比例享有资产收益、重大决策以及选择经营管理者等权利并履行义务。

第二百六十九条　【法人财产权】营利法人对其不动产和动产依照法律、行政法规以及章程享有占有、使用、收益和处分的权利。

营利法人以外的法人，对其不动产和动产的权利，适用有关法律、行政法规以及章程的规定。

第二百七十条　【社会团体法人、捐助法人合法财产的保护】社会团体法人、捐助法人依法所有的不动产和动产，受法律保护。

第六章　业主的建筑物区分所有权

第二百七十一条　【建筑物区分所有权】业主对建筑物内的住宅、经营性用房等专有部分享有所有权，对专有部分以外的共有部分享有共有和共同管理的权利。

第二百七十二条　【业主对专有部分的权利和义务】业主对其建筑物专有部分享有占有、使用、收益和处分的权利。业主行使权利不得危及建筑物的安全，不得损害其他业主的合法权益。

第二百七十三条　【业主对共有部分的权利和义务】业主对建筑物专有部分以外的共有部分，享有权利，承担义务；不得以放弃权利为由不履行义务。

业主转让建筑物内的住宅、经营性用房，其对共有部分享有的共有和共同管理的权利一并转让。

第二百七十四条　【建筑区划内道路、绿地等的权利归属】建筑区划内的道路，属于业主共有，但是属于城镇公共道路的除外。建筑区划内的绿地，属于业主共有，但是属于城镇公共绿地或者明示属于个人的除外。建筑区划内的其他公共场所、公用设施和物业服务用房，属于业主共有。

第二百七十五条　【车位、车库的归属】建筑区划内，规划用于停放汽车的车位、车库的归属，由当事人通过出售、附赠或者出租等方式约定。

占用业主共有的道路或者其他场地用于停放汽车的车位，属于业主共有。

第二百七十六条　【车位、车库的首要用途】建筑区划内，规划用于停放汽车的车位、车库应当首先满足业主的需要。

第二百七十七条　【业主自治管理组织的设立及指导和协助】业主可以设立业主大会，选举业主委员会。业主大会、业主委员会成立的具体条件和程序，依照法律、法规的规定。

地方人民政府有关部门、居民委员会应当对设立业主大会和选举业主委员会给予指导和协助。

第二百七十八条 【业主共同决定事项及表决】下列事项由业主共同决定：

（一）制定和修改业主大会议事规则；

（二）制定和修改管理规约；

（三）选举业主委员会或者更换业主委员会成员；

（四）选聘和解聘物业服务企业或者其他管理人；

（五）使用建筑物及其附属设施的维修资金；

（六）筹集建筑物及其附属设施的维修资金；

（七）改建、重建建筑物及其附属设施；

（八）改变共有部分的用途或者利用共有部分从事经营活动；

（九）有关共有和共同管理权利的其他重大事项。

业主共同决定事项，应当由专有部分面积占比三分之二以上的业主且人数占比三分之二以上的业主参与表决。决定前款第六项至第八项规定的事项，应当经参与表决专有部分面积四分之三以上的业主且参与表决人数四分之三以上的业主同意。决定前款其他事项，应当经参与表决专有部分面积过半数的业主且参与表决人数过半数的业主同意。

第二百七十九条 【业主改变住宅用途的限制条件】业主不得违反法律、法规以及管理规约，将住宅改变为经营性用房。业主将住宅改变为经营性用房的，除遵守法律、法规以及管理规约外，应当经有利害关系的业主一致同意。

第二百八十条 【业主大会、业主委员会决定的效力】业主大会或者业主委员会的决定，对业主具有法律约束力。

业主大会或者业主委员会作出的决定侵害业主合法权益的，受侵害的业主可以请求人民法院予以撤销。

第二百八十一条 【建筑物及其附属设施维修资金的归属和处分】建筑物及其附属设施的维修资金，属于业主共有。经业主共同决定，可以用于电梯、屋顶、外墙、无障碍设施等共有部分的维修、更新和改造。建筑物及其附属设施的维修资金的筹集、使用情况应当定期公布。

紧急情况下需要维修建筑物及其附属设施的，业主大会或者业主委员会可以依法申请使用建筑物及其附属设施的维修资金。

第二百八十二条 【共有部分的收入分配】建设单位、物业服务企业或者其他管理人等利用业主的共有部分产生的收入，在扣除合理成本之后，属于业主共有。

第二百八十三条 【建筑物及其附属设施的费用分担和收益分配】建筑物及其附属设施的费用分摊、收益分配等事项，有约定的，按照约定；没有约定或者约定不明确的，按照业主专有部分面积所占比例确定。

第二百八十四条 【建筑物及其附属设施的管理主体】业主可以自行管理建筑物及其附属设施，也可以委托物业服务企业或者其他管理人管理。

对建设单位聘请的物业服务企业或者其他管理人，业主有权依法更换。

第二百八十五条 【业主和物业服务企业或其他管理人的关系】物业服务企业或者其他管理人根据业主的委托，依照本法第三编有关物业服务合同的规定管理建筑区划内的建筑物及其附属设施，接受业主的监督，并及时答复业主对物业服务情况提出的询问。

物业服务企业或者其他管理人应当执行政府依法实施的应急处置措施和其他管理措施，积极配合开展相关工作。

第二百八十六条　【业主的相关义务及责任】业主应当遵守法律、法规以及管理规约，相关行为应当符合节约资源、保护生态环境的要求。对于物业服务企业或者其他管理人执行政府依法实施的应急处置措施和其他管理措施，业主应当依法予以配合。

业主大会或者业主委员会，对任意弃置垃圾、排放污染物或者噪声、违反规定饲养动物、违章搭建、侵占通道、拒付物业费等损害他人合法权益的行为，有权依照法律、法规以及管理规约，请求行为人停止侵害、排除妨碍、消除危险、恢复原状、赔偿损失。

业主或者其他行为人拒不履行相关义务的，有关当事人可以向有关行政主管部门报告或者投诉，有关行政主管部门应当依法处理。

第二百八十七条　【业主合法权益的保护】业主对建设单位、物业服务企业或者其他管理人以及其他业主侵害自己合法权益的行为，有权请求其承担民事责任。

第七章　相邻关系

第二百八十八条　【处理相邻关系的原则】不动产的相邻权利人应当按照有利生产、方便生活、团结互助、公平合理的原则，正确处理相邻关系。

第二百八十九条　【处理相邻关系的法律依据】法律、法规对处理相邻关系有规定的，依照其规定；法律、法规没有规定的，可以按照当地习惯。

第二百九十条　【用水、排水相邻关系】不动产权利人应当为相邻权利人用水、排水提供必要的便利。

对自然流水的利用，应当在不动产的相邻权利人之间合理分配。对自然流水的排放，应当尊重自然流向。

第二百九十一条　【通行相邻关系】不动产权利人对相邻权利人因通行等必须利用其土地的，应当提供必要的便利。

第二百九十二条　【相邻土地的利用】不动产权利人因建造、修缮建筑物以及铺设电线、电缆、水管、暖气和燃气管线等必须利用相邻土地、建筑物的，该土地、建筑物的权利人应当提供必要的便利。

第二百九十三条　【相邻通风、采光和日照】建造建筑物，不得违反国家有关工程建设标准，不得妨碍相邻建筑物的通风、采光和日照。

第二百九十四条　【相邻不动产之间不可量物侵害】不动产权利人不得违反国家规定弃置固体废物，排放大气污染物、水污染物、土壤污染物、噪声、光辐射、电磁辐射等有害物质。

第二百九十五条　【维护相邻不动产安全】不动产权利人挖掘土地、建造建筑物、铺设管线以及安装设备等，不得危及相邻不动产的安全。

第二百九十六条　【使用相邻不动产避免造成损害】不动产权利人因用水、排水、通行、铺设管线等利用相邻不动产的，应当尽量避免对相邻的不动产权利人造成损害。

第八章　共　　有

第二百九十七条　【共有及其类型】不动产或者动产可以由两个以上组织、个人共有。共有包括按份共有和共同共有。

第二百九十八条　【按份共有】按份共有人对共有的不动产或者动产按照其份额享有所有权。

第二百九十九条 【共同共有】共同共有人对共有的不动产或者动产共同享有所有权。

第三百条 【共有人对共有物的管理权】共有人按照约定管理共有的不动产或者动产;没有约定或者约定不明确的,各共有人都有管理的权利和义务。

第三百零一条 【共有物的处分、重大修缮和性质、用途变更】处分共有的不动产或者动产以及对共有的不动产或者动产作重大修缮、变更性质或者用途的,应当经占份额三分之二以上的按份共有人或者全体共同共有人同意,但是共有人之间另有约定的除外。

第三百零二条 【共有物管理费用的分担】共有人对共有物的管理费用以及其他负担,有约定的,按照其约定;没有约定或者约定不明确的,按份共有人按照其份额负担,共同共有人共同负担。

第三百零三条 【共有物的分割】共有人约定不得分割共有的不动产或者动产,以维持共有关系的,应当按照约定,但是共有人有重大理由需要分割的,可以请求分割;没有约定或者约定不明确的,按份共有人可以随时请求分割,共同共有人在共有的基础丧失或者有重大理由需要分割时可以请求分割。因分割造成其他共有人损害的,应当给予赔偿。

第三百零四条 【共有物的分割方式】共有人可以协商确定分割方式。达不成协议,共有的不动产或者动产可以分割且不会因分割减损价值的,应当对实物予以分割;难以分割或者因分割会减损价值的,应当对折价或者拍卖、变卖取得的价款予以分割。

共有人分割所得的不动产或者动产有瑕疵的,其他共有人应当分担损失。

第三百零五条 【按份共有人的份额处分权和其他共有人的优先购买权】按份共有人可以转让其享有的共有的不动产或者动产份额。其他共有人在同等条件下享有优先购买的权利。

第三百零六条 【优先购买权的实现方式】按份共有人转让其享有的共有的不动产或者动产份额的,应当将转让条件及时通知其他共有人。其他共有人应当在合理期限内行使优先购买权。

两个以上其他共有人主张行使优先购买权的,协商确定各自的购买比例;协商不成的,按照转让时各自的共有份额比例行使优先购买权。

第三百零七条 【因共同财产产生的债权债务关系的对外、对内效力】因共有的不动产或者动产产生的债权债务,在对外关系上,共有人享有连带债权、承担连带债务,但是法律另有规定或者第三人知道共有人不具有连带债权债务关系的除外;在共有人内部关系上,除共有人另有约定外,按份共有人按照份额享有债权、承担债务,共同共有人共同享有债权、承担债务。偿还债务超过自己应当承担份额的按份共有人,有权向其他共有人追偿。

第三百零八条 【按份共有的推定】共有人对共有的不动产或者动产没有约定为按份共有或者共同共有,或者约定不明确的,除共有人具有家庭关系等外,视为按份共有。

第三百零九条 【按份共有人份额的确定】按份共有人对共有的不动产或者动产享有的份额,没有约定或者约定不明确的,按照出资额确定;不能确定出资额的,视为等额享有。

第三百一十条 【用益物权、担保物权共有的参照适用】两个以上组织、个人共同享有用益物权、担保物权的,参照适用本章的有关规定。

第九章　所有权取得的特别规定

第三百一十一条　【善意取得】无处分权人将不动产或者动产转让给受让人的,所有权人有权追回;除法律另有规定外,符合下列情形的,受让人取得该不动产或者动产的所有权:

(一)受让人受让该不动产或者动产时是善意;

(二)以合理的价格转让;

(三)转让的不动产或者动产依照法律规定应当登记的已经登记,不需要登记的已经交付给受让人。

受让人依据前款规定取得不动产或者动产的所有权的,原所有权人有权向无处分权人请求损害赔偿。

当事人善意取得其他物权的,参照适用前两款规定。

第三百一十二条　【遗失物的善意取得】所有权人或者其他权利人有权追回遗失物。该遗失物通过转让被他人占有的,权利人有权向无处分权人请求损害赔偿,或者自知道或者应当知道受让人之日起二年内向受让人请求返还原物;但是,受让人通过拍卖或者向具有经营资格的经营者购得该遗失物的,权利人请求返还原物时应当支付受让人所付的费用。权利人向受让人支付所付费用后,有权向无处分权人追偿。

第三百一十三条　【善意取得的动产上原有权利的消灭】善意受让人取得动产后,该动产上的原有权利消灭。但是,善意受让人在受让时知道或者应当知道该权利的除外。

第三百一十四条　【拾得遗失物的返还】拾得遗失物,应当返还权利人。拾得人应当及时通知权利人领取,或者送交公安等有关部门。

第三百一十五条　【有关部门收到遗失物的处理】有关部门收到遗失物,知道权利人的,应当及时通知其领取;不知道的,应当及时发布招领公告。

第三百一十六条　【拾得人及有关部门妥善保管遗失物义务】拾得人在遗失物送交有关部门前,有关部门在遗失物被领取前,应当妥善保管遗失物。因故意或者重大过失致使遗失物毁损、灭失的,应当承担民事责任。

第三百一十七条　【权利人在领取遗失物时应尽义务】权利人领取遗失物时,应当向拾得人或者有关部门支付保管遗失物等支出的必要费用。

权利人悬赏寻找遗失物的,领取遗失物时应当按照承诺履行义务。

拾得人侵占遗失物的,无权请求保管遗失物等支出的费用,也无权请求权利人按照承诺履行义务。

第三百一十八条　【公告期满无人认领的遗失物归属】遗失物自发布招领公告之日起一年内无人认领的,归国家所有。

第三百一十九条　【拾得漂流物、发现埋藏物或隐藏物】拾得漂流物、发现埋藏物或者隐藏物的,参照适用拾得遗失物的有关规定。法律另有规定的,依照其规定。

第三百二十条　【从物所有权的转移】主物转让的,从物随主物转让,但是当事人另有约定的除外。

第三百二十一条　【天然孳息和法定孳息的归属】天然孳息,由所有权人取得;既有所有权人又有用益物权人的,由用益物权人取得。当事人另有约定的,按照其约定。

法定孳息,当事人有约定的,按照约

定取得;没有约定或者约定不明确的,按照交易习惯取得。

第三百二十二条　【添附取得物的归属】因加工、附合、混合而产生的物的归属,有约定的,按照约定;没有约定或者约定不明确的,依照法律规定;法律没有规定的,按照充分发挥物的效用以及保护无过错当事人的原则确定。因一方当事人的过错或者确定物的归属造成另一方当事人损害的,应当给予赔偿或者补偿。

第三分编　用益物权

第十章　一般规定

第三百二十三条　【用益物权的定义】用益物权人对他人所有的不动产或者动产,依法享有占有、使用和收益的权利。

第三百二十四条　【国有和集体所有自然资源的用益物权】国家所有或者国家所有由集体使用以及法律规定属于集体所有的自然资源,组织、个人依法可以占有、使用和收益。

第三百二十五条　【自然资源使用制度】国家实行自然资源有偿使用制度,但是法律另有规定的除外。

第三百二十六条　【用益物权人权利的行使】用益物权人行使权利,应当遵守法律有关保护和合理开发利用资源、保护生态环境的规定。所有权人不得干涉用益物权人行使权利。

第三百二十七条　【用益物权人因征收、征用有权获得补偿】因不动产或者动产被征收、征用致使用益物权消灭或者影响用益物权行使的,用益物权人有权依据本法第二百四十三条、第二百四十五条的规定获得相应补偿。

第三百二十八条　【海域使用权的法律保护】依法取得的海域使用权受法律保护。

第三百二十九条　【合法探矿权等权利的法律保护】依法取得的探矿权、采矿权、取水权和使用水域、滩涂从事养殖、捕捞的权利受法律保护。

第十一章　土地承包经营权

第三百三十条　【双层经营体制与土地承包经营制度】农村集体经济组织实行家庭承包经营为基础、统分结合的双层经营体制。

农民集体所有和国家所有由农民集体使用的耕地、林地、草地以及其他用于农业的土地,依法实行土地承包经营制度。

第三百三十一条　【土地承包经营权的定义】土地承包经营权人依法对其承包经营的耕地、林地、草地等享有占有、使用和收益的权利,有权从事种植业、林业、畜牧业等农业生产。

第三百三十二条　【土地承包期】耕地的承包期为三十年。草地的承包期为三十年至五十年。林地的承包期为三十年至七十年。

前款规定的承包期限届满,由土地承包经营权人依照农村土地承包的法律规定继续承包。

第三百三十三条　【土地承包经营权的设立和登记】土地承包经营权自土地承包经营权合同生效时设立。

登记机构应当向土地承包经营权人发放土地承包经营权证、林权证等证书,并登记造册,确认土地承包经营权。

第三百三十四条　【土地承包经营权的互换、转让】土地承包经营权人依照法律规定,有权将土地承包经营权互换、转让。未经依法批准,不得将承包地用于非农建设。

第三百三十五条　【土地承包经营权互换、转让的登记】土地承包经营权互换、转让的，当事人可以向登记机构申请登记；未经登记，不得对抗善意第三人。

第三百三十六条　【承包地的调整】承包期内发包人不得调整承包地。

因自然灾害严重毁损承包地等特殊情形，需要适当调整承包的耕地和草地的，应当依照农村土地承包的法律规定办理。

第三百三十七条　【承包地的收回】承包期内发包人不得收回承包地。法律另有规定的，依照其规定。

第三百三十八条　【承包地的征收补偿】承包地被征收的，土地承包经营权人有权依据本法第二百四十三条的规定获得相应补偿。

第三百三十九条　【土地经营权的流转】土地承包经营权人可以自主决定依法采取出租、入股或者其他方式向他人流转土地经营权。

第三百四十条　【土地经营权的定义】土地经营权人有权在合同约定的期限内占有农村土地，自主开展农业生产经营并取得收益。

第三百四十一条　【土地经营权的设立及登记】流转期限为五年以上的土地经营权，自流转合同生效时设立。当事人可以向登记机构申请土地经营权登记；未经登记，不得对抗善意第三人。

第三百四十二条　【其他方式承包的土地经营权流转】通过招标、拍卖、公开协商等方式承包农村土地，经依法登记取得权属证书的，可以依法采取出租、入股、抵押或者其他方式流转土地经营权。

第三百四十三条　【国有农用地实行承包经营的参照适用】国家所有的农用地实行承包经营的，参照适用本编的有关规定。

第十二章　建设用地使用权

第三百四十四条　【建设用地使用权的定义】建设用地使用权人依法对国家所有的土地享有占有、使用和收益的权利，有权利用该土地建造建筑物、构筑物及其附属设施。

第三百四十五条　【建设用地使用权的分层设立】建设用地使用权可以在土地的地表、地上或者地下分别设立。

第三百四十六条　【建设用地使用权的设立原则】设立建设用地使用权，应当符合节约资源、保护生态环境的要求，遵守法律、行政法规关于土地用途的规定，不得损害已经设立的用益物权。

第三百四十七条　【建设用地使用权的设立方式】设立建设用地使用权，可以采取出让或者划拨等方式。

工业、商业、旅游、娱乐和商品住宅等经营性用地以及同一土地有两个以上意向用地者的，应当采取招标、拍卖等公开竞价的方式出让。

严格限制以划拨方式设立建设用地使用权。

第三百四十八条　【建设用地使用权出让合同】通过招标、拍卖、协议等出让方式设立建设用地使用权的，当事人应当采用书面形式订立建设用地使用权出让合同。

建设用地使用权出让合同一般包括下列条款：

（一）当事人的名称和住所；

（二）土地界址、面积等；

（三）建筑物、构筑物及其附属设施占用的空间；

（四）土地用途、规划条件；

（五）建设用地使用权期限；

（六）出让金等费用及其支付方式；

（七）解决争议的方法。

第三百四十九条 【建设用地使用权的登记】设立建设用地使用权的，应当向登记机构申请建设用地使用权登记。建设用地使用权自登记时设立。登记机构应当向建设用地使用权人发放权属证书。

第三百五十条 【土地用途管制制度】建设用地使用权人应当合理利用土地，不得改变土地用途；需要改变土地用途的，应当依法经有关行政主管部门批准。

第三百五十一条 【建设用地使用权人支付出让金等费用的义务】建设用地使用权人应当依照法律规定以及合同约定支付出让金等费用。

第三百五十二条 【建设用地使用权人建造的建筑物等设施的权属】建设用地使用权人建造的建筑物、构筑物及其附属设施的所有权属于建设用地使用权人，但是有相反证据证明的除外。

第三百五十三条 【建设用地使用权的流转方式】建设用地使用权人有权将建设用地使用权转让、互换、出资、赠与或者抵押，但是法律另有规定的除外。

第三百五十四条 【处分建设用地使用权的合同形式和期限】建设用地使用权转让、互换、出资、赠与或者抵押的，当事人应当采用书面形式订立相应的合同。使用期限由当事人约定，但是不得超过建设用地使用权的剩余期限。

第三百五十五条 【建设用地使用权流转后变更登记】建设用地使用权转让、互换、出资或者赠与的，应当向登记机构申请变更登记。

第三百五十六条 【建筑物等设施随建设用地使用权的流转而一并处分】建设用地使用权转让、互换、出资或者赠与的，附着于该土地上的建筑物、构筑物及其附属设施一并处分。

第三百五十七条 【建设用地使用权随建筑物等设施的流转而一并处分】建筑物、构筑物及其附属设施转让、互换、出资或者赠与的，该建筑物、构筑物及其附属设施占用范围内的建设用地使用权一并处分。

第三百五十八条 【建设用地使用权提前收回及其补偿】建设用地使用权期限届满前，因公共利益需要提前收回该土地的，应当依据本法第二百四十三条的规定对该土地上的房屋以及其他不动产给予补偿，并退还相应的出让金。

第三百五十九条 【建设用地使用权的续期】住宅建设用地使用权期限届满的，自动续期。续期费用的缴纳或者减免，依照法律、行政法规的规定办理。

非住宅建设用地使用权期限届满后的续期，依照法律规定办理。该土地上的房屋以及其他不动产的归属，有约定的，按照约定；没有约定或者约定不明确的，依照法律、行政法规的规定办理。

第三百六十条 【建设用地使用权注销登记】建设用地使用权消灭的，出让人应当及时办理注销登记。登记机构应当收回权属证书。

第三百六十一条 【集体所有土地作为建设用地的法律适用】集体所有的土地作为建设用地的，应当依照土地管理的法律规定办理。

第十三章 宅基地使用权

第三百六十二条 【宅基地使用权的定义】宅基地使用权人依法对集体所有的土地享有占有和使用的权利，有权依法利用该土地建造住宅及其附属设施。

第三百六十三条 【宅基地使用权取得、行使和转让的法律适用】宅基地使用权的取得、行使和转让，适用土地管理的法律和国家有关规定。

第三百六十四条 【宅基地的灭失和重新分配】宅基地因自然灾害等原因灭失的，宅基地使用权消灭。对失去宅基地的村民，应当依法重新分配宅基地。

第三百六十五条 【宅基地使用权变更和注销登记】已经登记的宅基地使用权转让或者消灭的，应当及时办理变更登记或者注销登记。

第十四章 居 住 权

第三百六十六条 【居住权的定义】居住权人有权按照合同约定，对他人的住宅享有占有、使用的用益物权，以满足生活居住的需要。

第三百六十七条 【居住权合同】设立居住权，当事人应当采用书面形式订立居住权合同。

居住权合同一般包括下列条款：

（一）当事人的姓名或者名称和住所；

（二）住宅的位置；

（三）居住的条件和要求；

（四）居住权期限；

（五）解决争议的方法。

第三百六十八条 【居住权的设立】居住权无偿设立，但是当事人另有约定的除外。设立居住权的，应当向登记机构申请居住权登记。居住权自登记时设立。

第三百六十九条 【居住权的转让、继承和设立居住权的住宅出租】居住权不得转让、继承。设立居住权的住宅不得出租，但是当事人另有约定的除外。

第三百七十条 【居住权的消灭】居住权期限届满或者居住权人死亡的，居住权消灭。居住权消灭的，应当及时办理注销登记。

第三百七十一条 【以遗嘱方式设立居住权的参照适用】以遗嘱方式设立居住权的，参照适用本章的有关规定。

第十五章 地 役 权

第三百七十二条 【地役权的定义】地役权人有权按照合同约定，利用他人的不动产，以提高自己的不动产的效益。

前款所称他人的不动产为供役地，自己的不动产为需役地。

第三百七十三条 【地役权合同】设立地役权，当事人应当采用书面形式订立地役权合同。

地役权合同一般包括下列条款：

（一）当事人的姓名或者名称和住所；

（二）供役地和需役地的位置；

（三）利用目的和方法；

（四）地役权期限；

（五）费用及其支付方式；

（六）解决争议的方法。

第三百七十四条 【地役权的设立与登记】地役权自地役权合同生效时设立。当事人要求登记的，可以向登记机构申请地役权登记；未经登记，不得对抗善意第三人。

第三百七十五条 【供役地权利人的义务】供役地权利人应当按照合同约定，允许地役权人利用其不动产，不得妨害地役权人行使权利。

第三百七十六条 【地役权人的义务】地役权人应当按照合同约定的利用目的和方法利用供役地，尽量减少对供役地权利人物权的限制。

第三百七十七条 【地役权期限】地役权期限由当事人约定；但是，不得超过土地承包经营权、建设用地使用权等用益物权的剩余期限。

第三百七十八条 【地役权的承继】土地所有权人享有地役权或者负担地役权的，设立土地承包经营权、宅基地使用权等用益物权时，该用益物权人继续享有或者负担已经设立的地役权。

第三百七十九条　【在先用益物权对地役权的限制】土地上已经设立土地承包经营权、建设用地使用权、宅基地使用权等用益物权的，未经用益物权人同意，土地所有权人不得设立地役权。

第三百八十条　【地役权的转让】地役权不得单独转让。土地承包经营权、建设用地使用权等转让的，地役权一并转让，但是合同另有约定的除外。

第三百八十一条　【地役权的抵押】地役权不得单独抵押。土地经营权、建设用地使用权等抵押的，在实现抵押权时，地役权一并转让。

第三百八十二条　【地役权对需役地及其上权利的不可分性】需役地以及需役地上的土地承包经营权、建设用地使用权等部分转让时，转让部分涉及地役权的，受让人同时享有地役权。

第三百八十三条　【地役权对供役地及其上权利的不可分性】供役地以及供役地上的土地承包经营权、建设用地使用权等部分转让时，转让部分涉及地役权的，地役权对受让人具有法律约束力。

第三百八十四条　【供役地权利人单方解除地役权合同的法定事由】地役权人有下列情形之一的，供役地权利人有权解除地役权合同，地役权消灭：

（一）违反法律规定或者合同约定，滥用地役权；

（二）有偿利用供役地，约定的付款期限届满后在合理期限内经两次催告未支付费用。

第三百八十五条　【已登记地役权的变更、转让或消灭手续】已经登记的地役权变更、转让或者消灭的，应当及时办理变更登记或者注销登记。

第四分编　担保物权

第十六章　一般规定

第三百八十六条　【担保物权的定义】担保物权人在债务人不履行到期债务或者发生当事人约定的实现担保物权的情形，依法享有就担保财产优先受偿的权利，但是法律另有规定的除外。

第三百八十七条　【担保物权的适用范围和反担保】债权人在借贷、买卖等民事活动中，为保障实现其债权，需要担保的，可以依照本法和其他法律的规定设立担保物权。

第三人为债务人向债权人提供担保的，可以要求债务人提供反担保。反担保适用本法和其他法律的规定。

第三百八十八条　【担保合同】设立担保物权，应当依照本法和其他法律的规定订立担保合同。担保合同包括抵押合同、质押合同和其他具有担保功能的合同。担保合同是主债权债务合同的从合同。主债权债务合同无效的，担保合同无效，但是法律另有规定的除外。

担保合同被确认无效后，债务人、担保人、债权人有过错的，应当根据其过错各自承担相应的民事责任。

第三百八十九条　【担保物权的担保范围】担保物权的担保范围包括主债权及其利息、违约金、损害赔偿金、保管担保财产和实现担保物权的费用。当事人另有约定的，按照其约定。

第三百九十条　【担保物权的物上代位性及代位物的提存】担保期间，担保财产毁损、灭失或者被征收等，担保物权人可以就获得的保险金、赔偿金或者补偿金等优先受偿。被担保债权的履行期限未届满的，也可以提存该保险金、赔偿金或者补偿金等。

第三百九十一条　【未经担保人同意转移债务的法律后果】第三人提供担保，未经其书面同意，债权人允许债务人转移全部或者部分债务的，担保人不再承担相应的担保责任。

第三百九十二条　【人保和物保并存时担保权的实行规则】被担保的债权既有物的担保又有人的担保的，债务人不履行到期债务或者发生当事人约定的实现担保物权的情形，债权人应当按照约定实现债权；没有约定或者约定不明确，债务人自己提供物的担保的，债权人应当先就该物的担保实现债权；第三人提供物的担保的，债权人可以就物的担保实现债权，也可以请求保证人承担保证责任。提供担保的第三人承担担保责任后，有权向债务人追偿。

第三百九十三条　【担保物权消灭事由】有下列情形之一的，担保物权消灭：

（一）主债权消灭；

（二）担保物权实现；

（三）债权人放弃担保物权；

（四）法律规定担保物权消灭的其他情形。

第十七章　抵　押　权

第一节　一般抵押权

第三百九十四条　【抵押权的定义】为担保债务的履行，债务人或者第三人不转移财产的占有，将该财产抵押给债权人的，债务人不履行到期债务或者发生当事人约定的实现抵押权的情形，债权人有权就该财产优先受偿。

前款规定的债务人或者第三人为抵押人，债权人为抵押权人，提供担保的财产为抵押财产。

第三百九十五条　【抵押财产的范围】债务人或者第三人有权处分的下列财产可以抵押：

（一）建筑物和其他土地附着物；

（二）建设用地使用权；

（三）海域使用权；

（四）生产设备、原材料、半成品、产品；

（五）正在建造的建筑物、船舶、航空器；

（六）交通运输工具；

（七）法律、行政法规未禁止抵押的其他财产。

抵押人可以将前款所列财产一并抵押。

第三百九十六条　【浮动抵押】企业、个体工商户、农业生产经营者可以将现有的以及将有的生产设备、原材料、半成品、产品抵押，债务人不履行到期债务或者发生当事人约定的实现抵押权的情形，债权人有权就抵押财产确定时的动产优先受偿。

第三百九十七条　【建筑物与建设用地使用权同时抵押规则】以建筑物抵押的，该建筑物占用范围内的建设用地使用权一并抵押。以建设用地使用权抵押的，该土地上的建筑物一并抵押。

抵押人未依据前款规定一并抵押的，未抵押的财产视为一并抵押。

第三百九十八条　【乡镇、村企业的建设用地使用权抵押限制】乡镇、村企业的建设用地使用权不得单独抵押。以乡镇、村企业的厂房等建筑物抵押的，其占用范围内的建设用地使用权一并抵押。

第三百九十九条　【禁止抵押的财产范围】下列财产不得抵押：

（一）土地所有权；

（二）宅基地、自留地、自留山等集体

所有土地的使用权，但是法律规定可以抵押的除外；

（三）学校、幼儿园、医疗机构等为公益目的成立的非营利法人的教育设施、医疗卫生设施和其他公益设施；

（四）所有权、使用权不明或者有争议的财产；

（五）依法被查封、扣押、监管的财产；

（六）法律、行政法规规定不得抵押的其他财产。

第四百条 【抵押合同】设立抵押权，当事人应当采用书面形式订立抵押合同。

抵押合同一般包括下列条款：

（一）被担保债权的种类和数额；

（二）债务人履行债务的期限；

（三）抵押财产的名称、数量等情况；

（四）担保的范围。

第四百零一条 【流押】抵押权人在债务履行期限届满前，与抵押人约定债务人不履行到期债务时抵押财产归债权人所有的，只能依法就抵押财产优先受偿。

第四百零二条 【不动产抵押登记】以本法第三百九十五条第一款第一项至第三项规定的财产或者第五项规定的正在建造的建筑物抵押的，应当办理抵押登记。抵押权自登记时设立。

第四百零三条 【动产抵押的效力】以动产抵押的，抵押权自抵押合同生效时设立；未经登记，不得对抗善意第三人。

第四百零四条 【动产抵押权无追及效力】以动产抵押的，不得对抗正常经营活动中已经支付合理价款并取得抵押财产的买受人。

第四百零五条 【抵押权与租赁权的关系】抵押权设立前，抵押财产已经出租并转移占有的，原租赁关系不受该抵押权的影响。

第四百零六条 【抵押财产的处分】抵押期间，抵押人可以转让抵押财产。当事人另有约定的，按照其约定。抵押财产转让的，抵押权不受影响。

抵押人转让抵押财产的，应当及时通知抵押权人。抵押权人能够证明抵押财产转让可能损害抵押权的，可以请求抵押人将转让所得的价款向抵押权人提前清偿债务或者提存。转让的价款超过债权数额的部分归抵押人所有，不足部分由债务人清偿。

第四百零七条 【抵押权处分的从属性】抵押权不得与债权分离而单独转让或者作为其他债权的担保。债权转让的，担保该债权的抵押权一并转让，但是法律另有规定或者当事人另有约定的除外。

第四百零八条 【抵押权的保护】抵押人的行为足以使抵押财产价值减少的，抵押权人有权请求抵押人停止其行为；抵押财产价值减少的，抵押权人有权请求恢复抵押财产的价值，或者提供与减少的价值相应的担保。抵押人不恢复抵押财产的价值，也不提供担保的，抵押权人有权请求债务人提前清偿债务。

第四百零九条 【抵押权及其顺位的处分】抵押权人可以放弃抵押权或者抵押权的顺位。抵押权人与抵押人可以协议变更抵押权顺位以及被担保的债权数额等内容。但是，抵押权的变更未经其他抵押权人书面同意的，不得对其他抵押权人产生不利影响。

债务人以自己的财产设定抵押，抵押权人放弃该抵押权、抵押权顺位或者变更抵押权的，其他担保人在抵押权人丧失优先受偿权益的范围内免除担保责任，但是其他担保人承诺仍然提供担保的除外。

第四百一十条　【抵押权的实现】债务人不履行到期债务或者发生当事人约定的实现抵押权的情形，抵押权人可以与抵押人协议以抵押财产折价或者以拍卖、变卖该抵押财产所得的价款优先受偿。协议损害其他债权人利益的，其他债权人可以请求人民法院撤销该协议。

抵押权人与抵押人未就抵押权实现方式达成协议的，抵押权人可以请求人民法院拍卖、变卖抵押财产。

抵押财产折价或者变卖的，应当参照市场价格。

第四百一十一条　【浮动抵押财产的确定】依据本法第三百九十六条规定设定抵押的，抵押财产自下列情形之一发生时确定：

（一）债务履行期限届满，债权未实现；

（二）抵押人被宣告破产或者解散；

（三）当事人约定的实现抵押权的情形；

（四）严重影响债权实现的其他情形。

第四百一十二条　【抵押权对抵押财产孳息的效力】债务人不履行到期债务或者发生当事人约定的实现抵押权的情形，致使抵押财产被人民法院依法扣押的，自扣押之日起，抵押权人有权收取该抵押财产的天然孳息或者法定孳息，但是抵押权人未通知应当清偿法定孳息义务人的除外。

前款规定的孳息应当先充抵收取孳息的费用。

第四百一十三条　【抵押财产变价后的处理】抵押财产折价或者拍卖、变卖后，其价款超过债权数额的部分归抵押人所有，不足部分由债务人清偿。

第四百一十四条　【数个抵押权的清偿顺序】同一财产向两个以上债权人抵押的，拍卖、变卖抵押财产所得的价款依照下列规定清偿：

（一）抵押权已经登记的，按照登记的时间先后确定清偿顺序；

（二）抵押权已经登记的先于未登记的受偿；

（三）抵押权未登记的，按照债权比例清偿。

其他可以登记的担保物权，清偿顺序参照适用前款规定。

第四百一十五条　【抵押权与质权的清偿顺序】同一财产既设立抵押权又设立质权的，拍卖、变卖该财产所得的价款按照登记、交付的时间先后确定清偿顺序。

第四百一十六条　【动产购买价款抵押担保的优先权】动产抵押担保的主债权是抵押物的价款，标的物交付后十日内办理抵押登记的，该抵押权人优先于抵押物买受人的其他担保物权人受偿，但是留置权人除外。

第四百一十七条　【抵押权对新增建筑物的效力】建设用地使用权抵押后，该土地上新增的建筑物不属于抵押财产。该建设用地使用权实现抵押权时，应当将该土地上新增的建筑物与建设用地使用权一并处分。但是，新增建筑物所得的价款，抵押权人无权优先受偿。

第四百一十八条　【集体所有土地使用权抵押权的实行效果】以集体所有土地的使用权依法抵押的，实现抵押权后，未经法定程序，不得改变土地所有权的性质和土地用途。

第四百一十九条　【抵押权存续期间】抵押权人应当在主债权诉讼时效期间行使抵押权；未行使的，人民法院不予保护。

第二节　最高额抵押权

第四百二十条　【最高额抵押权的定义】为

担保债务的履行,债务人或者第三人对一定期间内将要连续发生的债权提供担保财产的,债务人不履行到期债务或者发生当事人约定的实现抵押权的情形,抵押权人有权在最高债权额限度内就该担保财产优先受偿。

最高额抵押权设立前已经存在的债权,经当事人同意,可以转入最高额抵押担保的债权范围。

第四百二十一条　【最高额抵押权担保的债权转让】最高额抵押担保的债权确定前,部分债权转让的,最高额抵押权不得转让,但是当事人另有约定的除外。

第四百二十二条　【最高额抵押合同条款变更】最高额抵押担保的债权确定前,抵押权人与抵押人可以通过协议变更债权确定的期间、债权范围以及最高债权额。但是,变更的内容不得对其他抵押权人产生不利影响。

第四百二十三条　【最高额抵押权所担保的债权确定】有下列情形之一的,抵押权人的债权确定:

(一)约定的债权确定期间届满;

(二)没有约定债权确定期间或者约定不明确,抵押权人或者抵押人自最高额抵押权设立之日起满二年后请求确定债权;

(三)新的债权不可能发生;

(四)抵押权人知道或者应当知道抵押财产被查封、扣押;

(五)债务人、抵押人被宣告破产或者解散;

(六)法律规定债权确定的其他情形。

第四百二十四条　【最高额抵押权的法律适用】最高额抵押权除适用本节规定外,适用本章第一节的有关规定。

第十八章　质　　权

第一节　动产质权

第四百二十五条　【动产质权的定义】为担保债务的履行,债务人或者第三人将其动产出质给债权人占有的,债务人不履行到期债务或者发生当事人约定的实现质权的情形,债权人有权就该动产优先受偿。

前款规定的债务人或者第三人为出质人,债权人为质权人,交付的动产为质押财产。

第四百二十六条　【禁止质押的动产范围】法律、行政法规禁止转让的动产不得出质。

第四百二十七条　【质押合同】设立质权,当事人应当采用书面形式订立质押合同。

质押合同一般包括下列条款:

(一)被担保债权的种类和数额;

(二)债务人履行债务的期限;

(三)质押财产的名称、数量等情况;

(四)担保的范围;

(五)质押财产交付的时间、方式。

第四百二十八条　【流质】质权人在债务履行期限届满前,与出质人约定债务人不履行到期债务时质押财产归债权人所有的,只能依法就质押财产优先受偿。

第四百二十九条　【质权生效时间】质权自出质人交付质押财产时设立。

第四百三十条　【质权人孳息收取权及孳息首要清偿用途】质权人有权收取质押财产的孳息,但是合同另有约定的除外。

前款规定的孳息应当先充抵收取孳息的费用。

第四百三十一条　【质权人擅自使用、处分质押财产的责任】质权人在质权存续期间,未经出质人同意,擅自使用、处分质押财产,造成出质人损害的,应当承担赔偿责任。

第四百三十二条 【质权人的保管义务和赔偿责任】质权人负有妥善保管质押财产的义务;因保管不善致使质押财产毁损、灭失的,应当承担赔偿责任。

质权人的行为可能使质押财产毁损、灭失的,出质人可以请求质权人将质押财产提存,或者请求提前清偿债务并返还质押财产。

第四百三十三条 【质权的保护】因不可归责于质权人的事由可能使质押财产毁损或者价值明显减少,足以危害质权人权利的,质权人有权请求出质人提供相应的担保;出质人不提供的,质权人可以拍卖、变卖质押财产,并与出质人协议将拍卖、变卖所得的价款提前清偿债务或者提存。

第四百三十四条 【责任转质】质权人在质权存续期间,未经出质人同意转质,造成质押财产毁损、灭失的,应当承担赔偿责任。

第四百三十五条 【质权的放弃】质权人可以放弃质权。债务人以自己的财产出质,质权人放弃该质权的,其他担保人在质权人丧失优先受偿权益的范围内免除担保责任,但是其他担保人承诺仍然提供担保的除外。

第四百三十六条 【质物返还及质权实现】债务人履行债务或者出质人提前清偿所担保的债权的,质权人应当返还质押财产。

债务人不履行到期债务或者发生当事人约定的实现质权的情形,质权人可以与出质人协议以质押财产折价,也可以就拍卖、变卖质押财产所得的价款优先受偿。

质押财产折价或者变卖的,应当参照市场价格。

第四百三十七条 【质权的及时行使】出质人可以请求质权人在债务履行期限届满后及时行使质权;质权人不行使的,出质人可以请求人民法院拍卖、变卖质押财产。

出质人请求质权人及时行使质权,因质权人怠于行使权利造成出质人损害的,由质权人承担赔偿责任。

第四百三十八条 【质押财产变价后的处理】质押财产折价或者拍卖、变卖后,其价款超过债权数额的部分归出质人所有,不足部分由债务人清偿。

第四百三十九条 【最高额质权】出质人与质权人可以协议设立最高额质权。

最高额质权除适用本节有关规定外,参照适用本编第十七章第二节的有关规定。

第二节 权利质权

第四百四十条 【权利质权的范围】债务人或者第三人有权处分的下列权利可以出质:

(一)汇票、本票、支票;

(二)债券、存款单;

(三)仓单、提单;

(四)可以转让的基金份额、股权;

(五)可以转让的注册商标专用权、专利权、著作权等知识产权中的财产权;

(六)现有的以及将有的应收账款;

(七)法律、行政法规规定可以出质的其他财产权利。

第四百四十一条 【有价证券出质的质权的设立】以汇票、本票、支票、债券、存款单、仓单、提单出质的,质权自权利凭证交付质权人时设立;没有权利凭证的,质权自办理出质登记时设立。法律另有规定的,依照其规定。

第四百四十二条 【有价证券出质的质权

的特别实现方式】汇票、本票、支票、债券、存款单、仓单、提单的兑现日期或者提货日期先于主债权到期的,质权人可以兑现或者提货,并与出质人协议将兑现的价款或者提取的货物提前清偿债务或者提存。

第四百四十三条 【以基金份额、股权出质的质权设立及转让限制】以基金份额、股权出质的,质权自办理出质登记时设立。

基金份额、股权出质后,不得转让,但是出质人与质权人协商同意的除外。出质人转让基金份额、股权所得的价款,应当向质权人提前清偿债务或者提存。

第四百四十四条 【以知识产权中的财产权出质的质权的设立及转让限制】以注册商标专用权、专利权、著作权等知识产权中的财产权出质的,质权自办理出质登记时设立。

知识产权中的财产权出质后,出质人不得转让或者许可他人使用,但是出质人与质权人协商同意的除外。出质人转让或者许可他人使用出质的知识产权中的财产权所得的价款,应当向质权人提前清偿债务或者提存。

第四百四十五条 【以应收账款出质的质权的设立及转让限制】以应收账款出质的,质权自办理出质登记时设立。

应收账款出质后,不得转让,但是出质人与质权人协商同意的除外。出质人转让应收账款所得的价款,应当向质权人提前清偿债务或者提存。

第四百四十六条 【权利质权的法律适用】权利质权除适用本节规定外,适用本章第一节的有关规定。

第十九章 留 置 权

第四百四十七条 【留置权的定义】债务人不履行到期债务,债权人可以留置已经合法占有的债务人的动产,并有权就该动产优先受偿。

前款规定的债权人为留置权人,占有的动产为留置财产。

第四百四十八条 【留置财产与债权的关系】债权人留置的动产,应当与债权属于同一法律关系,但是企业之间留置的除外。

第四百四十九条 【留置权适用范围限制】法律规定或者当事人约定不得留置的动产,不得留置。

第四百五十条 【留置财产为可分物的特殊规定】留置财产为可分物的,留置财产的价值应当相当于债务的金额。

第四百五十一条 【留置权人的保管义务】留置权人负有妥善保管留置财产的义务;因保管不善致使留置财产毁损、灭失的,应当承担赔偿责任。

第四百五十二条 【留置权人收取孳息的权利】留置权人有权收取留置财产的孳息。

前款规定的孳息应当先充抵收取孳息的费用。

第四百五十三条 【留置权债务人的债务履行期】留置权人与债务人应当约定留置财产后的债务履行期限;没有约定或者约定不明确的,留置权人应当给债务人六十日以上履行债务的期限,但是鲜活易腐等不易保管的动产除外。债务人逾期未履行的,留置权人可以与债务人协议以留置财产折价,也可以就拍卖、变卖留置财产所得的价款优先受偿。

留置财产折价或者变卖的,应当参照市场价格。

第四百五十四条 【留置权债务人的请求权】债务人可以请求留置权人在债务履行期限届满后行使留置权;留置权人不行使的,债务人可以请求人民法院拍卖、变卖留置财产。

第四百五十五条　【留置权的实现】留置财产折价或者拍卖、变卖后，其价款超过债权数额的部分归债务人所有，不足部分由债务人清偿。

第四百五十六条　【留置权、抵押权与质权竞合时的顺位原则】同一动产上已经设立抵押权或者质权，该动产又被留置的，留置权人优先受偿。

第四百五十七条　【留置权消灭的特殊情形】留置权人对留置财产丧失占有或者留置权人接受债务人另行提供担保的，留置权消灭。

第五分编　占　有

第二十章　占　有

第四百五十八条　【有权占有的法律适用】基于合同关系等产生的占有，有关不动产或者动产的使用、收益、违约责任等，按照合同约定；合同没有约定或者约定不明确的，依照有关法律规定。

第四百五十九条　【无权占有造成占有物损害的赔偿责任】占有人因使用占有的不动产或者动产，致使该不动产或者动产受到损害的，恶意占有人应当承担赔偿责任。

第四百六十条　【权利人的返还请求权和占有人的费用求偿权】不动产或者动产被占有人占有的，权利人可以请求返还原物及其孳息；但是，应当支付善意占有人因维护该不动产或者动产支出的必要费用。

第四百六十一条　【权利人的损害赔偿请求权】占有的不动产或者动产毁损、灭失，该不动产或者动产的权利人请求赔偿的，占有人应当将因毁损、灭失取得的保险金、赔偿金或者补偿金等返还给权利人；权利人的损害未得到足够弥补的，恶意占有人还应当赔偿损失。

第四百六十二条　【占有保护请求权】占有的不动产或者动产被侵占的，占有人有权请求返还原物；对妨害占有的行为，占有人有权请求排除妨害或者消除危险；因侵占或者妨害造成损害的，占有人有权依法请求损害赔偿。

占有人返还原物的请求权，自侵占发生之日起一年内未行使的，该请求权消灭。

最高人民法院关于适用《中华人民共和国物权法》若干问题的解释（一）

1. 2015年12月10日最高人民法院审判委员会第1670次会议通过
2. 2016年2月22日公布
3. 法释〔2016〕5号
4. 自2016年3月1日起施行

为正确审理物权纠纷案件，根据《中华人民共和国物权法》的相关规定，结合民事审判实践，制定本解释。

第一条　因不动产物权的归属，以及作为不动产物权登记基础的买卖、赠与、抵押等产生争议，当事人提起民事诉讼的，应当依法受理。当事人已经在行政诉讼中申请一并解决上述民事争议，且人民法院一并审理的除外。

第二条　当事人有证据证明不动产登记簿的记载与真实权利状态不符、其为该不动产物权的真实权利人，请求确认其享有物权的，应予支持。

第三条　异议登记因物权法第十九条第二款规定的事由失效后，当事人提起民事诉讼，请求确认物权归属的，应当依法受理。异议登记失效不影响人民法院对案件的实体审理。

第四条　未经预告登记的权利人同意，转移不动产所有权，或者设定建设用地使用权、地役权、抵押权等其他物权的，应当依照物权法第二十条第一款的规定，认定其不发生物权效力。

第五条 买卖不动产物权的协议被认定无效、被撤销、被解除，或者预告登记的权利人放弃债权的，应当认定为物权法第二十条第二款所称的“债权消灭”。

第六条 转让人转移船舶、航空器和机动车等所有权，受让人已经支付对价并取得占有，虽未经登记，但转让人的债权人主张其为物权法第二十四条所称的“善意第三人”的，不予支持，法律另有规定的除外。

第七条 人民法院、仲裁委员会在分割共有不动产或者动产等案件中作出并依法生效的改变原有物权关系的判决书、裁决书、调解书，以及人民法院在执行程序中作出的拍卖成交裁定书、以物抵债裁定书，应当认定为物权法第二十八条所称导致物权设立、变更、转让或者消灭的人民法院、仲裁委员会的法律文书。

第八条 依照物权法第二十八条至第三十条规定享有物权，但尚未完成动产交付或者不动产登记的物权人，根据物权法第三十四条至第三十七条的规定，请求保护其物权的，应予支持。

第九条 共有份额的权利主体因继承、遗赠等原因发生变化时，其他按份共有人主张优先购买的，不予支持，但按份共有人之间另有约定的除外。

第十条 物权法第一百零一条所称的“同等条件”，应当综合共有份额的转让价格、价款履行方式及期限等因素确定。

第十一条 优先购买权的行使期间，按份共有人之间有约定的，按照约定处理；没有约定或者约定不明的，按照下列情形确定：

（一）转让人向其他按份共有人发出的包含同等条件内容的通知中载明行使期间的，以该期间为准；

（二）通知中未载明行使期间，或者载明的期间短于通知送达之日起十五日的，为十五日；

（三）转让人未通知的，为其他按份共有人知道或者应当知道最终确定的同等条件之日起十五日；

（四）转让人未通知，且无法确定其他按份共有人知道或者应当知道最终确定的同等条件的，为共有份额权属转移之日起六个月。

第十二条 按份共有人向共有人之外的人转让其份额，其他按份共有人根据法律、司法解释规定，请求按照同等条件购买该共有份额的，应予支持。

其他按份共有人的请求具有下列情形之一的，不予支持：

（一）未在本解释第十一条规定的期间内主张优先购买，或者虽主张优先购买，但提出减少转让价款、增加转让人负担等实质性变更要求；

（二）以其优先购买权受到侵害为由，仅请求撤销共有份额转让合同或者认定该合同无效。

第十三条 按份共有人之间转让共有份额，其他按份共有人主张根据物权法第一百零一条规定优先购买的，不予支持，但按份共有人之间另有约定的除外。

第十四条 两个以上按份共有人主张优先购买且协商不成时，请求按照转让时各自份额比例行使优先购买权的，应予支持。

第十五条 受让人受让不动产或者动产时，不知道转让人无处分权，且无重大过失的，应当认定受让人为善意。

真实权利人主张受让人不构成善意的，应当承担举证证明责任。

第十六条 具有下列情形之一的，应当认定不动产受让人知道转让人无处分权：

（一）登记簿上存在有效的异议登记；

（二）预告登记有效期内，未经预告登记的权利人同意；

（三）登记簿上已经记载司法机关或者行政机关依法裁定、决定查封或者以其他形式限制不动产权利的有关事项；

（四）受让人知道登记簿上记载的权利主体错误；

（五）受让人知道他人已经依法享有不动产物权。

真实权利人有证据证明不动产受让人应当知道转让人无处分权的，应当认定受让人具有重大过失。

第十七条　受让人受让动产时，交易的对象、场所或者时机等不符合交易习惯的，应当认定受让人具有重大过失。

第十八条　物权法第一百零六条第一款第一项所称的“受让人受让该不动产或者动产时”，是指依法完成不动产物权转移登记或者动产交付之时。

当事人以物权法第二十五条规定的方式交付动产的，转让动产法律行为生效时为动产交付之时；当事人以物权法第二十六条规定的方式交付动产的，转让人与受让人之间有关转让返还原物请求权的协议生效时为动产交付之时。

法律对不动产、动产物权的设立另有规定的，应当按照法律规定的时间认定权利人是否为善意。

第十九条　物权法第一百零六条第一款第二项所称“合理的价格”，应当根据转让标的物的性质、数量以及付款方式等具体情况，参考转让时交易地市场价格以及交易习惯等因素综合认定。

第二十条　转让人将物权法第二十四条规定的船舶、航空器和机动车等交付给受让人的，应当认定符合物权法第一百零六条第一款第三项规定的善意取得的条件。

第二十一条　具有下列情形之一，受让人主张根据物权法第一百零六条规定取得所有权的，不予支持：

（一）转让合同因违反合同法第五十二条规定被认定无效；

（二）转让合同因受让人存在欺诈、胁迫或者乘人之危等法定事由被撤销。

第二十二条　本解释自2016年3月1日起施行。

本解释施行后人民法院新受理的一审案件，适用本解释。

本解释施行前人民法院已经受理、施行后尚未审结的一审、二审案件，以及本解释施行前已经终审、施行后当事人申请再审或者按照审判监督程序决定再审的案件，不适用本解释。

中华人民共和国土地管理法

1. 1986年6月25日第六届全国人民代表大会常务委员会第十六次会议通过

2. 根据1988年12月29日第七届全国人民代表大会常务委员会第五次会议《关于修改〈中华人民共和国土地管理法〉的决定》第一次修正

3. 1998年8月29日第九届全国人民代表大会常务委员会第四次会议修订

4. 根据2004年8月28日第十届全国人民代表大会常务委员会第十一次会议《关于修改〈中华人民共和国土地管理法〉的决定》第二次修正

5. 根据2019年8月26日第十三届全国人民代表大会常务委员会第十二次会议《关于修改〈中华人民共和国土地管理法〉、〈中华人民共和国城市房地产管理法〉的决定》第三次修正

目　录

第一章 总 则

第一条 【立法目的】为了加强土地管理，维护土地的社会主义公有制，保护、开发土地资源，合理利用土地，切实保护耕地，促进社会经济的可持续发展，根据宪法，制定本法。

第二条 【所有制形式】中华人民共和国实行土地的社会主义公有制，即全民所有制和劳动群众集体所有制。

全民所有，即国家所有土地的所有权由国务院代表国家行使。

任何单位和个人不得侵占、买卖或者以其他形式非法转让土地。土地使用权可以依法转让。

国家为了公共利益的需要，可以依法对土地实行征收或者征用并给予补偿。

国家依法实行国有土地有偿使用制度。但是，国家在法律规定的范围内划拨国有土地使用权的除外。

第三条 【基本国策】十分珍惜、合理利用土地和切实保护耕地是我国的基本国策。各级人民政府应当采取措施，全面规划，严格管理，保护、开发土地资源，制止非法占用土地的行为。

第四条 【土地用途管制制度】国家实行土地用途管制制度。

国家编制土地利用总体规划，规定土地用途，将土地分为农用地、建设用地和未利用地。严格限制农用地转为建设用地，控制建设用地总量，对耕地实行特殊保护。

前款所称农用地是指直接用于农业生产的土地，包括耕地、林地、草地、农田水利用地、养殖水面等；建设用地是指建造建筑物、构筑物的土地，包括城乡住宅和公共设施用地、工矿用地、交通水利设施用地、旅游用地、军事设施用地等；未利用地是指农用地和建设用地以外的土地。

使用土地的单位和个人必须严格按照土地利用总体规划确定的用途使用土地。

第五条 【主管部门】国务院自然资源主管部门统一负责全国土地的管理和监督工作。

县级以上地方人民政府自然资源主管部门的设置及其职责，由省、自治区、直辖市人民政府根据国务院有关规定确定。

第六条 【督察机构】国务院授权的机构对省、自治区、直辖市人民政府以及国务院确定的城市人民政府土地利用和土地管理情况进行督察。

第七条 【单位、个人的权利和义务】任何单位和个人都有遵守土地管理法律、法规的义务，并有权对违反土地管理法律、法规的行为提出检举和控告。

第八条 【奖励】在保护和开发土地资源、合理利用土地以及进行有关的科学研究等方面成绩显著的单位和个人，由人民政府给予奖励。

第二章 土地的所有权和使用权

第九条 【所有权归属】城市市区的土地属于国家所有。

农村和城市郊区的土地，除由法律规定属于国家所有的以外，属于农民集体所有；宅基地和自留地、自留山，属于农民集体所有。

第十条 【单位、个人的土地使用权和相应义务】国有土地和农民集体所有的土地，可以依法确定给单位或者个人使用。使用土地的单位和个人，有保护、管理和合理利用土地的义务。

第十一条　【集体所有土地的经营、管理】农民集体所有的土地依法属于村农民集体所有的，由村集体经济组织或者村民委员会经营、管理；已经分别属于村内两个以上农村集体经济组织的农民集体所有的，由村内各该农村集体经济组织或者村民小组经营、管理；已经属于乡（镇）农民集体所有的，由乡（镇）农村集体经济组织经营、管理。

第十二条　【土地登记】土地的所有权和使用权的登记，依照有关不动产登记的法律、行政法规执行。

依法登记的土地的所有权和使用权受法律保护，任何单位和个人不得侵犯。

第十三条　【承包期限】农民集体所有和国家所有依法由农民集体使用的耕地、林地、草地，以及其他依法用于农业的土地，采取农村集体经济组织内部的家庭承包方式承包，不宜采取家庭承包方式的荒山、荒沟、荒丘、荒滩等，可以采取招标、拍卖、公开协商等方式承包，从事种植业、林业、畜牧业、渔业生产。家庭承包的耕地的承包期为三十年，草地的承包期为三十年至五十年，林地的承包期为三十年至七十年；耕地承包期届满后再延长三十年，草地、林地承包期届满后依法相应延长。

国家所有依法用于农业的土地可以由单位或者个人承包经营，从事种植业、林业、畜牧业、渔业生产。

发包方和承包方应当依法订立承包合同，约定双方的权利和义务。承包经营土地的单位和个人，有保护和按照承包合同约定的用途合理利用土地的义务。

第十四条　【争议解决】土地所有权和使用权争议，由当事人协商解决；协商不成的，由人民政府处理。

单位之间的争议，由县级以上人民政府处理；个人之间、个人与单位之间的争议，由乡级人民政府或者县级以上人民政府处理。

当事人对有关人民政府的处理决定不服的，可以自接到处理决定通知之日起三十日内，向人民法院起诉。

在土地所有权和使用权争议解决前，任何一方不得改变土地利用现状。

第三章　土地利用总体规划

第十五条　【规划要求、期限】各级人民政府应当依据国民经济和社会发展规划、国土整治和资源环境保护的要求、土地供给能力以及各项建设对土地的需求，组织编制土地利用总体规划。

土地利用总体规划的规划期限由国务院规定。

第十六条　【规划权限】下级土地利用总体规划应当依据上一级土地利用总体规划编制。

地方各级人民政府编制的土地利用总体规划中的建设用地总量不得超过上一级土地利用总体规划确定的控制指标，耕地保有量不得低于上一级土地利用总体规划确定的控制指标。

省、自治区、直辖市人民政府编制的土地利用总体规划，应当确保本行政区域内耕地总量不减少。

第十七条　【编制原则】土地利用总体规划按照下列原则编制：

（一）落实国土空间开发保护要求，严格土地用途管制；

（二）严格保护永久基本农田，严格控制非农业建设占用农用地；

（三）提高土地节约集约利用水平；

（四）统筹安排城乡生产、生活、生态用地，满足乡村产业和基础设施用地合理需求，促进城乡融合发展；

（五）保护和改善生态环境，保障土地的可持续利用；

（六）占用耕地与开发复垦耕地数量平衡、质量相当。

第十八条 【规划体系】国家建立国土空间规划体系。编制国土空间规划应当坚持生态优先，绿色、可持续发展，科学有序统筹安排生态、农业、城镇等功能空间，优化国土空间结构和布局，提升国土空间开发、保护的质量和效率。

经依法批准的国土空间规划是各类开发、保护、建设活动的基本依据。已经编制国土空间规划的，不再编制土地利用总体规划和城乡规划。

第十九条 【土地用途】县级土地利用总体规划应当划分土地利用区，明确土地用途。

乡（镇）土地利用总体规划应当划分土地利用区，根据土地使用条件，确定每一块土地的用途，并予以公告。

第二十条 【分级审批】土地利用总体规划实行分级审批。

省、自治区、直辖市的土地利用总体规划，报国务院批准。

省、自治区人民政府所在地的市、人口在一百万以上的城市以及国务院指定的城市的土地利用总体规划，经省、自治区人民政府审查同意后，报国务院批准。

本条第二款、第三款规定以外的土地利用总体规划，逐级上报省、自治区、直辖市人民政府批准；其中，乡（镇）土地利用总体规划可以由省级人民政府授权的设区的市、自治州人民政府批准。

土地利用总体规划一经批准，必须严格执行。

第二十一条 【建设用地规模】城市建设用地规模应当符合国家规定的标准，充分利用现有建设用地，不占或者尽量少占农用地。

城市总体规划、村庄和集镇规划，应当与土地利用总体规划相衔接，城市总体规划、村庄和集镇规划中建设用地规模不得超过土地利用总体规划确定的城市和村庄、集镇建设用地规模。

在城市规划区内、村庄和集镇规划区内，城市和村庄、集镇建设用地应当符合城市规划、村庄和集镇规划。

第二十二条 【规划的衔接】江河、湖泊综合治理和开发利用规划，应当与土地利用总体规划相衔接。在江河、湖泊、水库的管理和保护范围以及蓄洪滞洪区内，土地利用应当符合江河、湖泊综合治理和开发利用规划，符合河道、湖泊行洪、蓄洪和输水的要求。

第二十三条 【计划管理】各级人民政府应当加强土地利用计划管理，实行建设用地总量控制。

土地利用年度计划，根据国民经济和社会发展计划、国家产业政策、土地利用总体规划以及建设用地和土地利用的实际状况编制。土地利用年度计划应当对本法第六十三条规定的集体经营性建设用地作出合理安排。土地利用年度计划的编制审批程序与土地利用总体规划的编制审批程序相同，一经审批下达，必须严格执行。

第二十四条 【计划执行情况报告】省、自治区、直辖市人民政府应当将土地利用年度计划的执行情况列为国民经济和社会发展计划执行情况的内容，向同级人民代表大会报告。

第二十五条　【规划的修改】经批准的土地利用总体规划的修改，须经原批准机关批准；未经批准，不得改变土地利用总体规划确定的土地用途。

经国务院批准的大型能源、交通、水利等基础设施建设用地，需要改变土地利用总体规划的，根据国务院的批准文件修改土地利用总体规划。

经省、自治区、直辖市人民政府批准的能源、交通、水利等基础设施建设用地，需要改变土地利用总体规划的，属于省级人民政府土地利用总体规划批准权限内的，根据省级人民政府的批准文件修改土地利用总体规划。

第二十六条　【土地调查】国家建立土地调查制度。

县级以上人民政府自然资源主管部门会同同级有关部门进行土地调查。土地所有者或者使用者应当配合调查，并提供有关资料。

第二十七条　【土地等级评定】县级以上人民政府自然资源主管部门会同同级有关部门根据土地调查成果、规划土地用途和国家制定的统一标准，评定土地等级。

第二十八条　【土地统计】国家建立土地统计制度。

县级以上人民政府统计机构和自然资源主管部门依法进行土地统计调查，定期发布土地统计资料。土地所有者或者使用者应当提供有关资料，不得拒报、迟报，不得提供不真实、不完整的资料。

统计机构和自然资源主管部门共同发布的土地面积统计资料是各级人民政府编制土地利用总体规划的依据。

第二十九条　【动态监测】国家建立全国土地管理信息系统，对土地利用状况进行动态监测。

第四章　耕地保护

第三十条　【耕地补偿制度】国家保护耕地，严格控制耕地转为非耕地。

国家实行占用耕地补偿制度。非农业建设经批准占用耕地的，按照“占多少，垦多少”的原则，由占用耕地的单位负责开垦与所占用耕地的数量和质量相当的耕地；没有条件开垦或者开垦的耕地不符合要求的，应当按照省、自治区、直辖市的规定缴纳耕地开垦费，专款用于开垦新的耕地。

省、自治区、直辖市人民政府应当制定开垦耕地计划，监督占用耕地的单位按照计划开垦耕地或者按照计划组织开垦耕地，并进行验收。

第三十一条　【耕地耕作层土壤】县级以上地方人民政府可以要求占用耕地的单位将所占用耕地耕作层的土壤用于新开垦耕地、劣质地或者其他耕地的土壤改良。

第三十二条　【耕地总量和质量】省、自治区、直辖市人民政府应当严格执行土地利用总体规划和土地利用年度计划，采取措施，确保本行政区域内耕地总量不减少、质量不降低。耕地总量减少的，由国务院责令在规定期限内组织开垦与所减少耕地的数量与质量相当的耕地；耕地质量降低的，由国务院责令在规定期限内组织整治。新开垦和整治的耕地由国务院自然资源主管部门会同农业农村主管部门验收。

个别省、直辖市确因土地后备资源匮乏，新增建设用地后，新开垦耕地的数量不足以补偿所占用耕地的数量的，必须报经国务院批准减免本行政区域内开垦耕地的数量，易地开垦数量和质量相当的耕地。

第三十三条 【基本农田保护制度】国家实行永久基本农田保护制度。下列耕地应当根据土地利用总体规划划为永久基本农田，实行严格保护：

（一）经国务院农业农村主管部门或者县级以上地方人民政府批准确定的粮、棉、油、糖等重要农产品生产基地内的耕地；

（二）有良好的水利与水土保持设施的耕地，正在实施改造计划以及可以改造的中、低产田和已建成的高标准农田；

（三）蔬菜生产基地；

（四）农业科研、教学试验田；

（五）国务院规定应当划为永久基本农田的其他耕地。

各省、自治区、直辖市划定的永久基本农田一般应当占本行政区域内耕地的百分之八十以上，具体比例由国务院根据各省、自治区、直辖市耕地实际情况规定。

第三十四条 【永久基本农田的划定、管理】永久基本农田划定以乡（镇）为单位进行，由县级人民政府自然资源主管部门会同同级农业农村主管部门组织实施。永久基本农田应当落实到地块，纳入国家永久基本农田数据库严格管理。

乡（镇）人民政府应当将永久基本农田的位置、范围向社会公告，并设立保护标志。

第三十五条 【永久基本农田的转用、征收】永久基本农田经依法划定后，任何单位和个人不得擅自占用或者改变其用途。国家能源、交通、水利、军事设施等重点建设项目选址确实难以避让永久基本农田，涉及农用地转用或者土地征收的，必须经国务院批准。

禁止通过擅自调整县级土地利用总体规划、乡（镇）土地利用总体规划等方式规避永久基本农田农用地转用或者土地征收的审批。

第三十六条 【改良土壤】各级人民政府应当采取措施，引导因地制宜轮作休耕，改良土壤，提高地力，维护排灌工程设施，防止土地荒漠化、盐渍化、水土流失和土壤污染。

第三十七条 【非农业建设使用土地】非农业建设必须节约使用土地，可以利用荒地的，不得占用耕地；可以利用劣地的，不得占用好地。

禁止占用耕地建窑、建坟或者擅自在耕地上建房、挖砂、采石、采矿、取土等。

禁止占用永久基本农田发展林果业和挖塘养鱼。

第三十八条 【闲置、荒芜耕地】禁止任何单位和个人闲置、荒芜耕地。已经办理审批手续的非农业建设占用耕地，一年内不用而又可以耕种并收获的，应当由原耕种该幅耕地的集体或者个人恢复耕种，也可以由用地单位组织耕种；一年以上未动工建设的，应当按照省、自治区、直辖市的规定缴纳闲置费；连续二年未使用的，经原批准机关批准，由县级以上人民政府无偿收回用地单位的土地使用权；该幅土地原为农民集体所有的，应当交由原农村集体经济组织恢复耕种。

在城市规划区范围内，以出让方式取得土地使用权进行房地产开发的闲置土地，依照《中华人民共和国城市房地产管理法》的有关规定办理。

第三十九条 【土地开发】国家鼓励单位和个人按照土地利用总体规划，在保护和改善生态环境、防止水土流失和土地荒漠化的前提下，开发未利用的土地；适宜开发为农用地的，应当优先开发成农用地。

国家依法保护开发者的合法权益。

第四十条　【开垦条件】开垦未利用的土地，必须经过科学论证和评估，在土地利用总体规划划定的可开垦的区域内，经依法批准后进行。禁止毁坏森林、草原开垦耕地，禁止围湖造田和侵占江河滩地。

根据土地利用总体规划，对破坏生态环境开垦、围垦的土地，有计划有步骤地退耕还林、还牧、还湖。

第四十一条　【开垦组织使用权】开发未确定使用权的国有荒山、荒地、荒滩从事种植业、林业、畜牧业、渔业生产的，经县级以上人民政府依法批准，可以确定给开发单位或者个人长期使用。

第四十二条　【土地整理】国家鼓励土地整理。县、乡（镇）人民政府应当组织农村集体经济组织，按照土地利用总体规划，对田、水、路、林、村综合整治，提高耕地质量，增加有效耕地面积，改善农业生产条件和生态环境。

地方各级人民政府应当采取措施，改造中、低产田，整治闲散地和废弃地。

第四十三条　【土地复垦】因挖损、塌陷、压占等造成土地破坏，用地单位和个人应当按照国家有关规定负责复垦；没有条件复垦或者复垦不符合要求的，应当缴纳土地复垦费，专项用于土地复垦。复垦的土地应当优先用于农业。

第五章　建设用地

第四十四条　【农用地转用审批】建设占用土地，涉及农用地转为建设用地的，应当办理农用地转用审批手续。

永久基本农田转为建设用地的，由国务院批准。

在土地利用总体规划确定的城市和村庄、集镇建设用地规模范围内，为实施该规划而将永久基本农田以外的农用地转为建设用地的，按土地利用年度计划分批次按照国务院规定由原批准土地利用总体规划的机关或者其授权的机关批准。在已批准的农用地转用范围内，具体建设项目用地可以由市、县人民政府批准。

在土地利用总体规划确定的城市和村庄、集镇建设用地规模范围外，将永久基本农田以外的农用地转为建设用地的，由国务院或者国务院授权的省、自治区、直辖市人民政府批准。

第四十五条　【农村集体所有土地的征收】为了公共利益的需要，有下列情形之一，确需征收农民集体所有的土地的，可以依法实施征收：

（一）军事和外交需要用地的；

（二）由政府组织实施的能源、交通、水利、通信、邮政等基础设施建设需要用地的；

（三）由政府组织实施的科技、教育、文化、卫生、体育、生态环境和资源保护、防灾减灾、文物保护、社区综合服务、社会福利、市政公用、优抚安置、英烈保护等公共事业需要用地的；

（四）由政府组织实施的扶贫搬迁、保障性安居工程建设需要用地的；

（五）在土地利用总体规划确定的城镇建设用地范围内，经省级以上人民政府批准由县级以上地方人民政府组织实施的成片开发建设需要用地的；

（六）法律规定为公共利益需要可以征收农民集体所有的土地的其他情形。

前款规定的建设活动，应当符合国民经济和社会发展规划、土地利用总体规划、城乡规划和专项规划；第（四）项、第（五）项规定的建设活动，还应当纳入国民经济和社会发展年度计划；第（五）项规定的成片开发并应当符合国务院自然资源主管部门规定的标准。

第四十六条 【土地征收的审批】征收下列土地的，由国务院批准：

（一）永久基本农田；

（二）永久基本农田以外的耕地超过三十五公顷的；

（三）其他土地超过七十公顷的。

征收前款规定以外的土地的，由省、自治区、直辖市人民政府批准。

征收农用地的，应当依照本法第四十四条的规定先行办理农用地转用审批。其中，经国务院批准农用地转用的，同时办理征地审批手续，不再另行办理征地审批；经省、自治区、直辖市人民政府在征地批准权限内批准农用地转用的，同时办理征地审批手续，不再另行办理征地审批，超过征地批准权限的，应当依照本条第一款的规定另行办理征地审批。

第四十七条 【土地征收的公告】国家征收土地的，依照法定程序批准后，由县级以上地方人民政府予以公告并组织实施。

县级以上地方人民政府拟申请征收土地的，应当开展拟征收土地现状调查和社会稳定风险评估，并将征收范围、土地现状、征收目的、补偿标准、安置方式和社会保障等在拟征收土地所在的乡（镇）和村、村民小组范围内公告至少三十日，听取被征地的农村集体经济组织及其成员、村民委员会和其他利害关系人的意见。

多数被征地的农村集体经济组织成员认为征地补偿安置方案不符合法律、法规规定的，县级以上地方人民政府应当组织召开听证会，并根据法律、法规的规定和听证会情况修改方案。

拟征收土地的所有权人、使用权人应当在公告规定期限内，持不动产权属证明材料办理补偿登记。县级以上地方人民政府应当组织有关部门测算并落实有关费用，保证足额到位，与拟征收土地的所有权人、使用权人就补偿、安置等签订协议；个别确实难以达成协议的，应当在申请征收土地时如实说明。

相关前期工作完成后，县级以上地方人民政府方可申请征收土地。

第四十八条 【征收土地补偿】征收土地应当给予公平、合理的补偿，保障被征地农民原有生活水平不降低、长远生计有保障。

征收土地应当依法及时足额支付土地补偿费、安置补助费以及农村村民住宅、其他地上附着物和青苗等的补偿费用，并安排被征地农民的社会保障费用。

征收农用地的土地补偿费、安置补助费标准由省、自治区、直辖市通过制定公布区片综合地价确定。制定区片综合地价应当综合考虑土地原用途、土地资源条件、土地产值、土地区位、土地供求关系、人口以及经济社会发展水平等因素，并至少每三年调整或者重新公布一次。

征收农用地以外的其他土地、地上附着物和青苗等的补偿标准，由省、自治区、直辖市制定。对其中的农村村民住宅，应当按照先补偿后搬迁、居住条件有改善的原则，尊重农村村民意愿，采取重新安排宅基地建房、提供安置房或者货币补偿等方式给予公平、合理的补偿，并对因征收造成的搬迁、临时安置等费用予以补偿，保障农村村民居住的权利和合法的住房财产权益。

县级以上地方人民政府应当将被征地农民纳入相应的养老等社会保障体系。被征地农民的社会保障费用主要用于符合条件的被征地农民的养老保险等社会保险缴费补贴。被征地农民社会保障费用的筹集、管理和使用办法，由省、自治区、直辖市制定。

第四十九条　【补偿费用收支情况公布】被征地的农村集体经济组织应当将征收土地的补偿费用的收支状况向本集体经济组织的成员公布，接受监督。

禁止侵占、挪用被征收土地单位的征地补偿费用和其他有关费用。

第五十条　【政府支持】地方各级人民政府应当支持被征地的农村集体经济组织和农民从事开发经营，兴办企业。

第五十一条　【大型工程征地】大中型水利、水电工程建设征收土地的补偿费标准和移民安置办法，由国务院另行规定。

第五十二条　【建设项目可行性审查】建设项目可行性研究论证时，自然资源主管部门可以根据土地利用总体规划、土地利用年度计划和建设用地标准，对建设用地有关事项进行审查，并提出意见。

第五十三条　【国有建设用地的审批】经批准的建设项目需要使用国有建设用地的，建设单位应当持法律、行政法规规定的有关文件，向有批准权的县级以上人民政府自然资源主管部门提出建设用地申请，经自然资源主管部门审查，报本级人民政府批准。

第五十四条　【使用权取得方式】建设单位使用国有土地，应当以出让等有偿使用方式取得；但是，下列建设用地，经县级以上人民政府依法批准，可以以划拨方式取得：

（一）国家机关用地和军事用地；

（二）城市基础设施用地和公益事业用地；

（三）国家重点扶持的能源、交通、水利等基础设施用地；

（四）法律、行政法规规定的其他用地。

第五十五条　【土地有偿使用费】以出让等有偿使用方式取得国有土地使用权的建设单位，按照国务院规定的标准和办法，缴纳土地使用权出让金等土地有偿使用费和其他费用后，方可使用土地。

自本法施行之日起，新增建设用地的土地有偿使用费，百分之三十上缴中央财政，百分之七十留给有关地方人民政府。具体使用管理办法由国务院财政部门会同有关部门制定，并报国务院批准。

第五十六条　【建设用途】建设单位使用国有土地的，应当按照土地使用权出让等有偿使用合同的约定或者土地使用权划拨批准文件的规定使用土地；确需改变该幅土地建设用途的，应当经有关人民政府自然资源主管部门同意，报原批准用地的人民政府批准。其中，在城市规划区内改变土地用途的，在报批前，应当先经有关城市规划行政主管部门同意。

第五十七条　【临时用地】建设项目施工和地质勘查需要临时使用国有土地或者农民集体所有的土地的，由县级以上人民政府自然资源主管部门批准。其中，在城市规划区内的临时用地，在报批前，应当先经有关城市规划行政主管部门同意。土地使用者应当根据土地权属，与有关自然资源主管部门或者农村集体经济组织、村民委员会签订临时使用土地合同，并按照合同的约定支付临时使用土地补偿费。

临时使用土地的使用者应当按照临时使用土地合同约定的用途使用土地，并不得修建永久性建筑物。

临时使用土地期限一般不超过二年。

第五十八条　【收回国有土地使用权】有下列情形之一的，由有关人民政府自然资源主管部门报经原批准用地的人民政府或者有批准权的人民政府批准，可以收回国有土地使用权：

（一）为实施城市规划进行旧城区改建以及其他公共利益需要，确需使用土地的；

（二）土地出让等有偿使用合同约定的使用期限届满，土地使用者未申请续期或者申请续期未获批准的；

（三）因单位撤销、迁移等原因，停止使用原划拨的国有土地的；

（四）公路、铁路、机场、矿场等经核准报废的。

依照前款第（一）项的规定收回国有土地使用权的，对土地使用权人应当给予适当补偿。

第五十九条 【乡镇建设用地规划及审批】 乡镇企业、乡（镇）村公共设施、公益事业、农村村民住宅等乡（镇）村建设，应当按照村庄和集镇规划，合理布局，综合开发，配套建设；建设用地，应当符合乡（镇）土地利用总体规划和土地利用年度计划，并依照本法第四十四条、第六十条、第六十一条、第六十二条的规定办理审批手续。

第六十条 【乡镇企业用地审批】 农村集体经济组织使用乡（镇）土地利用总体规划确定的建设用地兴办企业或者与其他单位、个人以土地使用权入股、联营等形式共同举办企业的，应当持有关批准文件，向县级以上地方人民政府自然资源主管部门提出申请，按照省、自治区、直辖市规定的批准权限，由县级以上地方人民政府批准；其中，涉及占用农用地的，依照本法第四十四条的规定办理审批手续。

按照前款规定兴办企业的建设用地，必须严格控制。省、自治区、直辖市可以按照乡镇企业的不同行业和经营规模，分别规定用地标准。

第六十一条 【公共设施公益事业建设用地审批】 乡（镇）村公共设施、公益事业建设，需要使用土地的，经乡（镇）人民政府审核，向县级以上地方人民政府自然资源主管部门提出申请，按照省、自治区、直辖市规定的批准权限，由县级以上地方人民政府批准；其中，涉及占用农用地的，依照本法第四十四条的规定办理审批手续。

第六十二条 【宅基地】 农村村民一户只能拥有一处宅基地，其宅基地的面积不得超过省、自治区、直辖市规定的标准。

人均土地少、不能保障一户拥有一处宅基地的地区，县级人民政府在充分尊重农村村民意愿的基础上，可以采取措施，按照省、自治区、直辖市规定的标准保障农村村民实现户有所居。

农村村民建住宅，应当符合乡（镇）土地利用总体规划、村庄规划，不得占用永久基本农田，并尽量使用原有的宅基地和村内空闲地。编制乡（镇）土地利用总体规划、村庄规划应当统筹并合理安排宅基地用地，改善农村村民居住环境和条件。

农村村民住宅用地，由乡（镇）人民政府审核批准；其中，涉及占用农用地的，依照本法第四十四条的规定办理审批手续。

农村村民出卖、出租、赠与住宅后，再申请宅基地的，不予批准。

国家允许进城落户的农村村民依法自愿有偿退出宅基地，鼓励农村集体经济组织及其成员盘活利用闲置宅基地和闲置住宅。

国务院农业农村主管部门负责全国农村宅基地改革和管理有关工作。

第六十三条 【使用权转移】 土地利用总体规划、城乡规划确定为工业、商业等经营性用途，并经依法登记的集体经营性建设用地，土地所有权人可以通过出让、出租等方式交由单位或者个人使用，并应当签订书面合同，载明土地界址、面积、动工期限、使用期限、土地用途、规划条件和双方其他权利义务。

前款规定的集体经营性建设用地出让、出租等，应当经本集体经济组织成员的村民会议三分之二以上成员或者三分之二以上村民代表的同意。

通过出让等方式取得的集体经营性建设用地使用权可以转让、互换、出资、赠与或者抵押，但法律、行政法规另有规定或者土地所有权人、土地使用权人签订的书面合同另有约定的除外。

集体经营性建设用地的出租，集体建设用地使用权的出让及其最高年限、转让、互换、出资、赠与、抵押等，参照同类用途的国有建设用地执行。具体办法由国务院制定。

第六十四条　【土地使用规范】集体建设用地的使用者应当严格按照土地利用总体规划、城乡规划确定的用途使用土地。

第六十五条　【禁止重建、扩建的情形】在土地利用总体规划制定前已建的不符合土地利用总体规划确定的用途的建筑物、构筑物，不得重建、扩建。

第六十六条　【收回集体土地使用权】有下列情形之一的，农村集体经济组织报经原批准用地的人民政府批准，可以收回土地使用权：

（一）为乡（镇）村公共设施和公益事业建设，需要使用土地的；

（二）不按照批准的用途使用土地的；

（三）因撤销、迁移等原因而停止使用土地的。

依照前款第（一）项规定收回农民集体所有的土地的，对土地使用权人应当给予适当补偿。

收回集体经营性建设用地使用权，依照双方签订的书面合同办理，法律、行政法规另有规定的除外。

第六章　监督检查

第六十七条　【检查机关】县级以上人民政府自然资源主管部门对违反土地管理法律、法规的行为进行监督检查。

县级以上人民政府农业农村主管部门对违反农村宅基地管理法律、法规的行为进行监督检查的，适用本法关于自然资源主管部门监督检查的规定。

土地管理监督检查人员应当熟悉土地管理法律、法规，忠于职守、秉公执法。

第六十八条　【监督措施】县级以上人民政府自然资源主管部门履行监督检查职责时，有权采取下列措施：

（一）要求被检查的单位或者个人提供有关土地权利的文件和资料，进行查阅或者予以复制；

（二）要求被检查的单位或者个人就有关土地权利的问题作出说明；

（三）进入被检查单位或者个人非法占用的土地现场进行勘测；

（四）责令非法占用土地的单位或者个人停止违反土地管理法律、法规的行为。

第六十九条　【出示检查证件】土地管理监督检查人员履行职责，需要进入现场进行勘测、要求有关单位或者个人提供文件、资料和作出说明的，应当出示土地管理监督检查证件。

第七十条　【合作义务】有关单位和个人对县级以上人民政府自然资源主管部门就土地违法行为进行的监督检查应当支持

与配合，并提供工作方便，不得拒绝与阻碍土地管理监督检查人员依法执行职务。

第七十一条 【对国家工作人员的监督】县级以上人民政府自然资源主管部门在监督检查工作中发现国家工作人员的违法行为，依法应当给予处分的，应当依法予以处理；自己无权处理的，应当依法移送监察机关或者有关机关处理。

第七十二条 【违法行为的处理】县级以上人民政府自然资源主管部门在监督检查工作中发现土地违法行为构成犯罪的，应当将案件移送有关机关，依法追究刑事责任；尚不构成犯罪的，应当依法给予行政处罚。

第七十三条 【上级监督下级】依照本法规定应当给予行政处罚，而有关自然资源主管部门不给予行政处罚的，上级人民政府自然资源主管部门有权责令有关自然资源主管部门作出行政处罚决定或者直接给予行政处罚，并给予有关自然资源主管部门的负责人处分。

第七章 法律责任

第七十四条 【非法转让土地、将农用地改为建设用地责任】买卖或者以其他形式非法转让土地的，由县级以上人民政府自然资源主管部门没收违法所得；对违反土地利用总体规划擅自将农用地改为建设用地的，限期拆除在非法转让的土地上新建的建筑物和其他设施，恢复土地原状，对符合土地利用总体规划的，没收在非法转让的土地上新建的建筑物和其他设施；可以并处罚款；对直接负责的主管人员和其他直接责任人员，依法给予处分；构成犯罪的，依法追究刑事责任。

第七十五条 【非法占用耕地责任】违反本法规定，占用耕地建窑、建坟或者擅自在耕地上建房、挖砂、采石、采矿、取土等，破坏种植条件的，或者因开发土地造成土地荒漠化、盐渍化的，由县级以上人民政府自然资源主管部门、农业农村主管部门等按照职责责令限期改正或者治理，可以并处罚款；构成犯罪的，依法追究刑事责任。

第七十六条 【拒绝复垦土地责任】违反本法规定，拒不履行土地复垦义务的，由县级以上人民政府自然资源主管部门责令限期改正；逾期不改正的，责令缴纳复垦费，专项用于土地复垦，可以处以罚款。

第七十七条 【非法占用土地责任】未经批准或者采取欺骗手段骗取批准，非法占用土地的，由县级以上人民政府自然资源主管部门责令退还非法占用的土地，对违反土地利用总体规划擅自将农用地改为建设用地的，限期拆除在非法占用的土地上新建的建筑物和其他设施，恢复土地原状，对符合土地利用总体规划的，没收在非法占用的土地上新建的建筑物和其他设施，可以并处罚款；对非法占用土地单位的直接负责的主管人员和其他直接责任人员，依法给予处分；构成犯罪的，依法追究刑事责任。

超过批准的数量占用土地，多占的土地以非法占用土地论处。

第七十八条 【非法建住宅责任】农村村民未经批准或者采取欺骗手段骗取批准，非法占用土地建住宅的，由县级以上人民政府农业农村主管部门责令退还非法占用的土地，限期拆除在非法占用的土地上新建的房屋。

超过省、自治区、直辖市规定的标准，多占的土地以非法占用土地论处。

第七十九条 【非法批准责任】无权批准征收、使用土地的单位或者个人非法批准占用土地的，超越批准权限非法批准占用土地的，不按照土地利用总体规划确定的用途批准用地的，或者违反法律规定的程序批准占用、征收土地的，其批准文件无效，对非法批准征收、使用土地的直接负责的主管人员和其他直接责任人员，依法给予处分；构成犯罪的，依法追究刑事责任。非法批准、使用的土地应当收回，有关当事人拒不归还的，以非法占用土地论处。

非法批准征收、使用土地，对当事人造成损失的，依法应当承担赔偿责任。

第八十条　【非法侵占征地补偿费责任】侵占、挪用被征收土地单位的征地补偿费用和其他有关费用，构成犯罪的，依法追究刑事责任；尚不构成犯罪的，依法给予处分。

第八十一条　【拒还土地责任】依法收回国有土地使用权当事人拒不交出土地的，临时使用土地期满拒不归还的，或者不按照批准的用途使用国有土地的，由县级以上人民政府自然资源主管部门责令交还土地，处以罚款。

第八十二条　【擅自转移土地使用权责任】擅自将农民集体所有的土地通过出让、转让使用权或者出租等方式用于非农业建设，或者违反本法规定，将集体经营性建设用地通过出让、出租等方式交由单位或者个人使用的，由县级以上人民政府自然资源主管部门责令限期改正，没收违法所得，并处罚款。

第八十三条　【不拆除责任】依照本法规定，责令限期拆除在非法占用的土地上新建的建筑物和其他设施的，建设单位或者个人必须立即停止施工，自行拆除；对继续施工的，作出处罚决定的机关有权制止。建设单位或者个人对责令限期拆除的行政处罚决定不服的，可以在接到责令限期拆除决定之日起十五日内，向人民法院起诉；期满不起诉又不自行拆除的，由作出处罚决定的机关依法申请人民法院强制执行，费用由违法者承担。

第八十四条　【渎职】自然资源主管部门、农业农村主管部门的工作人员玩忽职守、滥用职权、徇私舞弊，构成犯罪的，依法追究刑事责任；尚不构成犯罪的，依法给予处分。

第八章　附　　则

第八十五条　【法律适用】外商投资企业使用土地的，适用本法；法律另有规定的，从其规定。

第八十六条　【执行】在根据本法第十八条的规定编制国土空间规划前，经依法批准的土地利用总体规划和城乡规划继续执行。

第八十七条　【施行日期】本法自 1999 年 1 月 1 日起施行。

中华人民共和国
土地管理法实施条例

1. 1998 年 12 月 27 日国务院令第 256 号公布

2. 根据 2011 年 1 月 8 日国务院令第 588 号《关于废止和修改部分行政法规的决定》第一次修订

3. 根据 2014 年 7 月 29 日国务院令第 653 号《关于修改部分行政法规的决定》第二次修订

第一章　总　　则

第一条　根据《中华人民共和国土地管理法》（以下简称《土地管理法》），制定本条例。

第二章　土地的所有权和使用权

第二条　下列土地属于全民所有即国家所有：

（一）城市市区的土地；

（二）农村和城市郊区中已经依法没收、征收、征购为国有的土地；

（三）国家依法征收的土地；

（四）依法不属于集体所有的林地、草地、荒地、滩涂及其他土地；

（五）农村集体经济组织全部成员转为城镇居民的，原属于其成员集体所有的土地；

（六）因国家组织移民、自然灾害等原因，农民成建制地集体迁移后不再使用的原属于迁移农民集体所有的土地。

第三条 国家依法实行土地登记发证制度。依法登记的土地所有权和土地使用权受法律保护，任何单位和个人不得侵犯。

土地登记内容和土地权属证书式样由国务院土地行政主管部门统一规定。

土地登记资料可以公开查询。

确认林地、草原的所有权或者使用权，确认水面、滩涂的养殖使用权，分别依照《森林法》、《草原法》和《渔业法》的有关规定办理。

第四条 农民集体所有的土地，由土地所有者向土地所在地的县级人民政府土地行政主管部门提出土地登记申请，由县级人民政府登记造册，核发集体土地所有权证书，确认所有权。

农民集体所有的土地依法用于非农业建设的，由土地使用者向土地所在地的县级人民政府土地行政主管部门提出土地登记申请，由县级人民政府登记造册，核发集体土地使用权证书，确认建设用地使用权。

设区的市人民政府可以对市辖区内农民集体所有的土地实行统一登记。

第五条 单位和个人依法使用的国有土地，由土地使用者向土地所在地的县级以上人民政府土地行政主管部门提出土地登记申请，由县级以上人民政府登记造册，核发国有土地使用权证书，确认使用权。其中，中央国家机关使用的国有土地的登记发证，由国务院土地行政主管部门负责，具体登记发证办法由国务院土地行政主管部门会同国务院机关事务管理局等有关部门制定。

未确定使用权的国有土地，由县级以上人民政府登记造册，负责保护管理。

第六条 依法改变土地所有权、使用权的，因依法转让地上建筑物、构筑物等附着物导致土地使用权转移的，必须向土地所在地的县级以上人民政府土地行政主管部门提出土地变更登记申请，由原土地登记机关依法进行土地所有权、使用权变更登记。土地所有权、使用权的变更，自变更登记之日起生效。

依法改变土地用途的，必须持批准文件，向土地所在地的县级以上人民政府土地行政主管部门提出土地变更登记申请，由原土地登记机关依法进行变更登记。

第七条 依照《土地管理法》的有关规定，收回用地单位的土地使用权的，由原土地登记机关注销土地登记。

土地使用权有偿使用合同约定的使用期限届满，土地使用者未申请续期或者虽申请续期未获批准的，由原土地登记机关注销土地登记。

第三章 土地利用总体规划

第八条 全国土地利用总体规划，由国务院土地行政主管部门会同国务院有关部门编制，报国务院批准。

省、自治区、直辖市的土地利用总体规划，由省、自治区、直辖市人民政府组织本级土地行政主管部门和其他有关部门编制，报国务院批准。

省、自治区人民政府所在地的市、人口在一百万以上的城市以及国务院指定的城市的土地利用总体规划，由各该市人民政府组织本级土地行政主管部门和其他有关部门编制，经省、自治区人民政府审查同意后，报国务院批准。

本条第一款、第二款、第三款规定以外的土地利用总体规划，由有关人民政府组织本级土地行政主管部门和其他有关部门编制，逐级上报省、自治区、直辖市人民政府批准；其中，乡（镇）土地利用总体规划，由乡（镇）人民政府编制，逐级上报省、自治区、直辖市人民政府或者省、自治区、直辖市人民政府授权的设区的市、自治州人民政府批准。

第九条　土地利用总体规划的规划期限一般为十五年。

第十条　依照《土地管理法》规定，土地利用总体规划应当将土地划分为农用地、建设用地和未利用地。

县级和乡（镇）土地利用总体规划应当根据需要，划定基本农田保护区、土地开垦区、建设用地区和禁止开垦区等；其中，乡（镇）土地利用总体规划还应当根据土地使用条件，确定每一块土地的用途。

土地分类和划定土地利用区的具体办法，由国务院土地行政主管部门会同国务院有关部门制定。

第十一条　乡（镇）土地利用总体规划经依法批准后，乡（镇）人民政府应当在本行政区域内予以公告。

公告应当包括下列内容：

（一）规划目标；

（二）规划期限；

（三）规划范围；

（四）地块用途；

（五）批准机关和批准日期。

第十二条　依照《土地管理法》第二十六条第二款、第三款规定修改土地利用总体规划的，由原编制机关根据国务院或者省、自治区、直辖市人民政府的批准文件修改。修改后的土地利用总体规划应当报原批准机关批准。

上一级土地利用总体规划修改后，涉及修改下一级土地利用总体规划的，由上一级人民政府通知下一级人民政府作出相应修改，并报原批准机关备案。

第十三条　各级人民政府应当加强土地利用年度计划管理，实行建设用地总量控制。土地利用年度计划一经批准下达，必须严格执行。

土地利用年度计划应当包括下列内容：

（一）农用地转用计划指标；

（二）耕地保有量计划指标；

（三）土地开发整理计划指标。

第十四条　县级以上人民政府土地行政主管部门应当会同同级有关部门进行土地调查。

土地调查应当包括下列内容：

（一）土地权属；

（二）土地利用现状；

（三）土地条件。

地方土地利用现状调查结果，经本级人民政府审核，报上一级人民政府批准后，应当向社会公布；全国土地利用现状调查结果，报国务院批准后，应当向社会公布。土地调查规程，由国务院土地行政主管部门会同国务院有关部门制定。

第十五条　国务院土地行政主管部门会同国务院有关部门制定土地等级评定标准。

县级以上人民政府土地行政主管部门应当会同同级有关部门根据土地等级评定标准，对土地等级进行评定。地方土地等级评定结果，经本级人民政府审核，报上一级人民政府土地行政主管部门批准后,应当向社会公布。

根据国民经济和社会发展状况,土地等级每六年调整一次。

第四章 耕地保护

第十六条 在土地利用总体规划确定的城市和村庄、集镇建设用地范围内,为实施城市规划和村庄、集镇规划占用耕地,以及在土地利用总体规划确定的城市建设用地范围外的能源、交通、水利、矿山、军事设施等建设项目占用耕地的,分别由市、县人民政府、农村集体经济组织和建设单位依照《土地管理法》第三十一条的规定负责开垦耕地;没有条件开垦或者开垦的耕地不符合要求的,应当按照省、自治区、直辖市的规定缴纳耕地开垦费。

第十七条 禁止单位和个人在土地利用总体规划确定的禁止开垦区内从事土地开发活动。

在土地利用总体规划确定的土地开垦区内,开发未确定土地使用权的国有荒山、荒地、荒滩从事种植业、林业、畜牧业、渔业生产的,应当向土地所在地的县级以上地方人民政府土地行政主管部门提出申请,按照省、自治区、直辖市规定的权限,由县级以上地方人民政府批准。

一次性开发未确定土地使用权的国有荒山、荒地、荒滩六百公顷以下的,按照省、自治区、直辖市规定的权限,由县级以上地方人民政府批准;开发六百公顷以上的,报国务院批准。(本款已被国务院令第653号删除)

开发未确定土地使用权的国有荒山、荒地、荒滩从事种植业、林业、畜牧业或者渔业生产的,经县级以上地方人民政府依法批准,可以确定给开发单位或者个人长期使用,使用期限最长不得超过五十年。

第十八条 县、乡(镇)人民政府应当按照土地利用总体规划,组织农村集体经济组织制定土地整理方案,并组织实施。

地方各级人民政府应当采取措施,按照土地利用总体规划推进土地整理。土地整理新增耕地面积的60%可以用作折抵建设占用耕地的补偿指标。

土地整理所需费用,按照谁受益谁负担的原则,由农村集体经济组织和土地使用者共同承担。

第五章 建设用地

第十九条 建设占用土地,涉及农用地转为建设用地的,应当符合土地利用总体规划和土地利用年度计划中确定的农用地转用指标;城市和村庄、集镇建设占用土地,涉及农用地转用的,还应当符合城市规划和村庄、集镇规划。不符合规定的,不得批准农用地转为建设用地。

第二十条 在土地利用总体规划确定的城市建设用地范围内,为实施城市规划占用土地的,按照下列规定办理:

(一)市、县人民政府按照土地利用年度计划拟订农用地转用方案、补充耕地方案、征收土地方案,分批次逐级上报有批准权的人民政府。

(二)有批准权的人民政府土地行政主管部门对农用地转用方案、补充耕地方案、征收土地方案进行审查,提出审查意见,报有批准权的人民政府批准;其中,补充耕地方案由批准农用地转用方案的人民政府在批准农用地转用方案时一并批准。

(三)农用地转用方案、补充耕地方案、征收土地方案经批准后,由市、县人民政府组织实施,按具体建设项目分别供地。

在土地利用总体规划确定的村庄、集镇建设用地范围内，为实施村庄、集镇规划占用土地的，由市、县人民政府拟订农用地转用方案、补充耕地方案，依照前款规定的程序办理。

第二十一条　具体建设项目需要使用土地的，建设单位应当根据建设项目的总体设计一次申请，办理建设用地审批手续；分期建设的项目，可以根据可行性研究报告确定的方案分期申请建设用地，分期办理建设用地有关审批手续。

第二十二条　具体建设项目需要占用土地利用总体规划确定的城市建设用地范围内的国有建设用地的，按照下列规定办理：

（一）建设项目可行性研究论证时，由土地行政主管部门对建设项目用地有关事项进行审查，提出建设项目用地预审报告；可行性研究报告报批时，必须附具土地行政主管部门出具的建设项目用地预审报告。

（二）建设单位持建设项目的有关批准文件，向市、县人民政府土地行政主管部门提出建设用地申请，由市、县人民政府土地行政主管部门审查，拟订供地方案，报市、县人民政府批准；需要上级人民政府批准的，应当报上级人民政府批准。

（三）供地方案经批准后，由市、县人民政府向建设单位颁发建设用地批准书。有偿使用国有土地的，由市、县人民政府土地行政主管部门与土地使用者签订国有土地有偿使用合同；划拨使用国有土地的，由市、县人民政府土地行政主管部门向土地使用者核发国有土地划拨决定书。

（四）土地使用者应当依法申请土地登记。

通过招标、拍卖方式提供国有建设用地使用权的，由市、县人民政府土地行政主管部门会同有关部门拟订方案，报市、县人民政府批准后，由市、县人民政府土地行政主管部门组织实施，并与土地使用者签订土地有偿使用合同。土地使用者应当依法申请土地登记。

第二十三条　具体建设项目需要使用土地的，必须依法申请使用土地利用总体规划确定的城市建设用地范围内的国有建设用地。能源、交通、水利、矿山、军事设施等建设项目确需使用土地利用总体规划确定的城市建设用地范围外的土地，涉及农用地的，按照下列规定办理：

（一）建设项目可行性研究论证时，由土地行政主管部门对建设项目用地有关事项进行审查，提出建设项目用地预审报告；可行性研究报告报批时，必须附具土地行政主管部门出具的建设项目用地预审报告。

（二）建设单位持建设项目的有关批准文件，向市、县人民政府土地行政主管部门提出建设用地申请，由市、县人民政府土地行政主管部门审查，拟订农用地转用方案、补充耕地方案、征收土地方案和供地方案（涉及国有农用地的，不拟订征收土地方案），经市、县人民政府审核同意后，逐级上报有批准权的人民政府批准；其中，补充耕地方案由批准农用地转用方案的人民政府在批准农用地转用方案时一并批准；供地方案由批准征收土地的人民政府在批准征收土地方案时一并批准（涉及国有农用地的，供地方案由批准农用地转用的人民政府在批准农用地转用方案时一并批准）。

（三）农用地转用方案、补充耕地方案、征收土地方案和供地方案经批准后，由市、县人民政府组织实施，向建设单位颁发建设用地批准书。有偿使用国有土地的，由市、县人民政府土地行政主管部门与土地使用者签订国有土地有偿使用合同；划拨使用国有土地的，由市、县人民政府土地行政主管部门向土地使用者核发国有土地划拨决定书。

（四）土地使用者应当依法申请土地登记。

建设项目确需使用土地利用总体规划确定的城市建设用地范围外的土地，涉及农民集体所有的未利用地的，只报批征收土地方案和供地方案。

第二十四条 具体建设项目需要占用土地利用总体规划确定的国有未利用地的，按照省、自治区、直辖市的规定办理；但是，国家重点建设项目、军事设施和跨省、自治区、直辖市行政区域的建设项目以及国务院规定的其他建设项目用地，应当报国务院批准。

第二十五条 征收土地方案经依法批准后，由被征收土地所在地的市、县人民政府组织实施，并将批准征地机关、批准文号、征收土地的用途、范围、面积以及征地补偿标准、农业人员安置办法和办理征地补偿的期限等，在被征收土地所在地的乡（镇）、村予以公告。

被征收土地的所有权人、使用权人应当在公告规定的期限内，持土地权属证书到公告指定的人民政府土地行政主管部门办理征地补偿登记。

市、县人民政府土地行政主管部门根据经批准的征收土地方案，会同有关部门拟订征地补偿、安置方案，在被征收土地所在地的乡（镇）、村予以公告，听取被征收土地的农村集体经济组织和农民的意见。征地补偿、安置方案报市、县人民政府批准后，由市、县人民政府土地行政主管部门组织实施。对补偿标准有争议的，由县级以上地方人民政府协调；协调不成的，由批准征收土地的人民政府裁决。征地补偿、安置争议不影响征收土地方案的实施。

征收土地的各项费用应当自征地补偿、安置方案批准之日起三个月内全额支付。

第二十六条 土地补偿费归农村集体经济组织所有；地上附着物及青苗补偿费归地上附着物及青苗的所有者所有。

征收土地的安置补助费必须专款专用，不得挪作他用。需要安置的人员由农村集体经济组织安置的，安置补助费支付给农村集体经济组织，由农村集体经济组织管理和使用；由其他单位安置的，安置补助费支付给安置单位；不需要统一安置的，安置补助费发放给被安置人员个人或者征得被安置人员同意后用于支付被安置人员的保险费用。

市、县和乡（镇）人民政府应当加强对安置补助费使用情况的监督。

第二十七条 抢险救灾等急需使用土地的，可以先行使用土地。其中，属于临时用地的，灾后应当恢复原状并交还原土地使用者使用，不再办理用地审批手续；属于永久性建设用地的，建设单位应当在灾情结束后六个月内申请补办建设用地审批手续。

第二十八条 建设项目施工和地质勘查需要临时占用耕地的，土地使用者应当自临时用地期满之日起一年内恢复种植条件。

第二十九条 国有土地有偿使用的方式包括：

（一）国有土地使用权出让；

（二）国有土地租赁；

（三）国有土地使用权作价出资或者

入股。

第三十条 《土地管理法》第五十五条规定的新增建设用地的土地有偿使用费,是指国家在新增建设用地中应取得的平均土地纯收益。

第六章 监督检查

第三十一条 土地管理监督检查人员应当经过培训,经考核合格后,方可从事土地管理监督检查工作。

第三十二条 土地行政主管部门履行监督检查职责,除采取《土地管理法》第六十七条规定的措施外,还可以采取下列措施:

(一)询问违法案件的当事人、嫌疑人和证人;

(二)进入被检查单位或者个人非法占用的土地现场进行拍照、摄像;

(三)责令当事人停止正在进行的土地违法行为;

(四)对涉嫌土地违法的单位或者个人,停止办理有关土地审批、登记手续;

(五)责令违法嫌疑人在调查期间不得变卖、转移与案件有关的财物。

第三十三条 依照《土地管理法》第七十二条规定给予行政处分的,由责令作出行政处罚决定或者直接给予行政处罚决定的上级人民政府土地行政主管部门作出。对于警告、记过、记大过的行政处分决定,上级土地行政主管部门可以直接作出;对于降级、撤职、开除的行政处分决定,上级土地行政主管部门应当按照国家有关人事管理权限和处理程序的规定,向有关机关提出行政处分建议,由有关机关依法处理。

第七章 法律责任

第三十四条 违反本条例第十七条的规定,在土地利用总体规划确定的禁止开垦区内进行开垦的,由县级以上人民政府土地行政主管部门责令限期改正;逾期不改正的,依照《土地管理法》第七十六条的规定处罚。

第三十五条 在临时使用的土地上修建永久性建筑物、构筑物的,由县级以上人民政府土地行政主管部门责令限期拆除;逾期不拆除的,由作出处罚决定的机关依法申请人民法院强制执行。

第三十六条 对在土地利用总体规划制定前已建的不符合土地利用总体规划确定的用途的建筑物、构筑物重建、扩建的,由县级以上人民政府土地行政主管部门责令限期拆除;逾期不拆除的,由作出处罚决定的机关依法申请人民法院强制执行。

第三十七条 阻碍土地行政主管部门的工作人员依法执行职务的,依法给予治安管理处罚或者追究刑事责任。

第三十八条 依照《土地管理法》第七十三条的规定处以罚款的,罚款额为非法所得的50%以下。

第三十九条 依照《土地管理法》第八十一条的规定处以罚款的,罚款额为非法所得的5%以上20%以下。

第四十条 依照《土地管理法》第七十四条的规定处以罚款的,罚款额为耕地开垦费的二倍以下。

第四十一条 依照《土地管理法》第七十五条的规定处以罚款的,罚款额为土地复垦费的二倍以下。

第四十二条 依照《土地管理法》第七十六条的规定处以罚款的,罚款额为非法占用土地每平方米三十元以下。

第四十三条 依照《土地管理法》第八十条的规定处以罚款的,罚款额为非法占用土地每平方米十元以上三十元以下。

第四十四条 违反本条例第二十八条的规

定,逾期不恢复种植条件的,由县级以上人民政府土地行政主管部门责令限期改正,可以处耕地复垦费二倍以下的罚款。

第四十五条 违反土地管理法律、法规规定,阻挠国家建设征收土地的,由县级以上人民政府土地行政主管部门责令交出土地;拒不交出土地的,申请人民法院强制执行。

第八章 附 则

第四十六条 本条例自1999年1月1日起施行。1991年1月4日国务院发布的《中华人民共和国土地管理法实施条例》同时废止。

中华人民共和国城市房地产管理法

1. *1994年7月5日第八届全国人民代表大会常务委员会第八次会议通过*
2. *根据2007年8月30日第十届全国人民代表大会常务委员会第二十九次会议《关于修改〈中华人民共和国城市房地产管理法〉的决定》第一次修正*
3. *根据2009年8月27日第十一届全国人民代表大会常务委员会第十次会议《关于修改部分法律的决定》第二次修正*
4. *根据2019年8月26日第十三届全国人民代表大会常务委员会第十二次会议《关于修改〈中华人民共和国土地管理法〉、〈中华人民共和国城市房地产管理法〉的决定》第三次修正*

目 录

第一章 总 则

第一条 【立法目的】为了加强对城市房地产的管理,维护房地产市场秩序,保障房地产权利人的合法权益,促进房地产业的健康发展,制定本法。

第二条 【适用范围及概念解释】在中华人民共和国城市规划区国有土地(以下简称国有土地)范围内取得房地产开发用地的土地使用权,从事房地产开发、房地产交易,实施房地产管理,应当遵守本法。

本法所称房屋,是指土地上的房屋等建筑物及构筑物。

本法所称房地产开发,是指在依据本法取得国有土地使用权的土地上进行基础设施、房屋建设的行为。

本法所称房地产交易,包括房地产转让、房地产抵押和房屋租赁。

第三条 【土地使用制度及例外】国家依法实行国有土地有偿、有限期使用制度。但是,国家在本法规定的范围内划拨国有土地使用权的除外。

第四条 【发展目标】国家根据社会、经济发展水平,扶持发展居民住宅建设,逐步改善居民的居住条件。

第五条 【权利人的权利和义务】房地产权利人应当遵守法律和行政法规,依法纳税。房地产权利人的合法权益受法律保护,任何单位和个人不得侵犯。

第六条 【征收补偿】为了公共利益的需要,国家可以征收国有土地上单位和个人的房屋，并依法给予拆迁补偿，维护被征收人的合法权益；征收个人住宅的，还应当保障被征收人的居住条件。具体办法由国务院规定。

第七条　【房地产管理机构】国务院建设行政主管部门、土地管理部门依照国务院规定的职权划分，各司其职，密切配合，管理全国房地产工作。

县级以上地方人民政府房产管理、土地管理部门的机构设置及其职权由省、自治区、直辖市人民政府确定。

第二章　房地产开发用地

第一节　土地使用权出让

第八条　【土地使用权出让】土地使用权出让，是指国家将国有土地使用权（以下简称土地使用权）在一定年限内出让给土地使用者，由土地使用者向国家支付土地使用权出让金的行为。

第九条　【有偿出让】城市规划区内的集体所有的土地，经依法征收转为国有土地后，该幅国有土地的使用权方可有偿出让，但法律另有规定的除外。

第十条　【出让条件】土地使用权出让，必须符合土地利用总体规划、城市规划和年度建设用地计划。

第十一条　【出让报批】县级以上地方人民政府出让土地使用权用于房地产开发的，须根据省级以上人民政府下达的控制指标拟订年度出让土地使用权总面积方案，按照国务院规定，报国务院或者省级人民政府批准。

第十二条　【出让步骤】土地使用权出让，由市、县人民政府有计划、有步骤地进行。出让的每幅地块、用途、年限和其他条件，由市、县人民政府土地管理部门会同城市规划、建设、房产管理部门共同拟定方案，按照国务院规定，报经有批准权的人民政府批准后，由市、县人民政府土地管理部门实施。

直辖市的县人民政府及其有关部门行使前款规定的权限，由直辖市人民政府规定。

第十三条　【出让方式】土地使用权出让，可以采取拍卖、招标或者双方协议的方式。

商业、旅游、娱乐和豪华住宅用地，有条件的，必须采取拍卖、招标方式；没有条件，不能采取拍卖、招标方式的，可以采取双方协议的方式。

采取双方协议方式出让土地使用权的出让金不得低于按国家规定所确定的最低价。

第十四条　【年限规定】土地使用权出让最高年限由国务院规定。

第十五条　【出让合同签订】土地使用权出让，应当签订书面出让合同。

土地使用权出让合同由市、县人民政府土地管理部门与土地使用者签订。

第十六条　【出让金支付】土地使用者必须按照出让合同约定，支付土地使用权出让金；未按照出让合同约定支付土地使用权出让金的，土地管理部门有权解除合同，并可以请求违约赔偿。

第十七条　【出让土地的提供】土地使用者按照出让合同约定支付土地使用权出让金的，市、县人民政府土地管理部门必须按照出让合同约定，提供出让的土地；未按照出让合同约定提供出让的土地的，土地使用者有权解除合同，由土地管理部门返还土地使用权出让金，土地使用者并可以请求违约赔偿。

第十八条　【用途改变】土地使用者需要改变土地使用权出让合同约定的土地用途的，必须取得出让方和市、县人民政府城市规划行政主管部门的同意，签订土地使用权出让合同变更协议或者重新签订土地使用权出让合同，相应调整土地使用权出让金。

第十九条 【出让金使用】土地使用权出让金应当全部上缴财政，列入预算，用于城市基础设施建设和土地开发。土地使用权出让金上缴和使用的具体办法由国务院规定。

第二十条 【土地使用权的收回】国家对土地使用者依法取得的土地使用权，在出让合同约定的使用年限届满前不收回；在特殊情况下，根据社会公共利益的需要，可以依照法律程序提前收回，并根据土地使用者使用土地的实际年限和开发土地的实际情况给予相应的补偿。

第二十一条 【使用权终止】土地使用权因土地灭失而终止。

第二十二条 【使用权续延】土地使用权出让合同约定的使用年限届满，土地使用者需要继续使用土地的，应当至迟于届满前一年申请续期，除根据社会公共利益需要收回该幅土地的，应当予以批准。经批准准予续期的，应当重新签订土地使用权出让合同，依照规定支付土地使用权出让金。

土地使用权出让合同约定的使用年限届满，土地使用者未申请续期或者虽申请续期但依照前款规定未获批准的，土地使用权由国家无偿收回。

第二节 土地使用权划拨

第二十三条 【使用权划拨】土地使用权划拨，是指县级以上人民政府依法批准，在土地使用者缴纳补偿、安置等费用后将该幅土地交付其使用，或者将土地使用权无偿交付给土地使用者使用的行为。

依照本法规定以划拨方式取得土地使用权的，除法律、行政法规另有规定外，没有使用期限的限制。

第二十四条 【划拨土地类别】下列建设用地的土地使用权，确属必需的，可以由县级以上人民政府依法批准划拨：

（一）国家机关用地和军事用地；

（二）城市基础设施用地和公益事业用地；

（三）国家重点扶持的能源、交通、水利等项目用地；

（四）法律、行政法规规定的其他用地。

第三章 房地产开发

第二十五条 【开发原则和总体规划】房地产开发必须严格执行城市规划，按照经济效益、社会效益、环境效益相统一的原则，实行全面规划、合理布局、综合开发、配套建设。

第二十六条 【出让开发条件】以出让方式取得土地使用权进行房地产开发的，必须按照土地使用权出让合同约定的土地用途、动工开发期限开发土地。超过出让合同约定的动工开发日期满一年未动工开发的，可以征收相当于土地使用权出让金百分之二十以下的土地闲置费；满二年未动工开发的，可以无偿收回土地使用权；但是，因不可抗力或者政府、政府有关部门的行为或者动工开发必需的前期工作造成动工开发迟延的除外。

第二十七条 【项目总体要求】房地产开发项目的设计、施工，必须符合国家的有关标准和规范。

房地产开发项目竣工，经验收合格后，方可交付使用。

第二十八条 【土地使用权处置】依法取得的土地使用权，可以依照本法和有关法律、行政法规的规定，作价入股，合资、合作开发经营房地产。

第二十九条　【国家扶持】国家采取税收等方面的优惠措施鼓励和扶持房地产开发企业开发建设居民住宅。

第三十条　【企业设立】房地产开发企业是以营利为目的,从事房地产开发和经营的企业。设立房地产开发企业,应当具备下列条件:

(一)有自己的名称和组织机构;

(二)有固定的经营场所;

(三)有符合国务院规定的注册资本;

(四)有足够的专业技术人员;

(五)法律、行政法规规定的其他条件。

设立房地产开发企业,应当向工商行政管理部门申请设立登记。工商行政管理部门对符合本法规定条件的,应当予以登记,发给营业执照;对不符合本法规定条件的,不予登记。

设立有限责任公司、股份有限公司,从事房地产开发经营的,还应当执行公司法的有关规定。

房地产开发企业在领取营业执照后的一个月内,应当到登记机关所在地的县级以上地方人民政府规定的部门备案。

第三十一条　【注册资本和投资额】房地产开发企业的注册资本与投资总额的比例应当符合国家有关规定。

房地产开发企业分期开发房地产的,分期投资额应当与项目规模相适应,并按照土地使用权出让合同的约定,按期投入资金,用于项目建设。

第四章　房地产交易

第一节　一般规定

第三十二条　【房屋、土地所有权随转】房地产转让、抵押时,房屋的所有权和该房屋占用范围内的土地使用权同时转让、抵押。

第三十三条　【地价确定】基准地价、标定地价和各类房屋的重置价格应当定期确定并公布。具体办法由国务院规定。

第三十四条　【价格评估】国家实行房地产价格评估制度。

房地产价格评估,应当遵循公正、公平、公开的原则,按照国家规定的技术标准和评估程序,以基准地价、标定地价和各类房屋的重置价格为基础,参照当地的市场价格进行评估。

第三十五条　【价格申报】国家实行房地产成交价格申报制度。

房地产权利人转让房地产,应当向县级以上地方人民政府规定的部门如实申报成交价,不得瞒报或者作不实的申报。

第三十六条　【权属登记】房地产转让、抵押,当事人应当依照本法第五章的规定办理权属登记。

第二节　房地产转让

第三十七条　【房地产转让】房地产转让,是指房地产权利人通过买卖、赠与或者其他合法方式将其房地产转移给他人的行为。

第三十八条　【禁止转让的房地产】下列房地产,不得转让:

(一)以出让方式取得土地使用权的,不符合本法第三十九条规定的条件的;

(二)司法机关和行政机关依法裁定、决定查封或者以其他形式限制房地产权利的;

(三)依法收回土地使用权的;

(四)共有房地产,未经其他共有人书面同意的;

(五)权属有争议的;

(六)未依法登记领取权属证书的;

（七）法律、行政法规规定禁止转让的其他情形。

第三十九条 【出让转让条件】以出让方式取得土地使用权的，转让房地产时，应当符合下列条件：

（一）按照出让合同约定已经支付全部土地使用权出让金，并取得土地使用权证书；

（二）按照出让合同约定进行投资开发，属于房屋建设工程的，完成开发投资总额的百分之二十五以上，属于成片开发土地的，形成工业用地或者其他建设用地条件。

转让房地产时房屋已经建成的，还应当持有房屋所有权证书。

第四十条 【划拨转让报批】以划拨方式取得土地使用权的，转让房地产时，应当按照国务院规定，报有批准权的人民政府审批。有批准权的人民政府准予转让的，应当由受让方办理土地使用权出让手续，并依照国家有关规定缴纳土地使用权出让金。

以划拨方式取得土地使用权的，转让房地产报批时，有批准权的人民政府按照国务院规定决定可以不办理土地使用权出让手续的，转让方应当按照国务院规定将转让房地产所获收益中的土地收益上缴国家或者作其他处理。

第四十一条 【转让合同】房地产转让，应当签订书面转让合同，合同中应当载明土地使用权取得的方式。

第四十二条 【合同权利义务转移】房地产转让时，土地使用权出让合同载明的权利、义务随之转移。

第四十三条 【出让转让使用权年限】以出让方式取得土地使用权的，转让房地产后，其土地使用权的使用年限为原土地使用权出让合同约定的使用年限减去原土地使用者已经使用年限后的剩余年限。

第四十四条 【出让转让土地用途改变】以出让方式取得土地使用权的，转让房地产后，受让人改变原土地使用权出让合同约定的土地用途的，必须取得原出让方和市、县人民政府城市规划行政主管部门的同意，签订土地使用权出让合同变更协议或者重新签订土地使用权出让合同，相应调整土地使用权出让金。

第四十五条 【商品房预售条件】商品房预售，应当符合下列条件：

（一）已交付全部土地使用权出让金，取得土地使用权证书；

（二）持有建设工程规划许可证；

（三）按提供预售的商品房计算，投入开发建设的资金达到工程建设总投资的百分之二十五以上，并已经确定施工进度和竣工交付日期；

（四）向县级以上人民政府房产管理部门办理预售登记，取得商品房预售许可证明。

商品房预售人应当按照国家有关规定将预售合同报县级以上人民政府房产管理部门和土地管理部门登记备案。

商品房预售所得款项，必须用于有关的工程建设。

第四十六条 【预售再转让规定】商品房预售的，商品房预购人将购买的未竣工的预售商品房再行转让的问题，由国务院规定。

第三节 房地产抵押

第四十七条 【房地产抵押】房地产抵押，是指抵押人以其合法的房地产以不转移占有的方式向抵押权人提供债务履行担保的行为。债务人不履行债务时，抵押权人有权依法以抵押的房地产拍卖所得的价款优先受偿。

第四十八条 【抵押权设定】依法取得的房屋所有权连同该房屋占用范围内的土地使用权,可以设定抵押权。

以出让方式取得的土地使用权,可以设定抵押权。

第四十九条 【抵押办理凭证】房地产抵押,应当凭土地使用权证书、房屋所有权证书办理。

第五十条 【抵押合同】房地产抵押,抵押人和抵押权人应当签订书面抵押合同。

第五十一条 【抵押权人优先受偿限制】设定房地产抵押权的土地使用权是以划拨方式取得的,依法拍卖该房地产后,应当从拍卖所得的价款中缴纳相当于应缴纳的土地使用权出让金的款额后,抵押权人方可优先受偿。

第五十二条 【新增房屋处理】房地产抵押合同签订后,土地上新增的房屋不属于抵押财产。需要拍卖该抵押的房地产时,可以依法将土地上新增的房屋与抵押财产一同拍卖,但对拍卖新增房屋所得,抵押权人无权优先受偿。

第四节 房屋租赁

第五十三条 【房屋租赁】房屋租赁,是指房屋所有权人作为出租人将其房屋出租给承租人使用,由承租人向出租人支付租金的行为。

第五十四条 【租赁合同的签订与备案】房屋租赁,出租人和承租人应当签订书面租赁合同,约定租赁期限、租赁用途、租赁价格、修缮责任等条款,以及双方的其他权利和义务,并向房产管理部门登记备案。

第五十五条 【住房租赁】住宅用房的租赁,应当执行国家和房屋所在城市人民政府规定的租赁政策。租用房屋从事生产、经营活动的,由租赁双方协商议定租金和其他租赁条款。

第五十六条 【土地收益上缴】以营利为目的,房屋所有权人将以划拨方式取得使用权的国有土地上建成的房屋出租的,应当将租金中所含土地收益上缴国家。具体办法由国务院规定。

第五节 中介服务机构

第五十七条 【中介机构类别】房地产中介服务机构包括房地产咨询机构、房地产价格评估机构、房地产经纪机构等。

第五十八条 【中介机构条件】房地产中介服务机构应当具备下列条件:

(一)有自己的名称和组织机构;

(二)有固定的服务场所;

(三)有必要的财产和经费;

(四)有足够数量的专业人员;

(五)法律、行政法规规定的其他条件。

设立房地产中介服务机构,应当向工商行政管理部门申请设立登记,领取营业执照后,方可开业。

第五十九条 【价格评估资格认证】国家实行房地产价格评估人员资格认证制度。

第五章 房地产权属登记管理

第六十条 【登记发证制度】国家实行土地使用权和房屋所有权登记发证制度。

第六十一条 【使用权登记申请与权证颁发】以出让或者划拨方式取得土地使用权,应当向县级以上地方人民政府土地管理部门申请登记,经县级以上地方人民政府土地管理部门核实,由同级人民政府颁发土地使用权证书。

在依法取得的房地产开发用地上建成房屋的,应当凭土地使用权证书向县级以上地方人民政府房产管理部门申请登记,由县级以上地方人民政府房产管理部门核实并颁发房屋所有权证书。

房地产转让或者变更时，应当向县级以上地方人民政府房产管理部门申请房产变更登记，并凭变更后的房屋所有权证书向同级人民政府土地管理部门申请土地使用权变更登记，经同级人民政府土地管理部门核实，由同级人民政府更换或者更改土地使用权证书。

法律另有规定的，依照有关法律的规定办理。

第六十二条 【抵押登记】房地产抵押时，应当向县级以上地方人民政府规定的部门办理抵押登记。

因处分抵押房地产而取得土地使用权和房屋所有权的，应当依照本章规定办理过户登记。

第六十三条 【产权证书的颁发】经省、自治区、直辖市人民政府确定，县级以上地方人民政府由一个部门统一负责房产管理和土地管理工作的，可以制作、颁发统一的房地产权证书，依照本法第六十一条的规定，将房屋的所有权和该房屋占用范围内的土地使用权的确认和变更，分别载入房地产权证书。

第六章 法律责任

第六十四条 【非法出让使用权处罚】违反本法第十一条、第十二条的规定，擅自批准出让或者擅自出让土地使用权用于房地产开发的，由上级机关或者所在单位给予有关责任人员行政处分。

第六十五条 【未取得营业执照从事房地产开发的处罚】违反本法第三十条的规定，未取得营业执照擅自从事房地产开发业务的，由县级以上人民政府工商行政管理部门责令停止房地产开发业务活动，没收违法所得，可以并处罚款。

第六十六条 【违法转让土地使用权的处罚】违反本法第三十九条第一款的规定转让土地使用权的，由县级以上人民政府土地管理部门没收违法所得，可以并处罚款。

第六十七条 【违法转让房地产的处罚】违反本法第四十条第一款的规定转让房地产的，由县级以上人民政府土地管理部门责令缴纳土地使用权出让金，没收违法所得，可以并处罚款。

第六十八条 【违法预售商品房的处罚】违反本法第四十五条第一款的规定预售商品房的，由县级以上人民政府房产管理部门责令停止预售活动，没收违法所得，可以并处罚款。

第六十九条 【未取得营业执照从事房地产中介的处罚】违反本法第五十八条的规定，未取得营业执照擅自从事房地产中介服务业务的，由县级以上人民政府工商行政管理部门责令停止房地产中介服务业务活动，没收违法所得，可以并处罚款。

第七十条 【非法收费处理】没有法律、法规的依据，向房地产开发企业收费的，上级机关应当责令退回所收取的钱款；情节严重的，由上级机关或者所在单位给予直接责任人员行政处分。

第七十一条 【渎职、行贿、索贿处罚】房产管理部门、土地管理部门工作人员玩忽职守、滥用职权，构成犯罪的，依法追究刑事责任；不构成犯罪的，给予行政处分。

房产管理部门、土地管理部门工作人员利用职务上的便利，索取他人财物，或者非法收受他人财物为他人谋取利益，构成犯罪的，依法追究刑事责任；不构成犯罪的，给予行政处分。

第七章 附则

第七十二条 【适用范围】在城市规划区

外的国有土地范围内取得房地产开发用地的土地使用权,从事房地产开发、交易活动以及实施房地产管理,参照本法执行。

第七十三条　【生效日期】本法自 1995 年 1 月 1 日起施行。

中华人民共和国行政复议法(节录)

1. 1999 年 4 月 29 日第九届全国人民代表大会常务委员会第九次会议通过

2. 根据 2009 年 8 月 27 日第十一届全国人民代表大会常务委员会第十次会议《关于修改部分法律的决定》第一次修正

3. 根据 2017 年 9 月 1 日第十二届全国人民代表大会常务委员会第二十九次会议《关于修改〈中华人民共和国法官法〉等八部法律的决定》第二次修正

第六条　【复议范围】有下列情形之一的,公民、法人或者其他组织可以依照本法申请行政复议:

(一)对行政机关作出的警告、罚款、没收违法所得、没收非法财物、责令停产停业、暂扣或者吊销许可证、暂扣或者吊销执照、行政拘留等行政处罚决定不服的;

(二)对行政机关作出的限制人身自由或者查封、扣押、冻结财产等行政强制措施决定不服的;

(三)对行政机关作出的有关许可证、执照、资质证、资格证等证书变更、中止、撤销的决定不服的;

(四)对行政机关作出的关于确认土地、矿藏、水流、森林、山岭、草原、荒地、滩涂、海域等自然资源的所有权或者使用权的决定不服的;

(五)认为行政机关侵犯合法的经营自主权的;

(六)认为行政机关变更或者废止农业承包合同,侵犯其合法权益的;

(七)认为行政机关违法集资、征收财物、摊派费用或者违法要求履行其他义务的;

(八)认为符合法定条件,申请行政机关颁发许可证、执照、资质证、资格证等证书,或者申请行政机关审批、登记有关事项,行政机关没有依法办理的;

(九)申请行政机关履行保护人身权利、财产权利、受教育权利的法定职责,行政机关没有依法履行的;

(十)申请行政机关依法发放抚恤金、社会保险金或者最低生活保障费,行政机关没有依法发放的;

(十一)认为行政机关的其他具体行政行为侵犯其合法权益的。

第八次全国法院民事商事审判工作会议(民事部分)纪要(节录)

1. 2016 年 11 月 30 日最高人民法院公布

2. 法〔2016〕399 号

五、关于物权纠纷案件的审理

物权法是中国特色社会主义法律体系中的重要支柱性法律,对于明确物的归属,发挥物的效用,增强权利义务意识和责任意识,保障市场主体的权利和平等发展,具有重要作用。妥善审理物权纠纷案件,对于依法保护物权,维护交易秩序,促进经济社会发展,意义重大。

(一)关于农村房屋买卖问题

19. 在国家确定的宅基地制度改革试点地区,可以按照国家政策及相关指导意见处理宅基地使用权因抵押担保、转让而产生的纠纷。

在非试点地区,农民将其宅基地上的房屋出售给本集体经济组织以外的个人,该房屋买卖合同认定为无效。合同无效后,买受人请求返还购房款及其利息,以及请求赔偿翻建或者改建成本的,应当综合考虑当事人过错等因素予以确定。

20. 在涉及农村宅基地或农村集体经营性建设用地的民事纠纷案件中,当事人主张利润分配等合同权利的,应提供政府部门关于土地利用规划、建设用地计划及优先满足集体建设用地等要求的审批文件或者证明。未提供上述手续或者虽提供了上述手续,但在一审法庭辩论终结前土地性质仍未变更为国有土地的,所涉及的相关合同应按无效处理。

(二)关于违法建筑相关纠纷的处理问题

21. 对于未取得建设工程规划许可证或者未按照建设工程规划许可证规定内容建设的违法建筑的认定和处理,属于国家有关行政机关的职权范围,应避免通过民事审判变相为违法建筑确权。当事人请求确认违法建筑权利归属及内容的,人民法院不予受理;已经受理的,裁定驳回起诉。

22. 因违法建筑倒塌或其搁置物、悬挂物脱落、坠落造成的损害赔偿纠纷,属于民事案件受案范围,应按照侵权责任法有关物件损害责任的相关规定处理。

(三)关于因土地承包、征收、征用引发争议的处理问题

23. 审理土地补偿费分配纠纷时,要在现行法律规定框架内,综合考虑当事人生产生活状况、户口登记状况以及农村土地对农民的基本生活保障功能等因素认定相关权利主体。要以当事人是否获得其他替代性基本生活保障为重要考量因素,慎重认定其权利主体资格的丧失,注重依法保护妇女、儿童以及农民工等群体的合法权益。

(四)关于诉讼时效问题

24. 已经合法占有转让标的物的受让人请求转让人办理物权变更登记,登记权利人请求无权占有人返还不动产或者动产,利害关系人请求确认物权的归属或内容,权利人请求排除妨害、消除危险,对方当事人以超过诉讼时效期间抗辩的,均应不予支持。

25. 被继承人死亡后遗产未分割,各继承人均未表示放弃继承,依据继承法第二十五条规定应视为均已接受继承,遗产属各继承人共同共有;当事人诉请享有继承权、主张分割遗产的纠纷案件,应参照共有财产分割的原则,不适用有关诉讼时效的规定。

二、物权公示

1. 不动产登记

(1)一般规定

不动产登记暂行条例

1. 2014年11月24日国务院令第656号公布
2. 根据2019年3月24日国务院令第710号《关于修改部分行政法规的决定》修订

第一章 总 则

第一条 为整合不动产登记职责,规范登记行为,方便群众申请登记,保护权利人合法权益,根据《中华人民共和国物权法》等法律,制定本条例。

第二条 本条例所称不动产登记,是指不动产登记机构依法将不动产权利归属和其他法定事项记载于不动产登记簿的行为。

本条例所称不动产,是指土地、海域以及房屋、林木等定着物。

第三条 不动产首次登记、变更登记、转移登记、注销登记、更正登记、异议登记、预告登记、查封登记等,适用本条例。

第四条 国家实行不动产统一登记制度。

不动产登记遵循严格管理、稳定连续、方便群众的原则。

不动产权利人已经依法享有的不动产权利,不因登记机构和登记程序的改变而受到影响。

第五条 下列不动产权利,依照本条例的规定办理登记:

(一)集体土地所有权;

(二)房屋等建筑物、构筑物所有权;

(三)森林、林木所有权;

(四)耕地、林地、草地等土地承包经营权;

(五)建设用地使用权;

(六)宅基地使用权;

(七)海域使用权;

(八)地役权;

(九)抵押权;

(十)法律规定需要登记的其他不动产权利。

第六条 国务院国土资源主管部门负责指导、监督全国不动产登记工作。

县级以上地方人民政府应当确定一个部门为本行政区域的不动产登记机构,负责不动产登记工作,并接受上级人民政府不动产登记主管部门的指导、监督。

第七条 不动产登记由不动产所在地的县级人民政府不动产登记机构办理;直辖市、设区的市人民政府可以确定本级不动产登记机构统一办理所属各区的不动产登记。

跨县级行政区域的不动产登记,由所跨县级行政区域的不动产登记机构分别办理。不能分别办理的,由所跨县级行政区域的不动产登记机构协商办理;协商不成的,由共同的上一级人民政府不动产登记主管部门指定办理。

国务院确定的重点国有林区的森林、林木和林地,国务院批准项目用海、用岛,中央国家机关使用的国有土地等不动产登记，由国务院国土资源主管部门会同有关部门规定。

第二章 不动产登记簿

第八条 不动产以不动产单元为基本单位进行登记。不动产单元具有唯一编码。

不动产登记机构应当按照国务院国土资源主管部门的规定设立统一的不动产登记簿。

不动产登记簿应当记载以下事项：

（一）不动产的坐落、界址、空间界限、面积、用途等自然状况；

（二）不动产权利的主体、类型、内容、来源、期限、权利变化等权属状况；

（三）涉及不动产权利限制、提示的事项；

（四）其他相关事项。

第九条 不动产登记簿应当采用电子介质，暂不具备条件的，可以采用纸质介质。不动产登记机构应当明确不动产登记簿唯一、合法的介质形式。

不动产登记簿采用电子介质的，应当定期进行异地备份，并具有唯一、确定的纸质转化形式。

第十条 不动产登记机构应当依法将各类登记事项准确、完整、清晰地记载于不动产登记簿。任何人不得损毁不动产登记簿，除依法予以更正外不得修改登记事项。

第十一条 不动产登记工作人员应当具备与不动产登记工作相适应的专业知识和业务能力。

不动产登记机构应当加强对不动产登记工作人员的管理和专业技术培训。

第十二条 不动产登记机构应当指定专人负责不动产登记簿的保管，并建立健全相应的安全责任制度。

采用纸质介质不动产登记簿的，应当配备必要的防盗、防火、防渍、防有害生物等安全保护设施。

采用电子介质不动产登记簿的，应当配备专门的存储设施，并采取信息网络安全防护措施。

第十三条 不动产登记簿由不动产登记机构永久保存。不动产登记簿损毁、灭失的，不动产登记机构应当依据原有登记资料予以重建。

行政区域变更或者不动产登记机构职能调整的，应当及时将不动产登记簿移交相应的不动产登记机构。

第三章 登记程序

第十四条 因买卖、设定抵押权等申请不动产登记的，应当由当事人双方共同申请。

属于下列情形之一的，可以由当事人单方申请：

（一）尚未登记的不动产首次申请登记的；

（二）继承、接受遗赠取得不动产权利的；

（三）人民法院、仲裁委员会生效的法律文书或者人民政府生效的决定等设立、变更、转让、消灭不动产权利的；

（四）权利人姓名、名称或者自然状况发生变化，申请变更登记的；

（五）不动产灭失或者权利人放弃不动产权利，申请注销登记的；

（六）申请更正登记或者异议登记的；

（七）法律、行政法规规定可以由当事人单方申请的其他情形。

第十五条 当事人或者其代理人应当向不动产登记机构申请不动产登记。

不动产登记机构将申请登记事项记载于不动产登记簿前，申请人可以撤回登记申请。

第十六条 申请人应当提交下列材料，并对申请材料的真实性负责：

（一）登记申请书；

（二）申请人、代理人身份证明材料、授权委托书；

（三）相关的不动产权属来源证明材料、登记原因证明文件、不动产权属证书；

（四）不动产界址、空间界限、面积等材料；

（五）与他人利害关系的说明材料；

（六）法律、行政法规以及本条例实施细则规定的其他材料。

不动产登记机构应当在办公场所和门户网站公开申请登记所需材料目录和示范文本等信息。

第十七条 不动产登记机构收到不动产登记申请材料，应当分别按照下列情况办理：

（一）属于登记职责范围，申请材料齐全、符合法定形式，或者申请人按照要求提交全部补正申请材料的，应当受理并书面告知申请人；

（二）申请材料存在可以当场更正的错误的，应当告知申请人当场更正，申请人当场更正后，应当受理并书面告知申请人；

（三）申请材料不齐全或者不符合法定形式的，应当当场书面告知申请人不予受理并一次性告知需要补正的全部内容；

（四）申请登记的不动产不属于本机构登记范围的，应当当场书面告知申请人不予受理并告知申请人向有登记权的机构申请。

不动产登记机构未当场书面告知申请人不予受理的，视为受理。

第十八条 不动产登记机构受理不动产登记申请的，应当按照下列要求进行查验：

（一）不动产界址、空间界限、面积等材料与申请登记的不动产状况是否一致；

（二）有关证明材料、文件与申请登记的内容是否一致；

（三）登记申请是否违反法律、行政法规规定。

第十九条 属于下列情形之一的，不动产登记机构可以对申请登记的不动产进行实地查看：

（一）房屋等建筑物、构筑物所有权首次登记；

（二）在建建筑物抵押权登记；

（三）因不动产灭失导致的注销登记；

（四）不动产登记机构认为需要实地查看的其他情形。

对可能存在权属争议，或者可能涉及他人利害关系的登记申请，不动产登记机构可以向申请人、利害关系人或者有关单位进行调查。

不动产登记机构进行实地查看或者调查时，申请人、被调查人应当予以配合。

第二十条 不动产登记机构应当自受理登记申请之日起30个工作日内办结不动产登记手续，法律另有规定的除外。

第二十一条 登记事项自记载于不动产登记簿时完成登记。

不动产登记机构完成登记，应当依法向申请人核发不动产权属证书或者登记证明。

第二十二条 登记申请有下列情形之一的，不动产登记机构应当不予登记，并书面告知申请人：

（一）违反法律、行政法规规定的；

（二）存在尚未解决的权属争议的；

（三）申请登记的不动产权利超过规定期限的；

（四）法律、行政法规规定不予登记的其他情形。

第四章 登记信息共享与保护

第二十三条 国务院国土资源主管部门应当会同有关部门建立统一的不动产登记信息管理基础平台。

各级不动产登记机构登记的信息应当纳入统一的不动产登记信息管理基础平台，确保国家、省、市、县四级登记信息的实时共享。

第二十四条 不动产登记有关信息与住房城乡建设、农业、林业、海洋等部门审批信息、交易信息等应当实时互通共享。

不动产登记机构能够通过实时互通共享取得的信息，不得要求不动产登记申请人重复提交。

第二十五条 国土资源、公安、民政、财政、税务、工商、金融、审计、统计等部门应当加强不动产登记有关信息互通共享。

第二十六条 不动产登记机构、不动产登记信息共享单位及其工作人员应当对不动产登记信息保密；涉及国家秘密的不动产登记信息，应当依法采取必要的安全保密措施。

第二十七条 权利人、利害关系人可以依法查询、复制不动产登记资料，不动产登记机构应当提供。

有关国家机关可以依照法律、行政法规的规定查询、复制与调查处理事项有关的不动产登记资料。

第二十八条 查询不动产登记资料的单位、个人应当向不动产登记机构说明查询目的，不得将查询获得的不动产登记资料用于其他目的；未经权利人同意，不得泄露查询获得的不动产登记资料。

第五章 法律责任

第二十九条 不动产登记机构登记错误给他人造成损害，或者当事人提供虚假材料申请登记给他人造成损害的，依照《中华人民共和国物权法》的规定承担赔偿责任。

第三十条 不动产登记机构工作人员进行虚假登记，损毁、伪造不动产登记簿，擅自修改登记事项，或者有其他滥用职权、玩忽职守行为的，依法给予处分；给他人造成损害的，依法承担赔偿责任；构成犯罪的，依法追究刑事责任。

第三十一条 伪造、变造不动产权属证书、不动产登记证明，或者买卖、使用伪造、变造的不动产权属证书、不动产登记证明的，由不动产登记机构或者公安机关依法予以收缴；有违法所得的，没收违法所得；给他人造成损害的，依法承担赔偿责任；构成违反治安管理行为的，依法给予治安管理处罚；构成犯罪的，依法追究刑事责任。

第三十二条 不动产登记机构、不动产登记信息共享单位及其工作人员，查询不动产登记资料的单位或者个人违反国家规定，泄露不动产登记资料、登记信息，或者利用不动产登记资料、登记信息进行不正当活动，给他人造成损害的，依法承担赔偿责任；对有关责任人员依法给予处分；有关责任人员构成犯罪的，依法追究刑事责任。

第六章 附　　则

第三十三条 本条例施行前依法颁发的各类不动产权属证书和制作的不动产登记簿继续有效。

不动产统一登记过渡期内，农村土地承包经营权的登记按照国家有关规定执行。

第三十四条 本条例实施细则由国务院国土资源主管部门会同有关部门制定。

第三十五条 本条例自2015年3月1日起施行。本条例施行前公布的行政法规有关不动产登记的规定与本条例规定不一致的，以本条例规定为准。

不动产登记暂行条例实施细则

1. 2016年1月1日国土资源部令第63号公布施行
2. 根据2019年7月24日自然资源部令第5号《关于第一批废止和修改的部门规章的决定》修正

目 录

第一章 总 则

第一条 为规范不动产登记行为，细化不动产统一登记制度，方便人民群众办理不动产登记，保护权利人合法权益，根据《不动产登记暂行条例》（以下简称《条例》），制定本实施细则。

第二条 不动产登记应当依照当事人的申请进行，但法律、行政法规以及本实施细则另有规定的除外。

房屋等建筑物、构筑物和森林、林木等定着物应当与其所依附的土地、海域一并登记，保持权利主体一致。

第三条 不动产登记机构依照《条例》第七条第二款的规定，协商办理或者接受指定办理跨县级行政区域不动产登记的，应当在登记完毕后将不动产登记簿记载的不动产权利人以及不动产坐落、界址、面积、用途、权利类型等登记结果告知不动产所跨区域的其他不动产登记机构。

第四条 国务院确定的重点国有林区的森林、林木和林地，由自然资源部受理并会同有关部门办理，依法向权利人核发不动产权属证书。

国务院批准的项目用海、用岛的登记，由自然资源部受理，依法向权利人核发不动产权属证书。

第二章 不动产登记簿

第五条 《条例》第八条规定的不动产单元，是指权属界线封闭且具有独立使用价值的空间。

没有房屋等建筑物、构筑物以及森林、林木定着物的，以土地、海域权属界线封闭的空间为不动产单元。

有房屋等建筑物、构筑物以及森林、林木定着物的，以该房屋等建筑物、构筑物以及森林、林木定着物与土地、海域权属界线封闭的空间为不动产单元。

前款所称房屋，包括独立成幢、权属界线封闭的空间，以及区分套、层、间等可以独立使用、权属界线封闭的空间。

第六条 不动产登记簿以宗地或者宗海为单位编成，一宗地或者一宗海范围内的全部不动产单元编入一个不动产登记簿。

第七条 不动产登记机构应当配备专门的不动产登记电子存储设施，采取信息网络安全防护措施，保证电子数据安全。

任何单位和个人不得擅自复制或者篡改不动产登记簿信息。

第八条 承担不动产登记审核、登簿的不动产登记工作人员应当熟悉相关法律法规，具备与其岗位相适应的不动产登记等方面的专业知识。

自然资源部会同有关部门组织开展对承担不动产登记审核、登簿的不动产登记工作人员的考核培训。

第三章 登记程序

第九条 申请不动产登记的，申请人应当填写登记申请书，并提交身份证明以及相关申请材料。

申请材料应当提供原件。因特殊情况不能提供原件的，可以提供复印件，复印件应当与原件保持一致。

第十条 处分共有不动产申请登记的，应当经占份额三分之二以上的按份共有人或者全体共同共有人共同申请，但共有人另有约定的除外。

按份共有人转让其享有的不动产份额，应当与受让人共同申请转移登记。

建筑区划内依法属于全体业主共有的不动产申请登记，依照本实施细则第三十六条的规定办理。

第十一条 无民事行为能力人、限制民事行为能力人申请不动产登记的，应当由其监护人代为申请。

监护人代为申请登记的，应当提供监护人与被监护人的身份证或者户口簿、有关监护关系等材料；因处分不动产而申请登记的，还应当提供为被监护人利益的书面保证。

父母之外的监护人处分未成年人不动产的，有关监护关系材料可以是人民法院指定监护的法律文书、经过公证的对被监护人享有监护权的材料或者其他材料。

第十二条 当事人可以委托他人代为申请不动产登记。

代理申请不动产登记的，代理人应当向不动产登记机构提供被代理人签字或者盖章的授权委托书。

自然人处分不动产，委托代理人申请登记的，应当与代理人共同到不动产登记机构现场签订授权委托书，但授权委托书经公证的除外。

境外申请人委托他人办理处分不动产登记的，其授权委托书应当按照国家有关规定办理认证或者公证。

第十三条 申请登记的事项记载于不动产登记簿前，全体申请人提出撤回登记申请的，登记机构应当将登记申请书以及相关材料退还申请人。

第十四条 因继承、受遗赠取得不动产，当事人申请登记的，应当提交死亡证明材料、遗嘱或者全部法定继承人关于不动产分配的协议以及与被继承人的亲属关系材料等，也可以提交经公证的材料或者生效的法律文书。

第十五条 不动产登记机构受理不动产登记申请后，还应当对下列内容进行查验：

（一）申请人、委托代理人身份证明材料以及授权委托书与申请主体是否一致；

（二）权属来源材料或者登记原因文件与申请登记的内容是否一致；

（三）不动产界址、空间界限、面积等权籍调查成果是否完备，权属是否清楚、界址是否清晰、面积是否准确；

（四）法律、行政法规规定的完税或者缴费凭证是否齐全。

第十六条 不动产登记机构进行实地查看，重点查看下列情况：

（一）房屋等建筑物、构筑物所有权首次登记，查看房屋坐落及其建造完成等情况；

（二）在建建筑物抵押权登记，查看抵押的在建建筑物坐落及其建造等情况；

（三）因不动产灭失导致的注销登记，查看不动产灭失等情况。

第十七条 有下列情形之一的，不动产登记机构应当在登记事项记载于登记簿前进行公告，但涉及国家秘密的除外：

（一）政府组织的集体土地所有权登记；

（二）宅基地使用权及房屋所有权，集体建设用地使用权及建筑物、构筑物所有权，土地承包经营权等不动产权利的首次登记；

（三）依职权更正登记；

（四）依职权注销登记；

（五）法律、行政法规规定的其他情形。

公告应当在不动产登记机构门户网站以及不动产所在地等指定场所进行，公告期不少于15个工作日。公告所需时间不计算在登记办理期限内。公告期满无异议或者异议不成立的，应当及时记载于不动产登记簿。

第十八条 不动产登记公告的主要内容包括：

（一）拟予登记的不动产权利人的姓名或者名称；

（二）拟予登记的不动产坐落、面积、用途、权利类型等；

（三）提出异议的期限、方式和受理机构；

（四）需要公告的其他事项。

第十九条 当事人可以持人民法院、仲裁委员会的生效法律文书或者人民政府的生效决定单方申请不动产登记。

有下列情形之一的，不动产登记机构直接办理不动产登记：

（一）人民法院持生效法律文书和协助执行通知书要求不动产登记机构办理登记的；

（二）人民检察院、公安机关依据法律规定持协助查封通知书要求办理查封登记的；

（三）人民政府依法做出征收或者收回不动产权利决定生效后，要求不动产登记机构办理注销登记的；

（四）法律、行政法规规定的其他情形。

不动产登记机构认为登记事项存在异议的，应当依法向有关机关提出审查建议。

第二十条 不动产登记机构应当根据不动产登记簿，填写并核发不动产权属证书或者不动产登记证明。

除办理抵押权登记、地役权登记和预告登记、异议登记，向申请人核发不动产登记证明外，不动产登记机构应当依法向权利人核发不动产权属证书。

不动产权属证书和不动产登记证明，应当加盖不动产登记机构登记专用章。

不动产权属证书和不动产登记证明样式，由自然资源部统一规定。

第二十一条 申请共有不动产登记的，不动产登记机构向全体共有人合并发放一本不动产权属证书；共有人申请分别持证的，可以为共有人分别发放不动产权属证书。

共有不动产权属证书应当注明共有情况，并列明全体共有人。

第二十二条 不动产权属证书或者不动产登记证明污损、破损的，当事人可以向不动产登记机构申请换发。符合换发条件的，不动产登记机构应当予以换发，并收回原不动产权属证书或者不动产登记证明。

不动产权属证书或者不动产登记证明遗失、灭失，不动产权利人申请补发的，由不动产登记机构在其门户网站上刊发不动产权利人的遗失、灭失声明 15 个工作日后，予以补发。

不动产登记机构补发不动产权属证书或者不动产登记证明的，应当将补发不动产权属证书或者不动产登记证明的事项记载于不动产登记簿，并在不动产权属证书或者不动产登记证明上注明“补发”字样。

第二十三条 因不动产权利灭失等情形，不动产登记机构需要收回不动产权属证书或者不动产登记证明的，应当在不动产登记簿上将收回不动产权属证书或者不动产登记证明的事项予以注明；确实无法收回的，应当在不动产登记机构门户网站或者当地公开发行的报刊上公告作废。

第四章 不动产权利登记

第一节 一般规定

第二十四条 不动产首次登记，是指不动产权利第一次登记。

未办理不动产首次登记的，不得办理不动产其他类型登记，但法律、行政法规另有规定的除外。

第二十五条 市、县人民政府可以根据情况对本行政区域内未登记的不动产，组织开展集体土地所有权、宅基地使用权、集体建设用地使用权、土地承包经营权的首次登记。

依照前款规定办理首次登记所需的权属来源、调查等登记材料，由人民政府有关部门组织获取。

第二十六条 下列情形之一的，不动产权利人可以向不动产登记机构申请变更登记：

（一）权利人的姓名、名称、身份证明类型或者身份证明号码发生变更的；

（二）不动产的坐落、界址、用途、面积等状况变更的；

（三）不动产权利期限、来源等状况发生变化的；

（四）同一权利人分割或者合并不动产的；

（五）抵押担保的范围、主债权数额、债务履行期限、抵押权顺位发生变化的；

（六）最高额抵押担保的债权范围、最高债权额、债权确定期间等发生变化的；

（七）地役权的利用目的、方法等发生变化的；

（八）共有性质发生变更的；

（九）法律、行政法规规定的其他不涉及不动产权利转移的变更情形。

第二十七条 因下列情形导致不动产权利转移的，当事人可以向不动产登记机构申请转移登记：

（一）买卖、互换、赠与不动产的；

（二）以不动产作价出资（入股）的；

（三）法人或者其他组织因合并、分立等原因致使不动产权利发生转移的；

（四）不动产分割、合并导致权利发

生转移的；

（五）继承、受遗赠导致权利发生转移的；

（六）共有人增加或者减少以及共有不动产份额变化的；

（七）因人民法院、仲裁委员会的生效法律文书导致不动产权利发生转移的；

（八）因主债权转移引起不动产抵押权转移的；

（九）因需役地不动产权利转移引起地役权转移的；

（十）法律、行政法规规定的其他不动产权利转移情形。

第二十八条 有下列情形之一的，当事人可以申请办理注销登记：

（一）不动产灭失的；

（二）权利人放弃不动产权利的；

（三）不动产被依法没收、征收或者收回的；

（四）人民法院、仲裁委员会的生效法律文书导致不动产权利消灭的；

（五）法律、行政法规规定的其他情形。

不动产上已经设立抵押权、地役权或者已经办理预告登记，所有权人、使用权人因放弃权利申请注销登记的，申请人应当提供抵押权人、地役权人、预告登记权利人同意的书面材料。

第二节 集体土地所有权登记

第二十九条 集体土地所有权登记，依照下列规定提出申请：

（一）土地属于村农民集体所有的，由村集体经济组织代为申请，没有集体经济组织的，由村民委员会代为申请；

（二）土地分别属于村内两个以上农民集体所有的，由村内各集体经济组织代为申请，没有集体经济组织的，由村民小组代为申请；

（三）土地属于乡（镇）农民集体所有的，由乡（镇）集体经济组织代为申请。

第三十条 申请集体土地所有权首次登记的，应当提交下列材料：

（一）土地权属来源材料；

（二）权籍调查表、宗地图以及宗地界址点坐标；

（三）其他必要材料。

第三十一条 农民集体因互换、土地调整等原因导致集体土地所有权转移，申请集体土地所有权转移登记的，应当提交下列材料：

（一）不动产权属证书；

（二）互换、调整协议等集体土地所有权转移的材料；

（三）本集体经济组织三分之二以上成员或者三分之二以上村民代表同意的材料；

（四）其他必要材料。

第三十二条 申请集体土地所有权变更、注销登记的，应当提交下列材料：

（一）不动产权属证书；

（二）集体土地所有权变更、消灭的材料；

（三）其他必要材料。

第三节 国有建设用地使用权及房屋所有权登记

第三十三条 依法取得国有建设用地使用权，可以单独申请国有建设用地使用权登记。

依法利用国有建设用地建造房屋的，可以申请国有建设用地使用权及房屋所有权登记。

第三十四条 申请国有建设用地使用权首次登记，应当提交下列材料：

（一）土地权属来源材料；

（二）权籍调查表、宗地图以及宗地界址点坐标；

（三）土地出让价款、土地租金、相关税费等缴纳凭证；

（四）其他必要材料。

前款规定的土地权属来源材料，根据权利取得方式的不同，包括国有建设用地划拨决定书、国有建设用地使用权出让合同、国有建设用地使用权租赁合同以及国有建设用地使用权作价出资（入股）、授权经营批准文件。

申请在地上或者地下单独设立国有建设用地使用权登记的，按照本条规定办理。

第三十五条 申请国有建设用地使用权及房屋所有权首次登记的，应当提交下列材料：

（一）不动产权属证书或者土地权属来源材料；

（二）建设工程符合规划的材料；

（三）房屋已经竣工的材料；

（四）房地产调查或者测绘报告；

（五）相关税费缴纳凭证；

（六）其他必要材料。

第三十六条 办理房屋所有权首次登记时，申请人应当将建筑区划内依法属于业主共有的道路、绿地、其他公共场所、公用设施和物业服务用房及其占用范围内的建设用地使用权一并申请登记为业主共有。业主转让房屋所有权的，其对共有部分享有的权利依法一并转让。

第三十七条 申请国有建设用地使用权及房屋所有权变更登记的，应当根据不同情况，提交下列材料：

（一）不动产权属证书；

（二）发生变更的材料；

（三）有批准权的人民政府或者主管部门的批准文件；

（四）国有建设用地使用权出让合同或者补充协议；

（五）国有建设用地使用权出让价款、税费等缴纳凭证；

（六）其他必要材料。

第三十八条 申请国有建设用地使用权及房屋所有权转移登记的，应当根据不同情况，提交下列材料：

（一）不动产权属证书；

（二）买卖、互换、赠与合同；

（三）继承或者受遗赠的材料；

（四）分割、合并协议；

（五）人民法院或者仲裁委员会生效的法律文书；

（六）有批准权的人民政府或者主管部门的批准文件；

（七）相关税费缴纳凭证；

（八）其他必要材料。

不动产买卖合同依法应当备案的，申请人申请登记时须提交经备案的买卖合同。

第三十九条 具有独立利用价值的特定空间以及码头、油库等其他建筑物、构筑物所有权的登记，按照本实施细则中房屋所有权登记有关规定办理。

第四节 宅基地使用权及房屋所有权登记

第四十条 依法取得宅基地使用权，可以单独申请宅基地使用权登记。

依法利用宅基地建造住房及其附属设施的，可以申请宅基地使用权及房屋所有权登记。

第四十一条 申请宅基地使用权及房屋所有权首次登记的，应当根据不同情况，提交下列材料：

（一）申请人身份证和户口簿；

（二）不动产权属证书或者有批准权的人民政府批准用地的文件等权属来源材料；

（三）房屋符合规划或者建设的相关材料；

（四）权籍调查表、宗地图、房屋平面图以及宗地界址点坐标等有关不动产界址、面积等材料；

（五）其他必要材料。

第四十二条 因依法继承、分家析产、集体经济组织内部互换房屋等导致宅基地使用权及房屋所有权发生转移申请登记的，申请人应当根据不同情况，提交下列材料：

（一）不动产权属证书或者其他权属来源材料；

（二）依法继承的材料；

（三）分家析产的协议或者材料；

（四）集体经济组织内部互换房屋的协议；

（五）其他必要材料。

第四十三条 申请宅基地等集体土地上的建筑物区分所有权登记的，参照国有建设用地使用权及建筑物区分所有权的规定办理登记。

第五节 集体建设用地使用权及建筑物、构筑物所有权登记

第四十四条 依法取得集体建设用地使用权，可以单独申请集体建设用地使用权登记。

依法利用集体建设用地兴办企业，建设公共设施，从事公益事业等的，可以申请集体建设用地使用权及地上建筑物、构筑物所有权登记。

第四十五条 申请集体建设用地使用权及建筑物、构筑物所有权首次登记的，申请人应当根据不同情况，提交下列材料：

（一）有批准权的人民政府批准用地的文件等土地权属来源材料；

（二）建设工程符合规划的材料；

（三）权籍调查表、宗地图、房屋平面图以及宗地界址点坐标等有关不动产界址、面积等材料；

（四）建设工程已竣工的材料；

（五）其他必要材料。

集体建设用地使用权首次登记完成后，申请人申请建筑物、构筑物所有权首次登记的，应当提交享有集体建设用地使用权的不动产权属证书。

第四十六条 申请集体建设用地使用权及建筑物、构筑物所有权变更登记、转移登记、注销登记的，申请人应当根据不同情况，提交下列材料：

（一）不动产权属证书；

（二）集体建设用地使用权及建筑物、构筑物所有权变更、转移、消灭的材料；

（三）其他必要材料。

因企业兼并、破产等原因致使集体建设用地使用权及建筑物、构筑物所有权发生转移的，申请人应当持相关协议及有关部门的批准文件等相关材料，申请不动产转移登记。

第六节 土地承包经营权登记

第四十七条 承包农民集体所有的耕地、林地、草地、水域、滩涂以及荒山、荒沟、荒丘、荒滩等农用地，或者国家所有依法由农民集体使用的农用地从事种植业、林业、畜牧业、渔业等农业生产的，可以申请土地承包经营权登记；地上有森林、林木的，应当在申请土地承包经营权登记时一并申请登记。

第四十八条 依法以承包方式在土地上从

事种植业或者养殖业生产活动的，可以申请土地承包经营权的首次登记。

以家庭承包方式取得的土地承包经营权的首次登记，由发包方持土地承包经营合同等材料申请。

以招标、拍卖、公开协商等方式承包农村土地的，由承包方持土地承包经营合同申请土地承包经营权首次登记。

第四十九条 已经登记的土地承包经营权有下列情形之一的，承包方应当持原不动产权属证书以及其他证实发生变更事实的材料，申请土地承包经营权变更登记：

（一）权利人的姓名或者名称等事项发生变化的；

（二）承包土地的坐落、名称、面积发生变化的；

（三）承包期限依法变更的；

（四）承包期限届满，土地承包经营权人按照国家有关规定继续承包的；

（五）退耕还林、退耕还湖、退耕还草导致土地用途改变的；

（六）森林、林木的种类等发生变化的；

（七）法律、行政法规规定的其他情形。

第五十条 已经登记的土地承包经营权发生下列情形之一的，当事人双方应当持互换协议、转让合同等材料，申请土地承包经营权的转移登记：

（一）互换；

（二）转让；

（三）因家庭关系、婚姻关系变化等原因导致土地承包经营权分割或者合并的；

（四）依法导致土地承包经营权转移的其他情形。

以家庭承包方式取得的土地承包经营权，采取转让方式流转的，还应当提供发包方同意的材料。

第五十一条 已经登记的土地承包经营权发生下列情形之一的，承包方应当持不动产权属证书、证实灭失的材料等，申请注销登记：

（一）承包经营的土地灭失的；

（二）承包经营的土地被依法转为建设用地的；

（三）承包经营权人丧失承包经营资格或者放弃承包经营权的；

（四）法律、行政法规规定的其他情形。

第五十二条 以承包经营以外的合法方式使用国有农用地的国有农场、草场，以及使用国家所有的水域、滩涂等农用地进行农业生产，申请国有农用地的使用权登记的，参照本实施细则有关规定办理。

国有农场、草场申请国有未利用地登记的，依照前款规定办理。

第五十三条 国有林地使用权登记，应当提交有批准权的人民政府或者主管部门的批准文件，地上森林、林木一并登记。

第七节 海域使用权登记

第五十四条 依法取得海域使用权，可以单独申请海域使用权登记。

依法使用海域，在海域上建造建筑物、构筑物的，应当申请海域使用权及建筑物、构筑物所有权登记。

申请无居民海岛登记的，参照海域使用权登记有关规定办理。

第五十五条 申请海域使用权首次登记的，应当提交下列材料：

（一）项目用海批准文件或者海域使用权出让合同；

（二）宗海图以及界址点坐标；

（三）海域使用金缴纳或者减免凭证；

（四）其他必要材料。

第五十六条 有下列情形之一的，申请人应当持不动产权属证书、海域使用权变更的文件等材料，申请海域使用权变更登记：

（一）海域使用权人姓名或者名称改变的；

（二）海域坐落、名称发生变化的；

（三）改变海域使用位置、面积或者期限的；

（四）海域使用权续期的；

（五）共有性质变更的；

（六）法律、行政法规规定的其他情形。

第五十七条 有下列情形之一的，申请人可以申请海域使用权转移登记：

（一）因企业合并、分立或者与他人合资、合作经营、作价入股导致海域使用权转移的；

（二）依法转让、赠与、继承、受遗赠海域使用权的；

（三）因人民法院、仲裁委员会生效法律文书导致海域使用权转移的；

（四）法律、行政法规规定的其他情形。

第五十八条 申请海域使用权转移登记的，申请人应当提交下列材料：

（一）不动产权属证书；

（二）海域使用权转让合同、继承材料、生效法律文书等材料；

（三）转让批准取得的海域使用权，应当提交原批准用海的海洋行政主管部门批准转让的文件；

（四）依法需要补交海域使用金的，应当提交海域使用金缴纳的凭证；

（五）其他必要材料。

第五十九条 申请海域使用权注销登记的，申请人应当提交下列材料：

（一）原不动产权属证书；

（二）海域使用权消灭的材料；

（三）其他必要材料。

因围填海造地等导致海域灭失的，申请人应当在围填海造地等工程竣工后，依照本实施细则规定申请国有土地使用权登记，并办理海域使用权注销登记。

第八节 地役权登记

第六十条 按照约定设定地役权，当事人可以持需役地和供役地的不动产权属证书、地役权合同以及其他必要文件，申请地役权首次登记。

第六十一条 经依法登记的地役权发生下列情形之一的，当事人应当持地役权合同、不动产登记证明和证实变更的材料等必要材料，申请地役权变更登记：

（一）地役权当事人的姓名或者名称等发生变化；

（二）共有性质变更的；

（三）需役地或者供役地自然状况发生变化；

（四）地役权内容变更的；

（五）法律、行政法规规定的其他情形。

供役地分割转让办理登记，转让部分涉及地役权的，应当由受让人与地役权人一并申请地役权变更登记。

第六十二条 已经登记的地役权因土地承包经营权、建设用地使用权转让发生转移的，当事人应当持不动产登记证明、地役权转移合同等必要材料，申请地役权转移登记。

申请需役地转移登记的，或者需役地分割转让，转让部分涉及已登记的地役权的，当事人应当一并申请地役权转移登记，但当事人另有约定的除外。当事人拒绝一并申请地役权转移登记的，应当出具书面材料。不动产登记机构办理转移登记时,应当同时办理地役权注销登记。

第六十三条 已经登记的地役权,有下列情形之一的,当事人可以持不动产登记证明、证实地役权发生消灭的材料等必要材料,申请地役权注销登记:

(一)地役权期限届满;

(二)供役地、需役地归于同一人;

(三)供役地或者需役地灭失;

(四)人民法院、仲裁委员会的生效法律文书导致地役权消灭;

(五)依法解除地役权合同;

(六)其他导致地役权消灭的事由。

第六十四条 地役权登记,不动产登记机构应当将登记事项分别记载于需役地和供役地登记簿。

供役地、需役地分属不同不动产登记机构管辖的,当事人应当向供役地所在地的不动产登记机构申请地役权登记。供役地所在地不动产登记机构完成登记后,应当将相关事项通知需役地所在地不动产登记机构,并由其记载于需役地登记簿。

地役权设立后,办理首次登记前发生变更、转移的,当事人应当提交相关材料,就已经变更或者转移的地役权,直接申请首次登记。

第九节 抵押权登记

第六十五条 对下列财产进行抵押的,可以申请办理不动产抵押登记:

(一)建设用地使用权;

(二)建筑物和其他土地附着物;

(三)海域使用权;

(四)以招标、拍卖、公开协商等方式取得的荒地等土地承包经营权;

(五)正在建造的建筑物;

(六)法律、行政法规未禁止抵押的其他不动产。

以建设用地使用权、海域使用权抵押的,该土地、海域上的建筑物、构筑物一并抵押;以建筑物、构筑物抵押的,该建筑物、构筑物占用范围内的建设用地使用权、海域使用权一并抵押。

第六十六条 自然人、法人或者其他组织为保障其债权的实现,依法以不动产设定抵押的,可以由当事人持不动产权属证书、抵押合同与主债权合同等必要材料,共同申请办理抵押登记。

抵押合同可以是单独订立的书面合同,也可以是主债权合同中的抵押条款。

第六十七条 同一不动产上设立多个抵押权的,不动产登记机构应当按照受理时间的先后顺序依次办理登记,并记载于不动产登记簿。当事人对抵押权顺位另有约定的,从其规定办理登记。

第六十八条 有下列情形之一的,当事人应当持不动产权属证书、不动产登记证明、抵押权变更等必要材料,申请抵押权变更登记:

(一)抵押人、抵押权人的姓名或者名称变更的;

(二)被担保的主债权数额变更的;

(三)债务履行期限变更的;

(四)抵押权顺位变更的;

(五)法律、行政法规规定的其他情形。

因被担保债权主债权的种类及数额、担保范围、债务履行期限、抵押权顺位发生变更申请抵押权变更登记时,如果该抵押权的变更将对其他抵押权人产生不利影响的,还应当提交其他抵押权人书面同意的材料与身份证或者户口簿等材料。

第六十九条 因主债权转让导致抵押权转让的,当事人可以持不动产权属证书、不动产登记证明、被担保主债权的转让协议、债权人已经通知债务人的材料等相关材料，申请抵押权的转移登记。

第七十条 有下列情形之一的，当事人可以持不动产登记证明、抵押权消灭的材料等必要材料，申请抵押权注销登记：

（一）主债权消灭；

（二）抵押权已经实现；

（三）抵押权人放弃抵押权；

（四）法律、行政法规规定抵押权消灭的其他情形。

第七十一条 设立最高额抵押权的，当事人应当持不动产权属证书、最高额抵押合同与一定期间内将要连续发生的债权的合同或者其他登记原因材料等必要材料，申请最高额抵押权首次登记。

当事人申请最高额抵押权首次登记时，同意将最高额抵押权设立前已经存在的债权转入最高额抵押担保的债权范围的，还应当提交已存在债权的合同以及当事人同意将该债权纳入最高额抵押权担保范围的书面材料。

第七十二条 有下列情形之一的，当事人应当持不动产登记证明、最高额抵押权发生变更的材料等必要材料，申请最高额抵押权变更登记：

（一）抵押人、抵押权人的姓名或者名称变更的；

（二）债权范围变更的；

（三）最高债权额变更的；

（四）债权确定的期间变更的；

（五）抵押权顺位变更的；

（六）法律、行政法规规定的其他情形。

因最高债权额、债权范围、债务履行期限、债权确定的期间发生变更申请最高额抵押权变更登记时，如果该变更将对其他抵押权人产生不利影响的，当事人还应当提交其他抵押权人的书面同意文件与身份证或者户口簿等。

第七十三条 当发生导致最高额抵押权担保的债权被确定的事由，从而使最高额抵押权转变为一般抵押权时，当事人应当持不动产登记证明、最高额抵押权担保的债权已确定的材料等必要材料，申请办理确定最高额抵押权的登记。

第七十四条 最高额抵押权发生转移的，应当持不动产登记证明、部分债权转移的材料、当事人约定最高额抵押权随同部分债权的转让而转移的材料等必要材料，申请办理最高额抵押权转移登记。

债权人转让部分债权，当事人约定最高额抵押权随同部分债权的转让而转移的，应当分别申请下列登记：

（一）当事人约定原抵押权人与受让人共同享有最高额抵押权的，应当申请最高额抵押权的转移登记；

（二）当事人约定受让人享有一般抵押权、原抵押权人就扣减已转移的债权数额后继续享有最高额抵押权的，应当申请一般抵押权的首次登记以及最高额抵押权的变更登记；

（三）当事人约定原抵押权人不再享有最高额抵押权的，应当一并申请最高额抵押权确定登记以及一般抵押权转移登记。

最高额抵押权担保的债权确定前，债权人转让部分债权的，除当事人另有约定外，不动产登记机构不得办理最高额抵押权转移登记。

第七十五条 以建设用地使用权以及全部或者部分在建建筑物设定抵押的，应当一并申请建设用地使用权以及在建建筑物抵押权的首次登记。

当事人申请在建建筑物抵押权首次登记时，抵押财产不包括已经办理预告登记的预购商品房和已经办理预售备案的商品房。

前款规定的在建建筑物，是指正在建造、尚未办理所有权首次登记的房屋等建筑物。

第七十六条 申请在建建筑物抵押权首次登记的，当事人应当提交下列材料：

（一）抵押合同与主债权合同；

（二）享有建设用地使用权的不动产权属证书；

（三）建设工程规划许可证；

（四）其他必要材料。

第七十七条 在建建筑物抵押权变更、转移或者消灭的，当事人应当提交下列材料，申请变更登记、转移登记、注销登记：

（一）不动产登记证明；

（二）在建建筑物抵押权发生变更、转移或者消灭的材料；

（三）其他必要材料。

在建建筑物竣工，办理建筑物所有权首次登记时，当事人应当申请将在建建筑物抵押权登记转为建筑物抵押权登记。

第七十八条 申请预购商品房抵押登记，应当提交下列材料：

（一）抵押合同与主债权合同；

（二）预购商品房预告登记材料；

（三）其他必要材料。

预购商品房办理房屋所有权登记后，当事人应当申请将预购商品房抵押预告登记转为商品房抵押权首次登记。

第五章 其他登记

第一节 更正登记

第七十九条 权利人、利害关系人认为不动产登记簿记载的事项有错误，可以申请更正登记。

权利人申请更正登记的，应当提交下列材料：

（一）不动产权属证书；

（二）证实登记确有错误的材料；

（三）其他必要材料。

利害关系人申请更正登记的，应当提交利害关系材料、证实不动产登记簿记载错误的材料以及其他必要材料。

第八十条 不动产权利人或者利害关系人申请更正登记，不动产登记机构认为不动产登记簿记载确有错误的，应当予以更正；但在错误登记之后已经办理了涉及不动产权利处分的登记、预告登记和查封登记的除外。

不动产权属证书或者不动产登记证明填制错误以及不动产登记机构在办理更正登记中，需要更正不动产权属证书或者不动产登记证明内容的，应当书面通知权利人换发，并把换发不动产权属证书或者不动产登记证明的事项记载于登记簿。

不动产登记簿记载无误的，不动产登记机构不予更正，并书面通知申请人。

第八十一条 不动产登记机构发现不动产登记簿记载的事项错误，应当通知当事人在30个工作日内办理更正登记。当事人逾期不办理的，不动产登记机构应当在公告15个工作日后，依法予以更正；但在错误登记之后已经办理了涉及不动产权利处分的登记、预告登记和查封登记的除外。

第二节 异议登记

第八十二条 利害关系人认为不动产登记簿记载的事项错误，权利人不同意更正的，利害关系人可以申请异议登记。

利害关系人申请异议登记的，应当提交下列材料：

（一）证实对登记的不动产权利有利

害关系的材料；

（二）证实不动产登记簿记载的事项错误的材料；

（三）其他必要材料。

第八十三条 不动产登记机构受理异议登记申请的，应当将异议事项记载于不动产登记簿，并向申请人出具异议登记证明。

异议登记申请人应当在异议登记之日起15日内，提交人民法院受理通知书、仲裁委员会受理通知书等提起诉讼、申请仲裁的材料；逾期不提交的，异议登记失效。

异议登记失效后，申请人就同一事项以同一理由再次申请异议登记的，不动产登记机构不予受理。

第八十四条 异议登记期间，不动产登记簿上记载的权利人以及第三人因处分权利申请登记的，不动产登记机构应当书面告知申请人该权利已经存在异议登记的有关事项。申请人申请继续办理的，应当予以办理，但申请人应当提供知悉异议登记存在并自担风险的书面承诺。

第三节 预告登记

第八十五条 有下列情形之一的，当事人可以按照约定申请不动产预告登记：

（一）商品房等不动产预售的；

（二）不动产买卖、抵押的；

（三）以预购商品房设定抵押权的；

（四）法律、行政法规规定的其他情形。

预告登记生效期间，未经预告登记的权利人书面同意，处分该不动产权利申请登记的，不动产登记机构应当不予办理。

预告登记后，债权未消灭且自能够进行相应的不动产登记之日起3个月内，当事人申请不动产登记的，不动产登记机构应当按照预告登记事项办理相应的登记。

第八十六条 申请预购商品房的预告登记，应当提交下列材料：

（一）已备案的商品房预售合同；

（二）当事人关于预告登记的约定；

（三）其他必要材料。

预售人和预购人订立商品房买卖合同后，预售人未按照约定与预购人申请预告登记，预购人可以单方申请预告登记。

预购人单方申请预购商品房预告登记，预售人与预购人在商品房预售合同中对预告登记附有条件和期限的，预购人应当提交相应材料。

申请预告登记的商品房已经办理在建建筑物抵押权首次登记的，当事人应当一并申请在建建筑物抵押权注销登记，并提交不动产权属转移材料、不动产登记证明。不动产登记机构应当先办理在建建筑物抵押权注销登记，再办理预告登记。

第八十七条 申请不动产转移预告登记的，当事人应当提交下列材料：

（一）不动产转让合同；

（二）转让方的不动产权属证书；

（三）当事人关于预告登记的约定；

（四）其他必要材料。

第八十八条 抵押不动产，申请预告登记的，当事人应当提交下列材料：

（一）抵押合同与主债权合同；

（二）不动产权属证书；

（三）当事人关于预告登记的约定；

（四）其他必要材料。

第八十九条 预告登记未到期，有下列情形之一的，当事人可以持不动产登记证明、债权消灭或者权利人放弃预告登记的材料，以及法律、行政法规规定的其他必要材料申请注销预告登记：

（一）预告登记的权利人放弃预告登记的；

（二）债权消灭的；

（三）法律、行政法规规定的其他情形。

第四节 查封登记

第九十条 人民法院要求不动产登记机构办理查封登记的，应当提交下列材料：

（一）人民法院工作人员的工作证；

（二）协助执行通知书；

（三）其他必要材料。

第九十一条 两个以上人民法院查封同一不动产的，不动产登记机构应当为先送达协助执行通知书的人民法院办理查封登记，对后送达协助执行通知书的人民法院办理轮候查封登记。

轮候查封登记的顺序按照人民法院协助执行通知书送达不动产登记机构的时间先后进行排列。

第九十二条 查封期间，人民法院解除查封的，不动产登记机构应当及时根据人民法院协助执行通知书注销查封登记。

不动产查封期限届满，人民法院未续封的，查封登记失效。

第九十三条 人民检察院等其他国家有权机关依法要求不动产登记机构办理查封登记的，参照本节规定办理。

第六章 不动产登记资料的查询、保护和利用

第九十四条 不动产登记资料包括：

（一）不动产登记簿等不动产登记结果；

（二）不动产登记原始资料，包括不动产登记申请书、申请人身份材料、不动产权属来源、登记原因、不动产权籍调查成果等材料以及不动产登记机构审核材料。

不动产登记资料由不动产登记机构管理。不动产登记机构应当建立不动产登记资料管理制度以及信息安全保密制度，建设符合不动产登记资料安全保护标准的不动产登记资料存放场所。

不动产登记资料中属于归档范围的，按照相关法律、行政法规的规定进行归档管理，具体办法由自然资源部会同国家档案主管部门另行制定。

第九十五条 不动产登记机构应当加强不动产登记信息化建设，按照统一的不动产登记信息管理基础平台建设要求和技术标准，做好数据整合、系统建设和信息服务等工作，加强不动产登记信息产品开发和技术创新，提高不动产登记的社会综合效益。

各级不动产登记机构应当采取措施保障不动产登记信息安全。任何单位和个人不得泄露不动产登记信息。

第九十六条 不动产登记机构、不动产交易机构建立不动产登记信息与交易信息互联共享机制，确保不动产登记与交易有序衔接。

不动产交易机构应当将不动产交易信息及时提供给不动产登记机构。不动产登记机构完成登记后，应当将登记信息及时提供给不动产交易机构。

第九十七条 国家实行不动产登记资料依法查询制度。

权利人、利害关系人按照《条例》第二十七条规定依法查询、复制不动产登记资料的，应当到具体办理不动产登记的不动产登记机构申请。

权利人可以查询、复制其不动产登记资料。

因不动产交易、继承、诉讼等涉及的利害关系人可以查询、复制不动产自然状况、权利人及其不动产查封、抵押、预告登记、异议登记等状况。

人民法院、人民检察院、国家安全机关、监察机关等可以依法查询、复制与调查和处理事项有关的不动产登记资料。

其他有关国家机关执行公务依法查询、复制不动产登记资料的,依照本条规定办理。

涉及国家秘密的不动产登记资料的查询,按照保守国家秘密法的有关规定执行。

第九十八条 权利人、利害关系人申请查询、复制不动产登记资料应当提交下列材料:

(一)查询申请书;

(二)查询目的的说明;

(三)申请人的身份材料;

(四)利害关系人查询的,提交证实存在利害关系的材料。

权利人、利害关系人委托他人代为查询的,还应当提交代理人的身份证明材料、授权委托书。权利人查询其不动产登记资料无需提供查询目的的说明。

有关国家机关查询的,应当提供本单位出具的协助查询材料、工作人员的工作证。

第九十九条 有下列情形之一的,不动产登记机构不予查询,并书面告知理由:

(一)申请查询的不动产不属于不动产登记机构管辖范围的;

(二)查询人提交的申请材料不符合规定的;

(三)申请查询的主体或者查询事项不符合规定的;

(四)申请查询的目的不合法的;

(五)法律、行政法规规定的其他情形。

第一百条 对符合本实施细则规定的查询申请,不动产登记机构应当当场提供查询;因情况特殊,不能当场提供查询的,应当在5个工作日内提供查询。

第一百零一条 查询人查询不动产登记资料,应当在不动产登记机构设定的场所进行。

不动产登记原始资料不得带离设定的场所。

查询人在查询时应当保持不动产登记资料的完好,严禁遗失、拆散、调换、抽取、污损登记资料,也不得损坏查询设备。

第一百零二条 查询人可以查阅、抄录不动产登记资料。查询人要求复制不动产登记资料的,不动产登记机构应当提供复制。

查询人要求出具查询结果证明的,不动产登记机构应当出具查询结果证明。查询结果证明应注明查询目的及日期,并加盖不动产登记机构查询专用章。

第七章 法律责任

第一百零三条 不动产登记机构工作人员违反本实施细则规定,有下列行为之一,依法给予处分;构成犯罪的,依法追究刑事责任:

(一)对符合登记条件的登记申请不予登记,对不符合登记条件的登记申请予以登记;

(二)擅自复制、篡改、毁损、伪造不动产登记簿;

(三)泄露不动产登记资料、登记信息;

(四)无正当理由拒绝申请人查询、复制登记资料;

(五)强制要求权利人更换新的权属证书。

第一百零四条 当事人违反本实施细则规定,有下列行为之一,构成违反治安管理行为的,依法给予治安管理处罚;给他人造成损失的，依法承担赔偿责任；构成犯罪的，依法追究刑事责任：

（一）采用提供虚假材料等欺骗手段申请登记；

（二）采用欺骗手段申请查询、复制登记资料；

（三）违反国家规定，泄露不动产登记资料、登记信息；

（四）查询人遗失、拆散、调换、抽取、污损登记资料的；

（五）擅自将不动产登记资料带离查询场所、损坏查询设备的。

第八章　附　　则

第一百零五条　本实施细则施行前，依法核发的各类不动产权属证书继续有效。不动产权利未发生变更、转移的，不动产登记机构不得强制要求不动产权利人更换不动产权属证书。

不动产登记过渡期内，农业部会同自然资源部等部门负责指导农村土地承包经营权的统一登记工作，按照农业部有关规定办理耕地的土地承包经营权登记。不动产登记过渡期后，由自然资源部负责指导农村土地承包经营权登记工作。

第一百零六条　不动产信托依法需要登记的，由自然资源部会同有关部门另行规定。

第一百零七条　军队不动产登记，其申请材料经军队不动产主管部门审核后，按照本实施细则规定办理。

第一百零八条　自然资源部委托北京市规划和自然资源委员会直接办理在京中央国家机关的不动产登记。

在京中央国家机关申请不动产登记时，应当提交《不动产登记暂行条例》及本实施细则规定的材料和有关机关事务管理局出具的不动产登记审核意见。不动产权属资料不齐全的，还应当提交由有关机关事务管理局确认盖章的不动产权属来源说明函。不动产权籍调查由有关机关事务管理局会同北京市规划和自然资源委员会组织进行的，还应当提交申请登记不动产单元的不动产权籍调查资料。

北京市规划和自然资源委员会办理在京中央国家机关不动产登记时，应当使用自然资源部制发的“自然资源部不动产登记专用章”。

第一百零九条　本实施细则自公布之日起施行。

（2）土地登记

林木和林地权属登记管理办法

1. 2000年12月31日国家林业局令第1号公布
2. 根据2011年1月25日国家林业局令第26号《关于废止和修改部分部门规章的决定》修正

第一条　为了规范森林、林木和林地的所有权或者使用权（以下简称林权）登记工作，根据《中华人民共和国森林法》及其实施条例规定，制定本办法。

第二条　县级以上林业主管部门依法履行林权登记职责。

林权登记包括初始、变更和注销登记。

第三条　林权权利人是指森林、林木和林地的所有权或者使用权的拥有者。

第四条　林权权利人为个人的，由本人或者其法定代理人、委托的代理人提出林权登记申请；林权权利人为法人或者其他组织的，由其法定代表人、负责人或者委托的代理人提出林权登记申请。

第五条　林权权利人应当根据森林法及其实施条例的规定提出登记申请，并提交以下文件：

（一）林权登记申请表；

（二）个人身份证明、法人或者其他组织的资格证明、法定代表人或者负责人的身份证明、法定代理人或者委托代理人的身份证明和载明委托事项和委托权限的委托书；

（三）申请登记的森林、林木和林地权属证明文件；

（四）省、自治区、直辖市人民政府林业主管部门规定要求提交的其他有关文件。

第六条 林权发生变更的，林权权利人应当到初始登记机关申请变更登记。

第七条 林地被依法征收、征用、占用或者由于其他原因造成林地灭失的，原林权权利人应当到初始登记机关申请办理注销登记。

第八条 林权权利人申请办理变更登记或者注销登记时，应当提交下列文件：

（一）林权登记申请表；

（二）林权证；

（三）林权依法变更或者灭失的有关证明文件。

第九条 登记机关应当对林权权利人提交的申请登记材料进行初步审查。

登记机关认为林权权利人提交的申请材料符合森林法及其实施条例以及本办法规定的，应当予以受理；认为不符合规定的，应当说明不受理的理由或者要求林权权利人补充材料。

第十条 登记机关对已经受理的登记申请，应当自受理之日起10个工作日内，在森林、林木和林地所在地进行公告。公告期为30天。

第十一条 对经审查符合下列全部条件的登记申请，登记机关应当自受理申请之日起3个月内予以登记：

（一）申请登记的森林、林木和林地位置、四至界限、林种、面积或者株数等数据准确；

（二）林权证明材料合法有效；

（三）无权属争议；

（四）附图中标明的界桩、明显地物标志与实地相符合。

第十二条 对经审查不符合本办法第十一条规定的登记条件的登记申请，登记机关应当不予登记。

在公告期内，有关利害关系人如对登记申请提出异议，登记机关应当对其所提出的异议进行调查核实。有关利害关系人提出的异议主张确实合法有效的，登记机关对登记申请应当不予登记。

第十三条 对不予登记的申请，登记机关应当以书面形式向提出登记申请的林权权利人告知不予登记的理由。

第十四条 对于经过登记机关审查准予登记的申请，应当及时核发林权证。

第十五条 按照森林法及其实施条例的规定，由国务院林业主管部门或者省、自治区、直辖市人民政府以及设区的市、自治州人民政府核发林权证的，登记机关应当将核发林权证的情况通知有关地方人民政府。

第十六条 国务院林业主管部门统一规定林权证式样，并指定厂家印制。

第十七条 发现林权证错、漏登记的或者遗失、损坏的，有关林权权利人可以到原林权登记机关申请更正或者补办。

第十八条 登记机关应当配备专（兼）职人员和必要的设施，建立林权登记档案。

第十九条 登记档案应当包括下列主要材料：

（一）本办法第五条规定的申请材料；

（二）林权登记台账；

（三）本办法第十二条第二款涉及的异议材料和登记机关的调查材料和审查意见；

（四）其他有关图表、数据资料等文件。

第二十条 登记机关应当公开登记档案，并接受公众查询。

第二十一条 省级林业主管部门登记机关应当将当年林权证核发、换发、变更等登记情况统计汇总，并于次年1月份报国务院林业主管部门。

第二十二条 本办法由国家林业局负责解释。

第二十三条 本办法自发布之日起施行。

不动产登记资料查询暂行办法

1. 2018年3月2日国土资源部令第80号公布

2. 根据2019年7月24日自然资源部令第5号《关于第一批废止和修改部门规章的决定》修正

第一章 总 则

第一条 为了规范不动产登记资料查询活动，加强不动产登记资料管理、保护和利用，维护不动产交易安全，保护不动产权利人的合法权益，根据《中华人民共和国物权法》《不动产登记暂行条例》等法律法规，制定本办法。

第二条 本办法所称不动产登记资料，包括：

（一）不动产登记簿等不动产登记结果；

（二）不动产登记原始资料，包括不动产登记申请书、申请人身份材料、不动产权属来源、登记原因、不动产权籍调查成果等材料以及不动产登记机构审核材料。

不动产登记资料由不动产登记机构负责保存和管理。

第三条 县级以上人民政府不动产登记机构负责不动产登记资料查询管理工作。

第四条 不动产权利人、利害关系人可以依照本办法的规定，查询、复制不动产登记资料。

不动产权利人、利害关系人可以委托律师或者其他代理人查询、复制不动产登记资料。

第五条 不动产登记资料查询，遵循依法、便民、高效的原则。

第六条 不动产登记机构应当加强不动产登记信息化建设，以不动产登记信息管理基础平台为基础，通过运用互联网技术、设置自助查询终端、在相关场所设置登记信息查询端口等方式，为查询人提供便利。

第二章 一般规定

第七条 查询不动产登记资料，应当在不动产所在地的市、县人民政府不动产登记机构进行，但法律法规另有规定的除外。

查询人到非不动产所在地的不动产登记机构申请查询的，该机构应当告知其到相应的机构查询。

不动产登记机构应当提供必要的查询场地，并安排专门人员负责不动产登记资料的查询、复制和出具查询结果证明等工作。

申请查询不动产登记原始资料，应当优先调取数字化成果，确有需求和必要，可以调取纸质不动产登记原始资料。

第八条 不动产权利人、利害关系人申请查询不动产登记资料，应当提交查询申请书以及不动产权利人、利害关系人的身份证明材料。

查询申请书应当包括下列内容：

（一）查询主体；

（二）查询目的；

（三）查询内容；

（四）查询结果要求；

（五）提交的申请材料清单。

第九条 不动产权利人、利害关系人委托代理人代为申请查询不动产登记资料的，被委托人应当提交双方身份证明原件和授权委托书。

授权委托书中应当注明双方姓名或者名称、公民身份号码或者统一社会信用代码、委托事项、委托时限、法律义务、委托日期等内容，双方签字或者盖章。

代理人受委托查询、复制不动产登记资料的，其查询、复制范围由授权委托书确定。

第十条 符合查询条件，查询人需要出具不动产登记资料查询结果证明或者复制不动产登记资料的，不动产登记机构应当当场提供。因特殊原因不能当场提供的，应当在5个工作日内向查询人提供。

查询结果证明应当注明出具的时间，并加盖不动产登记机构查询专用章。

第十一条 有下列情形之一的，不动产登记机构不予查询，并出具不予查询告知书：

（一）查询人提交的申请材料不符合本办法规定的；

（二）申请查询的主体或者查询事项不符合本办法规定的；

（三）申请查询的目的不符合法律法规规定的；

（四）法律、行政法规规定的其他情形。

查询人对不动产登记机构出具的不予查询告知书不服的，可以依法申请行政复议或者提起行政诉讼。

第十二条 申请查询的不动产登记资料涉及国家秘密的，不动产登记机构应当按照保守国家秘密法等有关规定执行。

第十三条 不动产登记机构应当建立查询记录簿，做好查询记录工作，记录查询人、查询目的或者用途、查询时间以及复制不动产登记资料的种类、出具的查询结果证明情况等。

第三章 权利人查询

第十四条 不动产登记簿上记载的权利人可以查询本不动产登记结果和本不动产登记原始资料。

第十五条 不动产权利人可以申请以下列索引信息查询不动产登记资料，但法律法规另有规定的除外：

（一）权利人的姓名或者名称、公民身份号码或者统一社会信用代码等特定主体身份信息；

（二）不动产具体坐落位置信息；

（三）不动产权属证书号；

（四）不动产单元号。

第十六条 不动产登记机构可以设置自助查询终端，为不动产权利人提供不动产登记结果查询服务。

自助查询终端应当具备验证相关身份证明以及出具查询结果证明的功能。

第十七条 继承人、受遗赠人因继承和受遗赠取得不动产权利的，适用本章关于不动产权利人查询的规定。

前款规定的继承人、受遗赠人查询不动产登记资料的，除提交本办法第八条规定的材料外，还应当提交被继承人或者遗赠人死亡证明、遗嘱或者遗赠抚养协议等可以证明继承或者遗赠行为发生的材料。

第十八条 清算组、破产管理人、财产代管人、监护人等依法有权管理和处分不动产权利的主体，参照本章规定查询相关不动产权利人的不动产登记资料。

依照本条规定查询不动产登记资料的，除提交本办法第八条规定的材料，还应当提交依法有权处分该不动产的材料。

第四章 利害关系人查询

第十九条 符合下列条件的利害关系人可以申请查询有利害关系的不动产登记结果：

（一）因买卖、互换、赠与、租赁、抵押不动产构成利害关系的；

（二）因不动产存在民事纠纷且已经提起诉讼、仲裁而构成利害关系的；

（三）法律法规规定的其他情形。

第二十条 不动产的利害关系人申请查询不动产登记结果的，除提交本办法第八条规定的材料外，还应当提交下列利害关系证明材料：

（一）因买卖、互换、赠与、租赁、抵押不动产构成利害关系的，提交买卖合同、互换合同、赠与合同、租赁合同、抵押合同；

（二）因不动产存在相关民事纠纷且已经提起诉讼或者仲裁而构成利害关系的，提交受理案件通知书、仲裁受理通知书。

第二十一条 有买卖、租赁、抵押不动产意向，或者拟就不动产提起诉讼或者仲裁等，但不能提供本办法第二十条规定的利害关系证明材料的，可以提交本办法第八条规定材料，查询相关不动产登记簿记载的下列信息：

（一）不动产的自然状况；

（二）不动产是否存在共有情形；

（三）不动产是否存在抵押权登记、预告登记或者异议登记情形；

（四）不动产是否存在查封登记或者其他限制处分的情形。

第二十二条 受本办法第二十一条规定的当事人委托的律师，还可以申请查询相关不动产登记簿记载的下列信息：

（一）申请验证所提供的被查询不动产权利主体名称与登记簿的记载是否一致；

（二）不动产的共有形式；

（三）要求办理查封登记或者限制处分机关的名称。

第二十三条 律师受当事人委托申请查询不动产登记资料的，除提交本办法第八条、第九条规定的材料外，还应当提交律师证和律师事务所出具的证明材料。

律师持人民法院的调查令申请查询不动产登记资料的，除提交本办法第八条规定的材料外，还应当提交律师证、律师事务所出具的证明材料以及人民法院的调查令。

第二十四条 不动产的利害关系人可以申请以下列索引信息查询不动产登记资料：

（一）不动产具体坐落位置；

（二）不动产权属证书号；

（三）不动产单元号。

每份申请书只能申请查询一个不动产登记单元。

第二十五条 不动产利害关系人及其委托代理人，按照本办法申请查询的，应当承诺不将查询获得的不动产登记资料、登记信息用于其他目的，不泄露查询获得的不动产登记资料、登记信息，并承担由此产生的法律后果。

第五章 登记资料保护

第二十六条 查询人查询、复制不动产登记资料的，不得将不动产登记资料带离指定场所，不得拆散、调换、抽取、撕毁、污损不动产登记资料，也不得损坏查询设备。

查询人有前款行为的，不动产登记机

构有权禁止该查询人继续查询不动产登记资料,并可以拒绝为其出具查询结果证明。

第二十七条 已有电子介质,且符合下列情形之一的纸质不动产登记原始资料可以销毁:

(一)抵押权登记、地役权登记已经注销且自注销之日起满五年的;

(二)查封登记、预告登记、异议登记已经注销且自注销之日起满五年的。

第二十八条 符合本办法第二十七条规定销毁条件的不动产登记资料应当在不动产登记机构指定的场所销毁。

不动产登记机构应当建立纸质不动产登记资料销毁清册,详细记录被销毁的纸质不动产登记资料的名称、数量、时间、地点,负责销毁以及监督销毁的人员应当在清册上签名。

第六章 罚　　则

第二十九条 不动产登记机构及其工作人员违反本办法规定,有下列行为之一,对有关责任人员依法给予处分;涉嫌构成犯罪的,移送有关机关依法追究刑事责任:

(一)对符合查询、复制不动产登记资料条件的申请不予查询、复制,对不符合查询、复制不动产登记资料条件的申请予以查询、复制的;

(二)擅自查询、复制不动产登记资料或者出具查询结果证明的;

(三)泄露不动产登记资料、登记信息的;

(四)利用不动产登记资料进行不正当活动的;

(五)未履行对不动产登记资料的安全保护义务,导致不动产登记资料、登记信息毁损、灭失或者被他人篡改,造成严重后果的。

第三十条 查询人违反本办法规定,有下列行为之一,构成违反治安管理行为的,移送公安机关依法给予治安管理处罚;涉嫌构成犯罪的,移送有关机关依法追究刑事责任:

(一)采用提供虚假材料等欺骗手段申请查询、复制不动产登记资料的;

(二)泄露不动产登记资料、登记信息的;

(三)遗失、拆散、调换、抽取、污损、撕毁不动产登记资料的;

(四)擅自将不动产登记资料带离查询场所、损坏查询设备的;

(五)因扰乱查询、复制秩序导致不动产登记机构受损失的;

(六)滥用查询结果证明的。

第七章 附　　则

第三十一条 有关国家机关查询复制不动产登记资料以及国家机关之间共享不动产登记信息的具体办法另行规定。

第三十二条 《不动产登记暂行条例》实施前已经形成的土地、房屋、森林、林木、海域等登记资料,属于不动产登记资料。不动产登记机构应当依照本办法的规定提供查询。

第三十三条 公民、法人或者其他组织依据《中华人民共和国政府信息公开条例》,以申请政府信息公开的方式申请查询不动产登记资料的,有关自然资源主管部门应当告知其按照本办法的规定申请不动产登记资料查询。

第三十四条 本办法自公布之日起施行。2002年12月4日国土资源部公布的《土地登记资料公开查询办法》(国土资源部令第14号)同时废止。

关于变更土地登记的若干规定

1. 1993年2月23日发布
2. 〔1993〕国土(籍)字第33号

为加强土地资源和地产市场的管理，进一步健全土地登记制度，根据有关法律、法规，对变更土地登记作如下规定：

一、变更土地登记的范围和分类

初始土地登记后，土地所有权、使用权及他项权利发生转移、分割、合并、终止，登记的土地用途发生变更，土地所有者、使用者、他项权利者更改名称或通讯地址的，除按规定办理有关手续外，应及时办理变更土地登记。

变更土地登记分为：

1. 土地权属变更登记；
2. 他项权利变更登记；
3. 更名登记；
4. 更址登记；
5. 土地用途变更登记；
6. 注销登记。

二、变更土地登记程序

变更土地登记的程序分为：

1. 变更土地登记申请；
2. 变更地籍调查；
3. 审核；
4. 注册登记；
5. 换发或者更改土地证书，核发他项权利证明书。

三、变更土地登记申请

1. 因土地征用、划拨引起土地所有权、使用权变更的，土地所有者、使用者在土地征用、划拨批准后30日内，持土地征用、划拨批准文件共同到土地管理部门申请土地权属变更登记。

新建设项目用地的土地使用者，在土地征用、划拨批准后先办理预登记手续，待建设项目竣工验收后30日内，再正式申请土地权属变更登记。

2. 以出让方式取得国有土地使用权的，土地使用权受让人在缴付全部土地使用权出让金后15日内，持土地使用权出让合同、出让金缴付凭证向土地管理部门申请变更土地登记。

3. 因国有土地使用权转让或因地上建筑物、附着物所有权转让引起国有土地使用权转让的，土地使用权转让人和受让人在土地使用权转让合同签订后15日内，持土地使用权转让合同共同到土地管理部门申请土地权属变更登记。

土地使用权分割转让或因地上建筑物、附着物所有权分割转让涉及土地使用权分割转让的，须经土地管理部门批准后，再申请土地权属变更登记。

4. 因单位合并、分立、企业兼并等原因引起宗地合并或者分割的，有关各方在主管部门批准后30日内，持批准文件及有关合同、协议共同向土地管理部门申请变更土地登记。

5. 依法继承土地使用权的，继承人在合法继承权确定后30日内，持有关证明文件向土地管理部门申请土地权属变更登记。

6. 因处分抵押财产而取得国有土地使用权的，抵押人、抵押权人和新的土地使用权受让人，在土地权利变更之日起15日内，持土地使用权出让或转让合同、抵押合同、处分抵押财产的证明资料共同到土地管理部门申请土地使用权抵押注销登记和土地权属变更登记。

7. 交换、调整土地的，交换、调整土地的双方在交换、调整协议批准后30日内，持协议和批准文件共同到土地管理部门申请土地权属变更登记。

8. 出租国有土地使用权的，土地使用权出租人和承租人应在土地使用权租赁合同签订后15日内，持土地使用权出让或转让合同、土地使用权租赁合同共同向土地管理部门申请他项权利登记。

9. 抵押国有土地使用权的，土地使用权抵押人和抵押权人，应在抵押合同签订后15日内，持土地使用权出让或转让合同、土地使用权抵押合同共同到土地管理部门申请他项权利登记。

一宗地多次抵押的，处分抵押财产时的偿还顺序以申请他项权利登记的时间顺序为序。

10. 因土地权属变更引起他项权利转移的，由土地所有者或土地使用者同他项权利者，在申请土地权属变更的同时申请他项权利登记。

11. 土地所有者、使用者、他项权利者更改名称或通讯地址的，土地所有者、使用者、他项权利者在变更发生后30日内，持有关证明资料向土地管理部门申请更名或更址登记。

12. 登记的土地用途发生变更的，土地所有者、使用者在变更批准后30日内，持有关批准文件向土地管理部门申请土地用途变更登记。

13. 有下列情况之一，致使土地所有权、使用权或者他项权利终止的，土地所有者、使用者或他项权利者在土地权利终止后15日内，持合同或者有关证明资料向土地管理部门申请注销登记：

（1）依法收回土地使用权；

（2）土地使用权出让期届满；

（3）因自然灾害造成土地灭失；

（4）土地使用权抵押合同终止；

（5）土地使用权租赁合同终止。

逾期不申请注销登记的，土地管理部门依法直接办理注销登记手续，并将注销登记结果通知当事人及有关部门。

变更土地登记申请人在办理变更土地登记申请时，除以上规定提交的资料外，还须提交下列资料：

（1）变更土地登记申请书；

（2）变更土地登记申请人的法人和法人代表证明、个人身份证明或者户籍证明；

（3）土地证书或者他项权利证明书；

（4）地上建筑物、附着物权属证明；

（5）土地管理部门要求提交的其他资料。

四、变更地籍调查

变更地籍调查分权属调查和地籍勘丈。各类变更土地登记均须进行权属调查。因土地所有权、使用权分割、合并引起界址点、界址线变更或者国有土地使用权部分出租、抵押的，须在权属调查基础上进行地籍勘丈。

变更地籍调查按《城镇地籍调查规程》、《日常地籍管理办法〈农村部分〉（试行）》和〔1992〕国土〔籍〕字第46号文件的有关规定执行。

五、变更土地登记审核

土地管理部门根据变更土地登记申请人提交的资料和变更地籍调查结果对申请人资格、变更内容、变更依据进行审核。经审核符合规定要求的，由审核人员在变更土地登记审批表内填写准予变更土地登记的依据、结果和审核人员姓名，并加盖审核人员印章和土地管理部门公章。

土地权属变更登记申请经土地管理部门审核，符合规定要求的，报人民政府批准后进行注册登记。

其他类型的变更土地登记申请经土地管理部门审核,符合规定要求的,直接进行注册登记。

六、注册登记

(一)土地权属变更的注册登记

土地权属变更的注册登记须更换土地登记卡,其注册登记按下列程序进行:

1. 注销宗地原土地登记卡

在宗地原土地登记卡上进行注销登记。除严格规定填写有关栏目外,还应加盖"注销"印章。并在"备注"栏说明土地所有权或使用权去向,土地权属变更涉及宗地分割的,注明分割后各宗地的宗地号。

2. 建立宗地新土地登记卡

在新土地登记卡上按初始土地登记的要求填写各栏目。在"备注"栏注明原土地所有者、使用者。土地权属变更涉及宗地分割的,注明原宗地号。将原土地登记卡附在新土地登记卡后面。宗地分割的,将宗地分割前原土地登记卡附在宗地分割后宗地号最小的宗地土地登记卡后。

国有土地使用权出让、转让的注册登记,除按上述规定登记的内容外,还应在土地登记卡"登记的其他内容、变更事项及依据"栏登记以下内容:

(1)宗地标定价;

(2)出让或转让金额;

(3)出让或转让期限及起止日期;

(4)转让宗地土地增值费缴付情况;

(5)其他约定条件。

(二)其他类型变更的注册登记

土地权属变更以外的其他类型变更的注册登记按《土地登记规则》规定的要求在宗地原土地登记卡上进行。

国有土地使用权出租、抵押的注册登记,除按上述规定登记的内容外,还应在土地登记卡"登记的其他内容、变更事项及依据"栏登记以下内容:

(1)承租人或抵押权人名称、地址;

(2)出租或抵押面积;

(3)出租用途、期限及起止日期;

(4)租金及交纳方式或抵押贷款金额及偿还日期;

(5)宗地标定价;

(6)其他约定条件。

(三)其他

根据土地登记卡更改土地归户册的相应内容。

七、换发或更改土地证书、核发他项权利证明书

(一)换发土地证书

土地权属变更的,按下列程序更换土地证书:

1. 注销原土地所有者或使用者土地证书;

2. 根据土地登记卡填写新取得土地所有权、使用权的土地所有者、使用者的土地证书。土地证书按栏目规定的内容填写,国有土地使用证在"备注"栏注明土地使用权的取得方式;

3. 将土地证书发给土地所有者、使用者。

(二)更改土地证书

土地权属变更以外的其他类型变更的,按以下程序更改土地证书:

1. 在发生变更栏目内加盖"变更"印章;

2. 在"变更记事"栏注明变更的内容和日期,并由经办人签名盖章同时加盖土地管理部门公章;

3. 将更改的土地证书发给土地所有者、使用者。

(三)核发他项权利证明书

他项权利登记只核发《土地使用权

承租证明书》和《土地使用权抵押证明书》,其他类型的他项权利只办理登记手续不发给他项权利证明书。《土地使用权承租证明书》发给土地使用权承租人,《土地使用权抵押证明书》发给土地使用权抵押权人。他项权利证明书根据土地登记卡填写,证明书格式由各省、自治区、直辖市土地管理部门自行设计。

《土地使用权承租证明书》须载明下列内容:

1. 承租人名称、地址;
2. 出租人名称、地址;
3. 承租宗地的坐落、地号、图号;
4. 承租宗地的面积、用途;
5. 租赁期限及起止日期;
6. 租金;
7. 宗地标定价;
8. 其他约定条件;
9. 承租宗地的宗地图。宗地部分出租的,应在宗地图上标出出租部分的界线;
10. 填发机关及发证日期。

《土地使用权抵押证明书》须载明下列内容:

1. 抵押权人名称、地址:
2. 抵押人名称、地址;
3. 抵押宗地的坐落、地号、图号;
4. 抵押面积;
5. 抵押金额、期限;
6. 宗地标定价;
7. 其他约定条件;
8. 抵押宗地的宗地图。宗地部分抵押的,应在宗地图上标出抵押部分的界线;
9. 填发机关及发证日期。

八、变更土地登记费

变更土地登记申请人按规定交纳变更土地登记费。在国家未作新规定之前,变更土地登记的收费办法比照〔1990〕国土〔籍〕字第93号文件的有关规定执行。

九、变更土地登记表格

土地登记卡、土地归户卡严格按照《土地登记规则》的规定执行。其他表格由各省、自治区、直辖市土地管理部门参照《土地登记规则》规定的格式自行制定。

国土资源部办公厅关于土地登记发证后提出的争议能否按权属争议处理问题的复函

1. 2007年2月8日发布
2. 国土资厅函〔2007〕60号

江苏省国土资源厅:

你厅《关于土地登记发证后提出的争议能否按权属争议处理的请示》(苏国土资发〔2007〕13号)收悉。经研究,函复如下:

土地权属争议是指土地登记前,土地权利利害关系人因土地所有权和使用权的归属而发生的争议。土地登记发证后已经明确了土地的所有权和使用权,土地登记发证后提出的争议不属于土地权属争议。土地所有权、使用权依法登记后第三人对其结果提出异议的,利害关系人可根据《土地登记规则》的规定向原登记机关申请更正登记,也可向原登记机关的上级主管机关提出行政复议或直接向法院提起行政诉讼。《土地权属争议调查处理办法》(国土资源部令第17号)第二十条中的"人民政府颁发的确定土地权属的凭证",是指初始土地登记完成前,争议土地原有的人民政府颁发的确定土地权属的凭证。

典型案例

眉山气雾剂厂诉眉山市人民政府、眉山市国土局土地行政登记案①

【裁判摘要】

根据最高人民法院《关于执行〈中华人民共和国行政诉讼法〉若干问题的解释》第四十三条的规定，对于当事人提起的行政诉讼，人民法院应该立案而未立案，又未出具书面裁定，造成当事人向其他部门上访、申诉并继续向人民法院起诉的，不应将当事人第一次起诉被拒绝后，由于非自身原因延误的时间，计算在起诉期限内。

原告：北京天然香妆品研究所眉山气雾剂厂，住所地：四川省眉山市东坡区。

法定代表人：涂文灿，该厂厂长。

被告：四川省眉山市人民政府。

法定代表人：崔保华，四川省眉山市市长。

被告：眉山市国土资源局，住所地：四川省眉山市东坡镇。

法定代表人：陈大权，该局局长。

第三人：四川省眉山市东坡区永升工贸有限公司（原四川省眉山县永升工贸有限公司），住所地：眉山市东坡区。

原告北京天然香妆品研究所眉山气雾剂厂（以下简称气雾剂厂）因不服原眉山县人民政府颁发的眉国用（1996）1842号《国有土地使用证》，向眉山市中级人民法院提起行政诉讼。

原告诉称：2002年10月，我厂向眉山市国土资源局（以下简称国土局）提出书面申请，请求对位于眉山市中心城区诗书路南段的5.51亩土地进行使用权登记确认。该局于2003年12月8日书面通知不予受理，理由是该申请属于"重复登记"，该土地已经由眉国用（1996）1842号《国有土地使用证》确认给了永升公司。我厂拥有该土地本属自己所有的原始依据，理应取得该土地的使用权证书。为此，请求撤销国土局（1996）1842号《国有土地使用证》。

被告眉山市政府辩称：原眉山县人民政府颁发的眉国用（1996）1842号《国有土地使用证》事实清楚，证据充分，程序合法。原告1996年已经知道原眉山县人民政府颁发了土地使用权证，现在提起行政诉讼，超过为期两年的起诉期限。

被告眉山市国土局辩称：1992年原告由于资金不足与永升公司签订了争议土地转让协议，且永升公司1996年已经申请土地登记，取得了土地使用权证。1999年原告向原眉山县政府多次反映解决颁证问题，原眉山县国土局专门组织人员进行调查、取证、查阅档案资料，并经局长办公会议研究决定，认为颁发给永升公司的土地使用证书（1996）1842号合法，形成了眉国土函〔1999〕7号《关于眉山气雾剂厂控告眉山县永升工贸公司非法取得该厂土地使用权的调查情况汇报》，并送达了原告。故原告现在提起诉讼已超过起诉期限。

第三人永升公司同意被告国土局的意见。

本案诉讼中，眉山市政府为证明气雾剂厂的起诉已超过法定起诉期限提供的证据有：

1. 气雾剂厂的书面报告。该报告载明："自从我厂于1996年7月得知眉山永升公司将我厂已取得的土地使用权骗走后，不

① 摘自《最高人民法院公报》2005年第2期。

只一次地向眉山县国土局申诉过，国土局一直置之不理。”

2. 气雾剂厂2001年3月16日向眉山市人民政府递交的《行政复议申请书》。该申请书载明：“1996年6月18日，申请人到县国土局办理土地使用权证时，方发现被申请人已将该宗土地使用权证办给了眉山县永升公司。”

3. 眉山县国土局1999年3月24日作出的眉国土函〔1999〕7号《关于眉山气雾剂厂控告眉山县永升工贸公司非法取得该厂土地使用权的调查情况汇报》。

上述证据用以证明原告在1996年就知道了颁证行为的内容。

气雾剂厂为证明其起诉未超过法定起诉期限提供的证据有：

1. 国土资源部2000年5月30日对其作出的信访批复。

2. 眉山市法制局2001年3月23日作出的眉府复受字〔2001〕第1号《受理复议申请通知书》和2001年4月18日作出的眉府复终字〔2001〕1号《行政复议终止通知书》。

3. 眉山市国土局2003年12月4日作出的《不予受理土地登记通知书》。

上述证据均用以证明超过法定起诉期限不是因气雾剂厂自身的原因造成的。

眉山市中级人民法院认定的案件事实如下：

1996年，本案第三人四川省眉山市东坡区永升工贸有限公司（以下简称永升公司）依照相关手续经申请取得了眉国用（1996）1842号国有土地使用权证（以下简称1842号土地使用权证）。此后，原告气雾剂厂曾因对该证所载土地使用权持有异议，多次向有关部门反映。1999年，原告再次向当时的眉山县政府反映颁证问题后，当时的眉山县国土局专门组织人员进行了调查、取证，并经局长办公会议研究决定，认为颁发给永升公司的1842号土地使用证的行为合法，并形成了眉国土函〔1999〕7号《关于眉山气雾剂厂控告眉山永升公司非法取得该厂土地使用权的调查汇报》，送达了原告。

本案的争议焦点是：原告的起诉是否超过诉讼时效？

眉山市中级人民法院认为：

原告气雾剂厂起诉请求撤销颁证行政行为，系以取得土地使用权为最终目的。气雾剂厂要求颁发的土地使用权证，确权机关即颁证法定职权机关是眉山市政府，故应将颁证机关列为被告。国土局审查颁证条件的行为，应视为受眉山市政府委托的行为。受托机关的行为对申请人的权利和义务也会产生实际影响，故也应当列为本案被告。

被告眉山市政府的颁证行为实施在1996年，而原告气雾剂厂的法定代表人涂文灿在1999年就已知道该证内容，并多次向当时的眉山县政府反映情况，国土局专门进行了调查并写出了书面调查报告。该报告已向气雾剂厂送达，据此，应认定气雾剂厂是知道有关内容的。依照《最高人民法院关于执行〈中华人民共和国行政诉讼法〉若干问题的解释》（以下简称《解释》）第四十一条的规定，行政机关作出具体行政行为时，未告知公民、法人或者其他组织诉权或者起诉期限的，起诉期限从公民、法人或者其他组织知道或者应当知道诉权或者起诉期限之日起计算，但从知道或者应当知道具体行政行为内容之日起最长不得超过2年。根据该规定，气雾剂厂的起诉期限，应从1999年3月受到被告国土局眉国土函〔1999〕7号《关于眉山气雾剂厂控告眉山永升公司非法取得该厂土地使用权的调查汇报》起计算，至2001年3月止。而气雾剂厂提起本案诉讼时显然已超过起诉期限，故其诉讼请求依法不予保护。

综上，眉山市中级人民法院于2004年6月3日裁定：

驳回原告眉山气雾剂厂请求撤销眉国用(1996)1842号《国有土地使用证》的起诉。

气雾剂厂不服一审裁定，向四川省高级人民法院提起上诉。

气雾剂厂上诉理由是：1996年我厂向眉山市国土局申请领取《土地使用证》时被告知，该土地已经被赋予他人。我厂当即申明：该颁证行为不合法；并随之向当时的眉山县人民法院提起行政诉讼。眉山县人民法院以该纠纷应先到人民政府裁决为由，没有立案。我厂向当时的眉山县政府提起行政复议时，又被告知已经超过复议期限。迫于无奈，我厂只得采取上访、申诉的方式主张权利。眉山县国土局作出眉国土函〔1999〕7号文件后，我厂又以此为由向法院提起行政诉讼，法院又以该文件是政府内部公文，不是可诉具体行政行为为由拒绝立案。我厂只好继续上访。2002年年底，我厂以自己拥有的征地资料原件向眉山市政府提出土地登记申请，眉山市政府直到2003年12月7日才出具了不予受理通知书。我厂的起诉期限应当从收到眉山市政府的不予受理通知书起计算，没有超过法定起诉期限。请求依法改判。

眉山市政府和眉山市国土局答辩称：1996年4月，永升公司经依法申请，并经眉山县国土局审核和眉山县人民政府批准，取得了位于眉山市诗书路南段的5.51亩土地的《国有土地使用证》。气雾剂厂在1999年就知道了具体颁证内容，多次要求当时的眉山县人民政府解决颁证问题，眉山县国土局专门组织人员进行调查、取证后，已经以书面形式答复了气雾剂厂。气雾剂厂于2004年3月才向四川省眉山市中级人民法院提起诉讼，请求撤销1842号《国有土地使用证》。根据《解释》第四十一条的规定，已超过了法定的起诉期限。气雾剂厂在认为自己的权益受到侵害后，没有正确运用法律手段来维护自己的权益，而是采取了上访的方式，逾期提起诉讼是由于自身原因造成的，不适用《解释》第四十三条的规定。请求驳回上诉，维持原裁定。

四川省高级人民法院在二审中调取了以下证据：

1. 眉山市东坡区人民法院的审判人员贺永堂、姚良全证明，气雾剂厂于1999年11月曾向当时的眉山县人民法院提起过行政诉讼，该院未立案，也未制作不予受理行政裁定。

2. 原眉山县人民政府于2000年8月颁发的眉国用(2000)字第3441号《中华人民共和国国有土地使用证》。该证载明土地使用者：眉山永升公司，坐落：眉山县东坡镇新乐路南段130号，使用面积3675.17平方米。

被上诉人、原审第三人对上诉人在二审中提供的证据的真实性没有异议，但认为上诉人在二审中提供的证据已超过了《最高人民法院关于行政诉讼证据若干问题的规定》(以下简称《规定》)第7条规定的举证期限，人民法院不应当采信。同时认为，上诉人提供的证据不足以证明其曾在1999年向人民法院提起过行政诉讼，其于2004年3月5日才提起诉讼是因自身原因造成的，已超过了法定的起诉期限。

上诉人、被上诉人及原审第三人对人民法院依职权调取的证据没有异议。

四川省高级人民法院在审查证据时认

为，上诉人在二审中提供的证明其起诉没有超过法定起诉期限的证据，是因被上诉人在一审庭审中才主张上诉人的起诉已超过法定起诉期限，没有给上诉人一定的收集证据时间，致使上诉人在二审中提供证据，属于有正当理由，且上诉人在二审中提供的起诉状与法院依职权调取的证据材料能够相互印证，形成证据锁链，应予采信。

四川省高级人民法院认定本案的法律事实如下：

1996 年 4 月，眉山县国土局（现眉山市东坡区国土资源局）根据永升公司的申请，经审核后上报眉山县人民政府（现眉山市东坡区人民政府）审批，以眉山县人民政府的名义为其颁发了位于眉山县东坡镇新乐路南段 130 号 5.51 亩土地的《国有土地使用证》，证号为眉国用（1996）1842 号。同年 5 月，气雾剂厂向眉山县国土局申请颁发该宗土地使用权证时，被告知该土地的使用证已颁予他人，但未查到相关颁证材料。后气雾剂厂多次向有关部门反映情况，要求解决该土地的使用权问题。1998 年 9 月 3 日，气雾剂厂通过查阅眉山县国土局颁证档案知道了 1842 号《国有土地使用证》的颁发情况。1999 年 3 月 24 日，由于气雾剂厂的多次上访，眉山县国土局专门组织人员进行调查、取证和查阅档案材料，形成了眉国土函〔1999〕7 号《眉山县国土局关于眉山气雾剂厂控告眉山县永升公司非法取得该厂土地使用权的调查情况汇报》。该报告载明了眉国用（1996）1842 号《国有土地使用证》的颁发情况，并认为该颁证行为是合法的。此报告于 1999 年 4 月 15 日送达了气雾剂厂的法定代表人涂文灿。

1999 年 11 月，气雾剂厂向眉山县人民法院（现眉山市东坡区人民法院）提起行政诉讼，请求撤销眉山县国土局受眉山县人民政府委托颁发的眉国用（1996）1842 号《国有土地使用证》。眉山县人民法院未予立案。此后，气雾剂厂继续申诉和上访。2000 年 8 月，眉山县人民政府因统一换发国有土地使用证，注销了 1842 号《国有土地使用证》，将其更换为眉国用（2000）字第 3441 号《中华人民共和国国有土地使用证》。该证载明土地使用者：眉山永升公司，坐落：眉山县东坡镇新乐路南段 130 号，使用面积 3675.17 平方米。同年 12 月，眉山县人民政府更名为眉山市东坡区人民政府。

2001 年，气雾剂厂再次向眉山市东坡区人民法院提起诉讼，请求撤销眉山市东坡区人民政府（原眉山县人民政府）颁发的 1842 号《土地使用证》，因被告知已经超过法定起诉期限而撤回了诉状。

2002 年 10 月，气雾剂厂向眉山市国土资源局提出书面申请，请求对位于眉山市中心城区诗书路南段（原眉山县东坡镇新乐路南段）的 5.51 亩土地进行使用权登记确认。眉山市国土局于 2003 年 12 月 4 日以该申请属“重复登记”为由作出《不予受理土地登记通知书》，同月送达上诉人。2004 年 3 月 5 日，气雾剂厂以原眉山县人民政府颁发的 1842 号《国有土地使用证》侵犯其合法权益为由向眉山市中级人民法院提起行政诉讼，请求撤销该颁证行为。

四川省高级人民法院认为：

《中华人民共和国行政诉讼法》（以下简称行政诉讼法）第三十九条规定：“公民、法人或者其他组织直接向人民法院提起诉讼的，应当在知道作出具体行政行为之日起三个月内提出。法律另有规定的除外。”《最高人民法院关于贯彻执行〈中华人民共和国行政诉讼法〉若干问题的意见（试行）》（以下简称《意见》）第四十五条规定：“行政机关作出具体行政行为未告知当事人的诉权和起诉期限，致使当事人逾期向人民法院起诉的，其起诉期限从当事人实际知道诉权或者起诉期限时计算，但逾期的期间最长不得超过一年。”原眉山县人民政府虽然是于1996年4月颁发的1842号《国有土地使用证》，但气雾剂厂是于1998年9月3日查阅颁证档案时才确切知道该1842号《国有土地使用证》内容的，且在知道当时并没有被告知诉权和起诉期限。气雾剂厂于1999年11月向原眉山县人民法院提起行政诉讼，没有超过逾期一年的规定，其起诉符合行政诉讼法第四十一条规定的起诉条件。由于原眉山县人民法院对气雾剂厂于1999年11月提起的诉讼，既未按规定立案，也未按规定向当事人出具不予立案的书面裁定，致使气雾剂厂不断向其他部门申诉和上访，直到2003年12月才收到眉山市国土局以重复登记为由作出的《不予受理土地登记通知书》后，才再次向眉山市中级人民法院提起行政诉讼。气雾剂厂反复向有关行政机关上访、申诉的时间，非因自身原因造成，根据《解释》第四十三条“由于不属于起诉人自身的原因超过起诉期限的，被耽误的时间不计算在起诉期间内”的规定，气雾剂厂向其他行政部门上访、申诉的时间不应当计算在起诉期间内。气雾剂厂于1998年9月3日知道被诉行政登记行为内容，扣除非因自身原因耽误的时间1999年11月至2003年12月，其于2004年3月5日提起的行政诉讼，符合《解释》第四十一条“行政机关作出具体行政行为时，未告知公民、法人或者其他组织诉权或者起诉期限的，起诉期限从公民、法人或者其他组织知道或者应当知道诉权或者起诉期限之日起计算，但从知道或者应当知道具体行政行为内容之日起最长不得超过2年”的规定，人民法院应当立案受理。气雾剂厂的上诉理由成立。

被诉行政登记行为是1996年原眉山县人民政府作出的，而原眉山县人民政府在2000年12月已更名为眉山市东坡区人民政府，原眉山县人民政府作出行政行为的法律后果应当由眉山市东坡区人民政府承担。因此，本案的适格被告应为眉山市东坡区人民政府。眉山市中级人民法院以眉山市已在《关于印发〈眉山市土地管理事权划分实施方案〉的通知》中将城市规划区22平方公里内的土地上收直管为由，将眉山市人民政府列为本案被告，同时将不具有颁发土地所有（使用）权证法定职责的眉山市国土局也列为本案被告，属错列当事人，依法应予纠正。

综上，四川省高级人民法院于2004年9月27日裁定：

一、撤销眉山市中级人民法院（2004）眉行初字第4号行政裁定。

二、指令眉山市中级人民法院继续审理。

本裁定为终审裁定。

（3）房屋登记

城市房地产权属档案管理办法

1. 2001年8月29日建设部令第101号公布
2. 自2001年12月1日起施行

第一章　总　　则

第一条　为了加强城市房地产权属档案管理，保障房地产权利人的合法权益，有效保护和利用城市房地产权属档案，根据《中华人民共和国城市房地产管理法》、《中华人民共和国档案法》、《中华人民共和国档案法实施办法》等法律法规，制定本办法。

第二条 本办法适用于城市规划区国有土地范围内房地产权属档案的管理。

第三条 房地产权属档案是城市房地产行政主管部门在房地产权属登记、调查、测绘、权属转移、变更等房地产权属管理工作中直接形成的有保存价值的文字、图表、声像等不同形式的历史记录，是城市房地产权属登记管理工作的真实记录和重要依据，是城市建设档案的组成部分。

第四条 国务院建设行政主管部门负责全国城市房地产权属档案管理工作。

省、自治区人民政府建设行政主管部门负责本行政区域内的房地产权属档案的管理工作。

直辖市、市、县人民政府房地产行政主管部门负责本行政区域内的房地产权属档案的具体管理工作。

房地产权属档案管理业务上受同级城建档案管理部门的监督和指导。

第五条 市（县）人民政府房地产行政主管部门应当根据房地产权属档案管理工作的需要，建立房地产权属档案管理机构，配备专职档案管理人员，健全工作制度，配备必要的安全保护设施，确保房地产权属档案的完整、准确、安全和有效利用。

第六条 从事房地产权属档案管理的工作人员经过业务培训后，方可上岗。

第二章 房地产权属档案的收集、整理和归档

第七条 房地产权属登记管理部门应当建立健全房地产权属文件材料的收集、整理、归档制度。

第八条 下列文件材料属于房地产权属档案的归档范围：

一、房地产权利人、房地产权属登记确权、房地产权属转移及变更、设定他项权利等有关的证明和文件：

（一）房地产权利人（自然人或法人）的身份（资格）证明、法人代理人的身份证明、授权委托书等；

（二）建设工程规划许可证，建设用地规划许可证，土地使用权证书或者土地来源证明，房屋拆迁批件及补偿安置协议书，联建或者统建合同，翻改扩建及固定资产投资批准文件，房屋竣工验收有关材料等；

（三）房地产买卖合同书、房产继承书、房产赠与书、房产析产协议书、房产交换协议书、房地产调拨凭证、有关房产转移的上级批件、有关房产的判决、裁决、仲裁文书及公证文书等；

（四）设定房地产他项权利的有关合同、文件等。

二、房屋及其所占用的土地使用权权属界定位置图；房地产分幅平面图、分丘平面图、分层分户平面图等。

三、房地产产权登记工作中形成的各种文件材料，包括房产登记申请书、收件收据存根、权属变更登记表、房地产状况登记表、房地产勘测调查表、墙界表、房屋面积计算表、房地产登记审批表、房屋灭籍申请表、房地产税费收据存根等。

四、反映和记载房地产权属状况的信息资料，包括统计报表、摄影片、照片、录音带、录像带、缩微胶片、计算机软盘、光盘等。

五、其他有关房地产权属的文件资料，包括房地产权属冻结文件、房屋权属代管文件、历史形成的各种房地产权证、契证、账、册、表、卡等。

第九条 每件（宗）房地产权属登记工作完成后，权属登记人员应当及时将整理好的权属文件材料，经权属登记负责人审查后，送交房地产权属档案管理机构立卷归

档。任何单位和个人都不得将房地产权属文件材料据为已有或者拒不归档。国家规定不得归档的材料,禁止归档。

第十条 归档的有关房地产权属的资料,应当是原件;原件已存城市建设档案馆或者经房地产管理部门批准认定的,可以是复印、复制件。复印、复制件应当由经办人与原件校对、签章,并注明校对日期及原件的存放处。

第十一条 归档的房地产权属资料,应当做到书写材料合乎标准、字迹工整、内容规范、图形清晰、数据准确、符合档案保护的要求。

第十二条 房地产权属档案管理机构应当按照档案管理的规定对归档的各种房地产权属档案材料进行验收,不符合要求的,不予归档。

第三章 房地产权属档案的管理

第十三条 房地产权属档案管理机构对归档的房地产权属文件材料应当及时进行登记、整理、分类编目、划分密级、编制检索工具。

第十四条 房地产权属档案应当以丘为单元建档。丘号的编定按照国家《房产测量规范》标准执行。

第十五条 房地产权属档案应当以房地产权利人(即权属单元)为宗立卷。卷内文件排列,应当按照房地产权属变化、产权文件形成时间及权属文件主次关系为序。

第十六条 房地产权属档案管理机构应当掌握房地产权属变化情况,及时补充有关权属档案材料,保持房地产权属档案与房地产权属现状的一致。

第十七条 房地产权属档案管理人员应当严格执行权属档案管理的有关规定,不得擅自修改房地产权属档案。确需变更和修改的,应当经房地产权属登记机关批准,按照规定程序进行。

第十八条 房地产权属档案应当妥善保存,定期检查和鉴定。对破损或者变质的档案,应当及时修复;档案毁损或者丢失,应当采取补救措施。未经批准,任何人不得以任何借口擅自销毁房地产权属档案。

第十九条 保管房地产权属档案应当配备符合设计规范的专用库房,并按照国家《档案库房技术管理暂行规定》实施管理。

第二十条 房地产权属档案管理应当逐步采用新技术、新设备,实现管理现代化。

第二十一条 房地产权属档案管理机构应当与城市建设档案管理机构密切联系,加强信息沟通,逐步实现档案信息共享。

第二十二条 房地产权属档案管理机构的隶属关系及档案管理人员发生变动,应当及时办理房地产权属档案的交接手续。

第二十三条 房屋自然灭失或者依法被拆除后,房地产权属档案管理机构应当自档案整理归档完毕之日起15日内书面通知城市建设档案馆。

第四章 房地产权属档案的利用

第二十四条 房地产权属档案管理机构应当充分利用现有的房地产权属档案,及时为房地产权属登记、房地产交易、房地产纠纷仲裁、物业管理、房屋拆迁、住房制度改革、城市规划、城市建设等各项工作提供服务。

第二十五条 房地产权属档案管理机构应当严格执行国家档案管理的保密规定,防止房地产权属档案的散失、泄密;定期对房地产权属档案的密级进行审查,根据有关规定，及时调整密级。

第二十六条 查阅、抄录和复制房地产权属档案材料应当履行审批手续，并登记备案。

涉及军事机密和其他保密的房地产权属档案，以及向境外团体和个人提供的房地产权属档案应当按照国家安全、保密等有关规定保管和利用。

第二十七条 向社会提供利用房地产权属档案，可以按照国家有关规定，实行有偿服务。

第五章 法律责任

第二十八条 有下列行为之一的，由县级以上人民政府房地产行政主管部门对直接负责的主管人员或者其他直接责任人员依法给予行政处分；构成犯罪的，依法追究刑事责任：

（一）损毁、丢失房地产权属档案的；

（二）擅自提供、抄录、公布、销毁房地产权属档案的；

（三）涂改、伪造房地产权属档案的；

（四）擅自出卖或者转让房地产权属档案的；

（五）违反本办法第九条规定，不按照规定归档的；

（六）档案管理工作人员玩忽职守，造成房地产权属档案损失的。

第二十九条 违反《中华人民共和国档案法》、《中华人民共和国档案法实施办法》以及本办法的规定，造成房地产权属档案损失的，由县级以上人民政府房地产行政主管部门根据损失档案的价值，责令赔偿损失。

第三十条 有下列行为之一的，按照有关法律法规的规定处罚：

（一）在利用房地产权属档案的过程中，损毁、丢失、涂改、伪造房地产权属档案或者擅自提供、抄录、公布、销毁房地产权属档案的；

（二）企事业组织或者个人擅自出卖或者转让房地产权属档案的。

第六章 附 则

第三十一条 房地产权属档案管理机构的设置、编制、经费，房地产权属档案管理工作人员的职称、奖惩办法等参照国家档案管理的有关规定执行。

第三十二条 城市规划区集体土地范围内和城市规划区外土地上的房地产权属档案管理可以参照本办法执行。

第三十三条 各省、自治区人民政府建设行政主管部门、直辖市房地产行政主管部门可以根据本办法制定实施细则。

第三十四条 本办法由国务院建设行政主管部门负责解释。

第三十五条 本办法自2001年12月1日起施行。

建设部关于房屋建筑面积计算与房屋权属登记有关问题的通知

1. 2002年3月27日发布
2. 建住房〔2002〕74号
3. 自2002年5月1日起施行

各省、自治区建设厅，直辖市建委及有关部门：

为了切实做好房屋面积计算和房屋权属登记工作，保护当事人合法权益，现就有关问题通知如下：

一、在房屋权属证书附图中应注明施测的房产测绘单位名称、房屋套内建筑面积（在图上标注尺寸）和房屋分摊的共有建筑面积。

二、根据《房产测绘管理办法》的有关规定，由房产测绘单位对其完成的房产测绘成果的质量负责。

三、房屋权属登记涉及的有关房屋建筑面积计算问题,《房产测量规范》未作规定或规定不明确的,暂按下列规定执行:

(一)房屋层高

计算建筑面积的房屋,层高(高度)均应在2.20米以上(含2.20米,以下同)。

(二)外墙墙体

同一楼层外墙,既有主墙,又有玻璃幕墙的,以主墙为准计算建筑面积,墙厚按主墙体厚度计算。

各楼层墙体厚度不同时,分层分别计算。

金属幕墙及其他材料幕墙,参照玻璃幕墙的有关规定处理。

(三)斜面结构屋顶

房屋屋顶为斜面结构(坡屋顶)的,层高(高度)2.20米以上的部位计算建筑面积。

(四)不规则围护物

阳台、挑廊、架空通廊的外围水平投影超过其底板外沿的,以底板水平投影计算建筑面积。

(五)变形缝

与室内任意一边相通,具备房屋的一般条件,并能正常利用的伸缩缝、沉降缝应计算建筑面积。

(六)非垂直墙体

对倾斜、弧状等非垂直墙体的房屋,层高(高度)2.20米以上的部位计算建筑面积。

房屋墙体向外倾斜,超出底板外沿的,以底板投影计算建筑面积。

(七)楼梯下方空间

楼梯已计算建筑面积的,其下方空间不论是否利用均不再计算建筑面积。

(八)公共通道

临街楼房、挑廊下的底层作为公共道路街巷通行的,不论其是否有柱,是否有维护结构,均不计算建筑面积。

(九)二层及二层以上的房屋建筑面积均按《房产测量规范》中多层房屋建筑面积计算的有关规定执行。

(十)与室内不相通的类似于阳台、挑廊、檐廊的建筑,不计算建筑面积。

(十一)室外楼梯的建筑面积,按其在各楼层水平投影面积之和计算。

四、房屋套内具有使用功能但层高(高度)低于2.20米的部分,在房屋权属登记中应明确其相应权利的归属。

五、本通知自2002年5月1日起执行。

各地在执行中有何问题,请及时告我部住宅与房地产业司。

最高人民法院关于审理房屋登记案件若干问题的规定

1. *2010年8月2日最高人民法院审判委员会第1491次会议通过*
2. *2010年11月5日公布*
3. *法释〔2010〕15号*
4. *自2010年11月18日起施行*

为正确审理房屋登记案件,根据《中华人民共和国物权法》、《中华人民共和国城市房地产管理法》、《中华人民共和国行政诉讼法》等有关法律规定,结合行政审判实际,制定本规定。

第一条 公民、法人或者其他组织对房屋登记机构的房屋登记行为以及与查询、复制登记资料等事项相关的行政行为或者相应的不作为不服,提起行政诉讼的,人民法院应当依法受理。

第二条 房屋登记机构根据人民法院、仲裁委员会的法律文书或者有权机关的协助执行通知书以及人民政府的征收决定办理的房屋登记行为,公民、法人或者其他组织不服提起行政诉讼的,人民法院不予受理,但公民、法人或者其他组织认为登记与有关文书内容不一致的除外。

房屋登记机构作出未改变登记内容的换发、补发权属证书、登记证明或者更新登记簿的行为,公民、法人或者其他组织不服提起行政诉讼的,人民法院不予受理。

房屋登记机构在行政诉讼法施行前作出的房屋登记行为,公民、法人或者其他组织不服提起行政诉讼的,人民法院不予受理。

第三条 公民、法人或者其他组织对房屋登记行为不服提起行政诉讼的,不受下列情形的影响:

(一)房屋灭失;

(二)房屋登记行为已被登记机构改变;

(三)生效法律文书将房屋权属证书、房屋登记簿或者房屋登记证明作为定案证据采用。

第四条 房屋登记机构为债务人办理房屋转移登记,债权人不服提起诉讼,符合下列情形之一的,人民法院应当依法受理:

(一)以房屋为标的物的债权已办理预告登记的;

(二)债权人为抵押权人且房屋转让未经其同意的;

(三)人民法院依债权人申请对房屋采取强制执行措施并已通知房屋登记机构的;

(四)房屋登记机构工作人员与债务人恶意串通的。

第五条 同一房屋多次转移登记,原房屋权利人、原利害关系人对首次转移登记行为提起行政诉讼的,人民法院应当依法受理。

原房屋权利人、原利害关系人对首次转移登记行为及后续转移登记行为一并提起行政诉讼的,人民法院应当依法受理;人民法院判决驳回原告就在先转移登记行为提出的诉讼请求,或者因保护善意第三人确认在先房屋登记行为违法的,应当裁定驳回原告对后续转移登记行为的起诉。

原房屋权利人、原利害关系人未就首次转移登记行为提起行政诉讼,对后续转移登记行为提起行政诉讼的,人民法院不予受理。

第六条 人民法院受理房屋登记行政案件后,应当通知没有起诉的下列利害关系人作为第三人参加行政诉讼:

(一)房屋登记簿上载明的权利人;

(二)被诉异议登记、更正登记、预告登记的权利人;

(三)人民法院能够确认的其他利害关系人。

第七条 房屋登记行政案件由房屋所在地人民法院管辖,但有下列情形之一的也可由被告所在地人民法院管辖:

(一)请求房屋登记机构履行房屋转移登记、查询、复制登记资料等职责的;

(二)对房屋登记机构收缴房产证行为提起行政诉讼的;

(三)对行政复议改变房屋登记行为提起行政诉讼的。

第八条 当事人以作为房屋登记行为基础的买卖、共有、赠与、抵押、婚姻、继承等民事法律关系无效或者应当撤销为由,对房屋登记行为提起行政诉讼的,人民法院应当告知当事人先行解决民事争议，民事争议处理期间不计算在行政诉讼起诉期限内；已经受理的，裁定中止诉讼。

第九条 被告对被诉房屋登记行为的合法性负举证责任。被告保管证据原件的，应当在法庭上出示。被告不保管原件的，应当提交与原件核对一致的复印件、复制件并作出说明。当事人对被告提交的上述证据提出异议的，应当提供相应的证据。

第十条 被诉房屋登记行为合法的，人民法院应当判决驳回原告的诉讼请求。

第十一条 被诉房屋登记行为涉及多个权利主体或者房屋可分，其中部分主体或者房屋的登记违法应予撤销的，可以判决部分撤销。

被诉房屋登记行为违法，但该行为已被登记机构改变的，判决确认被诉行为违法。

被诉房屋登记行为违法，但判决撤销将给公共利益造成重大损失或者房屋已为第三人善意取得的，判决确认被诉行为违法，不撤销登记行为。

第十二条 申请人提供虚假材料办理房屋登记，给原告造成损害，房屋登记机构未尽合理审慎职责的，应当根据其过错程度及其在损害发生中所起作用承担相应的赔偿责任。

第十三条 房屋登记机构工作人员与第三人恶意串通违法登记，侵犯原告合法权益的，房屋登记机构与第三人承担连带赔偿责任。

第十四条 最高人民法院以前所作的相关的司法解释，凡与本规定不一致的，以本规定为准。

农村集体土地上的房屋登记行政案件参照本规定。

典型案例

陈爱华诉南京市江宁区住房和城乡建设局不履行房屋登记法定职责案[①]

【裁判摘要】

国家对不动产实行统一登记制度。统一登记的范围、登记机构和登记办法，由法律、行政法规规定。司法部、建设部《关于房产登记管理中加强公证的联合通知》不属于法律、行政法规、地方性法规、规章的范畴，且与《物权法》、《继承法》、《房屋登记办法》等有关法律法规相抵触，不能成为房屋登记主管部门不履行房屋登记法定职责的依据。

原告：陈爱华，女，55岁，汉族，住江苏省滨海县。

被告：南京市江宁区住房和城乡建设局，住所地：江苏省南京市江宁区东山街道天元东路。

原告陈爱华因与被告南京市江宁区住房和城乡建设局（以下简称区住建局）发生不履行房屋登记法定职责纠纷，向南京市江宁区人民法院提起行政诉讼。

原告陈爱华诉称：南京市江宁区双龙大道833号南方花园A组团23－201室住房原为曹振林所有。2011年5月23日，曹振林亲笔书写遗嘱，将该房产及一间储藏室（8平方米），以及曹振林名下所有存款金、曹振林住房中的全部用品无条件赠给陈爱华。

① 摘自《最高人民法院公报》2014年第8期。

后曹振林于2011年6月22日在医院去世。2011年7月22日，原告经南京市公证处作出公证，声明接受曹振林的全部遗赠。2011年8月3日，原告携带曹振林遗嘱、房产证、公证书等材料前往被告下设的房地产交易中心办理过户手续被拒绝。2011年10月10日，原告向被告提出书面申请要求被告依法为其办理房屋所有权转移登记，被告于2011年10月27日书面回复，以“遗嘱未经公证，又无‘遗嘱继承公证书’”为由不予办理遗产转移登记。综上，原告认为被告强制公证的做法，与我国现行的《继承法》、《物权法》、《公证法》等多部法律相抵触。故提起行政诉讼，要求法院确认被告拒为原告办理房屋所有权转移登记的行为违法，责令被告就该涉案房屋为原告办理房屋所有权转移登记。

原告陈爱华提交如下证据：1. 曹振林所书《我的遗言》，证明曹振林将涉案房屋遗赠给原告；2. 曹振林身份证及户籍信息证明复印件各1份，证明曹振林的身份；3. 江宁房权证东山第J00043260号《房屋产权证》、宁江国用（2006）第19372号《国有土地使用权证》各1份，证明曹振林对遗言中所涉及房产有合法处置权；4. 编号为0000974号《证明》1份，证明曹振林已过世并被安葬；5. 南京市南京公证处出具《公证书》1份，证明原告已声明接受曹振林的遗赠；6. 房产分层分户平面图、取号单、发票各1份，证明原告前往被告处办理房屋所有权转移登记，并办理好配图手续及交纳费用，但是被告拒绝为其办理的事实；7.《关于办理过户登记的申请》及国内特快专递邮件详情单各1份，证明原告向被告书面申请办理过户登记的事实；8. 区住建局作出的《关于陈爱华办理过户登记申请的回复》1份，证明被告回复无法为原告办理房屋所有权转移登记；9. 南京师范大学司法鉴定中心出具的鉴定意见书1份，证明曹振林所书《我的遗言》是其本人书写，是其真实意思表示；10. 曹振林的死亡医学证明书1份，证明曹振林于2011年6月22日在南京市第一医院肿瘤内科病房去世的事实。

被告区住建局辩称：根据司法部、建设部《关于房产登记管理中加强公证的联合通知》（以下简称《联合通知》）第二条之规定：“遗嘱人为处分房产而设立的遗嘱，应当办理公证。遗嘱人死亡后，遗嘱受益人须持公证机关出具的‘遗嘱公证书’和‘遗嘱继承权公证书’或‘接受遗赠公证书’，以及房产所有权证、契证到房地产管理机关办理房产所有权转移登记手续。处分房产的遗嘱未经公证，在遗嘱生效后其法定继承人或遗嘱受益人可根据遗嘱内容协商签订遗产分割协议，经公证证明后到房地产管理机关办理房产所有权转移登记手续。对遗嘱内容有争议，经协商不能达成遗产分割协议的，可向人民法院提起诉讼。房地产管理机关根据判决办理房产所有权转移登记手续。”而本案原告陈爱华仅依据曹振林所立书面遗嘱为依据提出房屋所有权转移登记申请，该遗嘱并未经过公证，且原告也未提供该遗嘱分割协议，故不符合《联合通知》的规定，不应为其办理房屋所有权转移登记。综上，被告不予办理房屋所有权转移登记的具体行政行为事实清楚、程序合法、适用法律正确，请求法院依法驳回原告的诉讼请求。

南京市江宁区人民法院经审理查明：

南京市江宁区双龙大道833号南方花园A组团23－201室房屋所有权人为曹振林。2011年5月23日，曹振林亲笔书写遗嘱，将该房产及一间储藏室（8平方米）以及曹振林名下所有存款金、曹振林住房中的全部用品无条件赠给原告陈爱华。后曹振林于2011年6月22日在医院去世。2011年7月22日，原告经江苏省南京市南京公证处作出公证，声明接受曹振林的全部遗赠。2011年8月3日，原告携带曹振林遗嘱、房产证、公证书等材料前往被告区住建局下设的房地产交易中心办理房屋所有权转移登记被拒绝。2011年10月10日，原告向被告提出书面申请要求被告依法为其办理房屋所有权转移登记，被告于2011年10月27日书面回复，以“遗嘱未经公证，又无‘遗嘱继承公证书’”为由不予办理遗产转移登记。综上，原告认为被告强制公证的做法，与我国现行的《继承法》、《物权法》、《公证法》等多部法律相抵触。故向本院提起行政诉讼，要求法院确认被告拒为原告办理房屋所有权转移登记的行为违法，责令被告就涉案房屋为原告办理房屋所有权转移登记。

本案的争议焦点是：关于司法部、建设部《联合通知》效力的认定。

南京市江宁区人民法院一审认为：

根据相关法律法规规定，房屋登记，由房屋所在地的房屋登记机构办理。被告区住建局作为房屋登记行政主管部门，负责其辖区内的房屋登记工作。本案中，曹振林书面遗嘱的真实性已进行司法鉴定，南京师范大学司法鉴定中心出具的鉴定结论为：曹振林该书面遗嘱中“曹振林”签名与提供的签名样本是同一人书写。

根据《中华人民共和国行政诉讼法》第五十二条之规定：“人民法院审理行政案件，以法律和行政法规、地方性法规为依据。地方性法规适用于本行政区域内发生的行政案件。”及第五十三条之规定：“人民法院审理行政案件，参照国务院部、委根据法律和国务院的行政法规、决定、命令制定、发布的规章以及省、自治区、直辖市和省、自治区的人民政府所在地的市和经国务院批准的较大的市的人民政府根据法律和国务院的行政法规制定、发布的规章。”另《中华人民共和国物权法》第十条规定：“国家对不动产实行统一登记制度。统一登记的范围、登记机构和登记办法，由法律、行政法规规定。”《中华人民共和国继承法》第十六条第三款规定：“公民可以立遗嘱将个人财产赠给国家、集体或者法定继承人以外的人。”以及第十七条第二款规定：“自书遗嘱由遗嘱人亲笔书写，签名，注明年、月、日。”另《房屋登记办法》第三十二条规定：“发生下列情形之一的，当事人应当在有关法律文件生效或者事实发生后申请房屋所有权转移登记……（三）赠与……”且《房屋登记办法》并无规定，要求遗嘱受益人须持公证机关出具的遗嘱公证书才能办理房屋转移登记。

本案中，《联合通知》是由司法部和建设部联合发布的政府性规范文件，不属于法律、行政法规、地方性法规或规章的范畴，其规范的内容不得与《物权法》、《继承法》、《房屋登记办法》等法律法规相抵触。行政机关行使行政职能时必须符合法律规定，行使法律赋予的行政权力，其不能在有关法律法规规定之外创设新的权力来限制或剥夺行政相对人的合法权利。行政机构以此为由干涉行政相对人的合法权利，要求其履行非依法赋予的责任义务，法院不予支持。故，被告依据《联合通知》的规定要求原告必须出示遗嘱公证书才能办理房屋转移登记的行为与法律法规相抵触，对该涉案房屋不予办理房屋所有权转移登记的具体行政行为违法。

据此，南京市江宁区人民法院依照《中华人民共和国行政诉讼法》第五十四条第（二）项、第（三）项之规定，于2013年7月

24 日判决如下：

一、撤销被告区住建局于 2011 年 10 月 27 日作出的《关于陈爱华办理过户登记申请的回复》。

二、责令被告区住建局在本判决书发生法律效力后 30 日内履行对原告陈爱华办理该涉案房屋所有权转移登记的法定职责。

区住建局不服一审判决，向南京市中级人民法院提起上诉，审理过程中，上诉人区住建局同意为被上诉人陈爱华办理涉案房屋登记手续并申请撤回上诉，南京市中级人民法院于 2013 年 10 月 8 日裁定如下：准予上诉人区住建局撤回上诉。

(4) 其他登记

中华人民共和国船舶登记条例

1. 1994 年 6 月 2 日国务院令第 155 号发布

2. 根据 2014 年 7 月 29 日国务院令第 653 号《关于修改部分行政法规的决定》修订

第一章　总　　则

第一条　为了加强国家对船舶的监督管理，保障船舶登记有关各方的合法权益，制定本条例。

第二条　下列船舶应当依照本条例规定进行登记：

（一）在中华人民共和国境内有住所或者主要营业所的中国公民的船舶。

（二）依据中华人民共和国法律设立的主要营业所在中华人民共和国境内的企业法人的船舶。但是，在该法人的注册资本中有外商出资的，中方投资人的出资额不得低于 50%。

（三）中华人民共和国政府公务船舶和事业法人的船舶。

（四）中华人民共和国港务监督机构认为应当登记的其他船舶。

军事船舶、渔业船舶和体育运动船艇的登记依照有关法规的规定办理。

第三条　船舶经依法登记，取得中华人民共和国国籍，方可悬挂中华人民共和国国旗航行；未经登记的，不得悬挂中华人民共和国国旗航行。

第四条　船舶不得具有双重国籍。凡在外国登记的船舶，未中止或者注销原登记国国籍的，不得取得中华人民共和国国籍。

第五条　船舶所有权的取得、转让和消灭，应当向船舶登记机关登记；未经登记的，不得对抗第三人。

船舶由二个以上的法人或者个人共有的，应当向船舶登记机关登记；未经登记的，不得对抗第三人。

第六条　船舶抵押权、光船租赁权的设定、转移和消灭，应当向船舶登记机关登记；未经登记的，不得对抗第三人。

第七条　中国籍船舶上应持适任证书的船员，必须持有相应的中华人民共和国船员适任证书。

第八条　中华人民共和国港务监督机构是船舶登记主管机关。

各港的港务监督机构是具体实施船舶登记的机关（以下简称船舶登记机关），其管辖范围由中华人民共和国港务监督机构确定。

第九条　船舶登记港为船籍港。

船舶登记港由船舶所有人依据其住所或者主要营业所所在地就近选择，但是不得选择二个或者二个以上的船舶登记港。

第十条　一艘船舶只准使用一个名称。

船名由船籍港船舶登记机关核定。

船名不得与登记在先的船舶重名或者同音。

第十一条 船舶登记机关应当建立船舶登记簿。

船舶登记机关应当允许利害关系人查阅船舶登记簿。

第十二条 国家所有的船舶由国家授予具有法人资格的全民所有制企业经营管理的,本条例有关船舶所有人的规定适用于该法人。

第二章 船舶所有权登记

第十三条 船舶所有人申请船舶所有权登记,应当向船籍港船舶登记机关交验足以证明其合法身份的文件,并提供有关船舶技术资料和船舶所有权取得的证明文件的正本、副本。

就购买取得的船舶申请船舶所有权登记的,应当提供下列文件:

(一)购船发票或者船舶的买卖合同和交接文件;

(二)原船籍港船舶登记机关出具的船舶所有权登记注销证明书;

(三)未进行抵押的证明文件或者抵押权人同意被抵押船舶转让他人的文件。

就新造船舶申请船舶所有权登记的,应当提供船舶建造合同和交接文件。但是,就建造中的船舶申请船舶所有权登记的,仅需提供船舶建造合同;就自造自用船舶申请船舶所有权登记的,应当提供足以证明其所有权取得的文件。

就因继承、赠与、依法拍卖以及法院判决取得的船舶申请船舶所有权登记的,应当提供具有相应法律效力的船舶所有权取得的证明文件。

第十四条 船籍港船舶登记机关应当对船舶所有权登记申请进行审查核实;对符合本条例规定的,应当自收到申请之日起7日内向船舶所有人颁发船舶所有权登记证书,授予船舶登记号码,并在船舶登记簿中载明下列事项:

(一)船舶名称、船舶呼号;

(二)船籍港和登记号码、登记标志;

(三)船舶所有人的名称、地址及其法定代表人的姓名;

(四)船舶所有权的取得方式和取得日期;

(五)船舶所有权登记日期;

(六)船舶建造商名称、建造日期和建造地点;

(七)船舶价值、船体材料和船舶主要技术数据;

(八)船舶的曾用名、原船籍港以及原船舶登记的注销或者中止的日期;

(九)船舶为数人共有的,还应当载明船舶共有人的共有情况;

(十)船舶所有人不实际使用和控制船舶的,还应当载明光船承租人或者船舶经营人的名称、地址及其法定代表人的姓名;

(十一)船舶已设定抵押权的,还应当载明船舶抵押权的设定情况。

船舶登记机关对不符合本条例规定的,应当自收到申请之日起7日内书面通知船舶所有人。

第三章 船舶国籍

第十五条 船舶所有人申请船舶国籍,除应当交验依照本条例取得的船舶所有权登记证书外,还应当按照船舶航区相应交验下列文件:

(一)航行国际航线的船舶,船舶所有人应当根据船舶的种类交验法定的船舶检验机构签发的下列有效船舶技术证书:

1. 国际吨位丈量证书;

2. 国际船舶载重线证书；
3. 货船构造安全证书；
4. 货船设备安全证书；
5. 乘客定额证书；
6. 客船安全证书；
7. 货船无线电报安全证书；
8. 国际防止油污证书；
9. 船舶航行安全证书；
10. 其他有关技术证书。

（二）国内航行的船舶，船舶所有人应当根据船舶的种类交验法定的船舶检验机构签发的船舶检验证书簿和其他有效船舶技术证书。

从境外购买具有外国国籍的船舶，船舶所有人在申请船舶国籍时，还应当提供原船籍港船舶登记机关出具的注销原国籍的证明书或者将于重新登记时立即注销原国籍的证明书。

对经审查符合本条例规定的船舶，船籍港船舶登记机关予以核准并发给船舶国籍证书。

第十六条 依照本条例第十三条规定申请登记的船舶，经核准后，船舶登记机关发给船舶国籍证书。船舶国籍证书的有效期为5年。

第十七条 向境外出售新造的船舶，船舶所有人应当持船舶所有权取得的证明文件和有效船舶技术证书，到建造地船舶登记机关申请办理临时船舶国籍证书。

从境外购买新造的船舶，船舶所有人应当持船舶所有权取得的证明文件和有效船舶技术证书，到中华人民共和国驻外大使馆、领事馆申请办理临时船舶国籍证书。

境内异地建造船舶，需要办理临时船舶国籍证书的，船舶所有人应当持船舶建造合同和交接文件以及有效船舶技术证书，到建造地船舶登记机关申请办理临时船舶国籍证书。

在境外建造船舶，船舶所有人应当持船舶建造合同和交接文件以及有效船舶技术证书，到中华人民共和国驻外大使馆、领事馆申请办理临时船舶国籍证书。

以光船条件从境外租进船舶，光船承租人应当持光船租赁合同和原船籍港船舶登记机关出具的中止或者注销原国籍的证明书，或者将于重新登记时立即中止或者注销原国籍的证明书到船舶登记机关申请办理临时船舶国籍证书。

对经审查符合本条例规定的船舶，船舶登记机关或者中华人民共和国驻外大使馆、领事馆予以核准并发给临时船舶国籍证书。

第十八条 临时船舶国籍证书的有效期一般不超过1年。

以光船租赁条件从境外租进的船舶，临时船舶国籍证书的期限可以根据租期确定，但是最长不得超过2年。光船租赁合同期限超过2年的，承租人应当在证书有效期内，到船籍港船舶登记机关申请换发临时船舶国籍证书。

第十九条 临时船舶国籍证书和船舶国籍证书具有同等法律效力。

第四章 船舶抵押权登记

第二十条 对20总吨以上的船舶设定抵押权时，抵押权人和抵押人应当持下列文件到船籍港船舶登记机关申请办理船舶抵押权登记：

（一）双方签字的书面申请书；

（二）船舶所有权登记证书或者船舶建造合同；

（三）船舶抵押合同。

该船舶设定有其他抵押权的，还应当

提供有关证明文件。

船舶共有人就共有船舶设定抵押权时，还应当提供三分之二以上份额或者约定份额的共有人的同意证明文件。

第二十一条　对经审查符合本条例规定的，船籍港船舶登记机关应当自收到申请之日起7日内将有关抵押人、抵押权人和船舶抵押情况以及抵押登记日期载入船舶登记簿和船舶所有权登记证书，并向抵押权人核发船舶抵押权登记证书。

第二十二条　船舶抵押权登记，包括下列主要事项：

（一）抵押权人和抵押人的姓名或者名称、地址；

（二）被抵押船舶的名称、国籍，船舶所有权登记证书的颁发机关和号码；

（三）所担保的债权数额、利息率、受偿期限。

船舶登记机关应当允许公众查询船舶抵押权的登记状况。

第二十三条　船舶抵押权转移时，抵押权人和承转人应当持船舶抵押权转移合同到船籍港船舶登记机关申请办理抵押权转移登记。

对经审查符合本条例规定的，船籍港船舶登记机关应当将承转人作为抵押权人载入船舶登记簿和船舶所有权登记证书，并向承转人核发船舶抵押权登记证书，封存原船舶抵押权登记证书。

办理船舶抵押权转移前，抵押权人应当通知抵押人。

第二十四条　同一船舶设定二个以上抵押权的，船舶登记机关应当按照抵押权登记申请日期的先后顺序进行登记，并在船舶登记簿上载明登记日期。

登记申请日期为登记日期；同日申请的，登记日期应当相同。

第五章　光船租赁登记

第二十五条　有下列情形之一的，出租人、承租人应当办理光船租赁登记：

（一）中国籍船舶以光船条件出租给本国企业的；

（二）中国企业以光船条件租进外国籍船舶的；

（三）中国籍船舶以光船条件出租境外的。

第二十六条　船舶在境内出租时，出租人和承租人应当在船舶起租前，持船舶所有权登记证书、船舶国籍证书和光船租赁合同正本、副本，到船籍港船舶登记机关申请办理光船租赁登记。

对经审查符合本条例规定的，船籍港船舶登记机关应当将船舶租赁情况分别载入船舶所有权登记证书和船舶登记簿，并向出租人、承租人核发光船租赁登记证明书各一份。

第二十七条　船舶以光船条件出租境外时，出租人应当持本条例第二十六条规定的文件到船籍港船舶登记机关申请办理光船租赁登记。

对经审查符合本条例规定的，船籍港船舶登记机关应当依照本条例第四十二条规定中止或者注销其船舶国籍，并发给光船租赁登记证明书一式二份。

第二十八条　以光船条件从境外租进船舶，承租人应当比照本条例第九条规定确定船籍港，并在船舶起租前持下列文件，到船舶登记机关申请办理光船租赁登记：

（一）光船租赁合同正本、副本；

（二）法定的船舶检验机构签发的有效船舶技术证书；

（三）原船籍港船舶登记机关出具的中止或者注销船舶国籍证明书，或者将于重新登记时立即中止或者注销船舶国籍的证明书。

对经审查符合本条例规定的，船舶登记机关应当发给光船租赁登记证明书，并应当依照本条例第十七条的规定发给临时船舶国籍证书，在船舶登记簿上载明原登记国。

第二十九条 需要延长光船租赁期限的，出租人、承租人应当在光船租赁合同期满前15日，持光船租赁登记证明书和续租合同正本、副本，到船舶登记机关申请办理续租登记。

第三十条 在光船租赁期间，未经出租人书面同意，承租人不得申请光船转租登记。

第六章 船舶标志和公司旗

第三十一条 船舶应当具有下列标志：

（一）船首两舷和船尾标明船名；

（二）船尾船名下方标明船籍港；

（三）船名、船籍港下方标明汉语拼音；

（四）船首和船尾两舷标明吃水标尺；

（五）船舶中部两舷标明载重线。

受船型或者尺寸限制不能在前款规定的位置标明标志的船舶，应当在船上显著位置标明船名和船籍港。

第三十二条 船舶所有人设置船舶烟囱标志、公司旗，可以向船籍港船舶登记机关申请登记，并按照规定提供标准设计图纸。

第三十三条 同一公司的船舶只准使用一个船舶烟囱标志、公司旗。

船舶烟囱标志、公司旗由船籍港船舶登记机关审核。

船舶烟囱标志、公司旗不得与登记在先的船舶烟囱标志、公司旗相同或者相似。

第三十四条 船籍港船舶登记机关对经核准予以登记的船舶烟囱标志、公司旗应当予以公告。

业经登记的船舶烟囱标志、公司旗属登记申请人专用，其他船舶或者公司不得使用。

第七章 变更登记和注销登记

第三十五条 船舶登记项目发生变更时，船舶所有人应当持船舶登记的有关证明文件和变更证明文件，到船籍港船舶登记机关办理变更登记。

第三十六条 船舶变更船籍港时，船舶所有人应当持船舶国籍证书和变更证明文件，到原船籍港船舶登记机关申请办理船籍港变更登记。对经审查符合本条例规定的，原船籍港船舶登记机关应当在船舶国籍证书签证栏内注明，并将船舶有关登记档案转交新船籍港船舶登记机关，船舶所有人再到新船籍港船舶登记机关办理登记。

第三十七条 船舶共有情况发生变更时，船舶所有人应当持船舶所有权登记证书和有关船舶共有情况变更的证明文件，到船籍港船舶登记机关办理有关变更登记。

第三十八条 船舶抵押合同变更时，抵押权人和抵押人应当持船舶所有权登记证书、船舶抵押权登记证书和船舶抵押合同变更的证明文件，到船籍港船舶登记机关办理变更登记。

对经审查符合本条例规定的，船籍港船舶登记机关应当在船舶所有权登记证书和船舶抵押权登记证书以及船舶登记簿上注明船舶抵押合同的变更事项。

第三十九条 船舶所有权发生转移时，原船舶所有人应当持船舶所有权登记证书、船舶国籍证书和其他有关证明文件到船籍港船舶登记机关办理注销登记。

对经审查符合本条例规定的，船籍港船舶登记机关应当注销该船舶在船舶登记簿上的所有权登记以及与之相关的登记，收回有关登记证书，并向船舶所有人出具相应的船舶登记注销证明书。向境外出售的船舶，船舶登记机关可以根据具体情况出具注销国籍的证明书或者将于重新登记时立即注销国籍的证明书。

第四十条 船舶灭失（含船舶拆解、船舶沉没）和船舶失踪，船舶所有人应当自船舶灭失（含船舶拆解、船舶沉没）或者船舶失踪之日起3个月内持船舶所有权登记证书、船舶国籍证书和有关船舶灭失（含船舶拆解、船舶沉没）、船舶失踪的证明文件，到船籍港船舶登记机关办理注销登记。经审查核实，船籍港船舶登记机关应当注销该船舶在船舶登记簿上的登记，收回有关登记证书，并向船舶所有人出具船舶登记注销证明书。

第四十一条 船舶抵押合同解除，抵押权人和抵押人应当持船舶所有权登记证书、船舶抵押权登记证书和经抵押权人签字的解除抵押合同的文件，到船籍港船舶登记机关办理注销登记。对经审查符合本条例规定的，船籍港船舶登记机关应当注销其在船舶所有权登记证书和船舶登记簿上的抵押登记的记录。

第四十二条 以光船条件出租到境外的船舶，出租人除依照本条例第二十七条规定办理光船租赁登记外，还应当办理船舶国籍的中止或者注销登记。船籍港船舶登记机关应当封存原船舶国籍证书，发给中止或者注销船舶国籍证明书。特殊情况下，船籍港船舶登记机关可以发给将于重新登记时立即中止或者注销船舶国籍的证明书。

第四十三条 光船租赁合同期满或者光船租赁关系终止，出租人应当自光船租赁合同期满或者光船租赁关系终止之日起15日内，持船舶所有权登记证书、光船租赁合同或者终止光船租赁关系的证明文件，到船籍港船舶登记机关办理光船租赁注销登记。

以光船条件出租到境外的船舶，出租人还应当提供承租人所在地船舶登记机关出具的注销船舶国籍证明书或者将于重新登记时立即注销船舶国籍的证明书。

经核准后，船籍港船舶登记机关应当注销其在船舶所有权登记证书和船舶登记簿上的光船租赁登记的记录，并发还原船舶国籍证书。

第四十四条 以光船条件租进的船舶，承租人应当自光船租赁合同期满或者光船租赁关系终止之日起15日内，持光船租赁合同、终止光船租赁关系的证明文件，到船籍港船舶登记机关办理注销登记。

以光船条件从境外租进的船舶，还应当提供临时船舶国籍证书。

经核准后，船籍港船舶登记机关应当注销其在船舶登记簿上的光船租赁登记，收回临时船舶国籍证书，并出具光船租赁登记注销证明书和临时船舶国籍注销证明书。

第八章 船舶所有权登记证书、船舶国籍证书的换发和补发

第四十五条 船舶国籍证书有效期届满前1年内，船舶所有人应当持船舶国籍证书和有效船舶技术证书，到船籍港船舶登记机关办理证书换发手续。

第四十六条 船舶所有权登记证书、船舶国籍证书污损不能使用的，持证人应当向船

籍港船舶登记机关申请换发。

第四十七条 船舶所有权登记证书、船舶国籍证书遗失的，持证人应当书面叙明理由，附具有关证明文件，向船籍港船舶登记机关申请补发。

船籍港船舶登记机关应当在当地报纸上公告声明原证书作废。

第四十八条 船舶所有人在境外发现船舶国籍证书遗失或者污损时，应当向中华人民共和国驻外大使馆、领事馆申请办理临时船舶国籍证书，但是必须在抵达本国第一个港口后及时向船籍港船舶登记机关申请换发船舶国籍证书。

第九章 法律责任

第四十九条 假冒中华人民共和国国籍，悬挂中华人民共和国国旗航行的，由船舶登记机关依法没收该船舶。

中国籍船舶假冒外国国籍，悬挂外国国旗航行的，适用前款规定。

第五十条 隐瞒在境内或者境外的登记事实，造成双重国籍的，由船籍港船舶登记机关吊销其船舶国籍证书，并视情节处以下列罚款：

（一）500 总吨以下的船舶，处 2000 元以上、10000 元以下的罚款；

（二）501 总吨以上、10000 总吨以下的船舶，处以 10000 元以上、50000 元以下的罚款；

（三）10001 总吨以上的船舶，处以 50000 元以上、200000 万元以下的罚款。

第五十一条 违反本条例规定，有下列情形之一的，船籍港船舶登记机关可以视情节给予警告、根据船舶吨位处以本条例第五十条规定的罚款数额的 50% 直至没收船舶登记证书：

（一）在办理登记手续时隐瞒真实情况、弄虚作假的；

（二）隐瞒登记事实，造成重复登记的；

（三）伪造、涂改船舶登记证书的。

第五十二条 不按照规定办理变更或者注销登记的，或者使用过期的船舶国籍证书或者临时船舶国籍证书的，由船籍港船舶登记机关责令其补办有关登记手续；情节严重的，可以根据船舶吨位处以本条例第五十条规定的罚款数额的 10%。

第五十三条 违反本条例规定，使用他人业经登记的船舶烟囱标志、公司旗的，由船籍港船舶登记机关责令其改正；拒不改正的，可以根据船舶吨位处以本条例第五十条规定的罚款数额的 10%；情节严重的，并可以吊销其船舶国籍证书或者临时船舶国籍证书。

第五十四条 船舶登记机关的工作人员滥用职权、徇私舞弊、玩忽职守、严重失职的，由所在单位或者上级机关给予行政处分；构成犯罪的，依法追究刑事责任。

第五十五条 当事人对船舶登记机关的具体行政行为不服的，可以依照国家有关法律、行政法规的规定申请复议或者提起行政诉讼。

第十章 附 则

第五十六条 本条例下列用语的含义是：

（一）“船舶”系指各类机动、非机动船舶以及其他水上移动装置，但是船舶上装备的救生艇筏和长度小于 5 米的艇筏除外。

（二）“渔业船舶”系指从事渔业生产的船舶以及属于水产系统为渔业生产服务的船舶。

（三）“公务船舶”系指用于政府行政管理目的的船舶。

第五十七条 除公务船舶外，船舶登记机关按照规定收取船舶登记费。船舶登记费的收费标准和管理办法，由国务院财政部门、物价行政主管部门会同国务院交通行政主管部门制定。

第五十八条 船舶登记簿、船舶国籍证书、临时船舶国籍证书、船舶所有权登记证书、船舶抵押权登记证书、光船租赁登记证明书、申请书以及其他证明书的格式，由中华人民共和国港务监督机构统一制定。

第五十九条 本条例自1995年1月1日起施行。

中华人民共和国船舶登记办法

1. 2016年12月13日交通运输部令2016年第85号公布
2. 自2017年2月10日起施行

第一章 总 则

第一条 为保障船舶登记有关各方的合法权益，进一步规范船舶登记行为，根据《中华人民共和国海上交通安全法》《中华人民共和国物权法》《中华人民共和国海商法》《中华人民共和国船舶登记条例》等法律、行政法规，制定本办法。

第二条 本办法所称船舶登记，是指船舶登记机关按照《中华人民共和国船舶登记条例》的规定，对船舶所有权、船舶国籍、船舶抵押权、光船租赁、船舶烟囱标志和公司旗进行登记的行为。

第三条 下列船舶的登记适用本办法：

（一）在中华人民共和国境内有住所或者主要营业所的中国公民所有或者光船租赁的船舶；

（二）依据中华人民共和国法律设立的主要营业所在中华人民共和国境内的企业法人所有或者光船租赁的船舶。但是，在该法人的注册资本中有外商出资的，中方投资人的出资额不得低于百分之五十；

（三）外商出资额超过百分之五十的中国企业法人仅供本企业内部生产使用，不从事水路运输经营的趸船、浮船坞；

（四）中华人民共和国政府公务船舶和事业法人、社团法人和其他组织所有或者光船租赁的船舶；

（五）在自由贸易试验区注册的企业法人所有或者光船租赁的船舶。

军事船舶、渔业船舶和体育运动船艇的登记依照有关法规的规定办理。

第四条 交通运输部海事局负责全国船舶登记管理工作。

各级海事管理机构依据职责具体开展辖区内的船舶登记工作，以下简称船舶登记机关。

第五条 船舶登记港为船籍港。各船舶登记机关进行登记的船籍港范围由交通运输部海事局统一确定并对外公布。

船舶登记港由船舶所有人依据其住所或者主要营业所所在地就近选择，但是不得选择两个或者两个以上的船舶登记港。

由企业法人依法成立的开展经营活动的分支机构经营的船舶，可以依据分支机构营业场所所在地就近选择船舶登记港。融资租赁的船舶，可以由租赁双方依其约定，在出租人或者承租人住所地或者主要营业所所在地就近选择船舶登记港。

光租外国籍船舶的，由船舶承租人依据其住所地或者主要营业所所在地就近选择船舶登记港，但是不得选择两个或者两个以上的船舶登记港。

第六条 船舶登记机关办理船舶登记，应当遵循依法、公正、便民的原则。

第七条 船舶登记机关应当建立船舶登

记簿。

船舶登记簿可以采用电子介质，也可以采用纸质介质。船舶登记簿采用电子介质的，应当定期进行异地备份，并具有唯一、确定的纸质转化形式。

船舶登记簿由船舶登记机关管理和永久保存。船舶登记簿损毁、灭失的，船舶登记机关应当依据原有登记资料予以重建。

第二章　登记一般规定

第八条　船舶登记应当按照下列程序办理：

（一）申请；

（二）受理；

（三）审查；

（四）记载于船舶登记簿；

（五）发证。

第九条　申请船舶登记，申请人应当填写登记申请书，并向船舶登记机关提交合法身份证明和其他有关申请材料。

第十条　登记申请材料应当为原件，不能提供原件的，可以提交复印件，并同时提交确认复印件与原件一致的证明文件。申请人提交的申请材料是外文的，应当同时提供中文译本。

第十一条　申请人对申请材料的真实性、合法性、有效性负责。

第十二条　船舶登记机关收到船舶登记申请材料后，应当审查申请材料是否齐全，申请材料是否符合法定形式，申请书内容与所附材料是否一致，并核实申请材料是否为原件或者与原件一致。

第十三条　船舶登记机关对登记申请材料审查后，应当按照下列情况出具受理意见：

（一）申请事项属于本登记机关管辖、申请材料齐全、申请书填写完整，复印件与原件一致的，应当受理并书面告知申请人；

（二）申请事项不属于本登记机关管辖的，应当当场书面告知申请人向有管辖权的登记机关申请；

（三）申请材料存在可以当场更正的错误的，应当告知并允许申请人当场更正，申请人更正后，应当受理并书面告知申请人；

（四）申请材料不齐全或者不符合法定形式的，应当书面告知申请人不予受理并一次性告知需要补正的全部内容。

第十四条　在船舶登记证书签发之前，申请人以书面形式申请撤回登记申请的，船舶登记机关应当终止办理，并将申请材料退回申请人。

第十五条　经船舶登记机关审查，船舶登记申请符合规定要求的，船舶登记机关予以登记，将申请登记事项记载于船舶登记簿，制作并发放船舶登记证书。

第十六条　有下列情形之一的，船舶登记机关不予登记并书面告知理由：

（一）申请人不能提供权利取得证明文件或者申请登记事项与权利取得证明文件不一致的；

（二）第三人主张存在尚未解决的权属争议且能提供依据的；

（三）申请登记事项与已签发的登记证书内容相冲突的；

（四）违反法律、行政法规规定的。

第十七条　船舶登记机关应当建立船舶登记簿，载明下列事项：

（一）船舶名称、呼号、识别号和主要技术数据；

（二）船舶建造商名称、建造日期和建造地点；

（三）船籍港和船舶登记号码；

（四）船舶的曾用名、原船籍港以及

原船舶登记的注销或者中止日期；

（五）船舶所有人的名称、地址及其法定代表人的姓名；

（六）船舶所有权的取得方式和取得日期；

（七）船舶所有权登记日期；

（八）船舶为数人共有的，应当载明船舶共有人的共有情况；

（九）船舶光船租赁的，应当载明光船承租人名称、地址及其法定代表人姓名；

（十）船舶已设定抵押的，应当载明船舶抵押权的设定情况；

（十一）船舶登记机关依法协助司法机关执行的事项。

第十八条 船舶登记证书污损不能使用需要换发的，持证人应当持原船舶登记证书向船籍港船舶登记机关申请换发。

第十九条 船舶所有权登记证书、船舶国籍证书、船舶注销登记证明书遗失或者灭失的，持证人应当书面说明理由，附具有关证明文件，向船籍港船舶登记机关申请补发。船舶登记机关应当予以公告，声明原证书作废。

所有权登记证书补发公告之日起 90 日内无异议的，船舶国籍证书、船舶注销登记证明书补发公告之日起 3 日内无异议的，船舶登记机关予以补发新证书。

第二十条 船舶抵押权登记证书、光船租赁登记证书遗失或者灭失的，持证人应当向船籍港船舶登记机关报告。船舶登记机关应当予以公告，声明原证书作废。

第二十一条 船舶权利人、利害关系人、有关国家机关可以依法查阅、复制船舶登记簿或者船舶登记档案。

第二十二条 船舶登记机关协助法院执行的，应当收存法院送达的协助执行通知书和生效的裁判文书。

第二十三条 自船舶登记申请受理之日起，船舶登记机关应当于 7 个工作日内，将申请登记事项记载于船舶登记簿并核发相应证书，或者做出不予登记的决定。公告时间不计入前款规定的时限。

第二十四条 本办法中的公告，可以在交通运输部海事局的官方网站上发布。

第三章 船舶所有权登记

第一节 船舶名称

第二十五条 船舶申请登记前，应当按照下列规定申请核定船名：

（一）现有船舶，由船舶所有人或者光船租赁外国籍船舶的承租人向拟申请登记地船舶登记机关申请；

（二）新造船舶，由船舶建造人或者定造人向拟申请登记地船舶登记机关申请。未确定拟申请登记地或者为境外定造人建造的，由船舶建造人向建造地船舶登记机关申请。

第二十六条 一艘船舶只准使用一个名称，船名不得与登记在先的船舶重名或者同音。船名经核定后，24 个月内未办理船舶登记手续的，经核定的船名自动失效。

第二十七条 船名包括中文名称和英文名称。中文名称由两个及两个以上规范汉字或者两个及两个以上规范汉字加阿拉伯数字组成。英文名称为中文名称中规范汉字的汉语拼音或者中文名称中规范汉字的汉语拼音加阿拉伯数字组成。

第二十八条 船舶不得使用下列名称：

（一）与国家、政府间国际组织名称相同或者相似的，但经有关国家、政府间国际组织同意的除外；

（二）与国家机关、政党名称相同或者相似的，但经有关国家机关、政党同意的除外；

（三）与国家领导人姓名相同的；

（四）与政府公务船舶名称相同或者相似的；

（五）申请人户籍地以外的省、市简称加船舶种类组成的；

（六）带有民族歧视性或者殖民主义色彩的；

（七）有损社会主义道德风尚或者有不良文化倾向的；

（八）法律、行政法规明确禁止使用的。

第二十九条 船名经核定使用后，船舶所有人未发生变更而申请变更船舶名称的，应当重新申请核定船名，并将变更情形进行公告。

第三十条 船舶所有权注销或者船名变更后，原船名自动注销，其他船舶不得申请使用该名称。新的船舶所有人继续使用原船名的，应当重新向船舶登记机关申请核定原船名。

第二节 船舶所有权登记

第三十一条 船舶所有权登记由船舶所有人提出申请。共有船舶由全体共有人共同提出申请。

第三十二条 申请办理船舶所有权登记，应当提交下列材料：

（一）船舶所有权取得证明材料；

（二）船舶技术资料；

（三）船舶正横、侧艏、正艉、烟囱等照片；

（四）共有船舶的，还应当提交船舶共有情况证明材料；

（五）船舶所有人是合资企业的，还应当提交合资企业出资额的证明材料；

（六）已经登记的船舶，还应当提交原船舶登记机关出具的船舶所有权登记注销证明书。

前款所称的船舶技术资料是指新造船舶的建造检验证书，或者现有船舶的船舶检验证书，或者境外购买外国籍船舶的技术评定书。

第三十三条 本办法第三十二条规定提交的船舶所有权取得证明材料，应当满足下列情形之一：

（一）购买取得的船舶，提交购船发票或者船舶的买卖合同和交接文件；

（二）新造船舶，提交船舶建造合同和交接文件；

（三）因继承取得的船舶，提交具有法律效力的所有权取得证明文件；

（四）因赠与取得的船舶，提交船舶赠与合同和交接文件；

（五）依法拍卖取得的船舶，提交具有法律效力的拍卖成交确认书和船舶移交完毕确认书；

（六）因法院裁判或者仲裁机构仲裁取得的船舶，提交生效的裁判文书或者仲裁文书，交接文件或者协助执行通知书；

（七）因政府机关、企事业单位划拨、改制、资产重组发生所有权转移的船舶，提交有权单位出具的资产划拨文件或者资产重组船舶所有权归属证明和交接文件；

（八）因融资租赁取得船舶所有权的，提交船舶融资租赁合同和交接文件；

（九）自造自用船舶或者其它情况下，提交足以证明船舶所有权取得的证明文件。

第三十四条 申请办理建造中船舶所有权登记，应当提交下列材料：

（一）船舶建造合同，如建造合同对建造中船舶所有权约定不明确的，还应提交船舶建造各方共同签署的建造中船舶所有权归属证明；

（二）建造中船舶的基本技术参数；

（三）5张以上从不同角度拍摄且能反映船舶已建成部分整体状况的照片；

（四）船舶未在任何登记机关办理过所有权登记的声明；

（五）共有船舶的，还应当提交船舶共有情况证明材料；

（六）船舶所有人是合资企业的，还应当提交合资企业出资额的证明材料。

第三十五条 船舶所有权登记项目发生变更的，船舶所有人应当持变更项目证明文件和相关船舶登记证书，向船籍港船舶登记机关申请办理变更登记。船舶所有权登记项目变更涉及其它船舶登记证书内容的，应当对其他登记证书一并变更。

第三十六条 因船舶所有权发生转移、船舶灭失和失踪，注销船舶所有权登记的，按照《中华人民共和国船舶登记条例》第三十九条、第四十条的规定办理。

第三十七条 船舶依法拍卖后，新船舶所有人可以凭所有权转移的证明文件向原船舶登记机关申请办理所有权注销登记，并交回原船舶所有权登记证书。原船舶所有权登记证书无法交回的，应当提交书面说明，由船舶登记机关公告作废。

第四章 船舶国籍

第三十八条 船舶所有人申请船舶国籍，应当按照《中华人民共和国船舶登记条例》第十五条的规定提交有关材料。

第三十九条 船舶国籍证书有效期为5年，但下列情形除外：

（一）老旧运输船舶国籍证书的有效期不得超过船舶强制报废日期；

（二）光船租赁船舶国籍证书的有效期与光船租赁期限相同，但最长不超过5年。

第四十条 申请办理临时船舶国籍证书，应当按照《中华人民共和国船舶登记条例》第十七条的规定办理。

第四十一条 从境外购买二手船舶，申请办理临时船舶国籍证书的，船舶所有人应当向住所或者主要营业所所在地的船舶登记机关提交船舶所有权取得证明文件、有效船舶技术证书和原船舶登记机关同意注销的证明文件。

第四十二条 因船舶买卖发生船籍港变化，申请办理临时船舶国籍证书的，新船舶所有人应当向变化后的船舶登记机关提交船舶所有权取得证明文件、有效船舶技术证书。

第四十三条 因船舶所有人住所或者船舶航线变更导致变更船舶登记机关，需要申请办理临时船舶国籍证书的，船舶所有人应当向原船舶登记机关提交有关变更证明文件、有效船舶技术证书。

第四十四条 临时船舶国籍证书有效期一般不超过1年。

以光船条件从境外租进的船舶，临时船舶国籍证书的期限可以根据租期确定，但是最长不超过2年。

第四十五条 船舶国籍证书有效期届满前1年内，船舶所有人应当持船舶国籍证书和有效船舶技术证书，到船籍港船舶登记机关办理证书换发手续。

换发的船舶国籍证书有效期起始日期从原证书有效期届满之日的第2日开始计算，但不得早于签发日期。

第四十六条 船舶国籍登记项目发生变化的，船舶所有人或者光船承租人应当向船籍港船舶登记机关申请办理变更登记，并提交变更项目的证明文件及相关船舶登记证书。

第五章 船舶抵押权登记

第四十七条 20总吨以上船舶的抵押权登

记,由船舶抵押人和抵押权人共同向船籍港船舶登记机关申请。

第四十八条 申请办理船舶抵押权登记,应当提交以下材料:

(一)船舶抵押合同及其主合同;

(二)船舶所有权登记证书或者船舶建造合同;

(三)共有船舶的,全体共同共有人或者三分之二以上份额或约定份额的按份共有人同意船舶抵押的证明文件;

(四)已办理光船租赁登记的船舶,承租人同意船舶抵押的证明文件。

申请办理建造中船舶抵押权登记,除提交上述第一至三项材料外,还应当提交抵押人出具的船舶未在其它登记机关办理过抵押权登记并且不存在法律、法规禁止船舶设置抵押权的声明。

第四十九条 船舶抵押权登记,包括下列主要事项:

(一)抵押权人和抵押人的姓名或者名称、地址;

(二)被抵押船舶的名称、国籍,船舶所有权登记证书的颁发机关和登记号码;

(三)被担保的债权数额;

(四)抵押权登记日期。

第五十条 船舶抵押权登记项目发生变化的,抵押人和抵押权人应当共同向船籍港船舶登记机关申请办理变更登记,提交变更项目的证明文件及相关船舶登记证书。

船舶有多个抵押权登记且变更项目涉及被担保的债权数额等变化的,若对其他抵押权人产生不利影响,还应当提交其他抵押权人书面同意变更的证明文件。

第五十一条 船舶抵押权转移登记,按照《中华人民共和国船舶登记条例》第二十三条的规定办理。

第五十二条 因船舶抵押合同解除注销船舶抵押权登记的,按照《中华人民共和国船舶登记条例》第四十一条的规定办理。

第五十三条 20总吨以下船舶申请办理抵押权登记的,可以参照本节有关规定办理。

第六章 光船租赁登记

第五十四条 申请办理光船租赁登记或者光船租赁注销登记,应当按照下列规定提出:

(一)中国籍船舶以光船条件出租给本国企业或者公民的,由船舶出租人和承租人共同向船籍港船舶登记机关申请;

(二)中国企业以光船条件租进外国籍船舶的,由承租人向住所或者主要营业所所在地船舶登记机关申请;

(三)中国籍船舶以光船条件出租境外的,由出租人向船籍港船舶登记机关申请。

第五十五条 船舶在境内出租的,按照《中华人民共和国船舶登记条例》第二十六条的规定办理。

船舶以光船条件出租境外的,按照《中华人民共和国船舶登记条例》第二十七条的规定办理。

以光船条件从境外租进船舶的,按照《中华人民共和国船舶登记条例》第二十八条的规定办理。

第五十六条 光船租赁同时融资租赁的,申请办理光船租赁登记应当提交融资租赁合同。

第五十七条 光船租赁注销登记按照《中华人民共和国船舶登记条例》第四十三条、第四十四条的规定办理。

第五十八条 光船租赁期间,承租人将船舶转租他人,并申请办理光船租赁转租登记的,应当提交出租人同意转租的证明文件。

第五十九条 光船租赁登记项目发生变化的，出租人、承租人应当向船籍港船舶登记机关申请办理变更登记，提交变更项目的证明文件及船舶所有权、光船租赁登记证书。

第七章 船舶烟囱标志和公司旗登记

第六十条 中国籍船舶的所有人可以向船籍港船舶登记机关申请船舶烟囱标志、公司旗登记，并按照规定提供标准设计图纸。

第六十一条 船舶烟囱标志、公司旗登记可以单独申请，也可以一并申请。

第六十二条 船舶登记机关经初步审查后，应对其拟登记的船舶烟囱标志、公司旗予以公告。公告之日起30日内无异议的，方可予以登记。

船舶烟囱标志、公司旗变更设计图的，船舶登记机关予以公告。

第六十三条 船舶烟囱标志、公司旗不得与登记在先的船舶烟囱标志、公司旗相同或者相似。

第六十四条 同一公司的船舶只能使用一个船舶烟囱标志、公司旗。业经登记的船舶烟囱标志、公司旗属登记申请人专用，其他船舶或者公司不得使用。

第六十五条 申请注销船舶烟囱标志、公司旗的，船舶所有人应当向船籍港船舶登记机关提出申请，并交回原船舶烟囱标志、公司旗登记证书。

第六十六条 船舶登记机关应当对登记的船舶烟囱标志、公司旗及其变更或者注销登记情况予以公告。

第八章 自由贸易试验区国际船舶登记的特别规定

第六十七条 本章所称国际船舶登记是指船舶登记机关为在自由贸易试验区内注册的企业仅航行国际航线及港澳台航线的船舶进行的登记。

第六十八条 依据中华人民共和国法律在自由贸易试验区设立的中资企业、中外合资企业、中外合作企业，以及依据国务院自由贸易试验区相关方案设立的外商独资企业和港澳台独资企业的船舶，可以依照本章有关规定申请办理国际船舶登记。

第六十九条 申请国际船舶登记，申请人可以通过前往登记机关现场申请的方式，也可以通过船舶登记机关建立的信息系统网上申请的方式。

网上申请的，船舶登记机关可以根据电子材料先行办理船舶登记手续。申请人在领取登记证书时，应当提交符合第十条要求的申请材料。

第七十条 海事管理机构、船舶检验机构、无线电管理机构和地方交通运输管理部门应当简化各项业务办理条件、优化办理程序，缩短办结时间，并建立信息共享机制，对通过信息共享可以获得的材料，免予申请人提交。

第七十一条 国际登记船舶申请船舶国籍证书时，可以一并申请办理应当由海事管理机构签发的航运公司安全营运和防污染管理体系符合证书、船舶防污染证书、船舶最低安全配员证书、船舶文书等证书、文书。

海事管理机构对申请材料进行统一接收、统筹办理和统一发证。

第七十二条 国际船舶登记申请人提交申请材料时，免予提交海事管理机构或者船舶检验机构签发的可通过信息系统查询的证书。办理船舶登记时，同时办理其他海事业务的，已经提交过的材料免予重复提交。

第七十三条 对于新造船舶或者从其他登记转为国际登记船舶时，船舶检验机构签发船舶检验证书前，可以依申请出具船舶技术参数证明，作为船舶登记机关办理船舶登记的技术资料。

第九章 附 则

第七十四条 本办法所称建造中船舶是指船舶处于安放龙骨或者相似建造阶段，或者其后的建造阶段。

第七十五条 长度小于5米的艇筏的登记可以参照本办法执行。

游艇登记另有规定的，从其规定。

第七十六条 本办法自2017年2月10日起施行。

中华人民共和国民用航空器权利登记条例

1997年10月21日国务院令第233号公布施行

第一条 根据《中华人民共和国民用航空法》，制定本条例。

第二条 在中华人民共和国办理民用航空器权利登记，应当遵守本条例。

第三条 国务院民用航空主管部门主管民用航空器权利登记工作，设立民用航空器权利登记簿，统一记载民用航空器权利登记事项。

同一民用航空器的权利登记事项应当记载于同一权利登记簿中。

第四条 办理民用航空器所有权、占有权或者抵押权登记的，民用航空器权利人应当按照国务院民用航空主管部门的规定，分别填写民用航空器所有权、占有权或者抵押权登记申请书，并向国务院民用航空主管部门提交本条例第五条至第七条规定的相应文件。

办理民用航空器优先权登记的，民用航空器优先权的债权人应当自援救或者保管维护工作终了之日起3个月内，按照国务院民用航空主管部门的规定，填写民用航空器优先权登记申请书，并向国务院民用航空主管部门提交足以证明其合法身份的文件和有关债权证明。

第五条 办理民用航空器所有权登记的，民用航空器的所有人应当提交下列文件或者经核对无误的复印件：

（一）民用航空器国籍登记证书；

（二）民用航空器所有权取得的证明文件；

（三）国务院民用航空主管部门要求提交的其他必要的有关文件。

第六条 办理民用航空器占有权登记的，民用航空器的占有人应当提交下列文件或者经核对无误的复印件：

（一）民用航空器国籍登记证书；

（二）民用航空器所有权登记证书或者相应的所有权证明文件；民用航空器设定抵押的，还应当提供有关证明文件；

（三）符合《中华人民共和国民用航空法》第十一条第（二）项或者第（三）项规定的民用航空器买卖合同或者租赁合同；

（四）国务院民用航空主管部门要求提交的其他必要的有关文件。

第七条 办理民用航空器抵押权登记的，民用航空器的抵押权人和抵押人应当提交下列文件或者经核对无误的复印件：

（一）民用航空器国籍登记证书；

（二）民用航空器所有权登记证书或者相应的所有权证明文件；

（三）民用航空器抵押合同；

（四）国务院民用航空主管部门要求提交的其他必要的有关文件。

第八条 就两架以上民用航空器设定一项抵押权或者就同一民用航空器设定两项以上抵押权时，民用航空器的抵押权人和抵押人应当就每一架民用航空器或者每一项抵押权分别办理抵押权登记。

第九条 国务院民用航空主管部门应当自收到民用航空器权利登记申请之日起7个工作日内，对申请的权利登记事项进行审查。经审查符合本条例规定的，应当向民用航空器权利人颁发相应的民用航空器权利登记证书，并区别情况在民用航空器权利登记簿上载明本条例第十条至第十三条规定的相应事项；经审查不符合本条例规定的，应当书面通知民用航空器权利人。

第十条 国务院民用航空主管部门向民用航空器所有人颁发民用航空器所有权登记证书时，应当在民用航空器权利登记簿上载明下列事项：

（一）民用航空器国籍、国籍标志和登记标志；

（二）民用航空器所有人的姓名或者名称、地址及其法定代表人的姓名；

（三）民用航空器为数人共有的，载明民用航空器共有人的共有情况；

（四）民用航空器所有权的取得方式和取得日期；

（五）民用航空器制造人名称、制造日期和制造地点；

（六）民用航空器价值、机体材料和主要技术数据；

（七）民用航空器已设定抵押的，载明其抵押权的设定情况；

（八）民用航空器所有权登记日期；

（九）国务院民用航空主管部门规定的其他事项。

第十一条 国务院民用航空主管部门向民用航空器占有人颁发民用航空器占有权登记证书时，应当在民用航空器权利登记簿上载明下列事项：

（一）民用航空器的国籍、国籍标志和登记标志；

（二）民用航空器占有人、所有人或者出租人的姓名或者名称、地址及其法定代表人的姓名；

（三）民用航空器占有权的取得方式、取得日期和约定的占有条件；

（四）民用航空器占有权登记日期；

（五）国务院民用航空主管部门规定的其他事项。

第十二条 国务院民用航空主管部门向民用航空器抵押权人颁发民用航空器抵押权登记证书时，应当在民用航空器权利登记簿上载明下列事项：

（一）被抵押的民用航空器的国籍、国籍标志和登记标志；

（二）抵押权人和抵押人的姓名或者名称、地址及其法定代表人的姓名；

（三）民用航空器抵押所担保的债权数额、利息率、受偿期限；

（四）民用航空器抵押权登记日期；

（五）国务院民用航空主管部门规定的其他事项。

第十三条 国务院民用航空主管部门向民用航空器优先权的债权人颁发民用航空器优先权登记证书时，应当在民用航空器权利登记簿上载明下列事项：

（一）发生债权的民用航空器的国籍、国籍标志和登记标志；

（二）民用航空器优先权的债权人的姓名或者名称、地址及其法定代表人的姓名；

（三）发生债权的民用航空器的所有人、经营人或者承租人的姓名或者名称、地址及其法定代表人的姓名；

（四）民用航空器优先权的债权人主张的债权数额和债权发生的时间、原因；

（五）民用航空器优先权登记日期；

（六）国务院民用航空主管部门规定的其他事项。

第十四条 同一民用航空器设定两项以上抵押权的，国务院民用航空主管部门应当按照抵押权登记申请日期的先后顺序进行登记。

第十五条 民用航空器权利登记事项发生变更时，民用航空器权利人应当持有关的民用航空器权利登记证书和变更证明文件，向国务院民用航空主管部门办理变更登记。

民用航空器抵押合同变更时，由抵押权人和抵押人共同向国务院民用航空主管部门办理变更登记。

第十六条 国务院民用航空主管部门应当自收到民用航空器权利变更登记申请之日起 7 个工作日内，对申请的权利变更登记事项进行审查。经审查符合本条例规定的，在有关权利登记证书和民用航空器权利登记簿上注明变更事项；经审查不符合本条例规定的，应当书面通知民用航空器权利人。

第十七条 遇有下列情形之一时，民用航空器权利人应当持有关的民用航空器权利登记证书和证明文件，向国务院民用航空主管部门办理注销登记：

（一）民用航空器所有权转移；

（二）民用航空器灭失或者失踪；

（三）民用航空器租赁关系终止或者民用航空器占有人停止占有；

（四）民用航空器抵押权所担保的债权消灭；

（五）民用航空器优先权消灭；

（六）国务院民用航空主管部门规定的其他情形。

第十八条 国务院民用航空主管部门应当自收到民用航空器注销登记申请之日起 7 个工作日内，对申请的注销登记事项进行审查。经审查符合本条例规定的，收回有关的民用航空器权利登记证书，相应地注销民用航空器权利登记簿上的权利登记，并根据具体情况向民用航空器权利人出具民用航空器权利登记注销证明书；经审查不符合本条例规定的，应当书面通知民用航空器权利人。

第十九条 申请人办理民用航空器权利登记，应当缴纳登记费。登记费的收费标准由国务院民用航空主管部门会同国务院价格主管部门制定。

第二十条 本条例自发布之日起施行。

中华人民共和国民用航空器权利登记条例实施办法

1. 1999 年 9 月 1 日民航总局令第 87 号公布
2. 自 1999 年 11 月 1 日起施行

第一条 为便利民用航空器权利人办理民用航空器权利登记事项，根据《中华人民共和国民用航空器权利登记条例》（以下简称《条例》），制定本办法。

第二条 中国民用航空总局民用航空器权利登记职能部门（以下称登记部门），负责办理民用航空器权利登记的具体事宜。

第三条 登记部门设立和保管民用航空器权利登记簿，统一记载民用航空器权利登记事项。

第四条 民用航空器权利人认为需要进行权利登记的，可申请办理民用航空器权利登记。

第五条　在申请办理权利登记时，申请人应当向登记部门提交有关申请书的原件以及《条例》和本办法规定的相应文件的原件。提供相应文件原件确有困难的，可以提供经核对无误的复印件。相应文件原件和经核对无误的复印件均为有效文件。不能及时提供有效文件的，可以先行提供复印件，但是，应当在登记部门收到有关权利登记申请书原件之日起10个工作日内向登记部门提交有效文件。在收齐全部有效文件之日起7个工作日内，登记部门依照《条例》规定对申请的权利登记事项完成审查，并颁发相应的民用航空器权利登记证书，对经审查不符合《条例》规定的，书面通知申请人。申请人未能在上述10个工作日内提交有效文件的，有关权利登记申请人应当重新提出申请。

本办法所称原件，是指文件原件的正本或者副本。

本办法所称经核对无误的复印件，是指符合下列条件之一的复印件：

（一）涉及有关机关出具的文件的，经该机关核对并签章；

（二）涉及交易文件的，经交易各方当事人签章；

（三）依法公证或者经中华人民共和国使领馆认证的文件复印件；

（四）经与原件核对无误并签注的复印件。

第六条　登记部门在接收申请人提供的有关文件时，应当向其出具收件清单，并注明文件接收日期和时间。

第七条　在申请办理权利登记时，申请人应当提供下列证明其合法身份的文件：

（一）申请人是个人的，其有效身份证明；

（二）申请人为企业法人的，工商登记机关颁发的企业法人营业执照；

（三）申请人为其他组织的，有关登记、注册机关颁发的登记、注册文件；

（四）与上述文件等效的身份证明文件。

第八条　委托他人办理权利登记或者签署有关文件的，应当向登记部门提交合法申请人的授权委托书或者其他授权证明文件以及代办人的符合前条规定的合法身份证明文件。

同一项交易或者事件产生共同权利的，应当由一个权利代表人向登记部门办理权利登记事项。

第九条　民用航空器权利登记申请人在办理民用航空器权利登记时，应当根据具体情况分别填写符合本办法附件规定格式的以下权利登记申请书：

（一）《民用航空器所有权登记申请书》；

（二）《民用航空器占有权登记申请书》；

（三）《民用航空器抵押权登记申请书》；

（四）《民用航空器优先权登记申请书》。

第十条　《条例》第五条第（一）项所称民用航空器国籍登记证书，是指中华人民共和国民用航空器国籍登记证书。

第十一条　《条例》第六条第（一）项所称民用航空器国籍登记证书，包括中华人民共和国民用航空器国籍登记证书和外国民用航空器国籍登记证书。

《条例》第六条第（三）项所称租赁合同，不包括出租人提供机组人员的租赁合同。

第十二条　《条例》第七条第（一）项所称民用航空器国籍登记证书，包括中华人民共和国民用航空器国籍登记证书和外国民用航空器国籍登记证书。

第十三条 对中华人民共和国国籍或者外国国籍民用航空器具有优先权的,均可以向登记部门申请办理优先权登记。

第十四条 登记部门对民用航空器权利人的权利登记申请审查合格后,应当根据申请向权利人分别颁发以下相应的权利登记证书:

(一)《民用航空器所有权登记证书》;

(二)《民用航空器占有权登记证书》;

(三)《民用航空器抵押权登记证书》;

(四)《民用航空器优先权登记证书》。

《民用航空器抵押权登记证书》只对民用航空器抵押权人颁发。

第十五条 《条例》第十条第(六)项所称民用航空器价值,是指设定权利时的民用航空器价值。主要技术数据是指民用航空器型号、出厂序号和设定权利时的技术状况。

第十六条 民用航空器权利登记事项发生变更时,民用航空器权利人应当持有关的民用航空器权利登记证书以及变更证明文件,向登记部门办理权利变更登记,并应当根据具体情况分别填写符合本办法附件规定格式的以下权利登记变更申请书:

(一)《民用航空器所有权登记变更申请书》;

(二)《民用航空器占有权登记变更申请书》;

(三)《民用航空器抵押权登记变更申请书》;

(四)《民用航空器优先权登记变更申请书》。

第十七条 民用航空器权利人的权利变更登记申请经登记部门依法审查合格后,由登记部门在有关权利登记证书上和民用航空器权利登记簿上注明变更事项,不颁发新的权利登记证书。

第十八条 民用航空器权利人依照《条例》规定办理注销登记时,应当持有关的民用航空器权利登记证书以及证明文件,向登记部门办理权利注销登记,并应当根据具体情况分别填写符合本办法附件规定格式的以下权利登记注销申请书:

(一)《民用航空器所有权登记注销申请书》;

(二)《民用航空器占有权登记注销申请书》;

(三)《民用航空器抵押权登记注销申请书》;

(四)《民用航空器优先权登记注销申请书》。

第十九条 民用航空器权利人的权利登记注销申请经登记部门依法审查合格后,由登记部门收回并注销其有关权利登记证书,并根据《条例》第十八条规定向民用航空器权利人分别颁发以下相应的权利登记注销证书:

(一)《民用航空器所有权登记注销证书》;

(二)《民用航空器占有权登记注销证书》;

(三)《民用航空器抵押权登记注销证书》;

(四)《民用航空器优先权登记注销证书》。

第二十条 有关权利登记的生效日期和时间为登记部门收到有关权利登记申请书原件的日期和时间。但是,收到有关权利登记申请书原件的日期和时间先于设定权利的日期和时间的，应当以设定权利的日期和时间为权利登记的生效日期和时间。变更或者注销权利登记时同样适用上述规定。

第二十一条 民用航空器权利的利害关系人对民用航空器权利登记持有异议，或者认为民用航空器权利人应当办理变更登记或者注销登记而未办理的，可以凭人民法院的生效判决、裁定或者仲裁机构的生效裁决，向登记部门办理有关权利登记、变更登记或者注销登记。该判决、裁定或者裁决是由外国法院或者仲裁机构作出的，应当依法先经中华人民共和国的人民法院确认。此种登记的其他有关事项，分别适用《条例》和本办法中的有关规定。

第二十二条 根据《条例》颁发的民用航空器权利登记证书，在被依法注销前或者权利期限届满前有效。

第二十三条 民用航空器权利登记簿内所记载的事项，可以供公众查询、复制或者摘录。

由申请人提供的申请书及各项文件，登记部门应当妥善保管。对于申请人声明涉及商业秘密的事项，登记部门不得向他人泄露。

第二十四条 申请人办理民用航空器权利登记，公众查询、复制或者摘录民用航空器权利登记事项，均应当缴纳费用，收费标准和管理办法另行制定。

第二十五条 本办法所附各申请表格复印有效，用纸规格为182毫米×257毫米。

第二十六条 本办法自1999年11月1日起施行。

本办法施行后，登记部门办理在《条例》施行之日起（含当日）设定的民用航空器权利；在《条例》施行之日前设定的民用航空器权利，可自2000年11月1日起补办登记手续。

附：民用航空器所有权登记申请书（略）

机动车登记规定

1. 2008年5月27日公安部令第102号发布
2. 根据2012年9月12日公安部令第124号《关于修改〈机动车登记规定〉的决定》修正

第一章 总 则

第一条 根据《中华人民共和国道路交通安全法》及其实施条例的规定，制定本规定。

第二条 本规定由公安机关交通管理部门负责实施。

省级公安机关交通管理部门负责本省（自治区、直辖市）机动车登记工作的指导、检查和监督。直辖市公安机关交通管理部门车辆管理所、设区的市或者相当于同级的公安机关交通管理部门车辆管理所负责办理本行政辖区内机动车登记业务。

县级公安机关交通管理部门车辆管理所可以办理本行政辖区内摩托车、三轮汽车、低速载货汽车登记业务。条件具备的，可以办理除进口机动车、危险化学品运输车、校车、中型以上载客汽车以外的其他机动车登记业务。具体业务范围和办理条件由省级公安机关交通管理部门确定。

警用车辆登记业务按照有关规定办理。

第三条 车辆管理所办理机动车登记，应当遵循公开、公正、便民的原则。

车辆管理所在受理机动车登记申请时，对申请材料齐全并符合法律、行政法规和本规定的，应当在规定的时限内办结。对申请材料不齐全或者其他不符合法定形式的，应当一次告知申请人需要补正的全部内容。对不符合规定的，应当书面告知不予受理、登记的理由。

车辆管理所应当将法律、行政法规和本规定的有关机动车登记的事项、条件、依据、程序、期限以及收费标准、需要提交的全部材料的目录和申请表示范文本等在办理登记的场所公示。

省级、设区的市或者相当于同级的公安机关交通管理部门应当在互联网上建立主页，发布信息，便于群众查阅机动车登记的有关规定，下载、使用有关表格。

第四条 车辆管理所应当使用计算机登记系统办理机动车登记，并建立数据库。不使用计算机登记系统登记的，登记无效。

计算机登记系统的数据库标准和登记软件全国统一。数据库能够完整、准确记录登记内容，记录办理过程和经办人员信息，并能够实时将有关登记内容传送到全国公安交通管理信息系统。计算机登记系统应当与交通违法信息系统和交通事故信息系统实行联网。

第二章 登 记

第一节 注册登记

第五条 初次申领机动车号牌、行驶证的，机动车所有人应当向住所地的车辆管理所申请注册登记。

第六条 机动车所有人应当到机动车安全技术检验机构对机动车进行安全技术检验，取得机动车安全技术检验合格证明后申请注册登记。但经海关进口的机动车和国务院机动车产品主管部门认定免予安全技术检验的机动车除外。

免予安全技术检验的机动车有下列情形之一的，应当进行安全技术检验：

（一）国产机动车出厂后两年内未申请注册登记的；

（二）经海关进口的机动车进口后两年内未申请注册登记的；

（三）申请注册登记前发生交通事故的。

专用校车办理注册登记前，应当按照专用校车国家安全技术标准进行安全技术检验。

第七条 申请注册登记的，机动车所有人应当填写申请表，交验机动车，并提交以下证明、凭证：

（一）机动车所有人的身份证明；

（二）购车发票等机动车来历证明；

（三）机动车整车出厂合格证明或者进口机动车进口凭证；

（四）车辆购置税完税证明或者免税凭证；

（五）机动车交通事故责任强制保险凭证；

（六）车船税纳税或者免税证明；

（七）法律、行政法规规定应当在机动车注册登记时提交的其他证明、凭证。

不属于经海关进口的机动车和国务院机动车产品主管部门规定免予安全技术检验的机动车，还应当提交机动车安全技术检验合格证明。

车辆管理所应当自受理申请之日起二日内，确认机动车，核对车辆识别代号拓印膜，审查提交的证明、凭证，核发机动车登记证书、号牌、行驶证和检验合格标志。

第八条 车辆管理所办理消防车、救护车、工程救险车注册登记时，应当对车辆的使用性质、标志图案、标志灯具和警报器进行审查。

车辆管理所办理全挂汽车列车和半

挂汽车列车注册登记时，应当对牵引车和挂车分别核发机动车登记证书、号牌和行驶证。

第九条 有下列情形之一的，不予办理注册登记：

（一）机动车所有人提交的证明、凭证无效的；

（二）机动车来历证明被涂改或者机动车来历证明记载的机动车所有人与身份证明不符的；

（三）机动车所有人提交的证明、凭证与机动车不符的；

（四）机动车未经国务院机动车产品主管部门许可生产或者未经国家进口机动车主管部门许可进口的；

（五）机动车的有关技术数据与国务院机动车产品主管部门公告的数据不符的；

（六）机动车的型号、发动机号码、车辆识别代号或者有关技术数据不符合国家安全技术标准的；

（七）机动车达到国家规定的强制报废标准的；

（八）机动车被人民法院、人民检察院、行政执法部门依法查封、扣押的；

（九）机动车属于被盗抢的；

（十）其他不符合法律、行政法规规定的情形。

第二节 变更登记

第十条 已注册登记的机动车有下列情形之一的，机动车所有人应当向登记地车辆管理所申请变更登记：

（一）改变车身颜色的；

（二）更换发动机的；

（三）更换车身或者车架的；

（四）因质量问题更换整车的；

（五）营运机动车改为非营运机动车或者非营运机动车改为营运机动车等使用性质改变的；

（六）机动车所有人的住所迁出或者迁入车辆管理所管辖区域的。

机动车所有人为两人以上，需要将登记的所有人姓名变更为其他所有人姓名的，可以向登记地车辆管理所申请变更登记。

属于本条第一款第（一）项、第（二）项和第（三）项规定的变更事项的，机动车所有人应当在变更后十日内向车辆管理所申请变更登记；属于本条第一款第（六）项规定的变更事项的，机动车所有人申请转出前，应当将涉及该车的道路交通安全违法行为和交通事故处理完毕。

第十一条 申请变更登记的，机动车所有人应当填写申请表，交验机动车，并提交以下证明、凭证：

（一）机动车所有人的身份证明；

（二）机动车登记证书；

（三）机动车行驶证；

（四）属于更换发动机、车身或者车架的，还应当提交机动车安全技术检验合格证明；

（五）属于因质量问题更换整车的，还应当提交机动车安全技术检验合格证明，但经海关进口的机动车和国务院机动车产品主管部门认定免予安全技术检验的机动车除外。

车辆管理所应当自受理之日起一日内，确认机动车，审查提交的证明、凭证，在机动车登记证书上签注变更事项，收回行驶证，重新核发行驶证。

车辆管理所办理本规定第十条第一款第（三）项、第（四）项和第（六）项规定的变更登记事项的，应当核对车辆识别代号拓印膜。

第十二条 车辆管理所办理机动车变更登记时，需要改变机动车号牌号码的，收回号牌、行驶证，确定新的机动车号牌号码，重新核发号牌、行驶证和检验合格标志。

第十三条 机动车所有人的住所迁出车辆管理所管辖区域的，车辆管理所应当自受理之日起三日内，在机动车登记证书上签注变更事项，收回号牌、行驶证，核发有效期为三十日的临时行驶车号牌，将机动车档案交机动车所有人。机动车所有人应当在临时行驶车号牌的有效期限内到住所地车辆管理所申请机动车转入。

申请机动车转入的，机动车所有人应当填写申请表，提交身份证明、机动车登记证书、机动车档案，并交验机动车。机动车在转入时已超过检验有效期的，应当在转入地进行安全技术检验并提交机动车安全技术检验合格证明和交通事故责任强制保险凭证。车辆管理所应当自受理之日起三日内，确认机动车，核对车辆识别代号拓印膜，审查相关证明、凭证和机动车档案，在机动车登记证书上签注转入信息，核发号牌、行驶证和检验合格标志。

第十四条 机动车所有人为两人以上，需要将登记的所有人姓名变更为其他所有人姓名的，应当提交机动车登记证书、行驶证、变更前和变更后机动车所有人的身份证明和共同所有的公证证明，但属于夫妻双方共同所有的，可以提供《结婚证》或者证明夫妻关系的《居民户口簿》。

变更后机动车所有人的住所在车辆管理所管辖区域内的，车辆管理所按照本规定第十一条第二款的规定办理变更登记。变更后机动车所有人的住所不在车辆管理所管辖区域内的，迁出地和迁入地车辆管理所按照本规定第十三条的规定办理变更登记。

第十五条 有下列情形之一的，不予办理变更登记：

（一）改变机动车的品牌、型号和发动机型号的，但经国务院机动车产品主管部门许可选装的发动机除外；

（二）改变已登记的机动车外形和有关技术数据的，但法律、法规和国家强制性标准另有规定的除外；

（三）有本规定第九条第（一）项、第（七）项、第（八）项、第（九）项规定情形的。

第十六条 有下列情形之一，在不影响安全和识别号牌的情况下，机动车所有人不需要办理变更登记：

（一）小型、微型载客汽车加装前后防撞装置；

（二）货运机动车加装防风罩、水箱、工具箱、备胎架等；

（三）增加机动车车内装饰。

第十七条 已注册登记的机动车，机动车所有人住所在车辆管理所管辖区域内迁移或者机动车所有人姓名（单位名称）、联系方式变更的，应当向登记地车辆管理所备案。

（一）机动车所有人住所在车辆管理所管辖区域内迁移、机动车所有人姓名（单位名称）变更的，机动车所有人应当提交身份证明、机动车登记证书、行驶证和相关变更证明。车辆管理所应当自受理之日起一日内，在机动车登记证书上签注备案事项，重新核发行驶证。

（二）机动车所有人联系方式变更的，机动车所有人应当提交身份证明和行驶证。车辆管理所应当自受理之日起一日内办理备案。

机动车所有人的身份证明名称或者

号码变更的，可以向登记地车辆管理所申请备案。机动车所有人应当提交身份证明、机动车登记证书。车辆管理所应当自受理之日起一日内，在机动车登记证书上签注备案事项。

发动机号码、车辆识别代号因磨损、锈蚀、事故等原因辨认不清或者损坏的，可以向登记地车辆管理所申请备案。机动车所有人应当提交身份证明、机动车登记证书、行驶证。车辆管理所应当自受理之日起一日内，在发动机、车身或者车架上打刻原发动机号码或者原车辆识别代号，在机动车登记证书上签注备案事项。

第三节 转移登记

第十八条 已注册登记的机动车所有权发生转移的，现机动车所有人应当自机动车交付之日起三十日内向登记地车辆管理所申请转移登记。

机动车所有人申请转移登记前，应当将涉及该车的道路交通安全违法行为和交通事故处理完毕。

第十九条 申请转移登记的，现机动车所有人应当填写申请表，交验机动车，并提交以下证明、凭证：

（一）现机动车所有人的身份证明；

（二）机动车所有权转移的证明、凭证；

（三）机动车登记证书；

（四）机动车行驶证；

（五）属于海关监管的机动车，还应当提交《中华人民共和国海关监管车辆解除监管证明书》或者海关批准的转让证明；

（六）属于超过检验有效期的机动车，还应当提交机动车安全技术检验合格证明和交通事故责任强制保险凭证。

现机动车所有人住所在车辆管理所管辖区域内的，车辆管理所应当自受理申请之日起一日内，确认机动车，核对车辆识别代号拓印膜，审查提交的证明、凭证，收回号牌、行驶证，确定新的机动车号牌号码，在机动车登记证书上签注转移事项，重新核发号牌、行驶证和检验合格标志。

现机动车所有人住所不在车辆管理所管辖区域内的，车辆管理所应当按照本规定第十三条的规定办理。

第二十条 有下列情形之一的，不予办理转移登记：

（一）机动车与该车档案记载内容不一致的；

（二）属于海关监管的机动车，海关未解除监管或者批准转让的；

（三）机动车在抵押登记、质押备案期间的；

（四）有本规定第九条第（一）项、第（二）项、第（七）项、第（八）项、第（九）项规定情形的。

第二十一条 被人民法院、人民检察院和行政执法部门依法没收并拍卖，或者被仲裁机构依法仲裁裁决，或者被人民法院调解、裁定、判决机动车所有权转移时，原机动车所有人未向现机动车所有人提供机动车登记证书、号牌或者行驶证的，现机动车所有人在办理转移登记时，应当提交人民法院出具的未得到机动车登记证书、号牌或者行驶证的《协助执行通知书》，或者人民检察院、行政执法部门出具的未得到机动车登记证书、号牌或者行驶证的证明。车辆管理所应当公告原机动车登记证书、号牌或者行驶证作废，并在办理转移登记的同时，补发机动车登记证书。

第四节 抵押登记

第二十二条 机动车所有人将机动车作为

抵押物抵押的,应当向登记地车辆管理所申请抵押登记;抵押权消灭的,应当向登记地车辆管理所申请解除抵押登记。

第二十三条 申请抵押登记的,机动车所有人应当填写申请表,由机动车所有人和抵押权人共同申请,并提交下列证明、凭证:

(一)机动车所有人和抵押权人的身份证明;

(二)机动车登记证书;

(三)机动车所有人和抵押权人依法订立的主合同和抵押合同。

车辆管理所应当自受理之日起一日内,审查提交的证明、凭证,在机动车登记证书上签注抵押登记的内容和日期。

第二十四条 申请解除抵押登记的,机动车所有人应当填写申请表,由机动车所有人和抵押权人共同申请,并提交下列证明、凭证:

(一)机动车所有人和抵押权人的身份证明;

(二)机动车登记证书。

人民法院调解、裁定、判决解除抵押的,机动车所有人或者抵押权人应当填写申请表,提交机动车登记证书、人民法院出具的已经生效的《调解书》、《裁定书》或者《判决书》,以及相应的《协助执行通知书》。

车辆管理所应当自受理之日起一日内,审查提交的证明、凭证,在机动车登记证书上签注解除抵押登记的内容和日期。

第二十五条 机动车抵押登记日期、解除抵押登记日期可以供公众查询。

第二十六条 有本规定第九条第(一)项、第(七)项、第(八)项、第(九)项或者第二十条第(二)项规定情形之一的,不予办理抵押登记。对机动车所有人提交的证明、凭证无效,或者机动车被人民法院、人民检察院、行政执法部门依法查封、扣押的,不予办理解除抵押登记。

第五节 注销登记

第二十七条 已达到国家强制报废标准的机动车,机动车所有人向机动车回收企业交售机动车时,应当填写申请表,提交机动车登记证书、号牌和行驶证。机动车回收企业应当确认机动车并解体,向机动车所有人出具《报废机动车回收证明》。报废的校车、大型客、货车及其他营运车辆应当在车辆管理所的监督下解体。

机动车回收企业应当在机动车解体后七日内将申请表、机动车登记证书、号牌、行驶证和《报废机动车回收证明》副本提交车辆管理所,申请注销登记。

车辆管理所应当自受理之日起一日内,审查提交的证明、凭证,收回机动车登记证书、号牌、行驶证,出具注销证明。

第二十八条 除本规定第二十七条规定的情形外,机动车有下列情形之一的,机动车所有人应当向登记地车辆管理所申请注销登记:

(一)机动车灭失的;

(二)机动车因故不在我国境内使用的;

(三)因质量问题退车的。

已注册登记的机动车有下列情形之一的,登记地车辆管理所应当办理注销登记:

(一)机动车登记被依法撤销的;

(二)达到国家强制报废标准的机动车被依法收缴并强制报废的。

属于本条第一款第(二)项和第(三)项规定情形之一的,机动车所有人申请注销登记前,应当将涉及该车的道路交通安全违法行为和交通事故处理完毕。

第二十九条 属于本规定第二十八条第一

款规定的情形，机动车所有人申请注销登记的，应当填写申请表，并提交以下证明、凭证：

（一）机动车登记证书；

（二）机动车行驶证；

（三）属于机动车灭失的，还应当提交机动车所有人的身份证明和机动车灭失证明；

（四）属于机动车因故不在我国境内使用的，还应当提交机动车所有人的身份证明和出境证明，其中属于海关监管的机动车，还应当提交海关出具的《中华人民共和国海关监管车辆进（出）境领（销）牌照通知书》；

（五）属于因质量问题退车的，还应当提交机动车所有人的身份证明和机动车制造厂或者经销商出具的退车证明。

车辆管理所应当自受理之日起一日内，审查提交的证明、凭证，收回机动车登记证书、号牌、行驶证，出具注销证明。

第三十条 因车辆损坏无法驶回登记地的，机动车所有人可以向车辆所在地机动车回收企业交售报废机动车。交售机动车时应当填写申请表，提交机动车登记证书、号牌和行驶证。机动车回收企业应当确认机动车并解体，向机动车所有人出具《报废机动车回收证明》。报废的校车、大型客、货车及其他营运车辆应当在报废地车辆管理所的监督下解体。

机动车回收企业应当在机动车解体后七日内将申请表、机动车登记证书、号牌、行驶证和《报废机动车回收证明》副本提交报废地车辆管理所，申请注销登记。

报废地车辆管理所应当自受理之日起一日内，审查提交的证明、凭证，收回机动车登记证书、号牌、行驶证，并通过计算机登记系统将机动车报废信息传递给登记地车辆管理所。

登记地车辆管理所应当自接到机动车报废信息之日起一日内办理注销登记，并出具注销证明。

第三十一条 已注册登记的机动车有下列情形之一的，车辆管理所应当公告机动车登记证书、号牌、行驶证作废：

（一）达到国家强制报废标准，机动车所有人逾期不办理注销登记的；

（二）机动车登记被依法撤销后，未收缴机动车登记证书、号牌、行驶证的；

（三）达到国家强制报废标准的机动车被依法收缴并强制报废的；

（四）机动车所有人办理注销登记时未交回机动车登记证书、号牌、行驶证的。

第三十二条 有本规定第九条第（一）项、第（八）项、第（九）项或者第二十条第（一）项、第（三）项规定情形之一的，不予办理注销登记。

第六节 校车标牌核发

第三十三条 学校或者校车服务提供者申请校车使用许可，应当按照《校车安全管理条例》向县级或者设区的市级人民政府教育行政部门提出申请。公安机关交通管理部门收到教育行政部门送来的征求意见材料后，应当在一日内通知申请人交验机动车。

第三十四条 县级或者设区的市级公安机关交通管理部门应当自申请人交验机动车之日起二日内确认机动车，查验校车标志灯、停车指示标志、卫星定位装置以及逃生锤、干粉灭火器、急救箱等安全设备，审核行驶线路、开行时间和停靠站点。属于专用校车的，还应当查验校车外观标识。审查以下证明、凭证：

（一）机动车所有人的身份证明；

（二）机动车行驶证；

（三）校车安全技术检验合格证明；

（四）包括行驶线路、开行时间和停靠站点的校车运行方案；

（五）校车驾驶人的机动车驾驶证。

公安机关交通管理部门应当自收到教育行政部门征求意见材料之日起三日内向教育行政部门回复意见，但申请人未按规定交验机动车的除外。

第三十五条 学校或者校车服务提供者按照《校车安全管理条例》取得校车使用许可后，应当向县级或者设区的市级公安机关交通管理部门领取校车标牌。领取时应当填写表格，并提交以下证明、凭证：

（一）机动车所有人的身份证明；

（二）校车驾驶人的机动车驾驶证；

（三）机动车行驶证；

（四）县级或者设区的市级人民政府批准的校车使用许可；

（五）县级或者设区的市级人民政府批准的包括行驶线路、开行时间和停靠站点的校车运行方案。

公安机关交通管理部门应当在收到领取表之日起三日内核发校车标牌。对属于专用校车的，应当核对行驶证上记载的校车类型和核载人数；对不属于专用校车的，应当在行驶证副页上签注校车类型和核载人数。

第三十六条 校车标牌应当记载本车的号牌号码、机动车所有人、驾驶人、行驶线路、开行时间、停靠站点、发牌单位、有效期限等信息。校车标牌分前后两块，分别放置于前风窗玻璃右下角和后风窗玻璃适当位置。

校车标牌有效期的截止日期与校车安全技术检验有效期的截止日期一致，但不得超过校车使用许可有效期。

第三十七条 专用校车应当自注册登记之日起每半年进行一次安全技术检验，非专用校车应当自取得校车标牌后每半年进行一次安全技术检验。

学校或者校车服务提供者应当在校车检验有效期满前一个月内向公安机关交通管理部门申请检验合格标志。

公安机关交通管理部门应当自受理之日起一日内，确认机动车，审查提交的证明、凭证，核发检验合格标志，换发校车标牌。

第三十八条 已取得校车标牌的机动车达到报废标准或者不再作为校车使用的，学校或者校车服务提供者应当拆除校车标志灯、停车指示标志，消除校车外观标识，并将校车标牌交回核发的公安机关交通管理部门。

专用校车不得改变使用性质。

校车使用许可被吊销、注销或者撤销的，学校或者校车服务提供者应当拆除校车标志灯、停车指示标志，消除校车外观标识，并将校车标牌交回核发的公安机关交通管理部门。

第三十九条 校车行驶线路、开行时间、停靠站点或者车辆、所有人、驾驶人发生变化的，经县级或者设区的市级人民政府批准后，应当按照本规定重新领取校车标牌。

第四十条 公安机关交通管理部门应当每月将校车标牌的发放、变更、收回等信息报本级人民政府备案，并通报教育行政部门。

学校或者校车服务提供者应当自取得校车标牌之日起，每月查询校车道路交通安全违法行为记录，及时到公安机关交通管理部门接受处理。核发校车标牌的公安机关交通管理部门应当每月汇总辖区内校车道路交通安全违法和交通事故等情况，通知学校或者校车服务提供者，并通报教育行政部门。

第四十一条　校车标牌灭失、丢失或者损毁的，学校或者校车服务提供者应当向核发标牌的公安机关交通管理部门申请补领或者换领。申请时，应当提交机动车所有人的身份证明及机动车行驶证。公安机关交通管理部门应当自受理之日起三日内审核，补发或者换发校车标牌。

第三章　其他规定

第四十二条　申请办理机动车质押备案或者解除质押备案的，由机动车所有人和典当行共同申请，机动车所有人应当填写申请表，并提交以下证明、凭证：

（一）机动车所有人和典当行的身份证明；

（二）机动车登记证书。

车辆管理所应当自受理之日起一日内，审查提交的证明、凭证，在机动车登记证书上签注质押备案或者解除质押备案的内容和日期。

有本规定第九条第（一）项、第（七）项、第（八）项、第（九）项规定情形之一的，不予办理质押备案。对机动车所有人提交的证明、凭证无效，或者机动车被人民法院、人民检察院、行政执法部门依法查封、扣押的，不予办理解除质押备案。

第四十三条　机动车登记证书灭失、丢失或者损毁的，机动车所有人应当向登记地车辆管理所申请补领、换领。申请时，机动车所有人应当填写申请表并提交身份证明，属于补领机动车登记证书的，还应当交验机动车。车辆管理所应当自受理之日起一日内，确认机动车，审查提交的证明、凭证，补发、换发机动车登记证书。

启用机动车登记证书前已注册登记的机动车未申领机动车登记证书的，机动车所有人可以向登记地车辆管理所申领机动车登记证书。但属于机动车所有人申请变更、转移或者抵押登记的，应当在申请前向车辆管理所申领机动车登记证书。申请时，机动车所有人应当填写申请表，交验机动车并提交身份证明。车辆管理所应当自受理之日起五日内，确认机动车，核对车辆识别代号拓印膜，审查提交的证明、凭证，核发机动车登记证书。

第四十四条　机动车号牌、行驶证灭失、丢失或者损毁的，机动车所有人应当向登记地车辆管理所申请补领、换领。申请时，机动车所有人应当填写申请表并提交身份证明。

车辆管理所应当审查提交的证明、凭证，收回未灭失、丢失或者损毁的号牌、行驶证，自受理之日起一日内补发、换发行驶证，自受理之日起十五日内补发、换发号牌，原机动车号牌号码不变。

补发、换发号牌期间应当核发有效期不超过十五日的临时行驶车号牌。

第四十五条　机动车具有下列情形之一，需要临时上道路行驶的，机动车所有人应当向车辆管理所申领临时行驶车号牌：

（一）未销售的；

（二）购买、调拨、赠予等方式获得机动车后尚未注册登记的；

（三）进行科研、定型试验的；

（四）因轴荷、总质量、外廓尺寸超出国家标准不予办理注册登记的特型机动车。

第四十六条　机动车所有人申领临时行驶车号牌应当提交以下证明、凭证：

（一）机动车所有人的身份证明；

（二）机动车交通事故责任强制保险凭证；

（三）属于本规定第四十五条第（一）项、第（四）项规定情形的，还应当提交机动车整车出厂合格证明或者进口机动车进口凭证；

（四）属于本规定第四十五条第（二）项规定情形的，还应当提交机动车来历证明，以及机动车整车出厂合格证明或者进口机动车进口凭证；

（五）属于本规定第四十五条第（三）项规定情形的，还应当提交书面申请和机动车安全技术检验合格证明。

车辆管理所应当自受理之日起一日内，审查提交的证明、凭证，属于本规定第四十五条第（一）项、第（二）项规定情形，需要在本行政辖区内临时行驶的，核发有效期不超过十五日的临时行驶车号牌；需要跨行政辖区临时行驶的，核发有效期不超过三十日的临时行驶车号牌。属于本规定第四十五条第（三）项、第（四）项规定情形的，核发有效期不超过九十日的临时行驶车号牌。

因号牌制作的原因，无法在规定时限内核发号牌的，车辆管理所应当核发有效期不超过十五日的临时行驶车号牌。

对具有本规定第四十五条第（一）项、第（二）项规定情形之一，机动车所有人需要多次申领临时行驶车号牌的，车辆管理所核发临时行驶车号牌不得超过三次。

第四十七条 机动车所有人发现登记内容有错误的，应当及时要求车辆管理所更正。车辆管理所应当自受理之日起五日内予以确认。确属登记错误的，在机动车登记证书上更正相关内容，换发行驶证。需要改变机动车号牌号码的，应当收回号牌、行驶证，确定新的机动车号牌号码，重新核发号牌、行驶证和检验合格标志。

第四十八条 已注册登记的机动车被盗抢的，车辆管理所应当根据刑侦部门提供的情况，在计算机登记系统内记录，停止办理该车的各项登记和业务。被盗抢机动车发还后，车辆管理所应当恢复办理该车的各项登记和业务。

机动车在被盗抢期间，发动机号码、车辆识别代号或者车身颜色被改变的，车辆管理所应当凭有关技术鉴定证明办理变更备案。

第四十九条 机动车所有人可以在机动车检验有效期满前三个月内向登记地车辆管理所申请检验合格标志。

申请前，机动车所有人应当将涉及该车的道路交通安全违法行为和交通事故处理完毕。申请时，机动车所有人应当填写申请表并提交行驶证、机动车交通事故责任强制保险凭证、车船税纳税或者免税证明、机动车安全技术检验合格证明。

车辆管理所应当自受理之日起一日内，确认机动车，审查提交的证明、凭证，核发检验合格标志。

第五十条 除大型载客汽车、校车以外的机动车因故不能在登记地检验的，机动车所有人可以向登记地车辆管理所申请委托核发检验合格标志。申请前，机动车所有人应当将涉及机动车的道路交通安全违法行为和交通事故处理完毕。申请时，应当提交机动车登记证书或者行驶证。

车辆管理所应当自受理之日起一日内，出具核发检验合格标志的委托书。

机动车在检验地检验合格后，机动车所有人应当按照本规定第四十九条第二款的规定向被委托地车辆管理所申请检验合格标志，并提交核发检验合格标志的委托书。被委托地车辆管理所应当自受理之日起一日内，按照本规定第四十九条第三款的规定核发检验合格标志。

营运货车长期在登记以外的地区从事道路运输的，机动车所有人向营运地车辆管理所备案登记一年后，可以在营运地直接进行安全技术检验，并向营运地车辆管理所申请检验合格标志。

第五十一条 机动车检验合格标志灭失、丢失或者损毁的，机动车所有人应当持行驶证向机动车登记地或者检验合格标志核发地车辆管理所申请补领或者换领。车辆管理所应当自受理之日起一日内补发或者换发。

第五十二条 办理机动车转移登记或者注销登记后，原机动车所有人申请办理新购机动车注册登记时，可以向车辆管理所申请使用原机动车号牌号码。

申请使用原机动车号牌号码应当符合下列条件：

（一）在办理转移登记或者注销登记后六个月内提出申请；

（二）机动车所有人拥有原机动车三年以上；

（三）涉及原机动车的道路交通安全违法行为和交通事故处理完毕。

第五十三条 确定机动车号牌号码采用计算机自动选取和由机动车所有人按照机动车号牌标准规定自行编排的方式。

第五十四条 机动车所有人可以委托代理人代理申请各项机动车登记和业务，但申请补领机动车登记证书的除外。对机动车所有人因死亡、出境、重病、伤残或者不可抗力等原因不能到场申请补领机动车登记证书的，可以凭相关证明委托代理人代理申领。

代理人申请机动车登记和业务时，应当提交代理人的身份证明和机动车所有人的书面委托。

第五十五条 机动车所有人或者代理人申请机动车登记和业务，应当如实向车辆管理所提交规定的材料和反映真实情况，并对其申请材料实质内容的真实性负责。

第四章 法律责任

第五十六条 有下列情形之一的，由公安机关交通管理部门处警告或者二百元以下罚款：

（一）重型、中型载货汽车及其挂车的车身或者车厢后部未按照规定喷涂放大的牌号或者放大的牌号不清晰的；

（二）机动车喷涂、粘贴标识或者车身广告，影响安全驾驶的；

（三）载货汽车、挂车未按照规定安装侧面及后下部防护装置、粘贴车身反光标识的；

（四）机动车未按照规定期限进行安全技术检验的；

（五）改变车身颜色、更换发动机、车身或者车架，未按照本规定第十条规定的时限办理变更登记的；

（六）机动车所有权转移后，现机动车所有人未按照本规定第十八条规定的时限办理转移登记的；

（七）机动车所有人办理变更登记、转移登记，机动车档案转出登记地车辆管理所后，未按照本规定第十三条规定的时限到住所地车辆管理所申请机动车转入的。

第五十七条 除本规定第十条和第十六条规定的情形外，擅自改变机动车外形和已登记的有关技术数据的，由公安机关交通管理部门责令恢复原状，并处警告或者五百元以下罚款。

第五十八条 以欺骗、贿赂等不正当手段取得机动车登记的，由公安机关交通管理部门收缴机动车登记证书、号牌、行驶证，撤销机动车登记；申请人在三年内不得申请机动车登记。对涉嫌走私、盗抢的机动车，移交有关部门处理。

以欺骗、贿赂等不正当手段办理补、换领机动车登记证书、号牌、行驶证和检验合格标志等业务的，由公安机关交通管理部门处警告或者二百元以下罚款。

第五十九条 省、自治区、直辖市公安厅、局可以根据本地区的实际情况，在本规定的处罚幅度范围内，制定具体的执行标准。

对本规定的道路交通安全违法行为的处理程序按照《道路交通安全违法行为处理程序规定》执行。

第六十条 交通警察违反规定为被盗抢、走私、非法拼（组）装、达到国家强制报废标准的机动车办理登记的，按照国家有关规定给予处分，经教育不改又不宜给予开除处分的，按照《公安机关组织管理条例》规定予以辞退；对聘用人员予以解聘。构成犯罪的，依法追究刑事责任。

第六十一条 交通警察有下列情形之一的，按照国家有关规定给予处分；对聘用人员予以解聘。构成犯罪的，依法追究刑事责任：

（一）不按照规定确认机动车和审查证明、凭证的；

（二）故意刁难，拖延或者拒绝办理机动车登记的；

（三）违反本规定增加机动车登记条件或者提交的证明、凭证的；

（四）违反本规定第五十三条的规定，采用其他方式确定机动车号牌号码的；

（五）违反规定跨行政辖区办理机动车登记和业务的；

（六）超越职权进入计算机登记系统办理机动车登记和业务，或者不按规定使用机动车登记系统办理登记和业务的；

（七）向他人泄漏、传播计算机登记系统密码，造成系统数据被篡改、丢失或者破坏的；

（八）利用职务上的便利索取、收受他人财物或者谋取其他利益的；

（九）强令车辆管理所违反本规定办理机动车登记的。

第六十二条 公安机关交通管理部门有本规定第六十条、第六十一条所列行为之一的，按照国家有关规定对直接负责的主管人员和其他直接责任人员给予相应的处分。

公安机关交通管理部门及其工作人员有本规定第六十条、第六十一条所列行为之一，给当事人造成损失的，应当依法承担赔偿责任。

第五章　附　　则

第六十三条 机动车登记证书、号牌、行驶证、检验合格标志的种类、式样，以及各类登记表格式样等由公安部制定。机动车登记证书由公安部统一印制。

机动车登记证书、号牌、行驶证、检验合格标志的制作应当符合有关标准。

第六十四条 本规定下列用语的含义：

（一）进口机动车是指：

1. 经国家限定口岸海关进口的汽车；

2. 经各口岸海关进口的其他机动车；

3. 海关监管的机动车；

4. 国家授权的执法部门没收的走私、无合法进口证明和利用进口关键件非法拼（组）装的机动车。

（二）进口机动车的进口凭证是指：

1. 进口汽车的进口凭证，是国家限定口岸海关签发的《货物进口证明书》；

2. 其他进口机动车的进口凭证，是各口岸海关签发的《货物进口证明书》；

3. 海关监管的机动车的进口凭证，是

监管地海关出具的《中华人民共和国海关监管车辆进(出)境领(销)牌照通知书》;

4.国家授权的执法部门没收的走私、无进口证明和利用进口关键件非法拼(组)装的机动车的进口凭证,是该部门签发的《没收走私汽车、摩托车证明书》。

(三)机动车所有人是指拥有机动车的个人或者单位。

1.个人是指我国内地的居民和军人(含武警)以及香港、澳门特别行政区、台湾地区居民、华侨和外国人;

2.单位是指机关、企业、事业单位和社会团体以及外国驻华使馆、领馆和外国驻华办事机构、国际组织驻华代表机构。

(四)身份证明是指:

1.机关、企业、事业单位、社会团体的身份证明,是该单位的《组织机构代码证书》、加盖单位公章的委托书和被委托人的身份证明。机动车所有人为单位的内设机构,本身不具备领取《组织机构代码证书》条件的,可以使用上级单位的《组织机构代码证书》作为机动车所有人的身份证明。上述单位已注销、撤销或者破产,其机动车需要办理变更登记、转移登记、解除抵押登记、注销登记、解除质押备案、申领机动车登记证书和补、换领机动车登记证书、号牌、行驶证的,已注销的企业的身份证明,是工商行政管理部门出具的注销证明。已撤销的机关、事业单位、社会团体的身份证明,是其上级主管机关出具的有关证明。已破产的企业的身份证明,是依法成立的财产清算机构出具的有关证明;

2.外国驻华使馆、领馆和外国驻华办事机构、国际组织驻华代表机构的身份证明,是该使馆、领馆或者该办事机构、代表机构出具的证明;

3.居民的身份证明,是《居民身份证》或者《临时居民身份证》。在暂住地居住的内地居民,其身份证明是《居民身份证》或者《临时居民身份证》,以及公安机关核发的居住、暂住证明;

4.军人(含武警)的身份证明,是《居民身份证》或者《临时居民身份证》。在未办理《居民身份证》前,是指军队有关部门核发的《军官证》、《文职干部证》、《士兵证》、《离休证》、《退休证》等有效军人身份证件,以及其所在的团级以上单位出具的本人住所证明;

5.香港、澳门特别行政区居民的身份证明,是其入境时所持有的《港澳居民来往内地通行证》或者《港澳同胞回乡证》、香港、澳门特别行政区《居民身份证》和公安机关核发的居住、暂住证明;

6.台湾地区居民的身份证明,是其所持有的有效期六个月以上的公安机关核发的《台湾居民来往大陆通行证》或者外交部核发的《中华人民共和国旅行证》和公安机关核发的居住、暂住证明;

7.华侨的身份证明,是《中华人民共和国护照》和公安机关核发的居住、暂住证明;

8.外国人的身份证明,是其入境时所持有的护照或者其他旅行证件、居(停)留期为六个月以上的有效签证或者居留许可,以及公安机关出具的住宿登记证明;

9.外国驻华使馆、领馆人员、国际组织驻华代表机构人员的身份证明,是外交部核发的有效身份证件。

(五)住所是指:

1.单位的住所为其主要办事机构所在地的地址;

2. 个人的住所为其身份证明记载的地址。在暂住地居住的内地居民的住所是公安机关核发的居住、暂住证明记载的地址。

（六）机动车来历证明是指：

1. 在国内购买的机动车，其来历证明是全国统一的机动车销售发票或者二手车交易发票。在国外购买的机动车，其来历证明是该车销售单位开具的销售发票及其翻译文本，但海关监管的机动车不需提供来历证明；

2. 人民法院调解、裁定或者判决转移的机动车，其来历证明是人民法院出具的已经生效的《调解书》、《裁定书》或者《判决书》，以及相应的《协助执行通知书》；

3. 仲裁机构仲裁裁决转移的机动车，其来历证明是《仲裁裁决书》和人民法院出具的《协助执行通知书》；

4. 继承、赠予、中奖、协议离婚和协议抵偿债务的机动车，其来历证明是继承、赠予、中奖、协议离婚、协议抵偿债务的相关文书和公证机关出具的《公证书》；

5. 资产重组或者资产整体买卖中包含的机动车，其来历证明是资产主管部门的批准文件；

6. 机关、企业、事业单位和社会团体统一采购并调拨到下属单位未注册登记的机动车，其来历证明是全国统一的机动车销售发票和该部门出具的调拨证明；

7. 机关、企业、事业单位和社会团体已注册登记并调拨到下属单位的机动车，其来历证明是该单位出具的调拨证明。被上级单位调回或者调拨到其他下属单位的机动车，其来历证明是上级单位出具的调拨证明；

8. 经公安机关破案发还的被盗抢且已向原机动车所有人理赔完毕的机动车，其来历证明是《权益转让证明书》。

（七）机动车整车出厂合格证明是指：

1. 机动车整车厂生产的汽车、摩托车、挂车，其出厂合格证明是该厂出具的《机动车整车出厂合格证》；

2. 使用国产或者进口底盘改装的机动车，其出厂合格证明是机动车底盘生产厂出具的《机动车底盘出厂合格证》或者进口机动车底盘的进口凭证和机动车改装厂出具的《机动车整车出厂合格证》；

3. 使用国产或者进口整车改装的机动车，其出厂合格证明是机动车生产厂出具的《机动车整车出厂合格证》或者进口机动车的进口凭证和机动车改装厂出具的《机动车整车出厂合格证》；

4. 人民法院、人民检察院或者行政执法机关依法扣留、没收并拍卖的未注册登记的国产机动车，未能提供出厂合格证明的，可以凭人民法院、人民检察院或者行政执法机关出具的证明替代。

（八）机动车灭失证明是指：

1. 因自然灾害造成机动车灭失的证明是，自然灾害发生地的街道、乡、镇以上政府部门出具的机动车因自然灾害造成灭失的证明；

2. 因失火造成机动车灭失的证明是，火灾发生地的县级以上公安机关消防部门出具的机动车因失火造成灭失的证明；

3. 因交通事故造成机动车灭失的证明是，交通事故发生地的县级以上公安机关交通管理部门出具的机动车因交通事故造成灭失的证明。

（九）本规定所称“一日”、“二日”、“三日”、“五日”、“七日”、“十日”、“十五日”，是指工作日，不包括节假日。

临时行驶车号牌的最长有效期"十五日"、"三十日"、"九十日",包括工作日和节假日。

本规定所称以下、以上、以内,包括本数。

第六十五条 本规定自2008年10月1日起施行。2004年4月30日公安部发布的《机动车登记规定》(公安部令第72号)同时废止。本规定实施前公安部发布的其他规定与本规定不一致的,以本规定为准。

2. 动产交付

中华人民共和国民法典(节录)

1. 2020年5月28日第十三届全国人民代表大会第三次会议通过
2. 2020年5月28日中华人民共和国主席令第45号公布
3. 自2021年1月1日起施行

第三编 合 同

第一分编 通 则

第一章 一般规定

第四百六十三条 【合同编的调整范围】本编调整因合同产生的民事关系。

第四百六十四条 【合同的定义和身份关系协议的法律适用】合同是民事主体之间设立、变更、终止民事法律关系的协议。

婚姻、收养、监护等有关身份关系的协议,适用有关该身份关系的法律规定;没有规定的,可以根据其性质参照适用本编规定。

第四百六十五条 【依法成立的合同效力】依法成立的合同,受法律保护。

依法成立的合同,仅对当事人具有法律约束力,但是法律另有规定的除外。

第四百六十六条 【合同条款的解释】当事人对合同条款的理解有争议的,应当依据本法第一百四十二条第一款的规定,确定争议条款的含义。

合同文本采用两种以上文字订立并约定具有同等效力的,对各文本使用的词句推定具有相同含义。各文本使用的词句不一致的,应当根据合同的相关条款、性质、目的以及诚信原则等予以解释。

第四百六十七条 【无名合同及涉外合同的法律适用】本法或者其他法律没有明文规定的合同,适用本编通则的规定,并可以参照适用本编或者其他法律最相类似合同的规定。

在中华人民共和国境内履行的中外合资经营企业合同、中外合作经营企业合同、中外合作勘探开发自然资源合同,适用中华人民共和国法律。

第四百六十八条 【非因合同产生的债权债务关系的法律适用】非因合同产生的债权债务关系,适用有关该债权债务关系的法律规定;没有规定的,适用本编通则的有关规定,但是根据其性质不能适用的除外。

第二章 合同的订立

第四百六十九条 【合同订立形式】当事人订立合同,可以采用书面形式、口头形式或者其他形式。

书面形式是合同书、信件、电报、电传、传真等可以有形地表现所载内容的形式。

以电子数据交换、电子邮件等方式能够有形地表现所载内容,并可以随时调取查用的数据电文,视为书面形式。

**第四百七十条 【合同主要条款与示范文

本】合同的内容由当事人约定，一般包括下列条款：

（一）当事人的姓名或者名称和住所；

（二）标的；

（三）数量；

（四）质量；

（五）价款或者报酬；

（六）履行期限、地点和方式；

（七）违约责任；

（八）解决争议的方法。

当事人可以参照各类合同的示范文本订立合同。

第四百七十一条　【合同订立方式】当事人订立合同，可以采取要约、承诺方式或者其他方式。

第四百七十二条　【要约的定义及构成要件】要约是希望与他人订立合同的意思表示，该意思表示应当符合下列条件：

（一）内容具体确定；

（二）表明经受要约人承诺，要约人即受该意思表示约束。

第四百七十三条　【要约邀请】要约邀请是希望他人向自己发出要约的表示。拍卖公告、招标公告、招股说明书、债券募集办法、基金招募说明书、商业广告和宣传、寄送的价目表等为要约邀请。

商业广告和宣传的内容符合要约条件的，构成要约。

第四百七十四条　【要约生效时间】要约生效的时间适用本法第一百三十七条的规定。

第四百七十五条　【要约撤回】要约可以撤回。要约的撤回适用本法第一百四十一条的规定。

第四百七十六条　【要约不得撤销情形】要约可以撤销，但是有下列情形之一的除外：

（一）要约人以确定承诺期限或者其他形式明示要约不可撤销；

（二）受要约人有理由认为要约是不可撤销的，并已经为履行合同做了合理准备工作。

第四百七十七条　【要约撤销】撤销要约的意思表示以对话方式作出的，该意思表示的内容应当在受要约人作出承诺之前为受要约人所知道；撤销要约的意思表示以非对话方式作出的，应当在受要约人作出承诺之前到达受要约人。

第四百七十八条　【要约失效】有下列情形之一的，要约失效：

（一）要约被拒绝；

（二）要约被依法撤销；

（三）承诺期限届满，受要约人未作出承诺；

（四）受要约人对要约的内容作出实质性变更。

第四百七十九条　【承诺的定义】承诺是受要约人同意要约的意思表示。

第四百八十条　【承诺的方式】承诺应当以通知的方式作出；但是，根据交易习惯或者要约表明可以通过行为作出承诺的除外。

第四百八十一条　【承诺的期限】承诺应当在要约确定的期限内到达要约人。

要约没有确定承诺期限的，承诺应当依照下列规定到达：

（一）要约以对话方式作出的，应当即时作出承诺；

（二）要约以非对话方式作出的，承诺应当在合理期限内到达。

第四百八十二条　【以信件或者电报等作出的要约的承诺期限计算方法】要约以信件或者电报作出的，承诺期限自信件载明的日期或者电报交发之日开始计算。信件未载明日期的，自投寄该信件的邮戳日期开始计算。要约以电话、传真、电子邮件等快速通讯方式作出的，承诺期限自要约到达受要约人时开始计算。

第四百八十三条 【合同成立时间】承诺生效时合同成立，但是法律另有规定或者当事人另有约定的除外。

第四百八十四条 【承诺生效时间】以通知方式作出的承诺，生效的时间适用本法第一百三十七条的规定。

承诺不需要通知的，根据交易习惯或者要约的要求作出承诺的行为时生效。

第四百八十五条 【承诺的撤回】承诺可以撤回。承诺的撤回适用本法第一百四十一条的规定。

第四百八十六条 【迟延承诺】受要约人超过承诺期限发出承诺，或者在承诺期限内发出承诺，按照通常情形不能及时到达要约人的，为新要约；但是，要约人及时通知受要约人该承诺有效的除外。

第四百八十七条 【未迟发而迟到的承诺】受要约人在承诺期限内发出承诺，按照通常情形能够及时到达要约人，但是因其他原因致使承诺到达要约人时超过承诺期限的，除要约人及时通知受要约人因承诺超过期限不接受该承诺外，该承诺有效。

第四百八十八条 【承诺对要约内容的实质性变更】承诺的内容应当与要约的内容一致。受要约人对要约的内容作出实质性变更的，为新要约。有关合同标的、数量、质量、价款或者报酬、履行期限、履行地点和方式、违约责任和解决争议方法等的变更，是对要约内容的实质性变更。

第四百八十九条 【承诺对要约内容的非实质性变更】承诺对要约的内容作出非实质性变更的，除要约人及时表示反对或者要约表明承诺不得对要约的内容作出任何变更外，该承诺有效，合同的内容以承诺的内容为准。

第四百九十条 【合同成立时间】当事人采用合同书形式订立合同的，自当事人均签名、盖章或者按指印时合同成立。在签名、盖章或者按指印之前，当事人一方已经履行主要义务，对方接受时，该合同成立。

法律、行政法规规定或者当事人约定合同应当采用书面形式订立，当事人未采用书面形式但是一方已经履行主要义务，对方接受时，该合同成立。

第四百九十一条 【信件、数据电文形式合同和网络合同成立时间】当事人采用信件、数据电文等形式订立合同要求签订确认书的，签订确认书时合同成立。

当事人一方通过互联网等信息网络发布的商品或者服务信息符合要约条件的，对方选择该商品或者服务并提交订单成功时合同成立，但是当事人另有约定的除外。

第四百九十二条 【合同成立地点】承诺生效的地点为合同成立的地点。

采用数据电文形式订立合同的，收件人的主营业地为合同成立的地点；没有主营业地的，其住所地为合同成立的地点。当事人另有约定的，按照其约定。

第四百九十三条 【书面合同成立地点】当事人采用合同书形式订立合同的，最后签名、盖章或者按指印的地点为合同成立的地点，但是当事人另有约定的除外。

第四百九十四条 【依国家订货任务、指令性任务订立合同及强制要约、强制承诺】国家根据抢险救灾、疫情防控或者其他需要下达国家订货任务、指令性任务的，有关民事主体之间应当依照有关法律、行政法规规定的权利和义务订立合同。

依照法律、行政法规的规定负有发出要约义务的当事人,应当及时发出合理的要约。

依照法律、行政法规的规定负有作出承诺义务的当事人,不得拒绝对方合理的订立合同要求。

第四百九十五条 【预约合同】当事人约定在将来一定期限内订立合同的认购书、订购书、预订书等,构成预约合同。

当事人一方不履行预约合同约定的订立合同义务的,对方可以请求其承担预约合同的违约责任。

第四百九十六条 【格式条款】格式条款是当事人为了重复使用而预先拟定,并在订立合同时未与对方协商的条款。

采用格式条款订立合同的,提供格式条款的一方应当遵循公平原则确定当事人之间的权利和义务,并采取合理的方式提示对方注意免除或者减轻其责任等与对方有重大利害关系的条款,按照对方的要求,对该条款予以说明。提供格式条款的一方未履行提示或者说明义务,致使对方没有注意或者理解与其有重大利害关系的条款的,对方可以主张该条款不成为合同的内容。

第四百九十七条 【格式条款无效的情形】有下列情形之一的,该格式条款无效:

(一)具有本法第一编第六章第三节和本法第五百零六条规定的无效情形;

(二)提供格式条款一方不合理地免除或者减轻其责任、加重对方责任、限制对方主要权利;

(三)提供格式条款一方排除对方主要权利。

第四百九十八条 【格式条款的解释】对格式条款的理解发生争议的,应当按照通常理解予以解释。对格式条款有两种以上解释的,应当作出不利于提供格式条款一方的解释。格式条款和非格式条款不一致的,应当采用非格式条款。

第四百九十九条 【悬赏广告】悬赏人以公开方式声明对完成特定行为的人支付报酬的,完成该行为的人可以请求其支付。

第五百条 【缔约过失责任】当事人在订立合同过程中有下列情形之一,造成对方损失的,应当承担赔偿责任:

(一)假借订立合同,恶意进行磋商;

(二)故意隐瞒与订立合同有关的重要事实或者提供虚假情况;

(三)有其他违背诚信原则的行为。

第五百零一条 【当事人保密义务】当事人在订立合同过程中知悉的商业秘密或者其他应当保密的信息,无论合同是否成立,不得泄露或者不正当地使用;泄露、不正当地使用该商业秘密或者信息,造成对方损失的,应当承担赔偿责任。

第三章 合同的效力

第五百零二条 【合同生效时间】依法成立的合同,自成立时生效,但是法律另有规定或者当事人另有约定的除外。

依照法律、行政法规的规定,合同应当办理批准等手续的,依照其规定。未办理批准等手续影响合同生效的,不影响合同中履行报批等义务条款以及相关条款的效力。应当办理申请批准等手续的当事人未履行义务的,对方可以请求其承担违反该义务的责任。

依照法律、行政法规的规定,合同的变更、转让、解除等情形应当办理批准等手续的,适用前款规定。

第五百零三条 【被代理人对无权代理合同的追认】无权代理人以被代理人的名义订立合同,被代理人已经开始履行合同义务或者接受相对人履行的,视为对合同的追认。

第五百零四条 【越权订立的合同效力】法人的法定代表人或者非法人组织的负责人超越权限订立的合同,除相对人知道或者应当知道其超越权限外,该代表行为有效,订立的合同对法人或者非法人组织发生效力。

第五百零五条 【超越经营范围订立的合同效力】当事人超越经营范围订立的合同的效力,应当依照本法第一编第六章第三节和本编的有关规定确定,不得仅以超越经营范围确认合同无效。

第五百零六条 【免责条款效力】合同中的下列免责条款无效:

(一)造成对方人身损害的;

(二)因故意或者重大过失造成对方财产损失的。

第五百零七条 【争议解决条款效力】合同不生效、无效、被撤销或者终止的,不影响合同中有关解决争议方法的条款的效力。

第五百零八条 【合同效力援引规定】本编对合同的效力没有规定的,适用本法第一编第六章的有关规定。

第四章 合同的履行

第五百零九条 【合同履行的原则】当事人应当按照约定全面履行自己的义务。

当事人应当遵循诚信原则,根据合同的性质、目的和交易习惯履行通知、协助、保密等义务。

当事人在履行合同过程中,应当避免浪费资源、污染环境和破坏生态。

第五百一十条 【合同没有约定或者约定不明的补救措施】合同生效后,当事人就质量、价款或者报酬、履行地点等内容没有约定或者约定不明确的,可以协议补充;不能达成补充协议的,按照合同相关条款或者交易习惯确定。

第五百一十一条 【合同约定不明确时的履行】当事人就有关合同内容约定不明确,依据前条规定仍不能确定的,适用下列规定:

(一)质量要求不明确的,按照强制性国家标准履行;没有强制性国家标准的,按照推荐性国家标准履行;没有推荐性国家标准的,按照行业标准履行;没有国家标准、行业标准的,按照通常标准或者符合合同目的的特定标准履行。

(二)价款或者报酬不明确的,按照订立合同时履行地的市场价格履行;依法应当执行政府定价或者政府指导价的,依照规定履行。

(三)履行地点不明确,给付货币的,在接受货币一方所在地履行;交付不动产的,在不动产所在地履行;其他标的,在履行义务一方所在地履行。

(四)履行期限不明确的,债务人可以随时履行,债权人也可以随时请求履行,但是应当给对方必要的准备时间。

(五)履行方式不明确的,按照有利于实现合同目的的方式履行。

(六)履行费用的负担不明确的,由履行义务一方负担;因债权人原因增加的履行费用,由债权人负担。

第五百一十二条 【电子合同标的交付时间】通过互联网等信息网络订立的电子合同的标的为交付商品并采用快递物流方式交付的,收货人的签收时间为交付时间。电子合同的标的为提供服务的,生成的电子凭证或者实物凭证中载明的时间为提供服务时间;前述凭证没有载明时间或者载明时间与实际提供服务时间不一致的,以实际提供服务的时间为准。

电子合同的标的物为采用在线传输

方式交付的，合同标的物进入对方当事人指定的特定系统且能够检索识别的时间为交付时间。

电子合同当事人对交付商品或者提供服务的方式、时间另有约定的，按照其约定。

第五百一十三条 【政府定价、政府指导价】执行政府定价或者政府指导价的，在合同约定的交付期限内政府价格调整时，按照交付时的价格计价。逾期交付标的物的，遇价格上涨时，按照原价格执行；价格下降时，按照新价格执行。逾期提取标的物或者逾期付款的，遇价格上涨时，按照新价格执行；价格下降时，按照原价格执行。

第五百一十四条 【金钱之债中对于履行币种约定不明时的处理】以支付金钱为内容的债，除法律另有规定或者当事人另有约定外，债权人可以请求债务人以实际履行地的法定货币履行。

第五百一十五条 【选择之债中选择权归属与移转】标的有多项而债务人只需履行其中一项的，债务人享有选择权；但是，法律另有规定、当事人另有约定或者另有交易习惯的除外。

享有选择权的当事人在约定期限内或者履行期限届满未作选择，经催告后在合理期限内仍未选择的，选择权转移至对方。

第五百一十六条 【选择权的行使方式】当事人行使选择权应当及时通知对方，通知到达对方时，标的确定。标的确定后不得变更，但是经对方同意的除外。

可选择的标的发生不能履行情形的，享有选择权的当事人不得选择不能履行的标的，但是该不能履行的情形是由对方造成的除外。

第五百一十七条 【按份之债】债权人为二人以上，标的可分，按照份额各自享有债权的，为按份债权；债务人为二人以上，标的可分，按照份额各自负担债务的，为按份债务。

按份债权人或者按份债务人的份额难以确定的，视为份额相同。

第五百一十八条 【连带之债】债权人为二人以上，部分或者全部债权人均可以请求债务人履行债务的，为连带债权；债务人为二人以上，债权人可以请求部分或者全部债务人履行全部债务的，为连带债务。

连带债权或者连带债务，由法律规定或者当事人约定。

第五百一十九条 【连带债务人的份额确定及追偿权】连带债务人之间的份额难以确定的，视为份额相同。

实际承担债务超过自己份额的连带债务人，有权就超出部分在其他连带债务人未履行的份额范围内向其追偿，并相应地享有债权人的权利，但是不得损害债权人的利益。其他连带债务人对债权人的抗辩，可以向该债务人主张。

被追偿的连带债务人不能履行其应分担份额的，其他连带债务人应当在相应范围内按比例分担。

第五百二十条 【连带债务涉他效力】部分连带债务人履行、抵销债务或者提存标的物的，其他债务人对债权人的债务在相应范围内消灭；该债务人可以依据前条规定向其他债务人追偿。

部分连带债务人的债务被债权人免除的，在该连带债务人应当承担的份额范围内，其他债务人对债权人的债务消灭。

部分连带债务人的债务与债权人的债权同归于一人的，在扣除该债务人应当承担的份额后，债权人对其他债务人的债权继续存在。

债权人对部分连带债务人的给付受领迟延的，对其他连带债务人发生效力。

第五百二十一条　【连带债权的内部关系及法律适用】连带债权人之间的份额难以确定的，视为份额相同。

实际受领债权的连带债权人，应当按比例向其他连带债权人返还。

连带债权参照适用本章连带债务的有关规定。

第五百二十二条　【向第三人履行的合同】当事人约定由债务人向第三人履行债务，债务人未向第三人履行债务或者履行债务不符合约定的，应当向债权人承担违约责任。

法律规定或者当事人约定第三人可以直接请求债务人向其履行债务，第三人未在合理期限内明确拒绝，债务人未向第三人履行债务或者履行债务不符合约定的，第三人可以请求债务人承担违约责任；债务人对债权人的抗辩，可以向第三人主张。

第五百二十三条　【由第三人履行的合同】当事人约定由第三人向债权人履行债务，第三人不履行债务或者履行债务不符合约定的，债务人应当向债权人承担违约责任。

第五百二十四条　【第三人清偿规则】债务人不履行债务，第三人对履行该债务具有合法利益的，第三人有权向债权人代为履行；但是，根据债务性质、按照当事人约定或者依照法律规定只能由债务人履行的除外。

债权人接受第三人履行后，其对债务人的债权转让给第三人，但是债务人和第三人另有约定的除外。

第五百二十五条　【同时履行抗辩权】当事人互负债务，没有先后履行顺序的，应当同时履行。一方在对方履行之前有权拒绝其履行请求。一方在对方履行债务不符合约定时，有权拒绝其相应的履行请求。

第五百二十六条　【先履行抗辩权】当事人互负债务，有先后履行顺序，应当先履行债务一方未履行的，后履行一方有权拒绝其履行请求。先履行一方履行债务不符合约定的，后履行一方有权拒绝其相应的履行请求。

第五百二十七条　【不安抗辩权】应当先履行债务的当事人，有确切证据证明对方有下列情形之一的，可以中止履行：

（一）经营状况严重恶化；

（二）转移财产、抽逃资金，以逃避债务；

（三）丧失商业信誉；

（四）有丧失或者可能丧失履行债务能力的其他情形。

当事人没有确切证据中止履行的，应当承担违约责任。

第五百二十八条　【行使不安抗辩权】当事人依据前条规定中止履行的，应当及时通知对方。对方提供适当担保的，应当恢复履行。中止履行后，对方在合理期限内未恢复履行能力且未提供适当担保的，视为以自己的行为表明不履行主要债务，中止履行的一方可以解除合同并可以请求对方承担违约责任。

第五百二十九条　【因债权人原因致债务履行困难时的处理】债权人分立、合并或者变更住所没有通知债务人，致使履行债务发生困难的，债务人可以中止履行或者将标的物提存。

第五百三十条　【债务人提前履行债务】债权人可以拒绝债务人提前履行债务，但是提前履行不损害债权人利益的除外。

债务人提前履行债务给债权人增加的费用，由债务人负担。

第五百三十一条　【债务人部分履行债务】债权人可以拒绝债务人部分履行债务，但是部分履行不损害债权人利益的除外。

债务人部分履行债务给债权人增加的费用，由债务人负担。

第五百三十二条　【当事人变化对合同履行的影响】合同生效后，当事人不得因姓名、名称的变更或者法定代表人、负责人、承办人的变动而不履行合同义务。

第五百三十三条　【情势变更】合同成立后，合同的基础条件发生了当事人在订立合同时无法预见的、不属于商业风险的重大变化，继续履行合同对于当事人一方明显不公平的，受不利影响的当事人可以与对方重新协商；在合理期限内协商不成的，当事人可以请求人民法院或者仲裁机构变更或者解除合同。

人民法院或者仲裁机构应当结合案件的实际情况，根据公平原则变更或者解除合同。

第五百三十四条　【合同监管】对当事人利用合同实施危害国家利益、社会公共利益行为的，市场监督管理和其他有关行政主管部门依照法律、行政法规的规定负责监督处理。

第五章　合同的保全

第五百三十五条　【债权人代位权】因债务人怠于行使其债权或者与该债权有关的从权利，影响债权人的到期债权实现的，债权人可以向人民法院请求以自己的名义代位行使债务人对相对人的权利，但是该权利专属于债务人自身的除外。

代位权的行使范围以债权人的到期债权为限。债权人行使代位权的必要费用，由债务人负担。

相对人对债务人的抗辩，可以向债权人主张。

第五百三十六条　【债权人代位权的提前行使】债权人的债权到期前，债务人的债权或者与该债权有关的从权利存在诉讼时效期间即将届满或者未及时申报破产债权等情形，影响债权人的债权实现的，债权人可以代位向债务人的相对人请求其向债务人履行、向破产管理人申报或者作出其他必要的行为。

第五百三十七条　【债权人代位权行使效果】人民法院认定代位权成立的，由债务人的相对人向债权人履行义务，债权人接受履行后，债权人与债务人、债务人与相对人之间相应的权利义务终止。债务人对相对人的债权或者与该债权有关的从权利被采取保全、执行措施，或者债务人破产的，依照相关法律的规定处理。

第五百三十八条　【无偿处分时的债权人撤销权行使】债务人以放弃其债权、放弃债权担保、无偿转让财产等方式无偿处分财产权益，或者恶意延长其到期债权的履行期限，影响债权人的债权实现的，债权人可以请求人民法院撤销债务人的行为。

第五百三十九条　【不合理价格交易时的债权人撤销权行使】债务人以明显不合理的低价转让财产、以明显不合理的高价受让他人财产或者为他人的债务提供担保，影响债权人的债权实现，债务人的相对人知道或者应当知道该情形的，债权人可以请求人民法院撤销债务人的行为。

第五百四十条　【债权人撤销权行使范围以及必要费用承担】撤销权的行使范围以债权人的债权为限。债权人行使撤销权的必要费用，由债务人负担。

第五百四十一条　【债权人撤销权除斥期

间】撤销权自债权人知道或者应当知道撤销事由之日起一年内行使。自债务人的行为发生之日起五年内没有行使撤销权的，该撤销权消灭。

第五百四十二条　【债权人撤销权行使效果】债务人影响债权人的债权实现的行为被撤销的，自始没有法律约束力。

第六章　合同的变更和转让

第五百四十三条　【协议变更合同】当事人协商一致，可以变更合同。

第五百四十四条　【变更不明确推定为未变更】当事人对合同变更的内容约定不明确的，推定为未变更。

第五百四十五条　【债权转让】债权人可以将债权的全部或者部分转让给第三人，但是有下列情形之一的除外：

（一）根据债权性质不得转让；

（二）按照当事人约定不得转让；

（三）依照法律规定不得转让。

当事人约定非金钱债权不得转让的，不得对抗善意第三人。当事人约定金钱债权不得转让的，不得对抗第三人。

第五百四十六条　【债权转让通知】债权人转让债权，未通知债务人的，该转让对债务人不发生效力。

债权转让的通知不得撤销，但是经受让人同意的除外。

第五百四十七条　【债权转让时从权利一并变动】债权人转让债权的，受让人取得与债权有关的从权利，但是该从权利专属于债权人自身的除外。

受让人取得从权利不因该从权利未办理转移登记手续或者未转移占有而受到影响。

第五百四十八条　【债权转让时债务人抗辩权】债务人接到债权转让通知后，债务人对让与人的抗辩，可以向受让人主张。

第五百四十九条　【债权转让时债务人抵销权】有下列情形之一的，债务人可以向受让人主张抵销：

（一）债务人接到债权转让通知时，债务人对让与人享有债权，且债务人的债权先于转让的债权到期或者同时到期；

（二）债务人的债权与转让的债权是基于同一合同产生。

第五百五十条　【债权转让增加的履行费用的负担】因债权转让增加的履行费用，由让与人负担。

第五百五十一条　【债务转移】债务人将债务的全部或者部分转移给第三人的，应当经债权人同意。

债务人或者第三人可以催告债权人在合理期限内予以同意，债权人未作表示的，视为不同意。

第五百五十二条　【并存的债务承担】第三人与债务人约定加入债务并通知债权人，或者第三人向债权人表示愿意加入债务，债权人未在合理期限内明确拒绝的，债权人可以请求第三人在其愿意承担的债务范围内和债务人承担连带债务。

第五百五十三条　【债务转移时新债务人抗辩权】债务人转移债务的，新债务人可以主张原债务人对债权人的抗辩；原债务人对债权人享有债权的，新债务人不得向债权人主张抵销。

第五百五十四条　【债务转移时从债务一并转移】债务人转移债务的，新债务人应当承担与主债务有关的从债务，但是该从债务专属于原债务人自身的除外。

第五百五十五条　【合同权利义务一并转让】当事人一方经对方同意，可以将自己在合同中的权利和义务一并转让给第三人。

第五百五十六条　【合同权利义务一并转

让的法律适用】合同的权利和义务一并转让的,适用债权转让、债务转移的有关规定。

第七章　合同的权利义务终止

第五百五十七条　【债权债务终止情形】有下列情形之一的,债权债务终止:

(一)债务已经履行;

(二)债务相互抵销;

(三)债务人依法将标的物提存;

(四)债权人免除债务;

(五)债权债务同归于一人;

(六)法律规定或者当事人约定终止的其他情形。

合同解除的,该合同的权利义务关系终止。

第五百五十八条　【债权债务终止后的义务】债权债务终止后,当事人应当遵循诚信等原则,根据交易习惯履行通知、协助、保密、旧物回收等义务。

第五百五十九条　【债权的从权利消灭】债权债务终止时,债权的从权利同时消灭,但是法律另有规定或者当事人另有约定的除外。

第五百六十条　【债的清偿抵充顺序】债务人对同一债权人负担的数项债务种类相同,债务人的给付不足以清偿全部债务的,除当事人另有约定外,由债务人在清偿时指定其履行的债务。

债务人未作指定的,应当优先履行已经到期的债务;数项债务均到期的,优先履行对债权人缺乏担保或者担保最少的债务;均无担保或者担保相等的,优先履行债务人负担较重的债务;负担相同的,按照债务到期的先后顺序履行;到期时间相同的,按照债务比例履行。

第五百六十一条　【费用、利息和主债务的抵充顺序】债务人在履行主债务外还应当支付利息和实现债权的有关费用,其给付不足以清偿全部债务的,除当事人另有约定外,应当按照下列顺序履行:

(一)实现债权的有关费用;

(二)利息;

(三)主债务。

第五百六十二条　【合同约定解除】当事人协商一致,可以解除合同。

当事人可以约定一方解除合同的事由。解除合同的事由发生时,解除权人可以解除合同。

第五百六十三条　【合同法定解除】有下列情形之一的,当事人可以解除合同:

(一)因不可抗力致使不能实现合同目的;

(二)在履行期限届满前,当事人一方明确表示或者以自己的行为表明不履行主要债务;

(三)当事人一方迟延履行主要债务,经催告后在合理期限内仍未履行;

(四)当事人一方迟延履行债务或者有其他违约行为致使不能实现合同目的;

(五)法律规定的其他情形。

以持续履行的债务为内容的不定期合同,当事人可以随时解除合同,但是应当在合理期限之前通知对方。

第五百六十四条　【解除权行使期限】法律规定或者当事人约定解除权行使期限,期限届满当事人不行使的,该权利消灭。

法律没有规定或者当事人没有约定解除权行使期限,自解除权人知道或者应当知道解除事由之日起一年内不行使,或者经对方催告后在合理期限内不行使的,该权利消灭。

第五百六十五条　【合同解除程序】当事人一方依法主张解除合同的,应当通知对方。合同自通知到达对方时解除;通知载明债务人在一定期限内不履行债务则合同自动解除,债务人在该期限内未履行债务的,合同自通知载明的期限届满时解除。对方对解除合同有异议的,任何一方当事人均可以请求人民法院或者仲裁机构确认解除行为的效力。

当事人一方未通知对方,直接以提起诉讼或者申请仲裁的方式依法主张解除合同,人民法院或者仲裁机构确认该主张的,合同自起诉状副本或者仲裁申请书副本送达对方时解除。

第五百六十六条 【合同解除的效力】合同解除后,尚未履行的,终止履行;已经履行的,根据履行情况和合同性质,当事人可以请求恢复原状或者采取其他补救措施,并有权请求赔偿损失。

合同因违约解除的,解除权人可以请求违约方承担违约责任,但是当事人另有约定的除外。

主合同解除后,担保人对债务人应当承担的民事责任仍应当承担担保责任,但是担保合同另有约定的除外。

第五百六十七条 【合同终止后有关结算和清理条款效力】合同的权利义务关系终止,不影响合同中结算和清理条款的效力。

第五百六十八条 【债务法定抵销】当事人互负债务,该债务的标的物种类、品质相同的,任何一方可以将自己的债务与对方的到期债务抵销;但是,根据债务性质、按照当事人约定或者依照法律规定不得抵销的除外。

当事人主张抵销的,应当通知对方。通知自到达对方时生效。抵销不得附条件或者附期限。

第五百六十九条 【债务约定抵销】当事人互负债务,标的物种类、品质不相同的,经协商一致,也可以抵销。

第五百七十条 【标的物提存的条件】有下列情形之一,难以履行债务的,债务人可以将标的物提存:

(一)债权人无正当理由拒绝受领;

(二)债权人下落不明;

(三)债权人死亡未确定继承人、遗产管理人,或者丧失民事行为能力未确定监护人;

(四)法律规定的其他情形。

标的物不适于提存或者提存费用过高的,债务人依法可以拍卖或者变卖标的物,提存所得的价款。

第五百七十一条 【提存成立及提存对债务人效力】债务人将标的物或者将标的物依法拍卖、变卖所得价款交付提存部门时,提存成立。

提存成立的,视为债务人在其提存范围内已经交付标的物。

第五百七十二条 【提存通知】标的物提存后,债务人应当及时通知债权人或者债权人的继承人、遗产管理人、监护人、财产代管人。

第五百七十三条 【提存对债权人效力】标的物提存后,毁损、灭失的风险由债权人承担。提存期间,标的物的孳息归债权人所有。提存费用由债权人负担。

第五百七十四条 【提存物的受领及受领权消灭】债权人可以随时领取提存物。但是,债权人对债务人负有到期债务的,在债权人未履行债务或者提供担保之前,提存部门根据债务人的要求应当拒绝其领取提存物。

债权人领取提存物的权利,自提存之日起五年内不行使而消灭,提存物扣除提存费用后归国家所有。但是,债权人未履行对债务人的到期债务,或者债权人向提存部门书面表示放弃领取提存物权利的，债务人负担提存费用后有权取回提存物。

第五百七十五条 【债务免除】债权人免除债务人部分或者全部债务的，债权债务部分或者全部终止，但是债务人在合理期限内拒绝的除外。

第五百七十六条 【债权债务混同】债权和债务同归于一人的，债权债务终止，但是损害第三人利益的除外。

第八章 违约责任

第五百七十七条 【违约责任】当事人一方不履行合同义务或者履行合同义务不符合约定的，应当承担继续履行、采取补救措施或者赔偿损失等违约责任。

第五百七十八条 【预期违约责任】当事人一方明确表示或者以自己的行为表明不履行合同义务的，对方可以在履行期限届满前请求其承担违约责任。

第五百七十九条 【金钱债务实际履行责任】当事人一方未支付价款、报酬、租金、利息，或者不履行其他金钱债务的，对方可以请求其支付。

第五百八十条 【非金钱债务实际履行责任及违约责任】当事人一方不履行非金钱债务或者履行非金钱债务不符合约定的，对方可以请求履行，但是有下列情形之一的除外：

（一）法律上或者事实上不能履行；

（二）债务的标的不适于强制履行或者履行费用过高；

（三）债权人在合理期限内未请求履行。

有前款规定的除外情形之一，致使不能实现合同目的的，人民法院或者仲裁机构可以根据当事人的请求终止合同权利义务关系，但是不影响违约责任的承担。

第五百八十一条 【替代履行】当事人一方不履行债务或者履行债务不符合约定，根据债务的性质不得强制履行的，对方可以请求其负担由第三人替代履行的费用。

第五百八十二条 【瑕疵履行违约责任】履行不符合约定的，应当按照当事人的约定承担违约责任。对违约责任没有约定或者约定不明确，依据本法第五百一十条的规定仍不能确定的，受损害方根据标的的性质以及损失的大小，可以合理选择请求对方承担修理、重作、更换、退货、减少价款或者报酬等违约责任。

第五百八十三条 【违约损害赔偿责任】当事人一方不履行合同义务或者履行合同义务不符合约定的，在履行义务或者采取补救措施后，对方还有其他损失的，应当赔偿损失。

第五百八十四条 【损害赔偿范围】当事人一方不履行合同义务或者履行合同义务不符合约定，造成对方损失的，损失赔偿额应当相当于因违约所造成的损失，包括合同履行后可以获得的利益；但是，不得超过违约一方订立合同时预见到或者应当预见到的因违约可能造成的损失。

第五百八十五条 【违约金】当事人可以约定一方违约时应当根据违约情况向对方支付一定数额的违约金，也可以约定因违约产生的损失赔偿额的计算方法。

约定的违约金低于造成的损失的，人民法院或者仲裁机构可以根据当事人的请求予以增加；约定的违约金过分高于造成的损失的，人民法院或者仲裁机构可以根据当事人的请求予以适当减少。

当事人就迟延履行约定违约金的，违约方支付违约金后，还应当履行债务。

第五百八十六条 【定金担保】当事人可以约定一方向对方给付定金作为债权的担保。定金合同自实际交付定金时成立。

定金的数额由当事人约定；但是，不得超过主合同标的额的百分之二十，超过部分不产生定金的效力。实际交付的定金数额多于或者少于约定数额的，视为变更约定的定金数额。

第五百八十七条 【定金罚则】债务人履行债务的，定金应当抵作价款或者收回。给付定金的一方不履行债务或者履行债务不符合约定，致使不能实现合同目的的，无权请求返还定金；收受定金的一方不履行债务或者履行债务不符合约定，致使不能实现合同目的的，应当双倍返还定金。

第五百八十八条 【违约金与定金竞合时的责任】当事人既约定违约金，又约定定金的，一方违约时，对方可以选择适用违约金或者定金条款。

定金不足以弥补一方违约造成的损失的，对方可以请求赔偿超过定金数额的损失。

第五百八十九条 【拒绝受领和受领迟延】债务人按照约定履行债务，债权人无正当理由拒绝受领的，债务人可以请求债权人赔偿增加的费用。

在债权人受领迟延期间，债务人无须支付利息。

第五百九十条 【不可抗力】当事人一方因不可抗力不能履行合同的，根据不可抗力的影响，部分或者全部免除责任，但是法律另有规定的除外。因不可抗力不能履行合同的，应当及时通知对方，以减轻可能给对方造成的损失，并应当在合理期限内提供证明。

当事人迟延履行后发生不可抗力的，不免除其违约责任。

第五百九十一条 【减损规则】当事人一方违约后，对方应当采取适当措施防止损失的扩大；没有采取适当措施致使损失扩大的，不得就扩大的损失请求赔偿。

当事人因防止损失扩大而支出的合理费用，由违约方负担。

第五百九十二条 【双方违约和与有过失】当事人都违反合同的，应当各自承担相应的责任。

当事人一方违约造成对方损失，对方对损失的发生有过错的，可以减少相应的损失赔偿额。

第五百九十三条 【第三人原因造成违约时违约责任承担】当事人一方因第三人的原因造成违约的，应当依法向对方承担违约责任。当事人一方和第三人之间的纠纷，依照法律规定或者按照约定处理。

第五百九十四条 【国际贸易合同诉讼时效和仲裁时效】因国际货物买卖合同和技术进出口合同争议提起诉讼或者申请仲裁的时效期间为四年。

第二分编 典型合同

第九章 买卖合同

第五百九十五条 【买卖合同定义】买卖合同是出卖人转移标的物的所有权于买受人，买受人支付价款的合同。

第五百九十六条 【买卖合同条款】买卖合同的内容一般包括标的物的名称、数量、质量、价款、履行期限、履行地点和方式、包装方式、检验标准和方法、结算方式、合同使用的文字及其效力等条款。

第五百九十七条 【无权处分效力】因出卖人未取得处分权致使标的物所有权不能转移的，买受人可以解除合同并请求出卖人承担违约责任。

法律、行政法规禁止或者限制转让的标的物，依照其规定。

第五百九十八条 【出卖人基本义务】出卖人应当履行向买受人交付标的物或者交付提取标的物的单证，并转移标的物所有权的义务。

第五百九十九条 【出卖人交付有关单证和资料义务】出卖人应当按照约定或者交易习惯向买受人交付提取标的物单证以外的有关单证和资料。

第六百条 【知识产权归属】出卖具有知识产权的标的物的，除法律另有规定或者当事人另有约定外，该标的物的知识产权不属于买受人。

第六百零一条 【标的物交付期限】出卖人应当按照约定的时间交付标的物。约定交付期限的，出卖人可以在该交付期限内的任何时间交付。

第六百零二条 【标的物交付期限不明时的处理】当事人没有约定标的物的交付期限或者约定不明确的，适用本法第五百一十条、第五百一十一条第四项的规定。

第六百零三条 【标的物交付地点】出卖人应当按照约定的地点交付标的物。

当事人没有约定交付地点或者约定不明确，依据本法第五百一十条的规定仍不能确定的，适用下列规定：

（一）标的物需要运输的，出卖人应当将标的物交付给第一承运人以运交给买受人；

（二）标的物不需要运输，出卖人和买受人订立合同时知道标的物在某一地点的，出卖人应当在该地点交付标的物；不知道标的物在某一地点的，应当在出卖人订立合同时的营业地交付标的物。

第六百零四条 【标的物毁损、灭失风险负担的基本规则】标的物毁损、灭失的风险，在标的物交付之前由出卖人承担，交付之后由买受人承担，但是法律另有规定或者当事人另有约定的除外。

第六百零五条 【迟延交付标的物的风险负担】因买受人的原因致使标的物未按照约定的期限交付的，买受人应当自违反约定时起承担标的物毁损、灭失的风险。

第六百零六条 【路货买卖中的标的物风险负担】出卖人出卖交由承运人运输的在途标的物，除当事人另有约定外，毁损、灭失的风险自合同成立时起由买受人承担。

第六百零七条 【需要运输的标的物风险负担】出卖人按照约定将标的物运送至买受人指定地点并交付给承运人后，标的物毁损、灭失的风险由买受人承担。

当事人没有约定交付地点或者约定不明确，依据本法第六百零三条第二款第一项的规定标的物需要运输的，出卖人将标的物交付给第一承运人后，标的物毁损、灭失的风险由买受人承担。

第六百零八条 【买受人不收取标的物的风险负担】出卖人按照约定或者依据本法第六百零三条第二款第二项的规定将标的物置于交付地点，买受人违反约定没有收取的，标的物毁损、灭失的风险自违反约定时起由买受人承担。

第六百零九条 【未交付单证、资料不影响风险转移】出卖人按照约定未交付有关标的物的单证和资料的，不影响标的物毁损、灭失风险的转移。

第六百一十条 【出卖人根本违约的风险负担】因标的物不符合质量要求，致使不能实现合同目的的，买受人可以拒绝接受标的物或者解除合同。买受人拒绝接受标的物或者解除合同的，标的物毁损、灭失的风险由出卖人承担。

第六百一十一条 【买受人承担风险与出卖人违约责任关系】标的物毁损、灭失的风险由买受人承担的，不影响因出卖人履行义务不符合约定，买受人请求其承担违约责任的权利。

第六百一十二条　【出卖人权利瑕疵担保义务】出卖人就交付的标的物,负有保证第三人对该标的物不享有任何权利的义务,但是法律另有规定的除外。

第六百一十三条　【出卖人权利瑕疵担保义务免除】买受人订立合同时知道或者应当知道第三人对买卖的标的物享有权利的,出卖人不承担前条规定的义务。

第六百一十四条　【买受人的中止支付价款权】买受人有确切证据证明第三人对标的物享有权利的,可以中止支付相应的价款,但是出卖人提供适当担保的除外。

第六百一十五条　【标的物的质量要求】出卖人应当按照约定的质量要求交付标的物。出卖人提供有关标的物质量说明的,交付的标的物应当符合该说明的质量要求。

第六百一十六条　【标的物质量要求不明时的处理】当事人对标的物的质量要求没有约定或者约定不明确,依据本法第五百一十条的规定仍不能确定的,适用本法第五百一十一条第一项的规定。

第六百一十七条　【质量瑕疵担保责任】出卖人交付的标的物不符合质量要求的,买受人可以依据本法第五百八十二条至第五百八十四条的规定请求承担违约责任。

第六百一十八条　【减轻或者免除瑕疵担保责任的例外】当事人约定减轻或者免除出卖人对标的物瑕疵承担的责任,因出卖人故意或者重大过失不告知买受人标的物瑕疵的,出卖人无权主张减轻或者免除责任。

第六百一十九条　【标的物包装方式】出卖人应当按照约定的包装方式交付标的物。对包装方式没有约定或者约定不明确,依据本法第五百一十条的规定仍不能确定的,应当按照通用的方式包装;没有通用方式的,应当采取足以保护标的物且有利于节约资源、保护生态环境的包装方式。

第六百二十条　【买受人的检验义务】买受人收到标的物时应当在约定的检验期限内检验。没有约定检验期限的,应当及时检验。

第六百二十一条　【买受人的通知义务】当事人约定检验期限的,买受人应当在检验期限内将标的物的数量或者质量不符合约定的情形通知出卖人。买受人怠于通知的,视为标的物的数量或者质量符合约定。

当事人没有约定检验期限的,买受人应当在发现或者应当发现标的物的数量或者质量不符合约定的合理期限内通知出卖人。买受人在合理期限内未通知或者自收到标的物之日起二年内未通知出卖人的,视为标的物的数量或者质量符合约定;但是,对标的物有质量保证期的,适用质量保证期,不适用该二年的规定。

出卖人知道或者应当知道提供的标的物不符合约定的,买受人不受前两款规定的通知时间的限制。

第六百二十二条　【检验期限过短时的处理】当事人约定的检验期限过短,根据标的物的性质和交易习惯,买受人在检验期限内难以完成全面检验的,该期限仅视为买受人对标的物的外观瑕疵提出异议的期限。

约定的检验期限或者质量保证期短于法律、行政法规规定期限的,应当以法律、行政法规规定的期限为准。

第六百二十三条　【检验期限未约定时的处理】当事人对检验期限未作约定,买受人签收的送货单、确认单等载明标的物数量、型号、规格的,推定买受人已经对数量和外观瑕疵进行检验,但是有相关证据足以推翻的除外。

第六百二十四条 【向第三人履行情形下的检验标准】出卖人依照买受人的指示向第三人交付标的物，出卖人和买受人约定的检验标准与买受人和第三人约定的检验标准不一致的，以出卖人和买受人约定的检验标准为准。

第六百二十五条 【出卖人回收义务】依照法律、行政法规的规定或者按照当事人的约定，标的物在有效使用年限届满后应予回收的，出卖人负有自行或者委托第三人对标的物予以回收的义务。

第六百二十六条 【买受人支付价款的数额和方式】买受人应当按照约定的数额和支付方式支付价款。对价款的数额和支付方式没有约定或者约定不明确的，适用本法第五百一十条、第五百一十一条第二项和第五项的规定。

第六百二十七条 【买受人支付价款的地点】买受人应当按照约定的地点支付价款。对支付地点没有约定或者约定不明确，依据本法第五百一十条的规定仍不能确定的，买受人应当在出卖人的营业地支付；但是，约定支付价款以交付标的物或者交付提取标的物单证为条件的，在交付标的物或者交付提取标的物单证的所在地支付。

第六百二十八条 【买受人支付价款的时间】买受人应当按照约定的时间支付价款。对支付时间没有约定或者约定不明确，依据本法第五百一十条的规定仍不能确定的，买受人应当在收到标的物或者提取标的物单证的同时支付。

第六百二十九条 【出卖人多交标的物的处理】出卖人多交标的物的，买受人可以接收或者拒绝接收多交的部分。买受人接收多交部分的，按照约定的价格支付价款；买受人拒绝接收多交部分的，应当及时通知出卖人。

第六百三十条 【标的物孳息的归属】标的物在交付之前产生的孳息，归出卖人所有；交付之后产生的孳息，归买受人所有。但是，当事人另有约定的除外。

第六百三十一条 【从物与合同解除】因标的物的主物不符合约定而解除合同的，解除合同的效力及于从物。因标的物的从物不符合约定被解除的，解除的效力不及于主物。

第六百三十二条 【数物同时出卖时的合同解除】标的物为数物，其中一物不符合约定的，买受人可以就该物解除。但是，该物与他物分离使标的物的价值显受损害的，买受人可以就数物解除合同。

第六百三十三条 【分批交付标的物的合同解除】出卖人分批交付标的物的，出卖人对其中一批标的物不交付或者交付不符合约定，致使该批标的物不能实现合同目的的，买受人可以就该批标的物解除。

出卖人不交付其中一批标的物或者交付不符合约定，致使之后其他各批标的物的交付不能实现合同目的的，买受人可以就该批以及之后其他各批标的物解除。

买受人如果就其中一批标的物解除，该批标的物与其他各批标的物相互依存的，可以就已经交付和未交付的各批标的物解除。

第六百三十四条 【分期付款买卖合同】分期付款的买受人未支付到期价款的数额达到全部价款的五分之一，经催告后在合理期限内仍未支付到期价款的，出卖人可以请求买受人支付全部价款或者解除合同。

出卖人解除合同的，可以向买受人请求支付该标的物的使用费。

第六百三十五条 【凭样品买卖合同】凭样品买卖的当事人应当封存样品，并可以对样品质量予以说明。出卖人交付的标的物应当与样品及其说明的质量相同。

第六百三十六条 【凭样品买卖合同的隐蔽瑕疵处理】凭样品买卖的买受人不知道样品有隐蔽瑕疵的，即使交付的标的物与样品相同，出卖人交付的标的物的质量仍然应当符合同种物的通常标准。

第六百三十七条 【试用买卖的试用期限】试用买卖的当事人可以约定标的物的试用期限。对试用期限没有约定或者约定不明确，依据本法第五百一十条的规定仍不能确定的，由出卖人确定。

第六百三十八条 【试用买卖的效力】试用买卖的买受人在试用期内可以购买标的物，也可以拒绝购买。试用期限届满，买受人对是否购买标的物未作表示的，视为购买。

试用买卖的买受人在试用期内已经支付部分价款或者对标的物实施出卖、出租、设立担保物权等行为的，视为同意购买。

第六百三十九条 【试用买卖使用费的负担】试用买卖的当事人对标的物使用费没有约定或者约定不明确的，出卖人无权请求买受人支付。

第六百四十条 【试用期间标的物灭失风险的承担】标的物在试用期内毁损、灭失的风险由出卖人承担。

第六百四十一条 【所有权保留】当事人可以在买卖合同中约定买受人未履行支付价款或者其他义务的，标的物的所有权属于出卖人。

出卖人对标的物保留的所有权，未经登记，不得对抗善意第三人。

第六百四十二条 【出卖人的取回权】当事人约定出卖人保留合同标的物的所有权，在标的物所有权转移前，买受人有下列情形之一，造成出卖人损害的，除当事人另有约定外，出卖人有权取回标的物：

（一）未按照约定支付价款，经催告后在合理期限内仍未支付；

（二）未按照约定完成特定条件；

（三）将标的物出卖、出质或者作出其他不当处分。

出卖人可以与买受人协商取回标的物；协商不成的，可以参照适用担保物权的实现程序。

第六百四十三条 【买受人的回赎权】出卖人依据前条第一款的规定取回标的物后，买受人在双方约定或者出卖人指定的合理回赎期限内，消除出卖人取回标的物的事由的，可以请求回赎标的物。

买受人在回赎期限内没有回赎标的物，出卖人可以以合理价格将标的物出卖给第三人，出卖所得价款扣除买受人未支付的价款以及必要费用后仍有剩余的，应当返还买受人；不足部分由买受人清偿。

第六百四十四条 【招标投标买卖】招标投标买卖的当事人的权利和义务以及招标投标程序等，依照有关法律、行政法规的规定。

第六百四十五条 【拍卖】拍卖的当事人的权利和义务以及拍卖程序等，依照有关法律、行政法规的规定。

第六百四十六条 【买卖合同准用于有偿合同】法律对其他有偿合同有规定的，依照其规定；没有规定的，参照适用买卖合同的有关规定。

第六百四十七条 【互易合同】当事人约定易货交易，转移标的物的所有权的，参照适用买卖合同的有关规定。

第十章 供用电、水、气、热力合同

第六百四十八条 【供用电合同定义及强制缔约义务】供用电合同是供电人向用电人供电,用电人支付电费的合同。

向社会公众供电的供电人,不得拒绝用电人合理的订立合同要求。

第六百四十九条 【供用电合同内容】供用电合同的内容一般包括供电的方式、质量、时间,用电容量、地址、性质,计量方式,电价、电费的结算方式,供用电设施的维护责任等条款。

第六百五十条 【供用电合同履行地】供用电合同的履行地点,按照当事人约定;当事人没有约定或者约定不明确的,供电设施的产权分界处为履行地点。

第六百五十一条 【供电人的安全供电义务】供电人应当按照国家规定的供电质量标准和约定安全供电。供电人未按照国家规定的供电质量标准和约定安全供电,造成用电人损失的,应当承担赔偿责任。

第六百五十二条 【供电人中断供电时的通知义务】供电人因供电设施计划检修、临时检修、依法限电或者用电人违法用电等原因,需要中断供电时,应当按照国家有关规定事先通知用电人;未事先通知用电人中断供电,造成用电人损失的,应当承担赔偿责任。

第六百五十三条 【供电人的抢修义务】因自然灾害等原因断电,供电人应当按照国家有关规定及时抢修;未及时抢修,造成用电人损失的,应当承担赔偿责任。

第六百五十四条 【用电人的交付电费义务】用电人应当按照国家有关规定和当事人的约定及时支付电费。用电人逾期不支付电费的,应当按照约定支付违约金。经催告用电人在合理期限内仍不支付电费和违约金的,供电人可以按照国家规定的程序中止供电。

供电人依据前款规定中止供电的,应当事先通知用电人。

第六百五十五条 【用电人的安全用电义务】用电人应当按照国家有关规定和当事人的约定安全、节约和计划用电。用电人未按照国家有关规定和当事人的约定用电,造成供电人损失的,应当承担赔偿责任。

第六百五十六条 【供用水、供用气、供用热力合同的参照适用】供用水、供用气、供用热力合同,参照适用供用电合同的有关规定。

第十一章 赠与合同

第六百五十七条 【赠与合同定义】赠与合同是赠与人将自己的财产无偿给予受赠人,受赠人表示接受赠与的合同。

第六百五十八条 【赠与人任意撤销权及其限制】赠与人在赠与财产的权利转移之前可以撤销赠与。

经过公证的赠与合同或者依法不得撤销的具有救灾、扶贫、助残等公益、道德义务性质的赠与合同,不适用前款规定。

第六百五十九条 【赠与财产办理有关法律手续】赠与的财产依法需要办理登记或者其他手续的,应当办理有关手续。

第六百六十条 【受赠人的交付请求权以及赠与人的赔偿责任】经过公证的赠与合同或者依法不得撤销的具有救灾、扶贫、助残等公益、道德义务性质的赠与合同,赠与人不交付赠与财产的,受赠人可以请求交付。

依据前款规定应当交付的赠与财产因赠与人故意或者重大过失致使毁损、灭失的,赠与人应当承担赔偿责任。

第六百六十一条　【附义务赠与合同】赠与可以附义务。

赠与附义务的，受赠人应当按照约定履行义务。

第六百六十二条　【赠与人瑕疵担保责任】赠与的财产有瑕疵的，赠与人不承担责任。附义务的赠与，赠与的财产有瑕疵的，赠与人在附义务的限度内承担与出卖人相同的责任。

赠与人故意不告知瑕疵或者保证无瑕疵，造成受赠人损失的，应当承担赔偿责任。

第六百六十三条　【赠与人的法定撤销权及其行使期间】受赠人有下列情形之一的，赠与人可以撤销赠与：

（一）严重侵害赠与人或者赠与人近亲属的合法权益；

（二）对赠与人有扶养义务而不履行；

（三）不履行赠与合同约定的义务。

赠与人的撤销权，自知道或者应当知道撤销事由之日起一年内行使。

第六百六十四条　【赠与人继承人或者法定代理人的撤销权】因受赠人的违法行为致使赠与人死亡或者丧失民事行为能力的，赠与人的继承人或者法定代理人可以撤销赠与。

赠与人的继承人或者法定代理人的撤销权，自知道或者应当知道撤销事由之日起六个月内行使。

第六百六十五条　【撤销赠与的法律后果】撤销权人撤销赠与的，可以向受赠人请求返还赠与的财产。

第六百六十六条　【赠与人穷困抗辩】赠与人的经济状况显著恶化，严重影响其生产经营或者家庭生活的，可以不再履行赠与义务。

第十二章　借款合同

第六百六十七条　【借款合同定义】借款合同是借款人向贷款人借款，到期返还借款并支付利息的合同。

第六百六十八条　【借款合同形式和内容】借款合同应当采用书面形式，但是自然人之间借款另有约定的除外。

借款合同的内容一般包括借款种类、币种、用途、数额、利率、期限和还款方式等条款。

第六百六十九条　【借款人应当提供真实情况义务】订立借款合同，借款人应当按照贷款人的要求提供与借款有关的业务活动和财务状况的真实情况。

第六百七十条　【借款利息不得预先扣除】借款的利息不得预先在本金中扣除。利息预先在本金中扣除的，应当按照实际借款数额返还借款并计算利息。

第六百七十一条　【贷款人未按照约定提供借款以及借款人未按照约定收取借款的后果】贷款人未按照约定的日期、数额提供借款，造成借款人损失的，应当赔偿损失。

借款人未按照约定的日期、数额收取借款的，应当按照约定的日期、数额支付利息。

第六百七十二条　【贷款人的监督、检查权】贷款人按照约定可以检查、监督借款的使用情况。借款人应当按照约定向贷款人定期提供有关财务会计报表或者其他资料。

第六百七十三条　【借款人未按照约定用途使用借款的责任】借款人未按照约定的借款用途使用借款的，贷款人可以停止发放借款、提前收回借款或者解除合同。

第六百七十四条　【借款人支付利息的期限】借款人应当按照约定的期限支付利

息。对支付利息的期限没有约定或者约定不明确，依据本法第五百一十条的规定仍不能确定，借款期间不满一年的，应当在返还借款时一并支付；借款期间一年以上的，应当在每届满一年时支付，剩余期间不满一年的，应当在返还借款时一并支付。

第六百七十五条 【借款人返还借款的期限】借款人应当按照约定的期限返还借款。对借款期限没有约定或者约定不明确，依据本法第五百一十条的规定仍不能确定的，借款人可以随时返还；贷款人可以催告借款人在合理期限内返还。

第六百七十六条 【借款人逾期返还借款的责任】借款人未按照约定的期限返还借款的，应当按照约定或者国家有关规定支付逾期利息。

第六百七十七条 【借款人提前返还借款】借款人提前返还借款的，除当事人另有约定外，应当按照实际借款的期间计算利息。

第六百七十八条 【借款展期】借款人可以在还款期限届满前向贷款人申请展期；贷款人同意的，可以展期。

第六百七十九条 【自然人之间借款合同的成立时间】自然人之间的借款合同，自贷款人提供借款时成立。

第六百八十条 【禁止高利放贷以及对借款利息的确定】禁止高利放贷，借款的利率不得违反国家有关规定。

借款合同对支付利息没有约定的，视为没有利息。

借款合同对支付利息约定不明确，当事人不能达成补充协议的，按照当地或者当事人的交易方式、交易习惯、市场利率等因素确定利息；自然人之间借款的，视为没有利息。

第十三章 保证合同

第一节 一般规定

第六百八十一条 【保证合同定义】保证合同是为保障债权的实现，保证人和债权人约定，当债务人不履行到期债务或者发生当事人约定的情形时，保证人履行债务或者承担责任的合同。

第六百八十二条 【保证合同的从属性及保证合同无效的法律后果】保证合同是主债权债务合同的从合同。主债权债务合同无效的，保证合同无效，但是法律另有规定的除外。

保证合同被确认无效后，债务人、保证人、债权人有过错的，应当根据其过错各自承担相应的民事责任。

第六百八十三条 【不得担任保证人的主体范围】机关法人不得为保证人，但是经国务院批准为使用外国政府或者国际经济组织贷款进行转贷的除外。

以公益为目的的非营利法人、非法人组织不得为保证人。

第六百八十四条 【保证合同内容】保证合同的内容一般包括被保证的主债权的种类、数额，债务人履行债务的期限，保证的方式、范围和期间等条款。

第六百八十五条 【保证合同形式】保证合同可以是单独订立的书面合同，也可以是主债权债务合同中的保证条款。

第三人单方以书面形式向债权人作出保证，债权人接收且未提出异议的，保证合同成立。

第六百八十六条 【保证方式】保证的方式包括一般保证和连带责任保证。

当事人在保证合同中对保证方式没有约定或者约定不明确的，按照一般保证承担保证责任。

第六百八十七条 【一般保证人先诉抗辩

权】当事人在保证合同中约定，债务人不能履行债务时，由保证人承担保证责任的，为一般保证。

一般保证的保证人在主合同纠纷未经审判或者仲裁，并就债务人财产依法强制执行仍不能履行债务前，有权拒绝向债权人承担保证责任，但是有下列情形之一的除外：

（一）债务人下落不明，且无财产可供执行；

（二）人民法院已经受理债务人破产案件；

（三）债权人有证据证明债务人的财产不足以履行全部债务或者丧失履行债务能力；

（四）保证人书面表示放弃本款规定的权利。

第六百八十八条　【连带责任保证】当事人在保证合同中约定保证人和债务人对债务承担连带责任的，为连带责任保证。

连带责任保证的债务人不履行到期债务或者发生当事人约定的情形时，债权人可以请求债务人履行债务，也可以请求保证人在其保证范围内承担保证责任。

第六百八十九条　【反担保】保证人可以要求债务人提供反担保。

第六百九十条　【最高额保证合同】保证人与债权人可以协商订立最高额保证的合同，约定在最高债权额限度内就一定期间连续发生的债权提供保证。

最高额保证除适用本章规定外，参照适用本法第二编最高额抵押权的有关规定。

第二节　保证责任

第六百九十一条　【保证范围】保证的范围包括主债权及其利息、违约金、损害赔偿金和实现债权的费用。当事人另有约定的，按照其约定。

第六百九十二条　【保证期间】保证期间是确定保证人承担保证责任的期间，不发生中止、中断和延长。

债权人与保证人可以约定保证期间，但是约定的保证期间早于主债务履行期限或者与主债务履行期限同时届满的，视为没有约定；没有约定或者约定不明确的，保证期间为主债务履行期限届满之日起六个月。

债权人与债务人对主债务履行期限没有约定或者约定不明确的，保证期间自债权人请求债务人履行债务的宽限期届满之日起计算。

第六百九十三条　【保证责任免除】一般保证的债权人未在保证期间对债务人提起诉讼或者申请仲裁的，保证人不再承担保证责任。

连带责任保证的债权人未在保证期间请求保证人承担保证责任的，保证人不再承担保证责任。

第六百九十四条　【保证债务诉讼时效】一般保证的债权人在保证期间届满前对债务人提起诉讼或者申请仲裁的，从保证人拒绝承担保证责任的权利消灭之日起，开始计算保证债务的诉讼时效。

连带责任保证的债权人在保证期间届满前请求保证人承担保证责任的，从债权人请求保证人承担保证责任之日起，开始计算保证债务的诉讼时效。

第六百九十五条　【主合同变更对保证责任影响】债权人和债务人未经保证人书面同意，协商变更主债权债务合同内容，减轻债务的，保证人仍对变更后的债务承担保证责任；加重债务的，保证人对加重的部分不承担保证责任。

债权人和债务人变更主债权债务合

同的履行期限，未经保证人书面同意的，保证期间不受影响。

第六百九十六条 【债权转让对保证责任影响】债权人转让全部或者部分债权，未通知保证人的，该转让对保证人不发生效力。

保证人与债权人约定禁止债权转让，债权人未经保证人书面同意转让债权的，保证人对受让人不再承担保证责任。

第六百九十七条 【债务承担对保证责任影响】债权人未经保证人书面同意，允许债务人转移全部或者部分债务，保证人对未经其同意转移的债务不再承担保证责任，但是债权人和保证人另有约定的除外。

第三人加入债务的，保证人的保证责任不受影响。

第六百九十八条 【一般保证人保证责任免除】一般保证的保证人在主债务履行期限届满后，向债权人提供债务人可供执行财产的真实情况，债权人放弃或者怠于行使权利致使该财产不能被执行的，保证人在其提供可供执行财产的价值范围内不再承担保证责任。

第六百九十九条 【共同保证】同一债务有两个以上保证人的，保证人应当按照保证合同约定的保证份额，承担保证责任；没有约定保证份额的，债权人可以请求任何一个保证人在其保证范围内承担保证责任。

第七百条 【保证人追偿权】保证人承担保证责任后，除当事人另有约定外，有权在其承担保证责任的范围内向债务人追偿，享有债权人对债务人的权利，但是不得损害债权人的利益。

第七百零一条 【保证人抗辩权】保证人可以主张债务人对债权人的抗辩。债务人放弃抗辩的，保证人仍有权向债权人主张抗辩。

第七百零二条 【保证人拒绝履行权】债务人对债权人享有抵销权或者撤销权的，保证人可以在相应范围内拒绝承担保证责任。

第十四章 租赁合同

第七百零三条 【租赁合同定义】租赁合同是出租人将租赁物交付承租人使用、收益，承租人支付租金的合同。

第七百零四条 【租赁合同主要内容】租赁合同的内容一般包括租赁物的名称、数量、用途、租赁期限、租金及其支付期限和方式、租赁物维修等条款。

第七百零五条 【租赁最长期限】租赁期限不得超过二十年。超过二十年的，超过部分无效。

租赁期限届满，当事人可以续订租赁合同；但是，约定的租赁期限自续订之日起不得超过二十年。

第七百零六条 【租赁合同的登记备案手续对合同效力影响】当事人未依照法律、行政法规规定办理租赁合同登记备案手续的，不影响合同的效力。

第七百零七条 【租赁合同形式】租赁期限六个月以上的，应当采用书面形式。当事人未采用书面形式，无法确定租赁期限的，视为不定期租赁。

第七百零八条 【出租人交付租赁物义务和适租义务】出租人应当按照约定将租赁物交付承租人，并在租赁期限内保持租赁物符合约定的用途。

第七百零九条 【承租人按约定使用租赁物的义务】承租人应当按照约定的方法使用租赁物。对租赁物的使用方法没有约定或者约定不明确，依据本法第五百一十条的规定仍不能确定的，应当根据租赁物的性质使用。

第七百一十条 【承租人按约定使用租赁物的免责义务】承租人按照约定的方法或者根据租赁物的性质使用租赁物，致使租赁物受到损耗的，不承担赔偿责任。

第七百一十一条 【租赁人未按约定使用租赁物的责任】承租人未按照约定的方法或者未根据租赁物的性质使用租赁物，致使租赁物受到损失的，出租人可以解除合同并请求赔偿损失。

第七百一十二条 【出租人维修义务】出租人应当履行租赁物的维修义务，但是当事人另有约定的除外。

第七百一十三条 【出租人不履行维修义务的法律后果】承租人在租赁物需要维修时可以请求出租人在合理期限内维修。出租人未履行维修义务的，承租人可以自行维修，维修费用由出租人负担。因维修租赁物影响承租人使用的，应当相应减少租金或者延长租期。

因承租人的过错致使租赁物需要维修的，出租人不承担前款规定的维修义务。

第七百一十四条 【承租人妥善保管租赁物义务】承租人应当妥善保管租赁物，因保管不善造成租赁物毁损、灭失的，应当承担赔偿责任。

第七百一十五条 【承租人对租赁物进行改善或增设他物】承租人经出租人同意，可以对租赁物进行改善或者增设他物。

承租人未经出租人同意，对租赁物进行改善或者增设他物的，出租人可以请求承租人恢复原状或者赔偿损失。

第七百一十六条 【承租人对租赁物转租】承租人经出租人同意，可以将租赁物转租给第三人。承租人转租的，承租人与出租人之间的租赁合同继续有效；第三人造成租赁物损失的，承租人应当赔偿损失。

承租人未经出租人同意转租的，出租人可以解除合同。

第七百一十七条 【超过承租人剩余租赁期限的转租期间效力】承租人经出租人同意将租赁物转租给第三人，转租期限超过承租人剩余租赁期限的，超过部分的约定对出租人不具有法律约束力，但是出租人与承租人另有约定的除外。

第七百一十八条 【推定出租人同意转租】出租人知道或者应当知道承租人转租，但是在六个月内未提出异议的，视为出租人同意转租。

第七百一十九条 【次承租人代位求偿权】承租人拖欠租金的，次承租人可以代承租人支付其欠付的租金和违约金，但是转租合同对出租人不具有法律约束力的除外。

次承租人代为支付的租金和违约金，可以充抵次承租人应当向承租人支付的租金；超出其应付的租金数额的，可以向承租人追偿。

第七百二十条 【租赁物收益归属】在租赁期限内因占有、使用租赁物获得的收益，归承租人所有，但是当事人另有约定的除外。

第七百二十一条 【租金支付期限】承租人应当按照约定的期限支付租金。对支付租金的期限没有约定或者约定不明确，依据本法第五百一十条的规定仍不能确定，租赁期限不满一年的，应当在租赁期限届满时支付；租赁期限一年以上的，应当在每届满一年时支付，剩余期限不满一年的，应当在租赁期限届满时支付。

第七百二十二条 【承租人违反支付租金义务的法律后果】承租人无正当理由未支付或者迟延支付租金的，出租人可以请求承租人在合理期限内支付；承租人逾期不支付的，出租人可以解除合同。

第七百二十三条 【出租人权利瑕疵担保责任】因第三人主张权利，致使承租人不能对租赁物使用、收益的，承租人可以请求减少租金或者不支付租金。

第三人主张权利的，承租人应当及时通知出租人。

第七百二十四条 【非承租人构成根本性违约承租人可以解除合同】有下列情形之一，非因承租人原因致使租赁物无法使用的，承租人可以解除合同：

（一）租赁物被司法机关或者行政机关依法查封、扣押；

（二）租赁物权属有争议；

（三）租赁物具有违反法律、行政法规关于使用条件的强制性规定情形。

第七百二十五条 【所有权变动不破租赁】租赁物在承租人按照租赁合同占有期限内发生所有权变动的，不影响租赁合同的效力。

第七百二十六条 【房屋承租人优先购买权】出租人出卖租赁房屋的，应当在出卖之前的合理期限内通知承租人，承租人享有以同等条件优先购买的权利；但是，房屋按份共有人行使优先购买权或者出租人将房屋出卖给近亲属的除外。

出租人履行通知义务后，承租人在十五日内未明确表示购买的，视为承租人放弃优先购买权。

第七百二十七条 【委托拍卖情况下房屋承租人优先购买权】出租人委托拍卖人拍卖租赁房屋的，应当在拍卖五日前通知承租人。承租人未参加拍卖的，视为放弃优先购买权。

第七百二十八条 【房屋承租人优先购买权受到侵害的法律后果】出租人未通知承租人或者有其他妨害承租人行使优先购买权情形的，承租人可以请求出租人承担赔偿责任。但是，出租人与第三人订立的房屋买卖合同的效力不受影响。

第七百二十九条 【不可归责于承租人的租赁物毁损、灭失的法律后果】因不可归责于承租人的事由，致使租赁物部分或者全部毁损、灭失的，承租人可以请求减少租金或者不支付租金；因租赁物部分或者全部毁损、灭失，致使不能实现合同目的的，承租人可以解除合同。

第七百三十条 【租赁期限没有约定或约定不明确时的法律后果】当事人对租赁期限没有约定或者约定不明确，依据本法第五百一十条的规定仍不能确定的，视为不定期租赁；当事人可以随时解除合同，但是应当在合理期限之前通知对方。

第七百三十一条 【租赁物质量不合格时承租人解除权】租赁物危及承租人的安全或者健康的，即使承租人订立合同时明知该租赁物质量不合格，承租人仍然可以随时解除合同。

第七百三十二条 【房屋承租人死亡的租赁关系的处理】承租人在房屋租赁期限内死亡的，与其生前共同居住的人或者共同经营人可以按照原租赁合同租赁该房屋。

第七百三十三条 【租赁期限届满承租人返还租赁物】租赁期限届满，承租人应当返还租赁物。返还的租赁物应当符合按照约定或者根据租赁物的性质使用后的状态。

第七百三十四条 【租赁期限届满承租人继续使用租赁物及房屋承租人的优先承租权】租赁期限届满，承租人继续使用租赁物，出租人没有提出异议的，原租赁合同继续有效，但是租赁期限为不定期。

租赁期限届满，房屋承租人享有以同

等条件优先承租的权利。

第十五章　融资租赁合同

第七百三十五条　【融资租赁合同定义】融资租赁合同是出租人根据承租人对出卖人、租赁物的选择，向出卖人购买租赁物，提供给承租人使用，承租人支付租金的合同。

第七百三十六条　【融资租赁合同内容和形式】融资租赁合同的内容一般包括租赁物的名称、数量、规格、技术性能、检验方法，租赁期限，租金构成及其支付期限和方式、币种，租赁期限届满租赁物的归属等条款。

融资租赁合同应当采用书面形式。

第七百三十七条　【融资租赁合同无效】当事人以虚构租赁物方式订立的融资租赁合同无效。

第七百三十八条　【租赁物经营许可对合同效力影响】依照法律、行政法规的规定，对于租赁物的经营使用应当取得行政许可的，出租人未取得行政许可不影响融资租赁合同的效力。

第七百三十九条　【融资租赁标的物交付】出租人根据承租人对出卖人、租赁物的选择订立的买卖合同，出卖人应当按照约定向承租人交付标的物，承租人享有与受领标的物有关的买受人的权利。

第七百四十条　【承租人拒绝受领标的物的条件】出卖人违反向承租人交付标的物的义务，有下列情形之一的，承租人可以拒绝受领出卖人向其交付的标的物：

（一）标的物严重不符合约定；

（二）未按照约定交付标的物，经承租人或者出租人催告后在合理期限内仍未交付。

承租人拒绝受领标的物的，应当及时通知出租人。

第七百四十一条　【承租人行使索赔权】出租人、出卖人、承租人可以约定，出卖人不履行买卖合同义务的，由承租人行使索赔的权利。承租人行使索赔权利的，出租人应当协助。

第七百四十二条　【承租人行使索赔权不影响支付租金义务】承租人对出卖人行使索赔权利，不影响其履行支付租金的义务。但是，承租人依赖出租人的技能确定租赁物或者出租人干预选择租赁物的，承租人可以请求减免相应租金。

第七百四十三条　【索赔失败的责任承担】出租人有下列情形之一，致使承租人对出卖人行使索赔权利失败的，承租人有权请求出租人承担相应的责任：

（一）明知租赁物有质量瑕疵而不告知承租人；

（二）承租人行使索赔权利时，未及时提供必要协助。

出租人怠于行使只能由其对出卖人行使的索赔权利，造成承租人损失的，承租人有权请求出租人承担赔偿责任。

第七百四十四条　【出租人不得擅自变更买卖合同内容】出租人根据承租人对出卖人、租赁物的选择订立的买卖合同，未经承租人同意，出租人不得变更与承租人有关的合同内容。

第七百四十五条　【租赁物的所有权】出租人对租赁物享有的所有权，未经登记，不得对抗善意第三人。

第七百四十六条　【融资租赁合同租金的确定】融资租赁合同的租金，除当事人另有约定外，应当根据购买租赁物的大部分或者全部成本以及出租人的合理利润确定。

第七百四十七条　【租赁物质量瑕疵担保责任】租赁物不符合约定或者不符合使

用目的的，出租人不承担责任。但是，承租人依赖出租人的技能确定租赁物或者出租人干预选择租赁物的除外。

第七百四十八条　【出租人保证承租人占有和使用租赁物】出租人应当保证承租人对租赁物的占有和使用。

出租人有下列情形之一的，承租人有权请求其赔偿损失：

（一）无正当理由收回租赁物；

（二）无正当理由妨碍、干扰承租人对租赁物的占有和使用；

（三）因出租人的原因致使第三人对租赁物主张权利；

（四）不当影响承租人对租赁物占有和使用的其他情形。

第七百四十九条　【租赁物致人损害的责任承担】承租人占有租赁物期间，租赁物造成第三人人身损害或者财产损失的，出租人不承担责任。

第七百五十条　【承租人对租赁物的保管、使用和维修义务】承租人应当妥善保管、使用租赁物。

承租人应当履行占有租赁物期间的维修义务。

第七百五十一条　【租赁物毁损、灭失对租金给付义务的影响】承租人占有租赁物期间，租赁物毁损、灭失的，出租人有权请求承租人继续支付租金，但是法律另有规定或者当事人另有约定的除外。

第七百五十二条　【承租人支付租金义务】承租人应当按照约定支付租金。承租人经催告后在合理期限内仍不支付租金的，出租人可以请求支付全部租金；也可以解除合同，收回租赁物。

第七百五十三条　【出租人解除融资租赁合同】承租人未经出租人同意，将租赁物转让、抵押、质押、投资入股或者以其他方式处分的，出租人可以解除融资租赁合同。

第七百五十四条　【出租人或承租人解除融资租赁合同】有下列情形之一的，出租人或者承租人可以解除融资租赁合同：

（一）出租人与出卖人订立的买卖合同解除、被确认无效或者被撤销，且未能重新订立买卖合同；

（二）租赁物因不可归责于当事人的原因毁损、灭失，且不能修复或者确定替代物；

（三）因出卖人的原因致使融资租赁合同的目的不能实现。

第七百五十五条　【承租人承担赔偿责任】融资租赁合同因买卖合同解除、被确认无效或者被撤销而解除，出卖人、租赁物系由承租人选择的，出租人有权请求承租人赔偿相应损失；但是，因出租人原因致使买卖合同解除、被确认无效或者被撤销的除外。

出租人的损失已经在买卖合同解除、被确认无效或者被撤销时获得赔偿的，承租人不再承担相应的赔偿责任。

第七百五十六条　【租赁物意外毁损灭失】融资租赁合同因租赁物交付承租人后意外毁损、灭失等不可归责于当事人的原因解除的，出租人可以请求承租人按照租赁物折旧情况给予补偿。

第七百五十七条　【租赁期限届满租赁物归属】出租人和承租人可以约定租赁期限届满租赁物的归属；对租赁物的归属没有约定或者约定不明确，依据本法第五百一十条的规定仍不能确定的，租赁物的所有权归出租人。

第七百五十八条　【租赁物价值返还及租赁物无法返还】当事人约定租赁期限届满租赁物归承租人所有，承租人已经支付大部分租金，但是无力支付剩余租金，出租人因此解除合同收回租赁物，收回的租赁物的价值超过承租人欠付的租金以及其他费用的，承租人可以请求相应返还。

当事人约定租赁期限届满租赁物归出租人所有，因租赁物毁损、灭失或者附合、混合于他物致使承租人不能返还的，出租人有权请求承租人给予合理补偿。

第七百五十九条 【支付象征性价款后租赁物归属】当事人约定租赁期限届满，承租人仅需向出租人支付象征性价款的，视为约定的租金义务履行完毕后租赁物的所有权归承租人。

第七百六十条 【融资租赁合同无效租赁物归属】融资租赁合同无效，当事人就该情形下租赁物的归属有约定的，按照其约定；没有约定或者约定不明确的，租赁物应当返还出租人。但是，因承租人原因致使合同无效，出租人不请求返还或者返还后会显著降低租赁物效用的，租赁物的所有权归承租人，由承租人给予出租人合理补偿。

第十六章 保理合同

第七百六十一条 【保理合同定义】保理合同是应收账款债权人将现有的或者将有的应收账款转让给保理人，保理人提供资金融通、应收账款管理或者催收、应收账款债务人付款担保等服务的合同。

第七百六十二条 【保理合同内容和形式】保理合同的内容一般包括业务类型、服务范围、服务期限、基础交易合同情况、应收账款信息、保理融资款或者服务报酬及其支付方式等条款。

保理合同应当采用书面形式。

第七百六十三条 【虚构应收账款的法律后果】应收账款债权人与债务人虚构应收账款作为转让标的，与保理人订立保理合同的，应收账款债务人不得以应收账款不存在为由对抗保理人，但是保理人明知虚构的除外。

第七百六十四条 【保理人表明身份义务】保理人向应收账款债务人发出应收账款转让通知的，应当表明保理人身份并附有必要凭证。

第七百六十五条 【无正当理由变更或者终止基础交易合同行为对保理人的效力】应收账款债务人接到应收账款转让通知后，应收账款债权人与债务人无正当理由协商变更或者终止基础交易合同，对保理人产生不利影响的，对保理人不发生效力。

第七百六十六条 【有追索权保理】当事人约定有追索权保理的，保理人可以向应收账款债权人主张返还保理融资款本息或者回购应收账款债权，也可以向应收账款债务人主张应收账款债权。保理人向应收账款债务人主张应收账款债权，在扣除保理融资款本息和相关费用后有剩余的，剩余部分应当返还给应收账款债权人。

第七百六十七条 【无追索权保理】当事人约定无追索权保理的，保理人应当向应收账款债务人主张应收账款债权，保理人取得超过保理融资款本息和相关费用的部分，无需向应收账款债权人返还。

第七百六十八条 【多重保理的清偿顺序】应收账款债权人就同一应收账款订立多个保理合同，致使多个保理人主张权利的，已经登记的先于未登记的取得应收账款；均已经登记的，按照登记时间的先后顺序取得应收账款；均未登记的，由最先到达应收账款债务人的转让通知中载明的保理人取得应收账款；既未登记也未通知的，按照保理融资款或者服务报酬的比例取得应收账款。

第七百六十九条 【适用债权转让规定】本章没有规定的,适用本编第六章债权转让的有关规定。

第十七章 承揽合同

第七百七十条 【承揽合同定义和承揽主要类型】承揽合同是承揽人按照定作人的要求完成工作,交付工作成果,定作人支付报酬的合同。

承揽包括加工、定作、修理、复制、测试、检验等工作。

第七百七十一条 【承揽合同主要内容】承揽合同的内容一般包括承揽的标的、数量、质量、报酬,承揽方式,材料的提供,履行期限,验收标准和方法等条款。

第七百七十二条 【承揽工作主要完成人】承揽人应当以自己的设备、技术和劳力,完成主要工作,但是当事人另有约定的除外。

承揽人将其承揽的主要工作交由第三人完成的,应当就该第三人完成的工作成果向定作人负责;未经定作人同意的,定作人也可以解除合同。

第七百七十三条 【承揽辅助工作转交】承揽人可以将其承揽的辅助工作交由第三人完成。承揽人将其承揽的辅助工作交由第三人完成的,应当就该第三人完成的工作成果向定作人负责。

第七百七十四条 【承揽人提供材料时的义务】承揽人提供材料的,应当按照约定选用材料,并接受定作人检验。

第七百七十五条 【定作人提供材料时双方当事人的义务】定作人提供材料的,应当按照约定提供材料。承揽人对定作人提供的材料应当及时检验,发现不符合约定时,应当及时通知定作人更换、补齐或者采取其他补救措施。

承揽人不得擅自更换定作人提供的材料,不得更换不需要修理的零部件。

第七百七十六条 【定作人要求不合理时双方当事人的义务】承揽人发现定作人提供的图纸或者技术要求不合理的,应当及时通知定作人。因定作人怠于答复等原因造成承揽人损失的,应当赔偿损失。

第七百七十七条 【定作人变更工作要求的法律后果】定作人中途变更承揽工作的要求,造成承揽人损失的,应当赔偿损失。

第七百七十八条 【定作人协助义务】承揽工作需要定作人协助的,定作人有协助的义务。定作人不履行协助义务致使承揽工作不能完成的,承揽人可以催告定作人在合理期限内履行义务,并可以顺延履行期限;定作人逾期不履行的,承揽人可以解除合同。

第七百七十九条 【定作人监督检验】承揽人在工作期间,应当接受定作人必要的监督检验。定作人不得因监督检验妨碍承揽人的正常工作。

第七百八十条 【承揽人工作成果交付】承揽人完成工作的,应当向定作人交付工作成果,并提交必要的技术资料和有关质量证明。定作人应当验收该工作成果。

第七百八十一条 【工作成果不符合质量要求时的违约责任】承揽人交付的工作成果不符合质量要求的,定作人可以合理选择请求承揽人承担修理、重作、减少报酬、赔偿损失等违约责任。

第七百八十二条 【定作人支付报酬的期限】定作人应当按照约定的期限支付报酬。对支付报酬的期限没有约定或者约定不明确,依据本法第五百一十条的规定仍不能确定的,定作人应当在承揽人交付工作成果时支付;工作成果部分交付的,定作人应当相应支付。

第七百八十三条　【定作人未履行付款义务时承揽人权利】定作人未向承揽人支付报酬或者材料费等价款的,承揽人对完成的工作成果享有留置权或者有权拒绝交付,但是当事人另有约定的除外。

第七百八十四条　【承揽人保管义务】承揽人应当妥善保管定作人提供的材料以及完成的工作成果,因保管不善造成毁损、灭失的,应当承担赔偿责任。

第七百八十五条　【承揽人保密义务】承揽人应当按照定作人的要求保守秘密,未经定作人许可,不得留存复制品或者技术资料。

第七百八十六条　【共同承揽人连带责任】共同承揽人对定作人承担连带责任,但是当事人另有约定的除外。

第七百八十七条　【定作人任意解除权】定作人在承揽人完成工作前可以随时解除合同,造成承揽人损失的,应当赔偿损失。

第十八章　建设工程合同

第七百八十八条　【建设工程合同定义和种类】建设工程合同是承包人进行工程建设,发包人支付价款的合同。

建设工程合同包括工程勘察、设计、施工合同。

第七百八十九条　【建设工程合同的形式】建设工程合同应当采用书面形式。

第七百九十条　【建设工程招投标活动的原则】建设工程的招标投标活动,应当依照有关法律的规定公开、公平、公正进行。

第七百九十一条　【建设工程的发包、承包、分包】发包人可以与总承包人订立建设工程合同,也可以分别与勘察人、设计人、施工人订立勘察、设计、施工承包合同。发包人不得将应当由一个承包人完成的建设工程支解成若干部分发包给数个承包人。

总承包人或者勘察、设计、施工承包人经发包人同意,可以将自己承包的部分工作交由第三人完成。第三人就其完成的工作成果与总承包人或者勘察、设计、施工承包人向发包人承担连带责任。承包人不得将其承包的全部建设工程转包给第三人或者将其承包的全部建设工程支解以后以分包的名义分别转包给第三人。

禁止承包人将工程分包给不具备相应资质条件的单位。禁止分包单位将其承包的工程再分包。建设工程主体结构的施工必须由承包人自行完成。

第七百九十二条　【订立国家重大建设工程合同】国家重大建设工程合同,应当按照国家规定的程序和国家批准的投资计划、可行性研究报告等文件订立。

第七百九十三条　【建设工程合同无效、验收不合格的处理】建设工程施工合同无效,但是建设工程经验收合格的,可以参照合同关于工程价款的约定折价补偿承包人。

建设工程施工合同无效,且建设工程经验收不合格的,按照以下情形处理:

(一)修复后的建设工程经验收合格的,发包人可以请求承包人承担修复费用;

(二)修复后的建设工程经验收不合格的,承包人无权请求参照合同关于工程价款的约定折价补偿。

发包人对因建设工程不合格造成的损失有过错的,应当承担相应的责任。

第七百九十四条　【勘察、设计合同的内容】勘察、设计合同的内容一般包括提交有关基础资料和概预算等文件的期限、质量要求、费用以及其他协作条件等条款。

第七百九十五条　【施工合同的内容】施工

合同的内容一般包括工程范围、建设工期、中间交工工程的开工和竣工时间、工程质量、工程造价、技术资料交付时间、材料和设备供应责任、拨款和结算、竣工验收、质量保修范围和质量保证期、相互协作等条款。

第七百九十六条 【建设工程监理】建设工程实行监理的,发包人应当与监理人采用书面形式订立委托监理合同。发包人与监理人的权利和义务以及法律责任,应当依照本编委托合同以及其他有关法律、行政法规的规定。

第七百九十七条 【发包人的检查权】发包人在不妨碍承包人正常作业的情况下,可以随时对作业进度、质量进行检查。

第七百九十八条 【隐蔽工程】隐蔽工程在隐蔽以前,承包人应当通知发包人检查。发包人没有及时检查的,承包人可以顺延工程日期,并有权请求赔偿停工、窝工等损失。

第七百九十九条 【建设工程的竣工验收】建设工程竣工后,发包人应当根据施工图纸及说明书、国家颁发的施工验收规范和质量检验标准及时进行验收。验收合格的,发包人应当按照约定支付价款,并接收该建设工程。

建设工程竣工经验收合格后,方可交付使用;未经验收或者验收不合格的,不得交付使用。

第八百条 【勘察人、设计人对勘察、设计的责任】勘察、设计的质量不符合要求或者未按照期限提交勘察、设计文件拖延工期,造成发包人损失的,勘察人、设计人应当继续完善勘察、设计,减收或者免收勘察、设计费并赔偿损失。

第八百零一条 【施工人对建设工程质量承担的民事责任】因施工人的原因致使建设工程质量不符合约定的,发包人有权请求施工人在合理期限内无偿修理或者返工、改建。经过修理或者返工、改建后,造成逾期交付的,施工人应当承担违约责任。

第八百零二条 【合理使用期限内质量保证责任】因承包人的原因致使建设工程在合理使用期限内造成人身损害和财产损失的,承包人应当承担赔偿责任。

第八百零三条 【发包人未按约定的时间和要求提供相关物资的违约责任】发包人未按照约定的时间和要求提供原材料、设备、场地、资金、技术资料的,承包人可以顺延工程日期,并有权请求赔偿停工、窝工等损失。

第八百零四条 【因发包人原因造成工程停建、缓建所应承担责任】因发包人的原因致使工程中途停建、缓建的,发包人应当采取措施弥补或者减少损失,赔偿承包人因此造成的停工、窝工、倒运、机械设备调迁、材料和构件积压等损失和实际费用。

第八百零五条 【因发包人原因造成勘察、设计的返工、停工或者修改设计所应承担责任】因发包人变更计划,提供的资料不准确,或者未按照期限提供必需的勘察、设计工作条件而造成勘察、设计的返工、停工或者修改设计,发包人应当按照勘察人、设计人实际消耗的工作量增付费用。

第八百零六条 【合同解除及后果处理的规定】承包人将建设工程转包、违法分包的,发包人可以解除合同。

发包人提供的主要建筑材料、建筑构配件和设备不符合强制性标准或者不履行协助义务,致使承包人无法施工,经催告后在合理期限内仍未履行相应义务的,承包人可以解除合同。

合同解除后，已经完成的建设工程质量合格的，发包人应当按照约定支付相应的工程价款；已经完成的建设工程质量不合格的，参照本法第七百九十三条的规定处理。

第八百零七条　【发包人未支付工程价款的责任】发包人未按照约定支付价款的，承包人可以催告发包人在合理期限内支付价款。发包人逾期不支付的，除根据建设工程的性质不宜折价、拍卖外，承包人可以与发包人协议将该工程折价，也可以请求人民法院将该工程依法拍卖。建设工程的价款就该工程折价或者拍卖的价款优先受偿。

第八百零八条　【适用承揽合同】本章没有规定的，适用承揽合同的有关规定。

第十九章　运输合同

第一节　一般规定

第八百零九条　【运输合同定义】运输合同是承运人将旅客或者货物从起运地点运输到约定地点，旅客、托运人或者收货人支付票款或者运输费用的合同。

第八百一十条　【承运人强制缔约义务】从事公共运输的承运人不得拒绝旅客、托运人通常、合理的运输要求。

第八百一十一条　【承运人安全运输义务】承运人应当在约定期限或者合理期限内将旅客、货物安全运输到约定地点。

第八百一十二条　【承运人合理运输义务】承运人应当按照约定的或者通常的运输路线将旅客、货物运输到约定地点。

第八百一十三条　【支付票款或者运输费用】旅客、托运人或者收货人应当支付票款或者运输费用。承运人未按照约定路线或者通常路线运输增加票款或者运输费用的，旅客、托运人或者收货人可以拒绝支付增加部分的票款或者运输费用。

第二节　客运合同

第八百一十四条　【客运合同成立时间】客运合同自承运人向旅客出具客票时成立，但是当事人另有约定或者另有交易习惯的除外。

第八百一十五条　【旅客乘运义务的一般规定】旅客应当按照有效客票记载的时间、班次和座位号乘坐。旅客无票乘坐、超程乘坐、越级乘坐或者持不符合减价条件的优惠客票乘坐的，应当补交票款，承运人可以按照规定加收票款；旅客不支付票款的，承运人可以拒绝运输。

实名制客运合同的旅客丢失客票的，可以请求承运人挂失补办，承运人不得再次收取票款和其他不合理费用。

第八百一十六条　【旅客办理退票或者变更乘运手续】旅客因自己的原因不能按照客票记载的时间乘坐的，应当在约定的期限内办理退票或者变更手续；逾期办理的，承运人可以不退票款，并不再承担运输义务。

第八百一十七条　【行李携带及托运要求】旅客随身携带行李应当符合约定的限量和品类要求；超过限量或者违反品类要求携带行李的，应当办理托运手续。

第八百一十八条　【禁止旅客携带危险物品、违禁物品】旅客不得随身携带或者在行李中夹带易燃、易爆、有毒、有腐蚀性、有放射性以及可能危及运输工具上人身和财产安全的危险物品或者违禁物品。

旅客违反前款规定的，承运人可以将危险物品或者违禁物品卸下、销毁或者送交有关部门。旅客坚持携带或者夹带危险物品或者违禁物品的，承运人应当拒绝运输。

第八百一十九条　【承运人的告知义务和旅客的协助义务】承运人应当严格履行

安全运输义务，及时告知旅客安全运输应当注意的事项。旅客对承运人为安全运输所作的合理安排应当积极协助和配合。

第八百二十条 【承运人按照约定运输的义务】承运人应当按照有效客票记载的时间、班次和座位号运输旅客。承运人迟延运输或者有其他不能正常运输情形的，应当及时告知和提醒旅客，采取必要的安置措施，并根据旅客的要求安排改乘其他班次或者退票；由此造成旅客损失的，承运人应当承担赔偿责任，但是不可归责于承运人的除外。

第八百二十一条 【承运人擅自降低或者提高服务标准的后果】承运人擅自降低服务标准的，应当根据旅客的请求退票或者减收票款；提高服务标准的，不得加收票款。

第八百二十二条 【承运人救助义务】承运人在运输过程中，应当尽力救助患有急病、分娩、遇险的旅客。

第八百二十三条 【旅客人身伤亡责任】承运人应当对运输过程中旅客的伤亡承担赔偿责任；但是，伤亡是旅客自身健康原因造成的或者承运人证明伤亡是旅客故意、重大过失造成的除外。

前款规定适用于按照规定免票、持优待票或者经承运人许可搭乘的无票旅客。

第八百二十四条 【旅客随身携带物品毁损、灭失的责任承担】在运输过程中旅客随身携带物品毁损、灭失，承运人有过错的，应当承担赔偿责任。

旅客托运的行李毁损、灭失的，适用货物运输的有关规定。

第三节 货运合同

第八百二十五条 【托运人如实申报义务】托运人办理货物运输，应当向承运人准确表明收货人的姓名、名称或者凭指示的收货人，货物的名称、性质、重量、数量，收货地点等有关货物运输的必要情况。

因托运人申报不实或者遗漏重要情况，造成承运人损失的，托运人应当承担赔偿责任。

第八百二十六条 【托运人提交有关文件义务】货物运输需要办理审批、检验等手续的，托运人应当将办理完有关手续的文件提交承运人。

第八百二十七条 【托运人货物包装义务】托运人应当按照约定的方式包装货物。对包装方式没有约定或者约定不明确的，适用本法第六百一十九条的规定。

托运人违反前款规定的，承运人可以拒绝运输。

第八百二十八条 【运输危险货物】托运人托运易燃、易爆、有毒、有腐蚀性、有放射性等危险物品的，应当按照国家有关危险物品运输的规定对危险物品妥善包装，做出危险物品标志和标签，并将有关危险物品的名称、性质和防范措施的书面材料提交承运人。

托运人违反前款规定的，承运人可以拒绝运输，也可以采取相应措施以避免损失的发生，因此产生的费用由托运人负担。

第八百二十九条 【托运人变更或者解除运输合同权利】在承运人将货物交付收货人之前，托运人可以要求承运人中止运输、返还货物、变更到达地或者将货物交给其他收货人，但是应当赔偿承运人因此受到的损失。

第八百三十条 【提货】货物运输到达后，承运人知道收货人的，应当及时通知收货人，收货人应当及时提货。收货人逾期提货的，应当向承运人支付保管费等费用。

第八百三十一条 【收货人检验货物】收货

人提货时应当按照约定的期限检验货物。对检验货物的期限没有约定或者约定不明确，依据本法第五百一十条的规定仍不能确定的，应当在合理期限内检验货物。收货人在约定的期限或者合理期限内对货物的数量、毁损等未提出异议的，视为承运人已经按照运输单证的记载交付的初步证据。

第八百三十二条　【运输过程中货物毁损、灭失的责任承担】承运人对运输过程中货物的毁损、灭失承担赔偿责任。但是，承运人证明货物的毁损、灭失是因不可抗力、货物本身的自然性质或者合理损耗以及托运人、收货人的过错造成的，不承担赔偿责任。

第八百三十三条　【确定货物赔偿额】货物的毁损、灭失的赔偿额，当事人有约定的，按照其约定；没有约定或者约定不明确，依据本法第五百一十条的规定仍不能确定的，按照交付或者应当交付时货物到达地的市场价格计算。法律、行政法规对赔偿额的计算方法和赔偿限额另有规定的，依照其规定。

第八百三十四条　【相继运输】两个以上承运人以同一运输方式联运的，与托运人订立合同的承运人应当对全程运输承担责任；损失发生在某一运输区段的，与托运人订立合同的承运人和该区段的承运人承担连带责任。

第八百三十五条　【货物因不可抗力灭失的运费处理】货物在运输过程中因不可抗力灭失，未收取运费的，承运人不得请求支付运费；已经收取运费的，托运人可以请求返还。法律另有规定的，依照其规定。

第八百三十六条　【承运人留置权】托运人或者收货人不支付运费、保管费或者其他费用的，承运人对相应的运输货物享有留置权，但是当事人另有约定的除外。

第八百三十七条　【承运人提存货物】收货人不明或者收货人无正当理由拒绝受领货物的，承运人依法可以提存货物。

第四节　多式联运合同

第八百三十八条　【多式联运经营人应当负责履行或者组织履行合同】多式联运经营人负责履行或者组织履行多式联运合同，对全程运输享有承运人的权利，承担承运人的义务。

第八百三十九条　【多式联运合同责任制度】多式联运经营人可以与参加多式联运的各区段承运人就多式联运合同的各区段运输约定相互之间的责任；但是，该约定不影响多式联运经营人对全程运输承担的义务。

第八百四十条　【多式联运单据】多式联运经营人收到托运人交付的货物时，应当签发多式联运单据。按照托运人的要求，多式联运单据可以是可转让单据，也可以是不可转让单据。

第八百四十一条　【托运人承担过错责任】因托运人托运货物时的过错造成多式联运经营人损失的，即使托运人已经转让多式联运单据，托运人仍然应当承担赔偿责任。

第八百四十二条　【多式联运经营人赔偿责任的法律适用】货物的毁损、灭失发生于多式联运的某一运输区段的，多式联运经营人的赔偿责任和责任限额，适用调整该区段运输方式的有关法律规定；货物毁损、灭失发生的运输区段不能确定的，依照本章规定承担赔偿责任。

第二十章　技术合同

第一节　一般规定

第八百四十三条　【技术合同定义】技术合

同是当事人就技术开发、转让、许可、咨询或者服务订立的确立相互之间权利和义务的合同。

第八百四十四条 【技术合同订立的目的】订立技术合同,应当有利于知识产权的保护和科学技术的进步,促进科学技术成果的研发、转化、应用和推广。

第八百四十五条 【技术合同主要条款】技术合同的内容一般包括项目的名称,标的的内容、范围和要求,履行的计划、地点和方式,技术信息和资料的保密,技术成果的归属和收益的分配办法,验收标准和方法,名词和术语的解释等条款。

与履行合同有关的技术背景资料、可行性论证和技术评价报告、项目任务书和计划书、技术标准、技术规范、原始设计和工艺文件,以及其他技术文档,按照当事人的约定可以作为合同的组成部分。

技术合同涉及专利的,应当注明发明创造的名称、专利申请人和专利权人、申请日期、申请号、专利号以及专利权的有效期限。

第八百四十六条 【技术合同价款、报酬及使用费】技术合同价款、报酬或者使用费的支付方式由当事人约定,可以采取一次总算、一次总付或者一次总算、分期支付,也可以采取提成支付或者提成支付附加预付入门费的方式。

约定提成支付的,可以按照产品价格、实施专利和使用技术秘密后新增的产值、利润或者产品销售额的一定比例提成,也可以按照约定的其他方式计算。提成支付的比例可以采取固定比例、逐年递增比例或者逐年递减比例。

约定提成支付的,当事人可以约定查阅有关会计账目的办法。

第八百四十七条 【职务技术成果的财产权权属】职务技术成果的使用权、转让权属于法人或者非法人组织的,法人或者非法人组织可以就该项职务技术成果订立技术合同。法人或者非法人组织订立技术合同转让职务技术成果时,职务技术成果的完成人享有以同等条件优先受让的权利。

职务技术成果是执行法人或者非法人组织的工作任务,或者主要是利用法人或者非法人组织的物质技术条件所完成的技术成果。

第八百四十八条 【非职务技术成果的财产权权属】非职务技术成果的使用权、转让权属于完成技术成果的个人,完成技术成果的个人可以就该项非职务技术成果订立技术合同。

第八百四十九条 【技术成果的人身权归属】完成技术成果的个人享有在有关技术成果文件上写明自己是技术成果完成者的权利和取得荣誉证书、奖励的权利。

第八百五十条 【技术合同无效】非法垄断技术或者侵害他人技术成果的技术合同无效。

第二节 技术开发合同

第八百五十一条 【技术开发合同定义及合同形式】技术开发合同是当事人之间就新技术、新产品、新工艺、新品种或者新材料及其系统的研究开发所订立的合同。

技术开发合同包括委托开发合同和合作开发合同。

技术开发合同应当采用书面形式。

当事人之间就具有实用价值的科技成果实施转化订立的合同,参照适用技术开发合同的有关规定。

第八百五十二条 【委托开发合同的委托人义务】委托开发合同的委托人应当按照约定支付研究开发经费和报酬,提供技术资料,提出研究开发要求,完成协作事项,接受研究开发成果。

第八百五十三条 【委托开发合同的研究开发人义务】委托开发合同的研究开发人应当按照约定制定和实施研究开发计划,合理使用研究开发经费,按期完成研究开发工作,交付研究开发成果,提供有关的技术资料和必要的技术指导,帮助委托人掌握研究开发成果。

第八百五十四条 【委托开发合同的违约责任】委托开发合同的当事人违反约定造成研究开发工作停滞、延误或者失败的,应当承担违约责任。

第八百五十五条 【合作开发合同的当事人主要义务】合作开发合同的当事人应当按照约定进行投资,包括以技术进行投资,分工参与研究开发工作,协作配合研究开发工作。

第八百五十六条 【合作开发合同的违约责任】合作开发合同的当事人违反约定造成研究开发工作停滞、延误或者失败的,应当承担违约责任。

第八百五十七条 【技术开发合同解除】作为技术开发合同标的的技术已经由他人公开,致使技术开发合同的履行没有意义的,当事人可以解除合同。

第八百五十八条 【技术开发合同风险负担及通知义务】技术开发合同履行过程中,因出现无法克服的技术困难,致使研究开发失败或者部分失败的,该风险由当事人约定;没有约定或者约定不明确,依据本法第五百一十条的规定仍不能确定的,风险由当事人合理分担。

当事人一方发现前款规定的可能致使研究开发失败或者部分失败的情形时,应当及时通知另一方并采取适当措施减少损失;没有及时通知并采取适当措施,致使损失扩大的,应当就扩大的损失承担责任。

第八百五十九条 【委托开发合同的技术成果归属】委托开发完成的发明创造,除法律另有规定或者当事人另有约定外,申请专利的权利属于研究开发人。研究开发人取得专利权的,委托人可以依法实施该专利。

研究开发人转让专利申请权的,委托人享有以同等条件优先受让的权利。

第八百六十条 【合作开发合同的技术成果归属】合作开发完成的发明创造,申请专利的权利属于合作开发的当事人共有;当事人一方转让其共有的专利申请权的,其他各方享有以同等条件优先受让的权利。但是,当事人另有约定的除外。

合作开发的当事人一方声明放弃其共有的专利申请权的,除当事人另有约定外,可以由另一方单独申请或者由其他各方共同申请。申请人取得专利权的,放弃专利申请权的一方可以免费实施该专利。

合作开发的当事人一方不同意申请专利的,另一方或者其他各方不得申请专利。

第八百六十一条 【技术秘密成果归属与分享】委托开发或者合作开发完成的技术秘密成果的使用权、转让权以及收益的分配办法,由当事人约定;没有约定或者约定不明确,依据本法第五百一十条的规定仍不能确定的,在没有相同技术方案被授予专利权前,当事人均有使用和转让的权利。但是,委托开发的研究开发人不得在向委托人交付研究开发成果之前,将研究开发成果转让给第三人。

第三节 技术转让合同和技术许可合同

第八百六十二条 【技术转让合同和技术

许可合同定义】技术转让合同是合法拥有技术的权利人，将现有特定的专利、专利申请、技术秘密的相关权利让与他人所订立的合同。

技术许可合同是合法拥有技术的权利人，将现有特定的专利、技术秘密的相关权利许可他人实施、使用所订立的合同。

技术转让合同和技术许可合同中关于提供实施技术的专用设备、原材料或者提供有关的技术咨询、技术服务的约定，属于合同的组成部分。

第八百六十三条 【技术转让合同和技术许可合同类型和形式】技术转让合同包括专利权转让、专利申请权转让、技术秘密转让等合同。

技术许可合同包括专利实施许可、技术秘密使用许可等合同。

技术转让合同和技术许可合同应当采用书面形式。

第八百六十四条 【技术转让合同和技术许可合同的限制性条款】技术转让合同和技术许可合同可以约定实施专利或者使用技术秘密的范围，但是不得限制技术竞争和技术发展。

第八百六十五条 【专利实施许可合同限制】专利实施许可合同仅在该专利权的存续期限内有效。专利权有效期限届满或者专利权被宣告无效的，专利权人不得就该专利与他人订立专利实施许可合同。

第八百六十六条 【专利实施许可合同许可人主要义务】专利实施许可合同的许可人应当按照约定许可被许可人实施专利，交付实施专利有关的技术资料，提供必要的技术指导。

第八百六十七条 【专利实施许可合同被许可人主要义务】专利实施许可合同的被许可人应当按照约定实施专利，不得许可约定以外的第三人实施该专利，并按照约定支付使用费。

第八百六十八条 【技术秘密让与人和许可人主要义务】技术秘密转让合同的让与人和技术秘密使用许可合同的许可人应当按照约定提供技术资料，进行技术指导，保证技术的实用性、可靠性，承担保密义务。

前款规定的保密义务，不限制许可人申请专利，但是当事人另有约定的除外。

第八百六十九条 【技术秘密受让人和被许可人主要义务】技术秘密转让合同的受让人和技术秘密使用许可合同的被许可人应当按照约定使用技术，支付转让费、使用费，承担保密义务。

第八百七十条 【技术转让合同让与人和技术许可合同许可人保证义务】技术转让合同的让与人和技术许可合同的许可人应当保证自己是所提供的技术的合法拥有者，并保证所提供的技术完整、无误、有效，能够达到约定的目标。

第八百七十一条 【技术转让合同受让人和技术许可合同被许可人保密义务】技术转让合同的受让人和技术许可合同的被许可人应当按照约定的范围和期限，对让与人、许可人提供的技术中尚未公开的秘密部分，承担保密义务。

第八百七十二条 【许可人和让与人违约责任】许可人未按照约定许可技术的，应当返还部分或者全部使用费，并应当承担违约责任；实施专利或者使用技术秘密超越约定的范围的，违反约定擅自许可第三人实施该项专利或者使用该项技术秘密的，应当停止违约行为，承担违约责任；违反约定的保密义务的，应当承担违约责任。

让与人承担违约责任，参照适用前款规定。

第八百七十三条　【被许可人和受让人违约责任】被许可人未按照约定支付使用费的，应当补交使用费并按照约定支付违约金；不补交使用费或者支付违约金的，应当停止实施专利或者使用技术秘密，交还技术资料，承担违约责任；实施专利或者使用技术秘密超越约定的范围的，未经许可人同意擅自许可第三人实施该专利或者使用该技术秘密的，应当停止违约行为，承担违约责任；违反约定的保密义务的，应当承担违约责任。

受让人承担违约责任，参照适用前款规定。

第八百七十四条　【受让人和被许可人侵权责任】受让人或者被许可人按照约定实施专利、使用技术秘密侵害他人合法权益的，由让与人或者许可人承担责任，但是当事人另有约定的除外。

第八百七十五条　【后续技术成果的归属与分享】当事人可以按照互利的原则，在合同中约定实施专利、使用技术秘密后续改进的技术成果的分享办法；没有约定或者约定不明确，依据本法第五百一十条的规定仍不能确定的，一方后续改进的技术成果，其他各方无权分享。

第八百七十六条　【其他知识产权的转让和许可】集成电路布图设计专有权、植物新品种权、计算机软件著作权等其他知识产权的转让和许可，参照适用本节的有关规定。

第八百七十七条　【技术进出口合同或者专利、专利申请合同法律适用】法律、行政法规对技术进出口合同或者专利、专利申请合同另有规定的，依照其规定。

第四节　技术咨询合同和技术服务合同

第八百七十八条　【技术咨询合同和技术服务合同定义】技术咨询合同是当事人一方以技术知识为对方就特定技术项目提供可行性论证、技术预测、专题技术调查、分析评价报告等所订立的合同。

技术服务合同是当事人一方以技术知识为对方解决特定技术问题所订立的合同，不包括承揽合同和建设工程合同。

第八百七十九条　【技术咨询合同委托人义务】技术咨询合同的委托人应当按照约定阐明咨询的问题，提供技术背景材料及有关技术资料，接受受托人的工作成果，支付报酬。

第八百八十条　【技术咨询合同受托人义务】技术咨询合同的受托人应当按照约定的期限完成咨询报告或者解答问题，提出的咨询报告应当达到约定的要求。

第八百八十一条　【技术咨询合同的违约责任】技术咨询合同的委托人未按照约定提供必要的资料，影响工作进度和质量，不接受或者逾期接受工作成果的，支付的报酬不得追回，未支付的报酬应当支付。

技术咨询合同的受托人未按期提出咨询报告或者提出的咨询报告不符合约定的，应当承担减收或者免收报酬等违约责任。

技术咨询合同的委托人按照受托人符合约定要求的咨询报告和意见作出决策所造成的损失，由委托人承担，但是当事人另有约定的除外。

第八百八十二条　【技术服务合同委托人义务】技术服务合同的委托人应当按照约定提供工作条件，完成配合事项，接受工作成果并支付报酬。

第八百八十三条 【技术服务合同受托人义务】技术服务合同的受托人应当按照约定完成服务项目,解决技术问题,保证工作质量,并传授解决技术问题的知识。

第八百八十四条 【技术服务合同的违约责任】技术服务合同的委托人不履行合同义务或者履行合同义务不符合约定,影响工作进度和质量,不接受或者逾期接受工作成果的,支付的报酬不得追回,未支付的报酬应当支付。

技术服务合同的受托人未按照约定完成服务工作的,应当承担免收报酬等违约责任。

第八百八十五条 【创新技术成果归属】技术咨询合同、技术服务合同履行过程中,受托人利用委托人提供的技术资料和工作条件完成的新的技术成果,属于受托人。委托人利用受托人的工作成果完成的新的技术成果,属于委托人。当事人另有约定的,按照其约定。

第八百八十六条 【工作费用的负担】技术咨询合同和技术服务合同对受托人正常开展工作所需费用的负担没有约定或者约定不明确的,由受托人负担。

第八百八十七条 【技术中介合同和技术培训合同法律适用】法律、行政法规对技术中介合同、技术培训合同另有规定的,依照其规定。

第二十一章 保管合同

第八百八十八条 【保管合同定义】保管合同是保管人保管寄存人交付的保管物,并返还该物的合同。

寄存人到保管人处从事购物、就餐、住宿等活动,将物品存放在指定场所的,视为保管,但是当事人另有约定或者另有交易习惯的除外。

第八百八十九条 【保管费】寄存人应当按照约定向保管人支付保管费。

当事人对保管费没有约定或者约定不明确,依据本法第五百一十条的规定仍不能确定的,视为无偿保管。

第八百九十条 【保管合同成立时间】保管合同自保管物交付时成立,但是当事人另有约定的除外。

第八百九十一条 【保管人出具保管凭证义务】寄存人向保管人交付保管物的,保管人应当出具保管凭证,但是另有交易习惯的除外。

第八百九十二条 【保管人妥善保管义务】保管人应当妥善保管保管物。

当事人可以约定保管场所或者方法。除紧急情况或者为维护寄存人利益外,不得擅自改变保管场所或者方法。

第八百九十三条 【寄存人告知义务】寄存人交付的保管物有瑕疵或者根据保管物的性质需要采取特殊保管措施的,寄存人应当将有关情况告知保管人。寄存人未告知,致使保管物受损失的,保管人不承担赔偿责任;保管人因此受损失的,除保管人知道或者应当知道且未采取补救措施外,寄存人应当承担赔偿责任。

第八百九十四条 【保管人亲自保管保管物义务】保管人不得将保管物转交第三人保管,但是当事人另有约定的除外。

保管人违反前款规定,将保管物转交第三人保管,造成保管物损失的,应当承担赔偿责任。

第八百九十五条 【保管人不得使用或者许可他人使用保管物的义务】保管人不得使用或者许可第三人使用保管物,但是当事人另有约定的除外。

第八百九十六条 【保管人返还保管物及通知寄存人的义务】第三人对保管物主张权利的,除依法对保管物采取保全或者执行措施外，保管人应当履行向寄存人返还保管物的义务。

第三人对保管人提起诉讼或者对保管物申请扣押的，保管人应当及时通知寄存人。

第八百九十七条 【保管人赔偿责任】保管期内，因保管人保管不善造成保管物毁损、灭失的，保管人应当承担赔偿责任。但是，无偿保管人证明自己没有故意或者重大过失的，不承担赔偿责任。

第八百九十八条 【寄存人声明义务】寄存人寄存货币、有价证券或者其他贵重物品的，应当向保管人声明，由保管人验收或者封存；寄存人未声明的，该物品毁损、灭失后，保管人可以按照一般物品予以赔偿。

第八百九十九条 【领取保管物】寄存人可以随时领取保管物。

当事人对保管期限没有约定或者约定不明确的，保管人可以随时请求寄存人领取保管物；约定保管期限的，保管人无特别事由，不得请求寄存人提前领取保管物。

第九百条 【返还保管物及其孳息】保管期限届满或者寄存人提前领取保管物的，保管人应当将原物及其孳息归还寄存人。

第九百零一条 【消费保管合同】保管人保管货币的，可以返还相同种类、数量的货币；保管其他可替代物的，可以按照约定返还相同种类、品质、数量的物品。

第九百零二条 【保管费支付期限】有偿的保管合同，寄存人应当按照约定的期限向保管人支付保管费。

当事人对支付期限没有约定或者约定不明确，依据本法第五百一十条的规定仍不能确定的，应当在领取保管物的同时支付。

第九百零三条 【保管人留置权】寄存人未按照约定支付保管费或者其他费用的，保管人对保管物享有留置权，但是当事人另有约定的除外。

第二十二章 仓储合同

第九百零四条 【仓储合同定义】仓储合同是保管人储存存货人交付的仓储物，存货人支付仓储费的合同。

第九百零五条 【仓储合同成立时间】仓储合同自保管人和存货人意思表示一致时成立。

第九百零六条 【危险物品和易变质物品的储存】储存易燃、易爆、有毒、有腐蚀性、有放射性等危险物品或者易变质物品的，存货人应当说明该物品的性质，提供有关资料。

存货人违反前款规定的，保管人可以拒收仓储物，也可以采取相应措施以避免损失的发生，因此产生的费用由存货人负担。

保管人储存易燃、易爆、有毒、有腐蚀性、有放射性等危险物品的，应当具备相应的保管条件。

第九百零七条 【保管人验收义务以及损害赔偿】保管人应当按照约定对入库仓储物进行验收。保管人验收时发现入库仓储物与约定不符合的，应当及时通知存货人。保管人验收后，发生仓储物的品种、数量、质量不符合约定的，保管人应当承担赔偿责任。

第九百零八条 【保管人出具仓单、入库单义务】存货人交付仓储物的，保管人应当出具仓单、入库单等凭证。

第九百零九条 【仓单】保管人应当在仓单上签名或者盖章。仓单包括下列事项：

（一）存货人的姓名或者名称和住所；

(二)仓储物的品种、数量、质量、包装及其件数和标记;

(三)仓储物的损耗标准;

(四)储存场所;

(五)储存期限;

(六)仓储费;

(七)仓储物已经办理保险的,其保险金额、期间以及保险人的名称;

(八)填发人、填发地和填发日期。

第九百一十条 【仓单性质和转让】仓单是提取仓储物的凭证。存货人或者仓单持有人在仓单上背书并经保管人签名或者盖章的,可以转让提取仓储物的权利。

第九百一十一条 【存货人或者仓单持有人有权检查仓储物或者提取样品】保管人根据存货人或者仓单持有人的要求,应当同意其检查仓储物或者提取样品。

第九百一十二条 【保管人危险通知义务】保管人发现入库仓储物有变质或者其他损坏的,应当及时通知存货人或者仓单持有人。

第九百一十三条 【保管人危险催告义务和紧急处置权】保管人发现入库仓储物有变质或者其他损坏,危及其他仓储物的安全和正常保管的,应当催告存货人或者仓单持有人作出必要的处置。因情况紧急,保管人可以作出必要的处置;但是,事后应当将该情况及时通知存货人或者仓单持有人。

第九百一十四条 【储存期限不明确时仓储物提取】当事人对储存期限没有约定或者约定不明确的,存货人或者仓单持有人可以随时提取仓储物,保管人也可以随时请求存货人或者仓单持有人提取仓储物,但是应当给予必要的准备时间。

第九百一十五条 【储存期限届满仓储物提取】储存期限届满,存货人或者仓单持有人应当凭仓单、入库单等提取仓储物。存货人或者仓单持有人逾期提取的,应当加收仓储费;提前提取的,不减收仓储费。

第九百一十六条 【逾期提取仓储物】储存期限届满,存货人或者仓单持有人不提取仓储物的,保管人可以催告其在合理期限内提取;逾期不提取的,保管人可以提存仓储物。

第九百一十七条 【保管人的损害赔偿责任】储存期内,因保管不善造成仓储物毁损、灭失的,保管人应当承担赔偿责任。因仓储物本身的自然性质、包装不符合约定或者超过有效储存期造成仓储物变质、损坏的,保管人不承担赔偿责任。

第九百一十八条 【适用保管合同】本章没有规定的,适用保管合同的有关规定。

第二十三章 委托合同

第九百一十九条 【委托合同定义】委托合同是委托人和受托人约定,由受托人处理委托人事务的合同。

第九百二十条 【委托权限】委托人可以特别委托受托人处理一项或者数项事务,也可以概括委托受托人处理一切事务。

第九百二十一条 【委托费用的预付和垫付】委托人应当预付处理委托事务的费用。受托人为处理委托事务垫付的必要费用,委托人应当偿还该费用并支付利息。

第九百二十二条 【受托人应当按照委托人的指示处理委托事务】受托人应当按照委托人的指示处理委托事务。需要变更委托人指示的,应当经委托人同意;因情况紧急,难以和委托人取得联系的,受托人应当妥善处理委托事务,但是事后应当将该情况及时报告委托人。

第九百二十三条 【受托人亲自处理委托事务】受托人应当亲自处理委托事务。

经委托人同意,受托人可以转委托。转委托经同意或者追认的,委托人可以就委托事务直接指示转委托的第三人,受托人仅就第三人的选任及其对第三人的指示承担责任。转委托未经同意或者追认的,受托人应当对转委托的第三人的行为承担责任;但是,在紧急情况下受托人为了维护委托人的利益需要转委托第三人的除外。

第九百二十四条　【受托人的报告义务】受托人应当按照委托人的要求,报告委托事务的处理情况。委托合同终止时,受托人应当报告委托事务的结果。

第九百二十五条　【委托人介入权】受托人以自己的名义,在委托人的授权范围内与第三人订立的合同,第三人在订立合同时知道受托人与委托人之间的代理关系的,该合同直接约束委托人和第三人;但是,有确切证据证明该合同只约束受托人和第三人的除外。

第九百二十六条　【委托人对第三人的权利和第三人选择权】受托人以自己的名义与第三人订立合同时,第三人不知道受托人与委托人之间的代理关系的,受托人因第三人的原因对委托人不履行义务,受托人应当向委托人披露第三人,委托人因此可以行使受托人对第三人的权利。但是,第三人与受托人订立合同时如果知道该委托人就不会订立合同的除外。

受托人因委托人的原因对第三人不履行义务,受托人应当向第三人披露委托人,第三人因此可以选择受托人或者委托人作为相对人主张其权利,但是第三人不得变更选定的相对人。

委托人行使受托人对第三人的权利的,第三人可以向委托人主张其对受托人的抗辩。第三人选定委托人作为其相对人的,委托人可以向第三人主张其对受托人的抗辩以及受托人对第三人的抗辩。

第九百二十七条　【受托人转移利益】受托人处理委托事务取得的财产,应当转交给委托人。

第九百二十八条　【委托人支付报酬】受托人完成委托事务的,委托人应当按照约定向其支付报酬。

因不可归责于受托人的事由,委托合同解除或者委托事务不能完成的,委托人应当向受托人支付相应的报酬。当事人另有约定的,按照其约定。

第九百二十九条　【受托人的赔偿责任】有偿的委托合同,因受托人的过错造成委托人损失的,委托人可以请求赔偿损失。无偿的委托合同,因受托人的故意或者重大过失造成委托人损失的,委托人可以请求赔偿损失。

受托人超越权限造成委托人损失的,应当赔偿损失。

第九百三十条　【委托人的赔偿责任】受托人处理委托事务时,因不可归责于自己的事由受到损失的,可以向委托人请求赔偿损失。

第九百三十一条　【委托人另行委托他人处理事务】委托人经受托人同意,可以在受托人之外委托第三人处理委托事务。因此造成受托人损失的,受托人可以向委托人请求赔偿损失。

第九百三十二条　【共同委托】两个以上的受托人共同处理委托事务的,对委托人承担连带责任。

第九百三十三条　【委托合同解除】委托人或者受托人可以随时解除委托合同。因解除合同造成对方损失的,除不可归责于该当事人的事由外,无偿委托合同的解除方应当赔偿因解除时间不当造成的直接损失，有偿委托合同的解除方应当赔偿对方的直接损失和合同履行后可以获得的利益。

第九百三十四条 【委托合同终止】委托人死亡、终止或者受托人死亡、丧失民事行为能力、终止的，委托合同终止；但是，当事人另有约定或者根据委托事务的性质不宜终止的除外。

第九百三十五条 【受托人继续处理委托事务】因委托人死亡或者被宣告破产、解散，致使委托合同终止将损害委托人利益的，在委托人的继承人、遗产管理人或者清算人承受委托事务之前，受托人应当继续处理委托事务。

第九百三十六条 【受托人的继承人等的义务】因受托人死亡、丧失民事行为能力或者被宣告破产、解散，致使委托合同终止的，受托人的继承人、遗产管理人、法定代理人或者清算人应当及时通知委托人。因委托合同终止将损害委托人利益的，在委托人作出善后处理之前，受托人的继承人、遗产管理人、法定代理人或者清算人应当采取必要措施。

第二十四章 物业服务合同

第九百三十七条 【物业服务合同定义】物业服务合同是物业服务人在物业服务区域内，为业主提供建筑物及其附属设施的维修养护、环境卫生和相关秩序的管理维护等物业服务，业主支付物业费的合同。

物业服务人包括物业服务企业和其他管理人。

第九百三十八条 【物业服务合同内容和形式】物业服务合同的内容一般包括服务事项、服务质量、服务费用的标准和收取办法、维修资金的使用、服务用房的管理和使用、服务期限、服务交接等条款。

物业服务人公开作出的有利于业主的服务承诺，为物业服务合同的组成部分。

物业服务合同应当采用书面形式。

第九百三十九条 【物业服务合同的效力】建设单位依法与物业服务人订立的前期物业服务合同，以及业主委员会与业主大会依法选聘的物业服务人订立的物业服务合同，对业主具有法律约束力。

第九百四十条 【前期物业服务合同法定终止条件】建设单位依法与物业服务人订立的前期物业服务合同约定的服务期限届满前，业主委员会或者业主与新物业服务人订立的物业服务合同生效的，前期物业服务合同终止。

第九百四十一条 【物业服务转委托的条件和限制性条款】物业服务人将物业服务区域内的部分专项服务事项委托给专业性服务组织或者其他第三人的，应当就该部分专项服务事项向业主负责。

物业服务人不得将其应当提供的全部物业服务转委托给第三人，或者将全部物业服务支解后分别转委托给第三人。

第九百四十二条 【物业服务人的一般义务】物业服务人应当按照约定和物业的使用性质，妥善维修、养护、清洁、绿化和经营管理物业服务区域内的业主共有部分，维护物业服务区域内的基本秩序，采取合理措施保护业主的人身、财产安全。

对物业服务区域内违反有关治安、环保、消防等法律法规的行为，物业服务人应当及时采取合理措施制止、向有关行政主管部门报告并协助处理。

第九百四十三条 【物业服务人信息公开义务】物业服务人应当定期将服务的事项、负责人员、质量要求、收费项目、收费标准、履行情况，以及维修资金使用情况、业主共有部分的经营与收益情况等以合理方式向业主公开并向业主大会、业主委员会报告。

第九百四十四条 【业主支付物业费义务】 业主应当按照约定向物业服务人支付物业费。物业服务人已经按照约定和有关规定提供服务的，业主不得以未接受或者无需接受相关物业服务为由拒绝支付物业费。

业主违反约定逾期不支付物业费的，物业服务人可以催告其在合理期限内支付；合理期限届满仍不支付的，物业服务人可以提起诉讼或者申请仲裁。

物业服务人不得采取停止供电、供水、供热、供燃气等方式催交物业费。

第九百四十五条 【业主告知、协助义务】 业主装饰装修房屋的，应当事先告知物业服务人，遵守物业服务人提示的合理注意事项，并配合其进行必要的现场检查。

业主转让、出租物业专有部分、设立居住权或者依法改变共有部分用途的，应当及时将相关情况告知物业服务人。

第九百四十六条 【业主合同任意解除权】 业主依照法定程序共同决定解聘物业服务人的，可以解除物业服务合同。决定解聘的，应当提前六十日书面通知物业服务人，但是合同对通知期限另有约定的除外。

依据前款规定解除合同造成物业服务人损失的，除不可归责于业主的事由外，业主应当赔偿损失。

第九百四十七条 【物业服务合同的续订】 物业服务期限届满前，业主依法共同决定续聘的，应当与原物业服务人在合同期限届满前续订物业服务合同。

物业服务期限届满前，物业服务人不同意续聘的，应当在合同期限届满前九十日书面通知业主或者业主委员会，但是合同对通知期限另有约定的除外。

第九百四十八条 【不定期物业服务合同】 物业服务期限届满后，业主没有依法作出续聘或者另聘物业服务人的决定，物业服务人继续提供物业服务的，原物业服务合同继续有效，但是服务期限为不定期。

当事人可以随时解除不定期物业服务合同，但是应当提前六十日书面通知对方。

第九百四十九条 【物业服务人的移交义务及法律责任】 物业服务合同终止的，原物业服务人应当在约定期限或者合理期限内退出物业服务区域，将物业服务用房、相关设施、物业服务所必需的相关资料等交还给业主委员会、决定自行管理的业主或者其指定的人，配合新物业服务人做好交接工作，并如实告知物业的使用和管理状况。

原物业服务人违反前款规定的，不得请求业主支付物业服务合同终止后的物业费；造成业主损失的，应当赔偿损失。

第九百五十条 【物业服务人的后合同义务】 物业服务合同终止后，在业主或者业主大会选聘的新物业服务人或者决定自行管理的业主接管之前，原物业服务人应当继续处理物业服务事项，并可以请求业主支付该期间的物业费。

第二十五章 行纪合同

第九百五十一条 【行纪合同定义】 行纪合同是行纪人以自己的名义为委托人从事贸易活动，委托人支付报酬的合同。

第九百五十二条 【行纪人承担费用的义务】 行纪人处理委托事务支出的费用，由行纪人负担，但是当事人另有约定的除外。

第九百五十三条 【行纪人的保管义务】 行纪人占有委托物的，应当妥善保管委托物。

第九百五十四条 【行纪人处置委托物的义务】委托物交付给行纪人时有瑕疵或者容易腐烂、变质的，经委托人同意，行纪人可以处分该物；不能与委托人及时取得联系的，行纪人可以合理处分。

第九百五十五条 【行纪人依照委托人指定价格买卖的义务】行纪人低于委托人指定的价格卖出或者高于委托人指定的价格买入的，应当经委托人同意；未经委托人同意，行纪人补偿其差额的，该买卖对委托人发生效力。

行纪人高于委托人指定的价格卖出或者低于委托人指定的价格买入的，可以按照约定增加报酬；没有约定或者约定不明确，依据本法第五百一十条的规定仍不能确定的，该利益属于委托人。

委托人对价格有特别指示的，行纪人不得违背该指示卖出或者买入。

第九百五十六条 【行纪人的介入权】行纪人卖出或者买入具有市场定价的商品，除委托人有相反的意思表示外，行纪人自己可以作为买受人或者出卖人。

行纪人有前款规定情形的，仍然可以请求委托人支付报酬。

第九百五十七条 【委托人及时受领、取回和处分委托物及行纪人提存委托物】行纪人按照约定买入委托物，委托人应当及时受领。经行纪人催告，委托人无正当理由拒绝受领的，行纪人依法可以提存委托物。

委托物不能卖出或者委托人撤回出卖，经行纪人催告，委托人不取回或者不处分该物的，行纪人依法可以提存委托物。

第九百五十八条 【行纪人的直接履行义务】行纪人与第三人订立合同的，行纪人对该合同直接享有权利、承担义务。

第三人不履行义务致使委托人受到损害的，行纪人应当承担赔偿责任，但是行纪人与委托人另有约定的除外。

第九百五十九条 【行纪人的报酬请求权及留置权】行纪人完成或者部分完成委托事务的，委托人应当向其支付相应的报酬。委托人逾期不支付报酬的，行纪人对委托物享有留置权，但是当事人另有约定的除外。

第九百六十条 【参照适用委托合同】本章没有规定的，参照适用委托合同的有关规定。

第二十六章 中 介 合 同

第九百六十一条 【中介合同定义】中介合同是中介人向委托人报告订立合同的机会或者提供订立合同的媒介服务，委托人支付报酬的合同。

第九百六十二条 【中介人报告义务】中介人应当就有关订立合同的事项向委托人如实报告。

中介人故意隐瞒与订立合同有关的重要事实或者提供虚假情况，损害委托人利益的，不得请求支付报酬并应当承担赔偿责任。

第九百六十三条 【中介人报酬请求权】中介人促成合同成立的，委托人应当按照约定支付报酬。对中介人的报酬没有约定或者约定不明确，依据本法第五百一十条的规定仍不能确定的，根据中介人的劳务合理确定。因中介人提供订立合同的媒介服务而促成合同成立的，由该合同的当事人平均负担中介人的报酬。

中介人促成合同成立的，中介活动的费用，由中介人负担。

第九百六十四条 【中介人必要费用请求权】中介人未促成合同成立的，不得请求支付报酬；但是，可以按照约定请求委托人支付从事中介活动支出的必要费用。

第九百六十五条 【委托人私下与第三人订立合同后果】委托人在接受中介人的服务后，利用中介人提供的交易机会或者媒介服务，绕开中介人直接订立合同的，应当向中介人支付报酬。

第九百六十六条 【参照适用委托合同】本章没有规定的，参照适用委托合同的有关规定。

第二十七章 合伙合同

第九百六十七条 【合伙合同定义】合伙合同是两个以上合伙人为了共同的事业目的，订立的共享利益、共担风险的协议。

第九百六十八条 【合伙人履行出资义务】合伙人应当按照约定的出资方式、数额和缴付期限，履行出资义务。

第九百六十九条 【合伙财产】合伙人的出资、因合伙事务依法取得的收益和其他财产，属于合伙财产。

合伙合同终止前，合伙人不得请求分割合伙财产。

第九百七十条 【合伙事务的执行】合伙人就合伙事务作出决定的，除合伙合同另有约定外，应当经全体合伙人一致同意。

合伙事务由全体合伙人共同执行。按照合伙合同的约定或者全体合伙人的决定，可以委托一个或者数个合伙人执行合伙事务；其他合伙人不再执行合伙事务，但是有权监督执行情况。

合伙人分别执行合伙事务的，执行事务合伙人可以对其他合伙人执行的事务提出异议；提出异议后，其他合伙人应当暂停该项事务的执行。

第九百七十一条 【执行合伙事务报酬】合伙人不得因执行合伙事务而请求支付报酬，但是合伙合同另有约定的除外。

第九百七十二条 【合伙的利润分配与亏损分担】合伙的利润分配和亏损分担，按照合伙合同的约定办理；合伙合同没有约定或者约定不明确的，由合伙人协商决定；协商不成的，由合伙人按照实缴出资比例分配、分担；无法确定出资比例的，由合伙人平均分配、分担。

第九百七十三条 【合伙人的连带责任及追偿权】合伙人对合伙债务承担连带责任。清偿合伙债务超过自己应当承担份额的合伙人，有权向其他合伙人追偿。

第九百七十四条 【合伙人转让其财产份额】除合伙合同另有约定外，合伙人向合伙人以外的人转让其全部或者部分财产份额的，须经其他合伙人一致同意。

第九百七十五条 【合伙人权利代位】合伙人的债权人不得代位行使合伙人依照本章规定和合伙合同享有的权利，但是合伙人享有的利益分配请求权除外。

第九百七十六条 【合伙期限】合伙人对合伙期限没有约定或者约定不明确，依据本法第五百一十条的规定仍不能确定的，视为不定期合伙。

合伙期限届满，合伙人继续执行合伙事务，其他合伙人没有提出异议的，原合伙合同继续有效，但是合伙期限为不定期。

合伙人可以随时解除不定期合伙合同，但是应当在合理期限之前通知其他合伙人。

第九百七十七条 【合伙合同终止】合伙人死亡、丧失民事行为能力或者终止的，合伙合同终止；但是，合伙合同另有约定或者根据合伙事务的性质不宜终止的除外。

第九百七十八条 【合伙剩余财产分配顺序】合伙合同终止后，合伙财产在支付因终止而产生的费用以及清偿合伙债务后有剩余的，依据本法第九百七十二条的规定进行分配。

第三分编 准 合 同

第二十八章 无 因 管 理

第九百七十九条 【无因管理定义】管理人没有法定的或者约定的义务，为避免他人利益受损失而管理他人事务的，可以请求受益人偿还因管理事务而支出的必要费用；管理人因管理事务受到损失的，可以请求受益人给予适当补偿。

管理事务不符合受益人真实意思的，管理人不享有前款规定的权利；但是，受益人的真实意思违反法律或者违背公序良俗的除外。

第九百八十条 【受益人享有管理利益时的法律适用】管理人管理事务不属于前条规定的情形，但是受益人享有管理利益的，受益人应当在其获得的利益范围内向管理人承担前条第一款规定的义务。

第九百八十一条 【管理人适当管理义务】管理人管理他人事务，应当采取有利于受益人的方法。中断管理对受益人不利的，无正当理由不得中断。

第九百八十二条 【管理人通知义务】管理人管理他人事务，能够通知受益人的，应当及时通知受益人。管理的事务不需要紧急处理的，应当等待受益人的指示。

第九百八十三条 【管理人报告和交付义务】管理结束后，管理人应当向受益人报告管理事务的情况。管理人管理事务取得的财产，应当及时转交给受益人。

第九百八十四条 【受益人追认的法律效果】管理人管理事务经受益人事后追认的，从管理事务开始时起，适用委托合同的有关规定，但是管理人另有意思表示的除外。

第二十九章 不 当 得 利

第九百八十五条 【不当得利定义】得利人没有法律根据取得不当利益的，受损失的人可以请求得利人返还取得的利益，但是有下列情形之一的除外：

（一）为履行道德义务进行的给付；

（二）债务到期之前的清偿；

（三）明知无给付义务而进行的债务清偿。

第九百八十六条 【善意得利人返还义务免除】得利人不知道且不应当知道取得的利益没有法律根据，取得的利益已经不存在的，不承担返还该利益的义务。

第九百八十七条 【恶意得利人返还义务】得利人知道或者应当知道取得的利益没有法律根据的，受损失的人可以请求得利人返还其取得的利益并依法赔偿损失。

第九百八十八条 【第三人返还义务】得利人已经将取得的利益无偿转让给第三人的，受损失的人可以请求第三人在相应范围内承担返还义务。

中华人民共和国拍卖法

1. *1996 年 7 月 5 日第八届全国人民代表大会常务委员会第二十次会议通过*
2. *根据 2004 年 8 月 28 日第十届全国人民代表大会常务委员会第十一次会议《关于修改〈中华人民共和国拍卖法〉的决定》第一次修正*
3. *根据 2015 年 4 月 24 日第十二届全国人民代表大会常务委员会第十四次会议《关于修改〈中华人民共和国电力法〉等六部法律的决定》第二次修正*

目 录

第一章 总 则

第一条 【立法目的】为了规范拍卖行为,维护拍卖秩序,保护拍卖活动各方当事人的合法权益,制定本法。

第二条 【适用范围】本法适用于中华人民共和国境内拍卖企业进行的拍卖活动。

第三条 【拍卖的定义】拍卖是指以公开竞价的形式,将特定物品或者财产权利转让给最高应价者的买卖方式。

第四条 【拍卖原则】拍卖活动应当遵守有关法律、行政法规,遵循公开、公平、公正、诚实信用的原则。

第五条 【拍卖业的管理】国务院负责管理拍卖业的部门对全国拍卖业实施监督管理。

省、自治区、直辖市的人民政府和设区的市的人民政府负责管理拍卖业的部门对本行政区域内的拍卖业实施监督管理。

第二章 拍 卖 标 的

第六条 【拍卖标的的范围】拍卖标的应当是委托人所有或者依法可以处分的物品或者财产权利。

第七条 【拍卖标的的禁止】法律、行政法规禁止买卖的物品或者财产权利,不得作为拍卖标的。

第八条 【特殊标的的审批、鉴定、许可】依照法律或者按照国务院规定需经审批才能转让的物品或者财产权利,在拍卖前,应当依法办理审批手续。

委托拍卖的文物,在拍卖前,应当经拍卖人住所地的文物行政管理部门依法鉴定、许可。

第九条 【特殊标的的拍卖人指定】国家行政机关依法没收的物品,充抵税款、罚款的物品和其他物品,按照国务院规定应当委托拍卖的,由财产所在地的省、自治区、直辖市的人民政府和设区的市的人民政府指定的拍卖人进行拍卖。

拍卖由人民法院依法没收的物品,充抵罚金、罚款的物品以及无法返还的追回物品,适用前款规定。

第三章 拍卖当事人

第一节 拍 卖 人

第十条 【拍卖人定义】拍卖人是指依照本法和《中华人民共和国公司法》设立的从事拍卖活动的企业法人。

第十一条 【拍卖企业的设立】企业取得从事拍卖业务的许可必须经所在地的省、自治区、直辖市人民政府负责管理拍卖业的部门审核批准。拍卖企业可以在设区的市设立。

第十二条 【企业申请取得从事拍卖业务许可的条件】企业申请取得从事拍卖业务的许可,应当具备下列条件:

(一)有一百万元人民币以上的注册资本;

(二)有自己的名称、组织机构、住所和章程;

(三)有与从事拍卖业务相适应的拍卖师和其他工作人员;

(四)有符合本法和其他有关法律规定的拍卖业务规则;

(五)符合国务院有关拍卖业发展的规定;

（六）法律、行政法规规定的其他条件。

第十三条　【经营文物的拍卖企业的特别条件】拍卖企业经营文物拍卖的，应当有一千万元人民币以上的注册资本，有具有文物拍卖专业知识的人员。

第十四条　【拍卖师】拍卖活动应当由拍卖师主持。

第十五条　【拍卖师的条件】拍卖师应当具备下列条件：

（一）具有高等院校专科以上学历和拍卖专业知识；

（二）在拍卖企业工作两年以上；

（三）品行良好。

被开除公职或者吊销拍卖师资格证书未满五年的，或者因故意犯罪受过刑事处罚的，不得担任拍卖师。

第十六条　【拍卖师资格】拍卖师资格考核，由拍卖行业协会统一组织。经考核合格的，由拍卖行业协会发给拍卖师资格证书。

第十七条　【拍卖行业协会】拍卖行业协会是依法成立的社会团体法人，是拍卖业的自律性组织。拍卖行业协会依照本法并根据章程，对拍卖企业和拍卖师进行监督。

第十八条　【拍卖标的瑕疵告知义务】拍卖人有权要求委托人说明拍卖标的的来源和瑕疵。

拍卖人应当向竞买人说明拍卖标的的瑕疵。

第十九条　【拍卖物的保管义务】拍卖人对委托人交付拍卖的物品负有保管义务。

第二十条　【亲自拍卖义务】拍卖人接受委托后，未经委托人同意，不得委托其他拍卖人拍卖。

第二十一条　【保密义务】委托人、买受人要求对其身份保密的，拍卖人应当为其保密。

第二十二条　【竞买禁止】拍卖人及其工作人员不得以竞买人的身份参与自己组织的拍卖活动，并不得委托他人代为竞买。

第二十三条　【自己物品、财产权利的拍卖禁止】拍卖人不得在自己组织的拍卖活动中拍卖自己的物品或者财产权利。

第二十四条　【交付价款及移交标的的义务】拍卖成交后，拍卖人应当按照约定向委托人交付拍卖标的的价款，并按照约定将拍卖标的移交给买受人。

第二节　委　托　人

第二十五条　【委托人定义】委托人是指委托拍卖人拍卖物品或者财产权利的公民、法人或者其他组织。

第二十六条　【委托手续的办理】委托人可以自行办理委托拍卖手续，也可以由其代理人代为办理委托拍卖手续。

第二十七条　【拍卖委托人的瑕疵告知义务】委托人应当向拍卖人说明拍卖标的的来源和瑕疵。

第二十八条　【拍卖标的的保留价】委托人有权确定拍卖标的的保留价并要求拍卖人保密。

拍卖国有资产，依照法律或者按照国务院规定需要评估的，应当经依法设立的评估机构评估，并根据评估结果确定拍卖标的的保留价。

第二十九条　【拍卖标的的撤回】委托人在拍卖开始前可以撤回拍卖标的。委托人撤回拍卖标的的，应当向拍卖人支付约定的费用；未作约定的，应当向拍卖人支付为拍卖支出的合理费用。

第三十条　【委托人的竞买禁止】委托人不得参与竞买，也不得委托他人代为竞买。

第三十一条　【委托人的标的移交义务】按

照约定由委托人移交拍卖标的的，拍卖成交后，委托人应当将拍卖标的移交给买受人。

第三节 竞买人

第三十二条 【竞买人定义】竞买人是指参加竞购拍卖标的的公民、法人或者其他组织。

第三十三条 【竞买人的条件】法律、行政法规对拍卖标的的买卖条件有规定的，竞买人应当具备规定的条件。

第三十四条 【竞买的参加】竞买人可以自行参加竞买，也可以委托其代理人参加竞买。

第三十五条 【竞买人权利】竞买人有权了解拍卖标的的瑕疵，有权查验拍卖标的和查阅有关拍卖资料。

第三十六条 【应价】竞买人一经应价，不得撤回，当其他竞买人有更高应价时，其应价即丧失约束力。

第三十七条 【恶意串通、损害他人利益的禁止】竞买人之间、竞买人与拍卖人之间不得恶意串通，损害他人利益。

第四节 买受人

第三十八条 【买受人定义】买受人是指以最高应价购得拍卖标的的竞买人。

第三十九条 【买受人义务】买受人应当按照约定支付拍卖标的的价款，未按照约定支付价款的，应当承担违约责任，或者由拍卖人征得委托人的同意，将拍卖标的再行拍卖。

拍卖标的再行拍卖的，原买受人应当支付第一次拍卖中本人及委托人应当支付的佣金。再行拍卖的价款低于原拍卖价款的，原买受人应当补足差额。

第四十条 【买受人权利】买受人未能按照约定取得拍卖标的的，有权要求拍卖人或者委托人承担违约责任。

买受人未按照约定受领拍卖标的的，应当支付由此产生的保管费用。

第四章 拍卖程序

第一节 拍卖委托

第四十一条 【委托人及拍卖标的的证明】委托人委托拍卖物品或者财产权利，应当提供身份证明和拍卖人要求提供的拍卖标的的所有权证明或者依法可以处分拍卖标的的证明及其他资料。

第四十二条 【拍卖人的核实义务及拍卖合同形式】拍卖人应当对委托人提供的有关文件、资料进行核实。拍卖人接受委托的，应当与委托人签订书面委托拍卖合同。

第四十三条 【拍卖标的的鉴定】拍卖人认为需要对拍卖标的进行鉴定的，可以进行鉴定。

鉴定结论与委托拍卖合同载明的拍卖标的状况不相符的，拍卖人有权要求变更或者解除合同。

第四十四条 【委托拍卖合同主要条款】委托拍卖合同应当载明以下事项：

（一）委托人、拍卖人的姓名或者名称、住所；

（二）拍卖标的的名称、规格、数量、质量；

（三）委托人提出的保留价；

（四）拍卖的时间、地点；

（五）拍卖标的交付或者转移的时间、方式；

（六）佣金及其支付的方式、期限；

（七）价款的支付方式、期限；

（八）违约责任；

（九）双方约定的其他事项。

第二节 拍卖公告与展示

第四十五条 【拍卖公告】拍卖人应当于拍卖日七日前发布拍卖公告。

第四十六条 【拍卖公告载明事项】拍卖公告应当载明下列事项：

（一）拍卖的时间、地点；

（二）拍卖标的；

（三）拍卖标的展示时间、地点；

（四）参与竞买应当办理的手续；

（五）需要公告的其他事项。

第四十七条 【拍卖公告的发布】拍卖公告应当通过报纸或者其他新闻媒介发布。

第四十八条 【拍卖标的的展示】拍卖人应当在拍卖前展示拍卖标的，并提供查看拍卖标的的条件及有关资料。

拍卖标的的展示时间不得少于两日。

第三节 拍卖的实施

第四十九条 【规则及注意事项的宣布】拍卖师应当于拍卖前宣布拍卖规则和注意事项。

第五十条 【有无保留价的拍卖】拍卖标的无保留价的，拍卖师应当在拍卖前予以说明。

拍卖标的有保留价的，竞买人的最高应价未达到保留价时，该应价不发生效力，拍卖师应当停止拍卖标的的拍卖。

第五十一条 【拍卖成交】竞买人的最高应价经拍卖师落槌或者以其他公开表示买定的方式确认后，拍卖成交。

第五十二条 【成交确认书】拍卖成交后，买受人和拍卖人应当签署成交确认书。

第五十三条 【拍卖笔录】拍卖人进行拍卖时，应当制作拍卖笔录。拍卖笔录应当由拍卖师、记录人签名；拍卖成交的，还应当由买受人签名。

第五十四条 【拍卖资料的保管】拍卖人应当妥善保管有关业务经营活动的完整账簿、拍卖笔录和其他有关资料。

前款规定的账簿、拍卖笔录和其他有关资料的保管期限，自委托拍卖合同终止之日起计算，不得少于五年。

第五十五条 【拍卖标的的转移手续】拍卖标的需要依法办理证照变更、产权过户手续的，委托人、买受人应当持拍卖人出具的成交证明和有关材料，向有关行政管理机关办理手续。

第四节 佣 金

第五十六条 【拍卖的佣金及费用】委托人、买受人可以与拍卖人约定佣金的比例。

委托人、买受人与拍卖人对佣金比例未作约定，拍卖成交的，拍卖人可以向委托人、买受人各收取不超过拍卖成交价百分之五的佣金。收取佣金的比例按照同拍卖成交价成反比的原则确定。

拍卖未成交的，拍卖人可以向委托人收取约定的费用；未作约定的，可以向委托人收取为拍卖支出的合理费用。

第五十七条 【佣金比例】拍卖本法第九条规定的物品成交的，拍卖人可以向买受人收取不超过拍卖成交价百分之五的佣金。收取佣金的比例按照同拍卖成交价成反比的原则确定。

拍卖未成交的，适用本法第五十六条第三款的规定。

第五章 法律责任

第五十八条 【无权处分的责任】委托人违反本法第六条的规定，委托拍卖其没有所有权或者依法不得处分的物品或者财产权利的，应当依法承担责任。拍卖人明知委托人对拍卖的物品或者财产权利没有所有权或者依法不得处分的，应当承担连带责任。

第五十九条 【对应拍卖物擅自处理的责任】国家机关违反本法第九条的规定，将应当委托财产所在地的省、自治区、直辖市的人民政府或者设区的市的人民政府指定的拍卖人拍卖的物品擅自处理的，对负有直接责任的主管人员和其他直接责任人员依法给予行政处分，给国家造成损失的，还应当承担赔偿责任。

第六十条 【未经许可从事拍卖业务的责任】违反本法第十一条的规定，未经许可从事拍卖业务的，由工商行政管理部门予以取缔，没收违法所得，并可以处违法所得一倍以上五倍以下的罚款。

第六十一条 【拍卖物的瑕疵担保责任】拍卖人、委托人违反本法第十八条第二款、第二十七条的规定，未说明拍卖标的的瑕疵，给买受人造成损害的，买受人有权向拍卖人要求赔偿；属于委托人责任的，拍卖人有权向委托人追偿。

拍卖人、委托人在拍卖前声明不能保证拍卖标的的真伪或者品质的，不承担瑕疵担保责任。

因拍卖标的存在瑕疵未声明的，请求赔偿的诉讼时效期间为一年，自当事人知道或者应当知道权利受到损害之日起计算。

因拍卖标的存在缺陷造成人身、财产损害请求赔偿的诉讼时效期间，适用《中华人民共和国产品质量法》和其他法律的有关规定。

第六十二条 【违反竞买禁止规定的责任】拍卖人及其工作人员违反本法第二十二条的规定，参与竞买或者委托他人代为竞买的，由工商行政管理部门对拍卖人给予警告，可以处拍卖佣金一倍以上五倍以下的罚款；情节严重的，吊销营业执照。

第六十三条 【拍卖自己物品及财产权利的责任】违反本法第二十三条的规定，拍卖人在自己组织的拍卖活动中拍卖自己的物品或者财产权利的，由工商行政管理部门没收拍卖所得。

第六十四条 【违反委托人竞买禁止的责任】违反本法第三十条的规定，委托人参与竞买或者委托他人代为竞买的，工商行政管理部门可以对委托人处拍卖成交价百分之三十以下的罚款。

第六十五条 【恶意串通致人损害的责任】违反本法第三十七条的规定，竞买人之间、竞买人与拍卖人之间恶意串通，给他人造成损害的，拍卖无效，应当依法承担赔偿责任。由工商行政管理部门对参与恶意串通的竞买人处最高应价百分之十以上百分之三十以下的罚款；对参与恶意串通的拍卖人处最高应价百分之十以上百分之五十以下的罚款。

第六十六条 【违反佣金比例的责任】违反本法第四章第四节关于佣金比例的规定收取佣金的，拍卖人应当将超收部分返还委托人、买受人。物价管理部门可以对拍卖人处拍卖佣金一倍以上五倍以下的罚款。

第六章 附 则

第六十七条 【拍卖法的对外适用】外国人、外国企业和组织在中华人民共和国境内委托拍卖或者参加竞买的，适用本法。

第六十八条 【生效日期】本法自1997年1月1日起施行。

二手车流通管理办法（节录）

1. 2005年8月29日商务部、公安部、国家工商行政管理总局、国家税务总局令2005年第2号公布

2. 根据2017年9月14日商务部令2017年第3号《关于废止和修改部分规章的决定》修正

第三章 行为规范

第十四条 二手车交易市场经营者和二手车经营主体应当依法经营和纳税，遵守商业道德,接受依法实施的监督检查。

第十五条 二手车卖方应当拥有车辆的所有权或者处置权。二手车交易市场经营者和二手车经营主体应当确认卖方的身份证明,车辆的号牌、《机动车登记证书》、《机动车行驶证》,有效的机动车安全技术检验合格标志、车辆保险单、交纳税费凭证等。

国家机关、国有企事业单位在出售、委托拍卖车辆时,应持有本单位或者上级单位出具的资产处理证明。

第十六条 出售、拍卖无所有权或者处置权车辆的,应承担相应的法律责任。

第十七条 二手车卖方应当向买方提供车辆的使用、修理、事故、检验以及是否办理抵押登记、交纳税费、报废期等真实情况和信息。买方购买的车辆如因卖方隐瞒和欺诈不能办理转移登记,卖方应当无条件接受退车,并退还购车款等费用。

第十八条 二手车经销企业销售二手车时应当向买方提供质量保证及售后服务承诺,并在经营场所予以明示。

第十九条 进行二手车交易应当签订合同。合同示范文本由国务院工商行政管理部门制定。

第二十条 二手车所有人委托他人办理车辆出售的,应当与受托人签订委托书。

第二十一条 委托二手车经纪机构购买二手车时,双方应当按以下要求进行:

(一)委托人向二手车经纪机构提供合法身份证明;

(二)二手车经纪机构依据委托人要求选择车辆,并及时向其通报市场信息;

(三)二手车经纪机构接受委托购买时,双方签订合同;

(四)二手车经纪机构根据委托人要求代为办理车辆鉴定评估,鉴定评估所发生的费用由委托人承担。

第二十二条 二手车交易完成后,卖方应当及时向买方交付车辆、号牌及车辆法定证明、凭证。车辆法定证明、凭证主要包括:

(一)《机动车登记证书》;

(二)《机动车行驶证》;

(三)有效的机动车安全技术检验合格标志;

(四)车辆购置税完税证明;

(五)养路费缴付凭证;

(六)车船使用税缴付凭证;

(七)车辆保险单。

第二十三条 下列车辆禁止经销、买卖、拍卖和经纪:

(一)已报废或者达到国家强制报废标准的车辆;

(二)在抵押期间或者未经海关批准交易的海关监管车辆;

(三)在人民法院、人民检察院、行政执法部门依法查封、扣押期间的车辆;

(四)通过盗窃、抢劫、诈骗等违法犯罪手段获得的车辆;

(五)发动机号码、车辆识别代号或者车架号码与登记号码不相符,或者有凿改迹象的车辆;

(六)走私、非法拼(组)装的车辆;

(七)不具有第二十二条所列证明、凭证的车辆;

(八)在本行政辖区以外的公安机关交通管理部门注册登记的车辆;

(九)国家法律、行政法规禁止经营的车辆。

二手车交易市场经营者和二手车经营主体发现车辆具有(四)、(五)、(六)情形之一的,应当及时报告公安机关、工商行政管理部门等执法机关。

对交易违法车辆的,二手车交易市场

经营者和二手车经营主体应当承担连带赔偿责任和其他相应的法律责任。

第二十四条 二手车经销企业销售、拍卖企业拍卖二手车时，应当按规定向买方开具税务机关监制的统一发票。

进行二手车直接交易和通过二手车经纪机构进行二手车交易的，应当由二手车交易市场经营者按规定向买方开具税务机关监制的统一发票。

第二十五条 二手车交易完成后，现车辆所有人应当凭税务机关监制的统一发票，按法律、法规有关规定办理转移登记手续。

第二十六条 二手车交易市场经营者应当为二手车经营主体提供固定场所和设施，并为客户提供办理二手车鉴定评估、转移登记、保险、纳税等手续的条件。二手车经销企业、经纪机构应当根据客户要求，代办二手车鉴定评估、转移登记、保险、纳税等手续。

第二十七条 二手车鉴定评估应当本着买卖双方自愿的原则，不得强制进行；属国有资产的二手车应当按国家有关规定进行鉴定评估。

第二十八条 二手车鉴定评估机构应当遵循客观、真实、公正和公开原则，依据国家法律法规开展二手车鉴定评估业务，出具车辆鉴定评估报告；并对鉴定评估报告中车辆技术状况，包括是否属事故车辆等评估内容负法律责任。

第二十九条 二手车鉴定评估机构和人员可以按国家有关规定从事涉案、事故车辆鉴定等评估业务。

第三十条 二手车交易市场经营者和二手车经营主体应当建立完整的二手车交易购销、买卖、拍卖、经纪以及鉴定评估档案。

第三十一条 设立二手车交易市场、二手车经销企业开设店铺，应当符合所在地城市发展及城市商业发展有关规定。

最高人民法院研究室关于如何认定买卖合同中机动车财产所有权转移时间问题的复函

1. *2000年12月25日发布*
2. *法研〔2000〕121号*

陕西省高级人民法院：

你院陕高法〔2000〕50号《关于如何认定买卖合同中机动车财产所有权转移时间的请示》收悉。经研究，答复如下：

关于如何认定买卖合同中机动车财产所有权转移时间问题，需进一步研究后才能作出规定，但请示中涉及的具体案件，应认定机动车所有权从机动车交付时起转移。

另外，公安部2001年1月4日发布的《机动车登记办法》第52条规定：机动车所有权转移时，原机动车所有人应当将《机动车登记证》随车交给现机动车所有人。

最高人民法院关于扣押与拍卖船舶适用法律若干问题的规定

1. *2014年12月8日最高人民法院审判委员会第1631次会议通过*
2. *2015年2月28日公布*
3. *法释〔2015〕6号*
4. *自2015年3月1日起施行*

为规范海事诉讼中扣押与拍卖船舶，根据《中华人民共和国民事诉讼法》、《中华人民共和国海事诉讼特别程序法》等法律，结合司法实践，制定本规定。

第一条 海事请求人申请对船舶采取限制处分或者抵押等保全措施的，海事法院可以依照民事诉讼法的有关规定，裁定准许并通知船舶登记机关协助执行。

前款规定的保全措施不影响其他海事请求人申请扣押船舶。

第二条 海事法院应不同海事请求人的申请，可以对本院或其他海事法院已经扣押的船舶采取扣押措施。

先申请扣押船舶的海事请求人未申请拍卖船舶的，后申请扣押船舶的海事请求人可以依据海事诉讼特别程序法第二十九条的规定，向准许其扣押申请的海事法院申请拍卖船舶。

第三条 船舶因光船承租人对海事请求负有责任而被扣押的，海事请求人依据海事诉讼特别程序法第二十九条的规定，申请拍卖船舶用于清偿光船承租人经营该船舶产生的相关债务的，海事法院应予准许。

第四条 海事请求人申请扣押船舶的，海事法院应当责令其提供担保。但因船员劳务合同、海上及通海水域人身损害赔偿纠纷申请扣押船舶，且事实清楚、权利义务关系明确的，可以不要求提供担保。

第五条 海事诉讼特别程序法第七十六条第二款规定的海事请求人提供担保的具体数额，应当相当于船舶扣押期间可能产生的各项维持费用与支出、因扣押造成的船期损失和被请求人为使船舶解除扣押而提供担保所支出的费用。

船舶扣押后，海事请求人提供的担保不足以赔偿可能给被请求人造成损失的，海事法院应责令其追加担保。

第六条 案件终审后，海事请求人申请返还其所提供担保的，海事法院应将该申请告知被请求人，被请求人在三十日内未提起相关索赔诉讼的，海事法院可以准许海事请求人返还担保的申请。

被请求人同意返还，或生效法律文书认定被请求人负有责任，且赔偿或给付金额与海事请求人要求被请求人提供担保的数额基本相当的，海事法院可以直接准许海事请求人返还担保的申请。

第七条 船舶扣押期间由船舶所有人或光船承租人负责管理。

船舶所有人或光船承租人不履行船舶管理职责的，海事法院可委托第三人或者海事请求人代为管理，由此产生的费用由船舶所有人或光船承租人承担，或在拍卖船舶价款中优先拨付。

第八条 船舶扣押后，海事请求人依据海事诉讼特别程序法第十九条的规定，向其他有管辖权的海事法院提起诉讼的，可以由扣押船舶的海事法院继续实施保全措施。

第九条 扣押船舶裁定执行前，海事请求人撤回扣押船舶申请的，海事法院应当裁定予以准许，并终结扣押船舶裁定的执行。

扣押船舶裁定作出后因客观原因无法执行的，海事法院应当裁定终结执行。

第十条 船舶拍卖未能成交，需要再次拍卖的，适用拍卖法第四十五条关于拍卖日七日前发布拍卖公告的规定。

第十一条 拍卖船舶由拍卖船舶委员会实施，海事法院不另行委托拍卖机构进行拍卖。

第十二条 海事法院拍卖船舶应当依据评估价确定保留价。保留价不得公开。

第一次拍卖时，保留价不得低于评估价的百分之八十；因流拍需要再行拍卖的，可以酌情降低保留价，但降低的数额不得超过前次保留价的百分之二十。

第十三条 对经过两次拍卖仍然流拍的船舶，可以进行变卖。变卖价格不得低于评估价的百分之五十。

第十四条 依照本规定第十三条变卖仍未

成交的，经已受理登记债权三分之二以上份额的债权人同意，可以低于评估价的百分之五十进行变卖处理。仍未成交的，海事法院可以解除船舶扣押。

第十五条 船舶经海事法院拍卖、变卖后，对该船舶已采取的其他保全措施效力消灭。

第十六条 海事诉讼特别程序法第一百一十一条规定的申请债权登记期间的届满之日，为拍卖船舶公告最后一次发布之日起第六十日。

前款所指公告为第一次拍卖时的拍卖船舶公告。

第十七条 海事法院受理债权登记申请后，应当在船舶被拍卖、变卖成交后，依照海事诉讼特别程序法第一百一十四条的规定作出是否准予的裁定。

第十八条 申请拍卖船舶的海事请求人未经债权登记，直接要求参与拍卖船舶价款分配的，海事法院应予准许。

第十九条 海事法院裁定终止拍卖船舶的，应当同时裁定终结债权登记受偿程序，当事人已经缴纳的债权登记申请费予以退还。

第二十条 当事人在债权登记前已经就有关债权提起诉讼的，不适用海事诉讼特别程序法第一百一十六条第二款的规定，当事人对海事法院作出的判决、裁定可以依法提起上诉。

第二十一条 债权人依照海事诉讼特别程序法第一百一十六条第一款的规定提起确权诉讼后，需要判定碰撞船舶过失程度比例的，当事人对海事法院作出的判决、裁定可以依法提起上诉。

第二十二条 海事法院拍卖、变卖船舶所得价款及其利息，先行拨付海事诉讼特别程序法第一百一十九条第二款规定的费用后，依法按照下列顺序进行分配：

（一）具有船舶优先权的海事请求；

（二）由船舶留置权担保的海事请求；

（三）由船舶抵押权担保的海事请求；

（四）与被拍卖、变卖船舶有关的其他海事请求。

依据海事诉讼特别程序法第二十三条第二款的规定申请扣押船舶的海事请求人申请拍卖船舶的，在前款规定海事请求清偿后，参与船舶价款的分配。

依照前款规定分配后的余款，按照民事诉讼法及相关司法解释的规定执行。

第二十三条 当事人依照民事诉讼法第十五章第七节的规定，申请拍卖船舶实现船舶担保物权的，由船舶所在地或船籍港所在地的海事法院管辖，按照海事诉讼特别程序法以及本规定关于船舶拍卖受偿程序的规定处理。

第二十四条 海事法院的上级人民法院扣押与拍卖船舶的，适用本规定。

执行程序中拍卖被扣押船舶清偿债务的，适用本规定。

第二十五条 本规定施行前已经实施的船舶扣押与拍卖，本规定施行后当事人申请复议的，不适用本规定。

本规定施行后，最高人民法院1994年7月6日制定的《关于海事法院拍卖被扣押船舶清偿债务的规定》（法发〔1994〕14号）同时废止。最高人民法院以前发布的司法解释和规范性文件与本规定不一致的，以本规定为准。

三、所 有 权

1. 所有权的权属与保护

(1)土地所有权及其保护

土地权属争议调查处理办法

1. 2003年1月3日国土资源部令第17号公布

2. 根据2010年11月30日国土资源部令第49号《关于修改部分规章的决定》修正

第一条 为依法、公正、及时地做好土地权属争议的调查处理工作,保护当事人的合法权益,维护土地的社会主义公有制,根据《中华人民共和国土地管理法》,制定本办法。

第二条 本办法所称土地权属争议,是指土地所有权或使用权归属争议。

第三条 调查处理土地权属争议,应当以法律、法规和土地管理规章为依据。从实际出发,尊重历史,面对现实。

第四条 县级以上国土资源行政主管部门负责土地权属争议案件(以下简称争议案件)的调查和调解工作;对需要依法作出处理决定的,拟定处理意见,报同级人民政府作出处理决定。

县级以上国土资源行政主管部门可以指定专门机构或者人员负责办理争议案件有关事宜。

第五条 个人之间、个人与单位、单位与单位之间发生的争议案件,由争议土地所在地的县级国土资源行政主管部门调查处理。

前款规定的个人之间、个人与单位、单位与单位之间发生的争议案件,可以根据当事人的申请,由乡级人民政府受理和处理。

第六条 设区的市、自治州国土资源行政主管部门调查处理下列争议案件:

(一)跨县级行政区域的;

(二)同级人民政府、上级国土资源部门交办或者其他部门转送的。

第七条 省、自治区、直辖市国土资源行政主管部门调查处理下列争议案件:

(一)跨设区的市、自治州行政区域的;

(二)争议一方为中央国家机关或者其直属单位,且涉及土地面积较大的;

(三)争议一方为军队,且涉及土地面积较大的;

(四)在本行政区域内有较大影响的;

(五)同级人民政府、国土资源部交办或者其他部门转送的。

第八条 国土资源部调查处理下列争议案件:

(一)国务院交办的;

(二)在全国范围内有重大影响的。

第九条 当事人发生土地权属争议,经协商不能解决的;可以依法向县级以上人民政府或者乡级人民政府提出处理申请,也可以依照本办法第五、六、七、八条的规定,向有关的国土资源行政主管部门提出调查处理申请。

第十条 申请调查处理土地权属争议的，应当符合下列条件：

（一）申请人与争议的土地有直接利害关系；

（二）有明确的请求处理对象、具体的处理请求和事实根据。

第十一条 申请调查处理土地权属争议的，应当提交书面申请书和有关证据材料，并按照被申请人数提交副本。

申请书应当载明以下事项：

（一）申请人和被申请人的姓名或者名称、地址、邮政编码、法定代表人姓名和职务；

（二）请求的事项、事实和理由；

（三）证人的姓名、工作单位、住址、邮政编码。

第十二条 当事人可以委托代理人代为申请土地权属争议的调查处理。委托代理人申请的，应当提交授权委托书。授权委托书应当写明委托事项和权限。

第十三条 对申请人提出的土地权属争议的申请，国土资源行政主管部门应当依照本办法第十条的规定进行审查，并在收到申请书之日起7个工作日内提出是否受理的意见。

认为应当受理的，在决定受理之日起5个工作日内将申请书副本发送被申请人。被申请人应当在接到申请书副本之日起30日内提交答辩书和有关证据材料。逾期不提交答辩书的，不影响案件的处理。

认为不应当受理的，应当及时拟定不予受理建议书，报同级人民政府作出不予受理决定。

当事人对不予受理决定不服的，可以依法申请行政复议或者提起行政诉讼。

同级人民政府、上级国土资源行政主管部门交办或者其他部门转办的争议案件，按照本条有关规定审查处理。

第十四条 下列案件不作为争议案件受理：

（一）土地侵权案件；

（二）行政区域边界争议案件；

（三）土地违法案件；

（四）农村土地承包经营权争议案件；

（五）其他不作为土地权属争议的案件。

第十五条 国土资源行政主管部门决定受理后，应当及时指定承办人，对当事人争议的事实情况进行调查。

第十六条 承办人与争议案件有利害关系的，应当申请回避；

当事人认为承办人与争议案件有利害关系的有权请求该承办人回避。承办人是否回避，由受理案件的国土资源行政主管部门决定。

第十七条 承办人在调查处理土地权属争议过程中，可以向有关单位或者个人调查取证。被调查的单位或者个人应当协助，并如实提供有关证明材料。

第十八条 在调查处理土地权属争议过程中，国土资源行政主管部门认为有必要对争议的土地进行实地调查的，应当通知当事人及有关人员到现场。必要时，可以邀请有关部门派人协助调查。

第十九条 土地权属争议双方当事人对各自提出的事实和理由负有举证责任，应当及时向负责调查处理的国土资源行政主管部门提供有关证据材料。

第二十条 国土资源行政主管部门在调查处理争议案件时，应当审查双方当事人提供的有关证据材料：

（一）人民政府颁发的确定土地权属

的凭证；

（二）人民政府或者主管部门批准征收、划拨、出让或者以其他方式批准使用土地的文件；

（三）争议双方当事人依法达成的书面协议；

（四）人民政府或者司法机关处理争议的文件或者附图；

（五）其他有关证明文件。

第二十一条 对当事人提供的证据材料，国土资源行政主管部门应当查证属实，方可作为认定事实的依据。

第二十二条 在土地所有权和使用权争议解决之前，任何一方不得改变土地利用的现状。

第二十三条 国土资源行政主管部门对受理的争议案件，应当在查清事实、分清权属关系的基础上先行调解，促使当事人以协商方式达成协议。调解应当坚持自愿、合法的原则。

第二十四条 调解达成协议的，应当制作调解书。调解书应当载明以下内容：

（一）当事人的姓名或者名称、法定代表人姓名和职务；

（二）争议的主要事实；

（三）协议内容及其他有关事项。

第二十五条 调解书经双方当事人签名或者盖章，由承办人署名并加盖国土资源行政主管部门的印章后生效的调解书具有法律效力，使土地登记的依据。

第二十六条 国土资源行政主管部门应当在调解书生效之日起 15 日内，依照民事诉讼法的有关规定，将调解书送达当事人，并同时报上级国土资源行政主管部门。

第二十七条 调解未达成协议的，国土资源行政主管部门应当及时提出调查处理意见，报同级人民政府作出处理决定。

第二十八条 国土资源行政主管部门应当自受理土地权属争议之日起 6 个月内提出调查处理意见。因情况复杂，在规定时间内不能提出调查处理意见的，经该国土资源行政主管部门负责人批准，可以适当延长。

第二十九条 调查处理意见应当包括以下内容：

（一）当事人的姓名或者名称、地址、法定代表人的姓名和职务；

（二）争议的事实和理由和要求；

（三）认定的事实和适用的法律、法规等依据；

（四）拟定的处理结论。

第三十条 国土资源行政主管部门提出调查处理意见后，应当在 5 个工作日内报同级人民政府，由人民政府下达处理决定。

国土资源行政主管部门的调查处理意见在报同级人民政府的同时，报上一级国土资源行政主管部门。

第三十一条 当事人对人民政府作出的处理决定不服的，可以依法行申请政复议或者提起行政诉讼。

在规定的时间内，当事人既不申请政复议，也不提起行政诉讼，处理决定即发生法律效力。生效的处理决定是土地登记的依据。

第三十二条 在土地权属争议调查处理过程中，国土资源行政主管部门的工作人员玩忽职守、滥用职权、徇私舞弊，构成犯罪的，依法追究刑事责任；不构成犯罪的，由其所在单位或者上级机关依法给予行政处分。

第三十三条 乡级人民政府处理土地权属争议参照本办法执行。

第三十四条 调查处理争议案件的文书格式，由国土资源部统一制定。

第三十五条 调查处理争议案件的费用，依照国家有关规定执行。

第三十六条 本办法自2003年3月1日起施行。1995年12月18日原国家土地管理局发布的《土地权属争议处理暂行办法》同时废止。

确定土地所有权和使用权的若干规定

1. 1995年3月11日国家土地管理局发布

2. 根据2010年12月3日国土资源部《关于修改部分规范性文件的决定》（国土资发〔2010〕190号）修正

第一章 总 则

第一条 为了确定土地所有权和使用权，依法进行土地登记，根据有关的法律、法规和政策，制订本规定。

第二条 土地所有权和使用权由县级以上人民政府确定，土地管理部门具体承办。

土地权属争议，由土地管理部门提出处理意见，报人民政府下达处理决定或报人民政府批准后由土地管理部门下达处理决定。

第二章 国家土地所有权

第三条 城市市区范围内的土地属于国家所有。

第四条 依据一九五〇年《中华人民共和国土地改革法》及有关规定，凡当时没有将土地所有权分配给农民的土地属于国家所有；实施一九六二年《农村人民公社工作条例修正草案》（以下简称《六十条》）未划入农民集体范围内的土地属于国家所有。

第五条 国家建设征收的土地，属于国家所有。

第六条 开发利用国有土地，开发利用者依法享有土地使用权，土地所有权仍属国家。

第七条 国有铁路线路、车站、货场用地以及依法留用的其他铁路用地属于国家所有。土改时已分配给农民所有的原铁路用地和新建铁路两侧未经征收的农民集体所有土地属于农民集体所有。

第八条 县级以上（含县级）公路线路用地属于国家所有。公路两侧保护用地和公路其他用地凡未经征收的农民集体所有的土地仍属于农民集体所有。

第九条 国有电力、通讯设施用地属于国家所有。但国有电力通讯杆塔占用农民集体所有的土地，未办理征收手续的，土地仍属于农民集体所有，对电力通讯经营单位可确定为他项权利。

第十条 军队接收的敌伪地产及解放后经人民政府批准征收、划拨的军事用地属于国家所有。

第十一条 河道堤防内的土地和堤防外的护堤地，无堤防河道历史最高洪水位或者设计洪水位以下的土地，除土改时已将所有权分配给农民，国家未征收，且迄今仍归农民集体使用的外，属于国家所有。

第十二条 县级以上（含县级）水利部门直接管理的水库、渠道等水利工程用地属于国家所有。水利工程管理和保护范围内未经征收的农民集体土地仍属于农民集体所有。

第十三条 国家建设对农民集体全部进行移民安置并调剂土地后，迁移农民集体原有土地转为国家所有。但移民后原集体仍继续使用的集体所有土地，国家未进行征收的，其所有权不变。

第十四条 因国家建设征收土地，农民集体建制被撤销或其人口全部转为非农业人口，其未经征收的土地，归国家所有。继续使用原有土地的原农民集体及其成员享有国有土地使用权。

第十五条 全民所有制单位和城镇集体所有制单位兼并农民集体企业的，办理有关手续后，被兼并的原农民集体企业使用的集体所有土地转为国家所有。乡（镇）企业依照国家建设征收土地的审批程序和补偿标准使用的非本乡（镇）村农民集体所有的土地，转为国家所有。

第十六条 一九六二年九月《六十条》公布以前，全民所有制单位，城市集体所有制单位和集体所有制的华侨农场使用的原农民集体所有的土地（含合作化之前的个人土地），迄今没有退给农民集体的，属于国家所有。

《六十条》公布时起至一九八二年五月《国家建设征收土地条例》公布时止，全民所有制单位、城市集体所有制单位使用的原农民集体所有的土地，有下列情形之一的，属于国家所有：

1. 签订过土地转移等有关协议的；

2. 经县级以上人民政府批准使用的；

3. 进行过一定补偿或安置劳动力的；

4. 接受农民集体馈赠的；

5. 已购买原集体所有的建筑物的；

6. 农民集体所有制企事业单位转为全民所有制或者城市集体所有制单位的。

一九八二年五月《国家建设征收土地条例》公布时起至一九八七年《土地管理法》开始施行时止，全民所有制单位、城市集体所有制单位违反规定使用的农民集体土地，依照有关规定进行了清查处理后仍由全民所有制单位、城市集体所有制单位使用的，确定为国家所有。

凡属上述情况以外未办理征地手续使用的农民集体土地，由县级以上地方人民政府根据具体情况，按当时规定补办征地手续，或退还农民集体。一九八七年《土地管理法》施行后违法占用的农民集体土地，必须依法处理后，再确定土地所有权。

第十七条 一九八六年三月中共中央、国务院《关于加强土地管理、制止乱占耕地的通知》发布之前，全民所有制单位、城市集体所有制单位租用农民集体所有的土地，按照有关规定处理后，能够恢复耕种的，退还农民集体耕种，所有权仍属于农民集体；已建成永久性建筑物的，由用地单位按租用时的规定，补办手续，土地归国家所有。凡已经按照有关规定处理了的，可按处理决定确定所有权和使用权。

第十八条 土地所有权有争议，不能依法证明争议土地属于农民集体所有的，属于国家所有。

第三章 集体土地所有权

第十九条 土地改革时分给农民并颁发了土地所有证的土地，属于农民集体所有；实施《六十条》时确定为集体所有的土地，属农民集体所有。依照第二章规定属于国家所有的除外。

第二十条 村农民集体所有的土地，按目前该村农民集体实际使用的本集体土地所有权界线确定所有权。

根据《六十条》确定的农民集体土地所有权，由于下列原因发生变更的，按变更后的现状确定集体土地所有权。

（一）由于村、队、社、场合并或分割等管理体制的变化引起土地所有权变更的；

（二）由于土地开发、国家征地、集体

兴办企事业或者自然灾害等原因进行过土地调整的；

（三）由于农田基本建设和行政区划变动等原因重新划定土地所有权界线的。行政区划变动未涉及土地权属变更的，原土地权属不变。

第二十一条 农民集体连续使用其他农民集体所有的土地已满二十年的，应视为现使用者所有；连续使用不满二十年，或者虽满二十年但在二十年期满之前所有者曾向现使用者或有关部门提出归还的，由县级以上人民政府根据具体情况确定土地所有权。

第二十二条 乡（镇）或村在集体所有的土地上修建并管理的道路、水利设施用地，分别属于乡（镇）或村农民集体所有。

第二十三条 乡（镇）或村办企事业单位使用的集体土地，《六十条》公布以前使用的，分别属于该乡（镇）或村农民集体所有；《六十条》公布时起至一九八二年国务院《村镇建房用地管理条例》发布时止使用的，有下列情况之一的，分别属于该乡（镇）或村农民集体所有：

1. 签订过用地协议的（不含租借）；

2. 经县、乡（公社）、村（大队）批准或同意，并进行了适当的土地调整或者经过一定补偿的；

3. 通过购买房屋取得的；

4. 原集体企事业单位体制经批准变更的。

一九八二年国务院《村镇建房用地管理条例》发布时起至一九八七年《土地管理法》开始施行时止，乡（镇）、村办企事业单位违反规定使用的集体土地按照有关规定清查处理后，乡（镇）、村集体单位继续使用的，可确定为该乡（镇）或村集体所有。

乡（镇）、村办企事业单位采用上述以外的方式占用的集体土地，或虽采用上述方式，但目前土地利用不合理的，如荒废、闲置等，应将其全部或部分土地退还原村或乡农民集体，或按有关规定进行处理。一九八七年《土地管理法》施行后违法占用的土地，须依法处理后再确定所有权。

第二十四条 乡（镇）企业使用本乡（镇）、村集体所有的土地，依照有关规定进行补偿和安置的，土地所有权转为乡（镇）农民集体所有。经依法批准的乡（镇）、村公共设施、公益事业使用的农民集体土地，分别属于乡（镇）、村农民集体所有。

第二十五条 农民集体经依法批准以土地使用权作为联营条件与其他单位或个人举办联营企业的，或者农民集体经依法批准以集体所有的土地的使用权作价入股，举办外商投资企业和内联乡镇企业的，集体土地所有权不变。

第四章 国有土地使用权

第二十六条 土地使用权确定给直接使用土地的具有法人资格的单位或个人。但法律、法规、政策和本规定另有规定的除外。

第二十七条 土地使用者经国家依法划拨、出让或解放初期接收、沿用，或通过依法转让、继承、接受地上建筑物等方式使用国有土地的，可确定其国有土地使用权。

第二十八条 土地公有制之前，通过购买房屋或土地及租赁土地方式使用私有的土地，土地转为国有后迄今仍继续使用的，可确定现使用者国有土地使用权。

第二十九条 因原房屋拆除、改建或自然坍塌等原因，已经变更了实际土地使用者的，经依法审核批准，可将土地使用权确定给实际土地使用者;空地及房屋坍塌或拆除后两年以上仍未恢复使用的土地,由当地县级以上人民政府收回土地使用权。

第三十条 原宗教团体、寺观教堂宗教活动用地,被其他单位占用,原使用单位因恢复宗教活动需要退还使用的,应按有关规定予以退还。确属无法退还或土地使用权有争议的,经协商、处理后确定土地使用权。

第三十一条 军事设施用地(含靶场、试验场、训练场)依照解放初土地接收文件和人民政府批准征收或划拨土地的文件确定土地使用权。土地使用权有争议的,按照国务院、中央军委有关文件规定处理后,再确定土地使用权。

国家确定的保留或地方代管的军事设施用地的土地使用权确定给军队,现由其他单位使用的,可依照有关规定确定为他项权利。

经国家批准撤销的军事设施,其土地使用权依照有关规定由当地县级以上人民政府收回并重新确定使用权。

第三十二条 依法接收、征收、划拨的铁路线路用地及其他铁路设施用地,现仍由铁路单位使用的,其使用权确定给铁路单位。铁路线路路基两侧依法取得使用权的保护用地,使用权确定给铁路单位。

第三十三条 国家水利、公路设施用地依照征收、划拨文件和有关法律、法规划定用地界线。

第三十四条 驻机关、企事业单位内的行政管理和服务性单位,经政府批准使用的土地,可以由土地管理部门商被驻单位规定土地的用途和其他限制条件后分别确定实际土地使用者的土地使用权。但租用房屋的除外。

第三十五条 原由铁路、公路、水利、电力、军队及其他单位和个人使用的土地,一九八二年五月《国家建设征收土地条例》公布之前,已经转由其他单位或个人使用的,除按照国家法律和政策应当退还的外,其国有土地使用权可确定给实际土地使用者,但严重影响上述部门的设施安全和正常使用的,暂不确定土地使用权,按照有关规定处理后,再确定土地使用权。一九八二年五月以后非法转让的,经依法处理后再确定使用权。

第三十六条 农民集体使用的国有土地,其使用权按县级以上人民政府主管部门审批、划拨文件确定;没有审批、划拨文件的,依照当时规定补办手续后,按使用现状确定;过去未明确划定使用界线的,由县级以上人民政府参照土地实际使用情况确定。

第三十七条 未按规定用途使用的国有土地,由县级以上人民政府收回重新安排使用,或者按有关规定处理后确定使用权。

第三十八条 一九八七年一月《土地管理法》施行之前重复划拨或重复征收的土地,可按目前实际使用情况或者根据最后一次划拨或征收文件确定使用权。

第三十九条 以土地使用权为条件与其他单位或个人合建房屋的,根据批准文件、合建协议或者投资数额确定土地使用权,但一九八二年《国家建设征收土地条例》公布后合建的,应依法办理土地转让手续后再确定土地使用权。

第四十条 以出让方式取得的土地使用权或以划拨方式取得的土地使用权补办出让手续后作为资产入股的,土地使用权确定给股份制企业。

国家以土地使用权作价入股的,土地

使用权确定给股份制企业。

国家将土地使用权租赁给股份制企业的，土地使用权确定给股份制企业。企业以出让方式取得的土地使用权或以划拨方式取得的土地使用权补办出让手续后，出租给股份制企业的，土地使用权不变。

第四十一条 企业以出让方式取得的土地使用权，企业破产后，经依法处置，确定给新的受让人；企业通过划拨方式取得的土地使用权，企业破产时，其土地使用权由县级以上人民政府收回后，根据有关规定进行处置。

第四十二条 法人之间合并，依法属于应当以有偿方式取得土地使用权的，原土地使用权应当办理有关手续，有偿取得土地使用权；依法可以以划拨形式取得土地使用权的，可以办理划拨土地权属变更登记，取得土地使用权。

第五章 集体土地建设用地使用权

第四十三条 乡（镇）村办企业事业单位和个人依法使用农民集体土地进行非农业建设的，可依法确定使用者集体土地建设用地使用权。对多占少用、占而不用的，其闲置部分不予确定使用权，并退还农民集体，另行安排使用。

第四十四条 依照本规定第二十五条规定的农民集体土地，集体土地建设用地使用权确定给联营或股份企业。

第四十五条 一九八二年二月国务院发布《村镇建房用地管理条例》之前农村居民建房占用的宅基地，超过当地政府规定的面积，在《村镇建房用地管理条例》施行后未经拆迁、改建、翻建的，可以暂按现有实际使用面积确定集体土地建设用地使用权。

第四十六条 一九八二年二月《村镇建房用地管理条例》发布时起至一九八七年一月《土地管理法》开始施行时止，农村居民建房占用的宅基地，其面积超过当地政府规定标准的，超过部分按一九八六年三月中共中央、国务院《关于加强土地管理、制止乱占耕地的通知》及地方人民政府的有关规定处理后，按处理后实际使用面积确定集体土地建设用地使用权。

第四十七条 符合当地政府分户建房规定而尚未分户的农村居民，其现有的宅基地没有超过分户建房用地合计面积标准的，可按现有宅基地面积确定集体土地建设用地使用权。

第四十八条 非农业户口居民（含华侨）原在农村的宅基地，房屋产权没有变化的，可依法确定其集体土地建设用地使用权。房屋拆除后没有批准重建的，土地使用权由集体收回。

第四十九条 接受转让、购买房屋取得的宅基地，与原有宅基地合计面积超过当地政府规定标准，按照有关规定处理后允许继续使用的，可暂确定其集体土地建设用地使用权。继承房屋取得的宅基地，可确定集体土地建设用地使用权。

第五十条 农村专业户宅基地以外的非农业建设用地与宅基地分别确定集体土地建设用地使用权。

第五十一条 按照本规定第四十五条至第四十九条的规定确定农村居民宅基地集体土地建设用地使用权时，其面积超过当地政府规定标准的，可在土地登记卡和土地证书内注明超过标准面积的数量。以后分户建房或现有房屋拆迁、改建、翻建或政府依法实施规划重新建设时，按当地政府规定的面积标准重新确定使用权，其超过部分退还集体。

第五十二条 空闲或房屋坍塌、拆除两年以上未恢复使用的宅基地,不确定土地使用权。已经确定使用权的,由集体报经县级人民政府批准,注销其土地登记,土地由集体收回。

第六章 附 则

第五十三条 一宗地由两个以上单位或个人共同使用的,可确定为共有土地使用权。共有土地使用权面积可以在共有使用人之间分摊。

第五十四条 地面与空中、地面与地下立体交叉使用土地的(楼房除外),土地使用权确定给地面使用者,空中和地下可确定为他项权利。

平面交叉使用土地的,可以确定为共有土地使用权;也可以将土地使用权确定给主要用途或优先使用单位,次要和服从使用单位可确定为他项权利。

上述两款中的交叉用地,如属合法批准征收、划拨的,可按批准文件确定使用权,其他用地单位确定为他项权利。

第五十五条 依法划定的铁路、公路、河道、水利工程、军事设施、危险品生产和储存地、风景区等区域的管理和保护范围内的土地,其土地的所有权和使用权依照土地管理有关法规确定。但对上述范围内的土地的用途,可以根据有关的规定增加适当的限制条件。

第五十六条 土地所有权或使用权证明文件上的四至界线与实地一致,但实地面积与批准面积不一致的,按实地四至界线计算土地面积,确定土地的所有权或使用权。

第五十七条 他项权利依照法律或当事人约定设定。他项权利可以与土地所有权或使用权同时确定,也可在土地所有权或使用权确定之后增设。

第五十八条 各级人民政府或人民法院已依法处理的土地权属争议,按处理决定确定土地所有权或使用权。

第五十九条 本规定由国家土地管理局负责解释。

第六十条 本规定自1995年5月1日起施行。1989年7月5日国家土地管理局印发的《关于确定土地权属问题的若干意见》同时停止执行。

最高人民法院关于审理破坏土地资源刑事案件具体应用法律若干问题的解释

1. *2000年6月16日最高人民法院审判委员会第1119次会议通过*
2. *2000年6月19日公布*
3. *法释〔2000〕14号*
4. *自2000年6月22日起施行*

为依法惩处破坏土地资源犯罪活动,根据刑法的有关规定,现就审理这类案件具体应用法律的若干问题解释如下:

第一条 以牟利为目的,违反土地管理法规,非法转让、倒卖土地使用权,具有下列情形之一的,属于非法转让、倒卖土地使用权"情节严重",依照刑法第二百二十八条的规定,以非法转让、倒卖土地使用权罪定罪处罚:

(一)非法转让、倒卖基本农田五亩以上的;

(二)非法转让、倒卖基本农田以外的耕地十亩以上的;

(三)非法转让、倒卖其他土地二十亩以上的;

(四)非法获利五十万元以上的;

(五)非法转让、倒卖土地接近上述数量标准并具有其他恶劣情节的,如曾因非法转让、倒卖土地使用权受过行政处罚或者造成严重后果等。

第二条 实施第一条规定的行为，具有下列情形之一的，属于非法转让、倒卖土地使用权“情节特别严重”：

（一）非法转让、倒卖基本农田十亩以上的；

（二）非法转让、倒卖基本农田以外的耕地二十亩以上的；

（三）非法转让、倒卖其他土地四十亩以上的；

（四）非法获利一百万元以上的；

（五）非法转让、倒卖土地接近上述数量标准并具有其他恶劣情节，如造成严重后果等。

第三条 违反土地管理法规，非法占用耕地改作他用，数量较大，造成耕地大量毁坏的，依照刑法第三百四十二条的规定，以非法占用耕地罪定罪处罚：

（一）非法占用耕地“数量较大”，是指非法占用基本农田五亩以上或者非法占用基本农田以外的耕地十亩以上。

（二）非法占用耕地“造成耕地大量毁坏”，是指行为人非法占用耕地建窑、建坟、建房、挖沙、采石、采矿、取土、堆放固体废弃物或者进行其他非农业建设，造成基本农田五亩以上或者基本农田以外的耕地十亩以上种植条件严重毁坏或者严重污染。

第四条 国家机关工作人员徇私舞弊，违反土地管理法规，滥用职权，非法批准征用、占用土地，具有下列情形之一的，属于非法批准征用、占用土地“情节严重”，依照刑法第四百一十条的规定，以非法批准征用、占用土地罪定罪处罚：

（一）非法批准征用、占用基本农田十亩以上的；

（二）非法批准征用、占用基本农田以外的耕地三十亩以上的；

（三）非法批准征用、占用其他土地五十亩以上的；

（四）虽未达到上述数量标准，但非法批准征用、占用土地造成直接经济损失三十万元以上；造成耕地大量毁坏等恶劣情节的。

第五条 实施第四条规定的行为，具有下列情形之一的，属于非法批准征用、占用土地“致使国家或者集体利益遭受特别重大损失”：

（一）非法批准征用、占用基本农田二十亩以上的；

（二）非法批准征用、占用基本农田以外的耕地六十亩以上的；

（三）非法批准征用、占用其他土地一百亩以上的；

（四）非法批准征用、占用土地，造成基本农田五亩以上，其他耕地十亩以上严重毁坏的；

（五）非法批准征用、占用土地造成直接经济损失五十万元以上等恶劣情节的。

第六条 国家机关工作人员徇私舞弊，违反土地管理法规，非法低价出让国有土地使用权，具有下列情形之一的，属于“情节严重”，依照刑法第四百一十条的规定，以非法低价出让国有土地使用权罪定罪处罚：

（一）出让国有土地使用权面积在三十亩以上，并且出让价额低于国家规定的最低价额标准的百分之六十的；

（二）造成国有土地资产流失价额在三十万元以上的。

第七条 实施第六条规定的行为，具有下列情形之一的，属于非法低价出让国有土地

使用权,“致使国家和集体利益遭受特别重大损失”:

(一)非法低价出让国有土地使用权面积在六十亩以上,并且出让价额低于国家规定的最低价额标准的百分之四十的;

(二)造成国有土地资产流失价额在五十万元以上的。

第八条 单位犯非法转让、倒卖土地使用权罪、非法占用耕地罪的定罪量刑标准,依照本解释第一条、第二条、第三条的规定执行。

第九条 多次实施本解释规定的行为依法应当追诉的,或者一年内多次实施本解释规定的行为未经处理的,按照累计的数量、数额处罚。

(2)自然资源所有权及其保护

中华人民共和国农业法(节录)

1. 1993年7月2日第八届全国人民代表大会常务委员会第二次会议通过

2. 2002年12月28日第九届全国人民代表大会常务委员会第三十一次会议修订

3. 根据2009年8月27日第十一届全国人民代表大会常务委员会第十次会议《关于修改部分法律的决定》第一次修正

4. 根据2012年12月28日第十一届全国人民代表大会常务委员会第三十次会议《关于修改〈中华人民共和国农业法〉的决定》第二次修正

第五条 **【经济成分】**国家坚持和完善公有制为主体、多种所有制经济共同发展的基本经济制度,振兴农村经济。

国家长期稳定农村以家庭承包经营为基础、统分结合的双层经营体制,发展社会化服务体系,壮大集体经济实力,引导农民走共同富裕的道路。

国家在农村坚持和完善以按劳分配为主体、多种分配方式并存的分配制度。

第七条 **【增收减负】**国家保护农民和农业生产经营组织的财产及其他合法权益不受侵犯。

各级人民政府及其有关部门应当采取措施增加农民收入,切实减轻农民负担。

第十条 **【土地承包经营制度】**国家实行农村土地承包经营制度,依法保障农村土地承包关系的长期稳定,保护农民对承包土地的使用权。

农村土地承包经营的方式、期限、发包方和承包方的权利义务、土地承包经营权的保护和流转等,适用《中华人民共和国土地管理法》和《中华人民共和国农村土地承包法》。

农村集体经济组织应当在家庭承包经营的基础上,依法管理集体资产,为其成员提供生产、技术、信息等服务,组织合理开发、利用集体资源,壮大经济实力。

第五十七条 **【生态环境】**发展农业和农村经济必须合理利用和保护土地、水、森林、草原、野生动植物等自然资源,合理开发和利用水能、沼气、太阳能、风能等可再生能源和清洁能源,发展生态农业,保护和改善生态环境。

县级以上人民政府应当制定农业资源区划或者农业资源合理利用和保护的区划,建立农业资源监测制度。

第五十八条 **【农田保护】**农民和农业生产经营组织应当保养耕地,合理使用化肥、农药、农用薄膜,增加使用有机肥料,采用先进技术,保护和提高地力,防止农用地的污染、破坏和地力衰退。

县级以上人民政府农业行政主管部门应当采取措施,支持农民和农业生产经营组织加强耕地质量建设,并对耕地质量进行定期监测。

第五十九条 【水土保持】各级人民政府应当采取措施,加强小流域综合治理,预防和治理水土流失。从事可能引起水土流失的生产建设活动的单位和个人,必须采取预防措施,并负责治理因生产建设活动造成的水土流失。

各级人民政府应当采取措施,预防土地沙化,治理沙化土地。国务院和沙化土地所在地区的县级以上地方人民政府应当按照法律规定制定防沙治沙规划,并组织实施。

第六十条 【植树造林】国家实行全民义务植树制度。各级人民政府应当采取措施,组织群众植树造林,保护林地和林木,预防森林火灾,防治森林病虫害,制止滥伐、盗伐林木,提高森林覆盖率。

国家在天然林保护区域实行禁伐或者限伐制度,加强造林护林。

第六十一条 【草原保护】有关地方人民政府,应当加强草原的保护、建设和管理,指导、组织农(牧)民和农(牧)业生产经营组织建设人工草场、饲草饲料基地和改良天然草原,实行以草定畜,控制载畜量,推行划区轮牧、休牧和禁牧制度,保护草原植被,防止草原退化沙化和盐渍化。

第六十二条 【退耕】禁止毁林毁草开垦、烧山开垦以及开垦国家禁止开垦的陡坡地,已经开垦的应当逐步退耕还林、还草。

禁止围湖造田以及围垦国家禁止围垦的湿地。已经围垦的,应当逐步退耕还湖、还湿地。

对在国务院批准规划范围内实施退耕的农民,应当按照国家规定予以补助。

第六十三条 【增殖渔业资源】各级人民政府应当采取措施,依法执行捕捞限额和禁渔、休渔制度,增殖渔业资源,保护渔业水域生态环境。

国家引导、支持从事捕捞业的农(渔)民和农(渔)业生产经营组织从事水产养殖业或者其他职业,对根据当地人民政府统一规划转产转业的农(渔)民,应当按照国家规定予以补助。

第六十四条 【生物物种资源保护】国家建立与农业生产有关的生物物种资源保护制度,保护生物多样性,对稀有、濒危、珍贵生物资源及其原生地实行重点保护。从境外引进生物物种资源应当依法进行登记或者审批,并采取相应安全控制措施。

农业转基因生物的研究、试验、生产、加工、经营及其他应用,必须依照国家规定严格实行各项安全控制措施。

第六十五条 【防止环境污染和生态破坏】各级农业行政主管部门应当引导农民和农业生产经营组织采取生物措施或者使用高效低毒低残留农药、兽药,防治动植物病、虫、杂草、鼠害。

农产品采收后的秸秆及其他剩余物质应当综合利用,妥善处理,防止造成环境污染和生态破坏。

从事畜禽等动物规模养殖的单位和个人应当对粪便、废水及其他废弃物进行无害化处理或者综合利用,从事水产养殖的单位和个人应当合理投饵、施肥、使用药物,防止造成环境污染和生态破坏。

第六十六条 【造成农业生态环境污染的责任】县级以上人民政府应当采取措施,

督促有关单位进行治理,防治废水、废气和固体废弃物对农业生态环境的污染。排放废水、废气和固体废弃物造成农业生态环境污染事故的,由环境保护行政主管部门或者农业行政主管部门依法调查处理;给农民和农业生产经营组织造成损失的,有关责任者应当依法赔偿。

第七十一条　【征地补偿】国家依法征收农民集体所有的土地,应当保护农民和农村集体经济组织的合法权益,依法给予农民和农村集体经济组织征地补偿,任何单位和个人不得截留、挪用征地补偿费用。

第七十二条　【土地承包经营权】各级人民政府、农村集体经济组织或者村民委员会在农业和农村经济结构调整、农业产业化经营和土地承包经营权流转等过程中,不得侵犯农民的土地承包经营权,不得干涉农民自主安排的生产经营项目,不得强迫农民购买指定的生产资料或者按指定的渠道销售农产品。

第七十三条　【依法筹资筹劳】农村集体经济组织或者村民委员会为发展生产或者兴办公益事业,需要向其成员(村民)筹资筹劳的,应当经成员(村民)会议或者成员(村民)代表会议过半数通过后,方可进行。

农村集体经济组织或者村民委员会依照前款规定筹资筹劳的,不得超过省级以上人民政府规定的上限控制标准,禁止强行以资代劳。

农村集体经济组织和村民委员会对涉及农民利益的重要事项,应当向农民公开,并定期公布财务账目,接受农民的监督。

中华人民共和国森林法(节录)

1. 1984年9月20日第六届全国人民代表大会常务委员会第七次会议通过

2. 根据1998年4月29日第九届全国人民代表大会常务委员会第二次会议《关于修改〈中华人民共和国森林法〉的决定》第一次修正

3. 根据2009年8月27日第十一届全国人民代表大会常务委员会第十次会议《关于修改部分法律的决定》第二次修正

4. 2019年12月28日第十三届全国人民代表大会常务委员会第十五次会议修订

第二章　森林权属

第十四条　【所有权】森林资源属于国家所有,由法律规定属于集体所有的除外。

国家所有的森林资源的所有权由国务院代表国家行使。国务院可以授权国务院自然资源主管部门统一履行国有森林资源所有者职责。

第十五条　【权益与保护】林地和林地上的森林、林木的所有权、使用权,由不动产登记机构统一登记造册,核发证书。国务院确定的国家重点林区(以下简称重点林区)的森林、林木和林地,由国务院自然资源主管部门负责登记。

森林、林木、林地的所有者和使用者的合法权益受法律保护,任何组织和个人不得侵犯。

森林、林木、林地的所有者和使用者应当依法保护和合理利用森林、林木、林地,不得非法改变林地用途和毁坏森林、林木、林地。

第十六条　【履行的义务】国家所有的林地和林地上的森林、林木可以依法确定给林业经营者使用。林业经营者依法取得的国有林地和林地上的森林、林木的使用权,经批准可以转让、出租、作价出资等。

具体办法由国务院制定。

林业经营者应当履行保护、培育森林资源的义务，保证国有森林资源稳定增长，提高森林生态功能。

第十七条 【承包经营】集体所有和国家所有依法由农民集体使用的林地（以下简称集体林地）实行承包经营的，承包方享有林地承包经营权和承包林地上的林木所有权，合同另有约定的从其约定。承包方可以依法采取出租（转包）、入股、转让等方式流转林地经营权、林木所有权和使用权。

第十八条 【统一经营】未实行承包经营的集体林地以及林地上的林木，由农村集体经济组织统一经营。经本集体经济组织成员的村民会议三分之二以上成员或者三分之二以上村民代表同意并公示，可以通过招标、拍卖、公开协商等方式依法流转林地经营权、林木所有权和使用权。

第十九条 【书面合同】集体林地经营权流转应当签订书面合同。林地经营权流转合同一般包括流转双方的权利义务、流转期限、流转价款及支付方式、流转期限届满林地上的林木和固定生产设施的处置、违约责任等内容。

受让方违反法律规定或者合同约定造成森林、林木、林地严重毁坏的，发包方或者承包方有权收回林地经营权。

第二十条 【管护与收益】国有企业事业单位、机关、团体、部队营造的林木，由营造单位管护并按照国家规定支配林木收益。

农村居民在房前屋后、自留地、自留山种植的林木，归个人所有。城镇居民在自有房屋的庭院内种植的林木，归个人所有。

集体或者个人承包国家所有和集体所有的宜林荒山荒地荒滩营造的林木，归承包的集体或者个人所有；合同另有约定的从其约定。

其他组织或者个人营造的林木，依法由营造者所有并享有林木收益；合同另有约定的从其约定。

第二十一条 【征收征用】为了生态保护、基础设施建设等公共利益的需要，确需征收、征用林地、林木的，应当依照《中华人民共和国土地管理法》等法律、行政法规的规定办理审批手续，并给予公平、合理的补偿。

第二十二条 【争议处理】单位之间发生的林木、林地所有权和使用权争议，由县级以上人民政府依法处理。

个人之间、个人与单位之间发生的林木所有权和林地使用权争议，由乡镇人民政府或者县级以上人民政府依法处理。

当事人对有关人民政府的处理决定不服的，可以自接到处理决定通知之日起三十日内，向人民法院起诉。

在林木、林地权属争议解决前，除因森林防火、林业有害生物防治、国家重大基础设施建设等需要外，当事人任何一方不得砍伐有争议的林木或者改变林地现状。

中华人民共和国草原法（节录）

1. 1985年6月18日第六届全国人民代表大会常务委员会第十一次会议通过
2. 2002年12月28日第九届全国人民代表大会常务委员会第三十一次会议修订
3. 根据2009年8月27日第十一届全国人民代表大会常务委员会第十次会议《关于修改部分法律的决定》第一次修正
4. 根据2013年6月29日第十二届全国人民代表大会常务委员会第三次会议《关于修改〈中华人民共和国文物保护法〉等十二部法律的决定》第二次修正

第四条 【草原保护、建设和利用】各级人民政府应当加强对草原保护、建设和利用的管理，将草原的保护、建设和利用纳入国民经济和社会发展计划。

各级人民政府应当加强保护、建设和合理利用草原的宣传教育。

第九条 **【所有权】**草原属于国家所有，由法律规定属于集体所有的除外。国家所有的草原，由国务院代表国家行使所有权。

任何单位或者个人不得侵占、买卖或者以其他形式非法转让草原。

第十条 **【使用者义务】**国家所有的草原，可以依法确定给全民所有制单位、集体经济组织等使用。

使用草原的单位，应当履行保护、建设和合理利用草原的义务。

第十一条 **【使用登记】**依法确定给全民所有制单位、集体经济组织等使用的国家所有的草原，由县级以上人民政府登记，核发使用权证，确认草原使用权。

未确定使用权的国家所有的草原，由县级以上人民政府登记造册，并负责保护管理。

集体所有的草原，由县级人民政府登记，核发所有权证，确认草原所有权。

依法改变草原权属的，应当办理草原权属变更登记手续。

第十二条 **【保护所有、使用权】**依法登记的草原所有权和使用权受法律保护，任何单位或者个人不得侵犯。

第十三条 **【承包经营】**集体所有的草原或者依法确定给集体经济组织使用的国家所有的草原，可以由本集体经济组织内的家庭或者联户承包经营。

在草原承包经营期内，不得对承包经营者使用的草原进行调整；个别确需适当调整的，必须经本集体经济组织成员的村(牧)民会议三分之二以上成员或者三分之二以上村(牧)民代表的同意，并报乡(镇)人民政府和县级人民政府草原行政主管部门批准。

集体所有的草原或者依法确定给集体经济组织使用的国家所有的草原由本集体经济组织以外的单位或者个人承包经营的，必须经本集体经济组织成员的村(牧)民会议三分之二以上成员或者三分之二以上村(牧)民代表的同意，并报乡(镇)人民政府批准。

第十四条 **【承包合同】**承包经营草原，发包方和承包方应当签订书面合同。草原承包合同的内容应当包括双方的权利和义务、承包草原四至界限、面积和等级、承包期和起止日期、承包草原用途和违约责任等。承包期届满，原承包经营者在同等条件下享有优先承包权。

承包经营草原的单位和个人，应当履行保护、建设和按照承包合同约定的用途合理利用草原的义务。

第十五条 **【承包经营权转让】**草原承包经营权受法律保护，可以按照自愿、有偿的原则依法转让。

草原承包经营权转让的受让方必须具有从事畜牧业生产的能力，并应当履行保护、建设和按照承包合同约定的用途合理利用草原的义务。

草原承包经营权转让应当经发包方同意。承包方与受让方在转让合同中约定的转让期限，不得超过原承包合同剩余的期限。

第三十三条 **【草畜平衡】**草原承包经营者应当合理利用草原，不得超过草原行政主管部门核定的载畜量；草原承包经营者应当采取种植和储备饲草饲料、增加饲草饲料供应量、调剂处理牲畜、优化畜群结构、提高出栏率等措施，保持草畜平衡。

草原载畜量标准和草畜平衡管理办法由国务院草原行政主管部门规定。

第三十四条 【划区轮牧】牧区的草原承包经营者应当实行划区轮牧，合理配置畜群，均衡利用草原。

第三十五条 【牲畜圈养】国家提倡在农区、半农半牧区和有条件的牧区实行牲畜圈养。草原承包经营者应当按照饲养牲畜的种类和数量，调剂、储备饲草饲料，采用青贮和饲草饲料加工等新技术，逐步改变依赖天然草地放牧的生产方式。

在草原禁牧、休牧、轮牧区，国家对实行舍饲圈养的给予粮食和资金补助，具体办法由国务院或者国务院授权的有关部门规定。

第三十八条 【征收、征用、使用的审批】进行矿藏开采和工程建设，应当不占或者少占草原；确需征收、征用或者使用草原的，必须经省级以上人民政府草原行政主管部门审核同意后，依照有关土地管理的法律、行政法规办理建设用地审批手续。

第三十九条 【征收、征用、使用的补偿】因建设征收、征用集体所有的草原的，应当依照《中华人民共和国土地管理法》的规定给予补偿；因建设使用国家所有的草原的，应当依照国务院有关规定对草原承包经营者给予补偿。

因建设征收、征用或者使用草原的，应当交纳草原植被恢复费。草原植被恢复费专款专用，由草原行政主管部门按照规定用于恢复草原植被，任何单位和个人不得截留、挪用。草原植被恢复费的征收、使用和管理办法，由国务院价格主管部门和国务院财政部门会同国务院草原行政主管部门制定。

中华人民共和国渔业法（节录）

1. *1986年1月20日第六届全国人民代表大会常务委员会第十四次会议通过*
2. *根据2000年10月31日第九届全国人民代表大会常务委员会第十八次会议《关于修改〈中华人民共和国渔业法〉的决定》第一次修正*
3. *根据2004年8月28日第十届全国人民代表大会常务委员会第十一次会议《关于修改〈中华人民共和国渔业法〉的决定》第二次修正*
4. *根据2009年8月27日第十一届全国人民代表大会常务委员会第十次会议《关于修改部分法律的决定》第三次修正*
5. *根据2013年12月28日第十二届全国人民代表大会常务委员会第六次会议《关于修改〈中华人民共和国海洋环境保护法〉等七部法律的决定》第四次修正*

第六条 【主管】国务院渔业行政主管部门主管全国的渔业工作。县级以上地方人民政府渔业行政主管部门主管本行政区域内的渔业工作。县级以上人民政府渔业行政主管部门可以在重要渔业水域、渔港设渔政监督管理机构。

县级以上人民政府渔业行政主管部门及其所属的渔政监督管理机构可以设渔政检查人员。渔政检查人员执行渔业行政主管部门及其所属的渔政监督管理机构交付的任务。

第七条 【监督管理】国家对渔业的监督管理，实行统一领导、分级管理。

海洋渔业，除国务院划定由国务院渔业行政主管部门及其所属的渔政监督管理机构监督管理的海域和特定渔业资源渔场外，由毗邻海域的省、自治区、直辖市人民政府渔业行政主管部门监督管理。

江河、湖泊等水域的渔业，按照行政区划由有关县级以上人民政府渔业行政主管部门监督管理；跨行政区域的，由有关县级以上地方人民政府协商制定管理办法，或者由上一级人民政府渔业行政主管部门及其所属的渔政监督管理机构监督管理。

第十一条 【水域、滩涂的使用】国家对水域利用进行统一规划，确定可以用于养殖业的水域和滩涂。单位和个人使用国家规划确定用于养殖业的全民所有的水域、滩涂的，使用者应当向县级以上地方人民政府渔业行政主管部门提出申请，由本级人民政府核发养殖证，许可其使用该水域、滩涂从事养殖生产。核发养殖证的具体办法由国务院规定。

集体所有的或者全民所有由农业集体经济组织使用的水域、滩涂，可以由个人或者集体承包，从事养殖生产。

第十二条 【优先安排】县级以上地方人民政府在核发养殖证时，应当优先安排当地的渔业生产者。

第十四条 【征收】国家建设征收集体所有的水域、滩涂，按照《中华人民共和国土地管理法》有关征地的规定办理。

第二十三条 【捕捞许可证制度】国家对捕捞业实行捕捞许可证制度。

到中华人民共和国与有关国家缔结的协定确定的共同管理的渔区或者公海从事捕捞作业的捕捞许可证，由国务院渔业行政主管部门批准发放。海洋大型拖网、围网作业的捕捞许可证，由省、自治区、直辖市人民政府渔业行政主管部门批准发放。其他作业的捕捞许可证，由县级以上地方人民政府渔业行政主管部门批准发放；但是，批准发放海洋作业的捕捞许可证不得超过国家下达的船网工具控制指标，具体办法由省、自治区、直辖市人民政府规定。

捕捞许可证不得买卖、出租和以其他形式转让，不得涂改、伪造、变造。

到他国管辖海域从事捕捞作业的，应当经国务院渔业行政主管部门批准，并遵守中华人民共和国缔结的或者参加的有关条约、协定和有关国家的法律。

中华人民共和国
野生动物保护法（节录）

1. 1988 年 11 月 8 日第七届全国人民代表大会常务委员会第四次会议通过
2. 根据 2004 年 8 月 28 日第十届全国人民代表大会常务委员会第十一次会议《关于修改〈中华人民共和国野生动物保护法〉的决定》第一次修正
3. 根据 2009 年 8 月 27 日第十一届全国人民代表大会常务委员会第十次会议《关于修改部分法律的决定》第二次修正
4. 2016 年 7 月 2 日第十二届全国人民代表大会常务委员会第二十一次会议修订
5. 根据 2018 年 10 月 26 日第十三届全国人民代表大会常务委员会第六次会议《关于修改〈中华人民共和国野生动物保护法〉等十五部法律的决定》第三次修正

第三条 【资源国有及权益保障】野生动物资源属于国家所有。

国家保障依法从事野生动物科学研究、人工繁育等保护及相关活动的组织和个人的合法权益。

第八条 【宣传普及】各级人民政府应当加强野生动物保护的宣传教育和科学知识普及工作，鼓励和支持基层群众性自治组织、社会组织、企业事业单位、志愿者开展野生动物保护法律法规和保护知识的宣传活动。

教育行政部门、学校应当对学生进行野生动物保护知识教育。

新闻媒体应当开展野生动物保护法律法规和保护知识的宣传，对违法行为进行舆论监督。

中华人民共和国水法(节录)

1. 1988年1月21日第六届全国人民代表大会常务委员会第二十四次会议通过

2. 2002年8月29日第九届全国人民代表大会常务委员会第二十九次会议修订

3. 根据2009年8月27日第十一届全国人民代表大会常务委员会第十次会议《关于修改部分法律的决定》第一次修正

4. 根据2016年7月2日第十二届全国人民代表大会常务委员会第二十一次会议《关于修改〈中华人民共和国节约能源法〉等六部法律的决定》第二次修正

第二条 【所有权】水资源属于国家所有。水资源的所有权由国务院代表国家行使。农村集体经济组织的水塘和由农村集体经济组织修建管理的水库中的水,归各该农村集体经济组织使用。

第六条 【保护合法权益】国家鼓励单位和个人依法开发、利用水资源,并保护其合法权益。开发、利用水资源的单位和个人有依法保护水资源的义务。

第七条 【取水许可制度和有偿使用】国家对水资源依法实行取水许可制度和有偿使用制度。但是,农村集体经济组织及其成员使用本集体经济组织的水塘、水库中的水的除外。国务院水行政主管部门负责全国取水许可制度和水资源有偿使用制度的组织实施。

第二十八条 【行为限制】任何单位和个人引水、截(蓄)水、排水,不得损害公共利益和他人的合法权益。

第三十一条 【开采单位职责】从事水资源开发、利用、节约、保护和防治水害等水事活动,应当遵守经批准的规划;因违反规划造成江河和湖泊水域使用功能降低、地下水超采、地面沉降、水体污染的,应当承担治理责任。

开采矿藏或者建设地下工程,因疏干排水导致地下水水位下降、水源枯竭或者地面塌陷,采矿单位或者建设单位应当采取补救措施;对他人生活和生产造成损失的,依法给予补偿。

第四十八条 【取水权的取得】直接从江河、湖泊或者地下取用水资源的单位和个人,应当按照国家取水许可制度和水资源有偿使用制度的规定,向水行政主管部门或者流域管理机构申请领取取水许可证,并缴纳水资源费,取得取水权。但是,家庭生活和零星散养、圈养畜禽饮用等少量取水的除外。

实施取水许可制度和征收管理水资源费的具体办法,由国务院规定。

第五十六条 【行政区域间的水事纠纷处理】不同行政区域之间发生水事纠纷的,应当协商处理;协商不成的,由上一级人民政府裁决,有关各方必须遵照执行。在水事纠纷解决前,未经各方达成协议或者共同的上一级人民政府批准,在行政区域交界线两侧一定范围内,任何一方不得修建排水、阻水、取水和截(蓄)水工程,不得单方面改变水的现状。

第五十七条 【单位或个人间的水事纠纷处理】单位之间、个人之间、单位与个人之间发生的水事纠纷,应当协商解决;当事人不愿协商或者协商不成的,可以申请县级以上地方人民政府或者其授权的部门调解,也可以直接向人民法院提起民事诉讼。县级以上地方人民政府或者其授权的部门调解不成的,当事人可以向人民法院提起民事诉讼。

在水事纠纷解决前,当事人不得单方面改变现状。

第七十六条 【引、蓄、排水违法】引水、截(蓄)水、排水,损害公共利益或者他人合法权益的,依法承担民事责任。

中华人民共和国
大气污染防治法(节录)

1. 1987年9月5日第六届全国人民代表大会常务委员会第二十二次会议通过
2. 根据1995年8月29日第八届全国人民代表大会常务委员会第十五次会议《关于修改〈中华人民共和国大气污染防治法〉的决定》第一次修正
3. 2000年4月29日第九届全国人民代表大会常务委员会第十五次会议第一次修订
4. 2015年8月29日第十二届全国人民代表大会常务委员会第十六次会议第二次修订
5. 根据2018年10月26日第十三届全国人民代表大会常务委员会第六次会议《关于修改〈中华人民共和国野生动物保护法〉等十五部法律的决定》第二次修正

第三十三条 **【煤炭洗选加工】**国家推行煤炭洗选加工,降低煤炭的硫分和灰分,限制高硫分、高灰分煤炭的开采。新建煤矿应当同步建设配套的煤炭洗选设施,使煤炭的硫分、灰分含量达到规定标准;已建成的煤矿除所采煤炭属于低硫分、低灰分或者根据已达标排放的燃煤电厂要求不需要洗选的以外,应当限期建成配套的煤炭洗选设施。

禁止开采含放射性和砷等有毒有害物质超过规定标准的煤炭。

中华人民共和国
海域使用管理法(节录)

1. 2001年10月27日第九届全国人民代表大会常务委员会第二十四次会议通过
2. 2001年10月27日中华人民共和国主席令第61号公布
3. 自2002年1月1日起施行

第三条 **【海域国有】**海域属于国家所有,国务院代表国家行使海域所有权。任何单位或者个人不得侵占、买卖或者以其他形式非法转让海域。

单位和个人使用海域,必须依法取得海域使用权。

第六条 **【登记、统计制度】**国家建立海域使用权登记制度,依法登记的海域使用权受法律保护。

国家建立海域使用统计制度,定期发布海域使用统计资料。

第二十五条 **【使用权期限】**海域使用权最高期限,按照下列用途确定:

(一)养殖用海十五年;

(二)拆船用海二十年;

(三)旅游、娱乐用海二十五年;

(四)盐业、矿业用海三十年;

(五)公益事业用海四十年;

(六)港口、修造船厂等建设工程用海五十年。

第二十七条 **【使用权变更与转让】**因企业合并、分立或者与他人合资、合作经营,变更海域使用权人的,需经原批准用海的人民政府批准。

海域使用权可以依法转让。海域使用权转让的具体办法,由国务院规定。

海域使用权可以依法继承。

第三十三条 **【有偿使用】**国家实行海域有偿使用制度。

单位和个人使用海域,应当按照国务院的规定缴纳海域使用金。海域使用金应当按照国务院的规定上缴财政。

对渔民使用海域从事养殖活动收取海域使用金的具体实施步骤和办法,由国务院另行规定。

第三十七条 **【监查部门】**县级以上人民政府海洋行政主管部门应当加强对海域使用的监督检查。

县级以上人民政府财政部门应当加强对海域使用金缴纳情况的监督检查。

中华人民共和国矿产资源法(节录)

1. *1986年3月19日第六届全国人民代表大会常务委员会第十五次会议通过*
2. *根据1996年8月29日第八届全国人民代表大会常务委员会第二十一次会议《关于修改〈中华人民共和国矿产资源法〉的决定》第一次修正*
3. *根据2009年8月27日第十一届全国人民代表大会常务委员会第十次会议《关于修改部分法律的决定》第二次修正*

第三条 **【所有权保护】**矿产资源属于国家所有,由国务院行使国家对矿产资源的所有权。地表或者地下的矿产资源的国家所有权,不因其所依附的土地的所有权或者使用权的不同而改变。

国家保障矿产资源的合理开发利用。禁止任何组织或者个人用任何手段侵占或者破坏矿产资源。各级人民政府必须加强矿产资源的保护工作。

勘查、开采矿产资源,必须依法分别申请、经批准取得探矿权、采矿权,并办理登记;但是,已经依法申请取得采矿权的矿山企业在划定的矿区范围内为本企业的生产而进行的勘查除外。国家保护探矿权和采矿权不受侵犯,保障矿区和勘查作业区的生产秩序、工作秩序不受影响和破坏。

从事矿产资源勘查和开采的,必须符合规定的资质条件。

第五条 **【有偿取得权利】**国家实行探矿权、采矿权有偿取得的制度;但是,国家对探矿权、采矿权有偿取得的费用,可以根据不同情况规定予以减缴、免缴。具体办法和实施步骤由国务院规定。

开采矿产资源,必须按照国家有关规定缴纳资源税和资源补偿费。

第六条 **【权利转让限制】**除按下列规定可以转让外,探矿权、采矿权不得转让:

(一)探矿权人有权在划定的勘查作业区内进行规定的勘查作业,有权优先取得勘查作业区内矿产资源的采矿权。探矿权人在完成规定的最低勘查投入后,经依法批准,可以将探矿权转让他人。

(二)已取得采矿权的矿山企业,因企业合并、分立,与他人合资、合作经营,或者因企业资产出售以及有其他变更企业资产产权的情形而需要变更采矿权主体的,经依法批准可以将采矿权转让他人采矿。

前款规定的具体办法和实施步骤由国务院规定。

禁止将探矿权、采矿权倒卖牟利。

第十一条 **【监督管理】**国务院地质矿产主管部门主管全国矿产资源勘查、开采的监督管理工作。国务院有关主管部门协助国务院地质矿产主管部门进行矿产资源勘查、开采的监督管理工作。

省、自治区、直辖市人民政府地质矿产主管部门主管本行政区域内矿产资源勘查、开采的监督管理工作。省、自治区、直辖市人民政府有关主管部门协助同级地质矿产主管部门进行矿产资源勘查、开采的监督管理工作。

第二十九条 **【开采标准】**开采矿产资源,必须采取合理的开采顺序、开采方法和选矿工艺。矿山企业的开采回采率、采矿贫化率和选矿回收率应当达到设计要求。

第三十条 **【综合开采、利用】**在开采主要矿产的同时,对具有工业价值的共生和伴生矿产应当统一规划,综合开采,综合利用,防止浪费;对暂时不能综合开采或者必须同时采出而暂时还不能综合利用的矿产以及含有有用组分的尾矿,应当采取有效的保护措施,防止损失破坏。

第三十二条 【环境保护】开采矿产资源,必须遵守有关环境保护的法律规定,防止污染环境。

开采矿产资源,应当节约用地。耕地、草原、林地因采矿受到破坏的,矿山企业应当因地制宜地采取复垦利用、植树种草或者其他利用措施。

开采矿产资源给他人生产、生活造成损失的,应当负责赔偿,并采取必要的补救措施。

第三十九条 【擅自开采】违反本法规定,未取得采矿许可证擅自采矿的,擅自进入国家规划矿区、对国民经济具有重要价值的矿区范围采矿的,擅自开采国家规定实行保护性开采的特定矿种的,责令停止开采、赔偿损失,没收采出的矿产品和违法所得,可以并处罚款;拒不停止开采,造成矿产资源破坏的,依照刑法有关规定对直接责任人员追究刑事责任。

单位和个人进入他人依法设立的国有矿山企业和其他矿山企业矿区范围内采矿的,依照前款规定处罚。

第四十条 【超范围采矿】超越批准的矿区范围采矿的,责令退回本矿区范围内开采、赔偿损失,没收越界开采的矿产品和违法所得,可以并处罚款;拒不退回本矿区范围内开采,造成矿产资源破坏的,吊销采矿许可证,依照刑法有关规定对直接责任人员追究刑事责任。

第四十二条 【买卖、出租资源、权利】买卖、出租或者以其他形式转让矿产资源的,没收违法所得,处以罚款。

违反本法第六条的规定将探矿权、采矿权倒卖牟利的,吊销勘查许可证、采矿许可证,没收违法所得,处以罚款。

第四十四条 【破坏性开采】违反本法规定,采取破坏性的开采方法开采矿产资源的,处以罚款,可以吊销采矿许可证;造成矿产资源严重破坏的,依照刑法有关规定对直接责任人员追究刑事责任。

中华人民共和国煤炭法(节录)

1. 1996年8月29日第八届全国人民代表大会常务委员会第二十一次会议通过
2. 根据2009年8月27日第十一届全国人民代表大会常务委员会第十次会议《关于修改部分法律的决定》第一次修正
3. 根据2013年6月29日第十二届全国人民代表大会常务委员会第三次会议《关于修改〈中华人民共和国文物保护法〉等十二部法律的规定》第二次修正
4. 根据2016年11月7日第十二届全国人民代表大会常务委员会第二十四次会议《关于修改〈中华人民共和国对外贸易法〉等十二部法律的决定》第三次修正

第三条 【资源国有】煤炭资源属于国家所有。地表或者地下的煤炭资源的国家所有权,不因其依附的土地的所有权或者使用权的不同而改变。

第六条 【法律保护】国家保护依法投资开发煤炭资源的投资者的合法权益。

国家保障国有煤矿的健康发展。

国家对乡镇煤矿采取扶持、改造、整顿、联合、提高的方针,实行正规合理开发和有序发展。

第十一条 【环保】开发利用煤炭资源,应当遵守有关环境保护的法律、法规,防治污染和其他公害,保护生态环境。

第十二条 【监管】国务院煤炭管理部门依法负责全国煤炭行业的监督管理。国务院有关部门在各自的职责范围内负责煤炭行业的监督管理。

县级以上地方人民政府煤炭管理部门和有关部门依法负责本行政区域内煤炭行业的监督管理。

第十三条 【法人】煤炭矿务局是国有煤矿企业,具有独立法人资格。

矿务局和其他具有独立法人资格的煤矿企业、煤炭经营企业依法实行自主经营、自负盈亏、自我约束、自我发展。

第二十条 【建设用地】煤矿建设使用土地,应当依照有关法律、行政法规的规定办理。征收土地的,应当依法支付土地补偿费和安置补偿费,做好迁移居民的安置工作。

煤矿建设应当贯彻保护耕地、合理利用土地的原则。

地方人民政府对煤矿建设依法使用土地和迁移居民,应当给予支持和协助。

第二十五条 【许可证管理】煤炭生产许可证的颁发管理机关,负责对煤炭生产许可证的监督管理。

依法取得煤炭生产许可证的煤矿企业不得将其煤炭生产许可证转让或者出租给他人。

第三十一条 【禁止行为】煤炭生产应当依法在批准的开采范围内进行,不得超越批准的开采范围越界、越层开采。

采矿作业不得擅自开采保安煤柱,不得采用可能危及相邻煤矿生产安全的决水、爆破、贯通巷道等危险方法。

第六十七条 【擅自生产】违反本法第二十二条的规定,未取得煤炭生产许可证,擅自从事煤炭生产的,由煤炭管理部门责令停止生产,没收违法所得,可以并处违法所得一倍以上五倍以下的罚款;拒不停止生产的,由县级以上地方人民政府强制停产。

第六十八条 【违法出让许可证】违反本法第二十五条的规定,转让或者出租煤炭生产许可证的,由煤炭管理部门吊销煤炭生产许可证,没收违法所得,并处违法所得一倍以上五倍以下的罚款。

第六十九条 【未达回采率】违反本法第二十九条的规定,开采煤炭资源未达到国务院煤炭管理部门规定的煤炭资源回采率的,由煤炭管理部门责令限期改正;逾期仍达不到规定的回采率的,吊销其煤炭生产许可证。

(3)土地征收及其补偿

中华人民共和国
土地管理法(节录)

1. 1986年6月25日第六届全国人民代表大会常务委员会第十六次会议通过
2. 根据1988年12月29日第七届全国人民代表大会常务委员会第五次会议《关于修改〈中华人民共和国土地管理法〉的决定》第一次修正
3. 1998年8月29日第九届全国人民代表大会常务委员会第四次会议修订
4. 根据2004年8月28日第十届全国人民代表大会常务委员会第十一次会议《关于修改〈中华人民共和国土地管理法〉的决定》第二次修正
5. 根据2019年8月26日第十三届全国人民代表大会常务委员会第十二次会议《关于修改〈中华人民共和国土地管理法〉、〈中华人民共和国城市房地产管理法〉的决定》第三次修正

第三十条 【耕地补偿制度】国家保护耕地,严格控制耕地转为非耕地。

国家实行占用耕地补偿制度。非农业建设经批准占用耕地的,按照"占多少,垦多少"的原则,由占用耕地的单位负责开垦与所占用耕地的数量和质量相当的耕地；没有条件开垦或者开垦的耕地不符合要求的，应当按照省、自治区、直辖市的规定缴纳耕地开垦费，专款用于开垦新的耕地。

省、自治区、直辖市人民政府应当制定开垦耕地计划，监督占用耕地的单位按照计划开垦耕地或者按照计划组织开垦耕地，并进行验收。

第三十二条　【耕地总量和质量】省、自治区、直辖市人民政府应当严格执行土地利用总体规划和土地利用年度计划，采取措施，确保本行政区域内耕地总量不减少、质量不降低。耕地总量减少的，由国务院责令在规定期限内组织开垦与所减少耕地的数量与质量相当的耕地；耕地质量降低的，由国务院责令在规定期限内组织整治。新开垦和整治的耕地由国务院自然资源主管部门会同农业农村主管部门验收。

个别省、直辖市确因土地后备资源匮乏，新增建设用地后，新开垦耕地的数量不足以补偿所占用耕地的数量的，必须报经国务院批准减免本行政区域内开垦耕地的数量，易地开垦数量和质量相当的耕地。

第三十五条　【永久基本农田的转用、征收】永久基本农田经依法划定后，任何单位和个人不得擅自占用或者改变其用途。国家能源、交通、水利、军事设施等重点建设项目选址确实难以避让永久基本农田，涉及农用地转用或者土地征收的，必须经国务院批准。

禁止通过擅自调整县级土地利用总体规划、乡（镇）土地利用总体规划等方式规避永久基本农田农用地转用或者土地征收的审批。

第四十五条　【农村集体所有土地的征收】为了公共利益的需要，有下列情形之一，确需征收农民集体所有的土地的，可以依法实施征收：

（一）军事和外交需要用地的；

（二）由政府组织实施的能源、交通、水利、通信、邮政等基础设施建设需要用地的；

（三）由政府组织实施的科技、教育、文化、卫生、体育、生态环境和资源保护、防灾减灾、文物保护、社区综合服务、社会福利、市政公用、优抚安置、英烈保护等公共事业需要用地的；

（四）由政府组织实施的扶贫搬迁、保障性安居工程建设需要用地的；

（五）在土地利用总体规划确定的城镇建设用地范围内，经省级以上人民政府批准由县级以上地方人民政府组织实施的成片开发建设需要用地的；

（六）法律规定为公共利益需要可以征收农民集体所有的土地的其他情形。

前款规定的建设活动，应当符合国民经济和社会发展规划、土地利用总体规划、城乡规划和专项规划；第（四）项、第（五）项规定的建设活动，还应当纳入国民经济和社会发展年度计划；第（五）项规定的成片开发并应当符合国务院自然资源主管部门规定的标准。

第四十六条　【土地征收的审批】征收下列土地的，由国务院批准：

（一）永久基本农田；

（二）永久基本农田以外的耕地超过三十五公顷的；

（三）其他土地超过七十公顷的。

征收前款规定以外的土地的，由省、自治区、直辖市人民政府批准。

征收农用地的，应当依照本法第四十

四条的规定先行办理农用地转用审批。其中,经国务院批准农用地转用的,同时办理征地审批手续,不再另行办理征地审批;经省、自治区、直辖市人民政府在征地批准权限内批准农用地转用的,同时办理征地审批手续,不再另行办理征地审批,超过征地批准权限的,应当依照本条第一款的规定另行办理征地审批。

第四十七条 【土地征收的公告】国家征收土地的,依照法定程序批准后,由县级以上地方人民政府予以公告并组织实施。

县级以上地方人民政府拟申请征收土地的,应当开展拟征收土地现状调查和社会稳定风险评估,并将征收范围、土地现状、征收目的、补偿标准、安置方式和社会保障等在拟征收土地所在的乡(镇)和村、村民小组范围内公告至少三十日,听取被征地的农村集体经济组织及其成员、村民委员会和其他利害关系人的意见。

多数被征地的农村集体经济组织成员认为征地补偿安置方案不符合法律、法规规定的,县级以上地方人民政府应当组织召开听证会,并根据法律、法规的规定和听证会情况修改方案。

拟征收土地的所有权人、使用权人应当在公告规定期限内,持不动产权属证明材料办理补偿登记。县级以上地方人民政府应当组织有关部门测算并落实有关费用,保证足额到位,与拟征收土地的所有权人、使用权人就补偿、安置等签订协议;个别确实难以达成协议的,应当在申请征收土地时如实说明。

相关前期工作完成后,县级以上地方人民政府方可申请征收土地。

第四十八条 【征收土地补偿】征收土地应当给予公平、合理的补偿,保障被征地农民原有生活水平不降低、长远生计有保障。

征收土地应当依法及时足额支付土地补偿费、安置补助费以及农村村民住宅、其他地上附着物和青苗等的补偿费用,并安排被征地农民的社会保障费用。

征收农用地的土地补偿费、安置补助费标准由省、自治区、直辖市通过制定公布区片综合地价确定。制定区片综合地价应当综合考虑土地原用途、土地资源条件、土地产值、土地区位、土地供求关系、人口以及经济社会发展水平等因素,并至少每三年调整或者重新公布一次。

征收农用地以外的其他土地、地上附着物和青苗等的补偿标准,由省、自治区、直辖市制定。对其中的农村村民住宅,应当按照先补偿后搬迁、居住条件有改善的原则,尊重农村村民意愿,采取重新安排宅基地建房、提供安置房或者货币补偿等方式给予公平、合理的补偿,并对因征收造成的搬迁、临时安置等费用予以补偿,保障农村村民居住的权利和合法的住房财产权益。

县级以上地方人民政府应当将被征地农民纳入相应的养老等社会保障体系。被征地农民的社会保障费用主要用于符合条件的被征地农民的养老保险等社会保险缴费补贴。被征地农民社会保障费用的筹集、管理和使用办法,由省、自治区、直辖市制定。

第四十九条 【补偿费用收支情况公布】被征地的农村集体经济组织应当将征收土地的补偿费用的收支状况向本集体经济组织的成员公布,接受监督。

禁止侵占、挪用被征收土地单位的征地补偿费用和其他有关费用。

第五十条 【政府支持】地方各级人民政府应当支持被征地的农村集体经济组织和

农民从事开发经营，兴办企业。

第五十一条 【大型工程征地】大中型水利、水电工程建设征收土地的补偿费标准和移民安置办法，由国务院另行规定。

第五十七条 【临时用地】建设项目施工和地质勘查需要临时使用国有土地或者农民集体所有的土地的，由县级以上人民政府自然资源主管部门批准。其中，在城市规划区内的临时用地，在报批前，应当先经有关城市规划行政主管部门同意。土地使用者应当根据土地权属，与有关自然资源主管部门或者农村集体经济组织、村民委员会签订临时使用土地合同，并按照合同的约定支付临时使用土地补偿费。

临时使用土地的使用者应当按照临时使用土地合同约定的用途使用土地，并不得修建永久性建筑物。

临时使用土地期限一般不超过二年。

第五十八条 【收回国有土地使用权】有下列情形之一的，由有关人民政府自然资源主管部门报经原批准用地的人民政府或者有批准权的人民政府批准，可以收回国有土地使用权：

（一）为实施城市规划进行旧城区改建以及其他公共利益需要，确需使用土地的；

（二）土地出让等有偿使用合同约定的使用期限届满，土地使用者未申请续期或者申请续期未获批准的；

（三）因单位撤销、迁移等原因，停止使用原划拨的国有土地的；

（四）公路、铁路、机场、矿场等经核准报废的。

依照前款第（一）项的规定收回国有土地使用权的，对土地使用权人应当给予适当补偿。

第六十六条 【收回集体土地使用权】有下列情形之一的，农村集体经济组织报经原批准用地的人民政府批准，可以收回土地使用权：

（一）为乡（镇）村公共设施和公益事业建设，需要使用土地的；

（二）不按照批准的用途使用土地的；

（三）因撤销、迁移等原因而停止使用土地的。

依照前款第（一）项规定收回农民集体所有的土地的，对土地使用权人应当给予适当补偿。

收回集体经营性建设用地使用权，依照双方签订的书面合同办理，法律、行政法规另有规定的除外。

第七十九条 【非法批准责任】无权批准征收、使用土地的单位或者个人非法批准占用土地的，超越批准权限非法批准占用土地的，不按照土地利用总体规划确定的用途批准用地的，或者违反法律规定的程序批准占用、征收土地的，其批准文件无效，对非法批准征收、使用土地的直接负责的主管人员和其他直接责任人员，依法给予处分；构成犯罪的，依法追究刑事责任。非法批准、使用的土地应当收回，有关当事人拒不归还的，以非法占用土地论处。

非法批准征收、使用土地，对当事人造成损失的，依法应当承担赔偿责任。

第八十条 【非法侵占征地补偿费责任】侵占、挪用被征收土地单位的征地补偿费用和其他有关费用，构成犯罪的，依法追究刑事责任；尚不构成犯罪的，依法给予处分。

第八十四条 【渎职】自然资源主管部门、农业农村主管部门的工作人员玩忽职守、滥用职权、徇私舞弊，构成犯罪的，依法追究刑事责任；尚不构成犯罪的，依法给予处分。

中华人民共和国
土地管理法实施条例（节录）

1. 1998年12月27日国务院令第256号公布
2. 根据2011年1月8日国务院令第588号《关于废止和修改部分行政法规的决定》第一次修订
3. 根据2014年7月29日国务院令第653号《关于修改部分行政法规的决定》第二次修订

第二十条 在土地利用总体规划确定的城市建设用地范围内，为实施城市规划占用土地的，按照下列规定办理：

（一）市、县人民政府按照土地利用年度计划拟订农用地转用方案、补充耕地方案、征收土地方案，分批次逐级上报有批准权的人民政府。

（二）有批准权的人民政府土地行政主管部门对农用地转用方案、补充耕地方案、征收土地方案进行审查，提出审查意见，报有批准权的人民政府批准；其中，补充耕地方案由批准农用地转用方案的人民政府在批准农用地转用方案时一并批准。

（三）农用地转用方案、补充耕地方案、征收土地方案经批准后，由市、县人民政府组织实施，按具体建设项目分别供地。

在土地利用总体规划确定的村庄、集镇建设用地范围内，为实施村庄、集镇规划占用土地的，由市、县人民政府拟订农用地转用方案、补充耕地方案，依照前款规定的程序办理。

第二十一条 具体建设项目需要使用土地的，建设单位应当根据建设项目的总体设计一次申请，办理建设用地审批手续；分期建设的项目，可以根据可行性研究报告确定的方案分期申请建设用地，分期办理建设用地有关审批手续。

第二十二条 具体建设项目需要占用土地利用总体规划确定的城市建设用地范围内的国有建设用地的，按照下列规定办理：

（一）建设项目可行性研究论证时，由土地行政主管部门对建设项目用地有关事项进行审查，提出建设项目用地预审报告；可行性研究报告报批时，必须附具土地行政主管部门出具的建设项目用地预审报告。

（二）建设单位持建设项目的有关批准文件，向市、县人民政府土地行政主管部门提出建设用地申请，由市、县人民政府土地行政主管部门审查，拟订供地方案，报市、县人民政府批准；需要上级人民政府批准的，应当报上级人民政府批准。

（三）供地方案经批准后，由市、县人民政府向建设单位颁发建设用地批准书。有偿使用国有土地的，由市、县人民政府土地行政主管部门与土地使用者签订国有土地有偿使用合同；划拨使用国有土地的，由市、县人民政府土地行政主管部门向土地使用者核发国有土地划拨决定书。

（四）土地使用者应当依法申请土地登记。

通过招标、拍卖方式提供国有建设用地使用权的，由市、县人民政府土地行政主管部门会同有关部门拟订方案，报市、县人民政府批准后，由市、县人民政府土地行政主管部门组织实施，并与土地使用者签订土地有偿使用合同。土地使用者应当依法申请土地登记。

第二十三条 具体建设项目需要使用土地的，必须依法申请使用土地利用总体规划确定的城市建设用地范围内的国有建设用地。能源、交通、水利、矿山、军事设施等建设项目确需使用土地利用总体规划确定的城市建设用地范围外的土地，涉及农用地的，按照下列规定办理：

（一）建设项目可行性研究论证时，由土地行政主管部门对建设项目用地有关事项进行审查，提出建设项目用地预审报告；可行性研究报告报批时，必须附具土地行政主管部门出具的建设项目用地预审报告。

（二）建设单位持建设项目的有关批准文件，向市、县人民政府土地行政主管部门提出建设用地申请，由市、县人民政府土地行政主管部门审查，拟订农用地转用方案、补充耕地方案、征收土地方案和供地方案（涉及国有农用地的，不拟订征收土地方案），经市、县人民政府审核同意后，逐级上报有批准权的人民政府批准；其中，补充耕地方案由批准农用地转用方案的人民政府在批准农用地转用方案时一并批准；供地方案由批准征收土地的人民政府在批准征收土地方案时一并批准（涉及国有农用地的，供地方案由批准农用地转用的人民政府在批准农用地转用方案时一并批准）。

（三）农用地转用方案、补充耕地方案、征收土地方案和供地方案经批准后，由市、县人民政府组织实施，向建设单位颁发建设用地批准书。有偿使用国有土地的，由市、县人民政府土地行政主管部门与土地使用者签订国有土地有偿使用合同；划拨使用国有土地的，由市、县人民政府土地行政主管部门向土地使用者核发国有土地划拨决定书。

（四）土地使用者应当依法申请土地登记。

建设项目确需使用土地利用总体规划确定的城市建设用地范围外的土地，涉及农民集体所有的未利用地的，只报批征收土地方案和供地方案。

第二十四条 具体建设项目需要占用土地利用总体规划确定的国有未利用地的，按照省、自治区、直辖市的规定办理；但是，国家重点建设项目、军事设施和跨省、自治区、直辖市行政区域的建设项目以及国务院规定的其他建设项目用地，应当报国务院批准。

第二十五条 征收土地方案经依法批准后，由被征收土地所在地的市、县人民政府组织实施，并将批准征地机关、批准文号、征收土地的用途、范围、面积以及征地补偿标准、农业人员安置办法和办理征地补偿的期限等，在被征收土地所在地的乡（镇）、村予以公告。

被征收土地的所有权人、使用权人应当在公告规定的期限内，持土地权属证书到公告指定的人民政府土地行政主管部门办理征地补偿登记。

市、县人民政府土地行政主管部门根据经批准的征收土地方案，会同有关部门拟订征地补偿、安置方案，在被征收土地所在地的乡（镇）、村予以公告，听取被征收土地的农村集体经济组织和农民的意见。征地补偿、安置方案报市、县人民政府批准后，由市、县人民政府土地行政主管部门组织实施。对补偿标准有争议的，由县级以上地方人民政府协调；协调不成的，由批准征收土地的人民政府裁决。征地补偿、安置争议不影响征收土地方案的实施。

征收土地的各项费用应当自征地补偿、安置方案批准之日起三个月内全额支付。

第二十六条 土地补偿费归农村集体经济组织所有；地上附着物及青苗补偿费归地

上附着物及青苗的所有者所有。

征收土地的安置补助费必须专款专用,不得挪作他用。需要安置的人员由农村集体经济组织安置的,安置补助费支付给农村集体经济组织,由农村集体经济组织管理和使用;由其他单位安置的,安置补助费支付给安置单位;不需要统一安置的,安置补助费发放给被安置人员个人或者征得被安置人员同意后用于支付被安置人员的保险费用。

市、县和乡(镇)人民政府应当加强对安置补助费使用情况的监督。

国土资源部关于贯彻执行《中华人民共和国土地管理法》和《中华人民共和国土地管理法实施条例》若干问题的意见(节录)

1. 1999年9月17日发布
2. 国土资厅发〔1999〕97号

五、关于征用土地的安置补助费标准的确定

《土地管理法》第四十七条第二款规定,"征用耕地的土地补偿费,为该耕地被征用前三年平均年产值的六至十倍"。这里的"该耕地",是指实际征用的耕地数量。而"每一个需要安置的农业人口的安置补助费标准,为该耕地被征用前三年平均年产值的四到六倍"中的"该耕地",则是指在被征用土地所在地,被征地单位平均每人占有的耕地数量。这样规定,是将每一个需要安置的农业人口的安置补助费与人均耕地面积挂钩,以被征用土地所在地的人均耕地的平均年产值的倍数计算安置补助费,从而使安置补助费标准的确定更加公平、合理,有利于保护农民利益,维护社会稳定。

中华人民共和国农村土地承包法(节录)

1. 2002年8月29日第九届全国人民代表大会常务委员会第二十九次会议通过
2. 根据2009年8月27日第十一届全国人民代表大会常务委员会第十次会议《关于修改部分法律的决定》第一次修正
3. 根据2018年12月29日第十三届全国人民代表大会常务委员会第七次会议《关于修改〈中华人民共和国农村土地承包法〉的决定》第二次修正

第十七条 **【承包方权利】**承包方享有下列权利:

(一)依法享有承包地使用、收益的权利,有权自主组织生产经营和处置产品;

(二)依法互换、转让土地承包经营权;

(三)依法流转土地经营权;

(四)承包地被依法征收、征用、占用的,有权依法获得相应的补偿;

(五)法律、行政法规规定的其他权利。

第二十七条 **【承包地的合理收回】**承包期内,发包方不得收回承包地。

国家保护进城农户的土地承包经营权。不得以退出土地承包经营权作为农户进城落户的条件。

承包期内,承包农户进城落户的,引导支持其按照自愿有偿原则依法在本集体经济组织内转让土地承包经营权或者将承包地交回发包方,也可以鼓励其流转土地经营权。

承包期内,承包方交回承包地或者发包方依法收回承包地时,承包方对其在承包地上投入而提高土地生产能力的,有权获得相应的补偿。

第三十条 **【自愿交回承包地】**承包期内，承包方可以自愿将承包地交回发包方。承包方自愿交回承包地的，可以获得合理补偿，但是应当提前半年以书面形式通知发包方。承包方在承包期内交回承包地的，在承包期内不得再要求承包土地。

第四十条 **【土地经营权流转合同】**土地经营权流转，当事人双方应当签订书面流转合同。

土地经营权流转合同一般包括以下条款：

（一）双方当事人的姓名、住所；

（二）流转土地的名称、坐落、面积、质量等级；

（三）流转期限和起止日期；

（四）流转土地的用途；

（五）双方当事人的权利和义务；

（六）流转价款及支付方式；

（七）土地被依法征收、征用、占用时有关补偿费的归属；

（八）违约责任。

承包方将土地交由他人代耕不超过一年的，可以不签订书面合同。

第四十三条 **【受让方投资】**经承包方同意，受让方可以依法投资改良土壤，建设农业生产附属、配套设施，并按照合同约定对其投资部分获得合理补偿。

第六十二条 **【刑事责任】**违反土地管理法规，非法征收、征用、占用土地或者贪污、挪用土地征收、征用补偿费用，构成犯罪的，依法追究刑事责任；造成他人损害的，应当承担损害赔偿等责任。

中华人民共和国电力法（节录）

1. 1995年12月28日第八届全国人民代表大会常务委员会第十七次会议通过

2. 根据2009年8月27日第十一届全国人民代表大会常务委员会第十次会议《关于修改部分法律的决定》第一次修正

3. 根据2015年4月24日第十二届全国人民代表大会常务委员会第十四次会议《关于修改〈中华人民共和国电力法〉等六部法律的决定》第二次修正

4. 根据2018年12月29日第十三届全国人民代表大会常务委员会第七次会议《关于修改〈中华人民共和国电力法〉等四部法律的决定》第三次修正

第十六条 **【使用土地】**电力建设项目使用土地，应当依照有关法律、行政法规的规定办理；依法征收土地的，应当依法支付土地补偿费和安置补偿费，做好迁移居民的安置工作。

电力建设应当贯彻切实保护耕地、节约利用土地的原则。

地方人民政府对电力事业依法使用土地和迁移居民，应当予以支持和协助。

中华人民共和国铁路法（节录）

1. 1990年9月7日第七届全国人民代表大会常务委员会第十五次会议通过

2. 根据2009年8月27日第十一届全国人民代表大会常务委员会第十次会议《关于修改部分法律的决定》第一次修正

3. 根据2015年4月24日第十二届全国人民代表大会常务委员会第十四次会议《关于修改〈中华人民共和国义务教育法〉等五部法律的决定》第二次修正

第三十六条 **【建设用地】**铁路建设用地，依照有关法律、行政法规的规定办理。

有关地方人民政府应当支持铁路建设，协助铁路运输企业做好铁路建设征收土地工作和拆迁安置工作。

中华人民共和国 军事设施保护法(节录)

1. 1990年2月23日第七届全国人民代表大会常务委员会第十二次会议通过
2. 根据2009年8月27日第十一届全国人民代表大会常务委员会第十次会议《关于修改部分法律的决定》第一次修正
3. 根据2014年6月27日第十二届全国人民代表大会常务委员会第九次会议《关于修改〈中华人民共和国军事设施保护法〉的决定》第二次修正

第十二条 【军事禁区、军事管理区范围的划定或调整】军事禁区、军事管理区范围的划定或者调整,应当在确保军事设施安全保密和使用效能的前提下,兼顾经济建设、自然环境保护和当地群众的生产、生活。

中华人民共和国国防法(节录)

1. 1997年3月14日第八届全国人民代表大会第五次会议通过
2. 根据2009年8月27日第十一届全国人民代表大会常务委员会第十次会议《关于修改部分法律的决定》修正

第四十八条 【依法征收、征用】国家根据动员需要,可以依法征收、征用组织和个人的设备设施、交通工具和其他物资。

县级以上人民政府对被征收、征用者因征收、征用所造成的直接经济损失,按照国家有关规定给予适当补偿。

大中型水利水电工程建设 征地补偿和移民安置条例

1. 2006年7月7日国务院令第471号公布
2. 根据2013年7月18日国务院令第638号《关于废止和修改部分行政法规的决定》第一次修订
3. 根据2013年12月7日国务院令第645号《关于修改部分行政法规的决定》第二次修订
4. 根据2017年4月14日国务院令第679号《关于修改〈大中型水利水电工程建设征地补偿和移民安置条例〉的决定》第三次修订

第一章 总 则

第一条 为了做好大中型水利水电工程建设征地补偿和移民安置工作,维护移民合法权益,保障工程建设的顺利进行,根据《中华人民共和国土地管理法》和《中华人民共和国水法》,制定本条例。

第二条 大中型水利水电工程的征地补偿和移民安置,适用本条例。

第三条 国家实行开发性移民方针,采取前期补偿、补助与后期扶持相结合的办法,使移民生活达到或者超过原有水平。

第四条 大中型水利水电工程建设征地补偿和移民安置应当遵循下列原则:

(一)以人为本,保障移民的合法权益,满足移民生存与发展的需求;

(二)顾全大局,服从国家整体安排,兼顾国家、集体、个人利益;

(三)节约利用土地,合理规划工程占地,控制移民规模;

(四)可持续发展,与资源综合开发利用、生态环境保护相协调;

(五)因地制宜,统筹规划。

第五条 移民安置工作实行政府领导、分级负责、县为基础、项目法人参与的管理体制。

国务院水利水电工程移民行政管理机构(以下简称国务院移民管理机构)负责全国大中型水利水电工程移民安置工作的管理和监督。

县级以上地方人民政府负责本行政区域内大中型水利水电工程移民安置工作的组织和领导;省、自治区、直辖市人民政府规定的移民管理机构,负责本行政区域内大中型水利水电工程移民安置工作的管理和监督。

第二章 移民安置规划

第六条 已经成立项目法人的大中型水利水电工程,由项目法人编制移民安置规划大纲,按照审批权限报省、自治区、直辖市人民政府或者国务院移民管理机构审批;省、自治区、直辖市人民政府或者国务院移民管理机构在审批前应当征求移民区和移民安置区县级以上地方人民政府的意见。

没有成立项目法人的大中型水利水电工程,项目主管部门应当会同移民区和移民安置区县级以上地方人民政府编制移民安置规划大纲,按照审批权限报省、自治区、直辖市人民政府或者国务院移民管理机构审批。

第七条 移民安置规划大纲应当根据工程占地和淹没区实物调查结果以及移民区、移民安置区经济社会情况和资源环境承载能力编制。

工程占地和淹没区实物调查,由项目主管部门或者项目法人会同工程占地和淹没区所在地的地方人民政府实施;实物调查应当全面准确,调查结果经调查者和被调查者签字认可并公示后,由有关地方人民政府签署意见。实物调查工作开始前,工程占地和淹没区所在地的省级人民政府应当发布通告,禁止在工程占地和淹没区新增建设项目和迁入人口,并对实物调查工作作出安排。

第八条 移民安置规划大纲应当主要包括移民安置的任务、去向、标准和农村移民生产安置方式以及移民生活水平评价和搬迁后生活水平预测、水库移民后期扶持政策、淹没线以上受影响范围的划定原则、移民安置规划编制原则等内容。

第九条 编制移民安置规划大纲应当广泛听取移民和移民安置区居民的意见;必要时,应当采取听证的方式。

经批准的移民安置规划大纲是编制移民安置规划的基本依据,应当严格执行,不得随意调整或者修改;确需调整或者修改的,应当报原批准机关批准。

第十条 已经成立项目法人的,由项目法人根据经批准的移民安置规划大纲编制移民安置规划;没有成立项目法人的,项目主管部门应当会同移民区和移民安置区县级以上地方人民政府,根据经批准的移民安置规划大纲编制移民安置规划。

大中型水利水电工程的移民安置规划,按照审批权限经省、自治区、直辖市人民政府移民管理机构或者国务院移民管理机构审核后,由项目法人或者项目主管部门报项目审批或者核准部门,与可行性研究报告或者项目申请报告一并审批或者核准。

省、自治区、直辖市人民政府移民管理机构或者国务院移民管理机构审核移民安置规划,应当征求本级人民政府有关部门以及移民区和移民安置区县级以上地方人民政府的意见。

第十一条 编制移民安置规划应当以资源环境承载能力为基础,遵循本地安置与异地安置、集中安置与分散安置、政府安置与移民自找门路安置相结合的原则。

编制移民安置规划应当尊重少数民族的生产、生活方式和风俗习惯。

移民安置规划应当与国民经济和社会发展规划以及土地利用总体规划、城市总体规划、村庄和集镇规划相衔接。

第十二条 移民安置规划应当对农村移民安置、城(集)镇迁建、工矿企业迁建、专项设施迁建或者复建、防护工程建设、水库水域开发利用、水库移民后期扶持措施、征地补偿和移民安置资金概(估)算等作出安排。

对淹没线以上受影响范围内因水库蓄水造成的居民生产、生活困难问题,应当纳入移民安置规划,按照经济合理的原则,妥善处理。

第十三条 对农村移民安置进行规划,应当坚持以农业生产安置为主,遵循因地制宜、有利生产、方便生活、保护生态的原则,合理规划农村移民安置点;有条件的地方,可以结合小城镇建设进行。

农村移民安置后,应当使移民拥有与移民安置区居民基本相当的土地等农业生产资料。

第十四条 对城(集)镇移民安置进行规划,应当以城(集)镇现状为基础,节约用地,合理布局。

工矿企业的迁建,应当符合国家的产业政策,结合技术改造和结构调整进行;对技术落后、浪费资源、产品质量低劣、污染严重、不具备安全生产条件的企业,应当依法关闭。

第十五条 编制移民安置规划应当广泛听取移民和移民安置区居民的意见;必要时,应当采取听证的方式。

经批准的移民安置规划是组织实施移民安置工作的基本依据,应当严格执行,不得随意调整或者修改;确需调整或者修改的,应当依照本条例第十条的规定重新报批。

未编制移民安置规划或者移民安置规划未经审核的大中型水利水电工程建设项目,有关部门不得批准或者核准其建设,不得为其办理用地等有关手续。

第十六条 征地补偿和移民安置资金、依法应当缴纳的耕地占用税和耕地开垦费以及依照国务院有关规定缴纳的森林植被恢复费等应当列入大中型水利水电工程概算。

征地补偿和移民安置资金包括土地补偿费、安置补助费,农村居民点迁建、城(集)镇迁建、工矿企业迁建以及专项设施迁建或者复建补偿费(含有关地上附着物补偿费),移民个人财产补偿费(含地上附着物和青苗补偿费)和搬迁费,库底清理费,淹没区文物保护费和国家规定的其他费用。

第十七条 农村移民集中安置的农村居民点、城(集)镇、工矿企业以及专项设施等基础设施的迁建或者复建选址,应当依法做好环境影响评价、水文地质与工程地质勘察、地质灾害防治和地质灾害危险性评估。

第十八条 对淹没区内的居民点、耕地等,具备防护条件的,应当在经济合理的前提下,采取修建防护工程等防护措施,减少淹没损失。

防护工程的建设费用由项目法人承担,运行管理费用由大中型水利水电工程管理单位负责。

第十九条 对工程占地和淹没区内的文物,应当查清分布,确认保护价值,坚持保护为主、抢救第一的方针,实行重点保护、重点发掘。

第三章 征地补偿

第二十条 依法批准的流域规划中确定的

大中型水利水电工程建设项目的用地，应当纳入项目所在地的土地利用总体规划。

大中型水利水电工程建设项目核准或者可行性研究报告批准后，项目用地应当列入土地利用年度计划。

属于国家重点扶持的水利、能源基础设施的大中型水利水电工程建设项目，其用地可以以划拨方式取得。

第二十一条 大中型水利水电工程建设项目用地，应当依法申请并办理审批手续，实行一次报批、分期征收，按期支付征地补偿费。

对于应急的防洪、治涝等工程，经有批准权的人民政府决定，可以先行使用土地，事后补办用地手续。

第二十二条 大中型水利水电工程建设征收土地的土地补偿费和安置补助费，实行与铁路等基础设施项目用地同等补偿标准，按照被征收土地所在省、自治区、直辖市规定的标准执行。

被征收土地上的零星树木、青苗等补偿标准，按照被征收土地所在省、自治区、直辖市规定的标准执行。

被征收土地上的附着建筑物按照其原规模、原标准或者恢复原功能的原则补偿；对补偿费用不足以修建基本用房的贫困移民，应当给予适当补助。

使用其他单位或者个人依法使用的国有耕地，参照征收耕地的补偿标准给予补偿；使用未确定给单位或者个人使用的国有未利用地，不予补偿。

移民远迁后，在水库周边淹没线以上属于移民个人所有的零星树木、房屋等应当分别依照本条第二款、第三款规定的标准给予补偿。

第二十三条 大中型水利水电工程建设临时用地，由县级以上人民政府土地主管部门批准。

第二十四条 工矿企业和交通、电力、电信、广播电视等专项设施以及中小学的迁建或者复建，应当按照其原规模、原标准或者恢复原功能的原则补偿。

第二十五条 大中型水利水电工程建设占用耕地的，应当执行占补平衡的规定。为安置移民开垦的耕地、因大中型水利水电工程建设而进行土地整理新增的耕地、工程施工新造的耕地可以抵扣或者折抵建设占用耕地的数量。

大中型水利水电工程建设占用25度以上坡耕地的，不计入需要补充耕地的范围。

第四章　移民安置

第二十六条 移民区和移民安置区县级以上地方人民政府负责移民安置规划的组织实施。

第二十七条 大中型水利水电工程开工前，项目法人应当根据经批准的移民安置规划，与移民区和移民安置区所在的省、自治区、直辖市人民政府或者市、县人民政府签订移民安置协议；签订协议的省、自治区、直辖市人民政府或者市人民政府，可以与下一级有移民或者移民安置任务的人民政府签订移民安置协议。

第二十八条 项目法人应当根据大中型水利水电工程建设的要求和移民安置规划，在每年汛期结束后60日内，向与其签订移民安置协议的地方人民政府提出下年度移民安置计划建议；签订移民安置协议的地方人民政府，应当根据移民安置规划和项目法人的年度移民安置计划建议，在与项目法人充分协商的基础上，组织编制并下达本行政区域的下年度移民安置年度计划。

第二十九条 项目法人应当根据移民安置

年度计划，按照移民安置实施进度将征地补偿和移民安置资金支付给与其签订移民安置协议的地方人民政府。

第三十条 农村移民在本县通过新开发土地或者调剂土地集中安置的，县级人民政府应当将土地补偿费、安置补助费和集体财产补偿费直接全额兑付给该村集体经济组织或者村民委员会。

农村移民分散安置到本县内其他村集体经济组织或者村民委员会的，应当由移民安置村集体经济组织或者村民委员会与县级人民政府签订协议，按照协议安排移民的生产和生活。

第三十一条 农村移民在本省行政区域内其他县安置的，与项目法人签订移民安置协议的地方人民政府，应当及时将相应的征地补偿和移民安置资金交给移民安置区县级人民政府，用于安排移民的生产和生活。

农村移民跨省安置的，项目法人应当及时将相应的征地补偿和移民安置资金交给移民安置区省、自治区、直辖市人民政府，用于安排移民的生产和生活。

第三十二条 搬迁费以及移民个人房屋和附属建筑物、个人所有的零星树木、青苗、农副业设施等个人财产补偿费，由移民区县级人民政府直接全额兑付给移民。

第三十三条 移民自愿投亲靠友的，应当由本人向移民区县级人民政府提出申请，并提交接收地县级人民政府出具的接收证明；移民区县级人民政府确认其具有土地等农业生产资料后，应当与接收地县级人民政府和移民共同签订协议，将土地补偿费、安置补助费交给接收地县级人民政府，统筹安排移民的生产和生活，将个人财产补偿费和搬迁费发给移民个人。

第三十四条 城（集）镇迁建、工矿企业迁建、专项设施迁建或者复建补偿费，由移民区县级以上地方人民政府交给当地人民政府或者有关单位。因扩大规模、提高标准增加的费用，由有关地方人民政府或者有关单位自行解决。

第三十五条 农村移民集中安置的农村居民点应当按照经批准的移民安置规划确定的规模和标准迁建。

农村移民集中安置的农村居民点的道路、供水、供电等基础设施，由乡（镇）、村统一组织建设。

农村移民住房，应当由移民自主建造。有关地方人民政府或者村民委员会应当统一规划宅基地，但不得强行规定建房标准。

第三十六条 农村移民安置用地应当依照《中华人民共和国土地管理法》和《中华人民共和国农村土地承包法》办理有关手续。

第三十七条 移民安置达到阶段性目标和移民安置工作完毕后，省、自治区、直辖市人民政府或者国务院移民管理机构应当组织有关单位进行验收；移民安置未经验收或者验收不合格的，不得对大中型水利水电工程进行阶段性验收和竣工验收。

第五章 后期扶持

第三十八条 移民安置区县级以上地方人民政府应当编制水库移民后期扶持规划，报上一级人民政府或者其移民管理机构批准后实施。

编制水库移民后期扶持规划应当广泛听取移民的意见；必要时，应当采取听证的方式。

经批准的水库移民后期扶持规划是水库移民后期扶持工作的基本依据，应当严格执行，不得随意调整或者修改；确需调整或者修改的，应当报原批准机关批准。

未编制水库移民后期扶持规划或者水库移民后期扶持规划未经批准，有关单位不得拨付水库移民后期扶持资金。

第三十九条 水库移民后期扶持规划应当包括后期扶持的范围、期限、具体措施和预期达到的目标等内容。水库移民安置区县级以上地方人民政府应当采取建立责任制等有效措施，做好后期扶持规划的落实工作。

第四十条 水库移民后期扶持资金应当按照水库移民后期扶持规划，主要作为生产生活补助发放给移民个人；必要时可以实行项目扶持，用于解决移民村生产生活中存在的突出问题，或者采取生产生活补助和项目扶持相结合的方式。具体扶持标准、期限和资金的筹集、使用管理依照国务院有关规定执行。

省、自治区、直辖市人民政府根据国家规定的原则，结合本行政区域实际情况，制定水库移民后期扶持具体实施办法，报国务院批准后执行。

第四十一条 各级人民政府应当加强移民安置区的交通、能源、水利、环保、通信、文化、教育、卫生、广播电视等基础设施建设，扶持移民安置区发展。

移民安置区地方人民政府应当将水库移民后期扶持纳入本级人民政府国民经济和社会发展规划。

第四十二条 国家在移民安置区和大中型水利水电工程受益地区兴办的生产建设项目，应当优先吸收符合条件的移民就业。

第四十三条 大中型水利水电工程建成后形成的水面和水库消落区土地属于国家所有，由该工程管理单位负责管理，并可以在服从水库统一调度和保证工程安全、符合水土保持和水质保护要求的前提下，通过当地县级人民政府优先安排给当地农村移民使用。

第四十四条 国家在安排基本农田和水利建设资金时，应当对移民安置区所在县优先予以扶持。

第四十五条 各级人民政府及其有关部门应当加强对移民的科学文化知识和实用技术的培训，加强法制宣传教育，提高移民素质，增强移民就业能力。

第四十六条 大中型水利水电工程受益地区的各级地方人民政府及其有关部门应当按照优势互补、互惠互利、长期合作、共同发展的原则，采取多种形式对移民安置区给予支持。

第六章 监督管理

第四十七条 国家对移民安置和水库移民后期扶持实行全过程监督。省、自治区、直辖市人民政府和国务院移民管理机构应当加强对移民安置和水库移民后期扶持的监督，发现问题应当及时采取措施。

第四十八条 国家对征地补偿和移民安置资金、水库移民后期扶持资金的拨付、使用和管理实行稽察制度，对拨付、使用和管理征地补偿和移民安置资金、水库移民后期扶持资金的有关地方人民政府及其有关部门的负责人依法实行任期经济责任审计。

第四十九条 县级以上人民政府应当加强对下级人民政府及其财政、发展改革、移民等有关部门或者机构拨付、使用和管理征地补偿和移民安置资金、水库移民后期扶持资金的监督。

县级以上地方人民政府或者其移民管理机构应当加强对征地补偿和移民安置资金、水库移民后期扶持资金的管理，定期向上一级人民政府或者其移民管理机构报告并向项目法人通报有关资金拨付、使用和管理情况。

第五十条　各级审计、监察机关应当依法加强对征地补偿和移民安置资金、水库移民后期扶持资金拨付、使用和管理情况的审计和监察。

县级以上人民政府财政部门应当加强对征地补偿和移民安置资金、水库移民后期扶持资金拨付、使用和管理情况的监督。

审计、监察机关和财政部门进行审计、监察和监督时，有关单位和个人应当予以配合，及时提供有关资料。

第五十一条　国家对移民安置实行全过程监督评估。签订移民安置协议的地方人民政府和项目法人应当采取招标的方式，共同委托移民安置监督评估单位对移民搬迁进度、移民安置质量、移民资金的拨付和使用情况以及移民生活水平的恢复情况进行监督评估；被委托方应当将监督评估的情况及时向委托方报告。

第五十二条　征地补偿和移民安置资金应当专户存储、专账核算，存储期间的孳息，应当纳入征地补偿和移民安置资金，不得挪作他用。

第五十三条　移民区和移民安置区县级人民政府，应当以村为单位将大中型水利水电工程征收的土地数量、土地种类和实物调查结果、补偿范围、补偿标准和金额以及安置方案等向群众公布。群众提出异议的，县级人民政府应当及时核查，并对统计调查结果不准确的事项进行改正；经核查无误的，应当及时向群众解释。

有移民安置任务的乡（镇）、村应当建立健全征地补偿和移民安置资金的财务管理制度，并将征地补偿和移民安置资金收支情况张榜公布，接受群众监督；土地补偿费和集体财产补偿费的使用方案应当经村民会议或者村民代表会议讨论通过。

移民安置区乡（镇）人民政府、村（居）民委员会应当采取有效措施帮助移民适应当地的生产、生活，及时调处矛盾纠纷。

第五十四条　县级以上地方人民政府或者其移民管理机构以及项目法人应当建立移民工作档案，并按照国家有关规定进行管理。

第五十五条　国家切实维护移民的合法权益。

在征地补偿和移民安置过程中，移民认为其合法权益受到侵害的，可以依法向县级以上人民政府或者其移民管理机构反映，县级以上人民政府或者其移民管理机构应当对移民反映的问题进行核实并妥善解决。移民也可以依法向人民法院提起诉讼。

移民安置后，移民与移民安置区当地居民享有同等的权利，承担同等的义务。

第五十六条　按照移民安置规划必须搬迁的移民，无正当理由不得拖延搬迁或者拒迁。已经安置的移民不得返迁。

第七章　法律责任

第五十七条　违反本条例规定，有关地方人民政府、移民管理机构、项目审批部门及其他有关部门有下列行为之一的，对直接负责的主管人员和其他直接责任人员依法给予行政处分；造成严重后果，有关责任人员构成犯罪的，依法追究刑事责任：

（一）违反规定批准移民安置规划大纲、移民安置规划或者水库移民后期扶持规划的；

（二）违反规定批准或者核准未编制移民安置规划或者移民安置规划未经审核的大中型水利水电工程建设项目的；

（三）移民安置未经验收或者验收不合格而对大中型水利水电工程进行阶段性验收或者竣工验收的；

（四）未编制水库移民后期扶持规划，有关单位拨付水库移民后期扶持资金的；

（五）移民安置管理、监督和组织实施过程中发现违法行为不予查处的；

（六）在移民安置过程中发现问题不及时处理，造成严重后果以及有其他滥用职权、玩忽职守等违法行为的。

第五十八条 违反本条例规定，项目主管部门或者有关地方人民政府及其有关部门调整或者修改移民安置规划大纲、移民安置规划或者水库移民后期扶持规划的，由批准该规划大纲、规划的有关人民政府或者其有关部门、机构责令改正，对直接负责的主管人员和其他直接责任人员依法给予行政处分；造成重大损失，有关责任人员构成犯罪的，依法追究刑事责任。

违反本条例规定，项目法人调整或者修改移民安置规划大纲、移民安置规划的，由批准该规划大纲、规划的有关人民政府或者其有关部门、机构责令改正，处10万元以上50万元以下的罚款；对直接负责的主管人员和其他直接责任人员处1万元以上5万元以下的罚款；造成重大损失，有关责任人员构成犯罪的，依法追究刑事责任。

第五十九条 违反本条例规定，在编制移民安置规划大纲、移民安置规划、水库移民后期扶持规划，或者进行实物调查、移民安置监督评估中弄虚作假的，由批准该规划大纲、规划的有关人民政府或者其有关部门、机构责令改正，对有关单位处10万元以上50万元以下的罚款；对直接负责的主管人员和其他直接责任人员处1万元以上5万元以下的罚款；给他人造成损失的，依法承担赔偿责任。

第六十条 违反本条例规定，侵占、截留、挪用征地补偿和移民安置资金、水库移民后期扶持资金的，责令退赔，并处侵占、截留、挪用资金额3倍以下的罚款，对直接负责的主管人员和其他责任人员依法给予行政处分；构成犯罪的，依法追究有关责任人员的刑事责任。

第六十一条 违反本条例规定，拖延搬迁或者拒迁的，当地人民政府或者其移民管理机构可以申请人民法院强制执行；违反治安管理法律、法规的，依法给予治安管理处罚；构成犯罪的，依法追究有关责任人员的刑事责任。

第八章 附 则

第六十二条 长江三峡工程的移民工作，依照《长江三峡工程建设移民条例》执行。

南水北调工程的征地补偿和移民安置工作，依照本条例执行。但是，南水北调工程中线、东线一期工程的移民安置规划的编制审批，依照国务院的规定执行。

第六十三条 本条例自2006年9月1日起施行。1991年2月15日国务院发布的《大中型水利水电工程建设征地补偿和移民安置条例》同时废止。

文书范本

建设工程征收土地合同

签订合同双方：

征收土地单位：____________〔以下简称甲方〕

被征土地单位：____________〔以下简称乙方〕

根据________（审批权力机关）批准的________建设项目的计划任务书和工程选点报告等文件，按照《国家建设征收土地条例》和________省（或自治区、直辖市）政府的有关规定，经甲方向征地所在地的土地管理机关申请和________县（或市、省）人民政府审查批准，经甲乙双方实地查看、反复协商，特签订本合同，以供双方共同遵守。

第一条 征收土地数量及方位

甲方征收乙方土地共____亩，其中，稻田____亩，水塘____亩，菜地____亩，坡地____亩，宅基地____亩，林木____亩，共有树木____株。所征土地东起______，南起______，西起______，北起______。（以上根据实际情况填写）

第二条 征收土地的各类补偿费和安置补助费

1. 根据______省（或自治区、直辖市）政府关于征收土地的补偿规定，各类耕地（包括菜地）按该地年产值的倍（一般为该耕地年产值的三至六倍）补偿。征收无收益的土地，不予补偿。（征收园地、鱼塘、藕塘、苇塘、宅基地、林地、牧场草原等的补偿标准，按省、自治区、直辖市政府制定的办法执行，征收城市郊区的菜地，还应按当地政府的有关规定，向国家缴纳新菜地开发基金。）

2. 根据______省（自治区、直辖市）政府的规定，所征土地上的青苗按该地产值的____%补偿，所征土地上的水井、林木、水塘等附着物按______办法补偿。房屋的补偿办法另订拆迁合同。乙方人员在开始协商征地方案以后抢种的作物、树木和抢建的设施，甲方一律不予补偿。

3. 各类耕地的年产值按耕地被征收前三年的平均年产量和国家规定的价格规定，稻田按平均亩产大米为____公斤，每公斤计价____元，年产值每亩核定____元；旱地按平均亩产玉米（或小麦）____公斤，每公斤计价____元，年产值每亩核定为____元，菜地按平均亩产大白菜____公斤计算，每公斤计价____元，年产值每亩核定为____元。

4. 根据《国家建设征收土地条例》的规定，乙方需要安置的农业人口数，按征地前农业人口和耕地面积的比例及征地数量计算，共计____人；甲方对乙方农业人口的安置补助费标准，按所征耕地每亩产值的二至三倍计算（年产值按被征收前三年的平均年产量和国家规定的价格计算，但每亩耕地的安置补助费，最高不得超过其年产值的十倍）；征收宅基地不付安置补助费（征收园地、鱼塘、藕塘、林地、牧场、草原等土地的安置补助费，按省、市、自治区政府制定的标准计算）。

甲乙双方在本合同上签字，并实地勘验征收地界、订立永久性界桩后____日内，甲方向乙方一次(或商定于某段时期内几次)支付全部各类补偿费、安置补助费共____元(其中,土地补偿费和安置补助费的总和不得超过被征土地年产值的二十倍),付款均通过建设银行转账托付。

第三条 减免公、余粮交售任务

甲乙双方按照________人民政府的规定,根据被征土地的亩数,向________人民政府呈递减免公、余粮交售任务的申请报告。实际减免量,以________人民政府的批文为准。

第四条 安置办法

乙方因被征收土地造成农业剩余劳力,甲方应向有关单位联系,采取以下第( )项办法解决:

1. 发展农业生产。甲方协助乙方改良土壤,兴修水利,改善耕作条件;在可能和合理的条件下,经县、市土地管理机关批准,适当开荒,扩大耕种面积;也可由甲方结合工程施工帮助造地,但要从安置补助费中扣除甲方的资助费用。

2. 发展社队工副业生产。在符合国家有关规定的条件下,甲方帮助乙方因地制宜,兴办对国计民生有利的工副业和服务性事业,但要从安置补助费中扣除甲方的资助费用。

3. 迁队或并队。土地已被征完或基本征完的生产队,在有条件的地方,可以组织迁队;也可按照自愿互利的原则,与附近生产队合并,甲方要积极为乙方迁队或并队创造条件。

(按照上述途径确实安置不完的剩余劳动力,经________省或自治区或直辖市人民政府批准,在劳动计划范围内,符合条件的可以安排到集体所有制单位就业,并将相应的安置补助费转拨给吸收劳动力的单位;甲方如有招工指标,经________省或自治区或直辖市人民政府同意,也可以选招其中符合条件的当工人,并相应核减被征地单位的安置补助费。乙方的土地被征完,又不具备迁队、并队条件的,乙方原有的农业户口,经省或自治区、直辖市人民政府审查批准,可转为非农业户口或城镇户口,乙方原有集体所有的财产和所得的补偿费、安置补助费,由县市以上人民政府与有关乡村商定处理,用于组织生产和不能就业人员的生活补助。)

乙方用补偿费和安置补助费兴建生产生活设施所需建设物资,乡村能够解决的,由乡村自行解决;乡村不能解决的,由当地政府协助解决;地方无法解决的少数统配部管物资,经县(或市)土地管理机关审查核实后,由甲方随同建设项目向国家有关部门申请分配,物资价款由乙方支付。

第五条 甲方的责任

1. 甲方征收土地上有青苗的,在不影响工程正常进行的情况下,应当等待乙方收获,不得铲毁;凡在当地一个耕种收获期内尚不需要使用的土地,甲方应当与乙方签订协议,允许乙方耕种。

2. 甲方已征收二年还不使用的土地(线路沿线以及因安全防护等特殊需要,符合国家规定的留用土地,不得视为征而未用的土地),除经原批准征地的机关同意延期使用的土地外,当地县(或市)人民政府有权收回处理,甲方均不得擅自侵占或处理。

3. 甲方如逾期不向乙方支付征地的各种补偿费和安置补助费,乙方可凭本合同正本申请建设银行从甲方银行账户内拨付，并可请求甲方按银行关于延期付款的规定偿付违约金。

第六条 乙方的责任

1. 自本合同订立之日起，乙方有责任告知所属村民不得在征收土地内种植作物，不得砍伐林木和损坏其他附着物，有违反者，乙方必须赔偿甲方的损失。经甲方同意在征地上种植作物的，乙方应统一安排，不得逾期。

2. 乙方在本合同订立后需在征收土地上架设电线、兴修沟渠等，应经甲方同意，乙方应在不影响建设工程的前提下动工，否则按侵犯公有财产报请有关机关处理。

第七条 工程临时用地

甲方在工程施工过程中，需要建设材料堆场、运输通路和其他临时设施的，应当尽量在征地范围内安排。确实需要另行增加临时用地的，由甲方向原批准工程项目用地的主管机关提出临时用地数量和期限的申请，经批准后，同乙方签订临时用地协议，并按乙方前三年土地平均年产值逐年给予补偿。甲方在临时用地上不得修建永久性建筑物。甲方使用期满，应当恢复乙方土地的耕种条件，及时归还乙方，或按恢复土地耕种条件的工作量向乙方支付费用。

第八条 其他____________

本合同自甲乙双方签字之日起生效，合同生效后，甲乙双方均不得擅自修改或解除合同。合同中如有未尽事宜，须经双方共同协商，作出补充规定。补充规定与本合同具有同等效力。合同执行中如发生纠纷，双方协商不能解决的，可报请建设工程管理部门和______县(或市)政府调解，调解不成的，可报请合同管理机关仲裁，也可提请有管辖权的人民法院裁决。

本合同正本一式二份，甲乙双方各执一份；合同副本一式____份，送______人民政府、计委、建委、建设银行、农委……各留存一份。

征收土地单位	被征土地单位
(甲方)：______	(乙方)：______
(盖章)	(盖章)
地址：________	地址：________
法定代表人：________	法定代表人：________
(盖章)	(盖章)
联系人：__________	联系人：__________
电话：__________	电话：__________
银行账户：__________	银行账户：__________

________年____月____日订

集体土地征收补偿安置协议

甲方(建设单位):________

乙方:________省(自治区、直辖市)________市(县)________乡(镇)________村

甲、乙双方根据《中华人民共和国土地管理法》和省(自治区、直辖市)、市(县)政府的有关规定,就________省(自治区、直辖市)________市(县)________乡(镇)________村征地补偿安置事宜达成如下协议:

一、征收土地面积及安置人数

甲方征收乙方集体所有、使用的土地,面积为________平方米,四至(见附图),常住户口____________________人(其中应安置________人),由甲方依据________确认。

二、手续的办理

乙方自签订本协议之日起____日内办理________手续,并将原所有、使用的________所列项目完整地交给甲方,甲方应派员验收。验收中如发现与________所列项目不符时,对意外情况,乙方应向甲方如实说明情况;对因乙方过错而造成的损失,乙方应负赔偿责任。

三、征地费用及其标准

征地费用包括____________费用,以《土地管理法》第40条第2款规定为基本标准(标准的数额应具体化)。

四、补偿、安置费的结算

土地补偿费和安置补助费的结算,按照财政部、国土资源部《新增建设用地土地有偿使用费收缴使用管理办法》和省(自治区、直辖市)、市(县)政府的有关规定,在________年____月____日前到甲方所在地办理。

五、违约责任

违反本协议规定的,由违约方向对方支付违约金________元人民币,并赔偿因此而造成的损失。

六、生效

本协议自甲、乙双方签字之日起生效。本协议一式____份,甲乙双方各执____份。

甲方:　　　　　　　　　　乙方:

____建设单位(签章)　　　　____乡(镇)____村(签章)

附件1

被征收土地有关证件________件,其中土地所有权证,编号为________;土地使用权证,编号为________。

附件2

地理位置图(略)

实用图表

土地征收流程图

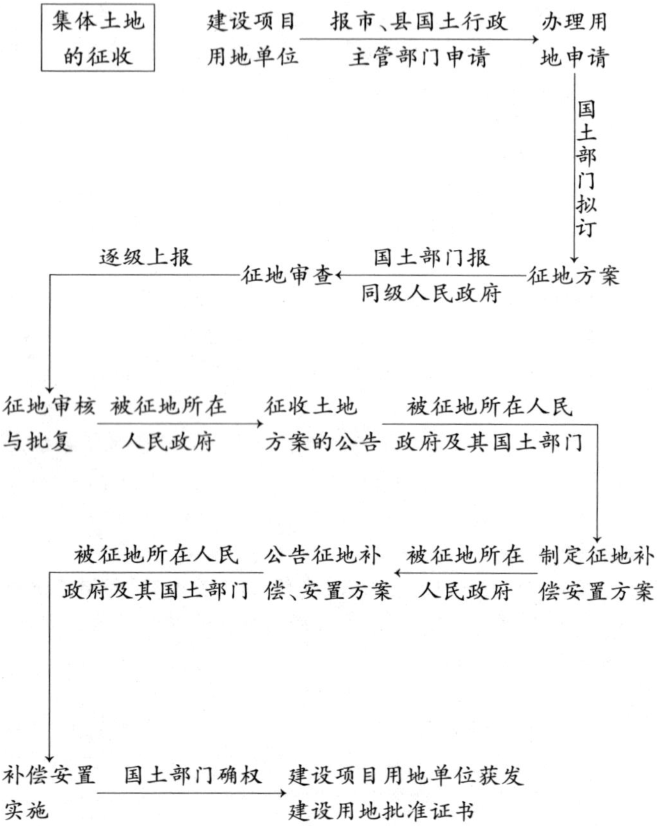

典型案例

陈清棕诉亭洋村一组、亭洋村村委会征地补偿款分配纠纷案[①]

【裁判摘要】

依照土地管理法第十四条和土地承包法第二十六条的规定,承包土地的农民到小城镇落户后,其土地承包经营权可以保留或者依法流转;该土地如果被征用,承包土地的农民有权获得征地补偿款。

原告:陈清棕,男,33岁,住福建省厦门市同安区马巷镇亭洋村。

被告:福建省厦门市同安区马巷镇亭洋村村民委员会第一村民小组,住所地:厦门市同安区马巷镇亭洋村。

代表人:陈中文,该组副组长。

被告:福建省厦门市同安区马巷镇亭洋村村民委员会,住所地:厦门市同安区马巷镇亭洋村。

法定代表人:陈乌番,该村民委员会主任。

原告陈清棕因与被告福建省厦门市同安区马巷镇亭洋村村民委员会第一村民小组(以下简称亭洋村一组)、福建省厦门市同安区马巷镇亭洋村村民委员会(以下简称亭洋村村委会)发生征地补偿款分配纠纷,向福建省厦门市同安区人民法院提起诉讼。

原告诉称:原告一家四口是被告亭洋村一组的村民。1996年1月5日,原告代表全家承包了亭洋村一组的1.54亩土地,该土地承包关系得到厦门市同安区人民政府于1998年12月31日颁发的№066277号《土地承包经营权证》的确认。2002年7月23日,被告亭洋村村委会与厦门如意食品有限公司(以下简称如意食品公司)签订土地征用协议,由如意食品公司在向亭洋村村委会支付土地补偿款、安置款及青苗补偿款后,征用亭洋村的旱地69.8亩,其中包括原告承包的1.16亩土地。亭洋村一组在向承包土地被征用的各户村民发放土地补偿款时,不给原告一家发放。请求判令亭洋村一组和亭洋村村委会给原告支付土地征用补偿款、安置款共计17400元。

被告亭洋村一组辩称:原告一家四口原来虽是本组村民,并在本组承包过土地,但自2002年1月21日,原告一家已将户口迁出本村并转为非农户。其原承包的土地,已由本组按村规民约形成的惯例,重新调整给其他村民承包。本组土地被征用后,土地补偿款、安置款等,均已如数发放给相关农户。由于自2002年1月21日后,原告已不是本集体经济组织的成员,没有承包经营的土地被征用,故无权请求分配征地补偿款。原告即使仍持有前几年发放的《土地承包经营权证》,也改变不了这一事实,因此其诉讼请求应当驳回。

被告亭洋村村委会辩称:首先,支持亭洋村一组的答辩意见。其次,依照《中华人民共和国村民委员会组织法》第五条的规定,本村委会作为村农民集体所有土地的管理者,只是按照亭洋村一组大多数村民的意愿,履行与如意食品公司签订《土地征用协议》的手续而已。土地被征用后获得的土地补偿款,村委会已经全部交给亭洋村一

① 摘自《最高人民法院公报》2005年第10期。

组，由该组村民按照自主决策的方案全部分配。村委会没有截留这笔款项，谈不上与原告发生土地补偿款分配纠纷。原告将本村委会列为被告起诉，是错误的。请依法驳回原告的诉讼请求。

厦门市同安区人民法院经审理查明：1996年1月5日，原告陈清棕代表全家四口人，以被告亭洋村一组村民(户别为农业户口)的身份，与亭洋村一组签订农业承包合同，承包了该组村民所有的旱地1.16亩、水田0.38亩，共计1.54亩。1998年12月31日，厦门市同安区人民政府给陈清棕发放证号为№066277的《土地承包经营权证》，确认了陈清棕一家与亭洋村一组之间的农业承包合同关系。2002年1月21日，陈清棕一家迁往同安区大同镇碧岳村岳口居住，户别也转为非农业户。陈清棕一家迁出后，亭洋村一组就将陈清棕一家原来承包的土地调整给其他村民。2002年7月23日，如意食品公司与被告亭洋村村委会签订《土地征用协议》，征用了包括陈清棕一家原来承包的1.16亩土地在内的旱地69.8亩，支付了土地补偿款、安置款及青苗补偿款。亭洋村村委会和亭洋村一组按比例将补偿款分发给被征用土地的各户村民，但未分给陈清棕一家，因此引起纠纷。2002年7月24日，陈清棕将全家户口从大同镇碧岳村岳口迁回亭洋村，户口类别仍为非农业户。2003年3月11日，陈清棕提起本案诉讼。

厦门市同安区人民法院认为：《中华人民共和国民法通则》(以下简称民法通则)第七十一条规定："财产所有权是指所有人依法对自己的财产享有占有、使用、收益和处分的权利。"第七十四条第二款规定："集体所有的土地依照法律属于村农民集体所有，由村农业生产合作社等农业集体经济组织或者村民委员会经营、管理。已经属于乡(镇)农民集体经济组织所有的，可以属于乡(镇)农民集体所有。"原告陈清棕一家原来虽是被告亭洋村一组的村民，但因其一家已于2002年1月21日迁往大同镇居住，户别也转为非农户，故已丧失了作为农业人员承包土地的权利。亭洋村一组依法收回陈清棕一家承包的土地，是合理的。陈清棕一家承包该地享有的权利及应尽的义务随之消灭。此后，该承包土地于2002年7月23日被征用。陈清棕一家虽于2002年7月24日回迁亭洋村，但仍保留非农业户性质。故陈清棕请求亭洋村一组及被告亭洋村村委会给其支付征地补偿安置款，理由不能成立，不予支持。

据此，厦门市同安区人民法院于2003年6月25日判决：

驳回原告陈清棕的诉讼请求。

本案案件受理费706元，由原告陈清棕负担。

一审宣判后，原告陈清棕不服，向福建省厦门市中级人民法院提出上诉。理由是：1.《土地承包经营权证》是证实农村土地承包合同关系真实有效存在的唯一法律凭证，上诉人在一审中已经举出这个证据和《农业承包合同书》，充分证实上诉人一家对亭洋村一组的1.16亩旱地享有三十年的承包经营权。上诉人迁出亭洋村时，将自己的承包地交给他人耕种，不是由被上诉人亭洋村一组调整给他人耕种。亭洋村一组虽然主张其已经收回上诉人的承包地，但却没有举出任何有效证据。在此情况下，一审置真实有效的法律凭证于不顾，完全采信亭洋村一组的说法，认定亭洋村一组已经收回上诉人的承包地，这是认定事实错误。2. 根据《中华人民共和国农村土地承包法》(以下简称土地承包法)第二十六条的规定，只有在承包方全家迁入设区的市并转为非农户的情况下，发包方才能收回承包地；相反，承包人如果仅是迁入城镇或者仅是将户口转为非农户，承包地则不能被收回。上诉人一家虽于2002年初迁往大同镇生活半年，户口也转为非农户，但由于大同镇未曾建立相应的社会保障机制，上诉人与妻子到那里后，没有固定职业，缺乏稳定的收入来源，因此生活无着，不得已才又于当年7月份迁回原址居住，准备继续靠承包地收入维持生活。上诉人一家常年在被上诉人的村民小组劳作生活，与其他村民一样将农业收入作为重要生活来源，理应享有参与分配土地补偿款、安置款的权利。短短半年时间，户籍类别虽然变更为非农户，但上诉人的农民身份却未改变。从今年7月1日起，厦门市的户籍管理开始取消农户与非农户的区别。现在，那些事实上已经取得过土地补偿款、安置款的村民，也和上诉人一样，都是居民户。这说明，尽管户籍管理上曾经存在过类别的区分，但这不能成为取得土地补偿款、安置款的决定因素。被上诉人亭洋村村委会、亭洋村一组负有维护成员合法财产权利及生活保障权利的责任，理应妥善安置上诉人一家，帮助上诉人一家摆脱生活困境。然而亭洋村村委会、亭洋村一组竟以上诉人已不是本村农户为由，不给上诉人以同等的村民待遇，剥夺上诉人一家的生存基本权利，将上诉人一家推向生活困境，这种做法与法律规定明显不符。一审忽视了上诉人的具体情况，违背相关法律规定的基本精神，简单地以上诉人一家已转为非农户为由，认定亭洋村一组收回上诉人的承包地合理，继而依此驳回上诉人的诉讼请求，是适用法律错误。请求二审撤销一审判决，改判支持上诉人在一审提出的诉讼请求。

被上诉人亭洋村一组答辩称：自从实行生产责任制以来，本组村民的承包地，每年都要根据各户人口增减情况调整一次，后来改为每二年变动一次。这种变动方式，已经延续了二十年，成为本组村民约定俗成的土地调整分配形式。尽管1998年底实行了土地延包和给各户发放了《土地承包经营权证》，但本组村民还都一直按原来约定俗成的惯例，进行承包土地的调整分配。这种约定俗成的承包土地分配形式，全体村民（包括迁出户口前的上诉人在内）没有异议，已构成一项村规民约。上诉人正是根据本组村民人口构成比例和此项村规民约，才在当时按惯例取得一家四口相应份额的承包土地。2002年1月21日以后，上诉人的户口迁出本村，按照本组的村规民约，其原承包的土地已由全组村民重新调整分配承包。本组所有69.8亩土地的使用权按照每亩1.5万元标准出让给如意食品公司后，获得的104.7万元土地补偿款和168792.40元地上物补偿款已经全部支付给承包土地被征用的农户。由于上诉人不是本组村民，此次也没有承包经营的土地被征用，故无权请求分配征地补偿款。一审判决正确，应当维持。

被上诉人亭洋村村委会支持亭洋村一组的答辩意见。

厦门市中级人民法院经审理查明：一审判决事实认定部分关于“陈清棕一家迁出后，亭洋村一组就将陈清棕一家原来承包的土地调整给其他村民”的认定，没有相应的证据证实，应不予确认；关于如意食品公司支付土地补偿款、安置款及青苗补偿款的时间，应当是2002年9月1日。除此以外，确认一审认定的其他事实属实。另查明，在土地被征用前，被上诉人曾以《新乡村征地表决书》一份，逐户征求在征地范围内有承包地的村民对征地的意见，上诉人陈清棕在该表决书上签字同意征地。

厦门市中级人民法院认为：

民法通则第四条规定："民事活动应当遵循自愿、公平、等价有偿、诚实信用的原则。"《中华人民共和国土地管理法》(以下简称土地管理法)第十四条第一款规定："农民集体所有的土地由本集体经济组织的成员承包经营，从事种植业、林业、畜牧业、渔业生产。土地承包经营期限为三十年。发包方和承包方应当订立承包合同，约定双方的权利和义务。承包经营土地的农民有保护和按照承包合同约定的用途合理利用土地的义务。农民的土地承包经营权受法律保护。"第二款规定："在土地承包经营期限内，对个别承包经营者之间承包的土地进行适当调整的，必须经村民会议三分之二以上成员或者三分之二以上村民代表的同意，并报乡(镇)人民政府和县级人民政府农业行政主管部门批准。"土地承包法第二十六条第一款规定："承包期内，发包方不得收回承包地。"第二款规定："承包期内，承包方全家迁入小城镇落户的，应当按照承包方的意愿，保留其土地承包经营权或者允许其依法进行土地承包经营权流转。"第三款规定："承包期内，承包方全家迁入设区的市，转为非农业户口的，应当将承包的耕地和草地交回发包方。承包方不交回的，发包方可以收回承包的耕地和草地。"

农民到城市落户，是社会发展趋势，然而适合小城镇特点的社会保障制度，还在积极探索和建立中。目前农民进入小城镇后，无论户口类别是否改变，都还不能确保享受到基本生活保障。土地承包法之所以规定"承包方全家迁入小城镇落户的，应当按照承包方的意愿，保留其土地承包经营权或者允许其依法进行土地承包经营权流转"，主要是考虑土地是农民的基本生活保障，在农民进入小城镇后的基本生活保障尚未落实时，如果收回他们的承包地，可能使他们面临生活困难。

2002年1月21日以前，上诉人陈清棕及其家人居住在亭洋村，是被上诉人亭洋村村委会和亭洋村一组的村民。《土地承包经营权证》证明，陈清棕一家在亭洋村一组承包了土地，承包期至2028年12月31日。陈清棕签字同意的《新乡村征地表决书》，不仅可以证明陈清棕承包的部分土地在此次征地范围内，还可以证明在该土地被征用前，亭洋村村委会和亭洋村一组承认陈清棕对这部分土地享有承包经营权。在承包期内，陈清棕一家的土地承包经营权，依法应当受到保护。2002年1月22日至7月24日期间，陈清棕一家的户口虽然迁离亭洋村并转为非农业户，但其不是迁往设区的市，而是小城镇。在此期间，陈清棕一家在亭洋村承包的土地，应当按照其意愿保留土地承包经营权，或者允许其依法进行土地承包经营权的流转。亭洋村村委会和亭洋村一组没有证据证明陈清棕承包的旱地已经在征用前被调整给其他村民，即使能证明此事属实，这种做法也由于不符合土地管理法第十四条第二款和土地承包法第二十六条第一、第二款的规定，不能受到法律保护。因此，陈清棕诉请比照其他村民的标准获得征地补偿款(即每亩1.5万元×1.16亩=17400元)，符合法律规定，应当支持。一审判决认定事实不清，适用法律错误，依法应当改判。

据此，厦门市中级人民法院依照《中华人民共和国民事诉讼法》第六十四条第一款、第一百五十三条第一款第(三)项的规定，于2003年12月11日判决：

一、撤销一审民事判决；

二、被上诉人亭洋村一组、亭洋村村委

会应于本判决生效之日起10日内，支付上诉人陈清棕土地补偿款17400元。

本案一、二审案件受理费各706元，均由被上诉人亭洋村一组、亭洋村村委会负担。

(4)房屋征收及其补偿

国有土地上房屋征收与补偿条例

1. 2011年1月21日国务院令第590号公布
2. 自2011年1月21日起施行

第一章 总 则

第一条 【适用范围】为了规范国有土地上房屋征收与补偿活动，维护公共利益，保障被征收房屋所有权人的合法权益，制定本条例。

第二条 【征收条件】为了公共利益的需要，征收国有土地上单位、个人的房屋，应当对被征收房屋所有权人(以下称被征收人)给予公平补偿。

第三条 【基本原则】房屋征收与补偿应当遵循决策民主、程序正当、结果公开的原则。

第四条 【房屋征收部门】市、县级人民政府负责本行政区域的房屋征收与补偿工作。

市、县级人民政府确定的房屋征收部门(以下称房屋征收部门)组织实施本行政区域的房屋征收与补偿工作。

市、县级人民政府有关部门应当依照本条例的规定和本级人民政府规定的职责分工，互相配合，保障房屋征收与补偿工作的顺利进行。

第五条 【房屋征收实施单位】房屋征收部门可以委托房屋征收实施单位，承担房屋征收与补偿的具体工作。房屋征收实施单位不得以营利为目的。

房屋征收部门对房屋征收实施单位在委托范围内实施的房屋征收与补偿行为负责监督，并对其行为后果承担法律责任。

第六条 【监督、指导】上级人民政府应当加强对下级人民政府房屋征收与补偿工作的监督。

国务院住房城乡建设主管部门和省、自治区、直辖市人民政府住房城乡建设主管部门应当会同同级财政、国土资源、发展改革等有关部门，加强对房屋征收与补偿实施工作的指导。

第七条 【举报、监察】任何组织和个人对违反本条例规定的行为，都有权向有关人民政府、房屋征收部门和其他有关部门举报。接到举报的有关人民政府、房屋征收部门和其他有关部门对举报应当及时核实、处理。

监察机关应当加强对参与房屋征收与补偿工作的政府和有关部门或者单位及其工作人员的监察。

第二章 征收决定

第八条 【公共利益】为了保障国家安全、促进国民经济和社会发展等公共利益的需要，有下列情形之一，确需征收房屋的，由市、县级人民政府作出房屋征收决定：

(一)国防和外交的需要；

(二)由政府组织实施的能源、交通、水利等基础设施建设的需要；

(三)由政府组织实施的科技、教育、文化、卫生、体育、环境和资源保护、防灾减灾、文物保护、社会福利、市政公用等公共事业的需要；

(四)由政府组织实施的保障性安居工程建设的需要；

（五）由政府依照城乡规划法有关规定组织实施的对危房集中、基础设施落后等地段进行旧城区改建的需要；

（六）法律、行政法规规定的其他公共利益的需要。

第九条 【规划、年度计划】依照本条例第八条规定，确需征收房屋的各项建设活动，应当符合国民经济和社会发展规划、土地利用总体规划、城乡规划和专项规划。保障性安居工程建设、旧城区改建，应当纳入市、县级国民经济和社会发展年度计划。

制定国民经济和社会发展规划、土地利用总体规划、城乡规划和专项规划，应当广泛征求社会公众意见，经过科学论证。

第十条 【征收补偿方案】房屋征收部门拟定征收补偿方案，报市、县级人民政府。

市、县级人民政府应当组织有关部门对征收补偿方案进行论证并予以公布，征求公众意见。征求意见期限不得少于30日。

第十一条 【征收补偿方案征求意见】市、县级人民政府应当将征求意见情况和根据公众意见修改的情况及时公布。

因旧城区改建需要征收房屋，多数被征收人认为征收补偿方案不符合本条例规定的，市、县级人民政府应当组织由被征收人和公众代表参加的听证会，并根据听证会情况修改方案。

第十二条 【征收补偿决定作出程序】市、县级人民政府作出房屋征收决定前，应当按照有关规定进行社会稳定风险评估；房屋征收决定涉及被征收人数量较多的，应当经政府常务会议讨论决定。

作出房屋征收决定前，征收补偿费用应当足额到位、专户存储、专款专用。

第十三条 【征收补偿决定作出后的要求】市、县级人民政府作出房屋征收决定后应当及时公告。公告应当载明征收补偿方案和行政复议、行政诉讼权利等事项。

市、县级人民政府及房屋征收部门应当做好房屋征收与补偿的宣传、解释工作。

房屋被依法征收的，国有土地使用权同时收回。

第十四条 【被征收人救济权利】被征收人对市、县级人民政府作出的房屋征收决定不服的，可以依法申请行政复议，也可以依法提起行政诉讼。

第十五条 【征收调查】房屋征收部门应当对房屋征收范围内房屋的权属、区位、用途、建筑面积等情况组织调查登记，被征收人应当予以配合。调查结果应当在房屋征收范围内向被征收人公布。

第十六条 【征收范围确定后的限制】房屋征收范围确定后，不得在房屋征收范围内实施新建、扩建、改建房屋和改变房屋用途等不当增加补偿费用的行为；违反规定实施的，不予补偿。

房屋征收部门应当将前款所列事项书面通知有关部门暂停办理相关手续。暂停办理相关手续的书面通知应当载明暂停期限。暂停期限最长不得超过1年。

第三章 补 偿

第十七条 【征收补偿内容】作出房屋征收决定的市、县级人民政府对被征收人给予的补偿包括：

（一）被征收房屋价值的补偿；

（二）因征收房屋造成的搬迁、临时安置的补偿；

（三）因征收房屋造成的停产停业损失的补偿。

市、县级人民政府应当制定补助和奖

励办法，对被征收人给予补助和奖励。

第十八条 【住房保障】征收个人住宅，被征收人符合住房保障条件的，作出房屋征收决定的市、县级人民政府应当优先给予住房保障。具体办法由省、自治区、直辖市制定。

第十九条 【房屋征收评估】对被征收房屋价值的补偿，不得低于房屋征收决定公告之日被征收房屋类似房地产的市场价格。被征收房屋的价值，由具有相应资质的房地产价格评估机构按照房屋征收评估办法评估确定。

对评估确定的被征收房屋价值有异议的，可以向房地产价格评估机构申请复核评估。对复核结果有异议的，可以向房地产价格评估专家委员会申请鉴定。

房屋征收评估办法由国务院住房城乡建设主管部门制定，制定过程中，应当向社会公开征求意见。

第二十条 【评估机构选择】房地产价格评估机构由被征收人协商选定；协商不成的，通过多数决定、随机选定等方式确定，具体办法由省、自治区、直辖市制定。

房地产价格评估机构应当独立、客观、公正地开展房屋征收评估工作，任何单位和个人不得干预。

第二十一条 【补偿方式】被征收人可以选择货币补偿，也可以选择房屋产权调换。

被征收人选择房屋产权调换的，市、县级人民政府应当提供用于产权调换的房屋，并与被征收人计算、结清被征收房屋价值与用于产权调换房屋价值的差价。

因旧城区改建征收个人住宅，被征收人选择在改建地段进行房屋产权调换的，作出房屋征收决定的市、县级人民政府应当提供改建地段或者就近地段的房屋。

第二十二条 【搬迁费、临时安置房、周转用房】因征收房屋造成搬迁的，房屋征收部门应当向被征收人支付搬迁费；选择房屋产权调换的，产权调换房屋交付前，房屋征收部门应当向被征收人支付临时安置费或者提供周转用房。

第二十三条 【停产停业损失的补偿】对因征收房屋造成停产停业损失的补偿，根据房屋被征收前的效益、停产停业期限等因素确定。具体办法由省、自治区、直辖市制定。

第二十四条 【征收违法建筑】市、县级人民政府及其有关部门应当依法加强对建设活动的监督管理，对违反城乡规划进行建设的，依法予以处理。

市、县级人民政府作出房屋征收决定前，应当组织有关部门依法对征收范围内未经登记的建筑进行调查、认定和处理。对认定为合法建筑和未超过批准期限的临时建筑的，应当给予补偿；对认定为违法建筑和超过批准期限的临时建筑的，不予补偿。

第二十五条 【补偿协议】房屋征收部门与被征收人依照本条例的规定，就补偿方式、补偿金额和支付期限、用于产权调换房屋的地点和面积、搬迁费、临时安置费或者周转用房、停产停业损失、搬迁期限、过渡方式和过渡期限等事项，订立补偿协议。

补偿协议订立后，一方当事人不履行补偿协议约定的义务的，另一方当事人可以依法提起诉讼。

第二十六条 【征收补偿决定】房屋征收部门与被征收人在征收补偿方案确定的签约期限内达不成补偿协议，或者被征收房屋所有权人不明确的，由房屋征收部门报请作出房屋征收决定的市、县级人民政府依照本条例的规定，按照征收补偿方案作出补偿决定，并在房屋征收范围内予以公告。

补偿决定应当公平，包括本条例第二十五条第一款规定的有关补偿协议的事项。

被征收人对补偿决定不服的，可以依法申请行政复议，也可以依法提起行政诉讼。

第二十七条 【被征收人搬迁】实施房屋征收应当先补偿、后搬迁。

作出房屋征收决定的市、县级人民政府对被征收人给予补偿后，被征收人应当在补偿协议约定或者补偿决定确定的搬迁期限内完成搬迁。

任何单位和个人不得采取暴力、威胁或者违反规定中断供水、供热、供气、供电和道路通行等非法方式迫使被征收人搬迁。禁止建设单位参与搬迁活动。

第二十八条 【强制搬迁】被征收人在法定期限内不申请行政复议或者不提起行政诉讼，在补偿决定规定的期限内又不搬迁的，由作出房屋征收决定的市、县级人民政府依法申请人民法院强制执行。

强制执行申请书应当附具补偿金额和专户存储账号、产权调换房屋和周转用房的地点和面积等材料。

第二十九条 【补偿结果公开】房屋征收部门应当依法建立房屋征收补偿档案，并将分户补偿情况在房屋征收范围内向被征收人公布。

审计机关应当加强对征收补偿费用管理和使用情况的监督，并公布审计结果。

第四章 法律责任

第三十条 【政府及房屋征收部门的法律责任】市、县级人民政府及房屋征收部门的工作人员在房屋征收与补偿工作中不履行本条例规定的职责，或者滥用职权、玩忽职守、徇私舞弊的，由上级人民政府或者本级人民政府责令改正，通报批评；造成损失的，依法承担赔偿责任；对直接负责的主管人员和其他直接责任人员，依法给予处分；构成犯罪的，依法追究刑事责任。

第三十一条 【暴力强拆的法律责任】采取暴力、威胁或者违反规定中断供水、供热、供气、供电和道路通行等非法方式迫使被征收人搬迁，造成损失的，依法承担赔偿责任；对直接负责的主管人员和其他直接责任人员，构成犯罪的，依法追究刑事责任；尚不构成犯罪的，依法给予处分；构成违反治安管理行为的，依法给予治安管理处罚。

第三十二条 【暴力抗拆的法律责任】采取暴力、威胁等方法阻碍依法进行的房屋征收与补偿工作，构成犯罪的，依法追究刑事责任；构成违反治安管理行为的，依法给予治安管理处罚。

第三十三条 【非法占用征收补偿费用的法律责任】贪污、挪用、私分、截留、拖欠征收补偿费用的，责令改正，追回有关款项，限期退还违法所得，对有关责任单位通报批评、给予警告；造成损失的，依法承担赔偿责任；对直接负责的主管人员和其他直接责任人员，构成犯罪的，依法追究刑事责任；尚不构成犯罪的，依法给予处分。

第三十四条 【违法评估的法律责任】房地产价格评估机构或者房地产估价师出具虚假或者有重大差错的评估报告的，由发证机关责令限期改正，给予警告，对房地产价格评估机构并处5万元以上20万元以下罚款，对房地产估价师并处1万元以上3万元以下罚款，并记入信用档案；情节严重的,吊销资质证书、注册证书;造成损失的,依法承担赔偿责任;构成犯罪的,依法追究刑事责任。

第五章 附　则

第三十五条 【施行时间】本条例自公布之日起施行。2001 年 6 月 13 日国务院公布的《城市房屋拆迁管理条例》同时废止。本条例施行前已依法取得房屋拆迁许可证的项目,继续沿用原有的规定办理,但政府不得责成有关部门强制拆迁。

国有土地上房屋征收评估办法

1. *2011 年 6 月 3 日住房和城乡建设部发布*
2. *建房〔2011〕77 号*

第一条 为规范国有土地上房屋征收评估活动,保证房屋征收评估结果客观公平,根据《国有土地上房屋征收与补偿条例》,制定本办法。

第二条 评估国有土地上被征收房屋和用于产权调换房屋的价值,测算被征收房屋类似房地产的市场价格,以及对相关评估结果进行复核评估和鉴定,适用本办法。

第三条 房地产价格评估机构、房地产估价师、房地产价格评估专家委员会(以下称评估专家委员会)成员应当独立、客观、公正地开展房屋征收评估、鉴定工作,并对出具的评估、鉴定意见负责。

任何单位和个人不得干预房屋征收评估、鉴定活动。与房屋征收当事人有利害关系的,应当回避。

第四条 房地产价格评估机构由被征收人在规定时间内协商选定;在规定时间内协商不成的,由房屋征收部门通过组织被征收人按照少数服从多数的原则投票决定,或者采取摇号、抽签等随机方式确定。具体办法由省、自治区、直辖市制定。

房地产价格评估机构不得采取迎合征收当事人不当要求、虚假宣传、恶意低收费等不正当手段承揽房屋征收评估业务。

第五条 同一征收项目的房屋征收评估工作,原则上由一家房地产价格评估机构承担。房屋征收范围较大的,可以由两家以上房地产价格评估机构共同承担。

两家以上房地产价格评估机构承担的,应当共同协商确定一家房地产价格评估机构为牵头单位;牵头单位应当组织相关房地产价格评估机构就评估对象、评估时点、价值内涵、评估依据、评估假设、评估原则、评估技术路线、评估方法、重要参数选取、评估结果确定方式等进行沟通,统一标准。

第六条 房地产价格评估机构选定或者确定后,一般由房屋征收部门作为委托人,向房地产价格评估机构出具房屋征收评估委托书,并与其签订房屋征收评估委托合同。

房屋征收评估委托书应当载明委托人的名称、委托的房地产价格评估机构的名称、评估目的、评估对象范围、评估要求以及委托日期等内容。

房屋征收评估委托合同应当载明下列事项:

(一)委托人和房地产价格评估机构的基本情况;

(二)负责本评估项目的注册房地产估价师;

(三)评估目的、评估对象、评估时点等评估基本事项;

(四)委托人应提供的评估所需资料;

(五)评估过程中双方的权利和义务;

（六）评估费用及收取方式；

（七）评估报告交付时间、方式；

（八）违约责任；

（九）解决争议的方法；

（十）其他需要载明的事项。

第七条 房地产价格评估机构应当指派与房屋征收评估项目工作量相适应的足够数量的注册房地产估价师开展评估工作。

房地产价格评估机构不得转让或者变相转让受托的房屋征收评估业务。

第八条 被征收房屋价值评估目的应当表述为“为房屋征收部门与被征收人确定被征收房屋价值的补偿提供依据，评估被征收房屋的价值”。

用于产权调换房屋价值评估目的应当表述为“为房屋征收部门与被征收人计算被征收房屋价值与用于产权调换房屋价值的差价提供依据，评估用于产权调换房屋的价值”。

第九条 房屋征收评估前，房屋征收部门应当组织有关单位对被征收房屋情况进行调查，明确评估对象。评估对象应当全面、客观，不得遗漏、虚构。

房屋征收部门应当向受托的房地产价格评估机构提供征收范围内房屋情况，包括已经登记的房屋情况和未经登记建筑的认定、处理结果情况。调查结果应当在房屋征收范围内向被征收人公布。

对于已经登记的房屋，其性质、用途和建筑面积，一般以房屋权属证书和房屋登记簿的记载为准；房屋权属证书与房屋登记簿的记载不一致的，除有证据证明房屋登记簿确有错误外，以房屋登记簿为准。对于未经登记的建筑，应当按照市、县级人民政府的认定、处理结果进行评估。

第十条 被征收房屋价值评估时点为房屋征收决定公告之日。

用于产权调换房屋价值评估时点应当与被征收房屋价值评估时点一致。

第十一条 被征收房屋价值是指被征收房屋及其占用范围内的土地使用权在正常交易情况下，由熟悉情况的交易双方以公平交易方式在评估时点自愿进行交易的金额，但不考虑被征收房屋租赁、抵押、查封等因素的影响。

前款所述不考虑租赁因素的影响，是指评估被征收房屋无租约限制的价值；不考虑抵押、查封因素的影响，是指评估价值中不扣除被征收房屋已抵押担保的债权数额、拖欠的建设工程价款和其他法定优先受偿款。

第十二条 房地产价格评估机构应当安排注册房地产估价师对被征收房屋进行实地查勘，调查被征收房屋状况，拍摄反映被征收房屋内外部状况的照片等影像资料，做好实地查勘记录，并妥善保管。

被征收人应当协助注册房地产估价师对被征收房屋进行实地查勘，提供或者协助搜集被征收房屋价值评估所必需的情况和资料。

房屋征收部门、被征收人和注册房地产估价师应当在实地查勘记录上签字或者盖章确认。被征收人拒绝在实地查勘记录上签字或者盖章的，应当由房屋征收部门、注册房地产估价师和无利害关系的第三人见证，有关情况应当在评估报告中说明。

第十三条 注册房地产估价师应当根据评估对象和当地房地产市场状况，对市场法、收益法、成本法、假设开发法等评估方法进行适用性分析后，选用其中一种或者多种方法对被征收房屋价值进行评估。

被征收房屋的类似房地产有交易的，

应当选用市场法评估；被征收房屋或者其类似房地产有经济收益的，应当选用收益法评估；被征收房屋是在建工程的，应当选用假设开发法评估。

可以同时选用两种以上评估方法评估的，应当选用两种以上评估方法评估，并对各种评估方法的测算结果进行校核和比较分析后，合理确定评估结果。

第十四条 被征收房屋价值评估应当考虑被征收房屋的区位、用途、建筑结构、新旧程度、建筑面积以及占地面积、土地使用权等影响被征收房屋价值的因素。

被征收房屋室内装饰装修价值，机器设备、物资等搬迁费用，以及停产停业损失等补偿，由征收当事人协商确定；协商不成的，可以委托房地产价格评估机构通过评估确定。

第十五条 房屋征收评估价值应当以人民币为计价的货币单位，精确到元。

第十六条 房地产价格评估机构应当按照房屋征收评估委托书或者委托合同的约定，向房屋征收部门提供分户的初步评估结果。分户的初步评估结果应当包括评估对象的构成及其基本情况和评估价值。房屋征收部门应当将分户的初步评估结果在征收范围内向被征收人公示。

公示期间，房地产价格评估机构应当安排注册房地产估价师对分户的初步评估结果进行现场说明解释。存在错误的，房地产价格评估机构应当修正。

第十七条 分户初步评估结果公示期满后，房地产价格评估机构应当向房屋征收部门提供委托评估范围内被征收房屋的整体评估报告和分户评估报告。房屋征收部门应当向被征收人转交分户评估报告。

整体评估报告和分户评估报告应当由负责房屋征收评估项目的两名以上注册房地产估价师签字，并加盖房地产价格评估机构公章。不得以印章代替签字。

第十八条 房屋征收评估业务完成后，房地产价格评估机构应当将评估报告及相关资料立卷、归档保管。

第十九条 被征收人或者房屋征收部门对评估报告有疑问的，出具评估报告的房地产价格评估机构应当向其作出解释和说明。

第二十条 被征收人或者房屋征收部门对评估结果有异议的，应当自收到评估报告之日起 10 日内，向房地产价格评估机构申请复核评估。

申请复核评估的，应当向原房地产价格评估机构提出书面复核评估申请，并指出评估报告存在的问题。

第二十一条 原房地产价格评估机构应当自收到书面复核评估申请之日起 10 日内对评估结果进行复核。复核后，改变原评估结果的，应当重新出具评估报告；评估结果没有改变的，应当书面告知复核评估申请人。

第二十二条 被征收人或者房屋征收部门对原房地产价格评估机构的复核结果有异议的，应当自收到复核结果之日起 10 日内，向被征收房屋所在地评估专家委员会申请鉴定。被征收人对补偿仍有异议的，按照《国有土地上房屋征收与补偿条例》第二十六条规定处理。

第二十三条 各省、自治区住房城乡建设主管部门和设区城市的房地产管理部门应当组织成立评估专家委员会，对房地产价格评估机构做出的复核结果进行鉴定。

评估专家委员会由房地产估价师以及价格、房地产、土地、城市规划、法律等方面的专家组成。

第二十四条 评估专家委员会应当选派成

员组成专家组，对复核结果进行鉴定。专家组成员为 3 人以上单数，其中房地产估价师不得少于二分之一。

第二十五条 评估专家委员会应当自收到鉴定申请之日起 10 日内，对申请鉴定评估报告的评估程序、评估依据、评估假设、评估技术路线、评估方法选用、参数选取、评估结果确定方式等评估技术问题进行审核，出具书面鉴定意见。

经评估专家委员会鉴定，评估报告不存在技术问题的，应当维持评估报告；评估报告存在技术问题的，出具评估报告的房地产价格评估机构应当改正错误，重新出具评估报告。

第二十六条 房屋征收评估鉴定过程中，房地产价格评估机构应当按照评估专家委员会要求，就鉴定涉及的评估相关事宜进行说明。需要对被征收房屋进行实地查勘和调查的，有关单位和个人应当协助。

第二十七条 因房屋征收评估、复核评估、鉴定工作需要查询被征收房屋和用于产权调换房屋权属以及相关房地产交易信息的，房地产管理部门及其他相关部门应当提供便利。

第二十八条 在房屋征收评估过程中，房屋征收部门或者被征收人不配合、不提供相关资料的，房地产价格评估机构应当在评估报告中说明有关情况。

第二十九条 除政府对用于产权调换房屋价格有特别规定外，应当以评估方式确定用于产权调换房屋的市场价值。

第三十条 被征收房屋的类似房地产是指与被征收房屋的区位、用途、权利性质、档次、新旧程度、规模、建筑结构等相同或者相似的房地产。

被征收房屋类似房地产的市场价格是指被征收房屋的类似房地产在评估时点的平均交易价格。确定被征收房屋类似房地产的市场价格，应当剔除偶然的和不正常的因素。

第三十一条 房屋征收评估、鉴定费用由委托人承担。但鉴定改变原评估结果的，鉴定费用由原房地产价格评估机构承担。复核评估费用由原房地产价格评估机构承担。房屋征收评估、鉴定费用按照政府价格主管部门规定的收费标准执行。

第三十二条 在房屋征收评估活动中，房地产价格评估机构和房地产估价师的违法违规行为，按照《国有土地上房屋征收与补偿条例》、《房地产估价机构管理办法》、《注册房地产估价师管理办法》等规定处罚。违反规定收费的，由政府价格主管部门依照《中华人民共和国价格法》规定处罚。

第三十三条 本办法自公布之日起施行。2003 年 12 月 1 日原建设部发布的《城市房屋拆迁估价指导意见》同时废止。但《国有土地上房屋征收与补偿条例》施行前已依法取得房屋拆迁许可证的项目，继续沿用原有规定。

中华人民共和国行政强制法

1. 2011 年 6 月 30 日第十一届全国人民代表大会常务委员会第二十一次会议通过

2. 2011 年 6 月 30 日中华人民共和国主席令第 49 号公布

3. 自 2012 年 1 月 1 日起施行

目　录

第一章　总　　则

第一条　【立法目的】为了规范行政强制的设定和实施,保障和监督行政机关依法履行职责,维护公共利益和社会秩序,保护公民、法人和其他组织的合法权益,根据宪法,制定本法。

第二条　【行政强制】本法所称行政强制,包括行政强制措施和行政强制执行。

行政强制措施,是指行政机关在行政管理过程中,为制止违法行为、防止证据损毁、避免危害发生、控制危险扩大等情形,依法对公民的人身自由实施暂时性限制,或者对公民、法人或者其他组织的财物实施暂时性控制的行为。

行政强制执行,是指行政机关或者行政机关申请人民法院,对不履行行政决定的公民、法人或者其他组织,依法强制履行义务的行为。

第三条　【适用范围】行政强制的设定和实施,适用本法。

发生或者即将发生自然灾害、事故灾难、公共卫生事件或者社会安全事件等突发事件,行政机关采取应急措施或者临时措施,依照有关法律、行政法规的规定执行。

行政机关采取金融业审慎监管措施、进出境货物强制性技术监控措施,依照有关法律、行政法规的规定执行。

第四条　【合法性原则】行政强制的设定和实施,应当依照法定的权限、范围、条件和程序。

第五条　【适当性原则】行政强制的设定和实施,应当适当。采用非强制手段可以达到行政管理目的的,不得设定和实施行政强制。

第六条　【教育与强制相结合原则】实施行政强制,应当坚持教育与强制相结合。

第七条　【不得利用行政强制权谋取利益】行政机关及其工作人员不得利用行政强制权为单位或者个人谋取利益。

第八条　【正当程序和权利救济】公民、法人或者其他组织对行政机关实施行政强制,享有陈述权、申辩权;有权依法申请行政复议或者提起行政诉讼;因行政机关违法实施行政强制受到损害的,有权依法要求赔偿。

公民、法人或者其他组织因人民法院在强制执行中有违法行为或者扩大强制执行范围受到损害的,有权依法要求赔偿。

第二章　行政强制的种类和设定

第九条　【行政强制措施的种类】行政强制措施的种类:

(一)限制公民人身自由;

(二)查封场所、设施或者财物;

(三)扣押财物;

(四)冻结存款、汇款;

(五)其他行政强制措施。

第十条　【行政强制措施的设定权】行政强制措施由法律设定。

尚未制定法律,且属于国务院行政管理职权事项的,行政法规可以设定除本法第九条第一项、第四项和应当由法律规定的行政强制措施以外的其他行政强制措施。

尚未制定法律、行政法规,且属于地

方性事务的，地方性法规可以设定本法第九条第二项、第三项的行政强制措施。

法律、法规以外的其他规范性文件不得设定行政强制措施。

第十一条 【行政法规、地方性法规的规定权】法律对行政强制措施的对象、条件、种类作了规定的，行政法规、地方性法规不得作出扩大规定。

法律中未设定行政强制措施的，行政法规、地方性法规不得设定行政强制措施。但是，法律规定特定事项由行政法规规定具体管理措施的，行政法规可以设定除本法第九条第一项、第四项和应当由法律规定的行政强制措施以外的其他行政强制措施。

第十二条 【行政强制执行的方式】行政强制执行的方式：

（一）加处罚款或者滞纳金；

（二）划拨存款、汇款；

（三）拍卖或者依法处理查封、扣押的场所、设施或者财物；

（四）排除妨碍、恢复原状；

（五）代履行；

（六）其他强制执行方式。

第十三条 【行政强制执行的设定权】行政强制执行由法律设定。

法律没有规定行政机关强制执行的，作出行政决定的行政机关应当申请人民法院强制执行。

第十四条 【设定行政强制应听取意见和说明必要性】起草法律草案、法规草案，拟设定行政强制的，起草单位应当采取听证会、论证会等形式听取意见，并向制定机关说明设定该行政强制的必要性、可能产生的影响以及听取和采纳意见的情况。

第十五条 【已设定行政强制的评价】行政强制的设定机关应当定期对其设定的行政强制进行评价，并对不适当的行政强制及时予以修改或者废止。

行政强制的实施机关可以对已设定的行政强制的实施情况及存在的必要性适时进行评价，并将意见报告该行政强制的设定机关。

公民、法人或者其他组织可以向行政强制的设定机关和实施机关就行政强制的设定和实施提出意见和建议。有关机关应当认真研究论证，并以适当方式予以反馈。

第三章 行政强制措施实施程序

第一节 一般规定

第十六条 【实施行政强制措施的条件】行政机关履行行政管理职责，依照法律、法规的规定，实施行政强制措施。

违法行为情节显著轻微或者没有明显社会危害的，可以不采取行政强制措施。

第十七条 【实施主体】行政强制措施由法律、法规规定的行政机关在法定职权范围内实施。行政强制措施权不得委托。

依据《中华人民共和国行政处罚法》的规定行使相对集中行政处罚权的行政机关，可以实施法律、法规规定的与行政处罚权有关的行政强制措施。

行政强制措施应当由行政机关具备资格的行政执法人员实施，其他人员不得实施。

第十八条 【一般实施程序】行政机关实施行政强制措施应当遵守下列规定：

（一）实施前须向行政机关负责人报告并经批准；

（二）由两名以上行政执法人员实施；

（三）出示执法身份证件；

（四）通知当事人到场；

（五）当场告知当事人采取行政强制措施的理由、依据以及当事人依法享有的权利、救济途径；

（六）听取当事人的陈述和申辩；

（七）制作现场笔录；

（八）现场笔录由当事人和行政执法人员签名或者盖章，当事人拒绝的，在笔录中予以注明；

（九）当事人不到场的，邀请见证人到场，由见证人和行政执法人员在现场笔录上签名或者盖章；

（十）法律、法规规定的其他程序。

第十九条　【即时强制】情况紧急，需要当场实施行政强制措施的，行政执法人员应当在二十四小时内向行政机关负责人报告，并补办批准手续。行政机关负责人认为不应当采取行政强制措施的，应当立即解除。

第二十条　【限制人身自由的程序】依照法律规定实施限制公民人身自由的行政强制措施，除应当履行本法第十八条规定的程序外，还应当遵守下列规定：

（一）当场告知或者实施行政强制措施后立即通知当事人家属实施行政强制措施的行政机关、地点和期限；

（二）在紧急情况下当场实施行政强制措施的，在返回行政机关后，立即向行政机关负责人报告并补办批准手续；

（三）法律规定的其他程序。

实施限制人身自由的行政强制措施不得超过法定期限。实施行政强制措施的目的已经达到或者条件已经消失，应当立即解除。

第二十一条　【涉嫌犯罪应当移送司法机关】违法行为涉嫌犯罪应当移送司法机关的，行政机关应当将查封、扣押、冻结的财物一并移送，并书面告知当事人。

第二节　查封、扣押

第二十二条　【查封、扣押的实施主体】查封、扣押应当由法律、法规规定的行政机关实施，其他任何行政机关或者组织不得实施。

第二十三条　【查封、扣押的对象】查封、扣押限于涉案的场所、设施或者财物，不得查封、扣押与违法行为无关的场所、设施或者财物；不得查封、扣押公民个人及其所扶养家属的生活必需品。

当事人的场所、设施或者财物已被其他国家机关依法查封的，不得重复查封。

第二十四条　【查封、扣押实施程序】行政机关决定实施查封、扣押的，应当履行本法第十八条规定的程序，制作并当场交付查封、扣押决定书和清单。

查封、扣押决定书应当载明下列事项：

（一）当事人的姓名或者名称、地址；

（二）查封、扣押的理由、依据和期限；

（三）查封、扣押场所、设施或者财物的名称、数量等；

（四）申请行政复议或者提起行政诉讼的途径和期限；

（五）行政机关的名称、印章和日期。

查封、扣押清单一式二份，由当事人和行政机关分别保存。

第二十五条　【查封、扣押的期限和检测费用的承担】查封、扣押的期限不得超过三十日；情况复杂的，经行政机关负责人批准，可以延长，但是延长期限不得超过三十日。法律、行政法规另有规定的除外。

延长查封、扣押的决定应当及时书面告知当事人，并说明理由。

对物品需要进行检测、检验、检疫或者技术鉴定的，查封、扣押的期间不包括检测、检验、检疫或者技术鉴定的期间。检测、检验、检疫或者技术鉴定的期间应当明确,并书面告知当事人。检测、检验、检疫或者技术鉴定的费用由行政机关承担。

第二十六条 【查封、扣押财物的保管】对查封、扣押的场所、设施或者财物,行政机关应当妥善保管,不得使用或者损毁;造成损失的,应当承担赔偿责任。

对查封的场所、设施或者财物,行政机关可以委托第三人保管,第三人不得损毁或者擅自转移、处置。因第三人的原因造成的损失,行政机关先行赔付后,有权向第三人追偿。

因查封、扣押发生的保管费用由行政机关承担。

第二十七条 【查封、扣押财物的处理】行政机关采取查封、扣押措施后,应当及时查清事实,在本法第二十五条规定的期限内作出处理决定。对违法事实清楚,依法应当没收的非法财物予以没收;法律、行政法规规定应当销毁的,依法销毁;应当解除查封、扣押的,作出解除查封、扣押的决定。

第二十八条 【查封、扣押的解除】有下列情形之一的,行政机关应当及时作出解除查封、扣押决定:

(一)当事人没有违法行为;

(二)查封、扣押的场所、设施或者财物与违法行为无关;

(三)行政机关对违法行为已经作出处理决定,不再需要查封、扣押;

(四)查封、扣押期限已经届满;

(五)其他不再需要采取查封、扣押措施的情形。

解除查封、扣押应当立即退还财物;已将鲜活物品或者其他不易保管的财物拍卖或者变卖的,退还拍卖或者变卖所得款项。变卖价格明显低于市场价格,给当事人造成损失的,应当给予补偿。

第三节 冻 结

第二十九条 【冻结的实施主体与数额】冻结存款、汇款应当由法律规定的行政机关实施,不得委托给其他行政机关或者组织;其他任何行政机关或者组织不得冻结存款、汇款。

冻结存款、汇款的数额应当与违法行为涉及的金额相当;已被其他国家机关依法冻结的,不得重复冻结。

第三十条 【冻结的程序】行政机关依照法律规定决定实施冻结存款、汇款的,应当履行本法第十八条第一项、第二项、第三项、第七项规定的程序,并向金融机构交付冻结通知书。

金融机构接到行政机关依法作出的冻结通知书后,应当立即予以冻结,不得拖延,不得在冻结前向当事人泄露信息。

法律规定以外的行政机关或者组织要求冻结当事人存款、汇款的,金融机构应当拒绝。

第三十一条 【冻结决定书的内容和交付期限】依照法律规定冻结存款、汇款的,作出决定的行政机关应当在三日内向当事人交付冻结决定书。冻结决定书应当载明下列事项:

(一)当事人的姓名或者名称、地址;

(二)冻结的理由、依据和期限;

(三)冻结的账号和数额;

(四)申请行政复议或者提起行政诉讼的途径和期限;

(五)行政机关的名称、印章和日期。

第三十二条 【冻结的期限与延长】自冻结存款、汇款之日起三十日内,行政机关应当作出处理决定或者作出解除冻结决定;

情况复杂的，经行政机关负责人批准，可以延长，但是延长期限不得超过三十日。法律另有规定的除外。

延长冻结的决定应当及时书面告知当事人，并说明理由。

第三十三条 【冻结的解除】有下列情形之一的，行政机关应当及时作出解除冻结决定：

（一）当事人没有违法行为；

（二）冻结的存款、汇款与违法行为无关；

（三）行政机关对违法行为已经作出处理决定，不再需要冻结；

（四）冻结期限已经届满；

（五）其他不再需要采取冻结措施的情形。

行政机关作出解除冻结决定的，应当及时通知金融机构和当事人。金融机构接到通知后，应当立即解除冻结。

行政机关逾期未作出处理决定或者解除冻结决定的，金融机构应当自冻结期满之日起解除冻结。

第四章 行政机关强制执行程序

第一节 一般规定

第三十四条 【行政机关强制执行】行政机关依法作出行政决定后，当事人在行政机关决定的期限内不履行义务的，具有行政强制执行权的行政机关依照本章规定强制执行。

第三十五条 【催告程序】行政机关作出强制执行决定前，应当事先催告当事人履行义务。催告应当以书面形式作出，并载明下列事项：

（一）履行义务的期限；

（二）履行义务的方式；

（三）涉及金钱给付的，应当有明确的金额和给付方式；

（四）当事人依法享有的陈述权和申辩权。

第三十六条 【当事人的陈述权、申辩权】当事人收到催告书后有权进行陈述和申辩。行政机关应当充分听取当事人的意见，对当事人提出的事实、理由和证据，应当进行记录、复核。当事人提出的事实、理由或者证据成立的，行政机关应当采纳。

第三十七条 【强制执行决定书】经催告，当事人逾期仍不履行行政决定，且无正当理由的，行政机关可以作出强制执行决定。

强制执行决定应当以书面形式作出，并载明下列事项：

（一）当事人的姓名或者名称、地址；

（二）强制执行的理由和依据；

（三）强制执行的方式和时间；

（四）申请行政复议或者提起行政诉讼的途径和期限；

（五）行政机关的名称、印章和日期。

在催告期间，对有证据证明有转移或者隐匿财物迹象的，行政机关可以作出立即强制执行决定。

第三十八条 【催告书、强制执行决定书的送达】催告书、行政强制执行决定书应当直接送达当事人。当事人拒绝接收或者无法直接送达当事人的，应当依照《中华人民共和国民事诉讼法》的有关规定送达。

第三十九条 【中止执行】有下列情形之一的，中止执行：

（一）当事人履行行政决定确有困难或者暂无履行能力的；

（二）第三人对执行标的主张权利，确有理由的；

（三）执行可能造成难以弥补的损

失，且中止执行不损害公共利益的；

（四）行政机关认为需要中止执行的其他情形。

中止执行的情形消失后，行政机关应当恢复执行。对没有明显社会危害，当事人确无能力履行，中止执行满三年未恢复执行的，行政机关不再执行。

第四十条 【终结执行】有下列情形之一的，终结执行：

（一）公民死亡，无遗产可供执行，又无义务承受人的；

（二）法人或者其他组织终止，无财产可供执行，又无义务承受人的；

（三）执行标的灭失的；

（四）据以执行的行政决定被撤销的；

（五）行政机关认为需要终结执行的其他情形。

第四十一条 【执行回转】在执行中或者执行完毕后，据以执行的行政决定被撤销、变更，或者执行错误的，应当恢复原状或者退还财物；不能恢复原状或者退还财物的，依法给予赔偿。

第四十二条 【执行和解】实施行政强制执行，行政机关可以在不损害公共利益和他人合法权益的情况下，与当事人达成执行协议。执行协议可以约定分阶段履行；当事人采取补救措施的，可以减免加处的罚款或者滞纳金。

执行协议应当履行。当事人不履行执行协议的，行政机关应当恢复强制执行。

第四十三条 【文明执法】行政机关不得在夜间或者法定节假日实施行政强制执行。但是，情况紧急的除外。

行政机关不得对居民生活采取停止供水、供电、供热、供燃气等方式迫使当事人履行相关行政决定。

第四十四条 【违法建筑物、构筑物、设施强制的拆除】对违法的建筑物、构筑物、设施等需要强制拆除的，应当由行政机关予以公告，限期当事人自行拆除。当事人在法定期限内不申请行政复议或者提起行政诉讼，又不拆除的，行政机关可以依法强制拆除。

第二节 金钱给付义务的执行

第四十五条 【加处罚款或者滞纳金】行政机关依法作出金钱给付义务的行政决定，当事人逾期不履行的，行政机关可以依法加处罚款或者滞纳金。加处罚款或者滞纳金的标准应当告知当事人。

加处罚款或者滞纳金的数额不得超出金钱给付义务的数额。

第四十六条 【金钱给付义务的直接强制执行】行政机关依照本法第四十五条规定实施加处罚款或者滞纳金超过三十日，经催告当事人仍不履行的，具有行政强制执行权的行政机关可以强制执行。

行政机关实施强制执行前，需要采取查封、扣押、冻结措施的，依照本法第三章规定办理。

没有行政强制执行权的行政机关应当申请人民法院强制执行。但是，当事人在法定期限内不申请行政复议或者提起行政诉讼，经催告仍不履行的，在实施行政管理过程中已经采取查封、扣押措施的行政机关，可以将查封、扣押的财物依法拍卖抵缴罚款。

第四十七条 【划拨存款、汇款】划拨存款、汇款应当由法律规定的行政机关决定，并书面通知金融机构。金融机构接到行政机关依法作出划拨存款、汇款的决定后，应当立即划拨。

法律规定以外的行政机关或者组织

要求划拨当事人存款、汇款的，金融机构应当拒绝。

第四十八条　【委托拍卖】依法拍卖财物，由行政机关委托拍卖机构依照《中华人民共和国拍卖法》的规定办理。

第四十九条　【划拨存款、汇款的上缴】划拨的存款、汇款以及拍卖和依法处理所得的款项应当上缴国库或者划入财政专户。任何行政机关或者个人不得以任何形式截留、私分或者变相私分。

第三节　代　履　行

第五十条　【代履行】行政机关依法作出要求当事人履行排除妨碍、恢复原状等义务的行政决定，当事人逾期不履行，经催告仍不履行，其后果已经或者将危害交通安全、造成环境污染或者破坏自然资源的，行政机关可以代履行，或者委托没有利害关系的第三人代履行。

第五十一条　【代履行的实施程序、费用】代履行应当遵守下列规定：

（一）代履行前送达决定书，代履行决定书应当载明当事人的姓名或者名称、地址，代履行的理由和依据、方式和时间、标的、费用预算以及代履行人；

（二）代履行三日前，催告当事人履行，当事人履行的，停止代履行；

（三）代履行时，作出决定的行政机关应当派员到场监督；

（四）代履行完毕，行政机关到场监督的工作人员、代履行人和当事人或者见证人应当在执行文书上签名或者盖章。

代履行的费用按照成本合理确定，由当事人承担。但是，法律另有规定的除外。

代履行不得采用暴力、胁迫以及其他非法方式。

第五十二条　【立即代履行】需要立即清除道路、河道、航道或者公共场所的遗洒物、障碍物或者污染物，当事人不能清除的，行政机关可以决定立即实施代履行；当事人不在场的，行政机关应当在事后立即通知当事人，并依法作出处理。

第五章　申请人民法院强制执行

第五十三条　【申请法院强制执行】当事人在法定期限内不申请行政复议或者提起行政诉讼，又不履行行政决定的，没有行政强制执行权的行政机关可以自期限届满之日起三个月内，依照本章规定申请人民法院强制执行。

第五十四条　【催告与执行管辖】行政机关申请人民法院强制执行前，应当催告当事人履行义务。催告书送达十日后当事人仍未履行义务的，行政机关可以向所在地有管辖权的人民法院申请强制执行；执行对象是不动产的，向不动产所在地有管辖权的人民法院申请强制执行。

第五十五条　【申请强制执行提供的材料】行政机关向人民法院申请强制执行，应当提供下列材料：

（一）强制执行申请书；

（二）行政决定书及作出决定的事实、理由和依据；

（三）当事人的意见及行政机关催告情况；

（四）申请强制执行标的情况；

（五）法律、行政法规规定的其他材料。

强制执行申请书应当由行政机关负责人签名，加盖行政机关的印章，并注明日期。

第五十六条　【申请的受理】人民法院接到行政机关强制执行的申请，应当在五日内受理。

行政机关对人民法院不予受理的裁

定有异议的，可以在十五日内向上一级人民法院申请复议，上一级人民法院应当自收到复议申请之日起十五日内作出是否受理的裁定。

第五十七条　【申请的书面审查】人民法院对行政机关强制执行的申请进行书面审查，对符合本法第五十五条规定，且行政决定具备法定执行效力的，除本法第五十八条规定的情形外，人民法院应当自受理之日起七日内作出执行裁定。

第五十八条　【申请的违法审查】人民法院发现有下列情形之一的，在作出裁定前可以听取被执行人和行政机关的意见：

（一）明显缺乏事实根据的；

（二）明显缺乏法律、法规依据的；

（三）其他明显违法并损害被执行人合法权益的。

人民法院应当自受理之日起三十日内作出是否执行的裁定。裁定不予执行的，应当说明理由，并在五日内将不予执行的裁定送达行政机关。

行政机关对人民法院不予执行的裁定有异议的，可以自收到裁定之日起十五日内向上一级人民法院申请复议，上一级人民法院应当自收到复议申请之日起三十日内作出是否执行的裁定。

第五十九条　【申请法院立即执行】因情况紧急，为保障公共安全，行政机关可以申请人民法院立即执行。经人民法院院长批准，人民法院应当自作出执行裁定之日起五日内执行。

第六十条　【执行费用】行政机关申请人民法院强制执行，不缴纳申请费。强制执行的费用由被执行人承担。

人民法院以划拨、拍卖方式强制执行的，可以在划拨、拍卖后将强制执行的费用扣除。

依法拍卖财物，由人民法院委托拍卖机构依照《中华人民共和国拍卖法》的规定办理。

划拨的存款、汇款以及拍卖和依法处理所得的款项应当上缴国库或者划入财政专户，不得以任何形式截留、私分或者变相私分。

第六章　法律责任

第六十一条　【违法实施行政强制的法律责任】行政机关实施行政强制，有下列情形之一的，由上级行政机关或者有关部门责令改正，对直接负责的主管人员和其他直接责任人员依法给予处分：

（一）没有法律、法规依据的；

（二）改变行政强制对象、条件、方式的；

（三）违反法定程序实施行政强制的；

（四）违反本法规定，在夜间或者法定节假日实施行政强制执行的；

（五）对居民生活采取停止供水、供电、供热、供燃气等方式迫使当事人履行相关行政决定的；

（六）有其他违法实施行政强制情形的。

第六十二条　【违法实施查封、扣押、冻结的法律责任】违反本法规定，行政机关有下列情形之一的，由上级行政机关或者有关部门责令改正，对直接负责的主管人员和其他直接责任人员依法给予处分：

（一）扩大查封、扣押、冻结范围的；

（二）使用或者损毁查封、扣押场所、设施或者财物的；

（三）在查封、扣押法定期间不作出处理决定或者未依法及时解除查封、扣押的；

（四）在冻结存款、汇款法定期间不

作出处理决定或者未依法及时解除冻结的。

第六十三条 【截留、私分或变相私分和据为己有的法律责任】行政机关将查封、扣押的财物或者划拨的存款、汇款以及拍卖和依法处理所得的款项，截留、私分或者变相私分的，由财政部门或者有关部门予以追缴；对直接负责的主管人员和其他直接责任人员依法给予记大过、降级、撤职或者开除的处分。

行政机关工作人员利用职务上的便利，将查封、扣押的场所、设施或者财物据为己有的，由上级行政机关或者有关部门责令改正，依法给予记大过、降级、撤职或者开除的处分。

第六十四条 【利用行政强制权为单位或者个人谋取利益的法律责任】行政机关及其工作人员利用行政强制权为单位或者个人谋取利益的，由上级行政机关或者有关部门责令改正，对直接负责的主管人员和其他直接责任人员依法给予处分。

第六十五条 【金融机构违法冻结、划拨的法律责任】违反本法规定，金融机构有下列行为之一的，由金融业监督管理机构责令改正，对直接负责的主管人员和其他直接责任人员依法给予处分：

（一）在冻结前向当事人泄露信息的；

（二）对应当立即冻结、划拨的存款、汇款不冻结或者不划拨，致使存款、汇款转移的；

（三）将不应当冻结、划拨的存款、汇款予以冻结或者划拨的；

（四）未及时解除冻结存款、汇款的。

第六十六条 【款项未划入规定账户的法律责任】违反本法规定，金融机构将款项划入国库或者财政专户以外的其他账户的，由金融业监督管理机构责令改正，并处以违法划拨款项二倍的罚款；对直接负责的主管人员和其他直接责任人员依法给予处分。

违反本法规定，行政机关、人民法院指令金融机构将款项划入国库或者财政专户以外的其他账户的，对直接负责的主管人员和其他直接责任人员依法给予处分。

第六十七条 【人民法院违法执行的法律责任】人民法院及其工作人员在强制执行中有违法行为或者扩大强制执行范围的，对直接负责的主管人员和其他直接责任人员依法给予处分。

第六十八条 【赔偿责任和刑事责任】违反本法规定，给公民、法人或者其他组织造成损失的，依法给予赔偿。

违反本法规定，构成犯罪的，依法追究刑事责任。

第七章 附 则

第六十九条 【期限的计算】本法中十日以内期限的规定是指工作日，不含法定节假日。

第七十条 【法律、行政法规授权的具有管理公共事务职能的组织的主体资格】法律、行政法规授权的具有管理公共事务职能的组织在法定授权范围内，以自己的名义实施行政强制，适用本法有关行政机关的规定。

第七十一条 【生效日期】本法自 2012 年 1 月 1 日起施行。

中华人民共和国民事诉讼法（节录）

1. 1991年4月9日第七届全国人民代表大会第四次会议通过
2. 根据2007年10月28日第十届全国人民代表大会常务委员会第三十次会议《关于修改〈中华人民共和国民事诉讼法〉的决定》第一次修正
3. 根据2012年8月31日第十一届全国人民代表大会常务委员会第二十八次会议《关于修改〈中华人民共和国民事诉讼法〉的决定》第二次修正
4. 根据2017年6月27日第十二届全国人民代表大会常务委员会第二十八次会议《关于修改〈中华人民共和国民事诉讼法〉和〈中华人民共和国行政诉讼法〉的决定》第三次修正

第二百五十条 【强制迁出】强制迁出房屋或者强制退出土地，由院长签发公告，责令被执行人在指定期间履行。被执行人逾期不履行的，由执行员强制执行。

强制执行时，被执行人是公民的，应当通知被执行人或者他的成年家属到场；被执行人是法人或者其他组织的，应当通知其法定代表人或者主要负责人到场。拒不到场的，不影响执行。被执行人是公民的，其工作单位或者房屋、土地所在地的基层组织应当派人参加。执行员应当将强制执行情况记入笔录，由在场人签名或者盖章。

强制迁出房屋被搬出的财物，由人民法院派人运至指定处所，交给被执行人。被执行人是公民的，也可以交给他的成年家属。因拒绝接收而造成的损失，由被执行人承担。

第二百五十一条 【财产权证照转移】在执行中，需要办理有关财产权证照转移手续的，人民法院可以向有关单位发出协助执行通知书，有关单位必须办理。

最高人民法院研究室关于人民法院是否受理涉及军队房地产腾退、拆迁安置纠纷案件的答复

1. 2003年8月8日发布
2. 法研〔2003〕123号

辽宁省高级人民法院：

你院辽高法疑字〔2003〕5号《关于涉及军队房地产的腾退、拆迁安置纠纷案件人民法院应否受理的请示》收悉。经研究，答复如下：

根据最高人民法院1992年11月25日下发的《最高人民法院关于房地产案件受理问题的通知》的精神，因涉及军队房地产腾退、拆迁安置而引起的纠纷，不属于人民法院主管工作的范围，当事人为此而提起诉讼的，人民法院应当依法不予受理或驳回起诉，并可告知其向有关部门申请解决。

最高人民法院关于办理申请人民法院强制执行国有土地上房屋征收补偿决定案件若干问题的规定

1. 2012年2月27日最高人民法院审判委员会第1543次会议通过
2. 2012年3月26日公布
3. 法释〔2012〕4号
4. 自2012年4月10日起施行

为依法正确办理市、县级人民政府申请人民法院强制执行国有土地上房屋征收补偿决定（以下简称征收补偿决定）案件，维护公共利益，保障被征收房屋所有

权人的合法权益，根据《中华人民共和国行政诉讼法》、《中华人民共和国行政强制法》、《国有土地上房屋征收与补偿条例》（以下简称《条例》）等有关法律、行政法规规定，结合审判实际，制定本规定。

第一条 申请人民法院强制执行征收补偿决定案件，由房屋所在地基层人民法院管辖，高级人民法院可以根据本地实际情况决定管辖法院。

第二条 申请机关向人民法院申请强制执行，除提供《条例》第二十八条规定的强制执行申请书及附具材料外，还应当提供下列材料：

（一）征收补偿决定及相关证据和所依据的规范性文件；

（二）征收补偿决定送达凭证、催告情况及房屋被征收人、直接利害关系人的意见；

（三）社会稳定风险评估材料；

（四）申请强制执行的房屋状况；

（五）被执行人的姓名或者名称、住址及与强制执行相关的财产状况等具体情况；

（六）法律、行政法规规定应当提交的其他材料。

强制执行申请书应当由申请机关负责人签名，加盖申请机关印章，并注明日期。

强制执行的申请应当自被执行人的法定起诉期限届满之日起三个月内提出；逾期申请的，除有正当理由外，人民法院不予受理。

第三条 人民法院认为强制执行的申请符合形式要件且材料齐全的，应当在接到申请后五日内立案受理，并通知申请机关；不符合形式要件或者材料不全的应当限期补正，并在最终补正的材料提供后五日内立案受理；不符合形式要件或者逾期无正当理由不补正材料的，裁定不予受理。

申请机关对不予受理的裁定有异议的，可以自收到裁定之日起十五日内向上一级人民法院申请复议，上一级人民法院应当自收到复议申请之日起十五日内作出裁定。

第四条 人民法院应当自立案之日起三十日内作出是否准予执行的裁定；有特殊情况需要延长审查期限的，由高级人民法院批准。

第五条 人民法院在审查期间，可以根据需要调取相关证据、询问当事人、组织听证或者进行现场调查。

第六条 征收补偿决定存在下列情形之一的，人民法院应当裁定不准予执行：

（一）明显缺乏事实根据；

（二）明显缺乏法律、法规依据；

（三）明显不符合公平补偿原则，严重损害被执行人合法权益，或者使被执行人基本生活、生产经营条件没有保障；

（四）明显违反行政目的，严重损害公共利益；

（五）严重违反法定程序或者正当程序；

（六）超越职权；

（七）法律、法规、规章等规定的其他不宜强制执行的情形。

人民法院裁定不准予执行的，应当说明理由，并在五日内将裁定送达申请机关。

第七条 申请机关对不准予执行的裁定有异议的，可以自收到裁定之日起十五日内向上一级人民法院申请复议，上一级人民法院应当自收到复议申请之日起三十日内作出裁定。

第八条 人民法院裁定准予执行的，应当在五日内将裁定送达申请机关和被执行人，并可以根据实际情况建议申请机关依法采取必要措施，保障征收与补偿活动顺利实施。

第九条 人民法院裁定准予执行的，一般由作出征收补偿决定的市、县级人民政府组织实施，也可以由人民法院执行。

第十条 《条例》施行前已依法取得房屋拆迁许可证的项目，人民法院裁定准予执行房屋拆迁裁决的，参照本规定第九条精神办理。

第十一条 最高人民法院以前所作的司法解释与本规定不一致的，按本规定执行。

最高人民法院关于认真贯彻执行《关于办理申请人民法院强制执行国有土地上房屋征收补偿决定案件若干问题的规定》的通知

1. *2012年4月5日*
2. *法〔2012〕97号*

各省、自治区、直辖市高级人民法院，解放军军事法院，新疆维吾尔自治区高级人民法院生产建设兵团分院：

《最高人民法院关于办理申请人民法院强制执行国有土地上房屋征收补偿决定案件若干问题的规定》（法释〔2012〕4号，以下简称《规定》）已由最高人民法院审判委员会第1543次会议讨论通过，于2012年4月10日起施行。为准确把握和正确适用《规定》，现就有关问题通知如下：

一、充分认识制定实施《规定》的重要意义

制定实施《规定》是人民法院服务大局、回应社会关切的需要。房屋征收与补偿事关社会稳定、人民安居乐业、经济社会协调发展，党中央、国务院高度重视。《中华人民共和国行政强制法》（以下称《行政强制法》）、《国有土地上房屋征收与补偿条例》（以下称《条例》）颁布实施以来，有关市、县级人民政府申请人民法院强制执行房屋征收补偿决定（以下称征收补偿决定）以及新旧规定衔接等问题成为社会关注焦点。人民法院审判、执行工作面临许多新情况、新问题，需要统一法律、法规适用标准，明确具体工作规范。《规定》是对相关法律、法规规定精神的进一步细化和落实。

制定实施《规定》是解决现实工作难题、保障合法权益与实现公共利益的需要。近年来，一些地方因强制拆迁引发的恶性事件屡屡发生，为此，国务院下大力气进行专项整治，我院也下发紧急通知并开展专项检查，取得了明显成效。《规定》从案件受理、审查和执行等各个环节作出明确规定，规范相关程序和执行主体，有利于从制度上切实保障人民群众合法权益和公共利益的实现，理顺征收与补偿工作秩序，防止类似事件的发生。

制定实施《规定》是探索和改革执行方式、创新和加强社会管理的需要。《条例》是一项重大制度创新，关于强制执行方式问题《行政强制法》尚未明确规定，为人民法院的探索和改革留有空间。《规定》充分反映了有关国家机关反复协商后形成的共识，是紧密结合中国国情，创新和完善执行工作体制和工作机制的重要举措，对推进人民法院司法改革、创新和加强社会管理必将发挥积极的促进作用。各级人民法院要深刻理解制定实施《规定》的重要性，在审判实践中认真贯彻执行。

二、注意处理好有关问题

一是案件管辖问题。《规定》明确了申请人民法院强制执行征收补偿决定的案件,以房屋所在地基层人民法院管辖为原则,旨在体现将矛盾化解在基层的处理纠纷总原则。因案件情况和各地执法环境存在较大差异,《规定》授权高级人民法院可根据本地实际情况决定管辖法院,包括可以就相关案件管辖作出统一规定,也包括可以就个案管辖作出具体处理。各高级人民法院要准确、灵活地适用法律和司法解释有关规定,科学配置中、基层人民法院的管辖权。

二是案件受理问题。《规定》明确了申请机关提出强制执行申请时应当提交的各项材料,其中社会稳定风险评估材料应当依据《条例》第十二条有关规定形成(涉及被征收人数量较多的还应包括经政府常务会议讨论决定方面的材料)。人民法院要认真审查申请是否符合形式要件、材料是否齐全,依照《规定》和《最高人民法院关于执行〈中华人民共和国行政诉讼法〉若干问题的解释》(以下称《若干解释》)的有关规定作出相应处理。

三是审查方式和标准问题。《规定》明确了人民法院审查时可以根据需要调取相关证据、询问当事人、组织听证或者进行现场调查,列举了裁定不准予执行的八种情形。特别是"明显不符合公平补偿原则,严重损害被执行人合法权益,被执行人基本生活、生产经营条件没有保障"、"明显违反行政目的,严重损害公共利益"以及"严重违反法定程序或者正当程序"等规定,具有鲜明的针对性。人民法院要准确理解和把握其精神实质,坚持以人为本的正确导向,坚持程序合法性与正当性审查标准,坚决防止滥用强制手段和"形式合法、实质不合法"现象的发生。

四是审查期限问题。《规定》依照《行政强制法》第五十八条规定,将相关案件审查期限规定为三十日,主要考虑此类案件许多具有复杂性和敏感性,法官需要有相对充分的审查时间,以做到审慎稳妥、判断准确,防止因草率裁定而损害被征收人合法权益或者使公众产生审查程序流于形式的误解。因特殊情况(如案情疑难复杂、需征求有关部门意见或调查取证等)需要延长审查期限的,由高级人民法院批准。基层人民法院应参照《若干解释》第八十二条规定的程序,直接报请高级人民法院批准,同时报中级人民法院备案。

五是裁决方式问题。人民法院在相关案件受理、审查和复议程序中所作的裁定,都应当说明理由,特别要注重增强不准予执行裁定的逻辑严密性和说理透彻性。上级人民法院经复议撤销原审裁定的同时,既可以直接作出是否受理或者是否准予执行的裁定,也可以针对原审裁定认定事实不清、证据不足等情形,裁定发回原审法院重新审查,申请机关对重新审查后的裁定可再次依法申请复议。

六是强制执行方式问题。《规定》明确了人民法院裁定准予执行的,一般由作出征收补偿决定的市、县级人民政府组织实施的总原则,以体现"裁执分离"的改革方向。人民法院在作出准予执行的裁定时,可以同时载明由相关政府组织实施;认为自身有足够能力实施时(个别例外情形),也可以依照《规定》由人民法院执行。

七是司法建议问题。人民法院作出准予执行的裁定时,可以根据案件的实际情况,就审查中预见的与强制执行相关的问题,书面建议申请机关依法采取必要措施消除隐患或者落实必要的应对预案，也可以针对政府组织实施行为提出相关建议，以保障征收与补偿活动依法有序顺利实施。人民法院不得与地方政府搞联合执行、委托执行；对被执行人及利害关系人认为强制执行过程中具体行政行为违法而提起的行政诉讼或者行政赔偿诉讼，应当依法受理。

八是新旧规定衔接问题。《规定》明确对行政机关依据《条例》施行前的规定作出的房屋拆迁裁决，人民法院裁定准予执行的，参照《规定》第九条精神办理。对行政机关就上述裁决提出的强制执行申请，人民法院应当依照相关法律、法规及司法解释的规定，严格立案、审查，认真执行《最高人民法院关于坚决防止土地征收、房屋拆迁强制执行引发恶性事件的紧急通知》（法明传〔2011〕327号）的具体要求，凡存在补偿安置不到位或其他不宜强制执行情形的，不得裁定准予执行；对于裁定准予执行的，要按照《规定》第九条确定的强制执行方式妥善处理，以促进房屋拆迁活动依法稳妥有序进行。

三、认真抓好《规定》的贯彻执行

《规定》条款内容虽然不多，但是对于解决房屋征收与补偿领域的突出矛盾，规范人民法院依法办理相关案件和强制执行活动稳妥实施，具有重要的积极作用。各级人民法院要调整工作思路，理顺工作机制，完善工作制度，加大对贯彻执行《规定》的领导和指导力度。要组织审判人员逐条学习理解、准确把握《规定》的精神和本通知的要求。必要时可以组织开展培训宣传活动，以增进人民群众和行政机关的理解与支持。要大力加强调查研究，积极争取地方党委、政府加大对人民法院机构设置、人员配备、物质装备建设的支持力度，切实解决相关案件数量大幅度增加后人民法院面临的实际困难。要结合本地实际情况制定实施方案，对于《规定》贯彻执行过程中出现的新情况新问题，要及时报告上级人民法院。

特此通知。

附件：1. 裁定书样式一（不予受理强制执行申请用）
2. 裁定书样式二（对不服不予受理裁定的复议案件用）
3. 裁定书样式三（准予或不准予强制执行用）
4. 裁定书样式四（对不服不准予强制执行裁定的复议案件用）

附件1：裁定书样式一

×××人民法院
行政裁定书
（不予受理强制执行申请用）

（×××）×行非执字第××号

申请执行人……（市、县级人民政府名称等基本情况）。

××××年××月××日，本院收到×××的强制执行申请书，申请强制执行（××××）××字第××号房屋征收补偿决定。……（概括写明申请的事由）。

经审查，本院认为，……（不予受理的理由）。依照……（引用的法律条款项）的规定，裁定如下：

对×××的强制执行申请，本院不予受理。

如不服本裁定，可在裁定书送达之日起

十五日内,向×××人民法院(上一级人民法院全称)申请复议。

(合议庭署名)
××××年××月××日
(院印)

本件与原本核对无异

书记员 ×××

附件2:裁定书样式二

×××人民法院
行政裁定书
(对不服不予受理裁定的复议案件用)

(×××)×行非执复字第××号

申请复议人(原申请执行人)……(市、县级人民政府名称等基本情况)。

申请复议人×××不服×××人民法院(××××)×行非执字第××号行政裁定,向本院提出复议申请。申请复议人提出……(简要写明申请复议的理由和复议请求)。

经审查,本院认为,……(作出复议裁定的理由)。依照……(引用的法律条款项)的规定,裁定如下:

……[裁定结果。分三种情况:

第一,维持原裁定的,写"驳回复议申请,维持原裁定。"

第二,认为应当受理的,写"一、撤销×××人民法院(××××)×行非执字第××号行政裁定;二、本案由×××人民法院立案受理。"

第三,认为需要发回进一步审查的,写"一、撤销×××人民法院(××××)×行非执字第××号行政裁定;二、发回×××人民法院重新审查。"]

本裁定送达后即发生法律效力(发回重新审查的不写)。

(合议庭署名)
××××年××月××日
(院印)

本件与原本核对无异

书记员 ×××

附件3:裁定书样式三

×××人民法院
行政裁定书
(准予或不准予强制执行用)

(×××)×行非执字第××号

申请执行人……(市、县级人民政府名称等基本情况)。

被执行人……(姓名或名称等基本情况)。

申请执行人×××于××××年××月××日向本院申请强制执行(××××)××字第××号房屋征收补偿决定。本院受理后,依法组成合议庭进行了审查。

……(简述申请的事由)。

经审查,本院认为,……(准予强制执行或不准予强制执行的理由)。依照……(引用的法律条款项)的规定,裁定如下:

对(××××)××字第××号房屋征收补偿决定,准予强制执行(或"不准予强制执行";准予强制执行的,可一并写明"由×××人民政府组织实施")。

……[裁定效力。分两种情况:

第一,准予强制执行的,写"本裁定送达后即发生法律效力"。

第二,不准予强制执行的,写"申请执行人如不服本裁定,可在裁定书送达之日起十五日内向×××人民法院(上一级人民法院全称)申请复议。"]

(合议庭署名)

××××年××月××日

(院印)

本件与原本核对无异

书记员　×××

附件4:裁定书样式四

×××人民法院

行政裁定书

(对不服不准予强制执行裁定的复议案件用)

(×××)×行非执复字第××号

复议申请人(原申请执行人)……(市、县级人民政府名称等基本情况)。

被执行人……(姓名或名称等基本情况)。

申请复议人×××不服×××人民法院(××××)×行非执字第××号行政裁定,向本院提出复议申请。申请复议人提出……(简要写明申请复议的理由和复议请求)。

经审查,本院认为,……(作出复议裁定的理由)。依照……(引用的法律条款项)的规定,裁定如下:

……[裁定结果。分三种情况:

第一,维持原裁定的,写"驳回复议申请,维持原裁定。"

第二,准予强制执行的,写"一、撤销×××人民法院(××××)×行非执字第××号行政裁定;二、对(××××)××字第××号房屋征收补偿决定,准予强制执行。"可一并写明"由×××人民政府组织实施。"

第三,认为需要发回进一步审查的,写"一、撤销×××人民法院(××××)×行非执字第××号行政裁定;二、发回×××人民法院重新审查。"]

本裁定送达后即发生法律效力(发回重新审查的不写)。

(合议庭署名)

××××年××月××日

(院印)

本件与原本核对无异

书记员　×××

典型案例

胡田云诉汤锦勤、王剑峰所有权确认纠纷案

【裁判摘要】

房屋拆迁安置权益属房屋所有权的综合性权能,一般包括被拆房屋补偿款、搬迁费用、新建房屋补贴、新建房屋土地使用权等在内。应以被拆迁房屋的所有权权属决定拆迁安置权益的归属,共有人之间有权通过协议予以分割。在他人享有使用权之土

地上建造房屋而形成附和的，房屋所有权一般归属于土地使用权人。对实施房屋建造的非土地使用权人所进行的补偿不仅仅包括金钱给付，在特定身份关系下亦应包括居住使用权益。

原告：胡田云，女，39岁，汉族，住兰溪市云山街道莲花区福兴村。

被告：汤锦勤，男，44岁，汉族，住兰溪市云山街道莲花区福兴村。

被告：王剑峰，女，40岁，汉族，住兰溪市云山街道莲花区后畈村。

原告胡田云因与被告汤锦勤、王剑峰发生所有权确认纠纷，向浙江省兰溪市人民法院提起诉讼。

原告胡田云诉称：被告王剑峰系被告汤锦勤的前妻，二人于2000年1月份离婚，双方对位于兰溪市黄龙洞曹家路13号房屋及子女抚养约定如下：房屋两间三层，第一、三层归汤锦勤所有，第二层归王剑峰所有。婚生子汤弘波由汤锦勤抚养。如拆迁赔偿，王剑峰分割三分之一。原告离异后与汤锦勤于2004年3月26日登记结婚。2006年7月份，曹家路13号房屋因道路拓宽改造被拆除，共计获得各类补偿款270 000余元，按照离婚协议，王剑峰从兰溪市拆迁办领走拆迁补偿费90 000元，其余由汤锦勤领取。后原告与汤锦勤共同出资建造位于兰溪市云山街道莲花区福兴村27幢1#房屋一幢，并与汤锦勤、汤弘波及原告儿子一起居住在该房屋中。2009年10月份左右，王剑峰以原告建造房屋属汤弘波与汤锦勤共有为由，要求村委会进行调解，分割属于汤弘波个人所有的房产。原告此时得知汤锦勤与王剑峰已就新建房产进行了协议分割。因原告认为协议损害了其权益，调解未能成功。2010年6月份，汤锦勤儿子汤弘波起诉，要求法院确认兰溪市云山街道莲花区福兴村27幢1#的房屋三至四层归汤弘波所有。原告认为，汤锦勤与王剑峰的房产已被政府拆迁掉且王剑峰的补偿款也已经领走，无权对属于原告与汤锦勤共有的兰溪市云山街道莲花区福兴村27幢1#房屋进行处分。请求法院确认汤锦勤与王剑峰于2006年7月8日签订的关于房屋拆迁补偿和房产分割协议中的第三条条款无效。

原告胡田云提交了如下证据：

1. 原告胡田云身份证，证明原告的身份。

2. 结婚证，证明原告胡田云和被告汤锦勤于2004年登记结婚。

3. 离婚证、离婚协议书各一份，证明被告王剑峰与被告汤锦勤2000年离婚及双方离婚时关于房屋分割、子女抚养的约定。

4. 集体土地房屋拆迁补偿安置协议书一份，证明兰溪市曹家路13号房屋已被拆迁及所得补偿款280 498元。

5. 协议书一份，证明被告王剑峰与被告汤锦勤关于新建房屋分割的约定。

被告汤锦勤辩称，汤锦勤与被告王剑峰于2000年离婚，当时双方约定二间三层房屋中的第二层归王剑峰。汤锦勤与原告胡田云于2004年结婚。房屋被拆迁前汤锦勤与王剑峰在村里签订了协议，约定新建房屋的第一、二层归汤锦勤所有，第三层以上归儿子汤弘波所有。因怕被责怪汤锦勤未将协议事项告知胡田云。汤锦勤领到的补偿款180 000元，其中20 000多元用于归还老房子遗留债务，其余均用于造房，新房子造价约300 000元。

被告王剑峰辩称，按照离婚协议，对被拆迁房屋原告胡田云没有所有权份额。按照离婚时王剑峰与被告汤锦勤口头约定，因儿子汤弘波由汤锦勤抚养，被拆迁房屋第

一、三层归汤锦勤,其中一层是归儿子所有。第二层归王剑峰所有。房屋拆迁补偿款中儿子也有一份,二间三层的老房子是与别人拼起来造的,确实借了一笔钱。在2006年房屋列入拆迁后,王剑峰要求把儿子份额单独列出,否则由其自己建造房屋,汤锦勤不同意。双方后在村委会盖章见证下签订了一份拆迁安置权益分配协议。

兰溪市人民法院一审查明:

被告汤锦勤、王剑峰原为夫妻,原坐落在兰溪市曹家路13号房屋共二间三层房屋系其二人的共同财产。2000年1月双方协议离婚。离婚协议约定:儿子汤弘波由汤锦勤负责抚养。共同财产房屋二间,第二层归王剑峰所有,第一层、第三层归汤锦勤所有。楼梯间双方使用。房屋如拆迁,经济补偿费分三分之一给王剑峰。2004年3月,汤锦勤与原告胡田云登记结婚。2006年7月,因曹家路拓宽需拆迁坐落在兰溪市曹家路13号房屋共二间三层房屋。当地村委会安排地基建造新房,王剑峰要求参与建房,汤锦勤不同意共建。双方经过协商,二人于2006年7月8日,在当地村委会见证下签订协议。第三条关于住房分割约定:如安排地基新建住房由汤锦勤造(此房不能低于三层),建成后的住房不准出售、抵押和转让。一至二层归汤锦勤所有,二层以上归汤弘波所有。楼梯间供双方共同使用。如汤锦勤百年后汤锦勤的一至二层归合法继承人汤弘波所有。2006年7月21日,兰溪市建业房屋拆迁有限公司与汤锦勤签订集体土地房屋拆迁补偿安置协议书。按双方约定,王剑峰领取房屋拆迁补偿款90 000元。汤锦勤在村安排的土地上建造现位于兰溪市莲花新区福兴村27幢1#房屋一幢。2010年6月份,汤锦勤儿子汤弘波起诉至法院,要求确认兰溪市云山街道莲花区福兴村27幢1#的房屋三至四层归其所有。

兰溪市人民法院一审认为:

原坐落在兰溪市曹家路13号房屋共二间三层是被告汤锦勤、王剑峰共同财产。房屋拆迁后所得的补偿金及由村安排地基新建住房是物的形态转变。汤锦勤、王剑峰有权对自己所有的财产享有处分权,所签订的协议是汤锦勤与王剑峰真实意思表示。讼争房虽系原告胡田云与汤锦勤婚后建造,但胡田云未能提供建造房屋的出资证据,认为汤锦勤与王剑峰所签协议侵犯其合法权益,证据不足。

据此,浙江省兰溪市人民法院依照最高人民法院《关于民事诉讼证据的若干规定》第一条、第二条,《中华人民共和国民法通则》第五十八条之规定,于2010年10月27日判决:

驳回原告胡田云的诉讼请求。

胡田云不服一审判决,向浙江省金华市中级人民法院提起上诉,主要理由是:一、被拆迁的曹家路13号二间三层房屋中仅有第二层2间和第三层1间属被上诉人汤锦勤与王剑峰的夫妻共同财产,其余属汤锦勤的婚前财产,两人在离婚时一并予以分割,已有利于王剑峰。二、王剑峰已如数领到属于自己份额的拆迁房屋补偿款和地基复建费合计90 000元,无权对上诉人与汤锦勤共建的新房提出任何要求。三、汤锦勤与王剑峰达成的拆迁安置协议系王剑峰一手炮制、借用村干部参与迫使汤锦勤签字,完全剥夺了上诉人合法的房产权益,是违法的、无效的。四、原房屋和拆迁后新建房屋是两个不同组合的房屋所有权,原房屋按离婚协议论属汤锦勤与王剑峰的共同财产,但该房屋拆迁后的新建房屋属于上诉人与汤锦勤的夫妻共同财产。五、上诉人在二审中将提供建设新房的出资证据,总共支出款项达人民币

322 351 元。综上，请求撤销原判，依法改判。

上诉人胡田云在二审中提交了以下证据：

1. 何林书的书面证明一份，证明拆迁前房屋中的三间系何林书于1996年3月以38 000元价格出让给被上诉人汤锦勤与王剑峰。

2. 借贷凭证、借条、付款收据等共计14份，共同证明上诉人胡田云与被上诉人汤锦勤建新房投入人民币322 351元，其中上诉人投入104 797元。

3. 门牌证一份，证明上诉人胡田云与被上诉人汤锦勤共建新房的坐落位置。

被上诉人汤锦勤在答辩中提出：被拆迁的曹家路13号二间三层房屋中仅有第二层2间和第三层1间属汤锦勤与被上诉人王剑峰的夫妻共同财产，第一层2间与第三层1间系其与母亲共建的，在与王剑峰离婚分割时，未征得母亲同意。

被上诉人王剑峰在答辩中提出：因其对于老房子有三分之一份额，根据拆迁政策，有权重新获得地基建房。按照与被上诉人汤锦勤有关拆迁安置的协议约定，被上诉人并未参与到建房，但是汤锦勤与上诉人胡田云的建房行为涉及到了其土地使用权。王剑峰与汤锦勤签订有关拆迁安置的协议完全是处于维护双方共同婚生子的利益。

被上诉人王剑峰在二审中提交了被上诉人汤锦勤哥哥汤建华书面证明一份，证明被拆迁房屋属于汤锦勤与王剑峰所有，与母亲童秀莲无关。

金华市中级人民法院经二审，确认了一审查明的事实。

本案二审的争议焦点是：一、兰溪市黄龙洞村曹家路13号二间三层房屋的权属；二、拆迁安置权益的归属与分配；三、上诉人胡田云可否依据房屋建造行为主张房屋所有权。

金华市中级人民法院二审认为：

一、关于第一个争议焦点。

上诉人胡田云提供的证据1与被上诉人王剑峰提供的证据均涉及被拆迁房屋的权属问题，涉及到的案外利害关系人为被上诉人汤锦勤的母亲童秀莲，与作为上诉人的胡田云无关，且童秀莲对汤锦勤与王剑峰于1999年达成的离婚协议中对被拆迁房屋的权属分配至今未提出异议，房屋拆迁补偿安置协议亦由汤锦勤出面签订并履行完毕，因此在本案中应以离婚协议作为认定被拆迁房屋权属的依据，可认定坐落于兰溪市黄龙洞村曹家路13号二间三层房屋属王剑峰与汤锦勤两人共有。

二、关于第二个争议焦点。

根据不动产所有权的固有法律属性和房屋拆迁安置过程中普遍性的政策规定，安置权益属房屋所有权的综合性权能，一般包括被拆房屋补偿款、搬迁费用、新建房屋补贴、新建房屋土地使用权等在内。因被上诉人汤锦勤与王剑峰于1999年达成的离婚协议约定，坐落于兰溪市黄龙洞村曹家路13号二间三层房屋属两人共有，故源自该房屋所有权的拆迁安置权益属于汤锦勤与王剑峰共有，其两人有权就安置权益的具体落实和分配进行协商确定。分析有关安置权益分配协议的签订过程，王剑峰起先虽主张独立享有安置权益特别是新建房屋土地使用权，但在共同将安置后新建房屋作出了维护共同婚生子汤弘波利益的处分后，其同意由汤锦勤单独享有新建房屋土地使用权，安置权益中的其他部分则以三分之一为基本原则予以享有。故汤锦勤与王剑峰达成的有关安置权益分配的协议总体利益平衡，不存在显失公平之处。

三、关于第三个争议焦点。

因由被上诉人汤锦勤独自享有新建房屋土地使用权，即被上诉人王剑峰退出新房建设，上诉人胡田云作为汤锦勤的现任妻子，必然参与其中，但因胡田云与汤锦勤对拆迁安置各项补偿款160 000余元被投入安置房建造的事实无异议，结合黄龙洞村村书记和村主任在一审法院调查笔录中对安置房每平方米造价的陈述，安置房建造无需显著追加投入，且决定安置房权属的关键因素在于土地使用权而非建造成本，追加投入之一半亦属汤锦勤有权处分，故胡田云对本案诉争房屋虽有一定贡献，但据此不足以作为其享有房屋所有权份额的依据，且该贡献与其享有的居住使用权益基本相当。故汤锦勤与王剑峰达成的有关安置权益分配的协议并未损害胡田云的合法权益。

综上，对于被上诉人汤锦勤与王剑峰于2006年7月8日达成的有关拆迁安置权益分配协议中的第三款，上诉人胡田云主张无效的理由均不能成立。据此，浙江省金华市中级人民法院依照《中华人民共和国民事诉讼法》第一百五十三条第一款第(一)项之规定，于2011年1月13日判决：

驳回上诉，维持原判。

本判决为终审判决。

许水云诉金华市婺城区人民政府房屋行政强制及行政赔偿案

【裁判摘要】

一、国有土地上房屋征收过程中，只有市、县级人民政府及其确定的房屋征收部门依法具有组织实施强制拆除被征收人合法房屋的行政职权。市、县级人民政府及房屋征收部门等不能举证证明被征收人合法房屋系其他主体拆除的，可以认定其为强制拆除的责任主体。市、县级人民政府及房屋征收部门等委托建设单位等民事主体实施强制拆除的，市、县级人民政府及房屋征收部门等对强制拆除后果承担法律责任。建设单位等民事主体以自己名义违法强拆，侵害物权的，除应承担民事责任外，违反行政管理规定的应依法承担行政责任，构成犯罪的应依法追究刑事责任。

二、市、县级人民政府在既未作出补偿决定又未通过补偿协议解决补偿问题的情况下，违法强制拆除被征收人房屋的，应当赔偿被征收人房屋价值损失、屋内物品损失、安置补偿等损失。人民法院在确定赔偿数额时，应当坚持全面赔偿原则，合理确定房屋等的评估时点，并综合协调适用《国家赔偿法》规定的赔偿方式、赔偿项目、赔偿标准与《国有土地上房屋征收与补偿条例》规定的补偿方式、补偿项目、补偿标准，确保被征收人得到的赔偿不低于其依照征收补偿方案可以得到的征收补偿。

再审申请人(一审原告、二审上诉人)：许水云，男，1954年9月23日出生，汉族，住浙江省金华市婺城区二七路工电巷32号368幢101室。

委托诉讼代理人：李金凤，女，1955年12月28日出生，汉族，住址同上，系再审申请人许水云妻子。

委托诉讼代理人：杨在明，北京在明律师事务所律师。

被申请人(一审被告、二审被上诉人)：金华市婺城区人民政府。住所地：浙江省金华市婺城区宾虹西路2666号。

法定代表人：郭慧强，区长。

委托诉讼代理人：吴见孙，金华市婺城区二七区块改造工程指挥部副指挥长。

委托诉讼代理人：卢颐丰，浙江丰畅律

师事务所律师。

再审申请人许水云诉被申请人金华市婺城区人民政府(以下简称婺城区政府)房屋行政强制及行政赔偿一案,浙江省金华市中级人民法院于2016年12月27日作出(2015)浙金行初字第19号行政判决,确认婺城区政府强制拆除许水云位于金华市婺城区五一路迎宾巷8号、9号房屋的行政行为违法,责令婺城区政府于判决生效之日起60日内参照《婺城区二七区块旧城改造房屋征收补偿方案》(以下简称《征收补偿方案》)对许水云作出赔偿。许水云不服提起上诉后,浙江省高级人民法院于2017年5月2日作出(2017)浙行终154号行政判决,维持(2015)浙金行初字第19号行政判决第一项,撤销(2015)浙金行初字第19号行政判决第二项,驳回许水云的其他诉讼请求。许水云仍不服,在法定期限内向本院申请再审。本院于2017年12月27日作出(2017)最高法行申8183号行政裁定,提审本案,并依法组成合议庭对本案进行了审理,现已审理终结。

一、二审法院经审理查明,2014年8月31日,婺城区政府在《金华日报》上发布《婺城区人民政府关于二七区块旧城改造房屋征收范围的公告》,并公布了房屋征收范围图,明确对二七区块范围实施改造。2014年9月26日,案涉房屋由婺城区政府组织拆除。2014年10月25日,婺城区政府作出《金华市婺城区人民政府关于迎宾巷区块旧城改造建设项目房屋征收的决定》(以下简称《房屋征收决定》),载明:因旧城区改建的需要,决定对迎宾巷区块范围内房屋实行征收;房屋征收部门为金华市婺城区住房和城乡建设局,房屋征收实施单位为金华市婺城区二七区块改造工程指挥部(以下简称改造工程指挥部);签约期限为45天,搬迁期限为30日,具体起止日期在房屋征收评估机构选定后,由房屋征收部门另行公告;附件为《征收补偿方案》。2014年10月26日,《房屋征收决定》《征收补偿方案》在《金华日报》上公布。许水云位于金华市婺城区五一路迎宾巷8号、9号的房屋(以下简称案涉房屋)被纳入本次房屋征收范围。

另查明,包括许水云案涉房屋在内的金华市婺城区迎宾巷区块房屋曾于2001年因金华市后溪街西区地块改造及"两街"整合区块改造被纳入拆迁范围,金华市城建开发有限公司(以下简称金华开发公司)取得了房屋拆迁许可证,其载明的拆迁期限为2001年7月10日至2001年8月9日,后因故未实际完成拆迁。

一审法院认为,案涉房屋虽曾于2001年被纳入拆迁范围,但拆迁人金华开发公司在取得房屋拆迁许可证后,一直未能对案涉房屋实施拆迁。根据当时有效的《浙江省城市房屋拆迁管理条例》第十二条规定,拆迁人自取得房屋拆迁许可证之日起三个月内不实施拆迁的,房屋拆迁许可证自然失效。据此可以确认,案涉房屋已不能再按照2001年对金华市婺城区迎宾巷区块房屋进行拆迁时制定的规定和政策实施拆迁。婺城区政府在2014年10月26日公布的《房屋征收决定》将案涉房屋纳入征收范围后,即应按照《国有土地上房屋征收与补偿条例》(以下简称《征收与补偿条例》)及相关法律法规的规定依法进行征收并实施补偿。《征收与补偿条例》明确规定,实施房屋征收应当先补偿、后搬迁。房屋征收部门与被征收人在征收补偿方案确定的签约期限内达不成补偿协议的,由房屋征收部门报请作出房屋征收决定的市、县级人民政府依照条例的规定,按照征收补偿方案作出补偿决定。被征收人在法定期限内不申请行政复议或者不提起行政诉讼，在补偿决定规定的期限内又不搬迁的，由作出房屋征收决定的市、县级人民政府依法申请人民法院强制执行。许水云未与房屋征收部门达成补偿协议，也未明确同意将案涉房屋腾空并交付拆除。在此情形下，婺城区政府依法应对许水云作出补偿决定后，通过申请人民法院强制执行的方式强制执行，而不能直接将案涉房屋拆除。婺城区政府主张案涉房屋系案外人拆除缺乏充分的证据证明，且与查明的事实不符，对其该项主张不予采纳。婺城区政府将案涉房屋拆除的行为应确认为违法，并应对许水云因此受到的损失承担赔偿责任。鉴于案涉房屋已纳入金华市婺城区迎宾巷区块旧城改造范围内，房屋已无恢复原状的可能性和必要性，从维护许水云合法权益的角度出发，宜由婺城区政府参照《征收补偿方案》对许水云作出赔偿。因此，一审法院依照《中华人民共和国行政诉讼法》（以下简称《行政诉讼法》）第七十四条第二款第一项、第七十六条之规定，判决：一、确认婺城区政府强制拆除许水云位于金华市婺城区五一路迎宾巷8号、9号房屋的行政行为违法；二、责令婺城区政府于判决生效之日起60日内参照《征收补偿方案》对许水云作出赔偿。

二审法院认为，2001年7月，因金华市后溪街西区地块改造及“两街”整合区块改造项目建设需要，原金华市房地产管理局向金华开发公司颁发了拆许字（2001）第3号房屋拆迁许可证，案涉房屋被纳入上述拆迁许可证的拆迁红线范围，但拆迁人在拆迁许可证规定的期限内一直未实施拆迁。形成于2004年8月20日的金华市旧城改造办公室的会议纪要（金旧城办［2004］1号）第九点载明：关于迎宾巷被拆迁户、迎宾巷1－48号……至今未拆除旧房等遗留问题，会议同意上述问题纳入“二七”新村拆迁时一并解决补偿问题，拆除工作由原拆除公司负责。2014年10月26日，婺城区政府公布《房屋征收决定》，将案涉房屋纳入征收范围，但该房屋在《房屋征收决定》公布前的2014年9月26日即被拆除，不符合《征收与补偿条例》第二十七条规定的“先补偿、后搬迁”的原则。对案涉房屋实施拆除行为的法律责任，应当由作出《房屋征收决定》的婺城区政府承担。婺城区政府称其“未实施房屋强拆行为，造成案涉房屋被损毁的是案外第三人，属于民事侵权赔偿纠纷，不属于行政争议，亦与其无关”的理由缺乏相应的事实和法律依据。一审法院判决确认婺城区政府强制拆除行为违法并无不当。《中华人民共和国国家赔偿法》（以下简称《国家赔偿法》）第四条规定，行政机关及其工作人员在行使行政职权时，因违法行为造成财产损害的，受害人有取得赔偿的权利。第三十二条第二款规定，能够返还财产或者恢复原状的，予以返还财产或者恢复原状。许水云的房屋已被《房屋征收决定》纳入征收范围，案涉的征收决定虽被生效的（2015）浙行终字第74号行政判决确认违法，但并未被撤销，该征收决定及其附件仍然具有效力。因此，许水云要求恢复原状的理由不能成立。许水云在二审时提出如果不能恢复原状，则要求依据周边房地产市场价格对其进行赔偿。案涉房屋虽被婺城区政府违法拆除，但该房屋因征收所应获得的相关权益，仍可以通过征收补偿程序获得补偿，现许水云主张通过国家赔偿程序解决案涉房屋被违法拆除的损失，缺乏相应的法律依据。同理，一审法院直接责令婺城区政府参照《征收补偿方案》对许水云作出赔偿，也缺乏法律依据，且可能导致许水云对案涉房屋的补偿安置丧失救济权利。另，许水云提出要求赔偿每月2万元停产停业损失(截止到房屋恢复原状之日)的请求,属于房屋征收补偿范围,可通过征收补偿程序解决。至于许水云提出的赔偿财产损失6万元,因其并没有提供相关财产损失的证据,不予支持。因此,二审法院依照《行政诉讼法》第八十九条第一款第一项、第二项之规定,判决:一、维持浙江省金华市中级人民法院(2015)浙金行初字第19号行政判决第一项;二、撤销浙江省金华市中级人民法院(2015)浙金行初字第19号行政判决第二项;三、驳回许水云的其他诉讼请求。

许水云向本院申请再审,请求撤销浙江省高级人民法院作出的(2017)浙行终154号行政判决第二项与第三项,改判婺城区政府将案涉房屋恢复原状,如不能恢复原状,则判令婺城区政府依据周边房地产市场价格赔偿,并判令婺城区政府赔偿停产停业损失每月2万元、房屋内物品等财产损失6万元。其申请再审的主要事实与理由为:1.二审法院判决未能正确区分行政赔偿与行政补偿之间的基本区别,认为赔偿问题可以通过征收补偿程序解决,主要证据不足,属于认定事实错误。2.二审法院判决驳回再审申请人的赔偿请求,要求再审申请人另行通过征收补偿程序解决,缺乏法律依据,更不利于保护再审申请人的合法权益。3.被申请人婺城区政府对违法强拆行为给再审申请人造成的物品损失,应当承担行政赔偿责任。4.二审法院的判决使被申请人婺城区政府对违法行为免于承担法律责任,将使得再审申请人对由此产生的经济损失无从行使司法救济权利。综上,再审申请人认为被申请人婺城区政府应当对违法拆除案涉房屋的行为承担恢复原状或者参照市场价格进行赔偿的法律责任。

婺城区政府答辩称,尊重法院裁判。1.案涉房屋系历史上形成的老房,作为拆迁遗留问题,被申请人同意作为合法建筑予以补偿。2.被申请人没有组织人员对案涉房屋进行强制拆除,由于案涉房屋年代久远且与其他待拆除房屋毗邻,改造工程指挥部委托金华市婺城建筑工程有限公司(以下简称婺城建筑公司)对已达成补偿安置协议的案外人的房屋进行拆除时,由于施工不当导致案涉房屋坍塌,此属于婺城建筑公司民事侵权引发的民事纠纷,被申请人对此不应承担法律责任。3.案涉房屋不能按照营业用房补偿。4.被申请人先后多次与再审申请人许水云协商,也愿意合法合理补偿,维护其合法权益,希望再审申请人许水云理解并配合。

本院认为,本案的争议焦点主要包括四个方面:一、关于强制拆除主体的认定问题;二、关于本案拆除行为是否违法的问题;三、关于本案通过行政赔偿还是行政补偿程序进行救济的问题;四、关于赔偿方式、赔偿项目、赔偿标准与赔偿数额的确定问题。

一、关于强制拆除主体的认定问题

《征收与补偿条例》第四条第一款、第二款规定,市、县级人民政府负责本行政区域的房屋征收与补偿工作。市、县级人民政府确定的房屋征收部门组织实施本行政区域的房屋征收与补偿工作。第五条规定,房屋征收部门可以委托房屋征收实施单位,承担房屋征收与补偿的具体工作。房屋征收实施单位不得以营利为目的。房屋征收部门对房屋征收实施单位在委托范围内实施的房屋征收与补偿行为负责监督,并对其行为后果承担法律责任。第二十八条第一款规定,被征收人在法定期限内不申请行政复议或者不提起行政诉讼,在补偿决定规定的期限内又不搬迁的,由作出房屋征收决定的市、县级人民政府依法申请人民法院强制执行。根据上述规定，在国有土地上房屋征收过程中，有且仅有市、县级人民政府及其确定的房屋征收部门才具有依法强制拆除合法建筑的职权，建设单位、施工单位等民事主体并无实施强制拆除他人合法房屋的权力。民事主体自行违法强制拆除他人合法房屋，涉嫌构成故意毁坏财物罪的，权利人可以依法请求公安机关履行相应职责；人民法院经审查认为有犯罪行为的，应当依据《行政诉讼法》第六十六条第一款的规定，将有关材料移送公安、检察机关。因而，除非市、县级人民政府能举证证明房屋确系在其不知情的情况下由相关民事主体违法强拆的，则应推定强制拆除系市、县级人民政府委托实施，人民法院可以认定市、县级人民政府为实施强制拆除的行政主体，并应承担相应的赔偿责任。

本案中，婺城区政府主张2014年9月26日改造工程指挥部委托婺城建筑公司对已达成补偿安置协议的案外人的房屋进行拆除时，因操作不慎导致案涉房屋坍塌；婺城建筑公司于2015年3月6日出具的情况说明也作了类似陈述。婺城区政府据此否认强拆行为系由政府组织实施，认为造成案涉房屋损毁的是案外人婺城建筑公司，并主张本案系民事侵权赔偿纠纷，与婺城区政府无关，不属于行政争议。但案涉房屋被强制拆除系在婺城区政府作为征收主体进行征收过程中发生的。案涉房屋被拆除前的2014年8月31日，婺城区政府即发布旧城改造房屋征收公告，将案涉房屋纳入征收范围。因此，对于房屋征收过程中发生的合法房屋被强制拆除行为，首先应推定系婺城区政府及其确定的房屋征收部门实施的行政强制行为，并由其承担相应责任。本案虽然有婺城建筑公司主动承认“误拆”，但改造工程指挥部工作人员给许水云发送的短信记载有“我是金华市婺城区二七新村区块改造工程指挥部工作人员、将对房子进行公证检查、如不配合将破门进行安全检查及公证”等内容，且许水云提供的有行政执法人员在拆除现场的现场照片及当地有关新闻报道等，均能证实2014年9月26日强制拆除系政府主导下进行，故婺城区政府主张强拆系民事侵权的理由不能成立。婺城建筑公司拆除案涉房屋的行为，其法律责任应由委托其拆除的改造工程指挥部承担；改造工程指挥部系由婺城区政府组建并赋予行政管理职能但不具有独立承担法律责任能力的临时机构，婺城区政府应当作为被告，并承担相应的法律责任。

二、关于本案拆除行为是否违法的问题

《中华人民共和国物权法》第四条规定，国家、集体、私人的物权和其他权利人的物权受法律保护，任何单位和个人不得侵犯。第四十二条第一款规定，为了公共利益的需要，依照法律规定的权限和程序可以征收集体所有的土地和单位、个人的房屋及其他不动产；第三款规定，征收单位、个人的房屋及其他不动产，应当依法给予拆迁补偿，维护被征收人的合法权益；征收个人住宅的，还应当保障被征收人的居住条件。

许水云位于金华市婺城区迎宾巷8号、9号的房屋未依法办理相关建设手续，也未取得房屋所有权证，但案涉房屋确系在1990年4月1日《中华人民共和国城市规划法》施行前建造的历史老房。对此类未经登记的房屋，应综合考虑建造历史、使用现状、当地土地利用规划以及有关用地政策等因素，依法进行调查、认定和处理。对认定为合法建筑和未超过批准期限的临时建筑的，应当给予补偿。改造工程指挥部与一审法院根据许水云提供的许宝贤、寿吉明缴纳土地登记费、房产登记费等相关收款收据以及寿吉明私有房屋所有权登记申请书等材料，已经认定案涉房屋为合法建筑，许水云通过继承和购买成为房屋所有权人，其对案涉房屋拥有所有权，任何单位和个人均不得侵犯。国家因公共利益需要确需征收的，应当根据《征收与补偿条例》规定，给予房屋所有权人公平补偿，并按照《征收与补偿条例》第二十七条的规定，先给予补偿，后实施搬迁。房屋所有权人在签订补偿协议或者收到补偿决定确定的补偿内容后，也有主动配合并支持房屋征收的义务和责任。《征收与补偿条例》和《最高人民法院关于办理申请人民法院强制执行国有土地上房屋征收补偿决定案件若干问题的规定》对市、县级人民政府及房屋征收部门如何实施征收、如何进行补偿、如何强制搬迁以及如何保障被征收人获得以市场评估价格为基础的公平补偿的权利进行了系统、严密的规定。同时，为了确保因公共利益需要而进行的房屋征收顺利、高效实施，还专门规定对极少数不履行补偿决定、又不主动搬迁的被征收人可以依法进行强制搬迁。具体到本案中，根据《征收与补偿条例》的规定，婺城区政府应当先行作出房屋征收决定并公告，然后与许水云就补偿方式、补偿金额和支付期限等事项订立补偿协议；如双方在征收补偿方案确定的签约期限内达不成补偿协议的，市、县级人民政府则应当依法单方作出补偿决定。被征收人对补偿决定不服的，可以依法申请行政复议，也可以依法提起行政诉讼；被征收人在法定期限内不申请行政复议或者不提起行政诉讼，在补偿决定规定的期限内又不搬迁的，由作出房屋征收决定的市、县级人民政府依法申请人民法院强制执行。人民法院裁定准予执行后，一般由作出征收补偿决定的市、县级人民政府组织实施，也可以由人民法院执行。此即为一个合法的征收与补偿应当遵循的法定程序，也系法律对征收与补偿的基本要求。本院注意到，案涉房屋的征收拆迁，最早始于2001年7月金华开发公司取得拆迁许可证，在10多年时间内，如因房屋所有权人提出不合法的补偿请求，导致未能签署补偿安置协议，婺城区政府及其职能部门应当依法行使法律法规赋予的行政职权，及时作出拆迁安置裁决或者补偿决定，给予许水云公平补偿，并及时强制搬迁以保障公共利益的实现和拆迁征收工作的顺利进行。但婺城区政府及相应职能部门既未及时依法履职，又未能保障被征收人合法权益，也未能正确理解《征收与补偿条例》有关强制搬迁制度的立法目的，还未能实现旧城区改造项目顺利实施；而是久拖不决，并以所谓民事“误拆”的方式违法拆除被征收人房屋，最终不得不承担赔偿责任。一、二审法院判决确认婺城区政府强制拆除行为违法，符合法律规定，本院予以支持。

三、关于本案通过行政赔偿还是行政补偿程序进行救济的问题

行政补偿是指行政机关实施合法的行政行为，给行政相对人合法权益造成的损失，由国家依法予以补偿的制度。行政赔偿是指行政机关实施违法的行政行为，侵犯行政相对人合法权益，由国家依法予以赔偿的制度。在国有土地上房屋征收过程中，征收及与征收相关联的行政行为违法造成损失的赔偿问题，较为复杂。其中，既有因违法拆除给权利人物权造成损失的赔偿问题，也有因未依据《征收与补偿条例》第十七条和当地征收补偿政策进行征收补偿而给权利人造成的应补偿利益的损失问题，甚至还包括搬迁、临时安置以及应当给予的补助和奖励的损失问题。尤其是在因强制拆除引发的一并提起的行政赔偿诉讼中，人民法院应

当结合违法行为类型与违法情节轻重，综合协调适用《国家赔偿法》规定的赔偿方式、赔偿项目、赔偿标准与《征收与补偿条例》规定的补偿方式、补偿项目、补偿标准，依法、科学地确定赔偿项目和赔偿数额，让被征收人得到的赔偿不低于其依照征收补偿方案可以获得的征收补偿，确保产权人得到公平合理的补偿。同时，人民法院在确定赔偿义务机关和赔偿数额时，要坚持有权必有责、违法须担责、侵权要赔偿、赔偿应全面的法治理念，对行政机关违法强制拆除被征收人房屋，侵犯房屋所有权人产权的，应当依法责令行政机关承担行政赔偿责任，而不能让产权人因侵权所得到的赔偿低于依法征收所应得到的补偿。

通常情况下，强制拆除被征收人房屋应当依据已经生效的补偿决定，而补偿决定应当已经解决了房屋本身的补偿问题。因此，即使强制拆除行为被认定为违法，通常也仅涉及对房屋内物品损失的赔偿问题，而不应涉及房屋本身的补偿或者赔偿问题。但本案在强制拆除前，既无征收决定，也无补偿决定，许水云也未同意先行拆除房屋，且至今双方仍未达成补偿安置协议，许水云至今未得到任何形式补偿，强制拆除已构成重大且明显违法，应当依法赔偿。对许水云房屋损失的赔偿，不应再依据《征收与补偿条例》第十九条所规定的《房屋征收决定》公告之日被征收房屋类似房地产的市场价格，即2014年10月26日的市场价格，为基准确定，而应按照有利于保障许水云房屋产权得到充分赔偿的原则，以婺城区政府在本判决生效后作出赔偿决定时点的案涉房屋类似房地产的市场价格为基准确定。同时，根据《国家赔偿法》第三十六条第八项有关对财产权造成其他损害的，按照直接损失给予赔偿的规定，许水云在正常征收补偿程序中依法和依据当地征收补偿政策应当得到的利益损失，属于其所受到的直接损失，也应由婺城区政府参照补偿方案依法予以赔偿。因此，本案存在行政赔偿项目、标准与行政补偿项目、标准相互融合的情形，一审法院判决第二项责令婺城区政府参照《征收补偿方案》对许水云进行赔偿；二审法院判决认为应当通过后续的征收补偿程序获得救济，并据此驳回许水云的行政赔偿请求，均属对《国家赔偿法》《征收与补偿条例》等相关规定的错误理解，应予纠正。

四、关于赔偿方式、赔偿项目、赔偿标准与赔偿数额的确定问题

具体到本案中，根据许水云的诉讼请求，其主张的损失包括以下三个部分：一是房屋损失；二是停产停业损失；三是房屋内物品的损失。婺城区政府与许水云应就上述三项损失问题平等协商，并可通过签订和解协议的方式解决；如双方无法达成一致，婺城区政府应按照本判决确定的方法，及时作出行政赔偿决定。

（一）房屋损失的赔偿方式与赔偿标准问题

《国家赔偿法》第三十二条规定，国家赔偿以支付赔偿金为主要方式。能够返还财产或者恢复原状的，予以返还财产或者恢复原状。据此，返还财产、恢复原状是国家赔偿首选的赔偿方式，既符合赔偿请求人的要求也更为方便快捷；但其适用条件是原物未被处分或未发生毁损灭失，若相关财产客观上已无法返还或恢复原状时，则应支付相应的赔偿金或采取其他赔偿方式。本案中，案涉房屋已经被列入旧城区改造的征收范围，且已被婺城区政府拆除，因此，对许水云要求恢复房屋原状的赔偿请求，本院不予支持。案涉房屋系因旧城区改建而被拆除，如系依法进行的征收与拆除，许水云既可以选

择按征收决定公告之日的市场评估价进行货币补偿,也有权要求在改建地段或者就近地段选择类似房屋予以产权调换。本案系因违法强制拆除引发的赔偿,《国家赔偿法》第四条第三项规定,行政机关违法征收,侵犯财产权的,受害人有取得赔偿的权利。因此,为体现对违法征收和违法拆除行为的惩戒,并有效维护许水云合法权益,对许水云房屋的赔偿不应低于因依法征收所应得到的补偿,即对许水云房屋的赔偿,不应低于赔偿时改建地段或者就近地段类似房屋的市场价值。结合《国家赔偿法》第三十六条诸项规定以及许水云申请再审的请求,婺城区政府既可以用在改建地段或者就近地段提供类似房屋的方式予以赔偿,也可以根据作出赔偿决定时点有效的房地产市场评估价格为基准计付赔偿款。婺城区政府与许水云可以按照《征收与补偿条例》第二十条规定的方式确定房地产价格评估机构。鉴于案涉房屋已被拆除,房地产评估机构可以参考《国有土地上房屋征收评估办法》第十三条所规定的方法,根据婺城区政府与许水云提供的原始资料,本着疑点利益归于产权人的原则,独立、客观、公正地出具评估报告。

(二)停产停业损失的赔偿标准问题

本案中,许水云主张因为房屋被拆除导致其停业,要求赔偿停产停业至今的损失每月2万元,婺城区政府对许水云存在经营行为的事实予以认可,但提出因为许水云的房屋属于无证建筑,只能按照一般住房进行补偿,不予计算停产停业的损失。本院认为,《征收与补偿条例》第二十三条规定,对因征收房屋造成停产停业损失的补偿,根据房屋被征收前的效益、停产停业期限等因素确定。具体办法由省、自治区、直辖市制定。《浙江省国有土地上房屋征收与补偿条例》第二十九条第一款规定,征收非住宅房屋造成停产停业损失的,应当根据房屋被征收前的效益、停产停业期限等因素给予补偿。补偿的标准不低于被征收房屋价值的百分之五,具体标准由设区的市、县(市)人民政府规定。《金华市区国有土地上房屋征收与补偿实施意见(试行)》第三十四条第一款规定,征收非住宅房屋造成停产停业损失的,按被征收房屋价值的百分之五计算。

《征收与补偿条例》第二十四条第二款规定,市、县级人民政府作出房屋征收决定前,应当组织有关部门依法对征收范围内未经登记的建筑进行调查、认定和处理。对认定为合法建筑和未超过批准期限的临时建筑的,应当给予补偿;对认定为违法建筑和超过批准期限的临时建筑的,不予补偿。既然案涉房屋已被认定为合法建筑,则其与已发放房屋所有权证的房屋在补偿问题上拥有同等法律地位。如果许水云提供的营业执照、纳税证明等证据,能够证明其符合《征收与补偿条例》《浙江省国有土地上房屋征收与补偿条例》《金华市区国有土地上房屋征收与补偿实施意见(试行)》所确定的经营用房(非住宅房屋)条件,则婺城区政府应当依据上述规定,合理确定停产停业损失的金额并予以赔偿。但由于征收过程中的停产停业损失,只是补偿因征收给房屋所有权人经营造成的临时性经营困难,具有过渡费用性质,因而只能计算适当期间或者按照房屋补偿金额的适当比例计付。同时,房屋所有权人在征收或者侵权行为发生后的适当期间,也应当及时寻找合适地址重新经营,不能将因自身原因未开展经营的损失,全部由行政机关来承担。因此许水云主张按每月停产停业损失2万元标准赔偿至房屋恢复原状时的再审请求,没有法律依据,本院不予支持。

（三）屋内物品损失的赔偿金额确定方式问题

《国家赔偿法》第十五条第一款规定，人民法院审理行政赔偿案件，赔偿请求人和赔偿义务机关对自己提出的主张，应当提供证据。《最高人民法院关于执行〈中华人民共和国行政诉讼法〉若干问题的解释》第二十七条第三项进一步规定，在一并提起的行政赔偿诉讼中，原告应当就因受被诉行为侵害而造成损失的事实承担举证责任。《最高人民法院关于行政诉讼证据若干问题的规定》第五条也规定，在行政赔偿诉讼中，原告应当对被诉具体行政行为造成损害的事实提供证据。因此，许水云就其房屋内物品损失事实、损害大小、损害金额承担举证责任，否则将承担不利后果。同时，《行政诉讼法》第三十八条第二款还规定，在行政赔偿案件中，原告应当对行政行为造成的损害提供证据。因被告的原因导致原告无法举证的，由被告承担举证责任。因此，因行政机关违反正当程序，不依法公证或者依法制作证据清单，给原告履行举证责任造成困难的，且被告也无法举证证明实际损失金额的，人民法院可在原告就损失金额所提供证据能够初步证明其主张的情况下，依法作出不利于行政机关的损失金额认定。许水云向一审法院提供的相关照片与清单，可以判断案涉房屋内有鸟笼等物品，与其实际经营花鸟生意的情形相符；在许水云已经初步证明存在损失的情况下，其合情合理的赔偿请求应当得到支持。婺城区政府可以根据市场行情，结合许水云经营的实际情况以及所提供的现场照片、物品损失清单等，按照有利于许水云的原则酌情确定赔偿数额，对房屋内财产损失依法赔偿。

综上，一、二审法院判决认定的基本事实清楚，一、二审法院判决确认婺城区政府强制拆除许水云房屋的行政行为违法的判项正确，本院予以维持。但一审判决责令婺城区政府参照《征收补偿方案》对许水云进行赔偿，未能考虑到作出赔偿决定时点的类似房地产市场价格已经比《征收补偿方案》确定的补偿时点的类似房地产市场价格有了较大上涨，仅参照《征收补偿方案》进行赔偿，无法让许水云有关赔偿房屋的诉讼请求得到支持；二审判决认为应通过征收补偿程序解决本案赔偿问题，未能考虑到案涉房屋并非依法定程序进行的征收和强制搬迁，而是违法实施的强制拆除，婺城区政府应当承担赔偿责任。一审判决第二项与二审判决第二项、第三项均属于适用法律错误，应予纠正。据此，依照《中华人民共和国行政诉讼法》第八十九条第一款第二项和《最高人民法院关于执行〈中华人民共和国行政诉讼法〉若干问题的解释》第七十六条第一款之规定，判决如下：

一、维持浙江省高级人民法院（2017）浙行终154号行政判决第一项与浙江省金华市中级人民法院（2015）浙金行初字第19号行政判决第一项，即确认金华市婺城区人民政府强制拆除许水云位于金华市婺城区五一路迎宾巷8号、9号房屋的行政行为违法。

二、撤销浙江省高级人民法院（2017）浙行终154号行政判决第二项、第三项与浙江省金华市中级人民法院（2015）浙金行初字第19号行政判决第二项。

三、责令金华市婺城区人民政府在本判决生效之日起九十日内按照本判决对许水云依法予以行政赔偿。

一、二审案件受理费共计100元，由被申请人金华市婺城区人民政府负担。

本判决为终审判决。

2. 国家、集体、私人所有权

(1)国家所有权

中华人民共和国
企业国有资产法

1. 2008年10月28日第十一届全国人民代表大会常务委员会第五次会议通过
2. 2008年10月28日中华人民共和国主席令第5号公布
3. 自2009年5月1日起施行

目　　录

第一章　总　　则

第一条　【立法目的】为了维护国家基本经济制度,巩固和发展国有经济,加强对国有资产的保护,发挥国有经济在国民经济中的主导作用,促进社会主义市场经济发展,制定本法。

第二条　【定义及适用范围】本法所称企业国有资产(以下称国有资产),是指国家对企业各种形式的出资所形成的权益。

第三条　【国有资产权属】国有资产属于国家所有即全民所有。国务院代表国家行使国有资产所有权。

第四条　【国有资产出资人代表】国务院和地方人民政府依照法律、行政法规的规定,分别代表国家对国家出资企业履行出资人职责,享有出资人权益。

国务院确定的关系国民经济命脉和国家安全的大型国家出资企业,重要基础设施和重要自然资源等领域的国家出资企业,由国务院代表国家履行出资人职责。其他的国家出资企业,由地方人民政府代表国家履行出资人职责。

第五条　【国家出资企业】本法所称国家出资企业,是指国家出资的国有独资企业、国有独资公司,以及国有资本控股公司、国有资本参股公司。

第六条　【政企分开、政资分开原则】国务院和地方人民政府应当按照政企分开、社会公共管理职能与国有资产出资人职能分开、不干预企业依法自主经营的原则,依法履行出资人职责。

第七条　【国有经济的控制力和主导作用】国家采取措施,推动国有资本向关系国民经济命脉和国家安全的重要行业和关键领域集中,优化国有经济布局和结构,推进国有企业的改革和发展,提高国有经济的整体素质,增强国有经济的控制力、影响力。

第八条　【国有资产监管体制】国家建立健全与社会主义市场经济发展要求相适应的国有资产管理与监督体制,建立健全国有资产保值增值考核和责任追究制度,落实国有资产保值增值责任。

第九条　【国有资产基础管理制度】国家建立健全国有资产基础管理制度。具体办法按照国务院的规定制定。

第十条　【国有资产保护】国有资产受法律保护，任何单位和个人不得侵害。

第二章　履行出资人职责的机构

第十一条　【履行出资人职责的机构】国务院国有资产监督管理机构和地方人民政府按照国务院的规定设立的国有资产监督管理机构，根据本级人民政府的授权，代表本级人民政府对国家出资企业履行出资人职责。

国务院和地方人民政府根据需要，可以授权其他部门、机构代表本级人民政府对国家出资企业履行出资人职责。

代表本级人民政府履行出资人职责的机构、部门，以下统称履行出资人职责的机构。

第十二条　【履行出资人职责的机构的基本职责】履行出资人职责的机构代表本级人民政府对国家出资企业依法享有资产收益、参与重大决策和选择管理者等出资人权利。

履行出资人职责的机构依照法律、行政法规的规定，制定或者参与制定国家出资企业的章程。

履行出资人职责的机构对法律、行政法规和本级人民政府规定须经本级人民政府批准的履行出资人职责的重大事项，应当报请本级人民政府批准。

第十三条　【股东代表】履行出资人职责的机构委派的股东代表参加国有资本控股公司、国有资本参股公司召开的股东会会议、股东大会会议，应当按照委派机构的指示提出提案、发表意见、行使表决权，并将其履行职责的情况和结果及时报告委派机构。

第十四条　【履行出资人职责的原则】履行出资人职责的机构应当依照法律、行政法规以及企业章程履行出资人职责，保障出资人权益，防止国有资产损失。

履行出资人职责的机构应当维护企业作为市场主体依法享有的权利，除依法履行出资人职责外，不得干预企业经营活动。

第十五条　【履行出资人职责的机构对政府的义务】履行出资人职责的机构对本级人民政府负责，向本级人民政府报告履行出资人职责的情况，接受本级人民政府的监督和考核，对国有资产的保值增值负责。

履行出资人职责的机构应当按照国家有关规定，定期向本级人民政府报告有关国有资产总量、结构、变动、收益等汇总分析的情况。

第三章　国家出资企业

第十六条　【国家出资企业的权利】国家出资企业对其动产、不动产和其他财产依照法律、行政法规以及企业章程享有占有、使用、收益和处分的权利。

国家出资企业依法享有的经营自主权和其他合法权益受法律保护。

第十七条　【国家出资企业的义务】国家出资企业从事经营活动，应当遵守法律、行政法规，加强经营管理，提高经济效益，接受人民政府及其有关部门、机构依法实施的管理和监督，接受社会公众的监督，承担社会责任，对出资人负责。

国家出资企业应当依法建立和完善法人治理结构，建立健全内部监督管理和风险控制制度。

第十八条　【财务管理】国家出资企业应当依照法律、行政法规和国务院财政部门的规定，建立健全财务、会计制度，设置会计账簿，进行会计核算，依照法律、行政法规以及企业章程的规定向出资人提供真实、完整的财务、会计信息。

国家出资企业应当依照法律、行政法规以及企业章程的规定，向出资人分配利润。

第十九条 【监事会监督】国有独资公司、国有资本控股公司和国有资本参股公司依照《中华人民共和国公司法》的规定设立监事会。国有独资企业由履行出资人职责的机构按照国务院的规定委派监事组成监事会。

国家出资企业的监事会依照法律、行政法规以及企业章程的规定，对董事、高级管理人员执行职务的行为进行监督，对企业财务进行监督检查。

第二十条 【职工民主管理】国家出资企业依照法律规定，通过职工代表大会或者其他形式，实行民主管理。

第二十一条 【对所出资企业的监管】国家出资企业对其所出资企业依法享有资产收益、参与重大决策和选择管理者等出资人权利。

国家出资企业对其所出资企业，应当依照法律、行政法规的规定，通过制定或者参与制定所出资企业的章程，建立权责明确、有效制衡的企业内部监督管理和风险控制制度，维护其出资人权益。

第四章 国家出资企业管理者的选择与考核

第二十二条 【选择企业管理者】履行出资人职责的机构依照法律、行政法规以及企业章程的规定，任免或者建议任免国家出资企业的下列人员：

（一）任免国有独资企业的经理、副经理、财务负责人和其他高级管理人员；

（二）任免国有独资公司的董事长、副董事长、董事、监事会主席和监事；

（三）向国有资本控股公司、国有资本参股公司的股东会、股东大会提出董事、监事人选。

国家出资企业中应当由职工代表出任的董事、监事，依照有关法律、行政法规的规定由职工民主选举产生。

第二十三条 【企业管理者的任职条件】履行出资人职责的机构任命或者建议任命的董事、监事、高级管理人员，应当具备下列条件：

（一）有良好的品行；

（二）有符合职位要求的专业知识和工作能力；

（三）有能够正常履行职责的身体条件；

（四）法律、行政法规规定的其他条件。

董事、监事、高级管理人员在任职期间出现不符合前款规定情形或者出现《中华人民共和国公司法》规定的不得担任公司董事、监事、高级管理人员情形的，履行出资人职责的机构应当依法予以免职或者提出免职建议。

第二十四条 【企业管理者的任职程序】履行出资人职责的机构对拟任命或者建议任命的董事、监事、高级管理人员的人选，应当按照规定的条件和程序进行考察。考察合格的，按照规定的权限和程序任命或者建议任命。

第二十五条 【企业管理者兼职禁止】未经履行出资人职责的机构同意，国有独资企业、国有独资公司的董事、高级管理人员不得在其他企业兼职。未经股东会、股东大会同意，国有资本控股公司、国有资本参股公司的董事、高级管理人员不得在经营同类业务的其他企业兼职。

未经履行出资人职责的机构同意，国

有独资公司的董事长不得兼任经理。未经股东会、股东大会同意,国有资本控股公司的董事长不得兼任经理。

董事、高级管理人员不得兼任监事。

第二十六条 【企业管理者的义务】国家出资企业的董事、监事、高级管理人员,应当遵守法律、行政法规以及企业章程,对企业负有忠实义务和勤勉义务,不得利用职权收受贿赂或者取得其他非法收入和不当利益,不得侵占、挪用企业资产,不得超越职权或者违反程序决定企业重大事项,不得有其他侵害国有资产出资人权益的行为。

第二十七条 【企业管理者的考核、奖惩和薪酬】国家建立国家出资企业管理者经营业绩考核制度。履行出资人职责的机构应当对其任命的企业管理者进行年度和任期考核,并依据考核结果决定对企业管理者的奖惩。

履行出资人职责的机构应当按照国家有关规定,确定其任命的国家出资企业管理者的薪酬标准。

第二十八条 【企业管理者经济责任审计】国有独资企业、国有独资公司和国有资本控股公司的主要负责人,应当接受依法进行的任期经济责任审计。

第二十九条 【政府直接任免企业管理者】本法第二十二条第一款第一项、第二项规定的企业管理者,国务院和地方人民政府规定由本级人民政府任免的,依照其规定。履行出资人职责的机构依照本章规定对上述企业管理者进行考核、奖惩并确定其薪酬标准。

第五章 关系国有资产出资人权益的重大事项

第一节 一般规定

第三十条 【重大事项的范围】国家出资企业合并、分立、改制、上市,增加或者减少注册资本,发行债券,进行重大投资,为他人提供大额担保,转让重大财产,进行大额捐赠,分配利润,以及解散、申请破产等重大事项,应当遵守法律、行政法规以及企业章程的规定,不得损害出资人和债权人的权益。

第三十一条 【国有独资企业、公司重大事项的决定之一】国有独资企业、国有独资公司合并、分立,增加或者减少注册资本,发行债券,分配利润,以及解散、申请破产,由履行出资人职责的机构决定。

第三十二条 【国有独资企业、公司重大事项的决定之二】国有独资企业、国有独资公司有本法第三十条所列事项的,除依照本法第三十一条和有关法律、行政法规以及企业章程的规定,由履行出资人职责的机构决定的以外,国有独资企业由企业负责人集体讨论决定,国有独资公司由董事会决定。

第三十三条 【国有资本控股、参股公司重大事项的决定】国有资本控股公司、国有资本参股公司有本法第三十条所列事项的,依照法律、行政法规以及公司章程的规定,由公司股东会、股东大会或者董事会决定。由股东会、股东大会决定的,履行出资人职责的机构委派的股东代表应当依照本法第十三条的规定行使权利。

第三十四条 【应由政府批准的重大事项】重要的国有独资企业、国有独资公司、国有资本控股公司的合并、分立、解散、申请破产以及法律、行政法规和本级人民政府规定应当由履行出资人职责的机构报经本级人民政府批准的重大事项,履行出资人职责的机构在作出决定或者向其委派参加国有资本控股公司股东会会议、股东大会会议的股东代表作出指示前,应当报请本级人民政府批准。

本法所称的重要的国有独资企业、国有独资公司和国有资本控股公司，按照国务院的规定确定。

第三十五条 【政府其他部门的审批】国家出资企业发行债券、投资等事项，有关法律、行政法规规定应当报经人民政府或者人民政府有关部门、机构批准、核准或者备案的，依照其规定。

第三十六条 【风险防范】国家出资企业投资应当符合国家产业政策，并按照国家规定进行可行性研究；与他人交易应当公平、有偿，取得合理对价。

第三十七条 【听取职工意见和建议】国家出资企业的合并、分立、改制、解散、申请破产等重大事项，应当听取企业工会的意见，并通过职工代表大会或者其他形式听取职工的意见和建议。

第三十八条 【所出资企业的重大事项】国有独资企业、国有独资公司、国有资本控股公司对其所出资企业的重大事项参照本章规定履行出资人职责。具体办法由国务院规定。

第二节 企业改制

第三十九条 【企业改制的定义】本法所称企业改制是指：

（一）国有独资企业改为国有独资公司；

（二）国有独资企业、国有独资公司改为国有资本控股公司或者非国有资本控股公司；

（三）国有资本控股公司改为非国有资本控股公司。

第四十条 【企业改制的决定】企业改制应当依照法定程序，由履行出资人职责的机构决定或者由公司股东会、股东大会决定。

重要的国有独资企业、国有独资公司、国有资本控股公司的改制，履行出资人职责的机构在作出决定或者向其委派参加国有资本控股公司股东会会议、股东大会会议的股东代表作出指示前，应当将改制方案报请本级人民政府批准。

第四十一条 【改制方案】企业改制应当制定改制方案，载明改制后的企业组织形式、企业资产和债权债务处理方案、股权变动方案、改制的操作程序、资产评估和财务审计等中介机构的选聘等事项。

企业改制涉及重新安置企业职工的，还应当制定职工安置方案，并经职工代表大会或者职工大会审议通过。

第四十二条 【资产清查、评估和作价】企业改制应当按照规定进行清产核资、财务审计、资产评估，准确界定和核实资产，客观、公正地确定资产的价值。

企业改制涉及以企业的实物、知识产权、土地使用权等非货币财产折算为国有资本出资或者股份的，应当按照规定对折价财产进行评估，以评估确认价格作为确定国有资本出资额或者股份数额的依据。不得将财产低价折股或者有其他损害出资人权益的行为。

第三节 与关联方的交易

第四十三条 【关联方不得利用与企业之间的交易谋取不正当利益】国家出资企业的关联方不得利用与国家出资企业之间的交易，谋取不当利益，损害国家出资企业利益。

本法所称关联方，是指本企业的董事、监事、高级管理人员及其近亲属，以及这些人员所有或者实际控制的企业。

第四十四条 【禁止的关联方交易】国有独资企业、国有独资公司、国有资本控股公司不得无偿向关联方提供资金、商品、服务或者其他资产，不得以不公平的价格与关联方进行交易。

第四十五条 【国有独资企业、公司与其关联方交易的决定】未经履行出资人职责的机构同意，国有独资企业、国有独资公司不得有下列行为：

（一）与关联方订立财产转让、借款的协议；

（二）为关联方提供担保；

（三）与关联方共同出资设立企业，或者向董事、监事、高级管理人员或者其近亲属所有或者实际控制的企业投资。

第四十六条 【国有资本控股公司与其关联方交易的决定】国有资本控股公司、国有资本参股公司与关联方的交易，依照《中华人民共和国公司法》和有关行政法规以及公司章程的规定，由公司股东会、股东大会或者董事会决定。由公司股东会、股东大会决定的，履行出资人职责的机构委派的股东代表，应当依照本法第十三条的规定行使权利。

公司董事会对公司与关联方的交易作出决议时，该交易涉及的董事不得行使表决权，也不得代理其他董事行使表决权。

第四节 资产评估

第四十七条 【应当评估的情形】国有独资企业、国有独资公司和国有资本控股公司合并、分立、改制，转让重大财产，以非货币财产对外投资，清算或者有法律、行政法规以及企业章程规定应当进行资产评估的其他情形的，应当按照规定对有关资产进行评估。

第四十八条 【委托第三方评估】国有独资企业、国有独资公司和国有资本控股公司应当委托依法设立的符合条件的资产评估机构进行资产评估；涉及应当报经履行出资人职责的机构决定的事项的，应当将委托资产评估机构的情况向履行出资人职责的机构报告。

第四十九条 【如实提供评估资料】国有独资企业、国有独资公司、国有资本控股公司及其董事、监事、高级管理人员应当向资产评估机构如实提供有关情况和资料，不得与资产评估机构串通评估作价。

第五十条 【遵守评估准则】资产评估机构及其工作人员受托评估有关资产，应当遵守法律、行政法规以及评估执业准则，独立、客观、公正地对受托评估的资产进行评估。资产评估机构应当对其出具的评估报告负责。

第五节 国有资产转让

第五十一条 【国有资产转让的定义】本法所称国有资产转让，是指依法将国家对企业的出资所形成的权益转移给其他单位或者个人的行为；按照国家规定无偿划转国有资产的除外。

第五十二条 【国有资产转让的宗旨】国有资产转让应当有利于国有经济布局和结构的战略性调整，防止国有资产损失，不得损害交易各方的合法权益。

第五十三条 【国有资产转让的决定】国有资产转让由履行出资人职责的机构决定。履行出资人职责的机构决定转让全部国有资产的，或者转让部分国有资产致使国家对该企业不再具有控股地位的，应当报请本级人民政府批准。

第五十四条 【国有资产转让的原则和方式】国有资产转让应当遵循等价有偿和公开、公平、公正的原则。

除按照国家规定可以直接协议转让的以外，国有资产转让应当在依法设立的产权交易场所公开进行。转让方应当如实披露有关信息，征集受让方；征集产生的受让方为两个以上的，转让应当采用公开竞价的交易方式。

转让上市交易的股份依照《中华人民共和国证券法》的规定进行。

第五十五条 【国有资产转让价格】国有资产转让应当以依法评估的、经履行出资人职责的机构认可或者由履行出资人职责的机构报经本级人民政府核准的价格为依据，合理确定最低转让价格。

第五十六条 【国有资产向管理层转让】法律、行政法规或者国务院国有资产监督管理机构规定可以向本企业的董事、监事、高级管理人员或者其近亲属，或者这些人员所有或者实际控制的企业转让的国有资产，在转让时，上述人员或者企业参与受让的，应当与其他受让参与者平等竞买；转让方应当按照国家有关规定，如实披露有关信息；相关的董事、监事和高级管理人员不得参与转让方案的制定和组织实施的各项工作。

第五十七条 【国有资产向境外投资者转让】国有资产向境外投资者转让的，应当遵守国家有关规定，不得危害国家安全和社会公共利益。

第六章 国有资本经营预算

第五十八条 【国有资本经营预算制度】国家建立健全国有资本经营预算制度，对取得的国有资本收入及其支出实行预算管理。

第五十九条 【国有资本经营预算的收入和支出】国家取得的下列国有资本收入，以及下列收入的支出，应当编制国有资本经营预算：

（一）从国家出资企业分得的利润；

（二）国有资产转让收入；

（三）从国家出资企业取得的清算收入；

（四）其他国有资本收入。

第六十条 【国有资本经营预算的编制原则和批准】国有资本经营预算按年度单独编制，纳入本级人民政府预算，报本级人民代表大会批准。

国有资本经营预算支出按照当年预算收入规模安排，不列赤字。

第六十一条 【国有资本经营预算的编制】国务院和有关地方人民政府财政部门负责国有资本经营预算草案的编制工作，履行出资人职责的机构向财政部门提出由其履行出资人职责的国有资本经营预算建议草案。

第六十二条 【国务院规定具体办法和实施步骤】国有资本经营预算管理的具体办法和实施步骤，由国务院规定，报全国人民代表大会常务委员会备案。

第七章 国有资产监督

第六十三条 【各级人大常委会的监督】各级人民代表大会常务委员会通过听取和审议本级人民政府履行出资人职责的情况和国有资产监督管理情况的专项工作报告，组织对本法实施情况的执法检查等，依法行使监督职权。

第六十四条 【政府的监督】国务院和地方人民政府应当对其授权履行出资人职责的机构履行职责的情况进行监督。

第六十五条 【审计机关的监督】国务院和地方人民政府审计机关依照《中华人民共和国审计法》的规定，对国有资本经营预算的执行情况和属于审计监督对象的国家出资企业进行审计监督。

第六十六条 【社会监督】国务院和地方人民政府应当依法向社会公布国有资产状况和国有资产监督管理工作情况，接受社会公众的监督。

任何单位和个人有权对造成国有资

产损失的行为进行检举和控告。

第六十七条 【委托中介机构进行审计监督】履行出资人职责的机构根据需要，可以委托会计师事务所对国有独资企业、国有独资公司的年度财务会计报告进行审计，或者通过国有资本控股公司的股东会、股东大会决议，由国有资本控股公司聘请会计师事务所对公司的年度财务会计报告进行审计，维护出资人权益。

第八章 法律责任

第六十八条 【履行出资人职责的机构的法律责任】履行出资人职责的机构有下列行为之一的，对其直接负责的主管人员和其他直接责任人员依法给予处分：

（一）不按照法定的任职条件，任命或者建议任命国家出资企业管理者的；

（二）侵占、截留、挪用国家出资企业的资金或者应当上缴的国有资本收入的；

（三）违反法定的权限、程序，决定国家出资企业重大事项，造成国有资产损失的；

（四）有其他不依法履行出资人职责的行为，造成国有资产损失的。

第六十九条 【履行出资人职责的机构的工作人员的法律责任】履行出资人职责的机构的工作人员玩忽职守、滥用职权、徇私舞弊，尚不构成犯罪的，依法给予处分。

第七十条 【股东代表的法律责任】履行出资人职责的机构委派的股东代表未按照委派机构的指示履行职责，造成国有资产损失的，依法承担赔偿责任；属于国家工作人员的，并依法给予处分。

第七十一条 【企业管理者的法律责任】国家出资企业的董事、监事、高级管理人员有下列行为之一，造成国有资产损失的，依法承担赔偿责任；属于国家工作人员的，并依法给予处分：

（一）利用职权收受贿赂或者取得其他非法收入和不当利益的；

（二）侵占、挪用企业资产的；

（三）在企业改制、财产转让等过程中，违反法律、行政法规和公平交易规则，将企业财产低价转让、低价折股的；

（四）违反本法规定与本企业进行交易的；

（五）不如实向资产评估机构、会计师事务所提供有关情况和资料，或者与资产评估机构、会计师事务所串通出具虚假资产评估报告、审计报告的；

（六）违反法律、行政法规和企业章程规定的决策程序，决定企业重大事项的；

（七）有其他违反法律、行政法规和企业章程执行职务行为的。

国家出资企业的董事、监事、高级管理人员因前款所列行为取得的收入，依法予以追缴或者归国家出资企业所有。

履行出资人职责的机构任命或者建议任命的董事、监事、高级管理人员有本条第一款所列行为之一，造成国有资产重大损失的，由履行出资人职责的机构依法予以免职或者提出免职建议。

第七十二条 【交易无效】在涉及关联方交易、国有资产转让等交易活动中，当事人恶意串通，损害国有资产权益的，该交易行为无效。

第七十三条 【企业管理者的市场禁入】国有独资企业、国有独资公司、国有资本控股公司的董事、监事、高级管理人员违反本法规定，造成国有资产重大损失，被免职的，自免职之日起五年内不得担任国有独资企业、国有独资公司、国有资本控股公司的董事、监事、高级管理人员；造成国有资产特别重大损失,或者因贪污、贿赂、侵占财产、挪用财产或者破坏社会主义市场经济秩序被判处刑罚的,终身不得担任国有独资企业、国有独资公司、国有资本控股公司的董事、监事、高级管理人员。

第七十四条 **【中介机构的法律责任】**接受委托对国家出资企业进行资产评估、财务审计的资产评估机构、会计师事务所违反法律、行政法规的规定和执业准则,出具虚假的资产评估报告或者审计报告的,依照有关法律、行政法规的规定追究法律责任。

第七十五条 **【刑事责任】**违反本法规定,构成犯罪的,依法追究刑事责任。

第九章 附 则

第七十六条 **【金融企业国有资产的适用】**金融企业国有资产的管理与监督,法律、行政法规另有规定的,依照其规定。

第七十七条 **【施行日期】**本法自 2009 年 5 月 1 日起施行。

中华人民共和国
全民所有制工业企业法

1. *1988 年 4 月 13 日第七届全国人民代表大会第一次会议通过*
2. *根据 2009 年 8 月 27 日第十一届全国人民代表大会常务委员会第十次会议《关于修改部分法律的决定》修正*

目 录

第一章 总 则

第一条 **【立法目的】**为保障全民所有制经济的巩固和发展,明确全民所有制工业企业的权利和义务,保障其合法权益,增强其活力,促进社会主义现代化建设,根据《中华人民共和国宪法》,制定本法。

第二条 **【企业资格】**全民所有制工业企业(以下简称企业)是依法自主经营、自负盈亏、独立核算的社会主义商品生产和经营单位。

企业的财产属于全民所有,国家依照所有权和经营权分离的原则授予企业经营管理。企业对国家授予其经营管理的财产享有占有、使用和依法处分的权利。

企业依法取得法人资格,以国家授予其经营管理的财产承担民事责任。

企业根据政府主管部门的决定,可以采取承包、租赁等经营责任制形式。(2009 年 8 月 27 日删除)

第三条 **【企业任务】**企业的根本任务是:根据国家计划和市场需求,发展商品生产,创造财富,增加积累,满足社会日益增长的物质和文化生活需要。

第四条 **【企业要求】**企业必须坚持在建设社会主义物质文明的同时,建设社会主义精神文明,建设有理想、有道德、有文化、有纪律的职工队伍。

第五条 **【企业发展方向】**企业必须遵守法律、法规,坚持社会主义方向。

第六条 **【企业经营、纳税】**企业必须有效地利用国家授予其经营管理的财产,实现资产增值;依法缴纳税金、费用、利润。

第七条 **【厂长负责制】**企业实行厂长(经理)负责制。

厂长依法行使职权,受法律保护。

第八条　【共产党的作用】中国共产党在企业中的基层组织，对党和国家的方针、政策在本企业的贯彻执行实行保证监督。

第九条　【职工地位】国家保障职工的主人翁地位，职工的合法权益受法律保护。

第十条　【民主管理】企业通过职工代表大会和其他形式，实行民主管理。

第十一条　【工会职能】企业工会代表和维护职工利益，依法独立自主地开展工作。企业工会组织职工参加民主管理和民主监督。

企业应当充分发挥青年职工、女职工和科学技术人员的作用。

第十二条　【经营管理】企业必须加强和改善经营管理，实行经济责任制，推进科学技术进步，厉行节约，反对浪费，提高经济效益，促进企业的改造和发展。

第十三条　【分配原则】企业贯彻按劳分配原则。在法律规定的范围内，企业可以采取其他分配方式。

第十四条　【财产保护】国家授予企业经营管理的财产受法律保护，不受侵犯。

第十五条　【权益保护】企业的合法权益受法律保护，不受侵犯。

第二章　企业的设立、变更和终止

第十六条　【设立程序】设立企业，必须依照法律和国务院规定，报请政府或者政府主管部门审核批准。经工商行政管理部门核准登记、发给营业执照，企业取得法人资格。

企业应当在核准登记的经营范围内从事生产经营活动。

第十七条　【设立条件】设立企业必须具备以下条件：

（一）产品为社会所需要。

（二）有能源、原材料、交通运输的必要条件。

（三）有自己的名称和生产经营场所。

（四）有符合国家规定的资金。

（五）有自己的组织机构。

（六）有明确的经营范围。

（七）法律、法规规定的其他条件。

第十八条　【合并或分离程序】企业合并或者分立，依照法律、行政法规的规定，由政府或者政府主管部门批准。

第十九条　【终止原因】企业由于下列原因之一终止：

（一）违反法律、法规被责令撤销。

（二）政府主管部门依照法律、法规的规定决定解散。

（三）依法被宣告破产。

（四）其他原因。

第二十条　【债权、债务清理】企业合并、分立或者终止时，必须保护其财产，依法清理债权、债务。

第二十一条　【变更登记】企业的合并、分立、终止，以及经营范围等登记事项的变更，须经工商行政管理部门核准登记。

第三章　企业的权利和义务

第二十二条　【自行安排生产权】在国家计划指导下，企业有权自行安排生产社会需要的产品或者为社会提供服务。

第二十三条　企业有权要求调整没有必需的计划供应物资或者产品销售安排的指令性计划。

企业有权接受或者拒绝任何部门和单位在指令性计划外安排的生产任务。

（2009 年 8 月 27 日删除）

第二十四条　【产品销售权】企业有权自行销售本企业的产品。国务院另有规定的除外。

承担指令性计划的企业，有权自行销

售计划外超产的产品和计划内分成的产品。

第二十五条 【物资采购权】企业有权自行选择供货单位，购进生产需要的物资。

第二十六条 【价格确定权】除国务院规定由物价部门和有关主管部门控制价格的以外，企业有权自行确定产品价格、劳务价格。

第二十七条 【与外商贸易及外汇分成权】企业有权依照国务院规定与外商谈判并签订合同。

企业有权依照国务院规定提取和使用分成的外汇收入。

第二十八条 【留用资金使用权】企业有权依照国务院规定支配使用留用资金。

第二十九条 【固定资产处置权】企业有权依照国务院规定出租或者有偿转让国家授予其经营管理的固定资产，所得的收益必须用于设备更新和技术改造。

第三十条 【报酬分配权】企业有权确定适合本企业情况的工资形式和奖金分配办法。

第三十一条 【录用、辞退职工权】企业有权依照法律和国务院规定录用、辞退职工。

第三十二条 【机构设置、人员编制决定权】企业有权决定机构设置及其人员编制。

第三十三条 【拒绝摊派权】企业有权拒绝任何机关和单位向企业摊派人力、物力、财力。除法律、法规另有规定外，任何机关和单位以任何方式要求企业提供人力、物力、财力的，都属于摊派。

第三十四条 【企业联营权】企业有权依照法律和国务院规定与其他企业、事业单位联营，向其他企业、事业单位投资，持有其他企业的股份。

企业有权依照国务院规定发行债券。

第三十五条 企业必须完成指令性计划。

（2009年8月27日删除）

企业必须履行依法订立的合同。

第三十六条 【固定资产维护】企业必须保障固定资产的正常维修，改进和更新设备。

第三十七条 【依法接受监督】企业必须遵守国家关于财务、劳动工资和物价管理等方面的规定，接受财政、审计、劳动工资和物价等机关的监督。

第三十八条 【质量保证】企业必须保证产品质量和服务质量，对用户和消费者负责。

第三十九条 【提高效率】企业必须提高劳动效率，节约能源和原材料，努力降低成本。

第四十条 【财产保护】企业必须加强保卫工作，维护生产秩序，保护国家财产。

第四十一条 【安全生产、环境保护】企业必须贯彻安全生产制度，改善劳动条件，做好劳动保护和环境保护工作，做到安全生产和文明生产。

第四十二条 【思想教育、业务培训】企业应当加强思想政治教育、法制教育、国防教育、科学文化教育和技术业务培训，提高职工队伍的素质。

第四十三条 【奖励、创造、革新】企业应当支持和奖励职工进行科学研究、发明创造，开展技术革新、合理化建议和社会主义劳动竞赛活动。

第四章 厂　　长

第四十四条 【厂长的产生】厂长的产生，除国务院另有规定外，由政府主管部门根据企业的情况决定采取下列一种方式：

（一）政府主管部门委任或者招聘。

（二）企业职工代表大会选举。

政府主管部门委任或者招聘的厂长

人选,须征求职工代表的意见;企业职工代表大会选举的厂长,须报政府主管部门批准。

政府主管部门委任或者招聘的厂长,由政府主管部门免职或者解聘,并须征求职工代表的意见;企业职工代表大会选举的厂长,由职工代表大会罢免,并须报政府主管部门批准。

第四十五条 【厂长的地位和职权】厂长是企业的法定代表人。

企业建立以厂长为首的生产经营管理系统。厂长在企业中处于中心地位,对企业的物质文明建设和精神文明建设负有全面责任。

厂长领导企业的生产经营管理工作,行使下列职权:

(一)依照法律和国务院规定,决定或者报请审查批准企业的各项计划。

(二)决定企业行政机构的设置。

(三)提请政府主管部门任免或者聘任、解聘副厂级行政领导干部。法律和国务院另有规定的除外。

(四)任免或者聘任、解聘企业中层行政领导干部。法律另有规定的除外。

(五)提出工资调整方案、奖金分配方案和重要的规章制度,提请职工代表大会审查同意。提出福利基金使用方案和其他有关职工生活福利的重大事项的建议,提请职工代表大会审议决定。

(六)依法奖惩职工;提请政府主管部门奖惩副厂级行政领导干部。

第四十六条 【厂长的义务】厂长必须依靠职工群众履行本法规定的企业的各项义务,支持职工代表大会、工会和其他群众组织的工作,执行职工代表大会依法作出的决定。

第四十七条 【管理委员会的组成及职权】企业设立管理委员会或者通过其他形式,协助厂长决定企业的重大问题。管理委员会由企业各方面的负责人和职工代表组成。厂长任管理委员会主任。

前款所称重大问题:

(一)经营方针、长远规划和年度计划、基本建设方案和重大技术改造方案,职工培训计划,工资调整方案,留用资金分配和使用方案,承包和租赁经营责任制方案。

(二)工资列入企业成本开支的企业人员编制和行政机构的设置和调整。

(三)制订、修改和废除重要规章制度的方案。

上述重大问题的讨论方案,均由厂长提出。

第四十八条 【对厂长的奖励】厂长在领导企业完成计划、提高产品质量和服务质量、提高经济效益和加强精神文明建设等方面成绩显著的,由政府主管部门给予奖励。

第五章 职工和职工代表大会

第四十九条 【职工权利】职工有参加企业民主管理的权利,有对企业的生产和工作提出意见和建议的权利;有依法享受劳动保护、劳动保险、休息、休假的权利;有向国家机关反映真实情况,对企业领导干部提出批评和控告的权利。女职工有依照国家规定享受特殊劳动保护和劳动保险的权利。

第五十条 【职工义务】职工应当以国家主人翁的态度从事劳动,遵守劳动纪律和规章制度,完成生产和工作任务。

第五十一条 【职代会性质】职工代表大会是企业实行民主管理的基本形式,是职工行使民主管理权力的机构。

职工代表大会的工作机构是企业的

工会委员会。企业工会委员会负责职工代表大会的日常工作。

第五十二条 【职代会职权】职工代表大会行使下列职权：

（一）听取和审议厂长关于企业的经营方针、长远规划、年度计划、基本建设方案、重大技术改造方案、职工培训计划、留用资金分配和使用方案、承包和租赁经营责任制方案的报告，提出意见和建议。

（二）审查同意或者否决企业的工资调整方案、奖金分配方案、劳动保护措施、奖惩办法以及其他重要的规章制度。

（三）审议决定职工福利基金使用方案、职工住宅分配方案和其他有关职工生活福利的重大事项。

（四）评议、监督企业各级行政领导干部，提出奖惩和任免的建议。

（五）根据政府主管部门的决定选举厂长，报政府主管部门批准。

第五十三条 【民主管理】车间通过职工大会、职工代表组或者其他形式实行民主管理；工人直接参加班组的民主管理。

第五十四条 【职代会义务】职工代表大会应当支持厂长依法行使职权，教育职工履行本法规定的义务。

第六章 企业和政府的关系

第五十五条 政府或者政府主管部门依照国务院规定统一对企业下达指令性计划，保证企业完成指令性计划所需的计划供应物资，审查批准企业提出的基本建设、重大技术改造等计划；任免、奖惩厂长，根据厂长的提议，任免、奖惩副厂级行政领导干部，考核、培训厂级行政领导干部。（2009 年 8 月 27 日删除）

第五十六条 【政府对企业的管理】政府有关部门按照国家调节市场、市场引导企业的目标，为企业提供服务，并根据各自的职责，依照法律、法规的规定，对企业实行管理和监督。

（一）制定、调整产业政策，指导企业制定发展规划。

（二）为企业的经营决策提供咨询、信息。

（三）协调企业与其他单位之间的关系。

（四）维护企业正常的生产秩序，保护企业经营管理的国家财产不受侵犯。

（五）逐步完善与企业有关的公共设施。

第五十七条 【地方政府的协助】企业所在地的县级以上的地方政府应当提供企业所需的由地方计划管理的物资，协调企业与当地其他单位之间的关系，努力办好与企业有关的公共福利事业。

第五十八条 【企业人、财、物权的保护】任何机关和单位不得侵犯企业依法享有的经营管理自主权；不得向企业摊派人力、物力、财力；不得要求企业设置机构或者规定机构的编制人数。

第七章 法律责任

第五十九条 【违反设立规定及存在欺诈的责任】违反本法第十六条规定，未经政府或者政府主管部门审核批准和工商行政管理部门核准登记，以企业名义进行生产经营活动的，责令停业，没收违法所得。

企业向登记机关弄虚作假、隐瞒真实情况的，给予警告或者处以罚款；情节严重的，吊销营业执照。

本条规定的行政处罚，由县级以上工商行政管理部门决定。当事人对罚款、责令停业、没收违法所得、吊销营业执照的处罚决定不服的，可以在接到处罚通知之日起十五日内向法院起诉；逾期不起诉又不履行的，由作出处罚决定的机关申请法院强制执行。

第六十条 【产品不合格的责任】企业因生产、销售质量不合格的产品，给用户和消费者造成财产、人身损害的，应当承担赔偿责任；构成犯罪的，对直接责任人员依法追究刑事责任。

产品质量不符合经济合同约定的条件的，应当承担违约责任。

第六十一条 【政府违法责任】政府和政府有关部门的决定违反本法第五十八条规定的，企业有权向作出决定的机关申请撤销；不予撤销的，企业有权向作出决定的机关的上一级机关或者政府监察部门申诉。接受申诉的机关应于接到申诉之日起三十日内作出裁决并通知企业。

第六十二条 【滥用职权的责任】企业领导干部滥用职权，侵犯职工合法权益，情节严重的，由政府主管部门给予行政处分；滥用职权、假公济私，对职工实行报复陷害的，依照刑法有关规定追究刑事责任。

第六十三条 【玩忽职守的责任】企业和政府有关部门的领导干部，因工作过失给企业和国家造成较大损失的，由政府主管部门或者有关上级机关给予行政处分。

企业和政府有关部门的领导干部玩忽职守，致使企业财产、国家和人民利益遭受重大损失的，依照刑法有关规定追究刑事责任。

第六十四条 阻碍企业领导干部依法执行职务，未使用暴力、威胁方法的，由企业所在地公安机关依照《中华人民共和国治安管理处罚条例》第十九条的规定处罚；以暴力、威胁方法阻碍企业领导干部依法执行职务的，依照《中华人民共和国刑法》第一百五十七条的规定追究刑事责任。（2009 年 8 月 27 日删除）

扰乱企业的秩序，致使生产、营业、工作不能正常进行，尚未造成严重损失的，由企业所在地公安机关依照《中华人民共和国治安管理处罚法》的规定处罚。

第八章 附 则

第六十五条 【适用范围】本法的原则适用于全民所有制交通运输、邮电、地质勘探、建筑安装、商业、外贸、物资、农林、水利企业。

第六十六条 【经营方式】企业实行承包、租赁经营责任制的，除遵守本法规定外，发包方和承包方、出租方和承租方的权利、义务依照国务院有关规定执行。

联营企业、大型联合企业和股份企业，其领导体制依照国务院有关规定执行。

第六十七条 【实施条例】国务院根据本法制定实施条例。

第六十八条 【实施办法】自治区人民代表大会常务委员会可以根据本法和《中华人民共和国民族区域自治法》的原则，结合当地的特点，制定实施办法，报全国人民代表大会常务委员会备案。

第六十九条 【生效日期】本法自 1988 年 8 月 1 日起施行。

企业国有资产监督管理暂行条例

1. *2003 年 5 月 27 日国务院令第 378 号公布*
2. *根据 2011 年 1 月 8 日国务院令第 588 号《关于废止和修改部分行政法规的决定》修订*
3. *根据 2019 年 3 月 2 日国务院令第 709 号《关于修改部分行政法规的决定》修正*

第一章 总 则

第一条 为建立适应社会主义市场经济需

要的国有资产监督管理体制,进一步搞好国有企业,推动国有经济布局和结构的战略性调整,发展和壮大国有经济,实现国有资产保值增值,制定本条例。

第二条 国有及国有控股企业、国有参股企业中的国有资产的监督管理,适用本条例。

金融机构中的国有资产的监督管理,不适用本条例。

第三条 本条例所称企业国有资产,是指国家对企业各种形式的投资和投资所形成的权益,以及依法认定为国家所有的其他权益。

第四条 企业国有资产属于国家所有。国家实行由国务院和地方人民政府分别代表国家履行出资人职责,享有所有者权益,权利、义务和责任相统一,管资产和管人、管事相结合的国有资产管理体制。

第五条 国务院代表国家对关系国民经济命脉和国家安全的大型国有及国有控股、国有参股企业,重要基础设施和重要自然资源等领域的国有及国有控股、国有参股企业,履行出资人职责。国务院履行出资人职责的企业,由国务院确定、公布。

省、自治区、直辖市人民政府和设区的市、自治州级人民政府分别代表国家对由国务院履行出资人职责以外的国有及国有控股、国有参股企业,履行出资人职责。其中,省、自治区、直辖市人民政府履行出资人职责的国有及国有控股、国有参股企业,由省、自治区、直辖市人民政府确定、公布,并报国务院国有资产监督管理机构备案;其他由设区的市、自治州级人民政府履行出资人职责的国有及国有控股、国有参股企业,由设区的市、自治州级人民政府确定、公布,并报省、自治区、直辖市人民政府国有资产监督管理机构备案。

国务院,省、自治区、直辖市人民政府,设区的市、自治州级人民政府履行出资人职责的企业,以下统称所出资企业。

第六条 国务院,省、自治区、直辖市人民政府,设区的市、自治州级人民政府,分别设立国有资产监督管理机构。国有资产监督管理机构根据授权,依法履行出资人职责,依法对企业国有资产进行监督管理。

企业国有资产较少的设区的市、自治州,经省、自治区、直辖市人民政府批准,可以不单独设立国有资产监督管理机构。

第七条 各级人民政府应当严格执行国有资产管理法律、法规,坚持政府的社会公共管理职能与国有资产出资人职能分开,坚持政企分开,实行所有权与经营权分离。

国有资产监督管理机构不行使政府的社会公共管理职能,政府其他机构、部门不履行企业国有资产出资人职责。

第八条 国有资产监督管理机构应当依照本条例和其他有关法律、行政法规的规定,建立健全内部监督制度,严格执行法律、行政法规。

第九条 发生战争、严重自然灾害或者其他重大、紧急情况时,国家可以依法统一调用、处置企业国有资产。

第十条 所出资企业及其投资设立的企业,享有有关法律、行政法规规定的企业经营自主权。

国有资产监督管理机构应当支持企业依法自主经营,除履行出资人职责以外,不得干预企业的生产经营活动。

第十一条 所出资企业应当努力提高经济效益,对其经营管理的企业国有资产承担保值增值责任。

所出资企业应当接受国有资产监督

管理机构依法实施的监督管理,不得损害企业国有资产所有者和其他出资人的合法权益。

第二章　国有资产监督管理机构

第十二条　国务院国有资产监督管理机构是代表国务院履行出资人职责、负责监督管理企业国有资产的直属特设机构。

省、自治区、直辖市人民政府国有资产监督管理机构,设区的市、自治州级人民政府国有资产监督管理机构是代表本级政府履行出资人职责、负责监督管理企业国有资产的直属特设机构。

上级政府国有资产监督管理机构依法对下级政府的国有资产监督管理工作进行指导和监督。

第十三条　国有资产监督管理机构的主要职责是:

(一)依照《中华人民共和国公司法》等法律、法规,对所出资企业履行出资人职责,维护所有者权益;

(二)指导推进国有及国有控股企业的改革和重组;

(三)依照规定向所出资企业委派监事;

(四)依照法定程序对所出资企业的企业负责人进行任免、考核,并根据考核结果对其进行奖惩;

(五)通过统计、稽核等方式对企业国有资产的保值增值情况进行监管;

(六)履行出资人的其他职责和承办本级政府交办的其他事项。

国务院国有资产监督管理机构除前款规定职责外,可以制定企业国有资产监督管理的规章、制度。

第十四条　国有资产监督管理机构的主要义务是:

(一)推进国有资产合理流动和优化配置,推动国有经济布局和结构的调整;

(二)保持和提高关系国民经济命脉和国家安全领域国有经济的控制力和竞争力,提高国有经济的整体素质;

(三)探索有效的企业国有资产经营体制和方式,加强企业国有资产监督管理工作,促进企业国有资产保值增值,防止企业国有资产流失;

(四)指导和促进国有及国有控股企业建立现代企业制度,完善法人治理结构,推进管理现代化;

(五)尊重、维护国有及国有控股企业经营自主权,依法维护企业合法权益,促进企业依法经营管理,增强企业竞争力;

(六)指导和协调解决国有及国有控股企业改革与发展中的困难和问题。

第十五条　国有资产监督管理机构应当向本级政府报告企业国有资产监督管理工作、国有资产保值增值状况和其他重大事项。

第三章　企业负责人管理

第十六条　国有资产监督管理机构应当建立健全适应现代企业制度要求的企业负责人的选用机制和激励约束机制。

第十七条　国有资产监督管理机构依照有关规定,任免或者建议任免所出资企业的企业负责人:

(一)任免国有独资企业的总经理、副总经理、总会计师及其他企业负责人;

(二)任免国有独资公司的董事长、副董事长、董事,并向其提出总经理、副总经理、总会计师等的任免建议;

(三)依照公司章程,提出向国有控股的公司派出的董事、监事人选,推荐国有控股的公司的董事长、副董事长和监事会主席人选,并向其提出总经理、副总经理、总会计师人选的建议；

（四）依照公司章程，提出向国有参股的公司派出的董事、监事人选。

国务院，省、自治区、直辖市人民政府，设区的市、自治州级人民政府，对所出资企业的企业负责人的任免另有规定的，按照有关规定执行。

第十八条 国有资产监督管理机构应当建立企业负责人经营业绩考核制度，与其任命的企业负责人签订业绩合同，根据业绩合同对企业负责人进行年度考核和任期考核。

第十九条 国有资产监督管理机构应当依照有关规定，确定所出资企业中的国有独资企业、国有独资公司的企业负责人的薪酬；依据考核结果，决定其向所出资企业派出的企业负责人的奖惩。

第四章 企业重大事项管理

第二十条 国有资产监督管理机构负责指导国有及国有控股企业建立现代企业制度，审核批准其所出资企业中的国有独资企业、国有独资公司的重组、股份制改造方案和所出资企业中的国有独资公司的章程。

第二十一条 国有资产监督管理机构依照法定程序决定其所出资企业中的国有独资企业、国有独资公司的分立、合并、破产、解散、增减资本、发行公司债券等重大事项。其中，重要的国有独资企业、国有独资公司分立、合并、破产、解散的，应当由国有资产监督管理机构审核后，报本级人民政府批准。

国有资产监督管理机构依照法定程序审核、决定国防科技工业领域其所出资企业中的国有独资企业、国有独资公司的有关重大事项时，按照国家有关法律、规定执行。

第二十二条 国有资产监督管理机构依照公司法的规定，派出股东代表、董事，参加国有控股的公司、国有参股的公司的股东会、董事会。

国有控股的公司、国有参股的公司的股东会、董事会决定公司的分立、合并、破产、解散、增减资本、发行公司债券、任免企业负责人等重大事项时，国有资产监督管理机构派出的股东代表、董事，应当按照国有资产监督管理机构的指示发表意见、行使表决权。

国有资产监督管理机构派出的股东代表、董事，应当将其履行职责的有关情况及时向国有资产监督管理机构报告。

第二十三条 国有资产监督管理机构决定其所出资企业的国有股权转让。其中，转让全部国有股权或者转让部分国有股权致使国家不再拥有控股地位的，报本级人民政府批准。

第二十四条 所出资企业投资设立的重要子企业的重大事项，需由所出资企业报国有资产监督管理机构批准的，管理办法由国务院国有资产监督管理机构另行制定，报国务院批准。

第二十五条 国有资产监督管理机构依照国家有关规定组织协调所出资企业中的国有独资企业、国有独资公司的兼并破产工作，并配合有关部门做好企业下岗职工安置等工作。

第二十六条 国有资产监督管理机构依照国家有关规定拟订所出资企业收入分配制度改革的指导意见，调控所出资企业工资分配的总体水平。

第二十七条 所出资企业中的国有独资企业、国有独资公司经国务院批准，可以作为国务院规定的投资公司、控股公司，享有公司法第十二条规定的权利；可以作

为国家授权投资的机构，享有公司法第二十条规定的权利。（2011年1月8日删除）

第二十八条 国有资产监督管理机构可以对所出资企业中具备条件的国有独资企业、国有独资公司进行国有资产授权经营。

被授权的国有独资企业、国有独资公司对其全资、控股、参股企业中国家投资形成的国有资产依法进行经营、管理和监督。

第二十九条 被授权的国有独资企业、国有独资公司应当建立和完善规范的现代企业制度，并承担企业国有资产的保值增值责任。

第五章 企业国有资产管理

第三十条 国有资产监督管理机构依照国家有关规定，负责企业国有资产的产权界定、产权登记、资产评估监管、清产核资、资产统计、综合评价等基础管理工作。

国有资产监督管理机构协调其所出资企业之间的企业国有资产产权纠纷。

第三十一条 国有资产监督管理机构应当建立企业国有资产产权交易监督管理制度，加强企业国有资产产权交易的监督管理，促进企业国有资产的合理流动，防止企业国有资产流失。

第三十二条 国有资产监督管理机构对其所出资企业的企业国有资产收益依法履行出资人职责；对其所出资企业的重大投融资规划、发展战略和规划，依照国家发展规划和产业政策履行出资人职责。

第三十三条 所出资企业中的国有独资企业、国有独资公司的重大资产处置，需由国有资产监督管理机构批准的，依照有关规定执行。

第六章 企业国有资产监督

第三十四条 国有资产监督管理机构依法对所出资企业财务进行监督，建立和完善国有资产保值增值指标体系，维护国有资产出资人的权益。

第三十五条 国有及国有控股企业应当加强内部监督和风险控制，依照国家有关规定建立健全财务、审计、企业法律顾问和职工民主监督等制度。

第三十六条 所出资企业中的国有独资企业、国有独资公司应当按照规定定期向国有资产监督管理机构报告财务状况、生产经营状况和国有资产保值增值状况。

第七章 法律责任

第三十七条 国有资产监督管理机构不按规定任免或者建议任免所出资企业的企业负责人，或者违法干预所出资企业的生产经营活动，侵犯其合法权益，造成企业国有资产损失或者其他严重后果的，对直接负责的主管人员和其他直接责任人员依法给予行政处分；构成犯罪的，依法追究刑事责任。

第三十八条 所出资企业中的国有独资企业、国有独资公司未按照规定向国有资产监督管理机构报告财务状况、生产经营状况和国有资产保值增值状况的，予以警告；情节严重的，对直接负责的主管人员和其他直接责任人员依法给予纪律处分。

第三十九条 国有及国有控股企业的企业负责人滥用职权、玩忽职守，造成企业国有资产损失的，应负赔偿责任，并对其依法给予纪律处分；构成犯罪的，依法追究刑事责任。

第四十条 对企业国有资产损失负有责任受到撤职以上纪律处分的国有及国有控股企业的企业负责人，5年内不得担任任何国有及国有控股企业的企业负责人；造成企业国有资产重大损失或者被判处刑罚的，终身不得担任任何国有及国有控股企业的企业负责人。

第八章 附 则

第四十一条 国有及国有控股企业、国有参股企业的组织形式、组织机构、权利和义务等，依照《中华人民共和国公司法》等法律、行政法规和本条例的规定执行。

第四十二条 国有及国有控股企业、国有参股企业中中国共产党基层组织建设、社会主义精神文明建设和党风廉政建设，依照《中国共产党章程》和有关规定执行。

国有及国有控股企业、国有参股企业中工会组织依照《中华人民共和国工会法》和《中国工会章程》的有关规定执行。

第四十三条 国务院国有资产监督管理机构，省、自治区、直辖市人民政府可以依据本条例制定实施办法。

第四十四条 本条例施行前制定的有关企业国有资产监督管理的行政法规与本条例不一致的，依照本条例的规定执行。

第四十五条 政企尚未分开的单位，应当按照国务院的规定，加快改革，实现政企分开。政企分开后的企业，由国有资产监督管理机构依法履行出资人职责，依法对企业国有资产进行监督管理。

第四十六条 本条例自公布之日起施行。

企业国有资产产权登记管理办法

1996年1月25日国务院令第192号公布施行

第一条 为了加强企业国有资产产权登记管理，健全国有资产基础管理制度，防止国有资产流失，制定本办法。

第二条 本办法所称企业国有资产产权登记（以下简称产权登记），是指国有资产管理部门代表政府对占有国有资产的各类企业的资产、负债、所有者权益等产权状况进行登记，依法确认产权归属关系的行为。

第三条 国有企业、国有独资公司、持有国家股权的单位以及以其他形式占有国有资产的企业（以下统称企业），应当依照本办法的规定办理产权登记。

第四条 企业产权归属关系不清楚或者发生产权纠纷的，可以申请暂缓办理产权登记。

企业应当在经批准的暂缓办理产权登记期限内，将产权界定清楚、产权纠纷处理完毕，并及时办理产权登记。

第五条 县级以上各级人民政府国有资产管理部门，按照产权归属关系办理产权登记。

国有资产管理部门根据工作需要，可以按照产权归属关系委托政府有关部门或者机构办理产权登记。

第六条 产权登记分为占有产权登记、变动产权登记和注销产权登记。

第七条 企业应当依照本办法向国有资产管理部门办理占有产权登记。

占有产权登记的主要内容：

（一）出资人名称、住所、出资金额及法定代表人；

（二）企业名称、住所及法定代表人；

（三）企业的资产、负债及所有者权益；

（四）企业实收资本、国有资本；

（五）企业投资情况；

（六）国务院国有资产管理部门规定的其他事项。

国有资产管理部门向企业核发的国有资产产权登记表，是企业的资信证明文件。

第八条 企业发生下列变动情形之一的，应当自变动之日起30日内办理变动产权登记：

（一）企业名称、住所或者法定代表人改变的；

（二）国有资本占企业实收资本比例发生变化的；

（三）企业分立、合并或者改变经营形式的；

（四）有国务院国有资产管理部门规定的其他变动情形的。

第九条 企业发生下列情形之一的，应当自各该情形发生之日起30日内办理注销产权登记：

（一）企业解散、被依法撤销或者被依法宣告破产的；

（二）企业转让全部产权或者企业被划转的；

（三）有国务院国有资产管理部门规定的其他情形的。

第十条 企业办理产权登记，应当按照规定填报国有资产产权登记表并提交有关文件、凭证、报表等。填报的内容或者提交的文件、凭证、报表等不符合规定的，国有资产管理部门有权要求企业补正。

第十一条 产权登记实行年度检查制度。

企业应当于每一年度终了后90日内，办理产权年度检查登记，向国有资产管理部门提交财务报告和国有资产经营年度报告书，报告下列主要内容：

（一）出资人的资金实际到位情况；

（二）企业国有资产的结构变化，包括企业对外投资情况；

（三）国有资产增减、变动情况；

（四）国务院国有资产管理部门规定的其他事项。

第十二条 国有资产产权登记表由国务院国有资产管理部门统一制定。

任何单位和个人不得伪造、涂改、出卖或者出借国有资产产权登记表。

国有资产产权登记表遗失或者毁坏的，应当按照规定申请补领。

第十三条 国有资产管理部门应当建立健全产权登记档案制度，并定期分析和报告国有资产产权状况。

第十四条 企业违反本办法规定，有下列行为之一的，由国有资产管理部门责令改正、通报批评，可以处以10万元以下的罚款，并提请政府有关部门对企业领导人员和直接责任人员按照规定给予纪律处分：

（一）在规定期限内不办理产权登记的；

（二）隐瞒真实情况、未如实办理产权登记的；

（三）不按照规定办理产权年度检查登记的；

（四）伪造、涂改、出卖或者出借国有资产产权登记表的。

第十五条 国有资产管理部门工作人员在办理产权登记中玩忽职守、徇私舞弊、滥用职权、谋取私利，构成犯罪的，依法追究刑事责任；尚不构成犯罪的，依法给予行政处分。

第十六条 军队企业的国有资产产权登记管理办法，由中国人民解放军总后勤部会同国务院国有资产管理部门参照本办法制定。

第十七条 本办法自发布之日起施行。国家国有资产管理局、财政部、国家工商行政管理局1992年5月11日发布的《国有资产产权登记管理试行办法》同时废止。

企业国有资产产权登记管理办法实施细则

1. 2000年4月6日财政部修订印发
2. 财管字〔2000〕116号

第一章　总　　则

第一条　根据国务院颁布的《企业国有资产产权登记管理办法》(国务院第192号令,以下简称《办法》),按照"国家所有、分级管理、授权经营、分工监督"的原则,制定本实施细则。

第二条　下列已取得或申请取得法人资格的企业或国家授权投资的机构(以下统称企业),应当按规定申办企业国有资产产权登记(以下简称产权登记):

(一)国有企业;

(二)国有独资公司;

(三)国家授权投资的机构;

(四)设置国有股权的有限责任公司和股份有限公司;

(五)国有企业、国有独资公司或国家授权投资机构投资设立的企业;

(六)其他形式占有、使用国有资产的企业。

第三条　产权登记机关是县级以上各级政府负责国有资产管理的部门。

财政部主管全国产权登记工作,统一制定产权登记的各项政策法则。

上级产权登记机关指导下级产权登记机关的产权登记工作。

第四条　财政(国有资产管理)部门审定和颁发的《中华人民共和国企业国有资产产权登记证》(以下简称产权登记证),是依法确认企业产权归属关系的法律凭证和政府对企业授权经营国有资本的基本依据。

产权登记证分为正本和副本,企业发生国有产权变动时应当同时变更产权登记证正本和副本。

第五条　产权登记机关依法履行下列职责:

(一)依法确认企业产权归属,理顺企业集团内部产权关系;

(二)掌握企业国有资产占有、使用的状况;

(三)监管企业的国有产权变动;

(四)检查企业国有资产经营状况;

(五)监督国家授权投资机构、国有企业和国有独资公司的出资行为;

(六)备案企业的担保或资产被司法冻结等产权或有变动事项;

(七)在汇总、分析的基础上,编报并向同级政府和上级产权登记机关呈送产权登记与产权变动状况分析报告。

第六条　企业提供保证、定金或设置抵押、质押、留置,以及发生资产被司法机关冻结情况的,应当在申办各类产权登记中如实向产权登记机关报告。

企业以设置抵押、质押、留置、作为定金以及属于司法冻结的资产用于投资或进行产权(股权)转让时,必须符合《中华人民共和国担保法》等有关法律、法规的规定,否则,产权登记机关不予登记。

第二章　分级管理

第七条　产权登记按照统一政策、分级管理的原则由县级以上政府负责国有资产管理的部门按产权归属关系组织实施。

第八条　由两个及两个以上国有资本出资人共同投资设立的企业,按国有资本额最大的出资人的产权归属关系确定企业产权登记的管辖机关。

若国有资本各出资人出资额相等,则

按推举的出资人的产权归属关系确定企业产权登记的管辖机关，其余出资人出具产权登记委托书。

产权登记机关办理上述企业产权登记时，应将产权登记表原件一式多份分送企业其余国有资本出资人。

第九条 产权登记机关可视具体情况，委托仍管理企业的政府部门、机构或下级产权登记机关办理企业的产权登记，具体办法另行制定。

第十条 财政部负责下列企业的产权登记工作：

（一）由国务院管辖的企业（含国家授权投资机构）；

（二）中央各部门、直属机构的机关后勤、事业单位，各直属事业单位及全国性社会团体管辖的企业；

（三）中央国有企业、国有独资公司或国务院授权的国家授权投资机构投资设立的企业。

第十一条 省、自治区、直辖市及计划单列市（以下简称省级）财政（国有资产管理）部门负责下列企业的产权登记：

（一）由省级政府管辖的企业（含省属国家授权投资机构）；

（二）省级各部门、直属机构的机关后勤、事业单位，各直属事业单位及省级社会团体管辖的企业；

（三）省级国有企业、国有独资公司或省级政府授权的国家授权投资机构投资设立的企业；

（四）财政部委托办理产权登记的企业。

第十二条 地（市）、县负责国有资产管理的部门产权登记管辖范围由各省、自治区、直辖市及计划单列市财政（国有资产管理）部门具体规定。

第三章 国家授权投资机构

第十三条 国家授权投资机构，实行如下产权登记管理方式：

（一）国家授权投资的机构设立或发生产权变动时应当按照本细则的规定向产权登记机关办理相应的占有、变动或注销产权登记；

（二）国家授权投资的机构投资所属的各类企业设立、变动或注销时，应当经授权投资机构审核同意后，按照本细则的规定向产权登记机关申办相应的产权登记手续；

（三）国家授权投资的机构应当按照本细则的规定每年向产权登记机关办理产权登记年度检查，汇总分析本企业的国有资产经营和产权变动状况，并提交国有资产经营年度报告书。

国家授权投资的机构所属的各类企业由授权投资机构一并向产权登记机关办理产权登记年度检查，各企业不再单独向产权登记机关办理产权登记年度检查。

第四章 占有产权登记

第十四条 已取得法人资格的企业应当在本细则实施后向产权登记机关申办占有产权登记，填写《企业国有资产占有产权登记表》，并提交下列文件、资料：

（一）由出资人的母公司或上级单位批准设立的文件、投资协议书或出资证明文件；

（二）经注册会计师审计的或财政部门核定的企业上一年度财务报告；

（三）各出资人的企业法人营业执照副本、经注册会计师审计的或财政部门核定的企业上一年度财务报告，其中国有资本出资人还应当提交产权登记证副本；

（四）企业章程；

（五）《企业法人营业执照》副本；

（六）企业提供保证、定金或设置抵押、质押、留置以及资产被司法机关冻结的相关文件；

（七）申办产权登记的申请；

（八）产权登记机关要求提交的其他文件、资料。

产权登记机关核准企业占有登记后，向企业核发产权登记证。

第十五条　申请取得法人资格的企业应当于申请办理工商注册登记前30日内，向财政（国有资产管理）部门办理产权登记，填写《企业国有资产占有产权登记表》，并提交下列文件、资料：

（一）出资人的母公司或上级单位批准设立的文件、投资协议书或出资证明文件；

（二）企业章程；

（三）《企业名称预先核准通知书》；

（四）各出资人的企业法人营业执照、经注册会计师审计的或财政部门核定的企业上一年度财务报告和提供保证、定金或设置抵押、质押、留置以及资产被司法机关冻结的相关文件；其中，国有资本出资人还应当提交产权登记证副本；

（五）经注册会计师审核的验资报告，其中以货币投资的应当附银行进帐单；以实物、无形资产投资的应当提交经财政（国有资产管理）部门合规性审核的资产评估报告；

（六）申办产权登记的申请；

（七）产权登记机关要求提交的其他文件、资料。

财政（国有资产管理）部门审定的产权登记表，是企业办理工商注册登记的资信证明文件。

企业依据产权登记机关审定的产权登记表向工商行政管理部门申办注册登记，取得企业法人资格后30日内到原产权登记机关领取产权登记证，同时提交《企业法人营业执照》副本。

第十六条　事业单位和社会团体法人设立企业或对企业追加投资的，应当提交《中华人民共和国国有资产产权登记证（行政事业单位）》及上级单位批准的非经营性资产转经营性资产的可行性研究报告，产权登记机关审查后直接办理占有或变动产权登记手续。

第十七条　除政府批准设立外，企业的组织形式不得登记为国有独资公司。

第十八条　国有企业设立的全资企业，其组织形式不得登记为集体企业。

第十九条　企业在申办占有产权登记时，实收资本与注册资本相比已发生增减变动的，应当先按实收资本变动前数额办理占有登记，再按本实施细则的规定申办变动产权登记。

未办理占有产权登记的企业发生国有产权变动时，应当按本实施细则第十四条的规定补办占有产权登记，然后再按本实施细则的规定申办变动或注销产权登记。

第五章　变动产权登记

第二十条　企业发生下列情形之一的，应当申办变动产权登记：

（一）企业名称、住所或法定代表人改变的；

（二）企业组织形式发生变动的；

（三）企业国有资本额发生增减变动的；

（四）企业国有资本出资人发生变动的；

（五）产权登记机关规定的其他变动情形。

第二十一条　企业发生本细则第二十条第

一款情形的，应当于工商行政管理部门核准变动登记后30日内向原产权登记机关申办变动产权登记。

第二十二条 企业发生本细则第二十条第二款至第五款情形的，应当自政府有关部门或企业出资人批准、企业股东大会或董事会做出决定之日起30日内，向工商行政管理部门申请变更登记前，向原产权登记机关办理变动产权登记。

第二十三条 企业申办变动产权登记应当填写《企业国有资产变动产权登记表》，并提交下列文件、资料：

（一）政府有关部门或出资人的母公司或上级单位的批准文件、企业股东大会或董事会做出的书面决定及出资证明；

（二）修改后的企业章程；

（三）各出资人的企业法人营业执照、经注册会计师审计的或财政部门核定的企业上一年度财务报告和提供保证、定金或设置抵押、质押、留置以及资产被司法机关冻结的相关文件；其中，国有资本出资人还应当提交产权登记证副本；

（四）本企业的《企业法人营业执照》副本、经注册会计师审计的或财政部门核定的企业上一年度财务报告和提供保证、定金或设置抵押、质押、留置以及资产被司法机关冻结的相关文件和企业的产权登记证副本；

（五）经注册会计师审核的验资报告，其中以货币投资的应当附银行进帐单；以实物、无形资产投资的应当提交经财政（国有资产管理）部门合规性审核的资产评估报告；

（六）企业发生本细则第二十条第三款、第四款情形且出资人是事业单位和社会团体法人的，应当提交《中华人民共和国国有资产产权登记证（行政事业单位）》和出资人上级单位批准的非经营性资产转经营性资产的可行性研究报告；

（七）企业兼并、转让或减少国有资本的，应当提交与债权银行、债权人签订的有关债务保全协议；

（八）经出资人的母公司或上级单位批准的转让国有产权的收入处置情况说明及有关文件；

（九）申办产权登记的申请；

（十）产权登记机关要求提交的其他文件、资料。

第二十四条 产权登记机关核准企业变动产权登记后，相应办理企业产权登记证正本和副本的变更手续。

第二十五条 企业发生国有产权变动而不及时办理相应产权登记手续，致使产权登记证正本、副本记载情况与实际情况不符的，由企业承担相应的法律责任。

第六章 注销产权登记

第二十六条 企业发生下列情形之一的，应当向原产权登记机关申办注销产权登记：

（一）企业解散、被依法撤销或被依法宣告破产；

（二）企业转让全部国有产权或改制后不再设置国有股权的；

（三）产权登记机关规定的其他情形。

第二十七条 企业解散的，应当自出资人的母公司或上级单位批准之日起30日内，向原产权登记机关申办注销产权登记。

企业被依法撤销的，应当自政府有关部门决定之日起30日内向原产权登记机关申办注销产权登记。

企业被依法宣告破产的，应当自法院裁定之日起60日内由企业破产清算机构向原产权登记机关申办注销产权登记。

企业转让全部国有产权（股权）或改

制后不再设置国有股权的，应当自出资人的母公司或上级单位批准后30日内向原产权登记机关申办注销产权登记。

第二十八条 企业申办注销产权登记时应当填写《企业国有资产注销产权登记表》，并提交下列文件、资料：

（一）政府有关部门、出资人的母公司或上级单位、企业股东大会的批准文件，工商行政管理机关责令关闭的文件或法院宣告企业破产的裁定书；

（二）经注册会计师审计的或财政部门核定的企业上一年度财务报告；

（三）企业的财产清查、清算报告或经财政（国有资产管理）部门合规性审核的资产评估报告；

（四）企业有偿转让或整体改制的协议或方案；

（五）本企业的产权登记证正、副本和《企业法人营业执照》副本和提供保证、定金或设置抵押、质押、留置以及资产被司法机关冻结的相关文件；

（六）受让企业的《企业法人营业执照》副本和经注册会计师审计的年度财务报告和提供保证、定金或设置抵押、质押、留置以及资产被司法机关冻结的相关文件；

（七）转让方、受让方与债权银行、债权人签订的债务保全的协议；

（八）经出资人的母公司或上级单位批准的资产处置或产权转让收入处置情况说明及相关文件；

（九）申办产权登记的申请；

（十）产权登记机关要求提交的其他文件、资料。

第二十九条 产权登记机关核准企业注销产权登记后，收回被注销企业的产权登记证正本和副本。

第七章 产权登记年度检查

第三十条 企业应当于每个公历年度终了后90日内，办理工商年检登记之前，向原产权登记机关申办产权登记年度检查。

第三十一条 企业申办产权登记年度检查时应当按产权登记机关的规定上报企业国有资产经营年度报告书和填写《企业国有资产产权登记年度检查表》，并提交下列文件、资料：

（一）经注册会计师审计的或财政部门核定的企业上一年度财务报告；

（二）企业的产权登记证副本和《企业法人营业执照》副本；

（三）企业国有资产经营年度报告书；

（四）申办产权登记年度检查的申请；

（五）产权登记机关要求提交的其他文件、资料。

第三十二条 企业国有资产经营年度报告书是反映企业在检查年度内国有资产经营状况和产权变动状况的书面文件。主要报告以下内容：

（一）企业国有资产保值增值情况；

（二）企业国有资本金实际到位和增减变动情况；

（三）企业及其子公司、孙公司等发生产权变动情况及是否及时办理相应产权登记手续情况；

（四）企业对外投资及投资收益情况；

（五）企业及其子公司的担保、资产被司法机关冻结等产权或有变动情况；

（六）其他需要说明的问题。

企业产权登记年度检查制度和产权登记与产权变动状况分析报告制度另行制定。

第三十三条 年检合格后，由产权登记机关在企业产权登记证副本和年度检查表上加盖年检合格章。

第三十四条 下级产权登记机关应当于每个公历年度终了后150日内,编制并向同级政府和上级产权登记机关报送产权登记与产权变动状况分析报告。

第三十五条 产权登记年度检查表不作为确定企业国有产权归属的法律依据。企业不得以年度检查替代产权登记。

企业应当按产权登记机关的规定及时办理年度检查,如不按规定办理年度检查的或年度检查不合格的,其产权登记证不再具有法律效力。

产权登记机关在年度检查中发现企业未及时办理产权登记问题时,应当督促其按本实施细则的规定补办产权登记。未补办产权登记的,其年度检查不予通过。

第八章 产权登记程序

第三十六条 企业占有、使用国有资产状况以最近一次办理产权登记时产权登记机关确认的数额为准。

第三十七条 企业申办产权登记,应当按规定填写相应的产权登记表,并向产权登记机关提交有关的文件、资料。

第三十八条 企业申办产权登记必须经政府管理的企业或企业集团母公司(含政府授权经营的企业),出具审核意见;仍由政府有关部门、机构或国有社会团体管理的企业,由部门、机构或社团出具审核意见。

企业未按上述规定取得审核意见的,产权登记机关不予受理产权登记。

第三十九条 产权登记机关收到企业提交的符合规定的全部文件、资料后,发给《产权登记受理通知书》,并于10个工作日内做出核准产权登记或不准予产权登记的决定。

产权登记机关核准产权登记的,发给、换发或收缴企业的产权登记证正本和副本。

产权登记机关不予登记的,应当自做出决定之日起3日内通知登记申请人,并说明原因。

第四十条 企业发生《办法》第四条规定情形,需暂缓办理产权登记的,应向产权登记机关提出书面申请。产权登记机关自收到企业书面申请10个工作日内,依据实际情况以书面文件通知企业准予或不准予暂缓登记。

(一)企业获准暂缓登记的,应当在批准的期限内,将产权界定清楚、产权纠纷处理完毕,并及时办理产权登记;

(二)企业在批准的暂缓期限内,仍未能将产权界定清楚、产权纠纷处理完毕的,应当在期满后向产权登记机关书面报告产权纠纷处理情况并书面申请延续暂缓登记,产权登记机关自收到企业书面报告和申请10个工作日内,依据实际情况以书面文件通知企业准予或不准予延续暂缓登记。

第四十一条 企业有下列行为之一的,产权登记机关有权要求其更正,拒不更正的,产权登记机关不予办理产权登记;

(一)企业填报的产权登记表各项内容或提交的文件违反有关法规或不符合本实施细则要求的;

(二)企业以实物或无形资产出资,未按国家有关规定进行资产评估或折股的;

(三)企业的投资行为、产权变动行为违反法律、行政法规和国家有关政策规定或使国有资产权益受到侵害的。

第四十二条 未及时办理产权登记的企业

在补办产权登记时,应当书面说明原因和具体情况。

第九章 产权登记档案管理

第四十三条 财政部统一制定产权登记证正本和副本,确定各类产权登记表的内容和格式。

第四十四条 经产权登记机关颁发、审定的产权登记表和产权登记证正本、副本是产权登记的法律文件。任何单位和个人不得伪造、涂改、出借、出租或出售,有遗失或毁坏的,应当向原产权登记机关申请补领。

第四十五条 企业申办产权登记时,应当将所提交的文件、材料整理成卷,附加目录清单,纸张的尺寸规格不得超出产权登记证副本。

企业未按要求提交规范文件、材料的,产权登记机关有权不予受理。

第四十六条 产权登记机关应当妥善保管企业产权登记表,建立产权登记档案。

第四十七条 企业的产权登记管辖机关发生变更的,由原产权登记机关将该企业产权登记档案材料整理、归并后移交新的产权登记管辖机关。

第十章 法律责任

第四十八条 企业违反《办法》有关规定的,产权登记机关可视情节轻重,做出如下处罚:

(一)企业不在规定的期限内办理产权登记及其年度检查的,产权登记机关责令其限期办理,并视情节轻重,处以一千元以上三万元以下罚款,逾期仍不办理的,产权登记机关视情节轻重,处以三万元以上六万元以下罚款,并提请政府有关部门对企业领导人员和直接责任人员给予相应的纪律处分;

(二)企业提供虚假财务报告或证明文件,隐瞒真实情况,骗取产权登记及其年度检查的;伪造、涂改、出借、出租、出卖产权登记表和产权登记证等其他行为的,产权登记机关责令其限期改正,并予以通报批评,视情节轻重处以六万元以上十万元以下罚款,并提请政府有关部门对企业领导人员和直接责任人员给予相应的纪律处分;

(三)会计、评估、法律咨询事务所(公司)等中介机构故意为企业出具虚假的审计、验资报告或有关证明文件的,将不得再从事与产权登记有关的审计、验资、评估等事务,产权登记机关将向注册会计师协会等管理机构通报情况,并予以公告;造成国有资产流失并构成犯罪的,依法追究其刑事责任。

第四十九条 产权登记行政处罚决定由财政(国有资产管理)部门负责人核准并加盖公章以《企业产权登记行政处罚决定书》(以下简称《决定书》)的形式通知受处罚企业。需要罚款的,同时向指定缴款银行签发财政部门统一印制的罚款收据。

企业对行政处罚决定不服的,可以在收到决定书之日起15日内向上一级产权登记机关申请行政复议。上一级产权登记机关应当自受理复议之日起60日内做出复议决定。

第五十条 产权登记证是企业进行资产评估、国有企业股份制改组和产权转让等审批的必备文件之一。对没有产权登记证的企业,不予办理相关的工作。

第五十一条 企业违反规定不办理产权登记及其年度检查,造成国有资产流失并构成犯罪的,依法追究其刑事责任。

第五十二条 产权登记机关工作人员违反《办法》和本细则的规定,利用职权刁难企业的,或牟取私利,玩忽职守,造成国有资产流失的，视情节轻重给予行政处分。构成犯罪的，依法追究其刑事责任。

第十一章　附　　则

第五十三条　军队保留企业的产权登记实施细则由中国人民解放军总后勤部参照本实施细则重新制定，报财政部备案。

第五十四条　本实施细则由财政部负责解释并组织实施。

第五十五条　本实施细则自发布之日起施行。原国家国有资产管理局制定的《企业国有资产产权登记管理办法实施细则》（国资产发〔1996〕31 号文件）同时废止。

国家出资企业产权登记管理暂行办法

1. 2012 年 4 月 12 日国务院国有资产监督管理委员会令第 29 号公布
2. 自 2012 年 6 月 1 日起施行

第一章　总　　则

第一条　为了加强国家出资企业产权登记管理，及时、真实、动态、全面反映企业产权状况，根据《中华人民共和国企业国有资产法》、《企业国有资产监督管理暂行条例》（国务院令第 378 号）等法律和行政法规，制定本办法。

第二条　本办法所称国家出资企业产权登记（以下简称产权登记），是指国有资产监督管理机构对本级人民政府授权管理的国家出资企业的产权及其分布状况进行登记管理的行为。

第三条　国家出资企业、国家出资企业（不含国有资本参股公司）拥有实际控制权的境内外各级企业及其投资参股企业（以下统称企业），应当纳入产权登记范围。国家出资企业所属事业单位视为其子企业进行产权登记。

前款所称拥有实际控制权，是指国家出资企业直接或者间接合计持股比例超过 50%，或者持股比例虽然未超过 50%，但为第一大股东，并通过股东协议、公司章程、董事会决议或者其他协议安排能够实际支配企业行为的情形。

第四条　本办法所指出资人分为以下五类：

（一）履行出资人职责的机构；

（二）履行出资人职责的机构、国有独资企业、国有独资公司单独或者共同出资设立的企业；

（三）以上两类出资人直接或者间接合计持股比例超过 50% 不足 100% 的企业；

（四）以上三类出资人直接或者间接合计持股比例未超过 50% 但为第一大股东，并通过股东协议、公司章程、董事会决议或者其他协议安排能够实际支配企业行为的企业；

（五）以上四类出资人以外的企业、自然人或者其他经济组织。

以上（二）、（三）、（四）类出资人统称为履行出资人职责的企业。

第五条　企业为交易目的持有的下列股权不进行产权登记：

（一）为了赚取差价从二级市场购入的上市公司股权；

（二）为了近期内（一年以内）出售而持有的其他股权。

第六条　办理产权登记的企业应当权属清晰。存在产权纠纷的企业，应当在及时处理产权纠纷后申请办理产权登记。

第七条　各级国有资产监督管理机构分别负责本级人民政府授权管理的国家出资企业的产权登记管理。国务院国有资产监督管理机构对地方国有资产监督管理机构的产权登记工作进行指导和监督。

第八条 国家出资企业负责对其履行出资人职责的企业的产权登记工作进行管理，并向国有资产监督管理机构申请办理企业产权登记。

第九条 各级国有资产监督管理机构、国家出资企业应当定期对产权登记数据进行汇总分析。

省级国有资产监督管理机构应当于每年1月31日前，将本地区上年度企业产权登记数据汇总分析后，报国务院国有资产监督管理机构。

第二章 产权登记类型

第十条 产权登记分为占有产权登记、变动产权登记和注销产权登记。

第十一条 履行出资人职责的机构和履行出资人职责的企业有下列情形之一的，应当办理占有产权登记：

（一）因投资、分立、合并而新设企业的；

（二）因收购、投资入股而首次取得企业股权的；

（三）其他应当办理占有产权登记的情形。

第十二条 占有产权登记应包括下列内容：

（一）企业出资人及出资人类别、出资额、出资形式；

（二）企业注册资本、股权比例；

（三）企业名称及在国家出资企业中所处级次；

（四）企业组织形式；

（五）企业注册时间、注册地；

（六）企业主营业务范围；

（七）国有资产监督管理机构要求的其他内容。

第十三条 有下列情形之一的，应当办理变动产权登记：

（一）履行出资人职责的机构和履行出资人职责的企业名称、持股比例改变的；

（二）企业注册资本改变的；

（三）企业名称改变的；

（四）企业组织形式改变的；

（五）企业注册地改变的；

（六）企业主营业务改变的；

（七）其他应当办理变动产权登记的情形。

第十四条 有下列情形之一的，应当办理注销产权登记：

（一）因解散、破产进行清算，并注销企业法人资格的；

（二）因产权转让、减资、股权出资、出资人性质改变等导致企业出资人中不再存续履行出资人职责的机构和履行出资人职责的企业的；

（三）其他应当办理注销产权登记的情形。

第三章 产权登记程序

第十五条 企业发生产权登记相关经济行为时，应当自相关经济行为完成后20个工作日内，在办理工商登记前，申请办理产权登记。企业注销法人资格的，应当在办理工商注销登记后，及时办理注销产权登记。

第十六条 企业申请办理产权登记，应当由履行出资人职责的企业按照填报要求，填写有关登记内容和相关经济行为合规性资料目录，逐级报送国家出资企业，国家出资企业负责对登记内容及相关经济行为的合规性进行审核后，向国有资产监督管理机构申请登记。

同一国有资产监督管理机构及其管理的多个履行出资人职责的企业共同出

资的企业，由拥有实际控制权的一方负责申请办理产权登记；任一方均不拥有实际控制权的，由持股比例最大的一方负责申请办理产权登记；各方持股比例相等的，由其共同推举一方负责申请办理产权登记。

非同一国有资产监督管理机构及其管理的多个履行出资人职责的企业共同出资的企业，由各方分别申请办理产权登记。

第十七条 国有资产监督管理机构自国家出资企业报送产权登记信息10个工作日内，对符合登记要求的企业予以登记；对相关经济行为操作过程中存在瑕疵的企业，国有资产监督管理机构应当向国家出资企业下发限期整改通知书，完成整改后予以登记。

第十八条 已办理产权登记的国家出资企业，由国有资产监督管理机构核发产权登记证；已办理产权登记的其他企业，由国有资产监督管理机构或者由国有资产监督管理机构授权国家出资企业核发产权登记表。

产权登记证、登记表是企业办结产权登记的证明，是客观记载企业产权状况基本信息的文件。产权登记证、登记表的格式和内容由国务院国有资产监督管理机构统一制发，企业在使用过程中不得擅自修改。

第十九条 企业应当在办理工商登记后10个工作日内，将企业法人营业执照或者工商变更登记表报送国有资产监督管理机构；工商登记信息与产权登记信息存在不一致的，企业应当核实相关资料，涉及变更产权登记信息的，企业应当修改后重新报送，国有资产监督管理机构或者国家出资企业对相关登记信息进行确认后重新核发产权登记证、登记表。

第二十条 产权登记仅涉及企业名称、注册地、主营业务等基础信息改变的，可在办理工商登记后申请办理产权登记。

第四章 产权登记管理

第二十一条 国家出资企业应当建立健全产权登记制度和工作体系，落实产权登记管理工作责任，并对制度执行情况进行监督检查。年度检查结果应当书面报告国有资产监督管理机构。

第二十二条 各级国有资产监督管理机构应当对企业产权登记工作的日常登记情况、年度检查情况和限期整改事项落实情况等进行检查，并予以通报。

第二十三条 国有资产监督管理机构、国家出资企业应当建立健全产权登记档案管理制度；国家出资企业对办理完成的产权登记事项，应当及时将合规性资料目录中所列资料整理归档，分户建立企业产权登记档案。

第二十四条 企业违反本办法规定，有下列行为之一的，由国有资产监督管理机构责令改正或者予以通报，造成国有资产损失的，依照有关规定追究企业领导和相关人员的责任：

（一）未按本办法规定及时、如实申请办理产权登记的；

（二）未按期进行整改的；

（三）伪造、涂改产权登记证、登记表的。

第五章 附 则

第二十五条 省级国有资产监督管理机构可以依据本办法制定本地区的具体实施办法。

第二十六条 本办法自2012年6月1日起施行。

企业国有资产所有权界定的暂行规定

1. 1991年3月26日国家国有资产管理局、财政部、国家工商行政管理局发布
2. 国资综发〔1991〕23号

第一条 为了促进以公有制为主体的社会主义有计划商品经济的健康发展，维护国家对国有资产的合法权益，根据《中华人民共和国宪法》，按照国务院《关于加强国有资产管理工作的通知》中界定国有资产所有权的要求，制定本规定。

第二条 本规定所称企业国有资产所有权界定系指对企业应属国有的资产依法确认所有权的法律行为。

第三条 本规定适用于企业和实行企业管理的事业单位（以下简称企业单位）中的国有资产所有权界定。

第四条 本规定所称企业国有资产是指国家以各种形式对企业的投资和投资收益形成的资产。

没有法律依据归集体、个人或外国政府、法人、公民所有的资产均属国有资产。

第五条 企业国有资产所有权界定工作由国有资产管理部门组织实施。

第六条 在国有资产所有权界定过程中，既要维护国有资产所有者的合法权益，又不得侵犯其他资产所有者的合法权益。

第七条 中华人民共和国是国有资产所有权的唯一主体；国家对国有资产实行统一领导、分级管理。

国有资产分级管理主体的区分和变动不是国有资产所有权主体的分割和转移。

第八条 全民所有制企业单位中由下列投资形式的资产均属国有：

1. 各级人民政府、国家行政部门或国家其他单位的各种形式的实物投资、货币投资和所有权应属国家的发明创造和技术成果等无形资产投资；

2. 全民所有制企业单位依据国家规定或经国家批准用于投资或归还投资贷款的减免税金；

3. 全民所有制企业单位依据国家规定或经国家批准用于归还投资贷款的利润；

4. 全民所有制企业单位依照国家规定，通过从经营收入中提取、从成本费用中列支和从留用利润中提取所建立的各种专项基金，不包括按国家规定提取用于职工工资、奖励、福利等分配给个人消费的基金；

5. 国家银行、国家投资公司及其他全民所有制金融经营单位用财政拨款和留用利润转入的信贷基金、投资基金、财政周转金及其他经营基金和资本金；

6. 以国家机关名义担保，或实际上由国家承担投资风险，完全用国内外借入资金和国家以各种方式投资创办的全民所有制企业，其内部积累的资金；

7. 全民所有制企业用国有资产兼并、购买其他企业单位所取得的资产产权；

8. 其他依法应属国有的资产。

第九条 集体所有制企业中由下列投资形成的资产属于国有：

1. 各级人民政府、国家行政部门或国家其他单位用各种形式的实物投资、货币投资和所有权应属国家的无形资产投资所创办的以集体所有制名义注册登记的企业单位，其资产所有权界定参照本规定第八条办理，按国家法律、法规规定属于无偿资助的除外；

2. 全民所有制企业单位用国有资产在集体企业中的投资以及按照投资份额应取得的资产收益留给集体企业发展生产的资金；

3. 其他按法律、法规规定应属国有的资产。

第十条 在股份制企业、联营企业和中外合资、合作经营企业中由国家出资以及税后利润和专项基金中国家按照投资或协议应占有的份额，属于国有资产。

第十一条 全民所有制企业单位用留用利润转作风险抵押金、实行分帐制，或将国有资产租赁给集体或个人经营等，都不改变国有资产所有权的归属。

第十二条 各级政府部门和全民所有制企业单位交给集体企业使用的固定资产、流动资产及其他资产，依法按照合同或其他合法方式归集体企业所有的，其资产所有权从交付起转移；凡没有依法转移所有权的，仍属国有资产。

第十三条 对于确无能力按照规定偿还国家或全民所有制单位借款的集体企业，经债权、债务人双方协商同意，并经财政、国有资产管理等部门批准，可以将债权转换为所有权，按国家有关规定管理。

第十四条 一切使用和经营国有资产的单位，为保障所界定的国有资产的完整，必须严格执行会计制度规定，做到帐实相符，帐帐相符。

第十五条 对于因情况复杂，一时难以界定清楚所有权关系的资产，要专门记帐反映。在依法作出所有权界定之前，任何部门、企事业单位和个人不得自行处置。

第十六条 经依法界定所有权属于国有的资产，其经营使用单位要到国有资产管理部门办理产权登记手续。

第十七条 对违反本规定，导致国有资产受到破坏、侵害的单位和人员，国有资产管理部门有权提请或会同有关部门依法作出经济、行政处理；触犯刑律的，要移送司法机关依法追究刑事责任。

第十八条 国有资产管理部门的公务人员及其授权代表，在资产所有权界定工作中，由于工作失职，导致国有资产遭受损失的，要给予必要的行政处分；因玩忽职守，以权谋私，致使国有资产遭受重大损失的，要移送司法机关依法追究刑事责任。

第十九条 全民所有制单位与集体所有制单位或其他所有制单位、个人之间发生涉及国有资产所有权的争议与纠纷，全民所有制单位提出的处理意见要经本级或上级国有资产管理部门审核同意后，与有关当事人协商解决；协商解决不了的，按照国家有关司法程序处理。

第二十条 对境外国有资产，在所有权界定后，要根据我国法律并结合所在国家或地区的法律、法令，办理确定资产所有权归属的法律手续，并进行产权登记。具体办法另行制定。

第二十一条 本规定由国家国有资产管理局负责解释。

第二十二条 本规定自发布之日起施行。

国有资产产权界定和产权纠纷处理暂行办法

1. 1993年12月21日国有资产监督管理委员会发布
2. 国资法规发〔1993〕68号

第一章 总 则

第一条 为了维护国有资产所有者和其他产权主体的合法权益，明确产权归属，促进社会主义市场经济的发展，制定本办法。

第二条 本办法下列用语的含义：

国有资产。系指国家依法取得和认定的，或者国家以各种形式对企业投资和投资收益，国家向行政事业单位拨款等形成的资产。

产权。系指财产所有权以及与财产所有权有关的经营权、使用权等财产权。不包括债权。

产权界定。系指国家依法划分财产所有权和经营权、使用权等产权归属，明确各类产权主体行使权利的财产范围及管理权限的一种法律行为。

产权纠纷。系指由于财产所有权及经营权、使用权等产权归属不清而发生的争议。

第三条 本办法使用于全部或部分占用国有资产单位的产权界定，全民所有制单位与其他所有制单位之间以及全民所有制单位之间的国有资产产权的界定及产权纠纷的处理。

第四条 产权界定应遵循"谁投资、谁拥有产权"的原则进行，在界定过程中，既要维护国有资产所有者及经营使用者的合法权益，又不得侵犯其他财产所有者的合法权益。

第五条 产权纠纷的处理应本着实事求是、公正、公平的原则依法进行。

第二章 国有资产所有权界定

第六条 中华人民共和国是国有资产所有权的唯一主体，国务院代表国家行使国有资产的所有权，国家对国有资产实行分级分工管理，国有资产分级分工管理主体的区分和变动不是国有资产所有权的分割和转移。

第七条 国家机关及其所属事业单位占有、使用的资产以及政党、人民团体中由国家拨款等形成的资产，界定为国有资产。

第八条 全民所有制企业中的产权界定依下列办法处理：

1. 有权代表国家投资的部门和机构以货币、实物和所有权属于国家的土地使用权、知识产权等向企业投资、形成的国家资本金，界定为国有资产；

2. 全民所有制企业运用国家资本金及经营中借入的资金等所形成的税后利润经国家批准留给企业作为增加投资的部分以及税后利润中提取的盈余公积金、公益金和未分配利润等，界定为国有资产；

3. 以全民所有制企业和行政事业单位（以下统称全民单位）担保，完全用国内外借入资金投资创办的或完全由其他单位借款创办的全民所有制企业，其收益积累的净资产，界定为国有资产；

4. 全民所有制企业接受馈赠形成的资产，界定为国有资产；

5. 在实行《企业财务通则》、《企业会计准则》以前，全民所有制企业从留利中提取的职工福利基金、职工奖励基金和"两则"实行后用公益金构件的集体福利设施而相应增加的所有者权益，界定为国有资产；

6. 全民所有制企业中党和团、工会组织等占用的企业的财产，不包括以个人缴纳党费、团费、会费以及按国家规定由企业拨付的活动经费等价于购建的资产，界定为国有资产。

第九条 集体所有制企业中国有资产所有权界定依下列办法处理：

1. 全民单位以货币、实物和所有权属于国家的土地使用权、知识产权等独资（包括几个全民单位合资，下同）创办的以集体所有制名义注册登记的企业单位，其资产所有权界定按照本办法第八条的规定办理,但依国家法律、法规规定或协议约定并经国有资产管理部门认定的属于无偿资助的除外;

2. 全民单位用国有资产在非全民单位独资创办的集体企业(以下简称集体企业)中的投资以及按照投资份额应取得的资产收益留给集体发展生产的资本金及其权益,界定为国有资产;

3. 集体企业依据国家规定享受税前还贷形成的资产,其中属于国家税收应收未收的税款部分,界定为国有资产;集体企业依据国家规定享受减免税款形成的资产,其中列为"国家扶持基金"等投资性的减免税部分界定为国有资产。经国有资产管理部门会同有关部门核定数额后,继续留给集体企业使用,由国家收取资产占用费。上述国有资产的增值部分由于历史原因无法核定的,可以不再追溯产权。集体企业改组为股份制企业时,改组前税前还贷形成的资产中国家税收应收取未收的税款部分和各种减免税款形成的资产中列为"国家扶持基金"等投资性的减免税部分界定为国家股,其他减免税部分界定为企业资本公积金;

4. 集体企业使用银行贷款、国家借款等借贷资金形成的资产,全民单位只提供担保的,不界定为国有资产;但履行了连带责任的,全民单位应予追索清偿或经协商转为投资。

第十条 供销、手工业、信用等合作社中由国家拨入的资本金(含资金或者实物)界定为国有资产,经国有资产管理部门会同有关部门核定数额后,继续留给合作社使用。由国家收取资产占用费。上述国有资产增值部分由于历史因无法核定的,可以不再追溯产权。

第十一条 集体企业和合作社无偿占用国有土地的,应由国有资产管理部门会同土地管理部门核定其占用土地的面积和价值量,并依法收取土地占用费。

集体企业和合作社改组为股份制企业时,国有土地折价部分,形成的国家股份或其他所有者权益,界定为国家资产。

第十二条 中外合资经营企业中国有资产所有权界定依下列办法处理:

1. 中方以国有资产出资投入的资本总额,包括现金、厂房建筑物、机器设备、场地使用权、无形资产等形成的资产,界定为国有资产;

2. 企业注册资本增加,按双方协议,中方以分得利润向企业再投资或优先购买另一方股份的投资活动中所形成的资产,界定为国有资产;

3. 可分配利润及税务后利润中提取的各项资金中中方按投资比例所占的相应份额,不包括已提取用于职工奖励、福利等分配给个人消费的基金,界定为国有资产;

4. 中方职工的工资差额,界定为国有资产;

5. 企业根据中国法律和有关规定按中方工资总额一定比例提取的中方职工的住房补贴基金,界定为国有资产;

6. 企业清算或完全解散时,馈赠或无偿留给中方继续使用的各项资产,界定为国有资产。

第十三条 中外合作经营企业中国有资产所有权界定参照第十二条规定的原则办理。

第十四条 股份制企业中国有资产所有权界定依下列办法处理:

1. 国家机关或其授权单位向股份制企业投资形成的股份,包括现有已投入企

业的国有资产构成的股份,构成股份制企业的国家股,界定为国有资产;

2. 全民所有制企业向股份制企业投资形成的股份,构成国有法人股,界定为国有资产;

3. 股份制企业公积金、公益金中,全民单位按照投资应占有的份额,界定为国有资产;

4. 股份制企业未分配利润中,全民单位按照投资比例所占的相应份额,界定为国有资产。

第十五条 联营企业中国有资产所有权界定参照第十四条规定的原则办理。

第三章 全民单位之间产权界定

第十六条 各个单位占用的国有资产,应按分级分工管理的原则,分别明确其与中央、地方、部门之间的管理关系,非经有权管理其所有权的人民政府批准或双方约定,并办理产权划转手续,不得变更资产的管理关系。

第十七条 全民单位对国家授予其使用或经营的资产拥有使用权或经营权。除法律、法规另有规定者外,不得在全民单位之间无偿调拨其资产。

第十八条 全民所有制企业之间是平等竞争的法人实体,相互之间可以投资入股,按照“谁投资、谁拥有产权”的原则,企业法人的对长期投资或入股,属于企业法人的权益,不受非法干预或侵占。

第十九条 根据国家有关规定,企业之间可以实行联营,并享有联营合同规定范围内的财产权利。

第二十条 国家机关投资创办的企业和其他经济实体,应与国家机关脱钩,其产权由国有资产管理部门会同有关部门委托有关机构管理。

第二十一条 国家机关属事业单位经批准以其占用的国有资产出资创办的企业和其他经济实体,其产权归该单位拥有。

第二十二条 对全民单位由于历史原因或管理问题造成的有关房屋产权和土地使用权关系不清或有争议的,依下列办法处理:

1. 全民单位租用房产管理部门的房产,因各种历史原因全民单位实际上长期占用,并进行过多次投入、改造或翻新,房产结构和面积发生较大变化的,可由双方协商共同拥有产权;

2. 对数家全民单位共同出自或由上级主管部门集资修建的职工宿舍、办公楼等,应在核定各自出资份额的基础上,由出资单位按份共有或共同共有其产权;

3. 对有关全民单位已办理征用手续的土地,但被另一些单位或个人占用,应由原征用土地一方进行产权登记,办理相应法律手续。已经其他单位和个人占用的,按规定实行有偿使用;

4. 全民单位按国家规定以优惠价向职工个人出售住房,凡由于分期付款,或者在产权限制期内,或者由于保留溢值分配权等原因,产权没有完全让渡到个人之前,全民单位对这部分房产应视为共有财产。

第二十三条 对电力、邮电、铁路和城市市政公用事业等部门,按国家规定由行业统一经营管理,可由国有资产管理部门委托行业主管部门根据历史因素及其行业管理特点,对使用单位投入资金形成的资产,依下列办法处理:

1. 使用单位投入资金形成的资产交付这些行业进行统一管理,凡已办理资产划转手续的,均作为管理单位法人资产;凡没有办理资产划转手续的,可根据使用单位与管理单位双方自愿的原则,协商办理资产划转手续或资产代管手续；

2. 对使用单位投入资金形成的资产，未交付这些行业统一管理而归使用单位自己管理的，产权由使用单位拥有；

3. 对由电力部门代管的农电资产，凡已按规定办理有关手续，并经过多次更新改造，技术等级已发展变化，均作为电力企业法人资产；

4. 凡属于上述部门的企业代管其他企业、单位的各项资产，在产权界定或清产核资过程中找不到有关单位协商或办理手续的，经通告在一定期限后，可以视同为无主资产，归国家所有，其产权归代管企业；

5. 对于地方政府以征收的电力建设资金或集资、筹资等用于电力建设形成的资产，凡属于直接投资实行按资分利的，产权界定中均按投资比例划分投入资本份额；属于有偿使用已经或者将要还本付息的，其产权划归电力企业。

第四章　产权界定的组织实施

第二十四条　国有资产产权界定工作，按照资产的现行分级分工管理关系，由各级国有资产管理部门会有关部门进行。

第二十五条　省级以上国有资产管理部门应当成为产权界定和产权纠纷调处委员会，具体负责产权界定及纠纷处理事宜。

第二十六条　全国性的产权界定工作，可结合清产核资，逐步进行。

第二十七条　占有、使用国有资产的单位，发生下列情形的，应当进行产权界定：

1. 与外方合资、合作的；

2. 实行股份制改造和与其他企业联营的；

3. 发生兼并、拍卖等产权变动的；

4. 国家机关及其所属事业单位创办企业和其他经济实体的；

5. 国有资产管理部门认为需要界定的其他情形。

第二十八条　产权界定依下列程序进行：

1. 全民单位的各项资产及对外投资，由全民单位首先进行清理和界定，其上级主管部门负责监督和检查。必要时也可以由上级主管部门或国有资产管理部门直接进行清理和界定；

2. 全民单位经清理、界定已清楚属于国有资产的部分，按财务隶属关系报同级国有资产管理部门认定；

3. 经认定的国有资产，须按规定办理产权登记等有关手续。

占用国有资产的其他单位的产权界定，可以参照上述程序办理。

第五章　产权纠纷处理程序

第二十九条　全民所有制单位之间因对国有资产的经营权、使用权等发生争议而产生的纠纷，应在维护国有资产权益的前提下，由当事人协商解决。协商不能解决的，应向同级或共同上一级国有资产管理部门申请调解和裁定，必要时报有权管辖的人民政府裁定，国务院拥有最终裁定权。

第三十条　上述全民单位对国有资产管理部门的裁定不服的，可以在收到裁定书之日起15日内，向上一级国有资产管理部门申请复议，上一级国有资产管理部门应当自收到复议申请之日起60日内作出复议决定。

第三十一条　全民所有制单位与其他经济成分之间发生的产权纠纷，由全民单位提出处理意见，经同级国有资产管理部门同意后，与对方当事人协商解决。协商不能解决的，依司法程序处理。

第六章　法 律 责 任

第三十二条　对违反本办法规定，导致国有资产流失的，由国有资产管理部门会同有关部门(以下简称产权界定主管机关)根据情节轻重,分别给予直接责任人员行政经济的处罚,触犯刑律的,由司法部门予以惩处。

第三十三条 产权界定主管机关的工作人员违反本办法,利用职权谋取私利或者玩忽职守,造成国有资产损失的,国有资产管理部门和有关部门应按照干部管理权限,给予责任人员行政处分,触犯刑律的,提交司法机关处理。

第三十四条 发生属于产权界定范围的情形,国有资产使用单位隐瞒不报或串通作弊,导致国有资产权益受损的,产权界定主管机关可以根据情节轻重,对占用单位的主管人员和直接责任人员给予通报批评、罚款等处罚。

发生上款情形,其需补办产权界定手续。

第三十五条 对于违反产权界定及纠纷处理程序,国有资产管理部门可以单独或会同有关部门给予负责人员行政、经济的处罚。

第七章 附 则

第三十六条 本办法由国家国有资产管理局负责解释。

第三十七条 本办法自公布之日起实行。

集体企业国有资产产权界定暂行办法

1994年11月25日国家国有资产管理局令第2号公布施行

第一章 总 则

第一条 为了进一步明晰产权关系,建立与社会主义市场经济体制相适应的现代企业制度,促进公有制经济的巩固和发展,维护国有资产所有者和集体资产所有者的合法权益,根据国家有关规定,制定本办法。

第二条 本办法所称集体企业国有资产产权界定(以下简称产权界定),系指国家依法划分和认定存在于集体所有制企业中国有资产的所有权归属,并明确国家作为所有者对这部分国有资产行使权利的财产范围和管理权限的一种法律行为。

第三条 本办法适用于注册为集体所有制性质的各种城镇集体企业(含合作社)资产的产权界定。

第四条 产权界定应遵循"谁投资、谁拥有产权"的原则进行,即从资产的原始来源入手,界定产权。凡国家作为投资主体,在没有将资产所有权让渡之前,仍享有对集体企业中国有资产的所有权。

第五条 在产权界定过程中,应本着"立足今后加强管理,历史问题处理适度"的工作原则,实事求是,公平公正地进行界定。既要维护国有资产所有者正当权益,也不得损害集体企业所有者的合法利益。

第六条 进行产权界定,应保持国家对集体经济法律、法规、政策的连续性和协调性。

第七条 集体企业中的国有资产,须以价值形态进行界定和记帐反映。

第二章 集体企业国有资产的界定

第八条 全民所有制企业、事业单位、国家机关等(以下简称全民单位)投资或创办的集体企业,以及虽不隶属于全民单位,但全民单位实际以货币、实物、无形资产等给予扶持和资助的集体企业国有资产所有权界定,依下列办法处理:

(一)全民单位以货币、实物和所有权属于国家的土地使用权、知识产权等独资创办的以集体所有制名义注册登记的企业单位,其资产所有权界定按对国有企业产权界定规定办理。但依国家有关国有资产管理法律、法规规定或协议约定并经国有资产管理部门认定的属于无偿资助的除外。

(二)新建的企业,开办资金完全由全民单位以银行贷款及借款形式筹措,生产经营以集体性质注册的,其资产产权界定比照前款规定。

(三)全民单位用国有资产在集体企业中的投资及按照投资份额(或协议约定)应取得的资产收益界定为国有资产。

(四)全民单位以资助、扶持等多种形式向集体企业投入资金或设备,凡投入时没有约定是投资或债权关系的,一般应视同投资性质。如有争议,可由双方协商,重新确定法律关系并补办有关手续,协商不成的,由国有资产管理部门会同有关部门进行界定。但下列情不作为投资关系:

1. 凡属于1979年以前投入的,可视同垫支借用性质;

2. 凡集体企业已按期支付折旧等费用,可视同租用关系处理。

第九条 集体企业在发展过程中,使用银行贷款、国家借款等借贷资金形成的资产,全民单位只提供担保的,不界定为国有资产。但履行了连带责任的,全民单位应予追索清偿。集体企业确实无力按期归还的,经双方协商可转为投资。转为投资的部分界定为国有资产。

第十条 集体企业依据国家统一的法律、法规和政策享受减免税优惠而形成的资产,不界定为国有资产。

第十一条 集体企业在开办初期或发展过程中,享受国家特殊减免税优惠政策,凡在执行政策时与国家约定其减免税部分为国家扶持基金并实行专项管理的,界定为扶持性国有资产,单独列帐反映。

第十二条 集体企业享受国家税前还贷和以税还贷等特殊优惠政策而形成的资产,其中国家税收应收未收部分,界定为扶持性国有资产,单独列帐反映。

第十三条 集体企业无偿占用城镇土地的,其土地所有权属于国有,企业可以有偿使用,经界定后单列入帐。

第十四条 凡界定为国有资产的,均按其占企业总资产的份额,滚动计算。

第十五条 除上述条款外,集体企业中的下列资产,不界定为国有资产;

(一)国家以抚恤性质拨给残疾人福利企业的实物和资金等形成的资产;

(二)全民单位在劳动就业服务企业开办时拨给的闲置设备等实物资产;

(三)全民单位所属人员将属于自己所有的专利、发明等带给集体企业所形成的资产;

(四)明确约定为借款或租赁性质支持集体企业发展而形成的资产;

(五)其他经认定不属国有的资产。

第三章 集体企业国有资产的使用和管理

第十六条 集体企业中已界定的国有资产,其所有权属于国家,企业对其拥有法人财产权。除发生产权转让等法定情形外,集体企业可以继续使用,国家不得抽回国有资产。

第十七条 集体企业对占用的国有资产负有保值增值责任,不得以任何形式将国有资产量化到集体或个人。

第十八条 对界定后属于国有资产的,可依照下列办法处理:

(一)企业继续使用,按规定交付资产收益;

（二）按国家规定，缴纳不低于同期银行贷款利率的资产占用费；

（三）实行租赁经营，由投资单位收取租金；

（四）实行有偿转让，由双方签定合同，一次付清或分期付款；

（五）作为与全民单位联营，按国家有关联营的规定办理；

（六）作价入股，按股份制企业进行管理，并参与分红；也可作为优先股，只收取股息或红利，不参与管理；

（七）对本办法第十一条和第十二条所称扶持性国有资产，国家只保留特定条件下对这部分资产的最终处置权，不参与管理及收益，企业应将这部分资产用于生产发展，不得挪作他用或私分。否则，可依规定收归国库；

（八）其他。

上述办法中除第（七）项外，可以由当事人根据实际情况选择适用。

第十九条 集体企业占用全民单位土地的，可实行租用制度，由集体企业向产权单位交纳租金。

第二十条 集体企业国有资产经清理界定后，凡界定为政策部门投资的应办理产权登记等法律手续，以明晰产权。今后凡完全用国有资产投资创办的企业或经营单位，均不得注册为集体所有制性质。

第二十一条 全民单位在举办集体企业过程中，不得将本单位的重要生产车间、部门无偿划给集体经营；不得以各种形式将本应归属全民单位的收益转移给集体企业。

第四章 产权界定的组织实施

第二十二条 各级国有资产管理部门是产权界定的主管机关，国有资产管理部门应会同有关部门负责组织实施产权界定工作。

第二十三条 集体企业产权界定应分步实施，但发生下列情形，应当首先进行产权界定：

（一）与外方合资、合作的；

（二）实行公司制改组或股份合作制改造和与其他企业联营的；

（三）发生兼并、拍卖等产权变动的；

（四）由全民单位投资创办的集体企业，全民单位正进行清产核资的；

（五）其他情形。

第二十四条 产权界定应从查帐入手。查阅财政、银行和其他部门的拨款拨物帐单、投资单位拨入资金或实物的证明或收据、以及税务部门给予企业减免税等优惠的文件规定和减免数额；还可对照检查企业收款收物帐和享受减免税额，上下结合，以确定国家投资或拨入资产。

因为历史等原因，拨入资产手续不全，帐单不存的，可以事实为依据，确定拨入资产。

第二十五条 国有资产增值或减值的计算方法是：以国有资产投入企业时，投入资产占企业净资产总额中的比重，乘以产权界定时企业净资产总额（所有者权益），即为国有资产总额。具体计算时，应分年分段计算，最后加总。

第二十六条 产权界定依下列程序进行：

（一）建立由国有资产管理部门、企业主管部门、财税部门、社会公正性中介机构和企业参加的产权界定小组，具体负责企业产权界定工作；

（二）查阅有关资料和原始凭证；

（三）进行清理和界定；

（四）经界定属于国有资产的，由企业填报“国有资产产权界定表”，报同级国有资产管理部门认定；

（五）经认定的国有资产，要明确管理主体，办理有关法律手续；

（六）调整会计帐目，属于政府部门投资的办理产权登记手续。

第五章 法律责任

第二十七条 占用国有资产的集体企业，违反本办法规定，不接受产权界定或不如实反映和提供资料，使产权界定无法进行，损害国家利益的，产权界定主管机关可以根据情节轻重，对企业领导人和直接责任人员给予通报批评，提请有关部门给予行政处分。触犯刑律的，移交司法机关惩处。

第二十八条 发生属于应当进行产权界定的情形，集体企业隐瞒不报或串通作弊，导致国有资产权益受损的，应由产权界定主管机关会同有关部门，给予企业领导人及直接责任人员以经济的、行政的处罚。

第二十九条 企业主管部门和人员违反本办法规定，阻止和干扰产权界定工作，或与企业串通作弊，损害国有资产权益的，可根据情节轻重，由产权界定主管机关报请政府给予直接责任人员行政的、经济的处分。触犯刑律的，移交司法机关惩处。

发生上款情形，还需补办产权界定手续。

第三十条 产权界定主管机关的工作人员违反本办法规定，在产权界定中以权谋私、徇私舞弊，不如实进行产权界定，使国家和集体权益受损的，国有资产管理部门应给予直接责任者行政处分。触犯刑律的，提交司法机关处理。

第六章 附则

第三十一条 国家国有资产管理局可会同有关部门制定分行业实施办法。

第三十二条 各省、自治区、直辖市可根据本办法制定实施细则，报国家国有资产管理局备案。

第三十三条 军队、武警等特殊单位所举办的集体企业产权界定，可参照本办法规定，由其主管部门组织实施。

第三十四条 本办法发布前公布的产权界定政策，凡与本办法有抵触的，以本办法的规定为准。

第三十五条 本办法由国家国有资产管理局负责解释。

第三十六条 本办法自发布之日起施行。

国有资产评估管理办法

1991年11月16日国务院令第91号公布施行

第一章 总则

第一条 为了正确体现国有资产的价值量，保护国有资产所有者和经营者、使用者的合法权益，制定本办法。

第二条 国有资产评估，除法律、法规另有规定外，适用本办法。

第三条 国有资产占有单位（以下简称占有单位）有下列情形之一的，应当进行资产评估：

（一）资产拍卖、转让；

（二）企业兼并、出售、联营、股份经营；

（三）与外国公司、企业和其他经济组织或者个人开办中外合资经营企业或者中外合作经营企业；

（四）企业清算；

（五）依照国家有关规定需要进行资产评估的其他情形。

第四条 占有单位有下列情形之一，当事人认为需要的，可以进行资产评估：

（一）资产抵押及其他担保；

（二）企业租赁；

（三）需要进行资产评估的其他情形。

第五条 全国或者特定行业的国有资产评估，由国务院决定。

第六条 国有资产评估范围包括：固定资产、流动资产、无形资产和其他资产。

第七条 国有资产评估应当遵循真实性、科学性、可行性原则，依照国家规定的标准、程序和方法进行评定和估算。

第二章 组织管理

第八条 国有资产评估工作，按照国有资产管理权限，由国有资产管理行政主管部门负责管理和监督。

国有资产评估组织工作，按照占有单位的隶属关系，由行业主管部门负责。

国有资产管理行政主管部门和行业主管部门不直接从事国有资产评估业务。

第九条 持有国务院或者省、自治区、直辖市人民政府国有资产管理行政主管部门颁发的国有资产评估资格证书的资产评估公司、会计师事务所、审计事务所、财务咨询公司，经国务院或者省、自治区、直辖市人民政府国有资产管理行政主管部门认可的临时评估机构（以下统称资产评估机构），可以接受占有单位的委托，从事国有资产评估业务。

前款所列资产评估机构的管理办法，由国务院国有资产管理行政主管部门制定。

第十条 占有单位委托资产评估机构进行资产评估时，应当如实提供有关情况和资料。资产评估机构应当对占有单位提供的有关情况和资料保守秘密。

第十一条 资产评估机构进行资产评估，实行有偿服务。资产评估收费办法，由国务院国有资产管理行政主管部门会同财政部门、物价主管部门制定。

第三章 评估程序

第十二条 国有资产评估按照下列程序进行：

（一）申请立项；

（二）资产清查；

（三）评定估算；

（四）验证确认。

第十三条 依照本办法第三条、第四条规定进行资产评估的占有单位，经其主管部门审查同意后，应当向同级国有资产管理行政主管部门提交资产评估立项申请书，并附财产目录和有关会计报表等资料。

经国有资产管理行政主管部门授权或者委托，占有单位的主管部门可以审批资产评估立项申请。

第十四条 国有资产管理行政主管部门应当自收到资产评估立项申请书之日起十日内进行审核，并作出是否准予资产评估立项的决定，通知申请单位及其主管部门。

第十五条 国务院决定对全国或者特定行业进行国有资产评估的，视为已经准予资产评估立项。

第十六条 申请单位收到准予资产评估立项通知书后，可以委托资产评估机构评估资产。

第十七条 受占有单位委托的资产评估机构应当在对委托单位的资产、债权、债务进行全面清查的基础上，核实资产帐面与实际是否相符，经营成果是否真实，据以作出鉴定。

第十八条 受占有单位委托的资产评估机构应当根据本办法的规定，对委托单位被评估资产的价值进行评定和估算，并向委托单位提出资产评估结果报告书。

委托单位收到资产评估机构的资产评估结果报告书后，应当报其主管部门审查；主管部门审查同意后，报同级国有资产管理行政主管部门确认资产评估结果。

经国有资产管理行政主管部门授权或者委托，占有单位的主管部门可以确认资产评估结果。

第十九条 国有资产管理行政主管部门应当自收到占有单位报送的资产评估结果报告书之日起四十五日内组织审核、验证、协商，确认资产评估结果，并下达确认通知书。

第二十条 占有单位对确认通知书有异议的，可以自收到通知书之日起十五日内向上一级国有资产管理行政主管部门申请复核。上一级国有资产管理行政主管部门应当自收到复核申请之日起三十日内作出裁定，并下达裁定通知书。

第二十一条 占有单位收到确认通知书或者裁定通知书后，应当根据国家有关财务、会计制度进行帐务处理。

第四章 评估方法

第二十二条 国有资产重估价值，根据资产原值、净值、新旧程度、重置成本、获利能力等因素和本办法规定的资产评估方法评定。

第二十三条 国有资产评估方法包括：

（一）收益现值法；

（二）重置成本法；

（三）现行市价法；

（四）清算价格法；

（五）国务院国有资产管理行政主管部门规定的其他评估方法。

第二十四条 用收益现值法进行资产评估的，应当根据被评估资产合理的预期获利能力和适当的折现率，计算出资产的现值，并以此评定重估价值。

第二十五条 用重置成本法进行资产评估的，应当根据该项资产在全新情况下的重置成本，减去按重置成本计算的已使用年限的累积折旧额，考虑资产功能变化、成新率等因素，评定重估价值；或者根据资产的使用期限，考虑资产功能变化等因素重新确定成新率，评定重估价值。

第二十六条 用现行市价法进行资产评估的，应当参照相同或者类似资产的市场价格，评定重估价值。

第二十七条 用清算价格法进行资产评估的，应当根据企业清算时其资产可变现的价值，评定重估价值。

第二十八条 对流动资产中的原材料、在制品、协作件、库存商品、低值易耗品等进行评估时，应当根据该项资产的现行市场价格、计划价格，考虑购置费用、产品完工程度、损耗等因素，评定重估价值。

第二十九条 对有价证券的评估，参照市场价格评定重估价值；没有市场价格的，考虑票面价值、预期收益等因素，评定重估价值。

第三十条 对占有单位的无形资产，区别下列情况评定重估价值：

（一）外购的无形资产，根据购入成本及该项资产具有的获利能力；

（二）自创或者自身拥有的无形资产，根据其形成时所需实际成本及该项资产具有的获利能力；

（三）自创或者自身拥有的未单独计算成本的无形资产，根据该项资产具有的获利能力。

第五章 法律责任

第三十一条 占有单位违反本办法的规定，提供虚假情况和资料，或者与资产评估机构串通作弊，致使资产评估结果失实的，国有资产管理行政主管部门可以宣布资产评估结果无效，并可以根据情节轻重，单处或者并处下列处罚：

（一）通报批评；

（二）限期改正，并可以处以相当于评估费用以下的罚款；

（三）提请有关部门对单位主管人员和直接责任人员给予行政处分，并可以处以相当于本人三个月基本工资以下的罚款。

第三十二条 资产评估机构作弊或者玩忽职守，致使资产评估结果失实的，国有资产管理行政主管部门可以宣布资产评估结果无效，并可以根据情节轻重，对该资产评估机构给予下列处罚：

（一）警告；

（二）停业整顿；

（三）吊销国有资产评估资格证书。

第三十三条 被处罚的单位和个人对依照本办法第三十一条、第三十二条规定作出的处罚决定不服的，可以在收到处罚通知之日起十五日内，向上一级国有资产管理行政主管部门申请复议。上一级国有资产管理行政主管部门应当自收到复议申请之日起六十日内作出复议决定。申请人对复议决定不服的，可以自收到复议通知之日起十五日内向人民法院提起诉讼。

第三十四条 国有资产管理行政主管部门或者行业主管部门工作人员违反本办法，利用职权谋取私利，或者玩忽职守，造成国有资产损失的，国有资产管理行政主管部门或者行业主管部门可以按照干部管理权限，给予行政处分，并可以处以相当于本人三个月基本工资以下的罚款。

违反本办法，利用职权谋取私利的，由有查处权的部门依法追缴其非法所得。

第三十五条 违反本办法，情节严重，构成犯罪的，由司法机关依法追究刑事责任。

第六章 附 则

第三十六条 境外国有资产的评估，不适用本办法。

第三十七条 有关国有自然资源有偿使用、开采的评估办法，由国务院另行规定。

第三十八条 本办法由国务院国有资产管理行政主管部门负责解释。本办法的施行细则由国务院国有资产管理行政主管部门制定。

第三十九条 本办法自发布之日起施行。

国有资产评估管理办法施行细则

1. 1992年7月18日国家国有资产管理局发布

2. 国资办发〔1992〕36号

第一章 总 则

第一条 根据国务院发布的《国有资产评估管理办法》（以下简称《办法》），第三十八条的规定，制定本施行细则。

第二条 《办法》第二条所说的法律、法规另有规定，是指全国人民代表大会及其常务委员会发布的有关资产评估的法律和国务院发布的有关资产评估的行政法规。

第三条 《办法》所说的国有资产是指国家依据法律取得的，国家以各种形式的投资和投资收益形成的或接受捐赠而取得的固定资产、流动资产、无形资产和其他形态的资产。

第四条 《办法》第三条所说的国有资产占有单位包括：

（一）国家机关、军队、社会团体及其他占有国有资产的社会组织；

（二）国营企业、事业单位；

（三）各种形式的国内联营和股份经营单位；

（四）中外合资、合作经营企业；

（五）占有国有资产的集体所有制

单位；

（六）其他占有国有资产的单位。

第五条 《办法》第三条规定的应当进行资产评估，是指发生该条款所说的经济情形时，除经国有资产管理行政主管部门批准可以不予评估外，都必须进行资产评估。

第六条 《办法》第三条所说的情形中：

（一）资产转让是指国有资产占有单位有偿转让超过百万元或占全部固定资产原值百分之二十以上的非整体性资产的经济行为。

（二）企业兼并是指一个企业以承担债务、购买、股份化和控股等形式有偿接收其他企业的产权，使被兼并方丧失法人资格或改变法人实体。

（三）企业出售是指独立核算的企业或企业内部的分厂、车间及其他整体性资产的出售。

（四）企业联营是指国内企业、单位之间以固定资产、流动资产、无形资产和其他资产投入组成的各种形式的联合经营。

（五）股份经营是指企业实行股份制，包括法人持股企业、内部职工持股企业、向社会公开发行股票（不上市）企业和股票上市交易的企业。

联营、股份经营的企业进行资产评估时，应对联营及合股各方投入的资产进行全面评估。

（六）企业清算是指依据中华人民共和国企业破产法的规定，宣告企业破产，并进行清算；或依照国家有关规定对改组、合并、撤销法人资格的企业资产进行的清算；或企业按照合同、契约、协议规定终止经济活动的结业清算。

第七条 《办法》第四条中所说的情形中：

（一）抵押是指国有资产占有单位以本单位的资产作为物质保证进行抵押而获得贷款的经济行为。

（二）担保是指国有资产占有单位以本单位的资产为其他单位的经济行为担保，并承担连带责任的行为。

（三）企业租赁是指资产占有单位或上级主管单位在一定期限内，以收取租金的形式，将企业全部或部分资产的经营使用权转让给其他经营使用者的行为。

第八条 《办法》第四条规定可以进行资产评估，是指发生该条款所说的情形时，根据实际情况可以对资产进行评估或者不评估。但属于以下行为必须进行资产评估：

（一）企业整体资产的租赁；

（二）国有资产租赁给外商或非国营单位；

（三）国家行政事业单位占有的非经营性资产转为经营性资产；

（四）国有资产管理行政主管部门认为应当评估的其他情形。

第九条 《办法》第四条所说的当事人是指与上述经济情形有关的国有资产占有单位、行业主管部门、国有资产管理行政主管部门以及其他单位。

第十条 对于应当进行资产评估的情形没有进行评估，或者没有按照《办法》及本细则的规定立项、确认，该经济行为无效。

第十一条 依照《办法》第五条规定对全国或者特定行业的国有资产进行评估，其评估办法由国务院另行规定。

第十二条 《办法》第七条所说的国家规定的标准是指国家和地方人民政府以及中央各部门颁布的有关技术、经济标准。

第二章 组织管理

第十三条 《办法》第八条所说的国有资产管理行政主管部门是指各级政府专门负

责国有资产管理的职能部门。中央是指国家国有资产管理局,地方是指各级国有资产管理局或国有资产管理专门机构。

第十四条 国家对资产评估工作实行统一领导、分级管理的原则。国家国有资产管理局负责组织、管理、指导和监督全国的资产评估工作。

地方各级国有资产管理行政主管部门按照国家政策法规和上级国有资产管理行政主管部门的规定,负责管理本级的资产评估工作。

上级国有资产管理行政主管部门对下级国有资产管理行政主管部门在资产评估管理工作中不符合《办法》和本细则规定的做法,有权进行纠正。

《办法》第八条第二款所说的国有资产评估组织工作由行业主管部门负责,是指各级政府的行业主管部门对所属单位的资产评估立项和评估结果进行初审、签署意见,并对本行业的资产评估工作负责督促和指导。

第十五条 《办法》第九条所说的资产评估公司、会计师事务所、审计事务所、财务咨询公司等资产评估机构,必须是经工商行政管理部门注册登记、具有法人资格、并持有国务院或省、自治区、直辖市(含计划单列市)国有资产管理行政主管部门颁发的资产评估资格证书的单位。只有同时具备上述条件的单位才能从事国有资产评估业务。

在发生《办法》第三条、第四条和本细则规定的应进行资产评估情形时,必须委托上述具有资产评估资格的评估机构进行评估。当事人自行评估占有的国有资产或者评估对方占有资产的行为,不具有法律效力。

第十六条 凡需从事资产评估业务的单位,必须按隶属关系向国务院或省、自治区、直辖市国有资产管理行政主管部门申请资产评估资格,经审查批准,取得资产评估资格或临时评估资格后方能从事国有资产评估业务,也可以从事非国有资产的评估业务。

计划单列市从事资产评估业务的单位,由省国有资产管理行政主管部门委托计划单列市国有资产管理行政主管部门审核其资产评估资格并颁发资格证书。

(一)资产评估资格证书由国家国有资产管理局统一印制,盖章、编号。

(二)中央管理的资产评估机构(包括在各地的资产评估机构)的评估资格证书由国家国有资产管理局审核颁发。

(三)地方管理的资产评估机构(包括驻外地的资产评估机构)的评估资格证书,由省、自治区、直辖市国有资产管理行政主管部门审核颁发,并报国家国有资产管理局备案。由计划单列市国有资产管理行政主管部门颁发的资产评估资格证书,除报国家国有资产管理局备案外,还要报省国有资产管理行政主管部门备案。

(四)国务院和省、自治区、直辖市以及计划单列市国有资产管理行政主管部门负责对已取得资产评估资格的评估机构每年进行一次年检(具体办法另定)。

第十七条 委托评估机构进行资产评估的委托方,一般是国有资产占有单位,也可以是经占有单位同意、与被评估资产有关的其他当事人,原则上由申请立项的一方委托。特殊情况由国有资产管理行政主管部门委托。

委托方被委托方应签订资产评估协议书,协议书的主要内容包括:被评估项目名称、评估内容、评估期限、收费办法和金额、违约责任等。

第十八条 经济行为有关各方对委托资产评估机构有争议时,由国有资产管理行政主管部门指定双方可以接受的资产评估机构进行评估。

凡属重大的亿元以上资产评估项目和经国家计委批准立项的中外合资、合作项目的资产评估(含地方),必要时,国家国有资产管理局可以直接组织资产评估机构进行评估。

第十九条 取得资产评估资格证书的资产评估机构,承担评估业务不受地区和行业限制,既可以承接本地和本行业的资产评估业务,也可以承接外地、境外和其他行业的资产评估业务。资产评估机构与被评估单位有直接经济利益关系的,不得委托该评估机构进行评估。

第二十条 凡经批准进行资产评估,资产占有单位必须如实提供评估所需的各种资料。资产评估机构应对所提供的资料保守秘密,不得向外泄露。

对资产评估中涉及的国家机密,有关各方均应严格按照国家保密法规的各项规定执行,必要时由国家国有资产管理局直接组织资产评估机构进行评估。

第二十一条 国有土地使用权价值的评估和国有房产价值的评估,都应纳入《国有资产评估管理办法》的管理范围。

从事国有土地使用权和国有房产价值评估的专业性资产评估机构,要依照《办法》和本细则的规定,向国家国有资产管理局或省、自治区、直辖市国有资产管理行政主管部门申请并取得资产评估资格证书后,才能从事资产评估业务。

第二十二条 按照《办法》第十一条规定,资产评估实行有偿服务。资产评估机构接受委托进行评估时,应依照国家规定的收费办法向委托单位收费,并与委托单位在评估合同中明确具体收费方法。

第二十三条 资产评估机构的评估收费办法,由国家国有资产管理局会同国家物价局另行制定。

第三章 评估程序

第二十四条 国有资产占有单位发生《办法》第三条、第四条所说的经济情形时,应于该经济行为发生之前,按隶属关系申请评估立项。按照统一领导、分级管理的原则,中央管辖的国有资产的评估立项审批,由国家国有资产管理局负责办理;地方各级管辖的国有资产的评估立项审批,原则上由同级国有资产管理行政主管部门负责办理;尚不具备立项审批条件的地、县,可由上级国有资产管理行政主管部门根据《办法》和本细则作出具体规定。

重大的亿元以上资产评估项目和经国家计委批准立项的中外合资、合作项目的评估(含中央、地方国营企业和集体企业占有的国有资产),除报同级国有资产管理行政主管部门立项审批外,还须报国家国有资产管理局备案,必要时由国家国有资产管理局直接审批。

第二十五条 资产评估立项原则上应由被评估国有资产占有单位申报。

第二十六条 国有资产占有单位资产评估立项申请书,应经其主管部门签署意见后,报国有资产管理行政主管部门。在国家和地方计划单列的单位以及没有上级主管部门的单位,资产评估立项申请书直接报同级国有资产管理行政主管部门。

评估立项申请书包括以下内容:

(一)资产占有单位名称、隶属关系、所在地址;

(二)评估目的;

（三）评估资产的范围；

（四）申报日期；

（五）其他内容。

资产评估立项申请书，应由申报单位和上级主管部门盖章，并附该项经济行为审批机关的批准文件和国有资产管理行政主管部门颁发的产权证明文件。

国有资产管理行政主管部门收到立项申请书后，应在十日内下达是否准予评估立项的通知书，超过十日不批复自动生效，并由国有资产管理行政主管部门补办批准手续。

第二十七条 资产评估机构依据批准的评估立项通知书，接受评估委托，按其规定的范围进行评估。对占有单位整体资产评估时，应在资产占有单位全面进行资产和债权、债务清查的基础上，对其资产、财务和经营状况进行核实。

第二十八条 资产评估机构对委托评估的资产，在核实的基础上，根据不同的评估目的和对象，依照国家的法律、法规和政策规定，考虑影响资产价值的各种因素，运用科学的评估方法，选择适当的评估参数，独立、公正、合理地评估出资产的价值。

第二十九条 资产评估机构在评估后应向委托单位提交资产评估结果报告书，其内容包括：正文和附件两部分。

正文的主要内容：

（一）评估机构名称；

（二）委托单位名称；

（三）评估资产的范围、名称和简单说明；

（四）评估基准日期；

（五）评估原则；

（六）评估所依据的法律、法规和政策；

（七）评估方法和计价标准；

（八）对具体资产评估的说明；

（九）评估结论：包括评估价值和有关文字说明；

（十）附件名称；

（十一）评估起止日期和评估报告提出日期；

（十二）评估机构负责人、评估项目负责人签名，并加盖评估机构公章；

（十三）其他。

附件：

（一）资产评估汇总表、明细表；

（二）评估方法说明和计算过程；

（三）与评估基准日有关的会计报表；

（四）资产评估机构评估资格证明文件复印件；

（五）被评估单位占有资产的证明文件复印件；

（六）其他与评估有关的文件资料。

第三十条 国有资产占有单位收到资产评估报告书后提出资产评估结果确认申请报告，连同评估报告书及有关资料，经上级主管部门签署意见后，报批准立项的国有资产管理行政主管部门确认。

第三十一条 国有资产管理行政主管部门对评估结果的确认工作，分为审核验证和确认两个步骤，先对资产评估是否独立公正、科学合理进行审核验证，然后提出审核意见，并下达资产评估结果确认通知书。

第三十二条 国有资产管理行政主管部门从以下方面审核验证资产评估报告：

（一）资产评估工作过程是否符合政策规定；

（二）资产评估机构是否有评估资格；

（三）实际评估范围与规定评估范围是否一致，被评估资产有无漏评和重评；

（四）影响资产价值的因素是否考虑周全；

（五）引用的法律、法规和国家政策是否适当；

（六）引用的资料、数据是否真实、合理、可靠；

（七）运用的评估方法是否科学；

（八）评估价值是否合理；

（九）其他。

第三十三条 资产评估报告凡符合本细则第二十九、第三十和第三十二条要求的，应予以确认，由负责审批的国有资产管理行政主管部门下达确认通知书，不符合要求的，分别情况做出修改、重评或不予确认的决定。

经国有资产管理行政主管部门确认的资产评估价值，作为资产经营和产权变动的底价或作价的依据。

第三十四条 资产占有单位对确认通知书有异议，或与经济情形有关的当事人以及资产评估有关各方因评估问题发生纠纷，经同级国有资产管理行政主管部门协调无效，可以向上级国有资产管理行政主管部门申请复议或仲裁。

第三十五条 资产评估的立项审批和评估结果确认一般应按本细则第二十六条、第三十三条规定办理。国有资产管理行政主管部门认为有必要时，也可以委托国有资产占有单位的主管部门或下级国有资产管理行政主管部门进行。被委托的部门应依照《办法》和本细则的规定，办理资产评估的立项审批和结果确认工作，并将办理结果报委托的国有资产管理行政主管部门备案。

第三十六条 经国有资产管理行政主管部门确认的资产评估结果，除国家经济政策发生重大变动或经济行为当事人另有协议规定之外，自评估基准日起一年内有效。在有效期内，资产数量发生变化时，根据不同情况可由原评估机构或资产占有单位，按原评估方法做相应调整。

第四章 评估方法

第三十七条 资产评估机构进行资产评估时，应根据不同的评估目的和对象，选用《办法》第二十三条所规定的一种或几种方法进行评定估算。选用几种方法评估，应对各种方法评出的结果进行比较和调整，得出合理的资产重估价值。

第三十八条 收益现值法是将评估对象剩余寿命期间每年（或每月）的预期收益，用适当的折现率折现，累加得出评估基准日的现值，以此估算资产价值的方法。

第三十九条 重置成本法是现时条件下被评估资产全新状态的重置成本减去该项资产的实体性贬值、功能性贬值和经济性贬值，估算资产价值的方法。

实体性贬值是由于使用磨损和自然损耗造成的贬值。功能性贬值是由于技术相对落后造成的贬值。经济性贬值是由于外部经济环境变化引起的贬值。

第四十条 现行市价法是通过市场调查，选择一个或几个与评估对象相同或类似的资产作为比较对象，分析比较对象的成交价格和交易条件，进行对比调整，估算出资产价值的方法。

第四十一条 清算价格法适用于依照中华人民共和国企业破产法规定，经人民法院宣告破产的企业的资产评估。评估时应当根据企业清算时其资产可变现的价值，评定重估价值。

第四十二条 资产评估机构接受委托进行资产评估时，选用的价格标准应遵守国家法律法规，并维护经济行为各方的正当权益。

在资产评估时，应根据不同的评估目的、对象，选用不同的价格标准。可以采用国家计划价、也可以采用国家指导价、国内市场价和国际市场价。

汇率、利率应执行国家规定的牌价。自由外汇或以自由外汇购入的资产也可以用外汇调剂价格。

国内各种形式联营（包括集团公司）、股份经营的资产评估，对联营各方投入的同类资产应该采用同一价格标准评估。

第五章 中外合资、合作资产评估

第四十三条 凡在中华人民共和国境内与外国公司、企业和其他经济组织或个人，开办中外合资、合作经营的企业，对中方投入的资产必须按规定进行评估，以确认的评估价值作为投资作价的基础。对外方投入的资产，必要时经外方同意也可进行评估。

第四十四条 中外合资、合作的评估原则上应在项目建议书批准后可行性研究报告批准前进行，特殊情况下也可以在项目建议书审批以前或正式签订合同、协议前进行。

经国有资产管理行政主管部门确认的资产评估报告，作为计划部门批准可行性研究报告、经贸部门审批合同的必备文件；经国有资产管理行政主管部门确认的资产评估报告和出具的产权登记表（包括变更登记或开办登记）作为工商行政管理部门办理登记注册的必备文件。

第四十五条 已开办的中外合资、合作企业中方投资比例占 50% 以上（含 50%），发生《办法》第三条、第四条和本细则第八条的情形时，必须按规定要求进行资产评估。

第四十六条 开办前的中外合资、合作项目，中方资产的评估，原则上应委托中国有评估资格的资产评估机构评估。特殊情况下，经国有资产管理行政主管部门同意，也可以委托国外评估机构评估或中国评估机构和国外评估机构联合评估，其评估报告，须报同级国有资产管理行政主管部门确认。

第四十七条 国有资产占有单位与香港、澳门、台湾地区进行合资、合作经营，其资产评估比照本细则本章有关规定办理。

第六章 股份制企业资产评估

第四十八条 国有资产占有单位改组为股份制企业（包括法人持股、内部职工持股、向社会发行股票不上市交易和向社会发行股票并上市交易）前，应按《办法》和本细则规定，委托具有资产评估资格的机构进行资产评估。

第四十九条 国有资产占有单位改组为股份制企业的资产评估结果，须按规定报国有资产管理行政主管部门审核确认。未经资产评估或资产评估结果未经确认的单位，政府授权部门不办理股份制企业设立审批手续。

第五十条 国有资产管理行政主管部门确认的净资产价值应作为国有资产折股和确定各方股权比例的依据。

注册会计师对准备实行股份制企业的财务和财产状况进行验证后，其验证结果与国有资产管理行政主管部门确认的资产评估结果不一致需要调整时，必须经原资产评估结果确认机关同意。

国有资产占有单位改组的股份公司发行 B 种股票，若由外方注册会计师查验帐目，其查验结果与国有资产管理行政主管部门确认的资产评估结果不一致需要调整时，也要由原资产评估结果确认机关审核同意。

第五十一条 含有国家股权的股份制企业在经营过程中，发生《办法》第三条、第四条和本细则第八条的情形时，应按规定要求进行资产评估。

国家控股的股份制企业的资产评估，应按规定向国有资产管理行政主管部门办理资产评估立项和评估结果确认手续；非国家控股的股份制企业的资产评估，由董事会批准资产评估申报和对评估结果的确认。

第七章 法律责任

第五十二条 违反《办法》第三条和本细则的规定，对应当进行资产评估的情形而未进行评估的，应按《办法》第三十一条规定对有关当事人给予处罚，造成国有资产重大损失的，应追究有关当事人的法律责任。

第五十三条 国有资产占有单位、资产评估机构违反《办法》和本细则规定，弄虚作假，造成评估结果失实的，国有资产管理行政主管部门有权宣布资产评估结果无效，并根据失实的程度，责令限期改正或重新进行评估。重新评估的费用由违法单位支付。

第五十四条 资产评估机构应对其评估结果的客观、公正、真实性承担法律责任。

资产评估机构违反《办法》及本细则规定，除按《办法》第三十二条规定处罚外，还应没收违法收入，并视违法行为的情节轻重，对单位处以评估费用两倍以内、对个人处以三个月基本工资以内的罚款。也可给予通报批评或建议有关单位给予相应的行政处分。以上处罚可以并处。

第五十五条 被处以停业整顿的资产评估机构，在停业整顿期间不得承接资产评估业务。停业整顿期限不得少于三个月。停业整顿的资产评估机构经原颁发资产评估资格证书的国有资产管理行政主管部门审查合格后方可重新开展资产评估业务。

被吊销资产评估资格证书的资产评估机构，两年内不得重新发给资产评估资格证书。两年期满后，需按审批程序重新申请。

第五十六条 对国有资产占有单位及其责任人的罚款，由同级国有资产管理行政主管部门执行。对责任人的行政处分由同级国有资产管理行政主管部门提出建议，提请有关单位或其上级主管部门处理。

对资产评估机构的警告、停业整顿、吊销资产评估资格证书以及罚款，由颁发资产评估资格证书的国有资产管理行政主管部门执行。对直接责任人的处分，由发证机关提出建议，提请有关部门处理。

第五十七条 国有资产管理行政主管部门及受委托的部门对所办理的资产评估立项审批和结果确认负有行政责任。对违反《办法》及本细则规定的工作人员，按《办法》第三十四条规定处理。

第五十八条 国有资产管理行政主管部门收缴的罚款收入按国家有关规定上交国库。单位支付的罚款在企业留利、预算包干结余和预算外资金中列支，个人支付的罚款由本人负担。

第八章 附 则

第五十九条 国有自然资源资产价值评估，应在国有资产管理行政主管部门管理下进行。其评估办法及实施细则由国家国有资产管理局会同有关部门共同制定，报国务院批准执行。

第六十条 资产评估涉及到企业、单位资金增减变动帐务处理和评估费用的开支渠道,按财政部有关规定执行。

第六十一条 各地可根据《办法》和本细则制定具体实施办法,过去发布的有关资产评估的规定与《办法》和本细则相抵触的,均以《办法》和本细则的规定为准。

第六十二条 集体企业资产评估可参照《办法》和本细则规定办理。

第六十三条 本细则由国家国有资产管理局负责解释。

第六十四条 本细则自发布之日起执行。

企业国有资产评估管理暂行办法

1. 2005年8月25日国务院国有资产监督管理委员会令第12号公布

2. 自2005年9月1日起施行

第一章 总 则

第一条 为规范企业国有资产评估行为,维护国有资产出资人合法权益,促进企业国有产权有序流转,防止国有资产流失,根据《中华人民共和国公司法》、《企业国有资产监督管理暂行条例》(国务院令第378号)和《国有资产评估管理办法》(国务院令第91号)等有关法律法规,制定本办法。

第二条 各级国有资产监督管理机构履行出资人职责的企业(以下统称所出资企业)及其各级子企业(以下统称企业)涉及的资产评估,适用本办法。

第三条 各级国有资产监督管理机构负责其所出资企业的国有资产评估监管工作。

国务院国有资产监督管理机构负责对全国企业国有资产评估监管工作进行指导和监督。

第四条 企业国有资产评估项目实行核准制和备案制。

经各级人民政府批准经济行为的事项涉及的资产评估项目,分别由其国有资产监督管理机构负责核准。

经国务院国有资产监督管理机构批准经济行为的事项涉及的资产评估项目,由国务院国有资产监督管理机构负责备案;经国务院国有资产监督管理机构所出资企业(以下简称中央企业)及其各级子企业批准经济行为的事项涉及的资产评估项目,由中央企业负责备案。

地方国有资产监督管理机构及其所出资企业的资产评估项目备案管理工作的职责分工,由地方国有资产监督管理机构根据各地实际情况自行规定。

第五条 各级国有资产监督管理机构及其所出资企业,应当建立企业国有资产评估管理工作制度,完善资产评估项目的档案管理,做好项目统计分析报告工作。

省级国有资产监督管理机构和中央企业应当于每年度终了30个工作日内将其资产评估项目情况的统计分析资料报送国务院国有资产监督管理机构。

第二章 资 产 评 估

第六条 企业有下列行为之一的,应当对相关资产进行评估:

(一)整体或者部分改建为有限责任公司或者股份有限公司;

(二)以非货币资产对外投资;

(三)合并、分立、破产、解散;

(四)非上市公司国有股东股权比例变动;

(五)产权转让;

(六)资产转让、置换;

(七)整体资产或者部分资产租赁给

非国有单位；

（八）以非货币资产偿还债务；

（九）资产涉讼；

（十）收购非国有单位的资产；

（十一）接受非国有单位以非货币资产出资；

（十二）接受非国有单位以非货币资产抵债；

（十三）法律、行政法规规定的其他需要进行资产评估的事项。

第七条 企业有下列行为之一的，可以不对相关国有资产进行评估：

（一）经各级人民政府或其国有资产监督管理机构批准，对企业整体或者部分资产实施无偿划转；

（二）国有独资企业与其下属独资企业（事业单位）之间或其下属独资企业（事业单位）之间的合并、资产（产权）置换和无偿划转。

第八条 企业发生第六条所列行为的，应当由其产权持有单位委托具有相应资质的资产评估机构进行评估。

第九条 企业产权持有单位委托的资产评估机构应当具备下列基本条件：

（一）遵守国家有关法律、法规、规章以及企业国有资产评估的政策规定，严格履行法定职责，近3年内没有违法、违规记录；

（二）具有与评估对象相适应的资质条件；

（三）具有与评估对象相适应的专业人员和专业特长；

（四）与企业负责人无经济利益关系；

（五）未向同一经济行为提供审计业务服务。

第十条 企业应当向资产评估机构如实提供有关情况和资料，并对所提供情况和资料的真实性、合法性和完整性负责，不得隐匿或虚报资产。

第十一条 企业应当积极配合资产评估机构开展工作，不得以任何形式干预其正常执业行为。

第三章 核准与备案

第十二条 凡需经核准的资产评估项目，企业在资产评估前应当向国有资产监督管理机构报告下列有关事项：

（一）相关经济行为批准情况；

（二）评估基准日的选择情况；

（三）资产评估范围的确定情况；

（四）选择资产评估机构的条件、范围、程序及拟选定机构的资质、专业特长情况；

（五）资产评估的时间进度安排情况。

第十三条 企业应当及时向国有资产监督管理机构报告资产评估项目的工作进展情况。国有资产监督管理机构认为必要时，可以对该项目进行跟踪指导和现场检查。

第十四条 资产评估项目的核准按照下列程序进行：

（一）企业收到资产评估机构出具的评估报告后应当逐级上报初审，经初审同意后，自评估基准日起8个月内向国有资产监督管理机构提出核准申请；

（二）国有资产监督管理机构收到核准申请后，对符合核准要求的，及时组织有关专家审核，在20个工作日内完成对评估报告的核准；对不符合核准要求的，予以退回。

第十五条 企业提出资产评估项目核准申请时，应当向国有资产监督管理机构报送下列文件材料：

（一）资产评估项目核准申请文件；

（二）资产评估项目核准申请表（附件1［略］）；

（三）与评估目的相对应的经济行为批准文件或有效材料；

（四）所涉及的资产重组方案或者改制方案、发起人协议等材料；

（五）资产评估机构提交的资产评估报告（包括评估报告书、评估说明、评估明细表及其电子文档）；

（六）与经济行为相对应的审计报告；

（七）资产评估各当事方的相关承诺函；

（八）其他有关材料。

第十六条 国有资产监督管理机构应当对下列事项进行审核：

（一）资产评估项目所涉及的经济行为是否获得批准；

（二）资产评估机构是否具备相应评估资质；

（三）评估人员是否具备相应执业资格；

（四）评估基准日的选择是否适当，评估结果的使用有效期是否明示；

（五）资产评估范围与经济行为批准文件确定的资产范围是否一致；

（六）评估依据是否适当；

（七）企业是否就所提供的资产权属证明文件、财务会计资料及生产经营管理资料的真实性、合法性和完整性做出承诺；

（八）评估过程是否符合相关评估准则的规定；

（九）参与审核的专家是否达成一致意见。

第十七条 资产评估项目的备案按照下列程序进行：

（一）企业收到资产评估机构出具的评估报告后，将备案材料逐级报送国有资产监督管理机构或其所出资企业，自评估基准日起9个月内提出备案申请；

（二）国有资产监督管理机构或者所出资企业收到备案材料后，对材料齐全的，在20个工作日内办理备案手续，必要时可组织有关专家参与备案评审。

第十八条 资产评估项目备案需报送下列文件材料：

（一）国有资产评估项目备案表一式三份（附件2［略］）；

（二）资产评估报告（评估报告书、评估说明和评估明细表及其电子文档）；

（三）与资产评估项目相对应的经济行为批准文件；

（四）其他有关材料。

第十九条 国有资产监督管理机构及所出资企业根据下列情况确定是否对资产评估项目予以备案：

（一）资产评估所涉及的经济行为是否获得批准；

（二）资产评估机构是否具备相应评估资质，评估人员是否具备相应执业资格；

（三）评估基准日的选择是否适当，评估结果的使用有效期是否明示；

（四）资产评估范围与经济行为批准文件确定的资产范围是否一致；

（五）企业是否就所提供的资产权属证明文件、财务会计资料及生产经营管理资料的真实性、合法性和完整性作出承诺；

（六）评估程序是否符合相关评估准则的规定。

第二十条 国有资产监督管理机构下达的

资产评估项目核准文件和经国有资产监督管理机构或所出资企业备案的资产评估项目备案表是企业办理产权登记、股权设置和产权转让等相关手续的必备文件。

第二十一条 经核准或备案的资产评估结果使用有效期为自评估基准日起1年。

第二十二条 企业进行与资产评估相应的经济行为时,应当以经核准或备案的资产评估结果为作价参考依据;当交易价格低于评估结果的90%时,应当暂停交易,在获得原经济行为批准机构同意后方可继续交易。

第四章 监督检查

第二十三条 各级国有资产监督管理机构应当加强对企业国有资产评估工作的监督检查,重点检查企业内部国有资产评估管理制度的建立、执行情况和评估管理人员配备情况,定期或者不定期地对资产评估项目进行抽查。

第二十四条 各级国有资产监督管理机构对企业资产评估项目进行抽查的内容包括:

(一)企业经济行为的合规性;

(二)评估的资产范围与有关经济行为所涉及的资产范围是否一致;

(三)企业提供的资产权属证明文件、财务会计资料及生产经营管理资料的真实性、合法性和完整性;

(四)资产评估机构的执业资质和评估人员的执业资格;

(五)资产账面价值与评估结果的差异;

(六)经济行为的实际成交价与评估结果的差异;

(七)评估工作底稿;

(八)评估依据的合理性;

(九)评估报告对重大事项及其对评估结果影响的披露程度,以及该披露与实际情况的差异;

(十)其他有关情况。

第二十五条 省级国有资产监督管理机构应当于每年度终了30个工作日内将检查、抽查及处理情况报送国务院国有资产监督管理机构。

第二十六条 国有资产监督管理机构应当将资产评估项目的抽查结果通报相关部门。

第五章 罚 则

第二十七条 企业违反本办法,有下列情形之一的,由国有资产监督管理机构通报批评并责令改正,必要时可依法向人民法院提起诉讼,确认其相应的经济行为无效:

(一)应当进行资产评估而未进行评估;

(二)聘请不符合相应资质条件的资产评估机构从事国有资产评估活动;

(三)向资产评估机构提供虚假情况和资料,或者与资产评估机构串通作弊导致评估结果失实的;

(四)应当办理核准、备案而未办理。

第二十八条 企业在国有资产评估中发生违法违规行为或者不正当使用评估报告的,对负有直接责任的主管人员和其他直接责任人员,依法给予处分;涉嫌犯罪的,依法移送司法机关处理。

第二十九条 受托资产评估机构在资产评估过程中违规执业的,由国有资产监督管理机构将有关情况通报其行业主管部门,建议给予相应处罚;情节严重的,可要求企业不得再委托该中介机构及其当事人进行国有资产评估业务;涉嫌犯罪的,依法移送司法机关处理。

第三十条 有关资产评估机构对资产评估项目抽查工作不予配合的,国有资产监督管理机构可以要求企业不得再委托该资产评估机构及其当事人进行国有资产评估业务。

第三十一条 各级国有资产监督管理机构工作人员违反本规定，造成国有资产流失的，依法给予处分；涉嫌犯罪的，依法移送司法机关处理。

第六章 附 则

第三十二条 境外国有资产评估，遵照相关法规执行。

第三十三条 政企尚未分开单位所属企事业单位的国有资产评估工作，参照本办法执行。

第三十四条 省级国有资产监督管理机构可以根据本办法，制定本地区相关工作规范，并报国务院国有资产监督管理机构备案。

第三十五条 本办法自2005年9月1日起施行。

中央行政事业单位国有资产管理暂行办法

1. 2009年7月2日国务院机关事务管理局发布
2. 国管资〔2009〕167号

第一章 总 则

第一条 为加强中央行政事业单位国有资产管理，保障机关运转，降低行政成本，建设节约型机关，根据有关法律、法规制定本办法。

第二条 中央行政事业单位(即国务院各部门、各直属事业单位，最高人民法院，最高人民检察院，行政经费在国务院系统的人民团体，以下简称各部门)的国有资产管理，适用本办法。

第三条 中央行政事业单位国有资产管理实行统一制度、分级管理。

国务院机关事务管理局(以下简称国管局)负责中央行政事业单位国有资产管理工作，制订具体制度和办法并组织实施，承担产权界定、清查登记、资产处置工作；管理中央行政事业单位机关和机关服务中心等的国有资产，接受财政部的指导和监督检查。

各部门按规定负责本部门国有资产管理工作，接受国管局的指导和监督检查。

第四条 国管局应当完善中央行政事业单位国有资产管理制度，健全监督机制，推进管理创新，提高国有资产管理水平。

各部门应当认真履行管理职责，建立健全本部门国有资产管理具体制度，明确资产占有、使用单位的管理责任，维护资产安全完整和保值增值。

第五条 中央行政事业单位国有资产管理应当坚持规范、节俭、效能的原则，逐步完善制度标准体系，加强资产配置、使用和处置全过程管理；创新服务方式，推进管理信息化建设，提高管理科学化、规范化、专业化水平，实现资产管理与预算管理、财务管理、政府采购相结合。

第二章 资产配置

第六条 资产配置应当坚持保障需要、节俭适用、节能环保、从严控制的原则。各部门有下列情形之一的，可以申请配置资产：

(一)新增机构或人员编制的；

(二)增加工作职能和任务的；

(三)现有资产按规定处置后需要配置的；

(四)现有资产无法满足工作需要的其他情形。

第七条 国管局根据国家政策和中央行政事业单位实际，制定办公用房、公务用车、办公设备和办公家具等通用资产配置标准；各部门负责制定其他资产配置标准，报国管局备案。

第八条 资产配置标准应当明确资产的数量、价格、性能和最低使用年限等标准，符合履行职能基本需要，严禁铺张浪费，并根据国家政策、经济社会发展和技术进步等因素及时修订完善。

第九条 配置资产应当严格执行标准，无特殊工作需要，不得超标准配置资产。

第十条 资产配置方式主要包括购置、调剂、租赁、受赠等。凡能通过调剂方式解决的，原则上不得购置。

第十一条 通用资产配置实行年度计划管理。各部门根据履行职能和事业发展需要，依据资产配置标准和费用支出标准，综合考虑资产存量状况等因素，提出拟配置资产的品目、数量、用途、投入使用或开工时间，测算经费额度，明确资金来源，制定本部门年度资产配置计划。

第十二条 各部门纳入年度资产配置计划的资产，应当委托集中采购机构代理采购，不得以任何理由规避政府集中采购。

第十三条 其他资产配置事项由各部门依据有关规定和标准进行管理，并在国有资产年度决算报告中反映。

第三章 资产使用和日常管理

第十四条 各部门应当明确国有资产管理机构和人员，健全资产验收、入账、领用、保管、维护维修等内部管理制度，规范工作规程，加强资产日常管理。

第十五条 各部门应当建立健全资产账卡和档案管理制度，建立和完善资产管理信息系统；对新增资产应当及时验收、登记入账，并将资产变动情况录入资产管理信息系统。资产入账凭证是财务处理的依据。

第十六条 中央行政事业单位国有资产账包括固定资产账、无形资产账和对外投资资产账，相关信息应当按规定统一内容和格式，全面真实反映资产的使用管理情况。

第十七条 各部门应当建立资产领用交还制度。工作人员和机构配备资产，须办理领用手续；人员调离（退休）等，应当办理资产交还手续。

第十八条 各部门应当将资产管理责任落实到岗位和人员，防止资产非正常损失和浪费。造成资产非正常损失和浪费的，相关责任人应当承担相应责任。

第十九条 各部门应当加强资产的日常维护保养和维修，确保资产在规定使用期内性能良好。

第二十条 各部门应当每年进行资产全面清查盘点，并按规定调整相关账卡，做到账实、账卡、账账相符。对清查盘点中发现的问题，应当查明原因，说明情况，并在国有资产年度决算报告中反映。

第二十一条 未经批准，各部门不得出租、出借国有资产。出租、出借国有资产应当严格控制，从严审批。

第二十二条 各部门应当对用于对外投资、出租、出借的资产实行专项管理，加强风险控制和收益管理，并在国有资产年度决算报告中反映。

第二十三条 各部门应当加强对专利权、商标权、著作权、非专利技术、商誉等无形资产的管理，依法保护，合理运用。

第二十四条 各部门出现下列情形之一的，应当进行资产清查：

（一）根据国家专项工作要求或实际工作需要，纳入统一组织资产清查范围的；

（二）机构变动（分立、撤销、合并、改

制及隶属关系改变)的;

(三)因重大自然灾害等不可抗力造成国有资产严重损失的;

(四)会计信息严重失真或国有资产重大流失的;

(五)按照国家有关规定应当进行资产清查的其他情形。

根据国家专项工作要求进行资产清查的,由国管局统一组织实施;其他资产清查由各部门组织实施,并将清查结果报国管局备案。

第四章 资产处置

第二十五条 符合下列情形之一的资产,应当按本办法规定进行处置:

(一)闲置或超标准配置的;

(二)罚没或按规定应当上缴的;

(三)因机构变动发生占有权、使用权变更的;

(四)达到报废期限或因技术原因不能安全有效使用的;

(五)不符合节能环保要求的;

(六)盘亏、呆账及非正常损失的;

(七)其他依照国家规定需要处置的。

第二十六条 资产处置应当与资产配置、使用和回收利用相结合,逐步建立资产共享、循环利用机制。

第二十七条 资产处置方式包括调剂、捐赠、转让、置换、报损、报废、对外投资等。

第二十八条 资产处置优先选择调剂方式进行;无法调剂的,可通过转让、置换、捐赠等方式处置。资产捐赠应当以支持公益事业或扶持贫困地区发展为目的。

第二十九条 各部门行政单位和参照公务员法管理的单位,不得将国有资产用于对外投资。其他事业单位应当严格控制对外投资,不得利用国家财政拨款、上级补助资金和维持事业正常发展的资产对外投资。

第三十条 国管局负责建立中央行政事业单位国有资产处置平台,各部门应当按规定通过国有资产处置平台处置资产。

第三十一条 资产处置应当严格履行申报审批手续,未经批准不得自行处置。

第三十二条 资产处置的批复是调整资产、财务账目的凭证。各部门应当根据资产处置批复,及时调整资产、财务账目,办理产权变动登记等相关手续。

第三十三条 资产处置收入按政府非税收入和国家有关规定管理。

第三十四条 中央行政事业单位发生机构变动,应当对占有、使用的国有资产进行清查登记,编制清册,提出处理意见,报国管局审核同意后办理处置手续。

第五章 报告制度

第三十五条 中央行政事业单位国有资产管理实行报告制度,包括年度决算报告、重大事项报告和专项工作报告等。

第三十六条 各部门应当按规定编制国有资产年度决算报告。国有资产年度决算报告应当内容完整、信息真实、数据准确,主要包括:

(一)单位机构人员等基本信息;

(二)流动资产、固定资产、无形资产、对外投资、在建工程资产情况;

(三)资产配置情况,包括资产配置标准、资产配置计划和政府集中采购执行等情况;

(四)对外投资、出租、出借资产专项管理情况;

(五)资产处置情况,包括处置方式、程序、结果等情况;

(六)房屋建筑物、车辆管理和使用情况;

（七）资产清查盘点情况；

（八）其他应当报告的事项。

国有资产年度决算报告经国管局批复后，作为调整资产账目和考核评价、监督检查的依据。

第三十七条　各部门发生下列国有资产管理重大事项，应当报国管局审批：

（一）办公用房等房屋资产的配置、处置，以及出租、出借；

（二）部级干部用车和机关公务用车配置、处置；

（三）机关和机关服务中心等的年度资产配置计划，资产出租、出借，对外投资及单价或批量价值200万元（含）以上的其他资产处置；

（四）重要会议、大型活动资产配置和处置；

（五）其他重大事项。

第三十八条　国管局根据国务院统一部署和国有资产管理工作需要，组织开展专项调查、统计等工作，各部门应当按要求编制专项工作报告。

第三十九条　国管局负责汇总、分析中央行政事业单位国有资产管理有关情况，开展资产管理考核评价工作，定期向财政部报告。

第六章　监督检查与法律责任

第四十条　国管局和各部门按照各自职责监督检查中央行政事业单位国有资产管理工作，并接受财政、审计部门和社会公众的监督。

第四十一条　国管局会同有关部门对资产配置、使用和处置等管理制度执行情况进行重点检查。检查内容主要包括：

（一）资产配置标准、资产配置计划和政府集中采购执行情况；

（二）资产处置方式、程序和收益管理情况；

（三）房屋建筑物、车辆管理和使用情况；

（四）对外投资、出租、出借资产专项管理情况；

（五）其他重大事项。

第四十二条　各部门应当对检查出的问题认真整改，并将整改情况报国管局。

第四十三条　各部门违反本办法规定，有下列情形之一的，由国管局和相关部门责令限期改正，逾期不改的予以通报批评，并按《财政违法行为处罚处分条例》和国家有关规定处理：

（一）超计划、超标准配置资产的；

（二）违反政府采购和招标投标规定配置资产的；

（三）拒绝对长期闲置、低效运转的资产进行调剂处置的；

（四）未履行相关程序擅自处置国有资产的；

（五）不按规定上缴资产处置收入的；

（六）不按规定报送资产报告或报送虚假资产信息的；

（七）为评估机构提供虚假资料、干预评估机构独立执业的；

（八）其他违反本办法的情形。

第四十四条　国管局和各部门国有资产管理机构及工作人员违反本办法规定的，按照《行政机关公务员处分条例》及国家有关规定处理；造成国有资产损失的，依法追究责任。

第七章　附　　则

第四十五条　各部门根据本办法制定本部门国有资产管理实施办法，报国管局备案。

第四十六条　中央行政事业单位用地管理，

按照《国务院办公厅转发国管局中直管理局关于进一步加强和改进中央单位用地管理工作意见的通知》(国办发〔2006〕84号)及国土资源部、国管局的有关规定执行。

第四十七条 实行企业化管理并执行企业财务会计制度的事业单位,由各部门按照企业国有资产监督管理有关规定进行管理。

第四十八条 本办法由国管局负责解释。

第四十九条 本办法自印发之日起施行。1998年1月8日印发的《中央国家机关国有资产管理暂行办法》(国管财字〔1998〕第7号)、《中央国家机关国有资产基础管理工作制度》(国管财字〔1998〕第22号),2000年2月16日印发的《中央行政事业单位固定资产管理办法》(国管财字〔2000〕32号)同时废止。

(2)集体所有权

中华人民共和国乡镇企业法

1. 1996年10月29日第八届全国人民代表大会常务委员会第二十二次会议通过
2. 1996年10月29日中华人民共和国主席令第76号公布
3. 自1997年1月1日起施行

第一条 【立法目的】为了扶持和引导乡镇企业持续健康发展,保护乡镇企业的合法权益,规范乡镇企业的行为,繁荣农村经济,促进社会主义现代化建设,制定本法。

第二条 【定义】本法所称乡镇企业,是指农村集体经济组织或者农民投资为主,在乡镇(包括所辖村)举办的承担支援农业义务的各类企业。

前款所称投资为主,是指农村集体经济组织或者农民投资超过百分之五十,或者虽不足百分之五十,但能起到控股或者实际支配作用。

乡镇企业符合企业法人条件的,依法取得企业法人资格。

第三条 【作用、任务】乡镇企业是农村经济的重要支柱和国民经济的重要组成部分。

乡镇企业的主要任务是,根据市场需要发展商品生产,提供社会服务,增加社会有效供给,吸收农村剩余劳动力,提高农民收入,支援农业,推进农业和农村现代化,促进国民经济和社会事业发展。

第四条 【原则】发展乡镇企业,坚持以农村集体经济为主导,多种经济成分共同发展的原则。

第五条 【依法管理】国家对乡镇企业积极扶持、合理规划、分类指导、依法管理。

第六条 【鼓励、扶持】国家鼓励和重点扶持经济欠发达地区、少数民族地区发展乡镇企业,鼓励经济发达地区的乡镇企业或者其他经济组织采取多种形式支持经济欠发达地区和少数民族地区举办乡镇企业。

第七条 【政府管理】国务院乡镇企业行政管理部门和有关部门按照各自的职责对全国的乡镇企业进行规划、协调、监督、服务;县级以上地方各级人民政府乡镇企业行政管理部门和有关部门按照各自的职责对本行政区域内的乡镇企业进行规划、协调、监督、服务。

第八条 【登记】经依法登记设立的乡镇企业,应当向当地乡镇企业行政管理部门办理登记备案手续。

乡镇企业改变名称、住所或者分立、合并、停业、终止等,依法办理变更登记、设立登记或者注销登记后,应当报乡镇企业行政管理部门备案。

第九条 【分支机构】乡镇企业在城市设立的分支机构，或者农村集体经济组织在城市开办的并承担支援农业义务的企业，按照乡镇企业对待。

第十条 【财产权】农村集体经济组织投资设立的乡镇企业，其企业财产权属于设立该企业的全体农民集体所有。

农村集体经济组织与其他企业、组织或者个人共同投资设立的乡镇企业，其企业财产权按照出资份额属于投资者所有。

农民合伙或者单独投资设立的乡镇企业，其企业财产权属于投资者所有。

第十一条 【核算】乡镇企业依法实行独立核算，自主经营，自负盈亏。

具有企业法人资格的乡镇企业，依法享有法人财产权。

第十二条 【权益保护】国家保护乡镇企业的合法权益；乡镇企业的合法财产不受侵犯。

任何组织或者个人不得违反法律、行政法规干预乡镇企业的生产经营，撤换企业负责人；不得非法占有或者无偿使用乡镇企业的财产。

第十三条 【内部管理】乡镇企业按照法律、行政法规规定的企业形式设立，投资者依照有关法律、行政法规决定企业的重大事项，建立经营管理制度，依法享有权利和承担义务。

第十四条 【民主决策】乡镇企业依法实行民主管理，投资者在确定企业经营管理制度和企业负责人，作出重大经营决策和决定职工工资、生活福利、劳动保护、劳动安全等重大问题时，应当听取本企业工会或者职工的意见，实施情况要定期向职工公布，接受职工监督。

第十五条 【职工保险】国家鼓励有条件的地区建立、健全乡镇企业职工社会保险制度。

第十六条 【停业、终止的职工安排】乡镇企业停业、终止，已经建立社会保险制度的，按照有关规定安排职工；依法订立劳动合同的，按照合同的约定办理。原属于农村集体经济组织的职工有权返回农村集体经济组织从事生产，或者由职工自谋职业。

第十七条 【社会性支出】乡镇企业从税后利润中提取一定比例的资金用于支援农业和农村社会性支出，其比例和管理使用办法由省、自治区、直辖市人民政府规定。

除法律、行政法规另有规定外，任何机关、组织或者个人不得以任何方式向乡镇企业收取费用，进行摊派。

第十八条 【减税】国家根据乡镇企业发展的情况，在一定时期内对乡镇企业减征一定比例的税收。减征税收的税种、期限和比例由国务院规定。

第十九条 【税收优惠】国家对符合下列条件之一的中小型乡镇企业，根据不同情况实行一定期限的税收优惠：

（一）集体所有制乡镇企业开办初期经营确有困难的；

（二）设立在少数民族地区、边远地区和贫困地区的；

（三）从事粮食、饲料、肉类的加工、贮存、运销经营的；

（四）国家产业政策规定需要特殊扶持的。

前款税收优惠的具体办法由国务院规定。

第二十条 【贷款优惠】国家运用信贷手段，鼓励和扶持乡镇企业发展。对于符合前条规定条件之一并且符合贷款条件的乡镇企业，国家有关金融机构可以给予优先贷款，对其中生产资金困难且有发展前途的可以给予优惠贷款。

前款优先贷款、优惠贷款的具体办法由国务院规定。

第二十一条 **【企业发展基金】**县级以上人民政府依照国家有关规定,可以设立乡镇企业发展基金。基金由下列资金组成:

(一)政府拨付的用于乡镇企业发展的周转金;

(二)乡镇企业每年上缴地方税金增长部分中一定比例的资金;

(三)基金运用产生的收益;

(四)农村集体经济组织、乡镇企业、农民等自愿提供的资金。

第二十二条 **【基金使用】**乡镇企业发展基金专门用于扶持乡镇企业发展,其使用范围如下:

(一)支持少数民族地区、边远地区和贫困地区发展乡镇企业;

(二)支持经济欠发达地区、少数民族地区与经济发达地区的乡镇企业之间进行经济技术合作和举办合资项目;

(三)支持乡镇企业按照国家产业政策调整产业结构和产品结构;

(四)支持乡镇企业进行技术改造,开发名特优新产品和生产传统手工艺产品;

(五)发展生产农用生产资料或者直接为农业生产服务的乡镇企业;

(六)发展从事粮食、饲料、肉类的加工、贮存、运销经营的乡镇企业;

(七)支持乡镇企业职工的职业教育和技术培训;

(八)其他需要扶持的项目。

乡镇企业发展基金的设立和使用管理办法由国务院规定。

第二十三条 **【招用人才】**国家积极培养乡镇企业人才,鼓励科技人员、经营管理人员及大中专毕业生到乡镇企业工作,通过多种方式为乡镇企业服务。

乡镇企业通过多渠道、多形式培训技术人员、经营管理人员和生产人员,并采取优惠措施吸引人才。

第二十四条 **【技术合作】**国家采取优惠措施,鼓励乡镇企业同科研机构、高等院校、国有企业及其他企业、组织之间开展各种形式的经济技术合作。

第二十五条 **【鼓励出口】**国家鼓励乡镇企业开展对外经济技术合作与交流,建设出口商品生产基地,增加出口创汇。

具备条件的乡镇企业依法经批准可以取得对外贸易经营权。

第二十六条 **【城镇建设】**地方各级人民政府按照统一规划、合理布局的原则,将发展乡镇企业同小城镇建设相结合,引导和促进乡镇企业适当集中发展,逐步加强基础设施和服务设施建设,以加快小城镇建设。

第二十七条 **【技术改造】**乡镇企业应当按照市场需要和国家产业政策,合理调整产业结构和产品结构,加强技术改造,不断采用先进的技术、生产工艺和设备,提高企业经营管理水平。

第二十八条 **【建设用地】**举办乡镇企业,其建设用地应当符合土地利用总体规划,严格控制、合理利用和节约使用土地,凡有荒地、劣地可以利用的,不得占用耕地、好地。

举办乡镇企业使用农村集体所有的土地的,应当依照法律、法规的规定,办理有关用地批准手续和土地登记手续。

乡镇企业使用农村集体所有的土地,连续闲置两年以上或者因停办闲置一年以上的,应当由原土地所有者收回该土地使用权,重新安排使用。

第二十九条 【资源利用】乡镇企业应当依法合理开发和使用自然资源。

乡镇企业从事矿产资源开采，必须依照有关法律规定，经有关部门批准，取得采矿许可证、生产许可证，实行正规作业，防止资源浪费，严禁破坏资源。

第三十条 【建设财务制度】乡镇企业应当按照国家有关规定，建立财务会计制度，加强财务管理，依法设置会计帐册，如实记录财务活动。

第三十一条 【报送统计资料】乡镇企业必须按照国家统计制度，如实报送统计资料。对于违反国家规定制发的统计调查报表，乡镇企业有权拒绝填报。

第三十二条 【纳税申报】乡镇企业应当依法办理税务登记，按期进行纳税申报，足额缴纳税款。

各级人民政府应当依法加强乡镇企业的税收管理工作，有关管理部门不得超越管理权限对乡镇企业减免税。

第三十三条 【产品质量】乡镇企业应当加强产品质量管理，努力提高产品质量；生产和销售的产品必须符合保障人体健康，人身、财产安全的国家标准和行业标准；不得生产、销售失效、变质产品和国家明令淘汰的产品；不得在产品中掺杂、掺假，以假充真，以次充好。

第三十四条 【依法使用商标】乡镇企业应当依法使用商标，重视企业信誉；按照国家规定，制作所生产经营的商品标识，不得伪造产品的产地或者伪造、冒用他人厂名、厂址和认证标志、名优标志。

第三十五条 【环境保护】乡镇企业必须遵守有关环境保护的法律、法规，按照国家产业政策，在当地人民政府的统一指导下，采取措施，积极发展无污染、少污染和低资源消耗的企业，切实防治环境污染和生态破坏，保护和改善环境。

地方人民政府应当制定和实施乡镇企业环境保护规划，提高乡镇企业防治污染的能力。

第三十六条 【防治污染】乡镇企业建设对环境有影响的项目，必须严格执行环境影响评价制度。

乡镇企业建设项目中防治污染的设施，必须与主体工程同时设计、同时施工、同时投产使用。防治污染的设施必须经环境保护行政主管部门验收合格后，该建设项目方可投入生产或者使用。

乡镇企业不得采用或者使用国家明令禁止的严重污染环境的生产工艺和设备；不得生产和经营国家明令禁止的严重污染环境的产品。排放污染物超过国家或者地方规定标准，严重污染环境的，必须限期治理，逾期未完成治理任务的，依法关闭、停产或者转产。

第三十七条 【劳动保护】乡镇企业必须遵守有关劳动保护、劳动安全的法律、法规，认真贯彻执行安全第一、预防为主的方针，采取有效的劳动卫生技术措施和管理措施，防止生产伤亡事故和职业病的发生；对危害职工安全的事故隐患，应当限期解决或者停产整顿。严禁管理者违章指挥，强令职工冒险作业。发生生产伤亡事故，应当采取积极抢救措施，依法妥善处理，并向有关部门报告。

第三十八条 【行政处理】违反本法规定，有下列行为之一的，由县级以上人民政府乡镇企业行政管理部门责令改正：

（一）非法改变乡镇企业所有权的；

（二）非法占有或者无偿使用乡镇企业财产的；

（三）非法撤换乡镇企业负责人的；

（四）侵犯乡镇企业自主经营权的。

前款行为给乡镇企业造成经济损失的，应当依法赔偿。

第三十九条 **【报告、检举】**乡镇企业有权向审计、监察、财政、物价和乡镇企业行政管理部门控告、检举向企业非法收费、摊派或者罚款的单位和个人。有关部门和上级机关应当责令责任人停止其行为，并限期归还有关财物。对直接责任人员，有关部门可以根据情节轻重，给予相应的处罚。

第四十条 **【企业违法处理】**乡镇企业违反国家产品质量、环境保护、土地管理、自然资源开发、劳动安全、税收及其他有关法律、法规的，除依照有关法律、法规处理外，在其改正之前，应当根据情节轻重停止其享受本法规定的部分或者全部优惠。

第四十一条 **【不支援农业的责任】**乡镇企业违反本法规定，不承担支援农业义务的，由乡镇企业行政管理部门责令改正，在其改正之前，可以停止其享受本法规定的部分或者全部优惠。

第四十二条 **【复议、诉讼】**对依照本法第三十八条至第四十一条规定所作处罚、处理决定不服的，当事人可以依法申请行政复议、提起诉讼。

第四十三条 **【生效时间】**本法自 1997 年 1 月 1 日起施行。

中华人民共和国
乡村集体所有制企业条例

1. 1990 年 6 月 3 日国务院令第 59 号公布

2. 根据 2011 年 1 月 8 日国务院令第 588 号《关于废止和修改部分行政法规的决定》修订

第一章 总 则

第一条 为了保障乡村集体所有制企业的合法权益，引导其健康发展，制定本条例。

第二条 本条例适用于由乡（含镇，下同）村（含村民小组，下同）农民集体举办的企业。

农业生产合作社、农村供销合作社、农村信用社不适用本条例。

第三条 乡村集体所有制企业是我国社会主义公有制经济的组成部分。

国家对乡村集体所有制企业实行积极扶持，合理规划，正确引导，加强管理的方针。

第四条 乡村集体所有制企业的主要任务是：发展商品生产和服务业，满足社会日益增长的物质和文化生活的需要；调整农村产业结构，合理利用农村劳动力；支援农业生产和农村建设，增加国家财政和农民的收入；积极发展出口创汇生产；为大工业配套和服务。

第五条 国家保护乡村集体所有制企业的合法权益，禁止任何组织和个人侵犯其财产。

第六条 乡村集体所有制企业实行自主经营，独立核算，自负盈亏。

乡村集体所有制企业实行多种形式的经营责任制。

乡村集体所有制企业可以在不改变集体所有制性质的前提下，吸收投资入股。

第七条 国家鼓励和扶持乡村集体所有制企业采用先进适用的科学技术和经营管理方法，加速企业现代化。

第八条 国家鼓励和保护乡村集体所有制企业依照平等互利、自愿协商、等价有偿的原则，进行多种形式的经济技术合作。

第九条 国家鼓励和支持乡村集体所有制企业依法利用自然资源，因地制宜发展符合国家产业政策和市场需要的产业和产品，增加社会有效供给。

第十条 乡村集体所有制企业经依法审查，具备法人条件的，登记后取得法人资格，厂长（经理）为企业的法定代表人。

第十一条 乡村集体所有制企业职工有返回其所属的农民集体经济组织从事农业生产的权利。

第十二条 国务院乡镇企业行政主管部门主管全国乡村集体所有制企业。地方人民政府乡镇企业行政主管部门主管本行政区域内的乡村集体所有制企业（以下简称企业）。

第二章 企业的设立、变更和终止

第十三条 设立企业应当具备下列条件：

（一）产品和提供的服务为社会所需要，并符合国家法律、法规和政策规定；

（二）有自己的名称、组织机构和生产经营场所；

（三）有确定的经营范围；

（四）有与生产经营和服务规模相适应的资金、设备、从业人员和必要的原材料条件；

（五）有必要的劳动卫生、安全生产条件和环境保护措施；

（六）符合当地乡村建设规划，合理利用土地。

第十四条 设立企业必须依照法律、法规，经乡级人民政府审核后，报请县级人民政府乡镇企业主管部门以及法律、法规规定的有关部门批准，持有关批准文件向企业所在地工商行政管理机关办理登记，经核准领取《企业法人营业执照》或者《营业执照》后始得营业，并向税务机关办理税务登记。

企业应当在核准登记的经营范围内从事生产经营活动。

第十五条 企业分立、合并、迁移、停业、终止以及改变名称、经营范围等，须经原批准企业设立的机关核准，向当地工商行政管理机关和税务机关办理变更或者注销登记，并通知开户银行。

第十六条 企业分立、合并、停业或者终止时，必须保护其财产，依法清理债权、债务。

第十七条 企业破产应当进行破产清算，法人以企业的财产对企业债权人清偿债务。

第三章 企业的所有者和经营者

第十八条 企业财产属于举办该企业的乡或者村范围内的全体农民集体所有，由乡或者村的农民大会（农民代表会议）或者代表全体农民的集体经济组织行使企业财产的所有权。

企业实行承包、租赁制或者与其他所有制企业联营的，企业财产的所有权不变。

第十九条 企业所有者依法决定企业的经营方向、经营形式、厂长（经理）人选或者选聘方式，依法决定企业税后利润在其与企业之间的具体分配比例，有权作出关于企业分立、合并、迁移、停业、终止、申请破产等决议。

企业所有者应当为企业的生产、供应、销售提供服务，并尊重企业的自主权。

第二十条 实行承包或者租赁制的企业，企业所有者应当采取公开招标方式确定经营者，不具备条件的，也可以采取招聘、推荐等方式选用经营者。

招标可以在企业内部或者企业外部进行。投标者可以是经营集团或者个人。经营集团中标后，必须确定企业经营者。

企业所有者应当对投标者全面评审，择优选定。

第二十一条 实行承包或者租赁制的企业，企业经营者应当具备下列条件：

（一）坚持四项基本原则和改革开放，遵纪守法；

（二）必要的文化知识和专业技术知识；

（三）必要的企业经营管理能力；

（四）提供必要的财产担保或者保证人；

（五）企业所有者提出的其他合法条件。

第二十二条 企业经营者是企业的厂长（经理）。企业实行厂长（经理）负责制。厂长（经理）对企业全面负责，代表企业行使职权。

第二十三条 实行承包或者租赁制的企业，订立承包或者租赁合同时，应当坚持平等、自愿、协商的原则，兼顾国家、集体和个人的利益。

第四章 企业的权利和义务

第二十四条 企业在生产经营活动中享有下列权利：

（一）占有和使用企业资产，依照国家规定筹集资金；

（二）在核准登记的范围内自主安排生产经营活动；

（三）确定企业内部机构设置和人员配备；依法招聘、辞退职工，并确定工资形式和奖惩办法；

（四）有权自行销售本企业的产品，但国务院另有规定的除外；

（五）有权自行确定本企业的产品价格、劳务价格，但国务院规定由物价部门和有关主管部门控制价格的除外；

（六）自愿参加行业协会和产品评比；

（七）依照国家规定自愿参加各种招标、投标活动，申请产品定点生产，取得生产许可证；

（八）自主订立经济合同，开展经济技术合作；

（九）依法开发和利用自然资源；

（十）依法利用外资、引进先进技术和设备，开展进出口贸易等涉外经济活动，并依照国家规定提留企业的外汇收入；

（十一）拒绝摊派和非法罚款，但法律、法规规定应当提供财力、物力、人力的除外。

第二十五条 企业在生产经营活动中应当履行下列义务：

（一）依法缴纳税金；

（二）依照国家以及省、自治区、直辖市人民政府的规定，上交支农资金和管理费；

（三）依法建立健全财务会计、审计、统计等制度，按期编报财务、统计报表；

（四）保护自然资源和环境，防止和治理污染；

（五）努力降低原材料和能源消耗，发展符合国家产业政策的产品；

（六）做好劳动保护工作，实行安全生产；

（七）保证产品质量和服务质量；

（八）依法履行合同；

（九）对职工进行政治思想、科学文化、技术业务和职业道德等方面的教育；

（十）遵守法律、法规和政策的其他规定。

第五章 企业的管理

第二十六条 企业职工有参加企业民主管理，对厂长（经理）和其他管理人员提出批评和控告的权利。

企业职工大会或者职工代表大会有权对企业经营管理中的问题提出意见和建议，评议、监督厂长（经理）和其他管理人员，维护职工的合法权益。

第二十七条　企业应当兼顾国家、集体和个人的利益，合理安排积累与消费的比例，对职工实行各尽所能、按劳分配的原则。

男工与女工应当同工同酬。

第二十八条　企业招用职工应当依法签订劳动合同，实行灵活的用工形式和办法。

对技术要求高的企业，应当逐步形成专业化的技术职工队伍。

第二十九条　企业不得招用未满十六周岁的童工。

第三十条　企业对从事高度危险作业的职工，必须依照国家规定向保险公司投保。

有条件的企业，应当参照国家有关规定实行职工社会保险。

第三十一条　企业发生劳动争议，可以依照《劳动争议调解仲裁法》处理。

第三十二条　企业税后利润，留给企业的部分不应低于60%，由企业自主安排，主要用作增加生产发展基金，进行技术改造和扩大再生产，适当增加福利基金和奖励基金。

企业税后利润交给企业所有者的部分，主要用于扶持农业基本建设、农业技术服务、农村公益事业、企业更新改造或者发展新企业。

第三十三条　企业应当根据国家有关规定，加强本企业的各项基础管理和合同管理。

第六章　企业与政府有关部门的关系

第三十四条　各级人民政府乡镇企业行政主管部门根据国家的法律、法规和政策，加强对企业的指导、管理、监督、协调和服务：

（一）监督检查企业执行国家法律、法规和政策；

（二）制订企业发展规划，协同有关部门制定农村剩余劳动力就业规划；

（三）会同有关部门指导企业的计划、统计、财务、审计、价格、物资、质量、设备、技术、劳动、安全生产、环境保护等管理工作；

（四）组织和指导企业的技术进步、职工教育和培训；

（五）向企业提供经济、技术咨询和信息服务；

（六）协调企业与有关方面的关系，帮助企业开展经济技术合作；

（七）总结推广企业发展的经验；

（八）组织和指导企业的思想政治工作，促进企业的社会主义精神文明建设。

第三十五条　各级人民政府有关行业管理部门应当根据国家的产业政策和行业发展规划，对企业的发展方向进行指导和监督；对企业开展技术指导、人才培训和经济、技术信息服务；指导、帮助和监督企业开展劳动保护、环境保护等工作。

第三十六条　政府有关部门应当为符合国家产业政策，经济和社会效益好的企业创造发展条件：

（一）对企业所需的能源、原材料、资金等，计划、物资、金融等部门应当积极帮助解决；生产纳入国家指令性计划的产品所需的能源、原材料等，由安排生产任务的部门和单位组织供应；（2011年1月8日删除）

（二）根据国家有关规定，对生产名、优产品和出口创汇产品的企业，应当在信贷、能源、原材料和运输等方面给予扶持；

（三）为企业培训、招用专业技术人才和引进先进技术创造条件。

第七章　奖励与处罚

第三十七条　对在企业经营管理、科技进步、劳动保护、环境保护和思想政治工作等方面作出显著成绩的企业和个人，由人民政府给予奖励。

第三十八条 企业产品质量达不到国家规定标准的，企业所有者和企业主管部门应当责令其限期整顿，经整顿无效者，应当责令其停产或者转产，直到建议有关机关撤销生产许可证，吊销营业执照。

企业因生产、销售前款所指的产品，给用户和消费者造成财产损失、人身损害的，应当承担赔偿责任；构成犯罪的，依法追究刑事责任。

第三十九条 企业厂长（经理）侵犯职工合法权益，情节严重的，由企业所有者给予行政处分；构成犯罪的，依法追究刑事责任。

第四十条 对向企业摊派的单位和个人，企业可以向审计机关或者其他有关部门控告、检举。经审计机关确认是摊派行为的，由审计机关通知摊派单位停止摊派行为，限期退回摊派财物；对摊派单位的负责人和直接责任人员，监察机关或者有关主管部门可以根据情节轻重，给予行政处分。

第四十一条 政府部门的工作人员玩忽职守、滥用职权，使企业合法权益遭受损害的，由其所在单位或者上级主管机关给予行政处分；构成犯罪的，依法追究刑事责任。

第四十二条 企业违反财政、税收、劳动、工商行政、价格、资源、环境保护等法律、法规的，依照有关法律、法规处理。

第八章 附　　则

第四十三条 本条例由国务院乡镇企业行政主管部门负责解释，并组织实施。

第四十四条 省、自治区、直辖市人民政府可以根据本条例制定实施办法。

第四十五条 本条例自1990年7月1日起施行。

中华人民共和国
城镇集体所有制企业条例

1. 1991年9月9日中华人民共和国国务院令第88号公布

2. 根据2011年1月8日国务院令第588号《关于废止和修改部分行政法规的决定》第一次修订

3. 根据2016年2月6日国务院令第666号《关于修改部分行政法规的决定》第二次修订

第一章 总　　则

第一条 为了保障城镇集体所有制经济的巩固和发展，明确城镇集体所有制企业的权利和义务，维护其合法权益，制定本条例。

第二条 本条例适用于城镇的各种行业、各种组织形式的集体所有制企业，但乡村农民集体举办的企业除外。

第三条 城镇集体所有制经济是我国社会主义公有制经济的一个基本组成部分，国家鼓励和扶持城镇集体所有制经济的发展。

第四条 城镇集体所有制企业（以下简称集体企业）是财产属于劳动群众集体所有、实行共同劳动、在分配方式上以按劳分配为主体的社会主义经济组织。

前款所称劳动群众集体所有，应当符合下列中任一项的规定：

（一）本集体企业的劳动群众集体所有；

（二）集体企业的联合经济组织范围内的劳动群众集体所有；

（三）投资主体为两个或者两个以上的集体企业，其中前（一）、（二）项劳动群众集体所有的财产应当占主导地位。本项所称主导地位，是指劳动群众集体所有的财产占企业全部财产的比例，一般情况下应不低于 51%，特殊情况经过原审批部门批准，可以适当降低。

第五条 集体企业应当遵循的原则是：自愿组合、自筹资金，独立核算、自负盈亏，自主经营、民主管理，集体积累、自主支配，按劳分配、入股分红。

集体企业应当发扬艰苦奋斗、勤俭建国的精神，走互助合作、共同富裕的道路。

第六条 集体企业依法取得法人资格，以其全部财产独立承担民事责任。

集体企业的财产及其合法权益受国家法律保护，不受侵犯。

第七条 集体企业的任务是：根据市场和社会需求，在国家计划指导下，发展商品生产，扩大商品经营，开展社会服务，创造财富，增加积累，不断提高经济效益和社会效益，繁荣社会主义经济。

第八条 集体企业的职工是企业的主人，依照法律、法规和集体企业章程行使管理企业的权力。集体企业职工的合法权益受法律保护。

第九条 集体企业依照法律规定实行民主管理。职工（代表）大会是集体企业的权力机构，由其选举和罢免企业管理人员，决定经营管理的重大问题。

集体企业实行厂长（经理）负责制。

集体企业职工的民主管理权和厂长（经理）依法行使职权，均受法律保护。

第十条 中国共产党在集体企业的基层组织是集体企业的政治领导核心，领导企业的思想政治工作，保证监督党和国家的方针、政策在本企业的贯彻执行。

第十一条 集体企业的工会维护职工的合法权益，依法独立自主地开展工作，组织职工参加民主管理和民主监督。

第二章 集体企业的设立、变更和终止

第十二条 集体企业的设立必须具备下列条件：

（一）有企业名称、组织机构和企业章程；

（二）有固定的生产经营场所、必要的设施并符合规定的安全卫生条件；

（三）有符合国家规定并与其生产经营和服务规模相适应的资金数额和从业人员；

（四）有明确的经营范围；

（五）能够独立承担民事责任；

（六）法律、法规规定的其他条件。

第十三条 集体企业章程必须载明下列事项：

（一）企业名称和住所；

（二）经营范围和经营方式；

（三）注册资金；

（四）资金来源和投资方式；

（五）收入分配方式；

（六）组织机构及其职权和议事规则；

（七）职工加入和退出企业的条件和程序；

（八）职工的权利和义务；

（九）法定代表人的产生程序及其职权范围；

（十）企业终止的条件和程序；

（十一）章程的修订程序；

（十二）章程订立日期；

（十三）需要明确的其他事项。

第十四条 设立集体企业应当经省、自治区、直辖市人民政府规定的审批部门批准。

设立集体企业的审批部门，法律、法规有专门规定的，从其规定。

集体企业应当在核准登记的经营范围内从事生产经营活动。

第十五条 集体企业的合并、分立、停业、迁移或者主要登记事项的变更，必须符合国家的有关规定，由企业提出申请，报经原审批部门批准。

第十六条 集体企业的合并和分立，应当遵照自愿平等的原则，由有关各方依法签订协议，处理好债权债务、其他财产关系和遗留问题，妥善安置企业人员。

合并、分立前的集体企业的权利和义务，由合并、分立后的法人享有和承担。

第十七条 集体企业有下列原因之一的，应当予以终止：

（一）企业无法继续经营而申请解散，经原审批部门批准；

（二）依法被撤销；

（三）依法宣告破产；

（四）其他原因。

第十八条 集体企业终止，应当依照国家有关规定清算企业财产。企业财产按下列顺序清偿各种债务和费用：

（一）清算工作所需各项费用；

（二）所欠职工工资和劳动保险费用；

（三）所欠税款；

（四）所欠银行和信用合作社贷款以及其他债务。

不足清偿同一顺序的清偿要求的，按照比例分配。

第十九条 集体企业财产清算后的剩余财产，按照下列办法处理：

（一）有国家、本企业外的单位和个人以及本企业职工个人投资入股的，应当依照其投资入股金额占企业总资产的比例，从企业剩余财产中按相同的比例偿还；

（二）其余财产，由企业上级管理机构作为该企业职工待业和养老救济、就业安置和职业培训等费用，专款专用，不得挪作他用。

第二十条 集体企业终止，必须依照《中华人民共和国企业法人登记管理条例》的规定办理注销登记并公告。

第三章 集体企业的权利和义务

第二十一条 集体企业在国家法律、法规的规定范围内享有下列权利：

（一）对其全部财产享有占有、使用、收益和处分的权利，拒绝任何形式的平调；

（二）自主安排生产、经营、服务活动；

（三）除国家规定由物价部门和有关主管部门控制价格的以外，企业有权自行确定产品价格、劳务价格；

（四）企业有权依照国家规定与外商谈判并签订合同，提取和使用分成的外汇收入；

（五）依照国家信贷政策的规定向有关专业银行申请贷款；

（六）依照国家规定确定适合本企业情况的经济责任制形式、工资形式和奖金、分红办法；

（七）享受国家政策规定的各种优惠待遇；

（八）吸收职工和其他企业、事业单位、个人集资入股，与其他企业、事业单位联营，向其他企业、事业单位投资，持有其他企业的股份；

（九）按照国家规定决定本企业的机构设置、人员编制、劳动组织形式和用工办法，录用和辞退职工；

（十）奖惩职工。

第二十二条 集体企业应当承担下列义务：

（一）遵守国家法律、法规，接受国家计划指导；

（二）依法缴纳税金和交纳费用；

（三）依法履行合同；

（四）改善经营管理，推进技术进步，提高经济效益；

（五）保证产品质量和服务质量，对用户和消费者负责；

（六）贯彻安全生产制度，落实劳动保护和环境保护措施；

（七）做好企业内部的安全保卫工作；

（八）维护职工合法权益，尊重职工的民主管理权利，改善劳动条件，做好计划生育工作，提高职工物质文化生活水平；

（九）加强对职工的思想政治教育、法制教育、国防教育、科学文化教育和技术业务培训，提高职工队伍素质。

第二十三条 集体企业有权按照国家规定自愿组建、参加和退出集体企业的联合经济组织，并依照该联合经济组织的章程规定，享受权利，承担义务。

第四章 职工和职工（代表）大会

第二十四条 凡本人提出申请，承认并遵守集体企业章程，被企业招收，即可成为该集体企业的职工。

第二十五条 职工依照法律、法规的规定，在集体企业内享有下列权利：

（一）企业各级管理职务的选举权和被选举权；

（二）参加企业民主管理，监督企业各项活动和管理人员的工作；

（三）参加劳动并享受劳动报酬、劳动保护、劳动保险、医疗保健和休息、休假的权利；

（四）接受职业技术教育和培训，按照国家规定评定业务技术职称；

（五）辞职；

（六）享受退休养老待遇；

（七）其他权利。

第二十六条 职工应当履行下列义务：

（一）遵守国家的法律、法规和集体企业的规章制度、劳动纪律，以企业主人的态度从事劳动，做好本职工作；

（二）执行职工（代表）大会决议，完成任务；

（三）维护企业的集体利益；

（四）努力学习政治、文化和科技知识，不断提高自身素质；

（五）法律、法规和企业章程规定的其他义务。

第二十七条 集体企业必须建立、健全职工（代表）大会制度：

（一）100人以下的集体企业，建立职工大会制度；

（二）300人以上的集体企业建立职工代表大会制度；

（三）100人以上300人以下的集体企业，建立职工大会或者职工代表大会制度，由企业自定。

职工代表大会代表由职工选举产生。代表应当是思想进步、工作积极、联系群众、有参加民主管理能力的职工。

第二十八条 集体企业的职工（代表）大会在国家法律、法规的规定范围内行使下列职权：

（一）制定、修改集体企业章程；

（二）按照国家规定选举、罢免、聘用、解聘厂长（经理）、副厂长（副经理）；

（三）审议厂长（经理）提交的各项议案，决定企业经营管理的重大问题；

（四）审议并决定企业职工工资形

式、工资调整方案、奖金和分红方案、职工住宅分配方案和其他有关职工生活福利的重大事项；

（五）审议并决定企业的职工奖惩办法和其他重要规章制度；

（六）法律、法规和企业章程规定的其他职权。

第二十九条 职工（代表）大会依照企业章程规定定期召开，但每年不得少于两次。

第三十条 集体企业的职工代表大会，可以设立常设机构，负责职工代表大会闭会期间的工作。

常设机构的人员组成、产生方式、职权范围及名称，由集体企业职工代表大会规定，报上级管理机构备案。

第五章 厂长（经理）

第三十一条 集体企业实行厂长（经理）负责制。厂长（经理）对企业职工（代表）大会负责，是集体企业的法定代表人。

第三十二条 厂长（经理）由企业职工代表大会选举或者招聘产生。选举和招聘的具体办法，由省、自治区、直辖市人民政府规定。

由集体企业联合经济组织投资开办的集体企业，其厂长（经理）可以由该联合经济组织任免。

投资主体多元化的集体企业，其中国家投资达到一定比例的，其厂长（经理）可以由上级管理机构按照国家有关规定任免。

第三十三条 厂长（经理）应当具备下列条件：

（一）懂得有关法律、法规和方针、政策，坚持企业的社会主义经营方向；

（二）熟悉本行业业务，善于经营管理，有组织领导能力；

（三）热爱集体、廉洁奉公，联系群众，有民主作风；

（四）法律、法规规定的其他条件。

第三十四条 厂长（经理）在法律、法规的规定范围内行使下列职权：

（一）领导和组织企业日常生产经营和行政工作；

（二）主持编制并向职工（代表）大会提出企业的中长期发展规划、年度生产经营计划、固定资产投资方案；

（三）主持编制并向职工（代表）大会提出企业机构设置的方案，决定劳动组织的调整方案；

（四）按照国家规定任免或者聘任、解聘企业中层行政领导干部，但法律、法规另有规定的，从其规定；

（五）提出企业年度财务预算、决算方案和利润分配方案；

（六）提出企业的经济责任制方案、工资调整方案、劳动保护措施方案、奖惩办法和其他重要的规章制度；

（七）奖惩职工；

（八）遇到特殊情况时，提出召开职工（代表）大会的建议；

（九）企业章程规定的其他职权。

第三十五条 厂长（经理）有下列职责：

（一）贯彻执行党和国家的方针、政策，遵守国家的法律、法规，执行职工（代表）大会的决议；

（二）组织职工完成企业生产经营任务和各项经济技术指标，推进企业技术进步，提高经济效益，增强企业发展能力；

（三）严格遵守财经纪律，坚持民主理财，定期向职工公布财务账目；

（四）保护企业的合法权益和职工在企业内的正当权利；

（五）办好职工生活福利和逐步开展职工养老、待业等保险；

（六）组织落实安全卫生措施，实现安全文明生产；

（七）定期向本企业职工（代表）大会报告工作，听取意见，并接受监督；

（八）法律、法规和企业章程规定的其他职责。

第六章　财产管理和收益分配

第三十六条　集体企业应当按照本章规定进行清产核资，明确其财产所有权的归属。

第三十七条　集体企业的公共积累，归本企业劳动群众集体所有。

第三十八条　集体企业的联合经济组织的投资，归该联合经济组织范围内的劳动群众集体所有。

集体企业联合经济组织设立的互助合作基金，应当主要用于该组织范围内发展生产和推进共同富裕。

第三十九条　在企业、事业单位、社会团体等扶持下设立的集体企业，其扶持资金可按下列办法之一处理：

（一）作为企业向扶持单位的借用款，按双方约定的方法和期限由企业归还扶持单位；

（二）作为扶持单位对企业的投资，按其投资占企业总资产的比例，参与企业的利润分配。

企业、事业单位、社会团体等的扶持资金的来源，必须符合国家财政主管部门的有关规定。

企业、事业单位、社会团体等与其扶持设立的集体企业，应当明确划清产权和财务关系。扶持单位不得干预集体企业的经营管理活动，集体企业也不得依赖扶持单位。

第四十条　职工股金，归职工个人所有。

第四十一条　集体企业外的单位和个人的投资，归投资者所有。

第四十二条　职工股金和集体企业吸收的各种投资，投资者可以依法转让或者继承。

第四十三条　集体企业必须保证财产的完整性，合理使用、有效经营企业的财产。

第四十四条　集体企业的收益分配，必须遵循兼顾国家、集体和个人三者利益的原则。

第四十五条　集体企业必须执行国家有关财务、会计制度，接受审计监督，加强企业内部的财务管理。

第四十六条　集体企业的税后利润，由企业依法自主支配。企业应当按照国家规定确定公积金、公益金、劳动分红和股金分红的比例。

第四十七条　集体企业职工的劳动报酬必须坚持按劳分配的原则。具体分配形式和办法由企业自行确定。

第四十八条　集体企业的股金分红要同企业盈亏相结合。企业盈利，按股分红；企业亏损，在未弥补亏损之前，不得分红。

第四十九条　集体企业必须依照国家规定提取职工养老、待业等保险基金。职工养老、待业等保险基金按国家规定在征收所得税前提取，专项储存，专款专用。

第七章　集体企业和政府的关系

第五十条　各级人民政府应当把发展城镇集体经济纳入各级政府的国民经济和社会发展计划，从各方面给予扶持和指导，保障城镇集体经济的健康发展。

第五十一条　国务院城镇集体经济的主管机构，负责全国城镇集体经济的宏观指导和管理，其主要职责是：拟订城镇集体经济的发展政策和法律法规，协调全国城镇集体经济发展中的重大问题，组织有关方面监督、检查集体企业政策、法规的执行情况。

第五十二条 市(含县级市,下同)以上人民政府应当根据城镇集体经济发展的需要,确定城镇集体企业的指导部门,加强对集体企业的政策指导,协调当地城镇集体经济发展中的问题,组织有关方面监督、检查集体企业政策、法规的执行情况。

第五十三条 政府有关行业管理部门,应当依照法律、法规的规定,在各自的职责范围内,负责本行业集体企业的行业指导和管理工作。

第五十四条 各级人民政府的其他有关部门,依法对集体企业进行监督和提供服务。

第五十五条 国家保护集体企业的合法权益。

任何政府部门及其他单位和个人不得改变集体企业的集体所有制性质和损害集体企业的财产所有权,不得向集体企业摊派人力、物力、财力,不得干预集体企业的生产经营和民主管理。

第八章 法律责任

第五十六条 集体企业有下列行为之一的,由工商行政管理机关依照国家有关法律、法规的规定给予行政处罚:

(一)登记时弄虚作假或者不按规定申请变更登记的;

(二)违反核准登记事项或者超越核准登记的经营范围从事经营活动的;

(三)利用分立、合并、终止和清算等行为抽逃资金、隐匿和私分财产的;

(四)其他违法行为。

第五十七条 集体企业因生产、销售伪劣商品,给用户和消费者造成财产损失和人身伤害的,应当承担赔偿责任;构成犯罪的,对负有直接责任的集体企业领导人员和其他直接责任人员依法追究刑事责任。

第五十八条 任何单位或者个人违反本条例规定,向集体企业摊派或者侵吞、挪用集体企业财产的,必须赔偿。对负有直接责任的主管人员和其他直接责任人员,由有关主管机关根据情节轻重,给予行政处分;构成犯罪的,依法追究刑事责任。

第五十九条 集体企业领导人员滥用职权,侵犯职工合法权益,情节严重的,由上级管理机构按照干部管理权限给予行政处分;滥用职权,假公济私,对职工进行报复陷害的,依法追究刑事责任。

第六十条 集体企业的领导人员或者政府有关部门的工作人员,因工作过失给企业造成损失的,由企业的上级管理机构或者政府有关部门按照干部的管理权限给予行政处分。

集体企业的领导人员和政府有关部门的工作人员玩忽职守,致使集体企业财产、利益遭受重大损失,构成犯罪的,依法追究刑事责任。

第六十一条 集体企业违反本条例有关集体企业领导人员的产生、罢免条件和程序规定的,上级管理机构应当予以纠正,并追究直接责任人员的行政责任。

集体企业上级管理机构违反本条例有关集体企业领导人员产生、罢免条件和程序规定的,其上一级主管部门应当予以纠正;情节严重的,应当追究直接责任人员的行政责任。

第六十二条 扰乱集体企业的秩序,致使生产、营业、工作不能正常进行或者无法进行的,由公安机关依据《中华人民共和国治安管理处罚法》予以处罚;构成犯罪的,依法追究刑事责任。

第九章 附 则

第六十三条 集体企业联合经济组织的组

建和管理办法，另行制定。

第六十四条 集体所有制的各类公司的管理，按照国家有关公司的法律、法规执行。

第六十五条 城镇中的文教、卫生、科研等集体所有制事业单位参照本条例执行。

供销合作社的管理办法，另行制定。

第六十六条 劳动就业服务性集体企业应当遵循本条例规定的原则，具体管理办法按国务院发布的《劳动就业服务企业管理规定》执行。

集中安置残疾人员的福利性集体企业的管理办法，根据本条例的原则另行制定。

第六十七条 军队扶持开办的集体企业的管理办法，由中国人民解放军总后勤部根据本条例规定的原则另行制定。

第六十八条 各省、自治区、直辖市人民政府和国务院各行业主管部门，可以根据本条例并结合本地区、本行业的具体情况，制定本条例的实施细则。

第六十九条 本条例自1992年1月1日起施行。

中华人民共和国
村民委员会组织法（节录）

1. 1998年11月4日第九届全国人民代表大会常务委员会第五次会议通过

2. 2010年10月28日第十一届全国人民代表大会常务委员会第十七次会议修订

3. 根据2018年12月29日第十三届全国人民代表大会常务委员会第七次会议《关于修改〈中华人民共和国村民委员会组织法〉〈中华人民共和国城市居民委员会组织法〉的决定》修正

第八条 **【村委会的经济职能】**村民委员会应当支持和组织村民依法发展各种形式的合作经济和其他经济，承担本村生产的服务和协调工作，促进农村生产建设和经济发展。

村民委员会依照法律规定，管理本村属于村农民集体所有的土地和其他财产，引导村民合理利用自然资源，保护和改善生态环境。

村民委员会应当尊重并支持集体经济组织依法独立进行经济活动的自主权，维护以家庭承包经营为基础、统分结合的双层经营体制，保障集体经济组织和村民、承包经营户、联户或者合伙的合法财产权和其他合法权益。

第二十三条 **【村民会议的权力】**村民会议审议村民委员会的年度工作报告，评议村民委员会成员的工作；有权撤销或者变更村民委员会不适当的决定；有权撤销或者变更村民代表会议不适当的决定。

村民会议可以授权村民代表会议审议村民委员会的年度工作报告，评议村民委员会成员的工作，撤销或者变更村民委员会不适当的决定。

第二十八条 **【村民小组会议的召开】**召开村民小组会议，应当有本村民小组十八周岁以上的村民三分之二以上，或者本村民小组三分之二以上的户的代表参加，所作决定应当经到会人员的过半数同意。

【村民小组组长的推选及任期】村民小组组长由村民小组会议推选。村民小组组长任期与村民委员会的任期相同，可以连选连任。

【村民小组会议的职责】属于村民小组的集体所有的土地、企业和其他财产的经营管理以及公益事项的办理，由村民小组会议依照有关法律的规定讨论决定，所作决定及实施情况应当及时向本村民小组的村民公布。

第三十条 **【村务公开制度】**村民委员会实行村务公开制度。

村民委员会应当及时公布下列事项，接受村民的监督：

（一）本法第二十三条、第二十四条规定的由村民会议、村民代表会议讨论决定的事项及其实施情况；

（二）国家计划生育政策的落实方案；

（三）政府拨付和接受社会捐赠的救灾救助、补贴补助等资金、物资的管理使用情况；

（四）村民委员会协助人民政府开展工作的情况；

（五）涉及本村村民利益，村民普遍关心的其他事项。

前款规定事项中，一般事项至少每季度公布一次；集体财务往来较多的，财务收支情况应当每月公布一次；涉及村民利益的重大事项应当随时公布。

村民委员会应当保证所公布事项的真实性，并接受村民的查询。

城镇集体所有制企业、单位清产核资产权界定暂行办法

1. 1996年12月27日国家经济贸易委员会、财政部、国家税务总局发布

2. 国经贸企〔1996〕895号

第一条 为了贯彻落实国务院办公厅《关于在全国城镇集体企业、单位开展清产核资工作的通知》精神，做好城镇集体所有制企业、单位（以下简称集体企业）清产核资中的产权界定工作，根据《中华人民共和国城镇集体所有制企业条例》和《城镇集体所有制企业、单位清产核资暂行办法》，制定本暂行办法。

第二条 集体企业清产核资工作中的产权界定是指对集体企业的财产依法确认其所有权归属的法律行为。

第三条 所有在国家各级工商行政管理机关登记注册为集体所有制性质的各类城镇集体企业、单位，包括各类联合经济组织、劳动就业服务企业、有关事业单位，由集体企业改制为各类联营、国内合资、股份制的企业，以及以各种形式占用、代管集体资产的部门或企业、单位，在清产核资中须按照本暂行办法界定产权。

第四条 集体企业清产核资中的产权界定工作要有利于促进集体经济的改革与发展，维护集体企业资产的完整，保障各类投资者和劳动群众的合法权益。

第五条 集体企业清产核资中的产权界定工作要本着“依法确认、尊重历史、宽严适度、有利监管”的原则，既要体现“谁投资、谁所有、谁受益”，又要保证集体企业的合作经济性质。

第六条 国家对集体企业的投资及其收益形成的所有者权益，其产权归国家所有。

第七条 集体企业联合经济组织、社区经济组织对集体企业的投资及其收益形成的所有者权益，其产权归该联合经济组织、社区经济组织范围内的劳动者集体所有。

第八条 各类企业、单位或法人、自然人对集体企业的投资及其收益形成的所有者权益，其产权归投资的企业、单位或法人、自然人所有。

第九条 职工个人在集体企业中的股金及其收益形成的所有者权益，其产权归职工

个人所有；难以明确投资主体的，其产权暂归集体企业劳动者集体所有。

第十条 集体企业在开办时筹集的各类资金或从收益中提取的各种资金，除国家另有规定的外，凡事先与当事方（含法人、自然人）有约定的，按其约定确定产权归属；没有约定的，其产权原则上归集体企业劳动者集体所有；属于国有企业办集体企业的，本着扶持集体经济发展和维护各类投资者权益的原则，由双方按国家清产核资等有关规定协商解决。

第十一条 集体企业联合经济组织、社区经济组织按照国家有关规定收缴的用于集体企业的资金（如合作事业基金、统筹事业基金），其产权归该联合经济组织、社区经济组织范围内的劳动者集体所有。

第十二条 集体企业用公益金购建的集体福利设施，其产权归集体企业劳动者集体所有。

第十三条 集体企业接受资助和捐赠等形成的所有者权益，其产权原则上按资助捐赠时的约定来确定归属；没有约定的，其产权归集体企业劳动者集体所有。

第十四条 集体企业按照国家法律、法规等有关政策规定享受的优惠，包括以税还贷、税前还贷和各种减免税金所形成的所有者权益，1993 年 6 月 30 日前形成的，其产权归劳动者集体所有；1993 年 7 月 1 日后形成的，国家对其规定了专门用途的，从其规定；没有规定的；按集体企业各投资者所拥有财产（含劳动积累）的比例确定产权归属。

第十五条 政府和国有企业、事业单位为扶持集体经济发展或安置待业青年、国有企业富余人员及其他城镇人员就业而转让、拨给或投入集体企业的资产，凡明确是无偿转让或有偿转让但收取的转让费用（含实物）已达到其资产原有价值的，该资产及其收益形成的所有者权益，其产权归集体企业劳动者集体所有。

第十六条 集体企业以借贷（含担保贷款）、租赁取得的资金、实物作为开办集体企业的投入、该投入及其收益形成的所有者权益，除债权方已承担连带责任且与债务方已签订协议按其协议执行外，其产权归集体企业劳动者集体所有。

第十七条 1992 年 1 月 1 日《中华人民共和国城镇集体所有制企业条例》实施后，集体企业被平调、挪用、侵吞的集体资产，执照《中华人民共和国城镇集体所有制企业条例》的有关规定进行处理。

第十八条 集体企业清产核资的产权界定具体工作由集体企业主管部门按财政部、国家经贸委、国家税务总局联合下发的《城镇集体所有制企业、单位清产核资产权界定工作的具体规定》（另发）负责实施。

第十九条 在集体企业清产核资产权界定工作中发生的争议和纠纷，由当地经贸、财政（清产核资机构）、税务部门、涉及国有资产的由国有资产管理部门参加，会同企业主管部门组成联合办事小组进行调解和裁定。凡因所有权关系复杂，经调解后意见仍不一致的资产，作为“待界定资产”，待今后由有关部门进一步协商解决。

第二十条 在产权界定工作中，各地区、各部门和各有关企业、单位必须严格执行国家政策，对集体企业“不改变企业性质、不改变隶属关系、不改变分配制度”。各级政府有关部门要加强对产权界定工作的监督和检查，保证各项工作严格执行国家政策规定。

第二十一条 在本资集体企业清产核资产权界定工作中，凡各地区、各部门过去制定的有关政策规定与本暂行办法有抵触的，均按本暂行办法执行。

第二十二条 本暂行办法自下发之日起执行。

(3)私人所有权

中华人民共和国归侨侨眷权益保护法(节录)

1. 1990年9月7日第七届全国人民代表大会常务委员会第十五次会议通过

2. 根据2000年10月31日第九届全国人民代表大会常务委员会第十八次会议《关于修改〈中华人民共和国归侨侨眷权益保护法〉的决定》第一次修正

3. 根据2009年8月27日第十一届全国人民代表大会常务委员会第十次会议《关于修改部分法律的决定》第二次修正

第七条 【社会团体的权利】归侨、侨眷有权依法申请成立社会团体，进行适合归侨、侨眷需要的合法的社会活动。

归侨、侨眷依法成立的社会团体的财产受法律保护，任何组织或者个人不得侵犯。

第九条 【扶持安置归侨的企业】国家对安置归侨的农场、林场等企业给予扶持，任何组织或者个人不得侵占其合法使用的土地，不得侵犯其合法权益。

在安置归侨的农场、林场等企业所在的地方，可以根据需要合理设置学校和医疗保健机构，国家在人员、设备、经费等方面给予扶助。

第十二条 【兴办公益事业】归侨、侨眷在国内兴办公益事业，各级人民政府应当给予支持，其合法权益受法律保护。

归侨、侨眷境外亲友捐赠的物资用于国内公益事业的，依照法律、行政法规的规定减征或者免征关税和进口环节的增值税。

第十三条 【保护归侨私有房产权】国家依法保护归侨、侨眷在国内私有房屋的所有权。

依法征收、征用、拆迁归侨、侨眷私有房屋的，建设单位应当按照国家有关规定给予合理补偿和妥善安置。

第十五条 【侨汇收入】国家保护归侨、侨眷的侨汇收入。

第十六条 【境外财产权】归侨、侨眷有权接受境外亲友的遗赠或者赠与。

归侨、侨眷继承境外遗产的权益受法律保护。

归侨、侨眷有权处分其在境外的财产。

中华人民共和国台湾同胞投资保护法(节录)

1. 1994年3月5日第八届全国人民代表大会常务委员会第六次会议通过

2. 根据2016年9月3日第十二届全国人民代表大会常务委员会第二十二次会议《关于修改〈中华人民共和国外资企业法〉等四部法律的决定》修正

3. 根据2019年12月28日第十三届全国人民代表大会常务委员会第十五次会议《关于修改〈中华人民共和国台湾同胞投资保护法〉的决定》第二次修正

第三条 【保护合法权益】国家依法保护台湾同胞投资者的投资、投资收益和其他合法权益。

台湾同胞投资必须遵守国家的法律、法规。

第四条 【国有化和征收】国家对台湾同胞投资者的投资不实行国有化和征收；在特

殊情况下，根据社会公共利益的需要，对台湾同胞投资者的投资可以依照法律程序实行征收，并给予相应的补偿。

中华人民共和国个人独资企业法（节录）

1. 1999年8月30日第九届全国人民代表大会常务委员会第十一次会议通过
2. 1999年8月30日中华人民共和国主席令第20号公布
3. 自2000年1月1日起施行

第十七条　【财产权】个人独资企业投资人对本企业的财产依法享有所有权，其有关权利可以依法进行转让或继承。

中华人民共和国合伙企业法（节录）

1. 1997年2月23日第八届全国人民代表大会常务委员会第二十四次会议通过
2. 2006年8月27日第十届全国人民代表大会常务委员会第二十三次会议修订

第二十一条　【禁止清算前分割合伙财产】合伙人在合伙企业清算前，不得请求分割合伙企业的财产；但是，本法另有规定的除外。

合伙人在合伙企业清算前私自转移或者处分合伙企业财产的，合伙企业不得以此对抗善意第三人。

第三十八条　【债务清偿】合伙企业对其债务，应先以其全部财产进行清偿。

第三十九条　【合伙人的无限连带责任】合伙企业不能清偿到期债务的，合伙人承担无限连带责任。

第四十条　【合伙人的追偿权】合伙人由于承担无限连带责任，清偿数额超过本法第三十三条第一款规定的其亏损分担比例的，有权向其他合伙人追偿。

第四十一条　【合伙人自身债务与合伙企业债务的关系】合伙人发生与合伙企业无关的债务，相关债权人不得以其债权抵销其对合伙企业的债务；也不得代位行使合伙人在合伙企业中的权利。

第四十二条　【合伙人自身债务的清偿；对合伙人财产份额的强制执行】合伙人的自有财产不足清偿其与合伙企业无关的债务的，该合伙人可以以其从合伙企业中分取的收益用于清偿；债权人也可以依法请求人民法院强制执行该合伙人在合伙企业中的财产份额用于清偿。

人民法院强制执行合伙人的财产份额时，应当通知全体合伙人，其他合伙人有优先购买权；其他合伙人未购买，又不同意将该财产份额转让给他人的，依照本法第五十一条的规定为该合伙人办理退伙结算，或者办理削减该合伙人相应财产份额的结算。

中华人民共和国海商法（节录）

1. 1992年11月7日第七届全国人民代表大会常务委员会第二十八次会议通过
2. 1992年11月7日中华人民共和国主席令第64号公布
3. 自1993年7月1日起施行

第七条　【所有权内涵】船舶所有权，是指船舶所有人依法对其船舶享有占有、使用、收益和处分的权利。

第十条　【共同所有权登记】船舶由两个以上的法人或者个人共有的，应当向船舶登记机关登记；未经登记的，不得对抗第三人。

第十三条 【抵押权登记】设定船舶抵押权，由抵押权人和抵押人共同向船舶登记机关办理抵押权登记；未经登记的，不得对抗第三人。

船舶抵押权登记，包括下列主要项目：

（一）船舶抵押权人和抵押人的姓名或者名称、地址；

（二）被抵押船舶的名称、国籍、船舶所有权证书的颁发机关和证书号码；

（三）所担保的债权数额、利息率、受偿期限。

船舶抵押权的登记状况，允许公众查询。

第二十五条 【留置权、抵押权、优先权的受偿顺序】船舶优先权先于船舶留置权受偿，船舶抵押权后于船舶留置权受偿。

前款所称船舶留置权，是指造船人、修船人在合同另一方未履行合同时，可以留置所占有的船舶，以保证造船费用或者修船费用得以偿还的权利。船舶留置权在造船人、修船人不再占有所造或者所修的船舶时消灭。

典型案例

刘柯妤诉刘茂勇、周忠容共有房屋分割案[①]

【裁判摘要】

父母出资购房将产权登记在子女名下，具有赠与性质。子女不仅应在物质上赡养父母，也应在精神上慰藉父母，努力让父母安宁、愉快地生活。子女对父母赠与的房屋依物权法分则行使物权，将损害父母生活的，人民法院可依物权法总则的规定不予支持。

原告：刘柯妤，女，36岁，汉族，住江苏省苏州市。

被告：刘茂勇，男，61岁，汉族，住重庆市綦江区。

被告：周忠容，女，60岁，汉族，住重庆市綦江区。

原告刘柯妤因与被告刘茂勇、周忠容发生共有房屋分割纠纷，向重庆市綦江区人民法院提起诉讼。

原告刘柯妤诉称：2011年11月，原、被告共同以28万元购买位于重庆市万盛经开区子如路×号×号楼×号房屋，其中原告占90%的房产，二被告各占5%的房产。2014年5月5日二被告未经原告同意，擅自对该房进行装修，损害了原告的合法权利。故请求依法分割位于重庆市万盛经开区子如路×号×号楼×号房屋，判决该房屋中属于二被告的10%的房屋产权部分分割归原告所有，由原告补偿二被告2.8万元；二被告赔偿其擅自装修给原告造成的损失5000元。

被告刘茂勇、周忠容辩称：该房屋系二被告出资购买，原告刘柯妤还承诺给每平方10元的装修费，至今未给。由于原告担心二被告在死前将房屋送与他人，原告要求其享有90%的产权，二被告予以同意。因此，该房屋属二被告所有，不同意原告的诉讼请求。

重庆市綦江区人民法院经一审查明：

被告刘茂勇、周忠容系夫妻，原告刘柯妤系二被告的独生女。2012年11月，刘茂勇、周忠容、刘柯妤购买万盛经开区子如路×号×号楼×号房屋，合同约定刘柯妤占

① 摘自《最高人民法院公报》2016年第7期。

90%，刘茂勇、周忠容各占5%。2014年5月，该房屋交付使用，同年8月办理了房屋产权证（×房地证×字第03200号），载明该房屋为成套住宅，权利人为刘茂勇、周忠容、刘柯妤，但未对产权份额予以明确。刘柯妤与刘茂勇、周忠容因房屋装修发生争议，刘柯妤于2014年6月2日书面通知二被告停止装修该房屋未果。审理中，二被告明确表示不愿将其拥有的房屋产权份额转让。另查明，二被告仅有与刘柯妤共有的一套房屋居住，现暂住他人房屋。

重庆市綦江区人民法院一审认为：

公民的合法财产权益受法律保护。原告刘柯妤、被告刘茂勇、周忠容按份共有的该房屋是双方基于居住目的而购买，该房屋系成套住宅，是一个整体，具有不可分性。双方虽作为按份共有人有权转让自己享有的份额，但不能未经其他按份共有人同意而强行购买他人享有的份额，二被告不同意将自己享有的份额转让，符合法律规定，原告应当尊重二被告的意见。现二被告无其他房屋居住，上述房屋是其唯一可行使居住权的场所，二被告为安度晚年生活，有权居住。二被告与原告间的父母子女特殊关系，从赡养关系上原告亦应支持二被告居住该房屋，且二被告装修房屋并未造成原告损失。综上，原告的诉讼请求从法律上、道义上均不能成立。

综上，重庆市綦江区人民法院依照《中华人民共和国民法通则》第七十八条、《中华人民共和国物权法》第九十三条、第九十四条、第九十九条之规定，于2014年9月9日判决：

驳回原告刘柯妤的诉讼请求。

刘柯妤不服一审判决，向重庆市第五中级人民法院提出上诉称，刘茂勇、周忠容擅自装修涉案房屋，侵犯其知情权和处分权；刘茂勇、周忠容除涉案房屋外，可以到苏州与刘柯妤共同居住，并非只有一套住房可居住；一审判决认定刘柯妤强行购买他人份额不当，刘柯妤只是要求分割共有财产。请求撤销一审判决，改判支持其诉讼请求。

刘茂勇、周忠容答辩称，一审判决正确，应予以维持。

重庆市第五中级人民法院经二审，确认了一审查明的事实。

另查明，被上诉人刘茂勇、周忠容在二审审理期间入住涉案房屋。

重庆市第五中级人民法院二审认为：

该房屋产权证载明涉案房屋的权利人为被上诉人刘茂勇、周忠容及上诉人刘柯妤，但未载明权利人是共同共有还是按份共有，故涉案房屋应为各权利人共同共有。虽然刘茂勇、周忠容、刘柯妤在房屋买卖合同中约定了各自的权利份额，但该约定只能视为权利人内部约定，不具有公示效力。按照《中华人民共和国物权法》第九十九条规定，“……共同共有人在共有的基础丧失或者有重大理由需要分割时可以请求分割。”本案中，刘柯妤未举示证据证明其请求分割涉案房屋符合法律规定，故刘柯妤上诉理由不成立，一审判决结果正确，应予维持。

综上，重庆市第五中级人民法院依照《中华人民共和国民事诉讼法》第一百七十条第一款第（一）项，于2015年1月14日作出判决：

驳回上诉，维持原判。

刘柯妤仍不服，以有新证据证明原判错误为由，申请再审。重庆市第五中级人民法院于2015年5月11日裁定进行再审。

再审申请人刘柯妤申请再审称：现有新证据证明涉案房屋系刘柯妤与被申请人刘茂勇、周忠容按份共有，且刘茂勇、周忠容的退休金每月共计7000元左右，可以租房居住，也可以到苏州与刘柯妤共同居住,涉案房屋并非刘茂勇、周忠容的唯一住房。刘柯妤享有90%的份额,依据《中华人民共和国物权法》第九十七条之规定,刘柯妤有权主张折价分割该房屋,也有权处分该房屋。现愿意以4万元作价收购刘茂勇、周忠容的份额。

被申请人刘茂勇、周忠容答辩称:购买该房屋资金来源于变卖我们的其他房屋的价款和刘柯妤返还我们的6万元。当时房屋购买合同中约定给予刘柯妤90%的份额,是我们疼爱女儿的表现。我们与刘柯妤性格不合,生活习惯不一样,双方关系不睦,不愿到苏州与刘柯妤共同生活。该房屋系我们退休后养老居住房屋,不愿意租房居住。因担心刘柯妤取得完全产权后处分房屋而致我们无房居住,不同意将我们享有的份额转让与刘柯妤,并承诺有生之年不转让处分享有的份额,我们去世后其份额归刘柯妤所有。主张维持原判。

重庆市第五中级人民法院经再审,确认原一、二审查明的事实。另查明,再审申请人刘柯妤提供房地产管理部门对该房屋重新颁发的×房地证×字第01655号房屋产权证证明,涉案房屋系被申请人刘茂勇、周忠容及刘柯妤按份共有,刘茂勇占产权的5%、周忠容占产权的5%、刘柯妤占产权的90%。刘茂勇、周忠容提供的房款收据证明,购房款大部分系刘茂勇、周忠容出资。

重庆市第五中级人民法院再审认为:

现有新证据证明,本案讼争房屋系被申请人刘茂勇、周忠容及再审申请人刘柯妤按份共有。单从《中华人民共和国物权法》第九十七条之规定看,刘柯妤占份额90%,有权决定本案讼争房屋的处分,但本案中刘茂勇、周忠容与刘柯妤系父母子女关系,双方以居住为目的购房,从购房的相关证据看,大部分房款由刘茂勇、周忠容出资,刘茂勇、周忠容购房时将大部分财产份额登记在刘柯妤名下,超出刘柯妤出资部分,具有赠与性质,系父母疼爱子女的具体表现。“百善孝为先”一直是中国社会各阶层所尊崇的基本伦理道德。孝敬父母乃“天之经、地之义、人之行、德之本”,是中国传统伦理道德的基石,是千百年来中国社会维系家庭关系的重要道德准则,是中华民族优秀的传统美德。亲子之爱是人世间最真诚、最深厚、最持久的爱,为人子女,不仅应在物质上赡养父母,满足父母日常生活的物质需要,也应在精神上慰藉父母,善待父母,努力让父母安宁、愉快地生活。从刘柯妤陈述及提交的《承诺书》看,刘柯妤仍存有赡养父母之念,值得肯定和发扬。目前刘茂勇、周忠容与刘柯妤之间存在较深的误解与隔阂,双方生活习惯差距较大,刘茂勇、周忠容多年在本土生活,不愿去苏州与刘柯妤共同居住生活,刘茂勇、周忠容对居住地和居住方式的选择应予尊重,他人不应强求。刘柯妤虽然承诺财产份额转让后,可由刘茂勇、周忠容居住使用该房屋至去世时止,但双方目前缺乏基本的信任,刘茂勇、周忠容担心刘柯妤取得完全产权后变卖房屋而导致其无房居住,具有一定合理性。刘茂勇、周忠容承诺有生之年不转让处分享有的份额,去世之后其份额归刘柯妤所有,刘茂勇、周忠容持有的财产份额价值较小,单独转让的可能性不大,刘柯妤担心父母将其财产份额转让他人,无事实根据,且刘柯妤承诺该房由其父母继续居住,目前要求其父母转让财产份额并无实际意义,徒增其父母的担忧,不符合精神上慰藉父母的伦理道德要求,并导致父母与子女之间的亲情关系继续恶化。《中华人民共和国物权法》第七条明确规定:“物权的取得和行使,应当遵守法律,尊重社会公德,不得损害公共利益和他人合法权益。"综上，刘柯妤要求其父母转让财产份额的诉求与善良风俗、传统美德的要求不符，法院不予支持。本院二审判决认定为共同共有不当，导致适用法律有瑕疵，应予纠正，但判决结果正确，应予维持。

综上，重庆市第五中级人民法院依照《中华人民共和国民事诉讼法》第二百零七条第一款、第一百七十条第一款第（一）项，最高人民法院《关于适用〈中华人民共和国民事诉讼法〉的解释》第四百零七条第一款，《中华人民共和国物权法》第七条之规定，于2015年9月10日判决：

维持该院（2014）渝五中法民终字第06040号民事判决。

本判决为终审判决。

刘志兵诉卢志成财产权属纠纷案①

【裁判摘要】

善意取得是指无处分权人将不动产或者动产转让给受让人，受让人是善意的且付出合理的价格，依法取得该不动产或者动产的所有权。因此，善意取得应当符合以下三个条件：一、受让人受让该动产时是善意的；二、以合理的价格受让；三、受让的动产依照法律规定应当登记的已经登记，不需要登记的已经交付给受让人。

机动车虽然属于动产，但存在一些严格的管理措施使机动车不同于其他无需登记的动产。行为人未在二手机动车交易市场内交易取得他人合法所有的机动车，不能证明自己为善意并付出相应合理价格的，对其主张善意取得机动车所有权的请求，人民法院不予支持。

原告：刘志兵，男，29岁，某公司销售员，住浙江省嵊州市石璜镇朱村镇。

被告：卢志成，男，55岁，个体工商户，住浙江省嵊州市长乐镇开元胜联村。

原告刘志兵因与被告卢志成发生财产权属纠纷，向浙江省嵊州市人民法院提起诉讼。

原告刘志兵诉称：原告于2004年购入一辆牌照为浙DH3951的金杯面包车，并于2005年6月27日为该车办理了车辆登记手续，该车属原告的私人合法财产。此后，原告将该车租给他人暂时使用。2006年10月，被告卢志成串通该租车人，通过所谓的"交易"将该车占为己有。被告购买涉案车辆，事先没有征得原告同意，没有向原告支付车款，更没有依法办理车辆过户手续。原告对于被告购买涉案车辆一事根本不知情。2006年11月23日，原告发现涉案车辆由被告占有并用于营运，遂向嵊州市公安局长乐派出所（以下简称长乐派出所）报案。长乐派出所经核查，认为不属盗、抢机动车案件，双方争议不属公安机关管理范围，故未予受理。该车至今仍由被告占有，请求判令被告返还原告所有的车牌号为浙DH3951号的金杯面包车一辆，并赔偿原告从2006年10月份起因不能使用该车而遭受的损失。

原告刘志兵提交以下证据：

1. 长乐派出所出具的"情况说明"一份，用以证明原告向公安机关报案后，公安机关经核查认为不属盗、抢机动车案件，故未予受理，涉案浙DH3951号金杯面包车仍由被告卢志成占有。

2. 机动车登记证书复印件一份，用以证明涉案浙DH3951号金杯面包车属于原告所有。

① 摘自《最高人民法院公报》2008年第2期。

被告卢志成辩称：浙 DH3951 号金杯面包车是被告从案外人陈小波处买来的，已货款两清，与原告刘志兵没有关系。涉案车辆物权的转移合法，应受到法律的保护。请求驳回原告的诉讼请求。

被告卢志成提交：购车协议复印件一份，用以证明被告是从案外人陈小波处购买的浙 DH3951 号金杯面包车。

举证期限届满后，被告卢志成在庭审中又提交了以下证据：

1. 车辆保险单一份，用以证明浙 DH3951 号金杯面包车已经由被告投保。

2. 车辆行驶证一份，用以证明原告刘志兵将涉案车辆行驶证给过案外人陈小波，原告对陈小波将涉案车辆卖给被告的事情是明知的。

嵊州市人民法院依法组织双方当事人对以上证据进行了质证、认证。被告卢志成对原告刘志兵提交的证据没有异议。原告对被告提交的证据有异议，认为购车协议违反了相关法律、法规和规章的规定，故该协议无效；对被告在庭审中提交的证据，因已经超过举证期限，故原告不予质证。嵊州市人民法院认为，虽然被告对原告提交的证据没有异议，但上述证据与本案关联性不足。原告对被告提交的购车协议的真实性没有异议，只是认为该协议无效，故应认定该协议的真实性。被告在庭审中提交的证据，因已经超过法定举证期限，且被告不能说明在举证期限届满后举证具有合法情由，故对该组证据不予认证。

嵊州市人民法院一审查明：

2004 年上半年，原告刘志兵通过绍兴二手车交易市场以 33000 元的价格购得牌照为浙 DH3951 的金杯面包车一辆。从 2005 年 8 月 31 日开始，原告以月租金 3000 元的价格将该车出租给案外人樊静波使用。樊静波没有向原告交付押金，且付过两个月租金后，只是偶尔发短信称一定会交付租金，没有再向原告实际交付租金。2006 年 9 月份后，原告无法再与樊静波本人取得联系。2005 年 10 月 18 日，被告卢志成从案外人陈小波处以 28000 元的价格购得车牌号为浙 DH3951 的金杯面包车一辆，陈小波承诺办好车辆过户手续。后被告对该车辆进行投保，并交纳了保险费。2007 年被告在陈小波的陪同下对该车进行了车辆年检，但始终没有办理车辆过户手续。2006 年 11 月 23 日，原告发现该车辆已由被告占有、使用，于是向长乐派出所报案，长乐派出所依法扣押了涉案车辆。经长乐派出所干警核查，认为不属于盗、抢机动车辆案件，故未予受理。涉案车辆于 2006 年 11 月 28 日由被告之子卢开红领走。

嵊州市人民法院一审认为：

根据本案查明的事实，涉案浙 DH3951 号金杯面包车确系原告刘志兵所有，但其将涉案车辆出租后，因无法联系到承租人樊静波而实际丧失了对涉案车辆的占有。被告卢志成系从案外人陈小波处以 28000 元的价格购买浙 DH3951 号金杯面包车。虽然陈小波出售涉案车辆事先没有征得原告的同意，也未将购车款交给原告，且没有办理车辆过户手续，属于无权处分，但被告作为涉案车辆的买受人支付了合理的价格，事后为涉案车辆办理了车辆保险及车辆年检，说明被告是善意取得涉案车辆。机动车辆属于动产，我国现行法律并未明确规定机动车辆所有权的转移必须办理机动车辆过户登记手续，机动车辆所有权的转移与一般动产所有权的转移并无不同，都是交付即转移，因此，被告通过支付合理的价格购得涉案车辆的行为，可以认定为善意取得。原告因此而遭受的损失，可以向涉案车辆承租人樊静波追偿。

综上，原告刘志兵的诉讼请求没有事实根据和法律依据，不予支持。嵊州市人民法院于2007年4月9日判决：驳回原告刘志兵的诉讼请求。

刘志兵不服一审判决，向浙江省绍兴市中级人民法院提起上诉，主要理由是：一审判决认定被上诉人卢志成属善意取得涉案车辆的所有权，违背相关法律规定。被上诉人与案外人陈小波订立购车协议时，陈小波只向被上诉人提供了车主为刘志兵的机动车行驶证，而没有出示机动车登记证书，也没有出示上诉人签署的出售涉案车辆的委托书，故被上诉人明知陈小波无处分权。在此情况下，被上诉人仍与陈小波订立购车协议，从陈小波处购得涉案车辆，应属恶意取得。同时，被上诉人与陈小波之间就涉案车辆进行的买卖行为也违反了《二手车管理办法》。综上，一审判决认定被上诉人为善意取得涉案车辆所有权没有法律依据。请求二审法院依法改判被上诉人返还上诉人车牌照为浙 DH3951 的金杯面包车一辆（价值约2.2万元），并赔偿从2006年10月份起至终审判决生效之日止因被上诉人占用该车给上诉人造成的经济损失。2007年6月6日，上诉人以缺乏证据为由申请撤回关于要求被上诉人赔偿损失的诉讼请求。

被上诉人卢志成答辩称：首先，上诉人刘志兵在一审时起诉的被告应该是涉案车辆的承租人樊静波，而不应当是被上诉人，被上诉人在本案中仅仅是有利害关系的第三人。其次，被上诉人对涉案车辆的善意取得应受法律保护。机动车辆买卖并非必须经车辆管理部门办理过户登记才能转移所有权，只要买卖合同成立，机动车辆一经交付，即使未办理过户登记手续，所有权也发生转移。本案中，被上诉人取得涉案车辆所有权后还为该车办理了保险和年检。第三，公安部门明确认定本案不属盗、抢机动车辆案件，而是机动车辆买卖。综上，一审判决认定事实清楚，适用法律正确，请求二审法院依法驳回上诉，维持原判。

双方当事人在二审中均未提交新的证据。

绍兴市中级人民法院经二审，确认了一审查明的事实。

本案的争议焦点是：被上诉人卢志成从案外人陈小波处购得涉案车辆，是否构成善意取得。

绍兴市中级人民法院二审认为：

无处分权人将他人所有的财产转让给受让人，所有权人原则上有权追回。但为了保护交易安全，民法上设置了善意取得制度，即在前述情形下，受让人受让该财产构成善意取得的，则受让人可以依法取得该财产的所有权，原所有权人无权向受让人追回该财产。善意取得应当符合以下条件：受让人受让该不动产或者动产时是善意的；以合理的价格转让；转让的不动产或者动产依照法律规定应当登记的已经登记，不需要登记的已经交付给受让人。根据本案事实，可以认定被上诉人卢志成取得涉案浙 DH3951 号金杯面包车的行为不属于善意取得。

首先，被上诉人卢志成取得涉案浙 DH3951 号金杯面包车时不是基于善意。善意取得制度中的“善意”，主要是指受让人不知让与人无所有权或处分权的事实。这是善意取得人取得财产所有权或其他权利的法律前提。明知让与人无处分权而仍受让该财产与无权处分人违反所有权人意志转让财产的行为，都属于故意侵犯他人所有权的行为。《二手车流通管理办法》第六条规定：“二手车直接交易是指二手车所有人不通过经销企业、拍卖企业和经纪机构将车辆直接出售给买方的交易行为。二手车直接交易应当在二手车交易市场进行。”第十五条第一款规定：“二手车卖方应当拥有车辆的所有权或者处置权。二手车交易市场经营者和二手车经营主体应当确认卖方的身份证明，车辆的号牌、《机动车登记证书》、《机动车行驶证》，有效的机动车安全技术检验合格标志、车辆保险单、交纳税费凭证等。”第十六条规定：“出售、拍卖无所有权或者处置权车辆的，应承担相应的法律责任。”第十七条规定：“二手车卖方应当向买方提供车辆的使用、修理、事故、检验以及是否办理抵押登记、交纳税费、报废期等真实情况和信息。买方购买的车辆如因卖方隐瞒和欺诈不能办理转移登记，卖方应当无条件接受退车，并退还购车款等费用。”本案中，被上诉人没有按照《二手车流通管理办法》规定的方式进行二手车交易，且在车辆转让时已明知车辆行驶登记证所登记的车主并非让与人。在此情况下，被上诉人没有进—步查明涉案车辆的来源，甚至连让与人的身份情况也一概不知，即在明知让与人不具有涉案车辆处分权的情况下进行了交易，显然不属于善意取得。

其次，被上诉人卢志成没有充分证据证明其在受让涉案浙 DH3951 号金杯面包车时，付出了合理的价格。善意取得是为保护交易安全而设定的，以有偿取得为前提，而且还应支付合理的价格。分析这一点实际上也可以从另一方面印证受让人是否基于善意取得财产，因为财产转让一般是有相应条件的，没有转让价格或者转让价格明显低于实际价格，足以引起受让人对让与人是否有处分权的合理怀疑。本案中被上诉人虽提供了其与案外人陈小波签订的协议，但因为该协议并非按照《二手车流通管理办法》规定的方式在二手车交易市场内签订，让与人也未出庭作证。在此情况下，被上诉人应当举出其他充分证据证明自己已经为涉案车辆交易支付了合理的价款。但被上诉人并未完成这一举证义务，故不能认定其在受让涉案车辆时支付了合理的价款。

第三，善意取得要求转让的财产依照法律规定应当登记的已经登记，不需要登记的已经交付给受让人。机动车虽然属于动产，但具有一定的特殊性，车主需办理机动车登记证、车辆行驶证，这些严格的管理措施使车辆不同于其他无需登记的动产，也利于受让人审核车辆转让时的合法正当性。本案被上诉人卢志成无法办理涉案车辆过户手续的事实，也说明他明知让与人未取得涉案车辆处分权，进一步说明被上诉人取得涉案车辆不属于善意取得。

综上，被上诉人卢志成并未善意取得涉案车辆。上诉人刘志兵基于物权请求权要求被告返还涉案车辆，理应支持；上诉人以缺乏证据为由撤回赔偿损失这一诉讼请求，系其真实意思表示，理由正当，予以准许。据此，浙江省绍兴市中级人民法院依照《中华人民共和国民事诉讼法》第一百五十三条第一款第(三)项之规定，于 2007 年 6 月 6 日判决：

一、撤销浙江省嵊州市人民法院(2007)嵊民一初字第 533 号民事判决；二、被上诉人卢志成应于本判决生效之日起十日内返还给上诉人刘志兵牌照号为浙 DH3951 号的金杯面包车一辆。

本判决为终审判决。

3. 业主的建筑物区分所有权

(1)专有部分与共有部分

住宅室内装饰装修管理办法

1. 2002年3月5日建设部令第110号公布
2. 根据2011年1月26日住房和城乡建设部令第9号《关于废止和修改部分规章的决定》修正

第一章 总 则

第一条 为加强住宅室内装饰装修管理,保证装饰装修工程质量和安全,维护公共安全和公众利益,根据有关法律、法规,制定本办法。

第二条 在城市从事住宅室内装饰装修活动,实施对住宅室内装饰装修活动的监督管理,应当遵守本办法。

本办法所称住宅室内装饰装修,是指住宅竣工验收合格后,业主或者住宅使用人(以下简称装修人)对住宅室内进行装饰装修的建筑活动。

第三条 住宅室内装饰装修应当保证工程质量和安全,符合工程建设强制性标准。

第四条 国务院建设行政主管部门负责全国住宅室内装饰装修活动的管理工作。

省、自治区人民政府建设行政主管部门负责本行政区域内的住宅室内装饰装修活动的管理工作。

直辖市、市、县人民政府房地产行政主管部门负责本行政区域内的住宅室内装饰装修活动的管理工作。

第二章 一 般 规 定

第五条 住宅室内装饰装修活动,禁止下列行为:

(一)未经原设计单位或者具有相应资质等级的设计单位提出设计方案,变动建筑主体和承重结构;

(二)将没有防水要求的房间或者阳台改为卫生间、厨房间;

(三)扩大承重墙上原有的门窗尺寸,拆除连接阳台的砖、混凝土墙体;

(四)损坏房屋原有节能设施,降低节能效果;

(五)其他影响建筑结构和使用安全的行为。

本办法所称建筑主体,是指建筑实体的结构构造,包括屋盖、楼盖、梁、柱、支撑、墙体、连接接点和基础等。

本办法所称承重结构,是指直接将本身自重与各种外加作用力系统地传递给基础地基的主要结构构件和其连接接点,包括承重墙体、立杆、柱、框架柱、支墩、楼板、梁、屋架、悬索等。

第六条 装修人从事住宅室内装饰装修活动,未经批准,不得有下列行为:

(一)搭建建筑物、构筑物;

(二)改变住宅外立面,在非承重外墙上开门、窗;

(三)拆改供暖管道和设施;

(四)拆改燃气管道和设施。

本条所列第(一)项、第(二)项行为,应当经城市规划行政主管部门批准;第(三)项行为,应当经供暖管理单位批准;第(四)项行为应当经燃气管理单位批准。

第七条 住宅室内装饰装修超过设计标准或者规范增加楼面荷载的,应当经原设计单位或者具有相应资质等级的设计单位提出设计方案。

第八条 改动卫生间、厨房间防水层的,应当按照防水标准制订施工方案,并做闭水试验。

第九条 装修人经原设计单位或者具有相应资质等级的设计单位提出设计方案变动建筑主体和承重结构的，或者装修活动涉及本办法第六条、第七条、第八条内容的，必须委托具有相应资质的装饰装修企业承担。

第十条 装饰装修企业必须按照工程建设强制性标准和其他技术标准施工，不得偷工减料，确保装饰装修工程质量。

第十一条 装饰装修企业从事住宅室内装饰装修活动，应当遵守施工安全操作规程，按照规定采取必要的安全防护和消防措施，不得擅自动用明火和进行焊接作业，保证作业人员和周围住房及财产的安全。

第十二条 装修人和装饰装修企业从事住宅室内装饰装修活动，不得侵占公共空间，不得损害公共部位和设施。

第三章 开工申报与监督

第十三条 装修人在住宅室内装饰装修工程开工前，应当向物业管理企业或者房屋管理机构（以下简称物业管理单位）申报登记。

非业主的住宅使用人对住宅室内进行装饰装修，应当取得业主的书面同意。

第十四条 申报登记应当提交下列材料：

（一）房屋所有权证（或者证明其合法权益的有效凭证）；

（二）申请人身份证件；

（三）装饰装修方案；

（四）变动建筑主体或者承重结构的，需提交原设计单位或者具有相应资质等级的设计单位提出的设计方案；

（五）涉及本办法第六条行为的，需提交有关部门的批准文件，涉及本办法第七条、第八条行为的，需提交设计方案或者施工方案；

（六）委托装饰装修企业施工的，需提供该企业相关资质证书的复印件。

非业主的住宅使用人，还需提供业主同意装饰装修的书面证明。

第十五条 物业管理单位应当将住宅室内装饰装修工程的禁止行为和注意事项告知装修人和装修人委托的装饰装修企业。

装修人对住宅进行装饰装修前，应当告知邻里。

第十六条 装修人，或者装修人和装饰装修企业，应当与物业管理单位签订住宅室内装饰装修管理服务协议。

住宅室内装饰装修管理服务协议应当包括下列内容：

（一）装饰装修工程的实施内容；

（二）装饰装修工程的实施期限；

（三）允许施工的时间；

（四）废弃物的清运与处置；

（五）住宅外立面设施及防盗窗的安装要求；

（六）禁止行为和注意事项；

（七）管理服务费用；

（八）违约责任；

（九）其他需要约定的事项。

第十七条 物业管理单位应当按照住宅室内装饰装修管理服务协议实施管理，发现装修人或者装饰装修企业有本办法第五条行为的，或者未经有关部门批准实施本办法第六条所列行为的，或者有违反本办法第七条、第八条、第九条规定行为的，应当立即制止；已造成事实后果或者拒不改正的，应当及时报告有关部门依法处理。对装修人或者装饰装修企业违反住宅室内装饰装修管理服务协议的，追究违约责任。

第十八条 有关部门接到物业管理单位关于装修人或者装饰装修企业有违反本办

法行为的报告后,应当及时到现场检查核实,依法处理。

第十九条 禁止物业管理单位向装修人指派装饰装修企业或者强行推销装饰装修材料。

第二十条 装修人不得拒绝和阻碍物业管理单位依据住宅室内装饰装修管理服务协议的约定,对住宅室内装饰装修活动的监督检查。

第二十一条 任何单位和个人对住宅室内装饰装修中出现的影响公众利益的质量事故、质量缺陷以及其他影响周围住户正常生活的行为,都有权检举、控告、投诉。

第四章 委托与承接

第二十二条 承接住宅室内装饰装修工程的装饰装修企业,必须经建设行政主管部门资质审查,取得相应的建筑业企业资质证书,并在其资质等级许可的范围内承揽工程。

第二十三条 装修人委托企业承接其装饰装修工程的,应当选择具有相应资质等级的装饰装修企业。

第二十四条 装修人与装饰装修企业应当签订住宅室内装饰装修书面合同,明确双方的权利和义务。

住宅室内装饰装修合同应当包括下列主要内容:

(一)委托人和被委托人的姓名或者单位名称、住所地址、联系电话;

(二)住宅室内装饰装修的房屋间数、建筑面积,装饰装修的项目、方式、规格、质量要求以及质量验收方式;

(三)装饰装修工程的开工、竣工时间;

(四)装饰装修工程保修的内容、期限;

(五)装饰装修工程价格,计价和支付方式、时间;

(六)合同变更和解除的条件;

(七)违约责任及解决纠纷的途径;

(八)合同的生效时间;

(九)双方认为需要明确的其他条款。

第二十五条 住宅室内装饰装修工程发生纠纷的,可以协商或者调解解决。不愿协商、调解或者协商、调解不成的,可以依法申请仲裁或者向人民法院起诉。

第五章 室内环境质量

第二十六条 装饰装修企业从事住宅室内装饰装修活动,应当严格遵守规定的装饰装修施工时间,降低施工噪音,减少环境污染。

第二十七条 住宅室内装饰装修过程中所形成的各种固体、可燃液体等废物,应当按照规定的位置、方式和时间堆放和清运。严禁违反规定将各种固体、可燃液体等废物堆放于住宅垃圾道、楼道或者其他地方。

第二十八条 住宅室内装饰装修工程使用的材料和设备必须符合国家标准,有质量检验合格证明和有中文标识的产品名称、规格、型号、生产厂厂名、厂址等。禁止使用国家明令淘汰的建筑装饰装修材料和设备。

第二十九条 装修人委托企业对住宅室内进行装饰装修的,装饰装修工程竣工后,空气质量应当符合国家有关标准。装修人可以委托有资格的检测单位对空气质量进行检测。检测不合格的,装饰装修企业应当返工,并由责任人承担相应损失。

第六章 竣工验收与保修

第三十条 住宅室内装饰装修工程竣工后,装修人应当按照工程设计合同约定和相应的质量标准进行验收。验收合格后,装饰装修企业应当出具住宅室内装饰装修质量保修书。

物业管理单位应当按照装饰装修管

理服务协议进行现场检查,对违反法律、法规和装饰装修管理服务协议的,应当要求装修人和装饰装修企业纠正,并将检查记录存档。

第三十一条 住宅室内装饰装修工程竣工后,装饰装修企业负责采购装饰装修材料及设备的,应当向业主提交说明书、保修单和环保说明书。

第三十二条 在正常使用条件下,住宅室内装饰装修工程的最低保修期限为二年,有防水要求的厨房、卫生间和外墙面的防渗漏为五年。保修期自住宅室内装饰装修工程竣工验收合格之日起计算。

第七章 法律责任

第三十三条 因住宅室内装饰装修活动造成相邻住宅的管道堵塞、渗漏水、停水停电、物品毁坏等,装修人应当负责修复和赔偿;属于装饰装修企业责任的,装修人可以向装饰装修企业追偿。

装修人擅自拆改供暖、燃气管道和设施造成损失的,由装修人负责赔偿。

第三十四条 装修人因住宅室内装饰装修活动侵占公共空间,对公共部位和设施造成损害的,由城市房地产行政主管部门责令改正,造成损失的,依法承担赔偿责任。

第三十五条 装修人未申报登记进行住宅室内装饰装修活动的,由城市房地产行政主管部门责令改正,处5百元以上1千元以下的罚款。

第三十六条 装修人违反本办法规定,将住宅室内装饰装修工程委托给不具有相应资质等级企业的,由城市房地产行政主管部门责令改正,处5百元以上1千元以下的罚款。

第三十七条 装饰装修企业自行采购或者向装修人推荐使用不符合国家标准的装饰装修材料,造成空气污染超标的,由城市房地产行政主管部门责令改正,造成损失的,依法承担赔偿责任。

第三十八条 住宅室内装饰装修活动有下列行为之一的,由城市房地产行政主管部门责令改正,并处罚款:

(一)将没有防水要求的房间或者阳台改为卫生间、厨房间的,或者拆除连接阳台的砖、混凝土墙体的,对装修人处5百元以上1千元以下的罚款,对装饰装修企业处1千元以上1万元以下的罚款;

(二)损坏房屋原有节能设施或者降低节能效果的,对装饰装修企业处1千元以上5千元以下的罚款;

(三)擅自拆改供暖、燃气管道和设施的,对装修人处5百元以上1千元以下的罚款;

(四)未经原设计单位或者具有相应资质等级的设计单位提出设计方案,擅自超过设计标准或者规范增加楼面荷载的,对装修人处5百元以上1千元以下的罚款,对装饰装修企业处1千元以上1万元以下的罚款。

第三十九条 未经城市规划行政主管部门批准,在住宅室内装饰装修活动中搭建建筑物、构筑物的,或者擅自改变住宅外立面、在非承重外墙上开门、窗的,由城市规划行政主管部门按照《城乡规划法》及相关法规的规定处罚。

第四十条 装修人或者装饰装修企业违反《建设工程质量管理条例》的,由建设行政主管部门按照有关规定处罚。

第四十一条 装饰装修企业违反国家有关安全生产规定和安全生产技术规程,不按照规定采取必要的安全防护和消防措施,擅自动用明火作业和进行焊接作业的,或者对建筑安全事故隐患不采取措施予以消除的,由建设行政主管部门责令改正,并处1千元以上1万元以下的罚款;情节严重的,责令停业整顿,并处1万元以上3万元以下的罚款;造成重大安全事故的,降低资质等级或者吊销资质证书。

第四十二条 物业管理单位发现装修人或者装饰装修企业有违反本办法规定的行为不及时向有关部门报告的,由房地产行政主管部门给予警告,可处装饰装修管理服务协议约定的装饰装修管理服务费2至3倍的罚款。

第四十三条 有关部门的工作人员接到物业管理单位对装修人或者装饰装修企业违法行为的报告后,未及时处理,玩忽职守的,依法给予行政处分。

第八章 附 则

第四十四条 工程投资额在30万元以下或者建筑面积在300平方米以下,可以不申请办理施工许可证的非住宅装饰装修活动参照本办法执行。

第四十五条 住宅竣工验收合格前的装饰装修工程管理,按照《建设工程质量管理条例》执行。

第四十六条 省、自治区、直辖市人民政府建设行政主管部门可以依据本办法,制定实施细则。

第四十七条 本办法由国务院建设行政主管部门负责解释。

第四十八条 本办法自2002年5月1日起施行。

住宅专项维修资金管理办法

1. 2007年12月4日财政部令第165号公布
2. 自2008年2月1日起施行

第一章 总 则

第一条 为了加强对住宅专项维修资金的管理,保障住宅共用部位、共用设施设备的维修和正常使用,维护住宅专项维修资金所有者的合法权益,根据《物权法》、《物业管理条例》等法律、行政法规,制定本办法。

第二条 商品住宅、售后公有住房住宅专项维修资金的交存、使用、管理和监督,适用本办法。

本办法所称住宅专项维修资金,是指专项用于住宅共用部位、共用设施设备保修期满后的维修和更新、改造的资金。

第三条 本办法所称住宅共用部位,是指根据法律、法规和房屋买卖合同,由单幢住宅内业主或者单幢住宅内业主及与之结构相连的非住宅业主共有的部位,一般包括:住宅的基础、承重墙体、柱、梁、楼板、屋顶以及户外的墙面、门厅、楼梯间、走廊通道等。

本办法所称共用设施设备,是指根据法律、法规和房屋买卖合同,由住宅业主或者住宅业主及有关非住宅业主共有的附属设施设备,一般包括电梯、天线、照明、消防设施、绿地、道路、路灯、沟渠、池、井、非经营性车场车库、公益性文体设施和共用设施设备使用的房屋等。

第四条 住宅专项维修资金管理实行专户存储、专款专用、所有权人决策、政府监督的原则。

第五条 国务院建设主管部门会同国务院财政部门负责全国住宅专项维修资金的指导和监督工作。

县级以上地方人民政府建设(房地产)主管部门会同同级财政部门负责本行政区域内住宅专项维修资金的指导和监督工作。

第二章 交 存

第六条 下列物业的业主应当按照本办法

的规定交存住宅专项维修资金：

（一）住宅，但一个业主所有且与其他物业不具有共用部位、共用设施设备的除外；

（二）住宅小区内的非住宅或者住宅小区外与单幢住宅结构相连的非住宅。

前款所列物业属于出售公有住房的，售房单位应当按照本办法的规定交存住宅专项维修资金。

第七条 商品住宅的业主、非住宅的业主按照所拥有物业的建筑面积交存住宅专项维修资金，每平方米建筑面积交存首期住宅专项维修资金的数额为当地住宅建筑安装工程每平方米造价的5%至8%。

直辖市、市、县人民政府建设（房地产）主管部门应当根据本地区情况，合理确定、公布每平方米建筑面积交存首期住宅专项维修资金的数额，并适时调整。

第八条 出售公有住房的，按照下列规定交存住宅专项维修资金：

（一）业主按照所拥有物业的建筑面积交存住宅专项维修资金，每平方米建筑面积交存首期住宅专项维修资金的数额为当地房改成本价的2%。

（二）售房单位按照多层住宅不低于售房款的20%、高层住宅不低于售房款的30%，从售房款中一次性提取住宅专项维修资金。

第九条 业主交存的住宅专项维修资金属于业主所有。

从公有住房售房款中提取的住宅专项维修资金属于公有住房售房单位所有。

第十条 业主大会成立前，商品住宅业主、非住宅业主交存的住宅专项维修资金，由物业所在地直辖市、市、县人民政府建设（房地产）主管部门代管。

直辖市、市、县人民政府建设（房地产）主管部门应当委托所在地一家商业银行，作为本行政区域内住宅专项维修资金的专户管理银行，并在专户管理银行开立住宅专项维修资金专户。

开立住宅专项维修资金专户，应当以物业管理区域为单位设账，按房屋户门号设分户账；未划定物业管理区域的，以幢为单位设账，按房屋户门号设分户账。

第十一条 业主大会成立前，已售公有住房住宅专项维修资金，由物业所在地直辖市、市、县人民政府财政部门或者建设（房地产）主管部门负责管理。

负责管理公有住房住宅专项维修资金的部门应当委托所在地一家商业银行，作为本行政区域内公有住房住宅专项维修资金的专户管理银行，并在专户管理银行开立公有住房住宅专项维修资金专户。

开立公有住房住宅专项维修资金专户，应当按照售房单位设账，按幢设分账；其中，业主交存的住宅专项维修资金，按房屋户门号设分户账。

第十二条 商品住宅的业主应当在办理房屋入住手续前，将首期住宅专项维修资金存入住宅专项维修资金专户。

已售公有住房的业主应当在办理房屋入住手续前，将首期住宅专项维修资金存入公有住房住宅专项维修资金专户或者交由售房单位存入公有住房住宅专项维修资金专户。

公有住房售房单位应当在收到售房款之日起30日内，将提取的住宅专项维修资金存入公有住房住宅专项维修资金专户。

第十三条 未按本办法规定交存首期住宅专项维修资金的，开发建设单位或者公有住房售房单位不得将房屋交付购买人。

第十四条 专户管理银行、代收住宅专项维修资金的售房单位应当出具由财政部或者省、自治区、直辖市人民政府财政部门统一监制的住宅专项维修资金专用票据。

第十五条　业主大会成立后，应当按照下列规定划转业主交存的住宅专项维修资金：

（一）业主大会应当委托所在地一家商业银行作为本物业管理区域内住宅专项维修资金的专户管理银行，并在专户管理银行开立住宅专项维修资金专户。

开立住宅专项维修资金专户，应当以物业管理区域为单位设账，按房屋户门号设分户账。

（二）业主委员会应当通知所在地直辖市、市、县人民政府建设（房地产）主管部门；涉及已售公有住房的，应当通知负责管理公有住房住宅专项维修资金的部门。

（三）直辖市、市、县人民政府建设（房地产）主管部门或者负责管理公有住房住宅专项维修资金的部门应当在收到通知之日起30日内，通知专户管理银行将该物业管理区域内业主交存的住宅专项维修资金账面余额划转至业主大会开立的住宅专项维修资金账户，并将有关账目等移交业主委员会。

第十六条　住宅专项维修资金划转后的账目管理单位，由业主大会决定。业主大会应当建立住宅专项维修资金管理制度。

业主大会开立的住宅专项维修资金账户，应当接受所在地直辖市、市、县人民政府建设（房地产）主管部门的监督。

第十七条　业主分户账面住宅专项维修资金余额不足首期交存额30%的，应当及时续交。

成立业主大会的，续交方案由业主大会决定。

未成立业主大会的，续交的具体管理办法由直辖市、市、县人民政府建设（房地产）主管部门会同同级财政部门制定。

第三章　使　　用

第十八条　住宅专项维修资金应当专项用于住宅共用部位、共用设施设备保修期满后的维修和更新、改造，不得挪作他用。

第十九条　住宅专项维修资金的使用，应当遵循方便快捷、公开透明、受益人和负担人相一致的原则。

第二十条　住宅共用部位、共用设施设备的维修和更新、改造费用，按照下列规定分摊：

（一）商品住宅之间或者商品住宅与非住宅之间共用部位、共用设施设备的维修和更新、改造费用，由相关业主按照各自拥有物业建筑面积的比例分摊。

（二）售后公有住房之间共用部位、共用设施设备的维修和更新、改造费用，由相关业主和公有住房售房单位按照所交存住宅专项维修资金的比例分摊；其中，应由业主承担的，再由相关业主按照各自拥有物业建筑面积的比例分摊。

（三）售后公有住房与商品住宅或者非住宅之间共用部位、共用设施设备的维修和更新、改造费用，先按照建筑面积比例分摊到各相关物业。其中，售后公有住房应分摊的费用，再由相关业主和公有住房售房单位按照所交存住宅专项维修资金的比例分摊。

第二十一条　住宅共用部位、共用设施设备维修和更新、改造，涉及尚未售出的商品住宅、非住宅或者公有住房的，开发建设单位或者公有住房单位应当按照尚未售出商品住宅或者公有住房的建筑面积，分摊维修和更新、改造费用。

第二十二条　住宅专项维修资金划转业主大会管理前，需要使用住宅专项维修资金的，按照以下程序办理：

（一）物业服务企业根据维修和更新、改造项目提出使用建议；没有物业服务企业的，由相关业主提出使用建议；

（二）住宅专项维修资金列支范围内专有部分占建筑物总面积三分之二以上的业主且占总人数三分之二以上的业主讨论通过使用建议；

（三）物业服务企业或者相关业主组织实施使用方案；

（四）物业服务企业或者相关业主持有关材料，向所在地直辖市、市、县人民政府建设（房地产）主管部门申请列支；其中，动用公有住房住宅专项维修资金的，向负责管理公有住房住宅专项维修资金的部门申请列支；

（五）直辖市、市、县人民政府建设（房地产）主管部门或者负责管理公有住房住宅专项维修资金的部门审核同意后，向专户管理银行发出划转住宅专项维修资金的通知；

（六）专户管理银行将所需住宅专项维修资金划转至维修单位。

第二十三条 住宅专项维修资金划转业主大会管理后，需要使用住宅专项维修资金的，按照以下程序办理：

（一）物业服务企业提出使用方案，使用方案应当包括拟维修和更新、改造的项目、费用预算、列支范围、发生危及房屋安全等紧急情况以及其他需临时使用住宅专项维修资金的情况的处置办法等；

（二）业主大会依法通过使用方案；

（三）物业服务企业组织实施使用方案；

（四）物业服务企业持有关材料向业主委员会提出列支住宅专项维修资金；其中，动用公有住房住宅专项维修资金的，向负责管理公有住房住宅专项维修资金的部门申请列支；

（五）业主委员会依据使用方案审核同意，并报直辖市、市、县人民政府建设（房地产）主管部门备案；动用公有住房住宅专项维修资金的，经负责管理公有住房住宅专项维修资金的部门审核同意；直辖市、市、县人民政府建设（房地产）主管部门或者负责管理公有住房住宅专项维修资金的部门发现不符合有关法律、法规、规章和使用方案的，应当责令改正；

（六）业主委员会、负责管理公有住房住宅专项维修资金的部门向专户管理银行发出划转住宅专项维修资金的通知；

（七）专户管理银行将所需住宅专项维修资金划转至维修单位。

第二十四条 发生危及房屋安全等紧急情况，需要立即对住宅共用部位、共用设施设备进行维修和更新、改造的，按照以下规定列支住宅专项维修资金：

（一）住宅专项维修资金划转业主大会管理前，按照本办法第二十二条第四项、第五项、第六项的规定办理；

（二）住宅专项维修资金划转业主大会管理后，按照本办法第二十三条第四项、第五项、第六项和第七项的规定办理。

发生前款情况后，未按规定实施维修和更新、改造的，直辖市、市、县人民政府建设（房地产）主管部门可以组织代修，维修费用从相关业主住宅专项维修资金分户账中列支；其中，涉及已售公有住房的，还应当从公有住房住宅专项维修资金中列支。

第二十五条 下列费用不得从住宅专项维修资金中列支：

（一）依法应当由建设单位或者施工单位承担的住宅共用部位、共用设施设备维修、更新和改造费用；

（二）依法应当由相关单位承担的供水、供电、供气、供热、通讯、有线电视等管线和设施设备的维修、养护费用；

（三）应当由当事人承担的因人为损坏住宅共用部位、共用设施设备所需的修复费用；

（四）根据物业服务合同约定，应当由物业服务企业承担的住宅共用部位、共用设施设备的维修和养护费用。

第二十六条 在保证住宅专项维修资金正常使用的前提下，可以按照国家有关规定将住宅专项维修资金用于购买国债。

利用住宅专项维修资金购买国债，应当在银行间债券市场或者商业银行柜台市场购买一级市场新发行的国债，并持有到期。

利用业主交存的住宅专项维修资金购买国债的，应当经业主大会同意；未成立业主大会的，应当经专有部分占建筑物总面积三分之二以上的业主且占总人数三分之二以上业主同意。

利用从公有住房售房款中提取的住宅专项维修资金购买国债的，应当根据售房单位的财政隶属关系，报经同级财政部门同意。

禁止利用住宅专项维修资金从事国债回购、委托理财业务或者将购买的国债用于质押、抵押等担保行为。

第二十七条 下列资金应当转入住宅专项维修资金滚存使用：

（一）住宅专项维修资金的存储利息；

（二）利用住宅专项维修资金购买国债的增值收益；

（三）利用住宅共用部位、共用设施设备进行经营的，业主所得收益，但业主大会另有决定的除外；

（四）住宅共用设施设备报废后回收的残值。

第四章 监督管理

第二十八条 房屋所有权转让时，业主应当向受让人说明住宅专项维修资金交存和结余情况并出具有效证明，该房屋分户账中结余的住宅专项维修资金随房屋所有权同时过户。

受让人应当持住宅专项维修资金过户的协议、房屋权属证书、身份证等到专户管理银行办理分户账更名手续。

第二十九条 房屋灭失的，按照以下规定返还住宅专项维修资金：

（一）房屋分户账中结余的住宅专项维修资金返还业主；

（二）售房单位交存的住宅专项维修资金账面余额返还售房单位；售房单位不存在的，按照售房单位财务隶属关系，收缴同级国库。

第三十条 直辖市、市、县人民政府建设（房地产）主管部门，负责管理公有住房住宅专项维修资金的部门及业主委员会，应当每年至少一次与专户管理银行核对住宅专项维修资金账目，并向业主、公有住房售房单位公布下列情况：

（一）住宅专项维修资金交存、使用、增值收益和结存的总额；

（二）发生列支的项目、费用和分摊情况；

（三）业主、公有住房售房单位分户账中住宅专项维修资金交存、使用、增值收益和结存的金额；

（四）其他有关住宅专项维修资金使用和管理的情况。

业主、公有住房售房单位对公布的情况有异议的，可以要求复核。

第三十一条 专户管理银行应当每年至少

一次向直辖市、市、县人民政府建设(房地产)主管部门,负责管理公有住房住宅专项维修资金的部门及业主委员会发送住宅专项维修资金对账单。

直辖市、市、县建设(房地产)主管部门,负责管理公有住房住宅专项维修资金的部门及业主委员会对资金账户变化情况有异议的,可以要求专户管理银行进行复核。

专户管理银行应当建立住宅专项维修资金查询制度,接受业主、公有住房售房单位对其分户账中住宅专项维修资金使用、增值收益和账面余额的查询。

第三十二条 住宅专项维修资金的管理和使用,应当依法接受审计部门的审计监督。

第三十三条 住宅专项维修资金的财务管理和会计核算应当执行财政部有关规定。

财政部门应当加强对住宅专项维修资金收支财务管理和会计核算制度执行情况的监督。

第三十四条 住宅专项维修资金专用票据的购领、使用、保存、核销管理,应当按照财政部以及省、自治区、直辖市人民政府财政部门的有关规定执行,并接受财政部门的监督检查。

第五章 法律责任

第三十五条 公有住房售房单位有下列行为之一的,由县级以上地方人民政府财政部门会同同级建设(房地产)主管部门责令限期改正:

(一)未按本办法第八条、第十二条第三款规定交存住宅专项维修资金的;

(二)违反本办法第十三条规定将房屋交付买受人的;

(三)未按本办法第二十一条规定分摊维修、更新和改造费用的。

第三十六条 开发建设单位违反本办法第十三条规定将房屋交付买受人的,由县级以上地方人民政府建设(房地产)主管部门责令限期改正;逾期不改正的,处以3万元以下的罚款。

开发建设单位未按本办法第二十一条规定分摊维修、更新和改造费用的,由县级以上地方人民政府建设(房地产)主管部门责令限期改正;逾期不改正的,处以1万元以下的罚款。

第三十七条 违反本办法规定,挪用住宅专项维修资金的,由县级以上地方人民政府建设(房地产)主管部门追回挪用的住宅专项维修资金,没收违法所得,可以并处挪用金额2倍以下的罚款;构成犯罪的,依法追究直接负责的主管人员和其他直接责任人员的刑事责任。

物业服务企业挪用住宅专项维修资金,情节严重的,除按前款规定予以处罚外,还应由颁发资质证书的部门吊销资质证书。

直辖市、市、县人民政府建设(房地产)主管部门挪用住宅专项维修资金的,由上一级人民政府建设(房地产)主管部门追回挪用的住宅专项维修资金,对直接负责的主管人员和其他直接责任人员依法给予处分;构成犯罪的,依法追究刑事责任。

直辖市、市、县人民政府财政部门挪用住宅专项维修资金的,由上一级人民政府财政部门追回挪用的住宅专项维修资金,对直接负责的主管人员和其他直接责任人员依法给予处分;构成犯罪的,依法追究刑事责任。

第三十八条 直辖市、市、县人民政府建设(房地产)主管部门违反本办法第二十六条规定的,由上一级人民政府建设(房地产)主管部门责令限期改正,对直接负责的主管人员和其他直接责任人员依法给予处分；造成损失的，依法赔偿；构成犯罪的，依法追究刑事责任。

直辖市、市、县人民政府财政部门违反本办法第二十六条规定的，由上一级人民政府财政部门责令限期改正，对直接负责的主管人员和其他直接责任人员依法给予处分；造成损失的，依法赔偿；构成犯罪的，依法追究刑事责任。

业主大会违反本办法第二十六条规定的，由直辖市、市、县人民政府建设（房地产）主管部门责令改正。

第三十九条 对违反住宅专项维修资金专用票据管理规定的行为，按照《财政违法行为处罚处分条例》的有关规定追究法律责任。

第四十条 县级以上人民政府建设（房地产）主管部门、财政部门及其工作人员利用职务上的便利，收受他人财物或者其他好处，不依法履行监督管理职责，或者发现违法行为不予查处的，依法给予处分；构成犯罪的，依法追究刑事责任。

第六章 附 则

第四十一条 省、自治区、直辖市人民政府建设（房地产）主管部门会同同级财政部门可以依据本办法，制定实施细则。

第四十二条 本办法实施前，商品住宅、公有住房已经出售但未建立住宅专项维修资金的，应当补建。具体办法由省、自治区、直辖市人民政府建设（房地产）主管部门会同同级财政部门依据本办法制定。

第四十三条 本办法由国务院建设主管部门、财政部门共同解释。

第四十四条 本办法自2008年2月1日起施行，1998年12月16日建设部、财政部发布的《住宅共用部位共用设施设备维修基金管理办法》（建住房〔1998〕213号）同时废止。

最高人民法院关于审理建筑物区分所有权纠纷案件具体应用法律若干问题的解释

1. 2009年3月23日最高人民法院审判委员会第1464次会议通过
2. 2009年5月14日公布
3. 法释〔2009〕7号
4. 自2009年10月1日起施行

为正确审理建筑物区分所有权纠纷案件，依法保护当事人的合法权益，根据《中华人民共和国物权法》等法律的规定，结合民事审判实践，制定本解释。

第一条 依法登记取得或者根据物权法第二章第三节规定取得建筑物专有部分所有权的人，应当认定为物权法第六章所称的业主。

基于与建设单位之间的商品房买卖民事法律行为，已经合法占有建筑物专有部分，但尚未依法办理所有权登记的人，可以认定为物权法第六章所称的业主。

第二条 建筑区划内符合下列条件的房屋，以及车位、摊位等特定空间，应当认定为物权法第六章所称的专有部分：

（一）具有构造上的独立性，能够明确区分；

（二）具有利用上的独立性，可以排他使用；

（三）能够登记成为特定业主所有权的客体。

规划上专属于特定房屋，且建设单位销售时已经根据规划列入该特定房屋买卖合同中的露台等，应当认定为物权法第六章所称专有部分的组成部分。

本条第一款所称房屋，包括整栋建筑物。

第三条 除法律、行政法规规定的共有部分外，建筑区划内的以下部分，也应当认定为物权法第六章所称的共有部分：

（一）建筑物的基础、承重结构、外墙、屋顶等基本结构部分，通道、楼梯、大堂等公共通行部分，消防、公共照明等附属设施、设备，避难层、设备层或者设备间等结构部分；

（二）其他不属于业主专有部分，也不属于市政公用部分或者其他权利人所有的场所及设施等。

建筑区划内的土地，依法由业主共同享有建设用地使用权，但属于业主专有的整栋建筑物的规划占地或者城镇公共道路、绿地占地除外。

第四条 业主基于对住宅、经营性用房等专有部分特定使用功能的合理需要，无偿利用屋顶以及与其专有部分相对应的外墙面等共有部分的，不应认定为侵权。但违反法律、法规、管理规约，损害他人合法权益的除外。

第五条 建设单位按照配置比例将车位、车库，以出售、附赠或者出租等方式处分给业主的，应当认定其行为符合物权法第七十四条第一款有关“应当首先满足业主的需要”的规定。

前款所称配置比例是指规划确定的建筑区划内规划用于停放汽车的车位、车库与房屋套数的比例。

第六条 建筑区划内在规划用于停放汽车的车位之外，占用业主共有道路或者其他场地增设的车位，应当认定为物权法第七十四条第三款所称的车位。

第七条 改变共有部分的用途、利用共有部分从事经营性活动、处分共有部分，以及业主大会依法决定或者管理规约依法确定应由业主共同决定的事项，应当认定为物权法第七十六条第一款第（七）项规定的有关共有和共同管理权利的“其他重大事项”。

第八条 物权法第七十六条第二款和第八十条规定的专有部分面积和建筑物总面积，可以按照下列方法认定：

（一）专有部分面积，按照不动产登记簿记载的面积计算；尚未进行物权登记的，暂按测绘机构的实测面积计算；尚未进行实测的，暂按房屋买卖合同记载的面积计算；

（二）建筑物总面积，按照前项的统计总和计算。

第九条 物权法第七十六条第二款规定的业主人数和总人数，可以按照下列方法认定：

（一）业主人数，按照专有部分的数量计算，一个专有部分按一人计算。但建设单位尚未出售和虽已出售但尚未交付的部分，以及同一买受人拥有一个以上专有部分的，按一人计算；

（二）总人数，按照前项的统计总和计算。

第十条 业主将住宅改变为经营性用房，未按照物权法第七十七条的规定经有利害关系的业主同意，有利害关系的业主请求排除妨害、消除危险、恢复原状或者赔偿损失的，人民法院应予支持。

将住宅改变为经营性用房的业主以多数有利害关系的业主同意其行为进行抗辩的，人民法院不予支持。

第十一条 业主将住宅改变为经营性用房，本栋建筑物内的其他业主，应当认定为物权法第七十七条所称“有利害关系的业主”。建筑区划内，本栋建筑物之外的业主，主张与自己有利害关系的，应证明其房屋价值、生活质量受到或者可能受到不利影响。

第十二条 业主以业主大会或者业主委员会作出的决定侵害其合法权益或者违反了法律规定的程序为由，依据物权法第七十八条第二款的规定请求人民法院撤销该决定的，应当在知道或者应当知道业主大会或者业主委员会作出决定之日起一年内行使。

第十三条 业主请求公布、查阅下列应当向业主公开的情况和资料的，人民法院应予支持：

（一）建筑物及其附属设施的维修资金的筹集、使用情况；

（二）管理规约、业主大会议事规则，以及业主大会或者业主委员会的决定及会议记录；

（三）物业服务合同、共有部分的使用和收益情况；

（四）建筑区划内规划用于停放汽车的车位、车库的处分情况；

（五）其他应当向业主公开的情况和资料。

第十四条 建设单位或者其他行为人擅自占用、处分业主共有部分、改变其使用功能或者进行经营性活动，权利人请求排除妨害、恢复原状、确认处分行为无效或者赔偿损失的，人民法院应予支持。

属于前款所称擅自进行经营性活动的情形，权利人请求行为人将扣除合理成本之后的收益用于补充专项维修资金或者业主共同决定的其他用途的，人民法院应予支持。行为人对成本的支出及其合理性承担举证责任。

第十五条 业主或者其他行为人违反法律、法规、国家相关强制性标准、管理规约，或者违反业主大会、业主委员会依法作出的决定，实施下列行为的，可以认定为物权法第八十三条第二款所称的其他“损害他人合法权益的行为”：

（一）损害房屋承重结构，损害或者违章使用电力、燃气、消防设施，在建筑物内放置危险、放射性物品等危及建筑物安全或者妨碍建筑物正常使用；

（二）违反规定破坏、改变建筑物外墙面的形状、颜色等损害建筑物外观；

（三）违反规定进行房屋装饰装修；

（四）违章加建、改建，侵占、挖掘公共通道、道路、场地或者其他共有部分。

第十六条 建筑物区分所有权纠纷涉及专有部分的承租人、借用人等物业使用人的，参照本解释处理。

专有部分的承租人、借用人等物业使用人，根据法律、法规、管理规约、业主大会或者业主委员会依法作出的决定，以及其与业主的约定，享有相应权利，承担相应义务。

第十七条 本解释所称建设单位，包括包销期满，按照包销合同约定的包销价格购买尚未销售的物业后，以自己名义对外销售的包销人。

第十八条 人民法院审理建筑物区分所有权案件中，涉及有关物权归属争议的，应当以法律、行政法规为依据。

第十九条 本解释自 2009 年 10 月 1 日起施行。

因物权法施行后实施的行为引起的建筑物区分所有权纠纷案件，适用本解释。

本解释施行前已经终审，本解释施行后当事人申请再审或者按照审判监督程序决定再审的案件，不适用本解释。

典型案例

上海市虹口区久乐大厦小区业主大会诉上海环亚实业总公司业主共有权纠纷案[①]

（最高人民法院审判委员会讨论通过
2016年9月19日发布）

【关键词】

民事　业主共有权　专项维修资金　法定义务　诉讼时效

【裁判要点】

专项维修资金是专门用于物业共用部位、共用设施设备保修期满后的维修和更新、改造的资金，属于全体业主共有。缴纳专项维修资金是业主为维护建筑物的长期安全使用而应承担的一项法定义务。业主拒绝缴纳专项维修资金，并以诉讼时效提出抗辩的，人民法院不予支持。

【相关法条】

《中华人民共和国民法通则》第135条

《中华人民共和国物权法》第79条、第83条第2款

《物业管理条例》第7条第4项、第54条第1款、第2款

【基本案情】

2004年3月，被告上海环亚实业总公司（以下简称环亚公司）取得上海市虹口区久乐大厦底层、二层房屋的产权，底层建筑面积691.36平方米、二层建筑面积910.39平方米。环亚公司未支付过上述房屋的专项维修资金。2010年9月，原告久乐大厦小区业主大会（以下简称久乐业主大会）经征求业主表决意见，决定由久乐业主大会代表业主提起追讨维修资金的诉讼。久乐业主大会向法院起诉，要求环亚公司就其所有的久乐大厦底层、二层的房屋向原告缴纳专项维修资金57566.9元。被告环亚公司辩称，其于2004年获得房地产权证，至本案诉讼有6年之久，原告从未主张过维修资金，该请求已超过诉讼时效，不同意原告诉请。

【裁判结果】

上海市虹口区人民法院于2011年7月21日作出（2011）虹民三（民）初字第833号民事判决：被告环亚公司应向原告久乐业主大会缴纳久乐大厦底层、二层房屋的维修资金57566.9元。宣判后，环亚公司向上海市第二中级人民法院提起上诉。上海市第二中级人民法院于2011年9月21日作出（2011）沪二中民二（民）终字第1908号民事判决：驳回上诉，维持原判。

【裁判理由】

法院生效裁判认为：《中华人民共和国物权法》（以下简称《物权法》）第七十九条规定，“建筑物及其附属设施的维修资金，属于业主共有。经业主共同决定，可以用于电梯、水箱等共有部分的维修。”《物业管理条例》第五十四条第二款规定，“专项维修资金属于业主所有，专项用于物业保修期满后物业共用部位、共用设施设备的维修和更新、改造，不得挪作他用”。《住宅专项维修资金管理办法》（建设部、财政部令第165号）（以下简称《办法》）第二条第二款规定，“本办法所称住宅专项维修资金，是指专项用于住宅共用部位、共用设施设备保修期满后的维修和更新、改造的资金。”依据上述规定，维修资金性质上属于专项基金，系为

---

① 最高人民法院指导案例65号，摘自最高人民法院官网。

特定目的，即为住宅共用部位、共用设施设备保修期满后的维修和更新、改造而专设的资金。它在购房款、税费、物业费之外，单独筹集、专户存储、单独核算。由其专用性所决定，专项维修资金的缴纳并非源于特别的交易或法律关系，而是为了准备应急性地维修、更新或改造区分所有建筑物的共有部分。由于共有部分的维护关乎全体业主的共同或公共利益，所以维修资金具有公共性、公益性。

《物业管理条例》第七条第四项规定，业主在物业管理活动中，应当履行按照国家有关规定交纳专项维修资金的义务。第五十四条第一款规定："住宅物业、住宅小区内的非住宅物业或者与单幢住宅楼结构相连的非住宅物业的业主，应当按照国家有关规定交纳专项维修资金。"依据上述规定，缴纳专项维修资金是为特定范围的公共利益，即建筑物的全体业主共同利益而特别确立的一项法定义务，这种义务的产生与存在仅仅取决于义务人是否属于区分所有建筑物范围内的住宅或非住宅所有权人。因此，缴纳专项维修资金的义务是一种旨在维护共同或公共利益的法定义务，其只存在补缴问题，不存在因时间经过而可以不缴的问题。

业主大会要求补缴维修资金的权利，是业主大会代表全体业主行使维护小区共同或公共利益之职责的管理权。如果允许某些业主不缴纳维修资金而可享有以其他业主的维修资金维护共有部分而带来的利益，其他业主就有可能在维护共有部分上支付超出自己份额的金钱，这违背了公平原则，并将对建筑物的长期安全使用，对全体业主的共有或公共利益造成损害。

基于专项维修资金的性质和业主缴纳专项维修资金义务的性质，被告环亚公司作为久乐大厦的业主，不依法自觉缴纳专项维修资金，并以业主大会起诉追讨专项维修资金已超过诉讼时效进行抗辩，该抗辩理由不能成立。原告根据被告所有的物业面积，按照同期其他业主缴纳专项维修资金的计算标准算出的被告应缴纳的数额合理，据此判决被告应当按照原告诉请支付专项维修资金。

孙庆军诉南京市清江花苑小区业主委员会业主知情权纠纷案①

【裁判摘要】

业主作为建筑物区分所有人，享有知情权，享有了解本小区建筑区划内涉及业主共有权及共同管理权等相关事项的权利，业主委员会应全面、合理公开其掌握的情况和资料。对于业主行使知情权亦应加以合理限制，防止滥用权利，其范围应限于涉及业主合法权益的信息，并遵循简便的原则。

原告：孙庆军，男，43 岁，住南京市鼓楼区。

被告：南京市清江花苑小区业主委员会，住所地：南京市鼓楼区清江花苑。

原告孙庆军与被告南京市清江花苑小区业主委员会（以下简称清江花苑业委会）发生业主知情权纠纷，向南京市鼓楼区人民法院提起诉讼。

原告孙庆军诉称：原告系清江花苑小区业主，本届业主委员会自 2012 年 12 月接手小区以来，管理混乱，财务收支不透明，从不公开依法应公开的信息，甚至出现违法行为，致原告等广大业主合法权益受到损害。原告曾至业委会要求查询相关信息被借故推脱。为维护业主合法权益，原告向法院提起诉讼，请求依法判决：一、被告清江花苑业

① 摘自《最高人民法院公报》2015 年第 12 期。

委会在小区公告栏公布下列情况及资料：1.公布清江花苑小区建筑物及附属设施的维修资金筹集使用情况；2.公布本届业主委员会所有决定、决议和会议记录；3.公布本届业主委员会与物业公司之间的服务合同和共有部分的使用及收益情况；4.公布本小区停车费收支分配和车位处分情况；5.公布本届业主委员任期内的各年度财务收支账目、收支凭证。二、诉讼费用由被告承担。

被告清江花苑业委会辩称：1.原告孙庆军的请求应通过业主大会集体行使。现因部分业主与被告产生冲突导致业委会无法召开，故原告起诉公布事项无法通过业主大会进行公示。2.原告要求公布维修资金的情况，被告将当庭公示原告所属单元的维修资金使用情况。而且小区维修资金的使用应向相关管理部门申报，业委会并未掌握相关情况。3.关于车位的情况。车位使用是根据先到先用的原则分配，故无法提供具体处分情况，原告应向小区物业公司质询。对于其他的诉求，被告已经予以公示。

南京市鼓楼区人民法院经审理查明：原告孙庆军系南京市鼓楼区清风园×幢×单元××室房屋的所有权人，其房屋位于清江花苑住宅小区内。

2014年4月4日，被告清江花苑业委会于小区公告栏张贴《关于目前业委会账户资金情况的说明》，主要内容为：2014年1月27日业委会代表小区收取过街通道征地补偿款2 334 820元，为使公共收益保值增值，业委会工作人员于2014年2月26至28日通过网上银行分四笔合计260万借用个人账户购买两支货币基金，后应法院要求，于2014年4月3日申请赎回，4月4日本金260万元及收益10 443.12元均已归入业委会公共账户，特予以公示。后被告在小区公告栏对2013年度、2014年度的业委会收支情况进行公示，2013年度收支一览表载明收支各5项；2014年度收支一览表载明收入3项、支出4项。2015年7月11日，被告在小区公告栏张贴公告，告知全体业主：小区物业变更及2014年业委会财务收支账目等信息已公布，如业主对有关信息需要进一步了解，请到业委会办公室询问和查阅。

另查明：2012年12月14日，上届清江花苑业委会与无锡市谐和物业管理有限公司（以下简称谐和公司）签订《清江花苑小区物业服务合同》，委托其对小区物业进行管理。该物业服务合同已在小区公告栏张贴。2015年3月15日，被告清江花苑业委会向谐和公司发函催缴2014年度公共收益，谐和公司答复称，将于2015年3月30日前将2014年度公共收益情况提交并公示，具体欠缴金额及结算日期将与被告商定后实施。2015年6月19日，被告在小区公告栏张贴《物业变更公示》，告知小区业主：接谐和公司通知，因其面临破产，推荐江苏启成物业服务公司（以下简称启成公司）进行托管。后被告与启成公司签订物业服务合同，并在小区公告栏公布《物业服务合同》。原告孙庆军因要求被告公开相关信息，与被告产生纠纷，诉至法院，要求判如所请。

庭审中，被告清江花苑业委会举证招标时间为2013年7月的清江花苑小区屋面、墙体防水工程的开标、评标公示、招标文件、中标通知书、维修资金申请使用征询意见表及部分公摊明细等涉及维修资金使用情况的文件。原告孙庆军对此认可，但认为被告应公布全部维修资金的情况，而非专项维修资金的情况。

南京市鼓楼区人民法院审理认为：

业主对小区公共事务和物业管理的相关事项享有知情权，可以向业委会、物业公司要求公布、查阅依法应当向业主公开，且确由业委会和物业公司掌握的情况和资料。原告孙庆军作为业主，可以向被告清江花苑业委会主张公布由被告掌握的情况和资料。根据最高人民法院《关于审理建筑物区分所有权纠纷案件具体应用法律若干问题的解释》第十三条之规定，业主有权请求公布、查阅以下资料：（一）建筑物及其附属设施的维修资金的筹集、使用情况；（二）管理规约、业主大会议事规则，以及业主大会或者业主委员会的决定及会议记录；（三）物业服务合同、共有部分的使用和收益情况；（四）建筑区划内规划用于停放汽车的车位、车库的处分情况；（五）其他应当向业主公开的情况和资料。因此被告认为原告主张的权利应通过业主大会予以集体行使的抗辩理由，没有法律依据，且有违经济、便利原则，不利于业主上述知情权利的行使与保护，因此不予支持。清江花苑业委会应保障业主对上述资料进行查阅的权利，并及时公布与业主利益相关的资料。

关于原告孙庆军请求公布清江花苑小区建筑物及附属设施的维修资金筹集使用情况的主张。建筑物及附属设施的维修资金属于业主共有，用于住宅共有部位、共用设施设备保修期满后的维修及更新，业主有权了解其使用情况。被告清江花苑业委会作为小区全体业主的代表对小区进行管理，对于维修资金的筹集及使用情况应当知晓，而且资金是否由其直接掌握不影响其对维修资金情况的公布。被告向法院提交的2013年清江花苑小区屋面、墙体防水工程等资金使用情况，仅为部分资金的使用情况，并非全部维修资金的筹集、使用情况。故对原告的该项诉请，予以支持。关于原告要求公布本届业主委员会所有决定、决议和会议记录的主张。业委会作出的决定、决议和会议记录与业主的权利紧密相关，应予公开，并提供业主查阅。在本案审理过程中，被告虽已提交了相关会议纪要等证据，但并未在小区向全体业主公布，故对原告的该项诉请，予以支持。关于原告要求公布本届业主委员会与物业公司之间的物业服务合同和共有部分的使用及收益情况的主张。被告在小区公告栏已经张贴与谐和公司、启成公司所签订的《物业服务合同》，原告亦可通过被告办公室查阅上述物业服务合同，因此对于原告该项主张，不予支持。小区共有部分使用和收益与业主的利益亦是密切相关，虽存在谐和公司未及时上缴公共收益等的问题，但是被告作为全体业主代表应及时追缴，保障业主的合法权利，并将目前的使用和收益情况及时公布。关于原告要求公布本小区停车费收支分配和车位处分情况的主张。小区共有停车位，即规划区外的车位，虽由物业公司代管，归属小区全体业主共有，业主对于小区共有部分停车费的收支分配及停车位处分情况享有知情权。被告应及时联系物业公司，及时公布上述信息。故对于原告的该项主张，予以支持。关于原告主张公布本届业主委员任期内的各年度财务收支账目、收支凭证的主张。小区财务收支与小区业主具体利益息息相关，业委会应予公布。被告虽在小区公告栏公布了2013年度及2014年度的收支一览表，项目较少且不尽详细，后被告虽在庭审中提供账目明细表及凭证，但并未履行公布的义务，因此支持原告的主张。

综上，南京市鼓楼区人民法院依照最高人民法院《关于审理建筑物区分所有权纠纷案件具体应用法律若干问题的解释》第十三条、《中华人民共和国民事诉讼法》第六十四条以及最高人民法院《关于适用〈中华人民共和国民事诉讼法〉的解释》第九十条之规定，于2015年9月16日作出判决：

一、被告南京市清江花苑小区业主委员会于本判决生效之日起三十日内在小区公告栏内或公共区域内张贴公布本届业主委员会成立以来清江花苑小区建筑物及附属设施的维修资金筹集、使用情况。

二、被告南京市清江花苑小区业主委员会于本判决生效之日起三十日内在小区公告栏内或公共区域内张贴公布本届业主委员会成立以来业主委员会的决定、决议和会议记录。

三、被告南京市清江花苑小区业主委员会于本判决生效之日起三十日内在小区公告栏内或公共区域内张贴公布本届业主委员会成立以来(每半年一次)清江花苑小区共有部分的使用及收益情况。

四、被告南京市清江花苑小区业主委员会于本判决生效之日起三十日内在小区公告栏内或公共区域内张贴公布本届业主委员会成立以来清江花苑小区停车费收支分配及车位处分情况。

五、被告南京市清江花苑小区业主委员会于本判决生效之日起三十日内在小区公告栏内或公共区域内张贴公布本届业主委员会成立以来各年度财务收支账目明细、收支凭证。

一审判决后,双方均未上诉,该判决已发生法律效力。

无锡市春江花园业主委员会诉上海陆家嘴物业管理有限公司等物业管理纠纷案①

【裁判摘要】

根据《中华人民共和国物权法》第七十二条的规定,业主对建筑物专有部分以外的共有部分,享有权利,承担义务。共有部分在物业服务企业物业管理(包括前期物业管理)期间所产生的收益,在没有特别约定的情况下,应属全体业主所有,并主要用于补充小区的专项维修资金。物业服务企业对共有部分进行经营管理的,可以享有一定比例的收益。

原告:江苏省无锡市春江花园业主委员会,住所地:江苏省无锡市学前东路延伸段。

代表人:常本靖,该业主委员会主任。

被告:上海陆家嘴物业管理有限公司无锡分公司,住所地:江苏省无锡市锡山区锡山经济开发区春江花园B区。

代表人:袁国栋,该公司经理。

被告:上海陆家嘴物业管理有限公司,住所地:上海市浦东新区锦安东路。

法定代表人:徐而进,该公司董事长。

原告江苏省无锡市春江花园业主委员会(以下简称业委会)因与被告上海陆家嘴物业管理有限公司无锡分公司(以下简称无锡分公司)、被告上海陆家嘴物业管理有限公司(以下简称物业公司)发生物业管理纠纷,向江苏省无锡市锡山区人民法院提起诉讼。

原告业委会诉称:2002年11月25日,被告物业公司与无锡市春江花园住宅小区的开发商无锡聚江房地产开发有限责任公司(以下简称聚江公司)签订前期物业管理委托合同一份,约定聚江公司委托物业公司对春江花园进行物业管理,管理期限为2002年11月25日起至春江花园小区业委会成立时止。合同成立后,物业公司安排被告无锡分公司具体对春江花园实施物业管理。2007年12月22日,原告业委会依法成立。2008年6月21日,业委会根据春江花园业主大会作出的业主自治决议,致函物业

① 摘自《最高人民法院公报》2010年第5期。

公司，明确不再与其签订物业管理合同，并要求物业公司及时办理移交。2008年7月17日，物业公司即派员与业委会正式办理移交，并签订了移交清单一份，明确物业公司应向业委会移交的物业管理费等费用总额为2327931.87元，其中小区共有部分收益结算的期间为2008年1月至6月。业委会经审查物业公司移交的资料发现，无锡分公司在2004年至2007年间，收取了小区共有部分收入5967370.31元未列入移交。为维护全体业主的利益，遂诉至法院，要求物业公司和无锡分公司立即返还移交清单确认的2327931.87元中的2273872.32元（差额部分54059.55元为双方协议订立后业委会认可应返还给物业公司部分），及2004年至2007年共有部分收益的70%即4177159.22元，两项合计6451031.54元。

原告业委会提交了以下证据：

1. 原告业委会备案证明及无锡市物业管理区域内业主委员会备案回执各一份，用以证明业委会依法成立的事实。

2. 2008年1月11日原告业委会和被告无锡分公司的会议纪要一份，用以证明业委会与无锡分公司开会要求进行资料移交。

3. 2008年6月23日被告物业公司与原告业委会的会议纪要一份，用以证明双方协议商谈春江花园业主自治后双方的交接事宜。

4. 通知一份，用以证明原告业委会向被告物业公司发出通知，告知其春江花园业主大会决议实施业主自治，要求物业公司移交相关资料和结算相关工人工资和日常费用的事实。

5. 2008年6月29日的物资移交协议、2008年6月29日的资料移交协议、2008年6月30日无锡春江花园对外合同修正协议，用以证明原告业委会和被告物业公司协议商定进行相关物资和材料的移交。

6. 2008年6月29日，原告业委会和被告物业公司签订的无锡春江花园退盘人事关系处理协议，用以证明双方对相关人员进行安置的事实。

7. 2008年7月17日“关于无锡春江花园退盘移交协议”一份，用以证明被告物业公司同意于2008年6月23日退出对春江花园的物业管理，进行有关资料的移交。

8. 2008年7月17日“物业公司春江花园一期、二期结算款项移交清单”一份。证明双方就2008年间被告物业公司应移交给原告业委会的财物达成协议的事实。

9. 2008年7月21日原告业委会致被告物业公司的书函。证明业委会要求物业公司确认其经办人于2008年6月23日至2008年7月17日期间，与业委会签订的一系列协议的事实。

10. 2008年7月29日被告物业公司对原告业委会的回函，用以证明物业公司对双方签订的人事关系处理、资料移交、对外合同签订、物资移交四个方面的协议无异议，并要求在费用结算上双方应继续协商的事实。佐证2008年7月17日的移交清单并不是双方对所有事项的全部了结。

11. 2005年至2007年被告无锡分公司制作的当年的收支情况表，以及2004年部分收退费日报表等，用以证明被告物业公司2004年至2007年的共有部分收入共计5967370.31元应当移交。

被告物业公司、无锡分公司辩称：2002年11月25日，物业公司与聚江公司协商签订前期物业管理合同，并由无锡分公司具体实施对春江花园的物业管理属实。在原告业委会成立后，双方已陆续办理了资料等的移交，并通过结算，于2008年7月17日订立移交清单，该清单明确截止到2008年6

月30日，物业公司应结算给业委会的款项总额为2327931.87元。这是双方对实施前期物业管理期间的总结算，是对应当移交给业委会所有资料和财产的一揽子处理方案。移交清单第十条也明确："双方约定，在各自管理期限内的应由各自承担的收入、支出由各自承担。"依据该约定可以看出，双方之间已经全部解决了所有争议，故现业委会的诉讼请求，超出了双方协议的范围，其超出部分的诉讼主张，不应得到法院的支持。根据协议，物业公司、无锡分公司应当移交给业委会的款项总额为2327931.87元，扣除业委会诉讼请求中已认可给物业公司的54059.55元，现已实际支付了1857995.72元，故尚需移交业委会415876.6元。对该部分款项，同意及时移交。

退一步讲，即使移交清单未包括2004年至2007年的共有部分收益，原告业委会的诉讼请求也无事实和法律依据，应予驳回。主要理由是：根据相关法规和地方性规章，该共有部分的收入应首先去除成本计算出收益，对该收益应当首先弥补物业公司的管理成本，超出部分还应当保证物业公司8%的利润，在此之后如还存余额的，才能按照一定的比例由物业管理企业和业主共享。就本案而言，物业公司和无锡分公司对春江花园的管理，本来就是微利，根本达不到8%的利润额，故对2004至2007年春江花园业主共有部分管理所得，在按照上述方法计算后，已经不存在可分配利润。此外，因小区部分业主尚结欠2008年6月30日之前的物业管理费131万元，而业委会系全体业主的代表，故要求对该部分欠款行使抵销权，从物业公司应向业委会移交的款项中扣除。

被告物业公司、无锡分公司提交了以下证据：

1. 2002年11月25日，被告物业公司与聚江公司签订的春江花园前期物业管理委托合同一份，用以证明物业公司取得对春江花园实施前期物业管理资格。

2. 建设银行电子转账凭证一份，用以证明双方在2008年7月17日签订"物业公司春江花园一期、二期结算款项移交清单"后，被告物业公司已经履行557995.72元付款义务的事实。

3. 2006年7月至2008年6月"春江花园管理处经营情况表"，用以证明被告物业公司在春江花园的物业管理经营为微利经营，仅取得63539.46元的利润，原告业委会的主张没有根据。

无锡市锡山区人民法院一审查明：

2002年11月25日，被告物业公司与开发商聚江公司协商签订春江花园前期物业管理合同一份，约定由物业公司对聚江公司开发的春江花园住宅小区实施前期物业管理，管理范围为春江花园一、二、三期，占地面积为32.3万平方米，建筑面积为60万平方米；约定管理期间，物业公司按照物价局批准的标准，按建筑面积向业主和物业使用人收取物业管理服务费；对物业范围内的商铺、地下停车库、会所的物业成本不计入向业主所收取的物业费用中，须单列。合同约定的管理期限为2002年11月25日（即合同签订日）起至业委会成立时止。合同还约定有其他相关事项。合同成立后，物业公司指派其下属分支机构被告无锡分公司具体实施春江花园的前期物业管理。

2007年12月22日，原告春江花园业委会成立。业委会成立后，于2008年1月2日在无锡市锡山区东亭街道办理了登记备案手续。2008年6月21日，业委会根据业主大会作出的实施业主自治的决议，致函被告物业公司明确与其终止物业管理服务合同，同时要求物业公司在接函后15天内，向业委会移交相关资料和财产，并交接完毕。物业公司接函后即派其副总经理朱继丰，于2008年7月17日与业委会主任常本靖协商，并达成了移交协议性质的“移交清单”一份。该协议确认：物业公司截至2008年6月30日，应当返还业委会预收的2008年7月1日后的物业管理费、保管的业主各类押金、2008年1月至6月的小区共有部分收益等合计2327931.87元。其中1890931.87元于2008年7月31日前全部付清，另437000元于2009年4月30日前付清。协议第十条还约定，“双方约定，在各自管理期限内的应由各自承担的收入、支出由各自承担”。该协议附有双方确认的“结算项目表”和“支付协议”各一份。其中“结算项目表”记载2008年收取的春江花园小区共有部分停车费为629035元，2007年预收2008年共有部分停车费160180元。该部分停车费的70%归业委会管理，由物业公司将此款移交给业委会。

本案在审理中，被告物业公司于2008年8月26日主动履行了557995.72元的付款义务。后经原告业委会申请，法院裁定先予执行了物业公司的银行存款130万元，合计物业公司实际支付了1857995.72元。

另查明：根据被告无锡分公司进行前期物业管理期间的财务报表显示：无锡分公司对春江花园业主共有部分物业实施管理的收入包括场地租赁费、停车管理费、会所收入三项，具体为：2005年度1415112.82元，2006年度1808004.50元，2007年度2144933元，共有部分物业管理的支出为2005年度298155.95元，2006年度497204.12元，2007年度430131.07元，收入和支出的差额为4142559.18元。上述支出项目中，包括物业服务支出、停车管理费用、会所支出（包括泳池支出、维修支出、其他支出）、其他业务税金（包括营业税、城建税、教育费附加、物价调解基金、粮食风险基金、防洪保安基金）等。双方对财务报表确认的上述事实均无异议。

上述事实，有原告业委会和被告物业公司、无锡分公司所供证据材料，以及本案开庭笔录等在卷佐证，足以认定。

本案一审的争议焦点是：一、2008年7月17日双方移交协议是否已包含了所有结算事项，特别是是否包含2004年至2007年业主共有部分的共有部分收益；二、2004年至2007年业主共有部分收益的界定和分配问题；三、被告物业公司能否对部分业主结欠的物业管理费行使抵销权。

无锡市锡山区人民法院一审认为：

关于争议焦点一，移交协议所体现的内容。法院认为：2008年7月17日的移交协议系双方真实意思的表示，该协议对被告物业公司2008年度实施管理期间应当返还给原告业委会的款项以及在整个前期物业管理期间代管的业主押金等事项和交付时间均作出了详细的规定。根据该协议记载，物业公司应当返还业委会的款项为2327931.87元。但值得注意的是，该协议对2004年至2007年间，物业公司、被告无锡分公司实施业主共有部分物业管理的收益没有具体记载，而该部分收益依据无锡分公司的财务报表数目相当巨大。物业公司、无锡分公司在本案审理中将该协议第十条“双方约定，在各自管理期限内的应由各自承担的收入、支出由各自承担”解释为：通过签订该条款，双方就移交内容作出了一揽子解决，已经不存有其他纠葛，即使还有纠纷，双方也应各自承受，而不应向对方主张。而业委会则认为，该条款仅表明就清单列明的移交内容不再存在纠葛，并不表明其已经放弃了共有部分收益的分配请求权。法院认为,双方的移交协议,明确移交的是2008年1~6月的共有部分收益,而协议第十条内容,也无法理解为业委会对2008年前春江花园业主共有部分收益作出放弃的意思表示。故该协议应为一个不完全的移交协议,其没有将2004年至2007年共有部分收益纳入其中。且依据无锡分公司的报表记载,2004年至2007年共有部分收益数目巨大,业委会作为代表全体业主行使权利的组织,其权限来自于业主大会的授权,在无全体业主授权的情形下,其不能以自己的意志对业主的重大权利作出放弃,即使作出放弃的意思表示,该行为也为无效民事行为。据此,法院认为,2004年至2007年共有部分物业的收益,在上述移交协议中没有得到体现,该部分收益应当在物管企业和全体业主之间依法分配。

关于争议焦点二,2004年至2007年业主共有部分收益的界定和分配问题。法院认为:本案中所谓共有部分的物业管理收益应为共有部分收入与成本支出的差额,双方在本案审理中已经达成一致,即2004年至2007年春江花园小区业主共有部分的收入和支出以被告无锡分公司的报表为准。该双方的民事行为不违反法律法规的禁止性规定,法院予以确认。经法院审查该部分报表,2005年至2007年小区业主共有部分的总收入为5368050.32元,其间的总支出为1225491.14元,故总收益为4142559.18元。原告业委会主张的2004年的收益,因其提供的报表对该收益无法判断,双方对该年度共有部分的收益也无法统一,业委会作为主张权利方对此负有举证义务,应当对其举证不能承担不利后果。故因证据不足,法院对业委会主张的2004年度收益分配的诉讼请求不予支持。

关于收益的分配。法院认为:本案中争讼收益之产生,一方面得益于被告物业公司、无锡分公司的管理行为,另一方面也应注意到物管企业管理的物业属于全体业主共有。共有人对共有物享有收益权,这是一项法定权利。对该部分的收益分配,全体业主和物管企业可以通过合同约定进行分配,在没有约定的情形下,应当依法分配。本案中双方对该部分收益的分配没有合同根据,故应当按照法律规定进行分配。由于我国法律对此没有具体规定,故法院认为应当在不违反法律原则的前提下,公平合理分配共有部分物业的管理收益。物业管理有其特殊性,物管企业在实施物业管理期间其服务的对象为小区业主,而其对共有部分进行管理时业主并不给予报酬。如物管企业付出管理成本后不能获得经济回报,这对物管企业是不公平的。同时,小区共有部分作为小区全体业主的共有物,全体业主才是该物的所有权人,如果在收益分配上排除业主的权利,显而易见,这有悖法律原则。据此,在存有小区共有部分管理收益的情形下,该收益应主要归属于全体业主享有,同时物管企业付出了管理成本,也应享有合理的回报。综上,根据公平原则的要求,并参照《江苏省物业管理条例》第三十三条"经批准设置的经营性设施的收益,在扣除物业管理企业代办费用后,应当将收益的30%用于补贴物业管理公共服务费,收益的70%纳入维修基金,但合同另有约定的除外"的精神。同时考虑到原被告双方自行协商确定的2008年上半年共有部分收益的分配方案,即业主得七成,物管企业得三成。法院认为本案对共有部分收益分配的比例,确定为原告业委会得70%、物业公司得30%较为合理。据此,业委会代表春江花园全体业主对4142559.18元的收益享有其中的2899791.43

元。值得注意的是，该部分款项，业委会不具有自行处置的权利，依据相关法律法规，该款应用作小区的维修基金，业委会作为执行机构，使用该款应按照业主的意志和法律的规定行使。关于物业公司提出的对上述收益应当首先弥补物管企业管理费用开支，多余部分还应满足物管企业8%的利润，余额再行分配的意见，因缺乏法律依据和双方合意，法院不予采纳。

关于争议焦点三，被告物业公司能否对部分业主结欠的物业管理费行使抵销权的问题。物业公司提出有部分业主尚结欠2008年6月30日以前的物业管理费131万元，并未提交充分证据予以证明，更重要的是，《中华人民共和国合同法》第九十九条规定："当事人互负到期债务，该债务的标的物种类、品质相同的，任何一方可以将自己的债务与对方的债务抵销，但依照法律规定或者按照合同性质不得抵销的除外。"根据该规定，要进行债务抵销，当事人之间应当互负债务，互享债权。本案中诉讼的双方当事人为原告业委会和物业公司、被告无锡分公司，而结欠物业管理费的为部分业主，为单个的主体。业委会系代表小区全体业主提起诉讼，虽然包括了该部分欠费业主，但两者有本质的区别。因此，双方债权债务主体不同，不符合法定抵销的规定，因此，对物业公司行使抵销权的主张不予支持。

综上所述，被告物业公司应当将移交清单确认的款项（扣除54059.55元）和2005年至2007年间小区共有部分收益的70%返还给原告业委会，即双方确认的2273872.32元，以及应当返还给业主的共有部分收益2899791.43元，合计5173663.75元。鉴于物业公司已经履行了1857995.72元，其仍应返还给业委会3315668.03元。因被告无锡分公司系物业公司下属不具有法人资格的分支机构，其合法成立并有一定的组织机构和财产，也具体实施了物业管理行为，故其应与物业公司共同承担上述返还之责。据此，无锡市锡山区人民法院依照《中华人民共和国物权法》第七十条、第七十三条、第七十四条第三款、第七十九条，国务院《物业管理条例》第五十四条第二款、第五十五条，参照适用《江苏省物业管理条例》第三十三条的规定，于2009年6月12日判决如下：

一、被告物业公司、无锡分公司共同于本判决生效后3日内返还原告业委会3315668.03元。

二、驳回原告业委会的其他诉讼请求。

一审宣判后，双方当事人在法定期限内均未提出上诉，判决已经发生法律效力。

（2）物业管理服务

物业管理条例

1. 2003年6月8日国务院令第379号公布
2. 根据2007年8月26日国务院令第504号《关于修改〈物业管理条例〉的决定》第一次修订
3. 根据2016年2月6日国务院令第666号《关于修改部分行政法规的决定》第二次修订
4. 根据2018年3月19日国务院令第698号《关于修改和废止部分行政法规的决定》第三次修订

第一章　总　　则

第一条　为了规范物业管理活动，维护业主和物业服务企业的合法权益，改善人民群众的生活和工作环境，制定本条例。

第二条　本条例所称物业管理，是指业主通过选聘物业服务企业，由业主和物业服务企业按照物业服务合同约定，对房屋及配套的设施设备和相关场地进行维修、养护、管理，维护物业管理区域内的环境卫生和相关秩序的活动。

第三条 国家提倡业主通过公开、公平、公正的市场竞争机制选择物业服务企业。

第四条 国家鼓励采用新技术、新方法,依靠科技进步提高物业管理和服务水平。

第五条 国务院建设行政主管部门负责全国物业管理活动的监督管理工作。

县级以上地方人民政府房地产行政主管部门负责本行政区域内物业管理活动的监督管理工作。

第二章 业主及业主大会

第六条 房屋的所有权人为业主。

业主在物业管理活动中,享有下列权利:

(一)按照物业服务合同的约定,接受物业服务企业提供的服务;

(二)提议召开业主大会会议,并就物业管理的有关事项提出建议;

(三)提出制定和修改管理规约、业主大会议事规则的建议;

(四)参加业主大会会议,行使投票权;

(五)选举业主委员会成员,并享有被选举权;

(六)监督业主委员会的工作;

(七)监督物业服务企业履行物业服务合同;

(八)对物业共用部位、共用设施设备和相关场地使用情况享有知情权和监督权;

(九)监督物业共用部位、共用设施设备专项维修资金(以下简称专项维修资金)的管理和使用;

(十)法律、法规规定的其他权利。

第七条 业主在物业管理活动中,履行下列义务:

(一)遵守管理规约、业主大会议事规则;

(二)遵守物业管理区域内物业共用部位和共用设施设备的使用、公共秩序和环境卫生的维护等方面的规章制度;

(三)执行业主大会的决定和业主大会授权业主委员会作出的决定;

(四)按照国家有关规定交纳专项维修资金;

(五)按时交纳物业服务费用;

(六)法律、法规规定的其他义务。

第八条 物业管理区域内全体业主组成业主大会。

业主大会应当代表和维护物业管理区域内全体业主在物业管理活动中的合法权益。

第九条 一个物业管理区域成立一个业主大会。

物业管理区域的划分应当考虑物业的共用设施设备、建筑物规模、社区建设等因素。具体办法由省、自治区、直辖市制定。

第十条 同一个物业管理区域内的业主,应当在物业所在地的区、县人民政府房地产行政主管部门或者街道办事处、乡镇人民政府的指导下成立业主大会,并选举产生业主委员会。但是,只有一个业主的,或者业主人数较少且经全体业主一致同意,决定不成立业主大会的,由业主共同履行业主大会、业主委员会职责。

第十一条 下列事项由业主共同决定:

(一)制定和修改业主大会议事规则;

(二)制定和修改管理规约;

(三)选举业主委员会或者更换业主委员会成员;

(四)选聘和解聘物业服务企业;

(五)筹集和使用专项维修资金;

（六）改建、重建建筑物及其附属设施；

（七）有关共有和共同管理权利的其他重大事项。

第十二条 业主大会会议可以采用集体讨论的形式，也可以采用书面征求意见的形式；但是，应当有物业管理区域内专有部分占建筑物总面积过半数的业主且占总人数过半数的业主参加。

业主可以委托代理人参加业主大会会议。

业主大会决定本条例第十一条第（五）项和第（六）项规定的事项，应当经专有部分占建筑物总面积2/3以上的业主且占总人数2/3以上的业主同意；决定本条例第十一条规定的其他事项，应当经专有部分占建筑物总面积过半数的业主且占总人数过半数的业主同意。

业主大会或者业主委员会的决定，对业主具有约束力。

业主大会或者业主委员会作出的决定侵害业主合法权益的，受侵害的业主可以请求人民法院予以撤销。

第十三条 业主大会会议分为定期会议和临时会议。

业主大会定期会议应当按照业主大会议事规则的规定召开。经20%以上的业主提议，业主委员会应当组织召开业主大会临时会议。

第十四条 召开业主大会会议，应当于会议召开15日以前通知全体业主。

住宅小区的业主大会会议，应当同时告知相关的居民委员会。

业主委员会应当做好业主大会会议记录。

第十五条 业主委员会执行业主大会的决定事项，履行下列职责：

（一）召集业主大会会议，报告物业管理的实施情况；

（二）代表业主与业主大会选聘的物业服务企业签订物业服务合同；

（三）及时了解业主、物业使用人的意见和建议，监督和协助物业服务企业履行物业服务合同；

（四）监督管理规约的实施；

（五）业主大会赋予的其他职责。

第十六条 业主委员会应当自选举产生之日起30日内，向物业所在地的区、县人民政府房地产行政主管部门和街道办事处、乡镇人民政府备案。

业主委员会委员应当由热心公益事业、责任心强、具有一定组织能力的业主担任。

业主委员会主任、副主任在业主委员会成员中推选产生。

第十七条 管理规约应当对有关物业的使用、维护、管理，业主的共同利益，业主应当履行的义务，违反管理规约应当承担的责任等事项依法作出约定。

管理规约应当尊重社会公德，不得违反法律、法规或者损害社会公共利益。

管理规约对全体业主具有约束力。

第十八条 业主大会议事规则应当就业主大会的议事方式、表决程序、业主委员会的组成和成员任期等事项作出约定。

第十九条 业主大会、业主委员会应当依法履行职责，不得作出与物业管理无关的决定，不得从事与物业管理无关的活动。

业主大会、业主委员会作出的决定违反法律、法规的，物业所在地的区、县人民政府房地产行政主管部门或者街道办事处、乡镇人民政府，应当责令限期改正或者撤销其决定，并通告全体业主。

第二十条 业主大会、业主委员会应当配合公安机关,与居民委员会相互协作,共同做好维护物业管理区域内的社会治安等相关工作。

在物业管理区域内,业主大会、业主委员会应当积极配合相关居民委员会依法履行自治管理职责,支持居民委员会开展工作,并接受其指导和监督。

住宅小区的业主大会、业主委员会作出的决定,应当告知相关的居民委员会,并认真听取居民委员会的建议。

第三章 前期物业管理

第二十一条 在业主、业主大会选聘物业服务企业之前,建设单位选聘物业服务企业的,应当签订书面的前期物业服务合同。

第二十二条 建设单位应当在销售物业之前,制定临时管理规约,对有关物业的使用、维护、管理,业主的共同利益,业主应当履行的义务,违反临时管理规约应当承担的责任等事项依法作出约定。

建设单位制定的临时管理规约,不得侵害物业买受人的合法权益。

第二十三条 建设单位应当在物业销售前将临时管理规约向物业买受人明示,并予以说明。

物业买受人在与建设单位签订物业买卖合同时,应当对遵守临时管理规约予以书面承诺。

第二十四条 国家提倡建设单位按照房地产开发与物业管理相分离的原则,通过招投标的方式选聘物业服务企业。

住宅物业的建设单位,应当通过招投标的方式选聘物业服务企业;投标人少于3个或者住宅规模较小的,经物业所在地的区、县人民政府房地产行政主管部门批准,可以采用协议方式选聘物业服务企业。

第二十五条 建设单位与物业买受人签订的买卖合同应当包含前期物业服务合同约定的内容。

第二十六条 前期物业服务合同可以约定期限;但是,期限未满、业主委员会与物业服务企业签订的物业服务合同生效的,前期物业服务合同终止。

第二十七条 业主依法享有的物业共用部位、共用设施设备的所有权或者使用权,建设单位不得擅自处分。

第二十八条 物业服务企业承接物业时,应当对物业共用部位、共用设施设备进行查验。

第二十九条 在办理物业承接验收手续时,建设单位应当向物业服务企业移交下列资料:

(一)竣工总平面图,单体建筑、结构、设备竣工图,配套设施、地下管网工程竣工图等竣工验收资料;

(二)设施设备的安装、使用和维护保养等技术资料;

(三)物业质量保修文件和物业使用说明文件;

(四)物业管理所必需的其他资料。

物业服务企业应当在前期物业服务合同终止时将上述资料移交给业主委员会。

第三十条 建设单位应当按照规定在物业管理区域内配置必要的物业管理用房。

第三十一条 建设单位应当按照国家规定的保修期限和保修范围,承担物业的保修责任。

第四章 物业管理服务

第三十二条 从事物业管理活动的企业应当具有独立的法人资格。

国务院建设行政主管部门应当会同有关部门建立守信联合激励和失信联合惩戒机制,加强行业诚信管理。

第三十三条 一个物业管理区域由一个物业服务企业实施物业管理。

第三十四条 业主委员会应当与业主大会选聘的物业服务企业订立书面的物业服务合同。

物业服务合同应当对物业管理事项、服务质量、服务费用、双方的权利义务、专项维修资金的管理与使用、物业管理用房、合同期限、违约责任等内容进行约定。

第三十五条 物业服务企业应当按照物业服务合同的约定,提供相应的服务。

物业服务企业未能履行物业服务合同的约定,导致业主人身、财产安全受到损害的,应当依法承担相应的法律责任。

第三十六条 物业服务企业承接物业时,应当与业主委员会办理物业验收手续。

业主委员会应当向物业服务企业移交本条例第二十九条第一款规定的资料。

第三十七条 物业管理用房的所有权依法属于业主。未经业主大会同意,物业服务企业不得改变物业管理用房的用途。

第三十八条 物业服务合同终止时,物业服务企业应当将物业管理用房和本条例第二十九条第一款规定的资料交还给业主委员会。

物业服务合同终止时,业主大会选聘了新的物业服务企业的,物业服务企业之间应当做好交接工作。

第三十九条 物业服务企业可以将物业管理区域内的专项服务业务委托给专业性服务企业,但不得将该区域内的全部物业管理一并委托给他人。

第四十条 物业服务收费应当遵循合理、公开以及费用与服务水平相适应的原则,区别不同物业的性质和特点,由业主和物业服务企业按照国务院价格主管部门会同国务院建设行政主管部门制定的物业服务收费办法,在物业服务合同中约定。

第四十一条 业主应当根据物业服务合同的约定交纳物业服务费用。业主与物业使用人约定由物业使用人交纳物业服务费用的,从其约定,业主负连带交纳责任。

已竣工但尚未出售或者尚未交给物业买受人的物业,物业服务费用由建设单位交纳。

第四十二条 县级以上人民政府价格主管部门会同同级房地产行政主管部门,应当加强对物业服务收费的监督。

第四十三条 物业服务企业可以根据业主的委托提供物业服务合同约定以外的服务项目,服务报酬由双方约定。

第四十四条 物业管理区域内,供水、供电、供气、供热、通信、有线电视等单位应当向最终用户收取有关费用。

物业服务企业接受委托代收前款费用的,不得向业主收取手续费等额外费用。

第四十五条 对物业管理区域内违反有关治安、环保、物业装饰装修和使用等方面法律、法规规定的行为,物业服务企业应当制止,并及时向有关行政管理部门报告。

有关行政管理部门在接到物业服务企业的报告后,应当依法对违法行为予以制止或者依法处理。

第四十六条 物业服务企业应当协助做好物业管理区域内的安全防范工作。发生安全事故时,物业服务企业在采取应急措施的同时,应当及时向有关行政管理部门报告,协助做好救助工作。

物业服务企业雇请保安人员的,应当遵守国家有关规定。保安人员在维护物业管理区域内的公共秩序时,应当履行职责,不得侵害公民的合法权益。

第四十七条 物业使用人在物业管理活动中的权利义务由业主和物业使用人约定，但不得违反法律、法规和管理规约的有关规定。

物业使用人违反本条例和管理规约的规定，有关业主应当承担连带责任。

第四十八条 县级以上地方人民政府房地产行政主管部门应当及时处理业主、业主委员会、物业使用人和物业服务企业在物业管理活动中的投诉。

第五章 物业的使用与维护

第四十九条 物业管理区域内按照规划建设的公共建筑和共用设施，不得改变用途。

业主依法确需改变公共建筑和共用设施用途的，应当在依法办理有关手续后告知物业服务企业；物业服务企业确需改变公共建筑和共用设施用途的，应当提请业主大会讨论决定同意后，由业主依法办理有关手续。

第五十条 业主、物业服务企业不得擅自占用、挖掘物业管理区域内的道路、场地，损害业主的共同利益。

因维修物业或者公共利益，业主确需临时占用、挖掘道路、场地的，应当征得业主委员会和物业服务企业的同意；物业服务企业确需临时占用、挖掘道路、场地的，应当征得业主委员会的同意。

业主、物业服务企业应当将临时占用、挖掘的道路、场地，在约定期限内恢复原状。

第五十一条 供水、供电、供气、供热、通信、有线电视等单位，应当依法承担物业管理区域内相关管线和设施设备维修、养护的责任。

前款规定的单位因维修、养护等需要，临时占用、挖掘道路、场地的，应当及时恢复原状。

第五十二条 业主需要装饰装修房屋的，应当事先告知物业服务企业。

物业服务企业应当将房屋装饰装修中的禁止行为和注意事项告知业主。

第五十三条 住宅物业、住宅小区内的非住宅物业或者与单幢住宅楼结构相连的非住宅物业的业主，应当按照国家有关规定交纳专项维修资金。

专项维修资金属于业主所有，专项用于物业保修期满后物业共用部位、共用设施设备的维修和更新、改造，不得挪作他用。

专项维修资金收取、使用、管理的办法由国务院建设行政主管部门会同国务院财政部门制定。

第五十四条 利用物业共用部位、共用设施设备进行经营的，应当在征得相关业主、业主大会、物业服务企业的同意后，按照规定办理有关手续。业主所得收益应当主要用于补充专项维修资金，也可以按照业主大会的决定使用。

第五十五条 物业存在安全隐患，危及公共利益及他人合法权益时，责任人应当及时维修养护，有关业主应当给予配合。

责任人不履行维修养护义务的，经业主大会同意，可以由物业服务企业维修养护，费用由责任人承担。

第六章 法律责任

第五十六条 违反本条例的规定，住宅物业的建设单位未通过招投标的方式选聘物业服务企业或者未经批准，擅自采用协议方式选聘物业服务企业的，由县级以上地方人民政府房地产行政主管部门责令限期改正，给予警告，可以并处10万元以下的罚款。

第五十七条 违反本条例的规定，建设单位擅自处分属于业主的物业共用部位、共用设施设备的所有权或者使用权的，由县级以上地方人民政府房地产行政主管部门处5万元以上20万元以下的罚款；给业主造成损失的，依法承担赔偿责任。

第五十八条 违反本条例的规定，不移交有关资料的，由县级以上地方人民政府房地产行政主管部门责令限期改正；逾期仍不移交有关资料的，对建设单位、物业服务企业予以通报，处1万元以上10万元以下的罚款。

第五十九条 违反本条例的规定，物业服务企业将一个物业管理区域内的全部物业管理一并委托给他人的，由县级以上地方人民政府房地产行政主管部门责令限期改正，处委托合同价款30%以上50%以下的罚款。委托所得收益，用于物业管理区域内物业共用部位、共用设施设备的维修、养护，剩余部分按照业主大会的决定使用；给业主造成损失的，依法承担赔偿责任。

第六十条 违反本条例的规定，挪用专项维修资金的，由县级以上地方人民政府房地产行政主管部门追回挪用的专项维修资金，给予警告，没收违法所得，可以并处挪用数额2倍以下的罚款；构成犯罪的，依法追究直接负责的主管人员和其他直接责任人员的刑事责任。

第六十一条 违反本条例的规定，建设单位在物业管理区域内不按照规定配置必要的物业管理用房的，由县级以上地方人民政府房地产行政主管部门责令限期改正，给予警告，没收违法所得，并处10万元以上50万元以下的罚款。

第六十二条 违反本条例的规定，未经业主大会同意，物业服务企业擅自改变物业管理用房的用途的，由县级以上地方人民政府房地产行政主管部门责令限期改正，给予警告，并处1万元以上10万元以下的罚款；有收益的，所得收益用于物业管理区域内物业共用部位、共用设施设备的维修、养护，剩余部分按照业主大会的决定使用。

第六十三条 违反本条例的规定，有下列行为之一的，由县级以上地方人民政府房地产行政主管部门责令限期改正，给予警告，并按照本条第二款的规定处以罚款；所得收益，用于物业管理区域内物业共用部位、共用设施设备的维修、养护，剩余部分按照业主大会的决定使用：

（一）擅自改变物业管理区域内按照规划建设的公共建筑和共用设施用途的；

（二）擅自占用、挖掘物业管理区域内道路、场地，损害业主共同利益的；

（三）擅自利用物业共用部位、共用设施设备进行经营的。

个人有前款规定行为之一的，处1000元以上1万元以下的罚款；单位有前款规定行为之一的，处5万元以上20万元以下的罚款。

第六十四条 违反物业服务合同约定，业主逾期不交纳物业服务费用的，业主委员会应当督促其限期交纳；逾期仍不交纳的，物业服务企业可以向人民法院起诉。

第六十五条 业主以业主大会或者业主委员会的名义，从事违反法律、法规的活动，构成犯罪的，依法追究刑事责任；尚不构成犯罪的，依法给予治安管理处罚。

第六十六条 违反本条例的规定，国务院建设行政主管部门、县级以上地方人民政府房地产行政主管部门或者其他有关行政管理部门的工作人员利用职务上的便利，收受他人财物或者其他好处，不依法履行监督管理职责，或者发现违法行为不予查处，构成犯罪的，依法追究刑事责任；尚不构成犯罪的，依法给予行政处分。

第七章　附　　则

第六十七条　本条例自2003年9月1日起施行。

物业服务收费管理办法

1. 2003年11月13日国家发展和改革委员会、建设部发布

2. 发改价格〔2003〕1864号

第一条　为规范物业服务收费行为，保障业主和物业管理企业的合法权益，根据《中华人民共和国价格法》和《物业管理条例》，制定本办法。

第二条　本办法所称物业服务收费，是指物业管理企业按照物业服务合同的约定，对房屋及配套的设施设备和相关场地进行维修、养护、管理，维护相关区域内的环境卫生和秩序，向业主所收取的费用。

第三条　国家提倡业主通过公开、公平、公正的市场竞争机制选择物业管理企业；鼓励物业管理企业开展正当的价格竞争，禁止价格欺诈，促进物业服务收费通过市场竞争形成。

第四条　国务院价格主管部门会同国务院建设行政主管部门负责全国物业服务收费的监督管理工作。

县级以上地方人民政府价格主管部门会同同级房地产行政主管部门负责本行政区域内物业服务收费的监督管理工作。

第五条　物业服务收费应当遵循合理、公开以及费用与服务水平相适应的原则。

第六条　物业服务收费应当区分不同物业的性质和特点分别实行政府指导价和市场调节价。具体定价形式由省、自治区、直辖市人民政府价格主管部门会同房地产行政主管部门确定。

第七条　物业服务收费实行政府指导价的，有定价权限的人民政府价格主管部门应当会同房地产行政主管部门根据物业管理服务等级标准等因素，制定相应的基准价及其浮动幅度，并定期公布。具体收费标准由业主与物业管理企业根据规定的基准价和浮动幅度在物业服务合同中约定。

实行市场调节价的物业服务收费，由业主与物业管理企业在物业服务合同中约定。

第八条　物业管理企业应当按照政府价格主管部门的规定实行明码标价，在物业管理区域内的显著位置，将服务内容、服务标准以及收费项目、收费标准等有关情况进行公示。

第九条　业主与物业管理企业可以采取包干制或者酬金制等形式约定物业服务费用。

包干制是指由业主向物业管理企业支付固定物业服务费用，盈余或者亏损均由物业管理企业享有或者承担的物业服务计费方式。

酬金制是指在预收的物业服务资金中按约定比例或者约定数额提取酬金支付给物业管理企业，其余全部用于物业服务合同约定的支出，结余或者不足均由业主享有或者承担的物业服务计费方式。

第十条　建设单位与物业买受人签订的买卖合同，应当约定物业管理服务内容、服务标准、收费标准、计费方式及计费起始时间等内容，涉及物业买受人共同利益的约定应当一致。

第十一条　实行物业服务费用包干制的，物业服务费用的构成包括物业服务成本、法定税费和物业管理企业的利润。

实行物业服务费用酬金制的，预收的物业服务资金包括物业服务支出和物业管理企业的酬金。

物业服务成本或者物业服务支出构成一般包括以下部分：

1. 管理服务人员的工资、社会保险和按规定提取的福利费等；

2. 物业共用部位、共用设施设备的日常运行、维护费用；

3. 物业管理区域清洁卫生费用；

4. 物业管理区域绿化养护费用；

5. 物业管理区域秩序维护费用；

6. 办公费用；

7. 物业管理企业固定资产折旧；

8. 物业共用部位、共用设施设备及公众责任保险费用；

9. 经业主同意的其他费用。

物业共用部位、共用设施设备的大修、中修和更新、改造费用，应当通过专项维修资金予以列支，不得计入物业服务支出或者物业服务成本。

第十二条 实行物业服务费用酬金制的，预收的物业服务支出属于代管性质，为所交纳的业主所有，物业管理企业不得将其用于物业服务合同约定以外的支出。

物业管理企业应当向业主大会或者全体业主公布物业服务资金年度预决算并每年不少于一次公布物业服务资金的收支情况。

业主或者业主大会对公布的物业服务资金年度预决算和物业服务资金的收支情况提出质询时，物业管理企业应当及时答复。

第十三条 物业服务收费采取酬金制方式，物业管理企业或者业主大会可以按照物业服务合同约定聘请专业机构对物业服务资金年度预决算和物业服务资金的收支情况进行审计。

第十四条 物业管理企业在物业服务中应当遵守国家的价格法律法规，严格履行物业服务合同，为业主提供质价相符的服务。

第十五条 业主应当按照物业服务合同的约定按时足额交纳物业服务费用或者物业服务资金。业主违反物业服务合同约定逾期不交纳服务费用或者物业服务资金的，业主委员会应当督促其限期交纳；逾期仍不交纳的，物业管理企业可以依法追缴。

业主与物业使用人约定由物业使用人交纳物业服务费用或者物业服务资金的，从其约定，业主负连带交纳责任。

物业发生产权转移时，业主或者物业使用人应当结清物业服务费用或者物业服务资金。

第十六条 纳入物业管理范围的已竣工但尚未出售，或者因开发建设单位原因未按时交给物业买受人的物业，物业服务费用或者物业服务资金由开发建设单位全额交纳。

第十七条 物业管理区域内，供水、供电、供气、供热、通讯、有线电视等单位应当向最终用户收取有关费用。物业管理企业接受委托代收上述费用的，可向委托单位收取手续费，不得向业主收取手续费等额外费用。

第十八条 利用物业共用部位、共用设施设备进行经营的，应当在征得相关业主、业主大会、物业管理企业的同意后，按照规定办理有关手续。业主所得收益应当主要用于补充专项维修资金，也可以按照业主大会的决定使用。

第十九条 物业管理企业已接受委托实施

物业服务并相应收取服务费用的，其他部门和单位不得重复收取性质和内容相同的费用。

第二十条 物业管理企业根据业主的委托提供物业服务合同约定以外的服务，服务收费由双方约定。

第二十一条 政府价格主管部门会同房地产行政主管部门，应当加强对物业管理企业的服务内容、标准和收费项目、标准的监督。物业管理企业违反价格法律、法规和规定，由政府价格主管部门依据《中华人民共和国价格法》和《价格违法行为行政处罚规定》予以处罚。

第二十二条 各省、自治区、直辖市人民政府价格主管部门、房地产行政主管部门可以依据本办法制定具体实施办法，并报国家发展和改革委员会、建设部备案。

第二十三条 本办法由国家发展和改革委员会会同建设部负责解释。

第二十四条 本办法自2004年1月1日起执行，原国家计委、建设部印发的《城市住宅小区物业管理服务收费暂行办法》（计价费〔1996〕266号）同时废止。

物业服务收费明码标价规定

1. 2004年7月19日国家发展改革委员会、建设部发布
2. 发改价检〔2004〕1428号
3. 自2004年10月1日起施行

第一条 为进一步规范物业服务收费行为，提高物业服务收费透明度，维护业主和物业管理企业的合法权益，促进物业管理行业的健康发展，根据《中华人民共和国价格法》、《物业管理条例》和《关于商品和服务实行明码标价的规定》，制定本规定。

第二条 物业管理企业向业主提供服务（包括按照物业服务合同约定提供物业服务以及根据业主委托提供物业服务合同约定以外的服务），应当按照本规定实行明码标价，标明服务项目、收费标准等有关情况。

第三条 物业管理企业实行明码标价，应当遵循公开、公平和诚实信用的原则，遵守国家价格法律、法规、规章和政策。

第四条 政府价格主管部门应当会同同级房地产主管部门对物业服务收费明码标价进行管理。政府价格主管部门对物业管理企业执行明码标价规定的情况实施监督检查。

第五条 物业管理企业实行明码标价应当做到价目齐全，内容真实，标示醒目，字迹清晰。

第六条 物业服务收费明码标价的内容包括：物业管理企业名称、收费对象、服务内容、服务标准、计费方式、计费起始时间、收费项目、收费标准、价格管理形式、收费依据、价格举报电话12358等。

实行政府指导价的物业服务收费应当同时标明基准收费标准、浮动幅度，以及实际收费标准。

第七条 物业管理企业在其服务区域内的显著位置或收费地点，可采取公示栏、公示牌、收费表、收费清单、收费手册、多媒体终端查询等方式实行明码标价。

第八条 物业管理企业接受委托代收供水、供电、供气、供热、通讯、有线电视等有关费用的，也应当依照本规定第六条、第七条的有关内容和方式实行明码标价。

第九条 物业管理企业根据业主委托提供的物业服务合同约定以外的服务项目，其收费标准在双方约定后应当以适当的方式向业主进行明示。

第十条 实行明码标价的物业服务收费的标准等发生变化时，物业管理企业应当在执行新标准前一个月,将所标示的相关内容进行调整,并应标示新标准开始实行的日期。

第十一条 物业管理企业不得利用虚假的或者使人误解的标价内容、标价方式进行价格欺诈。不得在标价之外,收取任何未予标明的费用。

第十二条 对物业管理企业不按规定明码标价或者利用标价进行价格欺诈的行为,由政府价格主管部门依照《中华人民共和国价格法》、《价格违法行为行政处罚规定》、《关于商品和服务实行明码标价的规定》、《禁止价格欺诈行为的规定》进行处罚。

第十三条 本规定自2004年10月1日起施行。

最高人民法院关于审理物业服务纠纷案件具体应用法律若干问题的解释

1. *2009年4月20日最高人民法院审判委员会第1466次会议通过*
2. *2009年5月15日公布*
3. *法释〔2009〕8号*
4. *自2009年10月1日起施行*

为正确审理物业服务纠纷案件,依法保护当事人的合法权益,根据《中华人民共和国民法通则》、《中华人民共和国物权法》、《中华人民共和国合同法》等法律规定,结合民事审判实践,制定本解释。

第一条 建设单位依法与物业服务企业签订的前期物业服务合同,以及业主委员会与业主大会依法选聘的物业服务企业签订的物业服务合同,对业主具有约束力。业主以其并非合同当事人为由提出抗辩的,人民法院不予支持。

第二条 符合下列情形之一,业主委员会或者业主请求确认合同或者合同相关条款无效的,人民法院应予支持:

(一)物业服务企业将物业服务区域内的全部物业服务业务一并委托他人而签订的委托合同;

(二)物业服务合同中免除物业服务企业责任、加重业主委员会或者业主责任、排除业主委员会或者业主主要权利的条款。

前款所称物业服务合同包括前期物业服务合同。

第三条 物业服务企业不履行或者不完全履行物业服务合同约定的或者法律、法规规定以及相关行业规范确定的维修、养护、管理和维护义务,业主请求物业服务企业承担继续履行、采取补救措施或者赔偿损失等违约责任的,人民法院应予支持。

物业服务企业公开作出的服务承诺及制定的服务细则,应当认定为物业服务合同的组成部分。

第四条 业主违反物业服务合同或者法律、法规、管理规约,实施妨害物业服务与管理的行为,物业服务企业请求业主承担恢复原状、停止侵害、排除妨害等相应民事责任的,人民法院应予支持。

第五条 物业服务企业违反物业服务合同约定或者法律、法规、部门规章规定,擅自扩大收费范围、提高收费标准或者重复收费,业主以违规收费为由提出抗辩的,人民法院应予支持。

业主请求物业服务企业退还其已收取的违规费用的,人民法院应予支持。

第六条 经书面催交,业主无正当理由拒绝交纳或者在催告的合理期限内仍未交纳物业费,物业服务企业请求业主支付物业费的，人民法院应予支持。物业服务企业已经按照合同约定以及相关规定提供服务，业主仅以未享受或者无需接受相关物业服务为抗辩理由的，人民法院不予支持。

第七条 业主与物业的承租人、借用人或者其他物业使用人约定由物业使用人交纳物业费，物业服务企业请求业主承担连带责任的，人民法院应予支持。

第八条 业主大会按照物权法第七十六条规定的程序作出解聘物业服务企业的决定后，业主委员会请求解除物业服务合同的，人民法院应予支持。

物业服务企业向业主委员会提出物业费主张的，人民法院应当告知其向拖欠物业费的业主另行主张权利。

第九条 物业服务合同的权利义务终止后，业主请求物业服务企业退还已经预收，但尚未提供物业服务期间的物业费的，人民法院应予支持。

物业服务企业请求业主支付拖欠的物业费的，按照本解释第六条规定处理。

第十条 物业服务合同的权利义务终止后，业主委员会请求物业服务企业退出物业服务区域、移交物业服务用房和相关设施，以及物业服务所必需的相关资料和由其代管的专项维修资金的，人民法院应予支持。

物业服务企业拒绝退出、移交，并以存在事实上的物业服务关系为由，请求业主支付物业服务合同权利义务终止后的物业费的，人民法院不予支持。

第十一条 本解释涉及物业服务企业的规定，适用于物权法第七十六条、第八十一条、第八十二条所称其他管理人。

第十二条 因物业的承租人、借用人或者其他物业使用人实施违反物业服务合同，以及法律、法规或者管理规约的行为引起的物业服务纠纷，人民法院应当参照本解释关于业主的规定处理。

第十三条 本解释自 2009 年 10 月 1 日起施行。

本解释施行前已经终审，本解释施行后当事人申请再审或者按照审判监督程序决定再审的案件，不适用本解释。

文书范本

物业服务合同

第一章 总 则

第一条 本合同当事人

委托方（以下简称甲方）：________________________________

受委托方（以下简称乙方）：________________________________

物业管理资质等级证书编号：________________________________

根据有关法律、法规，在自愿、平等、协商一致的基础上，甲方选聘（或续聘）乙方为____________（物业名称）提供物业管理服务，订立本合同。

第二条 物业管理区域基本情况

物业名称：________________________________

物业用途：________________________________

坐落：____________________

四至：____________________

占地面积：____________________

总建筑面积：____________________

委托管理的物业范围及构成细目见附件一。

第二章　物业服务内容

第三条　制定物业管理服务工作计划，并组织实施；管理与物业相关的工程图纸、住用户档案与竣工验收材料____________________等。

第四条　房屋建筑共用部位的日常维修、养护和管理，共用部位包括楼盖、屋顶、外墙面、承重墙体、楼梯间、走廊通道、____________________。

第五条　共用设施设备的日常维修、养护和管理，共用设施设备包括共用的上下水管道、共用照明、____________________。

第六条　共用设施和附属建筑物、构筑物的日常维修养护和管理，包括道路、化粪池、泵房、自行车棚、____________________。

第七条　公共区域的绿化养护与管理，____________________。

第八条　公共环境卫生，包括房屋共用部位的清洁卫生，公共场所的清洁卫生、垃圾的收集、____________________。

第九条　维护公共秩序，包括门岗服务、物业区域内巡查、____________________。

第十条　维持物业区域内车辆行驶秩序，对车辆停放进行管理，____________________。

第十一条　消防管理服务，包括公共区域消防设施设备的维护管理，____________________。

第十二条　电梯、水泵的运行和日常维护管理，____________________。

第十三条　房屋装饰装修管理服务，____________________。

第十四条　其他委托事项____________________。

第三章　物业服务质量

第十五条　乙方提供的物业服务质量按以下第____项执行：

1. 执行北京市国土资源和房屋管理局发布的《北京市住宅物业管理服务标准》（京国土房管物字〔2003〕950号）规定的标准一，即普通商品住宅物业管理服务标准；____________________。

2. 执行北京市国土资源和房屋管理局发布的《北京市住宅物业管理服务标准》（京国土房管物字〔2003〕950号）规定的标准二，即经济适用房、直管和自管公房、危旧房改造回迁房管理服务标准；____________________。

3. 执行双方约定的物业服务质量要求，具体为：____________________。

第四章　物业服务费用

第十六条　（适用于政府指导价）物业服务费用执行政府指导价。

1. 物业服务费由乙方按________元/平方米·月向业主（或交费义务人）按年（季、月）收取（按房屋建筑面积计算，房屋建筑面积包括套内建筑面积和公共部位与公用房屋分摊建筑面积)。其中,电梯、水泵运行维护费用价格为:________;按房屋建筑面积比例分摊。

2. 如政府发布的指导价有调整,上述价格随之调整。

3. 共用部位、共用设施设备及公众责任保险费用,按照乙方与保险公司签订的保险单和所交纳的年保险费按照房屋建筑面积比例分摊。乙方收费时,应将保险单和保险费发票公示。

第十七条　(适用于市场调节价)物业服务费用实行市场调节价。

1. 物业服务费由乙方按________元/平方米·月向业主(或交费义务人)按年(季、月)收取(按房屋建筑面积计算,房屋建筑面积包括套内建筑面积加公共部位与公用房屋分摊建筑面积)。其中,电梯、水泵运行维护费用价格为:________;按房屋建筑面积比例分摊。

2. 物业服务支出包括以下部分:

(1)管理服务人员的工资、社会保险和按规定提取的福利费等;

(2)物业共用部位、共用设施设备的日常运行、维护费用;

(3)物业管理区域清洁卫生费用;

(4)物业管理区域绿化维护费用;

(5)物业管理区域秩序维护费用;

(6)办公费用;

(7)物业服务企业固定资产折旧;

(8)物业共用部位、共用设施设备及公众责任保险费用;

(9)其他费用:____。

3. (适用于包干制)物业服务费如需调整,由双方协商确定。

4. (适用于酬金制)从预收的物业服务费中提取____%作为乙方的酬金。

5. (适用于酬金制)物业服务费如有节余,则转入下一年度物业服务费总额中;如物业服务费不足使用,乙方应提前告知甲方,并告知物业服务费不足的数额、原因和建议的补足方案,甲方应在合理的期限内对乙方提交的方案进行审查和作出决定。

6. (适用于酬金制)双方约定聘请/不聘请专业机构对物业服务资金年度预决算和物业服务资金的收支情况进行审计;聘请专业机构的费用由全体业主承担,专业机构由双方协商选定/(甲方选定、乙方选定)。

第十八条　共用部位共用设施设备的大、中修和更新改造费用从专项维修资金支出。

第十九条　停车费用由乙方按下列标准向车位使用人收取:

1. 露天车位:____。

2. 车库车位(租用):________;其中,物业管理服务费为:________;车库车位(已出售):________。

3. ____。

甲方(盖章):________　　　　乙方(盖章):________

代表人(签字):________　　　　代表人(签字):________

________年____月____日　　　　________年____月____日

实用图表

物业管理法律操作流程图

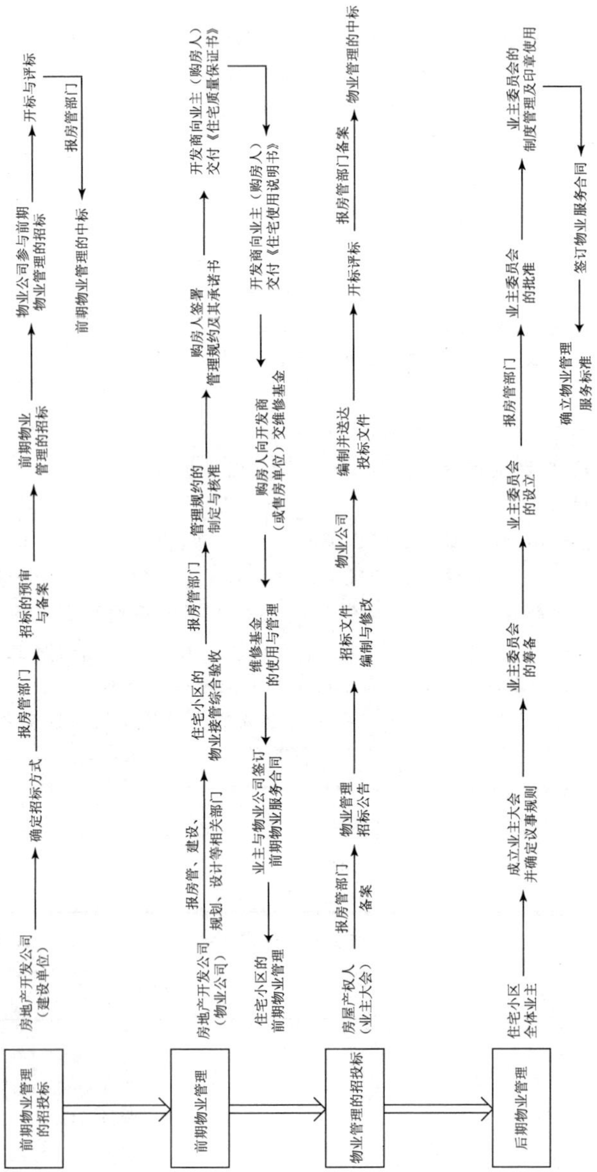

典型案例

青岛中南物业管理有限公司南京分公司诉徐献太、陆素侠物业管理合同纠纷案①

【裁判摘要】

一、业主与所在小区的物业管理公司签订物业管理服务协议后，即与物业管理公司之间建立了物业管理服务合同关系。物业管理公司作为提供物业管理服务的合同一方当事人，有义务依约进行物业管理，要求业主遵守业主公约及小区物业管理规定，有权对于违反业主公约及物业管理规定的行为加以纠正，以维护小区正常的物业管理秩序，维护小区全体业主的共同利益。当业主不按照整改要求纠正违反业主公约和物业管理规定的行为时，物业管理公司作为合同一方当事人，有权依法提起诉讼。

二、对于与业主所购房屋毗邻庭院绿地的权属问题，不能仅仅依据房地产开发商的售楼人员曾向业主口头承诺"买一楼房屋送花园"，以及该庭院绿地实际为业主占有、使用的事实，即认定业主对该庭院绿地享有独占使用权。该庭院绿地作为不动产，其使用权的归属必须根据房屋买卖双方正式签订的商品房买卖协议及物权登记情况加以确定。

三、业主不得违反业主公约及物业管理规定，基于个人利益擅自破坏、改造与其房屋毗邻的庭院绿地。即使业主对于该庭院绿地具有独占使用权，如果该庭院绿地属于小区绿地的组成部分，业主在使用该庭院绿地时亦应遵守业主公约、物业管理规定关于小区绿地的管理规定，不得擅自破坏该庭院绿地，损害小区其他业主的合法权益。

原告：青岛中南物业管理有限公司南京分公司，住所地：南京市江宁区汤山街道悦民路南开城路西。

代表人：陈兴无，该分公司经理。

被告：徐献太，男，52岁，住南京市江宁区汤山街道悦民路开城路188号麒麟锦城。

被告：陆素侠，女，39岁，住址同徐献太。

原告青岛中南物业管理有限公司南京分公司（以下简称中南物业南京公司）因与被告徐献太、陆素侠发生物业管理合同纠纷，向江苏省南京市江宁区人民法院提起诉讼。

原告中南物业南京公司诉称：2005年3月10日，被告徐献太、陆素侠购买了由原告管理的麒麟锦城小区房屋一套，同年10月1日办理了房屋交付手续。同年12月，二被告对该房屋进行装修，并擅自将该房屋南阳台外的公共绿地破坏，改建为水泥地坪和鱼池。二被告的上述行为已严重违反了《中南麒麟锦城业主公约》和《中南麒麟锦城物业管理服务协议》的相关规定，侵犯了小区其他业主的合法权益。请求判令二被告拆除违法改建的水泥地坪和鱼池，恢复为原有的绿地。

被告徐献太、陆素侠辩称：1. 原告中南物业南京公司无权作为本案原告起诉；2. 开发建设麒麟锦城小区的南京常锦房地产开发有限公司（以下简称常锦公司）在销售房屋时向被告方承诺买一楼送花园，被告方所购房屋南阳台外的庭院即为常锦公司所送，故被告方对南阳台外的庭院绿地具有使用权，其改造该庭院绿地的行为他人无权干

---

① 摘自《最高人民法院公报》2007年第9期。

涉;3.被告方改造庭院绿地时中南物业南京公司的管理人员是知晓的,但并未阻止被告方的改建行为,说明中南物业南京公司同意被告方改造。故被告方不同意将该庭院绿地恢复原状,请求法院判决驳回中南物业南京公司的诉讼请求。

南京市江宁区人民法院一审查明:

2005年3月10日,被告徐献太、陆素侠与常锦公司签订《商品房买卖契约》1份,约定徐献太、陆素侠购买常锦公司开发的麒麟锦城小区房屋1套,总价款为323470元。合同签订后,徐献太、陆素侠一次性付清了房款。

原告中南物业南京公司受常锦公司委托对麒麟锦城小区进行前期物业管理。2005年10月1日,被告徐献太、陆素侠办理了房屋交付手续。当日,徐献太、陆素侠签署了《中南麒麟锦城业主公约》,并与中南物业南京公司签订《中南麒麟锦城物业管理服务协议》。《中南麒麟锦城业主公约》第三章第二条第5项规定,业主应当遵守政府有关部门关于房屋使用及装修的规定,不得擅自改变使用房屋及公共设施的用途、外观、结构。该条第8项规定,业主应当自觉维护区城内的公共秩序和环境卫生,不得私搭乱建、乱停放车辆、随意占用绿地或破坏绿地,污染环境及制造噪音扰民。《中南麒麟锦城业主公约》第五章第二条第6项规定,物业管理服务的内容包括庭院绿地及其他设施的养护管理。《中南麒麟锦城业主公约》第六章第二条第3项规定,业主不得在天井、庭院、平台、房顶、绿地、道路或其他共用部位、场地搭建建筑物、构筑物。该条第4项规定,业主不得侵占或损害道路、绿地、花卉树木、艺术景观和文娱、体育及休闲设施。《中南麒麟锦城物业管理服务协议》第二条第9项约定,中南物业南京公司向业主提供的物业管理服务内容包括对公共绿地、花木、建筑物的养护与管理。

被告徐献太、陆素侠所购麒麟锦城小区的房屋南阳台外有一庭院绿地,该庭院绿地周边有高50厘米左右的木栅栏围挡,常锦公司建设该房屋时在南阳台上预留了出入门。徐献太、陆素侠与常锦公司签订的购房合同中并未就该庭院绿地的使用权归属问题作出明确约定。徐献太、陆素侠亦尚未领取房屋所有权证及国有土地使用权证。2005年12月,徐献太、陆素侠在对所购麒麟锦城小区房屋进行装修时,将该房屋南阳台外的庭院绿地进行了改造,破坏原有绿地后在庭院里铺设水泥地、砌花台、建鱼池。为此,原告中南物业南京公司分别于2005年11月1日、2006年3月21日向徐献太、陆素侠发出整改通知,要求徐献太、陆素侠停止对该庭院绿地的改建,恢复原状。徐献太两次签收了中南物业南京公司出具的整改通知单。因徐献太、陆素侠未按物业管理要求加以整改,2006年11月,中南物业南京公司就本案纠纷向法院提起诉讼。

一审期间,被告徐献太、陆素侠申请证人出庭作证,以证明其在常锦公司售楼处购房时,售楼人员曾口头承诺买一楼送花园。徐献太并提出其仅签收过一次中南物业南京公司出具的整改通知,而且在签收时并未查阅整改通知的具体内容。

上述事实,有被告徐献太、陆素侠与常锦公司签订的商品房买卖契约、《中南麒麟锦城业主公约》、《中南麒麟锦城物业管理服务协议》、现场勘验照片、原告中南物业南京公司出具并经徐献太签收的整改通知单、证人证言及双方当事人的陈述等证据证实,足以认定。

本案的争议焦点是:一、原告中南物业南京公司是否本案适格诉讼主体,能否作为原告提起本案诉讼;二、被告徐献太、陆素侠对所购麒麟锦城小区的房屋南阳台外的庭院绿地是否具有独占使用权;三、被告徐献太、陆素侠是否有权对上述庭院绿地实施改建。

南京市江宁区人民法院一审认为:

一、原告中南物业南京公司是本案适格诉讼主体,有权提起本案诉讼。

根据本案事实,原告中南物业南京公司受常锦公司委托对麒麟锦城小区进行前期物业管理。被告徐献太、陆素侠购买麒麟锦城小区房屋后,于2005年10月1日办理了房屋交付手续,并于当日签署了《中南麒麟锦城业主公约》,并与中南物业南京公司签订了《中南麒麟锦城物业管理服务协议》。因此,徐献太、陆素侠与中南物业南京公司之间建立了物业管理服务合同关系。中南物业南京公司作为提供物业管理服务的合同一方当事人,有义务依约进行物业管理,要求业主遵守业主公约及小区物业管理规定,有权对于违反业主公约及物业管理规定的行为加以纠正,以维护小区正常的物业管理秩序,维护小区全体业主的共同利益。当业主不按照整改要求纠正违反业主公约和物业管理规定的行为时,中南物业南京公司作为合同一方当事人,有权依法提起诉讼。

二、根据本案事实,不能认定被告徐献太、陆素侠对所购麒麟锦城小区的房屋南阳台外的庭院绿地享有独占使用权。

被告徐献太、陆素侠主张常锦公司的售楼人员曾口头承诺买一楼送花园,并有证人证实常锦公司的售楼人员确实做出过上述口头承诺。根据现场勘查情况,徐献太、陆素侠所购麒麟锦城小区房屋的南阳台外的庭院绿地设有栅栏围挡,常锦公司建设该房屋时在南阳台上预留了出入门。据此,徐献太、陆素侠一家可以进入该庭院绿地,而小区其他业主则不能进入,即从该庭院绿地的建造设计情况看,似乎该庭院绿地仅供徐献太、陆素侠一家使用。但是,根据上述事实,尚不能认定徐献太、陆素侠对所购麒麟锦城小区房屋南阳台外的庭院绿地享有独占使用权。该庭院绿地作为不动产,其使用权的归属不能仅仅依据现实占有、使用的情况进行判断,必须根据房屋买卖双方的协议内容及物权登记情况加以确定。

首先,即使常锦公司的售楼人员曾向被告徐献太、陆素侠口头承诺买一楼送花园,但在常锦公司与徐献太、陆素侠正式签订的商品房买卖契约中,并未对徐献太、陆素侠所购麒麟锦城小区房屋南阳台外的庭院绿地的使用权作出明确约定。常锦公司的售楼人员做出口头承诺在先,徐献太、陆素侠签订商品房买卖契约在后,且商品房买卖契约系书面合同,故房屋买卖双方关于该庭院绿地使用权归属问题的约定,应当依据常锦公司与徐献太、陆素侠正式签订的商品房买卖契约的内容加以确定,而根据该商品房买卖契约,不能认定徐献太、陆素侠在购买麒麟锦城小区房屋的同时取得了该房屋南阳台外庭院绿地的使用权。

其次,如果被告徐献太、陆素侠对其所购麒麟锦城小区房屋南阳台外的庭院绿地具有独占使用权,则该项事实应当在房屋所有权证、国有土地使用权证书中加以明确记载。鉴于徐献太、陆素侠尚未领取房屋所有权证及国有土地使用权证,不能以物权证书证明其对该庭院绿地享有独占使用权,因此,徐献太、陆素侠关于其对该庭院绿地享有独占使用权的主张,缺乏事实根据。

综上,根据本案事实,只能认定被告徐献太、陆素侠对其所购麒麟锦城小区房屋南阳台外的庭院绿地享有一般使用权,不能认定徐献太、陆素侠对该庭院绿地享有独占使用权。

三、被告徐献太、陆素侠无权擅自对所购麒麟锦城小区房屋南阳台外的庭院绿地实施改建。

首先，鉴于不能认定被告徐献太、陆素侠对其所购麒麟锦城小区房屋南阳台外的庭院绿地享有独占使用权，徐献太、陆素侠关于他人无权干涉其改建该庭院绿地的抗辩主张不能成立。

其次，根据本案事实，原告中南物业南京公司在发现被告徐献太、陆素侠对所购麒麟锦城小区房屋南阳台外的庭院绿地实施改建后，分别于 2005 年 11 月 1 日、2006 年 3 月 21 日向徐献太、陆素侠发出整改通知，要求徐献太、陆素侠停止对该庭院绿地的改建，恢复原状。徐献太两次签收了中南物业南京公司出具的整改通知单。庭审中，徐献太虽然主张其仅签收过一次中南物业南京公司出具的整改通知单，而且在签收时并未查阅整改通知单的具体内容，但未能举证加以证明，且其关于未查阅整改通知单的具体内容即予以签收的主张有悖常理，故不予支持。根据中南物业南京公司向徐献太、陆素侠两次送达整改通知，在徐献太、陆素侠拒不整改后即向法院起诉的行为，可以认定中南物业南京公司不同意徐献太、陆素侠改建庭院绿地的行为，徐献太、陆素侠系擅自改建庭院绿地，其关于中南物业南京公司明知其改造庭院绿地而未予阻止，应当视为同意改造的抗辩主张不能成立。

第三，被告徐献太、陆素侠签署的《中南麒麟锦城业主公约》及其与原告中南物业南京公司签订的《中南麒麟锦城物业管理服务协议》，系其真实意思表示，且不违反法律、行政法规的强制性规定，应认定为合法有效。故《中南麒麟锦城业主公约》、《中南麒麟锦城物业管理服务协议》均对徐献太、陆素侠具有约束力，二被告应当依据《中南麒麟锦城业主公约》、《中南麒麟锦城物业管理服务协议》履行相应义务。根据《中南麒麟锦城业主公约》、《中南麒麟锦城物业管理服务协议》的规定，徐献太、陆素侠不能破坏其所购麒麟锦城小区房屋南阳台外的庭院绿地，不能擅自对该庭院绿地进行改造。退一步讲，即使徐献太、陆素侠对于该庭院绿地具有独占使用权，鉴于该庭院绿地属于小区绿地的组成部分，根据物权的公益性原则，徐献太、陆素侠在使用该庭院绿地时亦应遵守《中南麒麟锦城业主公约》、《中南麒麟锦城物业管理服务协议》关于小区绿地的管理规定，不得擅自破坏该庭院绿地，损害小区其他业主的合法权益。因此，徐献太、陆素侠擅自改造该庭院绿地的行为已违反了《中南麒麟锦城业主公约》、《中南麒麟锦城物业管理服务协议》的规定，中南物业南京公司要求徐献太、陆素侠停止对该庭院绿地的改建，拆除水泥地、鱼池、花台，恢复该庭院绿地原状的诉讼请求，应予支持。

据此，南京市江宁区人民法院依照《中华人民共和国民法通则》第一百零六条第一款、第一百一十一条之规定，于 2006 年 11 月 30 日判决：

被告徐献太、陆素侠于本判决发生法律效力之日起 60 日内拆除在其所购麒麟锦城小区房屋南阳台外庭院绿地内改建的水泥地、鱼池、花台，恢复该庭院绿地原状。

一审宣判后，双方当事人在法定期间内均未提出上诉，一审判决已经发生法律效力。

(3)业主自治

业主大会和业主委员会指导规则

1. 2009年12月1日住房和城乡建设部发布
2. 建房〔2009〕274号
3. 自2010年1月1日起施行

第一章 总 则

第一条 为了规范业主大会和业主委员会的活动,维护业主的合法权益,根据《中华人民共和国物权法》、《物业管理条例》等法律法规的规定,制定本规则。

第二条 业主大会由物业管理区域内的全体业主组成,代表和维护物业管理区域内全体业主在物业管理活动中的合法权利,履行相应的义务。

第三条 业主委员会由业主大会依法选举产生,履行业主大会赋予的职责,执行业主大会决定的事项,接受业主的监督。

第四条 业主大会或者业主委员会的决定,对业主具有约束力。

业主大会和业主委员会应当依法履行职责,不得作出与物业管理无关的决定,不得从事与物业管理无关的活动。

第五条 业主大会和业主委员会,对业主损害他人合法权益和业主共同利益的行为,有权依照法律、法规以及管理规约,要求停止侵害、消除危险、排除妨害、赔偿损失。

第六条 物业所在地的区、县房地产行政主管部门和街道办事处、乡镇人民政府负责对设立业主大会和选举业主委员会给予指导和协助,负责对业主大会和业主委员会的日常活动进行指导和监督。

第二章 业主大会

第七条 业主大会根据物业管理区域的划分成立,一个物业管理区域成立一个业主大会。

只有一个业主的,或者业主人数较少且经全体业主同意,不成立业主大会的,由业主共同履行业主大会、业主委员会职责。

第八条 物业管理区域内,已交付的专有部分面积超过建筑物总面积50%时,建设单位应当按照物业所在地的区、县房地产行政主管部门或者街道办事处、乡镇人民政府的要求,及时报送下列筹备首次业主大会会议所需的文件资料:

(一)物业管理区域证明;

(二)房屋及建筑物面积清册;

(三)业主名册;

(四)建筑规划总平面图;

(五)交付使用共用设施设备的证明;

(六)物业服务用房配置证明;

(七)其他有关的文件资料。

第九条 符合成立业主大会条件的,区、县房地产行政主管部门或者街道办事处、乡镇人民政府应当在收到业主提出筹备业主大会书面申请后60日内,负责组织、指导成立首次业主大会会议筹备组。

第十条 首次业主大会会议筹备组由业主代表、建设单位代表、街道办事处、乡镇人民政府代表和居民委员会代表组成。筹备组成员人数应为单数,其中业主代表人数不低于筹备组总人数的一半,筹备组组长由街道办事处、乡镇人民政府代表担任。

第十一条 筹备组中业主代表的产生,由街道办事处、乡镇人民政府或者居民委员会组织业主推荐。

筹备组应当将成员名单以书面形式在物业管理区域内公告。业主对筹备组成员有异议的，由街道办事处、乡镇人民政府协调解决。

建设单位和物业服务企业应当配合协助筹备组开展工作。

第十二条 筹备组应当做好以下筹备工作：

（一）确认并公示业主身份、业主人数以及所拥有的专有部分面积；

（二）确定首次业主大会会议召开的时间、地点、形式和内容；

（三）草拟管理规约、业主大会议事规则；

（四）依法确定首次业主大会会议表决规则；

（五）制定业主委员会委员候选人产生办法，确定业主委员会委员候选人名单；

（六）制定业主委员会选举办法；

（七）完成召开首次业主大会会议的其他准备工作。

前款内容应当在首次业主大会会议召开15日前以书面形式在物业管理区域内公告。业主对公告内容有异议的，筹备组应当记录并作出答复。

第十三条 依法登记取得或者根据物权法第二章第三节规定取得建筑物专有部分所有权的人，应当认定为业主。

基于房屋买卖等民事法律行为，已经合法占有建筑物专有部分，但尚未依法办理所有权登记的人，可以认定为业主。

业主的投票权数由专有部分面积和业主人数确定。

第十四条 业主委员会委员候选人由业主推荐或者自荐。筹备组应当核查参选人的资格，根据物业规模、物权份额、委员的代表性和广泛性等因素，确定业主委员会委员候选人名单。

第十五条 筹备组应当自组成之日起90日内完成筹备工作，组织召开首次业主大会会议。

业主大会自首次业主大会会议表决通过管理规约、业主大会议事规则，并选举产生业主委员会之日起成立。

第十六条 划分为一个物业管理区域的分期开发的建设项目，先期开发部分符合条件的，可以成立业主大会，选举产生业主委员会。首次业主大会会议应当根据分期开发的物业面积和进度等因素，在业主大会议事规则中明确增补业主委员会委员的办法。

第十七条 业主大会决定以下事项：

（一）制定和修改业主大会议事规则；

（二）制定和修改管理规约；

（三）选举业主委员会或者更换业主委员会委员；

（四）制定物业服务内容、标准以及物业服务收费方案；

（五）选聘和解聘物业服务企业；

（六）筹集和使用专项维修资金；

（七）改建、重建建筑物及其附属设施；

（八）改变共有部分的用途；

（九）利用共有部分进行经营以及所得收益的分配与使用；

（十）法律法规或者管理规约确定应由业主共同决定的事项。

第十八条 管理规约应当对下列主要事项作出规定：

（一）物业的使用、维护、管理；

（二）专项维修资金的筹集、管理和使用；

（三）物业共用部分的经营与收益分配；

（四）业主共同利益的维护；

（五）业主共同管理权的行使；

（六）业主应尽的义务；

（七）违反管理规约应当承担的责任。

第十九条 业主大会议事规则应当对下列主要事项作出规定：

（一）业主大会名称及相应的物业管理区域；

（二）业主委员会的职责；

（三）业主委员会议事规则；

（四）业主大会会议召开的形式、时间和议事方式；

（五）业主投票权数的确定方法；

（六）业主代表的产生方式；

（七）业主大会会议的表决程序；

（八）业主委员会委员的资格、人数和任期等；

（九）业主委员会换届程序、补选办法等；

（十）业主大会、业主委员会工作经费的筹集、使用和管理；

（十一）业主大会、业主委员会印章的使用和管理。

第二十条 业主拒付物业服务费，不缴存专项维修资金以及实施其他损害业主共同权益行为的，业主大会可以在管理规约和业主大会议事规则中对其共同管理权的行使予以限制。

第二十一条 业主大会会议分为定期会议和临时会议。

业主大会定期会议应当按照业主大会议事规则的规定由业主委员会组织召开。

有下列情况之一的，业主委员会应当及时组织召开业主大会临时会议：

（一）经专有部分占建筑物总面积20%以上且占总人数20%以上业主提议的；

（二）发生重大事故或者紧急事件需要及时处理的；

（三）业主大会议事规则或者管理规约规定的其他情况。

第二十二条 业主大会会议可以采用集体讨论的形式，也可以采用书面征求意见的形式；但应当有物业管理区域内专有部分占建筑物总面积过半数的业主且占总人数过半数的业主参加。

采用书面征求意见形式的，应当将征求意见书送交每一位业主；无法送达的，应当在物业管理区域内公告。凡需投票表决的，表决意见应由业主本人签名。

第二十三条 业主大会确定业主投票权数，可以按照下列方法认定专有部分面积和建筑物总面积：

（一）专有部分面积按照不动产登记簿记载的面积计算；尚未进行登记的，暂按测绘机构的实测面积计算；尚未进行实测的，暂按房屋买卖合同记载的面积计算；

（二）建筑物总面积，按照前项的统计总和计算。

第二十四条 业主大会确定业主投票权数，可以按照下列方法认定业主人数和总人数：

（一）业主人数，按照专有部分的数量计算，一个专有部分按一人计算。但建设单位尚未出售和虽已出售但尚未交付的部分，以及同一买受人拥有一个以上专有部分的，按一人计算；

（二）总人数，按照前项的统计总和计算。

第二十五条 业主大会应当在业主大会议事规则中约定车位、摊位等特定空间是否计入用于确定业主投票权数的专有部分面积。

一个专有部分有两个以上所有权人的，应当推选一人行使表决权，但共有人所代表的业主人数为一人。

业主为无民事行为能力人或者限制民事行为能力人的，由其法定监护人行使投票权。

第二十六条 业主因故不能参加业主大会会议的，可以书面委托代理人参加业主大会会议。

未参与表决的业主，其投票权数是否可以计入已表决的多数票，由管理规约或者业主大会议事规则规定。

第二十七条 物业管理区域内业主人数较多的，可以幢、单元、楼层为单位，推选一名业主代表参加业主大会会议，推选及表决办法应当在业主大会议事规则中规定。

第二十八条 业主可以书面委托的形式，约定由其推选的业主代表在一定期限内代其行使共同管理权，具体委托内容、期限、权限和程序由业主大会议事规则规定。

第二十九条 业主大会会议决定筹集和使用专项维修资金以及改造、重建建筑物及其附属设施的，应当经专有部分占建筑物总面积三分之二以上的业主且占总人数三分之二以上的业主同意；决定本规则第十七条规定的其他共有和共同管理权利事项的，应当经专有部分占建筑物总面积过半数且占总人数过半数的业主同意。

第三十条 业主大会会议应当由业主委员会作出书面记录并存档。

业主大会的决定应当以书面形式在物业管理区域内及时公告。

第三章 业主委员会

第三十一条 业主委员会由业主大会会议选举产生，由 5 至 11 人单数组成。业主委员会委员应当是物业管理区域内的业主，并符合下列条件：

（一）具有完全民事行为能力；

（二）遵守国家有关法律、法规；

（三）遵守业主大会议事规则、管理规约，模范履行业主义务；

（四）热心公益事业，责任心强，公正廉洁；

（五）具有一定的组织能力；

（六）具备必要的工作时间。

第三十二条 业主委员会委员实行任期制，每届任期不超过 5 年，可连选连任，业主委员会委员具有同等表决权。

业主委员会应当自选举之日起 7 日内召开首次会议，推选业主委员会主任和副主任。

第三十三条 业主委员会应当自选举产生之日起 30 日内，持下列文件向物业所在地的区、县房地产行政主管部门和街道办事处、乡镇人民政府办理备案手续：

（一）业主大会成立和业主委员会选举的情况；

（二）管理规约；

（三）业主大会议事规则；

（四）业主大会决定的其他重大事项。

第三十四条 业主委员会办理备案手续后，可持备案证明向公安机关申请刻制业主大会印章和业主委员会印章。

业主委员会任期内，备案内容发生变更的，业主委员会应当自变更之日起 30 日内将变更内容书面报告备案部门。

第三十五条 业主委员会履行以下职责：

（一）执行业主大会的决定和决议；

（二）召集业主大会会议，报告物业管理实施情况；

（三）与业主大会选聘的物业服务企业签订物业服务合同；

（四）及时了解业主、物业使用人的

意见和建议，监督和协助物业服务企业履行物业服务合同；

（五）监督管理规约的实施；

（六）督促业主交纳物业服务费及其他相关费用；

（七）组织和监督专项维修资金的筹集和使用；

（八）调解业主之间因物业使用、维护和管理产生的纠纷；

（九）业主大会赋予的其他职责。

第三十六条 业主委员会应当向业主公布下列情况和资料：

（一）管理规约、业主大会议事规则；

（二）业主大会和业主委员会的决定；

（三）物业服务合同；

（四）专项维修资金的筹集、使用情况；

（五）物业共有部分的使用和收益情况；

（六）占用业主共有的道路或者其他场地用于停放汽车车位的处分情况；

（七）业主大会和业主委员会工作经费的收支情况；

（八）其他应当向业主公开的情况和资料。

第三十七条 业主委员会应当按照业主大会议事规则的规定及业主大会的决定召开会议。经三分之一以上业主委员会委员的提议，应当在7日内召开业主委员会会议。

第三十八条 业主委员会会议由主任召集和主持，主任因故不能履行职责，可以委托副主任召集。

业主委员会会议应有过半数的委员出席，作出的决定必须经全体委员半数以上同意。

业主委员会委员不能委托代理人参加会议。

第三十九条 业主委员会应当于会议召开7日前，在物业管理区域内公告业主委员会会议的内容和议程，听取业主的意见和建议。

业主委员会会议应当制作书面记录并存档，业主委员会会议作出的决定，应当有参会委员的签字确认，并自作出决定之日起3日内在物业管理区域内公告。

第四十条 业主委员会应当建立工作档案，工作档案包括以下主要内容：

（一）业主大会、业主委员会的会议记录；

（二）业主大会、业主委员会的决定；

（三）业主大会议事规则、管理规约和物业服务合同；

（四）业主委员会选举及备案资料；

（五）专项维修资金筹集及使用账目；

（六）业主及业主代表的名册；

（七）业主的意见和建议。

第四十一条 业主委员会应当建立印章管理规定，并指定专人保管印章。

使用业主大会印章，应当根据业主大会议事规则的规定或者业主大会会议的决定；使用业主委员会印章，应当根据业主委员会会议的决定。

第四十二条 业主大会、业主委员会工作经费由全体业主承担。工作经费可以由业主分摊，也可以从物业共有部分经营所得收益中列支。工作经费的收支情况，应当定期在物业管理区域内公告，接受业主监督。

工作经费筹集、管理和使用的具体办法由业主大会决定。

第四十三条 有下列情况之一的，业主委员会委员资格自行终止：

（一）因物业转让、灭失等原因不再是业主的；

（二）丧失民事行为能力的；

（三）依法被限制人身自由的；

（四）法律、法规以及管理规约规定的其他情形。

第四十四条 业主委员会委员有下列情况之一的，由业主委员会三分之一以上委员或者持有20%以上投票权数的业主提议，业主大会或者业主委员会根据业主大会的授权，可以决定是否终止其委员资格：

（一）以书面方式提出辞职请求的；

（二）不履行委员职责的；

（三）利用委员资格谋取私利的；

（四）拒不履行业主义务的；

（五）侵害他人合法权益的；

（六）因其他原因不宜担任业主委员会委员的。

第四十五条 业主委员会委员资格终止的，应当自终止之日起3日内将其保管的档案资料、印章及其他属于全体业主所有的财物移交业主委员会。

第四十六条 业主委员会任期内，委员出现空缺时，应当及时补足。业主委员会委员候补办法由业主大会决定或者在业主大会议事规则中规定。业主委员会委员人数不足总数的二分之一时，应当召开业主大会临时会议，重新选举业主委员会。

第四十七条 业主委员会任期届满前3个月，应当组织召开业主大会会议，进行换届选举，并报告物业所在地的区、县房地产行政主管部门和街道办事处、乡镇人民政府。

第四十八条 业主委员会应当自任期届满之日起10日内，将其保管的档案资料、印章及其他属于业主大会所有的财物移交新一届业主委员会。

第四章 指导和监督

第四十九条 物业所在地的区、县房地产行政主管部门和街道办事处、乡镇人民政府应当积极开展物业管理政策法规的宣传和教育活动，及时处理业主、业主委员会在物业管理活动中的投诉。

第五十条 已交付使用的专有部分面积超过建筑物总面积50%，建设单位未按要求报送筹备首次业主大会会议相关文件资料的，物业所在地的区、县房地产行政主管部门或者街道办事处、乡镇人民政府有权责令建设单位限期改正。

第五十一条 业主委员会未按业主大会议事规则的规定组织召开业主大会定期会议，或者发生应当召开业主大会临时会议的情况，业主委员会不履行组织召开会议职责的，物业所在地的区、县房地产行政主管部门或者街道办事处、乡镇人民政府可以责令业主委员会限期召开；逾期仍不召开的，可以由物业所在地的居民委员会在街道办事处、乡镇人民政府的指导和监督下组织召开。

第五十二条 按照业主大会议事规则的规定或者三分之一以上委员提议，应当召开业主委员会会议的，业主委员会主任、副主任无正当理由不召集业主委员会会议的，物业所在地的区、县房地产行政主管部门或者街道办事处、乡镇人民政府可以指定业主委员会其他委员召集业主委员会会议。

第五十三条 召开业主大会会议，物业所在地的区、县房地产行政主管部门和街道办事处、乡镇人民政府应当给予指导和协助。

第五十四条 召开业主委员会会议，应当告知相关的居民委员会，并听取居民委员会的建议。

在物业管理区域内，业主大会、业主委员会应当积极配合相关居民委员会依法履行自治管理职责，支持居民委员会开展工作，并接受其指导和监督。

第五十五条 违反业主大会议事规则或者未经业主大会会议和业主委员会会议的决定，擅自使用业主大会印章、业主委员会印章的，物业所在地的街道办事处、乡镇人民政府应当责令限期改正，并通告全体业主；造成经济损失或者不良影响的，应当依法追究责任人的法律责任。

第五十六条 业主委员会委员资格终止，拒不移交所保管的档案资料、印章及其他属于全体业主所有的财物的，其他业主委员会委员可以请求物业所在地的公安机关协助移交。

业主委员会任期届满后，拒不移交所保管的档案资料、印章及其他属于全体业主所有的财物的，新一届业主委员会可以请求物业所在地的公安机关协助移交。

第五十七条 业主委员会在规定时间内不组织换届选举的，物业所在地的区、县房地产行政主管部门或者街道办事处、乡镇人民政府应当责令其限期组织换届选举；逾期仍不组织的，可以由物业所在地的居民委员会在街道办事处、乡镇人民政府的指导和监督下，组织换届选举工作。

第五十八条 因客观原因未能选举产生业主委员会或者业主委员会委员人数不足总数的二分之一的，新一届业主委员会产生之前，可以由物业所在地的居民委员会在街道办事处、乡镇人民政府的指导和监督下，代行业主委员会的职责。

第五十九条 业主大会、业主委员会作出的决定违反法律法规的，物业所在地的区、县房地产行政主管部门和街道办事处、乡镇人民政府应当责令限期改正或者撤销其决定，并通告全体业主。

第六十条 业主不得擅自以业主大会或者业主委员会的名义从事活动。业主以业主大会或者业主委员会的名义，从事违反法律、法规的活动，构成犯罪的，依法追究刑事责任；尚不构成犯罪的，依法给予治安管理处罚。

第六十一条 物业管理区域内，可以召开物业管理联席会议。物业管理联席会议由街道办事处、乡镇人民政府负责召集，由区、县房地产行政主管部门、公安派出所、居民委员会、业主委员会和物业服务企业等方面的代表参加，共同协调解决物业管理中遇到的问题。

第五章 附 则

第六十二条 业主自行管理或者委托其他管理人管理物业，成立业主大会，选举业主委员会的，可参照执行本规则。

第六十三条 物业所在地的区、县房地产行政主管部门与街道办事处、乡镇人民政府在指导、监督业主大会和业主委员会工作中的具体职责分工，按各省、自治区、直辖市人民政府有关规定执行。

第六十四条 本规则自2010年1月1日起施行。《业主大会规程》(建住房〔2003〕131号)同时废止。

文书范本

管理规约

为加强________（以下简称“本物业”）的物业管理，维护全体业主的合法权益，保障物业的安全与合理使用，维护公共秩序，创造优良环境，同意签订本规约，并共同遵守。

一、业主的权利、义务

业主是指房地产所有权人。

（一）权利

1. 依法享有所拥有物业的各项权利。

2. 依法合理使用房屋建筑共用设施、共同部位和本物业内公用设施和公共场所（地）的权利。

3. 有权按有关规定进行室内装饰装修。

4. 有权自己或聘请他人对物业自用部位的各种管道、电线、水箱以及其他设施进行合法修缮，但法规政策规定必须由专业部门或机构施工的除外。

5. 有权根据房屋建筑共同部位、共用设施设备和属物业管理范围的市政公用设施的状况，建议物业服务企业及时组织修缮。

6. 有权参加业主大会，并拥有对本物业重大管理决策的表决权。

7. 有权就物业管理的有关事项向业主委员会、物业服务企业提出质询，并得到答复。

8. 有权要求业主委员会和物业服务企业按照规定的期限定期公布物业管理收支账目。

9. 有权对物业管理工作提出建议、意见或批评。

10. 有权向物业管理主管部门进行投诉或提出意见与建议。

11. 有权要求房屋建设毗连部位的其他维修责任人承担维修养护责任，对方不维修养护或不予配合的，可要求业主委员会或物业服务企业强制维修养护，按规定分摊费用。

（二）义务

1. 在使用、经营、转让所拥有物业时，应遵守物业管理法规政策规定。

2. 执行和服从业主委员会或业主大会的决议、决定。

3. 自觉维护公共场所的整洁、美观、畅通及公用设施的完好。

4. 按规定缴交物业管理服务费、房屋本体维修资金等费用。

5. 业主如需进行室内装饰装修，必须遵守本物业装饰装修管理规定，并填写申请表，报物业服务企业审查批准后，向物业服务企业缴交装饰装修押金方可按规定施工，完工后由物业服务企业进行查验，如无违规、违章情况或妨碍他人正常使用物业的现象（如渗、漏、堵、冒等），押金予以退还，否则视违章情况予以扣除并限期整改；如属统一清运垃圾和粉刷楼梯的，还应同时交纳垃圾清运费和粉刷费；如有额外使用公用设施（如电梯、供电增容等）的，还应承担相应的补偿费用。

6. 业主如请物业服务企业对其自用部位及设施设备、毗连部位及设施设备进行维修、养护，应支付有关费用。

7. 明白并承诺与其他非业主使用人在建立合法使用、维护、改造所拥有物业的法律关系时，应告知并要求对方遵守本物业管理的有关规定和本管理规约，并承担连带责任。

8. 明白并承诺业主及非业主使用人与物业服务企业在本物业内不存在人身、财产保管或保险关系（另有专门合同规定除外）。

9. 在本物业范围内，不得有下列行为：

（1）擅自改变房屋建筑及其设施设备的结构、外貌（含外墙、外门窗、阳台等部位设施的颜色、形状和规格）、设计用途、功能和布局等；

（2）对房屋的内外承重墙、梁、柱、板、阳台进行违章凿、拆、搭、建；

（3）占用或损坏楼梯、通道、屋面、平台、道路、停车场、自行车房（棚）等公用部位、设施及公共场所（地）；

（4）擅自损坏、拆除、改造供电、供水、供气、通讯、排水、排污、消防等公用设施；

（5）不按规定堆放物品、丢弃垃圾、高空抛物；

（6）违反规定存放易燃、易爆、剧毒、放射性等物品和排放有毒、有害、危险物质及饲养家禽、宠物等；

（7）践踏、占用绿化地，损坏、涂画园林建筑小品；

（8）影响市容观瞻或本物业外观的乱搭、乱贴、乱挂、设立广告牌等；

（9）随意停放车辆和鸣喇叭，制造超过规定标准的噪音；

（10）利用房屋进行危害公共利益或其他不道德的行为；

（11）法律、法规及政府规定禁止的其他行为。

二、业主大会和业主委员会

1. 业主大会是由全体业主组成，决定本物业管理重大事项的业主自治管理组织。

业主委员会是业主大会的常设（执行）机构，经政府部门批准成立后，维护全体业主的物业权益，依法行使各项权利。业主大会和业主委员会均应接受市、区物业管理主管部门的指导与监督。

2. 第一次业主大会，在本物业交付使用且住用率达到百分之五十以上时，由区物业管理主管部门会同开发建设单位或其委托的物业管理单位，按法定程序和形式召集，并选举产生首届业主委员会。

3. 本物业所有享有投票权的已住用业主，均应按时出席业主大会，参加投票，行使法定权利，承担法定责任。

4. 业主应亲自出席业主大会并投票，或委托他人出席和投票，否则视作弃权，并应服从业主大会作出的决定。委托他人投票的，必须出具授权委托书，否则该项委托无效。授权委托书必须有业主签字，如业主为法人，须加盖法人公章。

5. 业主大会可以采用会议或书面征求意见等形式；会议表决采取投票、举手等形式。

6. 业主委员会成立后，负责召集此后的业主大会，并每年至少召开一次。

经持有百分之十以上投票权的业主提议，业主委员会应于接到该项提议后十四天内就其提议召开业主大会，业主委员会应于召开业主大会七天前将会议地点、时间、内容、方式及其他事项予以公告并报告区物业管理主管部门。

7. 业主大会必须有已住用业主中持有百分之五十以上投票权的业主出席才能举行；如经已住用业主中持有百分之五十以上投票权的业主决定，可以推迟召开业主大会。

8. 业主大会的出席人数达到规定人数时，在会上提出的需经决定的事项，由出席会议的业主表决，以过半数通过有效。

9. 业主投票时，以每套单元式住宅为一票；非住宅房屋每一百平方米建筑面积为一票；一百平方米以下的每份房地产证书为一票。

10. 业主大会的决定和业主委员会章程的内容不得与宪法、法律、法规和政策相抵触。违反规定的，区物业管理主管部门有权予以纠正或撤销。

三、违约责任

1. 违反本规约业主义务条款中1、3、4、5、6、7、9、10项规定的，物业服务企业有权处理，并要求限期整改；逾期不整改的，有权强制整改，包括采取停水、停电、停气等催改措施；对本物业公共利益造成损失的，物业服务企业有权要求责任人予以赔偿并承担违约金；强制整改措施予以公告，赔偿金和违约金纳入本物业公共收入。赔偿金和违约金的项目及标准，由物业服务企业与业主委员会议定，业主委员会未成立的，经区物业管理主管部门核准后执行。

2. 业主不按规定缴交管理服务费、房屋本体维修资金等费用以及赔偿金、违约金的，处以每日千分之三的滞纳金；无正当理由逾期三个月仍拒绝缴交的，物业服务企业可采取停水、停电、停气等催缴措施。

四、其他事项

1. 本规约由开发建设单位或受其委托的物业服务企业报区物业管理主管部门审核批准，在办理住用手续时由业主签字，并经百分之十五的已住用业主签字后生效。

2. 本规约对本物业所有业主和非业主使用人具有同等效力。业主更换，本规约继续有效。

3. 业主大会可以根据本物业的实际情况对本规约进行修改补充，并提前报区物业管理主管部门核准备案。修改补充条款自业主大会通过之日起生效，无须经业主重新签订。

4. 业主之间、业主与业主委员会之间、业主与物业服务企业之间因本规约发生的纠纷，协商不成的，提请市物业管理主管部门调解，或提交________仲裁委员会依法裁决。

5. 本规约一式三份，业主、业主委员会、物业服务企业各执一份。

本业主所拥有物业：

住宅：　栋　号

商业用房：　栋　号(店、铺)

其他：

所在单位：

电话：（宅）（办公室）

业主：（签章）

日期：　年　月　日

业主大会议事规则

依据《物业管理条例》、《业主大会规程》及相关规定，经本区域全体业主表决通过，制定本规则，专为本区域召开业主大会会议目的使用。

第一条　业主大会会议的召开应当遵循以下基本原则：

(1)遵守法律和有关物业管理规定；

(2)坚持权利与义务相一致；

(3)坚持公开、公正、公平；

(4)接受社区居委会的指导、监督。

第二条　业主大会会议分定期会议和临时会议。定期会议每年召开一次，于每年____月份召开。

遇有下列情况时，本区域召开临时会议：

(1)20%以上业主提议；

(2)发生重大事故或者紧急事件需要及时处理的；

(3)涉及本区域物业管理公共利益，物业服务企业提议。

第三条　业主大会会议由业主委员会负责组织召开。

第四条　根据本区域的具体特点，按照有利于实现业主大会会议召开目的的原则，本区域业主大会会议由业主委员会征求社区居委会意见后确定采用集体讨论或书面征求意见方式。

第五条　采用集体讨论方式，按照以下程序进行：

(1)业主委员会主任委员就业主大会会议召开目的、会议召集情况及业主到会情况等进行说明；

(2)业主委员会主任委员就本次会议需要决议事项进行必须说明；

(3)参加会议业主就需要决议事项逐一进行投票表决；会议召集人计收有效票；

(4)业主大会会议召集人公布投票结果，并依据有关规定对投票结果的合法性、有效性作出必须说明，确定并宣布决议事项是否通过或有效；

(5)业主大会会议召集人就决议事项的执行和处理作出说明。

采用书面征求意见方式，按照以下程序进行：

(1)业主大会会议召集人就决议事项向本区域全体业主送达书面征求意见函，并书面告知业主反馈意见投放的截止时间和地点；

(2)在书面征求意见函规定的截止时间，业主大会会议召集人收集指定投放地点的业主反馈意见；

(3)业主大会会议召集人计收有效反馈意见；

(4)业主大会会议召集人公布书面征求意见收集的结果，说明其合法性、有效性，明确决议的事项是否通过或有效；

(5)业主大会会议召集人就决议事项的执行和处理作出说明。

第六条 采用集体讨论方式，业主本人应当参加会议。业主因故不能参加会议的，可以书面委托代理人参加。但一个代理人不得接受同一物业管理区域内两个或两个以上业主的委托。

采用书面征求意见方式，业主本人应当按照征求意见函中要求的内容和形式反馈意见。不符合要求内容或形式的，不计为有效反馈意见。

第七条 业主人数较多，按幢/单元/楼层为单位推选业主代表参加业主大会会议。

需投票表决的，业主的赞同、反对及弃权的具体票数经本人签字后，由业主代表在业主大会投票时如实反映。

第八条 为公正、公平目的，采用集体讨论或采用书面征求意见方式召开业主大会会议，有效票或有效反馈意见的计收、结果的公布等，业主大会会议召集人都邀请和接受社区居委会代表现场监督。

第九条 无论采用何种方式召开业主大会会议，业主投票权按业主所拥有的物业建筑面积计算，不足一平方米部分不予计算。

第十条 采用集体讨论方式，本区域内持有1/2以上投票权的业主参加方为有效；采用书面征求意见方式，反馈意见代表的投票权超过全部投票权的1/2方为有效。

第十一条 采用集体讨论方式，业主大会决议经参加会议业主所持投票权1/2以上通过，方为有效；采用书面征求意见方式，业主大会决议经反馈意见代表的投票权1/2以上通过，方为有效。

以下事项，经本区域全体业主所持投票权2/3以上投票权表决通过，方为有效：

(1)制定和修改管理规约、业主大会议事规则；

(2)解聘物业服务企业；

(3)选聘物业服务企业及相关事项；

(4)专项维修资金使用、续筹方案；

(5)业主大会和业主委员会开展工作的经费筹集、费用标准、使用范围和财务管理等。

第十二条 依照本规则通过的决议，须书面告知社区居委会，对全体业主具有约束力，全体业主应当遵守和执行决议。

第十三条 为组织召开业主大会会议目的，业主委员会开展工作的经费由本区域全体业主承担。按________方式筹集。

业主委员会应当至少每年一次将经费的使用情况在本区域显著位置公告，接受业主的质询。

第十四条 此后本规则的修改，须按本规则组织召开业主大会会议，并根据本规则第十一条决议通过。

业主委员会管理章程

第一章 总 则

第一条 本业主委员会(以下简称本委员会)是根据《物业管理条例》的有关规定成

立的代表本住宅区全体业主合法权益的社会团体,经市政府社团登记部门核准登记后,取得社会团体法人资格。本委员会的合法权益受国家法律保护。

第二条 本委员会接受审计署登记管理部门、市住宅主管部门和区住宅管理部门的领导,执行国家,省、市有关物业管理的法律政策规定。

第三条 本委员会代表本住宅区全体业主的合法权益,以科学、民主、合法的管理手段,保障住宅区物业的合理使用,维护住宅区的公共秩序,创造整洁、优美、安全舒适、文明的居住环境。

第二章 委员会的产生及职权

第四条 本委员会由本住宅区业主大会选举产生,向业主大会负责并报告工作,接受业主大会和市、区住宅管理部门的监督。

第一届委员会的产生:由区住宅管理部门会同开发建设单位或者委托物业服务企业组成筹委会,提出委员会候选人名单,提交第一次业主大会选举通过。

第五条 本委员会设委员____名,其中主任一名,副主任____名,执行秘书____名。执行秘书负责处理委员会日常事务。

委员会主任、副主任由委员会在其委员中选举产生。

委员会执行秘书由委员会聘任,如聘任非本住宅区业主担任执行秘书的,须由本人在本住宅区的直系亲属业主为其经济担保人。

委员会主任,执行秘书为专职或兼职。

第六条 本委员会行使下列职权:

1. 按照有关规定召集和主持业主大会;

2. 审议决定住宅维修资金和公用设施专用资金的使用;

3. 采用公开招标或其他方式,聘请物业服务企业对住宅区进行物业管理并与其签订委托管理合同;

4. 审查物业服务企业上年对本住宅区的管理计划完成情况及其费用决算报告;

5. 审议物业服务企业制订的对本住宅区的年度管理计划,住宅区配套工程和重大的维修工程项目;

6. 审查并决定住宅区物业管理服务费的收费标准;

7. 监督物业服务企业对本住宅区的物业管理工作;

8. 执行业主大会通过的各项决议。

前款的第3、5、6项规定的事项,必须经业主大会批准。

第七条 本住宅区的公用设施专用资金、住宅维修资金和管理服务费的收支账目,委员会应至少每三个月公布一次,接受业主的监督。

第八条 下列人员经委员会决定且经业主大会批准后获得适当津贴:

1. 委员会主任;

2. 委员会执行秘书;

3. 业主选举的楼长;

4. 委员会同意的其他人士。

第三章　委员会会议

第九条　委员会会议至少每两个月召开一次。有三分之一以上的委员提议或主任、副主任二人以上认为有必要并书面陈述议题时,可召开委员会特别会议。

第十条　委员会会议的召开提前七天将会议通知及有关材料送达每位委员。委员因事不能参加会议的,可以书面委托代表参加。

第十一条　委员会会议由主任召集、主持,主任因故缺席时,由副主任主持。

第十二条　委员会召开会议时,可以邀请政府有关部门、居民委员会、物业服务企业等单位的人员和承租人代表、其他非业主使用人代表参加会议,但上述人员没有表决权。

第十三条　委员会会议决定问题,采取少数服从多数的原则。会议进行表决时,每一委员有一票表决权。委员可委托代表人行使表决权,但必须出具授权委托书,若表决中出现赞成票与反对票相同时,由主任或会议主持人投决定性一票。

第十四条　委员会执行秘书必须做好每次开会的会议记录,并由会议主持人签署后存档。

第四章　委员会委员

第十五条　本委员会委员由本住宅区业主大会在业主中选举产生,委员人数为单数。委员会可聘请派出所、居民委员会等有关单位的人员以及承租人代表或本住宅区的非业主居民担任委员会委员(以下简称聘请委员),其名额不得超过最终委员总数的三分之一。聘请委员担任委员会主任,应由为本住宅区业主的直系亲属作其经济担保人并经业主大会批准。

第十六条　本委员会委员须由热心公益事业、责任心强、有一定的组织能力和必要的工作时间的成年人来担任。

第十七条　本委员会委员每届任期三年,可以连选连任。

第十八条　本委员会委员的撤换、减增由委员会会议通过后,提交业主大会投票决定。

第十九条　有下列情形的人士不得担任委员会委员,已经担任的须停任委员并由下次业主大会追认:

1. 已宣告破产的;
2. 因身体或精神上的疾病已丧失履行职责的能力的;
3. 未经委员会同意无故在委员会会议中连续缺席三次以上的;
4. 以业主身份当选为委员,但已不再是业主的;
5. 以书面形式向委员会提出辞呈的;
6. 有违法犯罪行为的;
7. 业主大会已将其罢免的。

第二十条　任何委员停任或退任而不寻求连任时,必须在停任或退任后半个月内将由其管理、保存的本委员会的文件、资料、账簿以及属于本委员会的任何财产(动产、不动产)移交给本委员会。

第二十一条　本委员会委员的权利:

1. 选举权、被选举权和监督权;

2. 对本委员会的建议和批评权;

3. 参与本委员会有关事项的决策;

4. 参加本委员会组织的有关活动。

第二十二条　本委员会委员的义务:

1. 遵守本委员会章程;

2. 执行本委员会的决议,努力完成本委员会的工作;

3. 积极参加本委员会组织的会议和活动;

4. 向本委员会的工作提供有关资料和建议。

第五章　委员会日常经费收支与办公用房

第二十三条　本委员会的经费来源是本住宅区的管理服务费。

第二十四条　本委员会的经费开支包括:业主大会和委员会会议;购置设备;编印资料;购买书刊资料;国内外交往;有关人员的津贴;日常办公及其他项目的费用等。经费收支账目(不包括现金)由执行秘书管理,每月台票向委员会会议汇报,每年度向业主大会汇报。

第二十五条　本委员会的办公用房从公用设施专用资金购买的物业管理用房中划出。

第六章　附　　则

第二十六条　业主大会通过的有关本章程的决议和细则都是本章程的组成部分。

第二十七条　委员会的终止与解散:本委员会依照业主大会的决定或市社团登记部门、市住宅主管部门的决定终止或解散。

第二十八条　本章程的解释权属委员会。

第二十九条　本章程与有关法规不符时,按有关法规执行。

第三十条　本章程经业主大会通过后生效。

附:

住户手册

一、前言

二、简介

三、物业管理

四、管理费用

五、设备及服务

六、装修管理

七、入住前期的特别服务

八、业主及用户的其他责任

九、保安/安全

十、关于防盗门、窗安装的有关办法

4. 共有和相邻关系

中华人民共和国
民法典(节录)

1. 2020年5月28日第十三届全国人民代表大会第三次会议通过
2. 2020年5月28日中华人民共和国主席令第45号公布
3. 自2021年1月1日起施行

第二编 物 权

第七章 相 邻 关 系

第二百八十八条 【处理相邻关系的原则】不动产的相邻权利人应当按照有利生产、方便生活、团结互助、公平合理的原则,正确处理相邻关系。

第二百八十九条 【处理相邻关系的法律依据】法律、法规对处理相邻关系有规定的,依照其规定;法律、法规没有规定的,可以按照当地习惯。

第二百九十条 【用水、排水相邻关系】不动产权利人应当为相邻权利人用水、排水提供必要的便利。

对自然流水的利用,应当在不动产的相邻权利人之间合理分配。对自然流水的排放,应当尊重自然流向。

第二百九十一条 【通行相邻关系】不动产权利人对相邻权利人因通行等必须利用其土地的,应当提供必要的便利。

第二百九十二条 【相邻土地的利用】不动产权利人因建造、修缮建筑物以及铺设电线、电缆、水管、暖气和燃气管线等必须利用相邻土地、建筑物的,该土地、建筑物的权利人应当提供必要的便利。

第二百九十三条 【相邻通风、采光和日照】建造建筑物,不得违反国家有关工程建设标准,不得妨碍相邻建筑物的通风、采光和日照。

第二百九十四条 【相邻不动产之间不可量物侵害】不动产权利人不得违反国家规定弃置固体废物,排放大气污染物、水污染物、土壤污染物、噪声、光辐射、电磁辐射等有害物质。

第二百九十五条 【维护相邻不动产安全】不动产权利人挖掘土地、建造建筑物、铺设管线以及安装设备等,不得危及相邻不动产的安全。

第二百九十六条 【使用相邻不动产避免造成损害】不动产权利人因用水、排水、通行、铺设管线等利用相邻不动产的,应当尽量避免对相邻的不动产权利人造成损害。

第八章 共 有

第二百九十七条 【共有及其类型】不动产或者动产可以由两个以上组织、个人共有。共有包括按份共有和共同共有。

第二百九十八条 【按份共有】按份共有人对共有的不动产或者动产按照其份额享有所有权。

第二百九十九条 【共同共有】共同共有人对共有的不动产或者动产共同享有所有权。

第三百条 【共有人对共有物的管理权】共有人按照约定管理共有的不动产或者动产;没有约定或者约定不明确的,各共有人都有管理的权利和义务。

第三百零一条 【共有物的处分、重大修缮和性质、用途变更】处分共有的不动产或者动产以及对共有的不动产或者动产作重大修缮、变更性质或者用途的,应当经占份额三分之二以上的按份共有人或者全体共同共有人同意,但是共有人之间另有约定的除外。

第三百零二条 【共有物管理费用的分担】 共有人对共有物的管理费用以及其他负担,有约定的,按照其约定;没有约定或者约定不明确的,按份共有人按照其份额负担,共同共有人共同负担。

第三百零三条 【共有物的分割】 共有人约定不得分割共有的不动产或者动产,以维持共有关系的,应当按照约定,但是共有人有重大理由需要分割的,可以请求分割;没有约定或者约定不明确的,按份共有人可以随时请求分割,共同共有人在共有的基础丧失或者有重大理由需要分割时可以请求分割。因分割造成其他共有人损害的,应当给予赔偿。

第三百零四条 【共有物的分割方式】 共有人可以协商确定分割方式。达不成协议,共有的不动产或者动产可以分割且不会因分割减损价值的,应当对实物予以分割;难以分割或者因分割会减损价值的,应当对折价或者拍卖、变卖取得的价款予以分割。

共有人分割所得的不动产或者动产有瑕疵的,其他共有人应当分担损失。

第三百零五条 【按份共有人的份额处分权和其他共有人的优先购买权】 按份共有人可以转让其享有的共有的不动产或者动产份额。其他共有人在同等条件下享有优先购买的权利。

第三百零六条 【优先购买权的实现方式】 按份共有人转让其享有的共有的不动产或者动产份额的,应当将转让条件及时通知其他共有人。其他共有人应当在合理期限内行使优先购买权。

两个以上其他共有人主张行使优先购买权的,协商确定各自的购买比例;协商不成的,按照转让时各自的共有份额比例行使优先购买权。

第三百零七条 【因共同财产产生的债权债务关系的对外、对内效力】 因共有的不动产或者动产产生的债权债务,在对外关系上,共有人享有连带债权、承担连带债务,但是法律另有规定或者第三人知道共有人不具有连带债权债务关系的除外;在共有人内部关系上,除共有人另有约定外,按份共有人按照份额享有债权、承担债务,共同共有人共同享有债权、承担债务。偿还债务超过自己应当承担份额的按份共有人,有权向其他共有人追偿。

第三百零八条 【按份共有的推定】 共有人对共有的不动产或者动产没有约定为按份共有或者共同共有,或者约定不明确的,除共有人具有家庭关系等外,视为按份共有。

第三百零九条 【按份共有人份额的确定】 按份共有人对共有的不动产或者动产享有的份额,没有约定或者约定不明确的,按照出资额确定;不能确定出资额的,视为等额享有。

第三百一十条 【用益物权、担保物权共有的参照适用】 两个以上组织、个人共同享有用益物权、担保物权的,参照适用本章的有关规定。

第五编 婚姻家庭

第三章 家庭关系

第一千零六十二条 【夫妻共同财产】 夫妻在婚姻关系存续期间所得的下列财产,为夫妻的共同财产,归夫妻共同所有:

(一)工资、奖金、劳务报酬;

(二)生产、经营、投资的收益;

(三)知识产权的收益;

(四)继承或者受赠的财产,但是本法第一千零六十三条第三项规定的除外;

(五)其他应当归共同所有的财产。

夫妻对共同财产,有平等的处理权。

第一千零六十三条 【夫妻个人财产】下列财产为夫妻一方的个人财产：

（一）一方的婚前财产；

（二）一方因受到人身损害获得的赔偿或者补偿；

（三）遗嘱或者赠与合同中确定只归一方的财产；

（四）一方专用的生活用品；

（五）其他应当归一方的财产。

第一千零六十五条 【夫妻约定财产制】男女双方可以约定婚姻关系存续期间所得的财产以及婚前财产归各自所有、共同所有或者部分各自所有、部分共同所有。约定应当采用书面形式。没有约定或者约定不明确的，适用本法第一千零六十二条、第一千零六十三条的规定。

夫妻对婚姻关系存续期间所得的财产以及婚前财产的约定，对双方具有法律约束力。

夫妻对婚姻关系存续期间所得的财产约定归各自所有，夫或者妻一方对外所负的债务，相对人知道该约定的，以夫或者妻一方的个人财产清偿。

第一千零六十六条 【婚姻关系存续期间夫妻共同财产的分割】婚姻关系存续期间，有下列情形之一的，夫妻一方可以向人民法院请求分割共同财产：

（一）一方有隐藏、转移、变卖、毁损、挥霍夫妻共同财产或者伪造夫妻共同债务等严重损害夫妻共同财产利益的行为；

（二）一方负有法定扶养义务的人患重大疾病需要医治，另一方不同意支付相关医疗费用。

第四章 离 婚

第一千零九十一条 【离婚损害赔偿】有下列情形之一，导致离婚的，无过错方有权请求损害赔偿：

（一）重婚；

（二）与他人同居；

（三）实施家庭暴力；

（四）虐待、遗弃家庭成员；

（五）有其他重大过错。

第一千零九十二条 【一方侵害夫妻共同财产的法律后果】夫妻一方隐藏、转移、变卖、毁损、挥霍夫妻共同财产，或者伪造夫妻共同债务企图侵占另一方财产的，在离婚分割夫妻共同财产时，对该方可以少分或者不分。离婚后，另一方发现有上述行为的，可以向人民法院提起诉讼，请求再次分割夫妻共同财产。

第六编 继 承

第四章 遗产的处理

第一千一百五十三条 【遗产的认定】夫妻共同所有的财产，除有约定的外，遗产分割时，应当先将共同所有的财产的一半分出为配偶所有，其余的为被继承人的遗产。

遗产在家庭共有财产之中的，遗产分割时，应当先分出他人的财产。

最高人民法院关于人民法院审理离婚案件处理财产分割问题的若干具体意见

1. 1993年11月3日公布
2. 法发〔1993〕32号

人民法院审理离婚案件对夫妻共同财产的处理，应当依照《中华人民共和国婚姻法》、《中华人民共和国妇女权益保障法》及有关法律规定，分清个人财产、夫妻共同财产和家庭共同财产，坚持男女平等，保护妇女、儿童的合法权益，照顾无过错方，尊重当事人意愿，有利生产、方便生活的原则，合情合理地予以解决。根据上述原则，结合审判实践，提出如下具体意见：

1. 夫妻双方对财产归谁所有以书面形式约定的，或以口头形式约定，双方无争议的，离婚时应按约定处理。但规避法律的约定无效。

2. 夫妻双方在婚姻关系存续期间所得的财产，为夫妻共同财产，包括：

（1）一方或双方劳动所得的收入和购置的财产；

（2）一方或双方继承、受赠的财产；

（3）一方或双方由知识产权取得的经济利益；

（4）一方或双方从事承包、租赁等生产、经营活动的收益；

（5）一方或双方取得的债权；

（6）一方或双方的其他合法所得。

3. 在婚姻关系存续期间，复员、转业军人所得的复员费、转业费，结婚时间10年以上的，应按夫妻共同财产进行分割。复员军人从部队带回的医药补助费和回乡生产补助费，应归本人所有。

4. 夫妻分居两地分别管理、使用的婚后所得财产，应认定为夫妻共同财产。在分割财产时，各自分别管理、使用的财产归各自所有。双方所分财产相差悬殊的，差额部分，由多得财产的一方以与差额相当的财产抵偿另一方。

5. 已登记结婚，尚未共同生活，一方或双方受赠的礼金、礼物应认定为夫妻共同财产，具体处理时应考虑财产来源、数量等情况合理分割。各自出资购置、各自使用的财物，原则上归各自所有。

6. 一方婚前个人所有的财产，婚后由双方共同使用、经营、管理的，房屋和其他价值较大的生产资料经过8年，贵重的生活资料经过4年，可视为夫妻共同财产。

7. 对个人财产还是夫妻共同财产难以确定的，主张权利的一方有责任举证。当事人举不出有力证据，人民法院又无法查实的，按夫妻共同财产处理。

8. 夫妻共同财产，原则上均等分割。根据生产、生活的实际需要和财产的来源等情况，具体处理时也可以有所差别。属于个人专用的物品，一般归个人所有。

9. 一方以夫妻共同财产与他人合伙经营的，入伙的财产可分给一方所有，分得入伙财产的一方对另一方应给予相当于入伙财产一半价值的补偿。

10. 属于夫妻共同财产的生产资料，可分给有经营条件和能力的一方。分得该生产资料的一方对另一方应给予相当于该财产一半价值的补偿。

11. 对夫妻共同经营的当年无收益的养殖、种植业等，离婚时应从有利于发展生产、有利于经营管理考虑，予以合理分割或折价处理。

12. 婚后8年内双方对婚前一方所有的房屋进行过修缮、装修、原拆原建，离婚时未变更产权的，房屋仍归产权人所有，增值部分中属于另一方应得的份额，由房屋所有权人折价补偿另一方；进行过扩建的，扩建部分的房屋应按夫妻共同财产处理。

13. 对不宜分割使用的夫妻共有的房屋，应根据双方住房情况和照顾抚养子女方或无过错方等原则分给一方所有。分得房屋的一方对另一方应给予相当于该房屋一半价值的补偿。在双方条件等同的情况下，应照顾女方。

14. 婚姻存续期间居住的房屋属于一方所有，另一方以离婚后无房居住为由，要求暂住的，经查实可据情予以支持，但一般不超过两年。

无房一方租房居住经济上确有困难的，享有房屋产权的一方可给予一次性经济帮助。

15. 离婚时一方尚未取得经济利益的知识产权，归一方所有。在分割夫妻共同财产时，可根据具体情况，对另一方予以适当的照顾。

16. 婚前个人财产在婚后共同生活中自然毁损、消耗、灭失，离婚时一方要求以夫妻共同财产抵偿的，不予支持。

17. 夫妻为共同生活或为履行抚养、赡养义务等所负债务，应认定为夫妻共同债务，离婚时应当以夫妻共同财产清偿。

下列债务不能认定为夫妻共同债务，应由一方以个人财产清偿：

(1)夫妻双方约定由个人负担的债务，但以逃避债务为目的的除外。

(2)一方未经对方同意，擅自资助与其没有抚养义务的亲朋所负的债务。

(3)一方未经对方同意，独自筹资从事经营活动，其收入确未用于共同生活所负的债务。

(4)其他应由个人承担的债务。

18. 婚前一方借款购置的房屋等财物已转化为夫妻共同财产的，为购置财物借款所负债务，视为夫妻共同债务。

19. 借婚姻关系索取的财物，离婚时，如结婚时间不长，或者因索要财物造成对方生活困难的，可酌情返还。

对取得财物的性质是索取还是赠与难以认定的，可按赠与处理。

20. 离婚时夫妻共同财产未从家庭共同财产中析出，一方要求析产的，可先就离婚和已查清的财产问题进行处理，对一时确实难以查清的财产的分割问题可告知当事人另案处理；或者中止离婚诉讼，待析产案件审结后再恢复离婚诉讼。

21. 一方将夫妻共同财产非法隐藏、转移拒不交出的，或非法变卖、毁损的，分割财产时，对隐藏、转移、变卖、毁损财产的一方，应予以少分或不分。具体处理时，应把隐藏、转移、变卖、毁损的财产作为隐藏、转移、变卖、毁损财产的一方分得的财产份额，对另一方的应得的份额应以其他夫妻共同财产折抵，不足折抵的，差额部分由隐藏、转移、变卖、毁损财产的一方折价补偿对方。

对非法隐藏、转移、变卖、毁损夫妻共同财产的一方，人民法院可依照《中华人民共和国民事诉讼法》第一百零二条的规定进行处理。

22. 属于事实婚姻的，其财产分割适用本意见。

属于非法同居的，其财产分割按最高人民法院《关于人民法院审理未办结婚登记而以夫妻名义同居生活案件的若干意见》的有关规定处理。

最高人民法院关于财产共有人立遗嘱处分自己的财产部分有效处分他人的财产部分无效的批复

1. 1986年6月20日公布
2. 〔1986〕民他字第24号

广东省高级人民法院：

你院〔86〕粤法民字第16号请示报告收悉。关于刘坚诉冯仲勤房屋继承一案，经研究，我们基本同意你院审判委员会讨论的第一种意见。双方讼争的房屋，原系冯奇生及女儿冯湛清、女婿刘卓三人所共有。冯奇生于1949年病故前，经女儿冯湛清同意，用遗嘱处分属于自己和冯湛清的财产是有效的。但是,在未取得产权共有人刘卓的同意下,遗嘱也处分了刘卓的那一份财产,因此,该遗嘱所涉及刘卓财产部分则是无效的。在刘卓的权利受到侵害期间,讼争房屋进行了社会主义改造,致使刘卓无法主张权利。现讼争房屋发还,属于刘卓的那份房产应归其法定继承人刘坚等依法继承。

最高人民法院关于夫妻一方未经对方同意将共有房屋赠与他人属于夫妻另一方的部分应属无效的批复

1. 1987年8月5日公布
2. 〔1987〕民他字第14号

浙江省高级人民法院:

你院1987年3月7日关于王棣华等人与王庆贞、朱亚英房屋继承一案的请示报告已悉。

据你院调查,王棣华等人与王庆贞、朱亚英诉争的房屋,原系王镛、王庆贞、王守瑜母亲的奁产,后被王镛舅母出典,1937年由王镛出资回赎,1947年办理了过户手续。1950年8月,杭州市人民政府给王镛颁发了房产证,但该房一直由王镛之妹王守瑜使用、管理。1956年3月,王镛在其妻孙跃文未表示同意的情况下,个人书写"赠与书"和"房地产让渡证明书",连同房契和个人印章一并交给王守瑜(未办理过户手续)。1960年、1963年,王镛夫妇相继去世。1981年11月,王守瑜在联系出售该房时病故。当月,王庆贞之女朱亚英以1250元价款将房屋出售。王镛之子女王棣华等人得知,诉至法院,要求将该房确认为其父的遗产,予以继承。

经研究,我们认为,该案争执之房屋原系王镛、王守瑜、王庆贞之母的财产。出典后,由王镛于1937年出资赎回,解放后,该房屋确权为王镛所有。在王镛与孙跃文婚姻关系存续期间,夫妻任何一方所得之财产,包括上述房屋,应属夫妻共同财产,夫妻一方在处理共同财产时,应取得另一方的同意。王镛在征求孙跃文意见时,孙明确表示不同意将房屋赠与王守瑜,以后在赠与书上又未签字,因此赠与应属无效。但鉴于王守瑜已长期掌管使用,王镛生前曾有过赠与的明确表示,其子女当时也表示同意的历史状况,从实际情况出发,以认定一部分为王镛和孙跃文的遗产,一部分属于王守瑜的遗产为宜。按照继承法的规定,双方的遗产分别由他们各自的法定继承人继承。

最高人民法院关于共有人之一擅自出卖共有房屋无效的批复

1. 1988年10月24日公布
2. 〔1988〕民他字第56号

河南省高级人民法院:

你院1988年9月15日《关于于金明和赵文运等五人房屋纠纷一案的请示报告》收悉。经研究认为,崔希舜未经赵文运等房屋共有人的同意,于1972年11月4日擅自将郑州市南学街67号院内东屋北头二间出卖给于金明是不合法的。1984年11月,该房屋共有人赵文运等诉至郑州市管城回族区人民法院,要求废除房屋买卖关系。一、二审法院判决买卖关系无效并无不当。故同意你院审判委员会的意见,可维持一、二审判决,驳回于金明的申诉。

最高人民法院关于共同经商、共同生活期间购置的房产应认定为共有的复函

1. 1989年6月9日公布
2. 〔1989〕民他字第10号

江西省高级人民法院：

你院关于高三妹等人诉陈德晶房屋确权一案的请示报告和案卷，均已收悉。

从你院报来的案卷材料看：讼争的两栋房屋，是解放前高三妹夫家兄弟4人共同经商、共同生活期间购置的，一、二审判决认定为共有是正确的，故同意不再变更。但应继续做好高三妹等人思想工作，劝导他们珍惜兄弟情谊，以团结为重，服判息诉。

此复

四、用益物权

1. 土地承包经营权

中华人民共和国农村土地承包法

1. 2002年8月29日第九届全国人民代表大会常务委员会第二十九次会议通过
2. 根据2009年8月27日第十一届全国人民代表大会常务委员会第十次会议《关于修改部分法律的决定》第一次修正
3. 根据2018年12月29日第十三届全国人民代表大会常务委员会第七次会议《关于修改〈中华人民共和国农村土地承包法〉的决定》第二次修正

目　　录

第一章　总　　则

第一条　【立法目的】为了巩固和完善以家庭承包经营为基础、统分结合的双层经营体制，保持农村土地承包关系稳定并长久不变，维护农村土地承包经营当事人的合法权益，促进农业、农村经济发展和农村社会和谐稳定，根据宪法，制定本法。

第二条　【定义】本法所称农村土地，是指农民集体所有和国家所有依法由农民集体使用的耕地、林地、草地，以及其他依法用于农业的土地。

第三条　【土地承包方式】国家实行农村土地承包经营制度。

农村土地承包采取农村集体经济组织内部的家庭承包方式，不宜采取家庭承包方式的荒山、荒沟、荒丘、荒滩等农村土地，可以采取招标、拍卖、公开协商等方式承包。

第四条　【土地所有权不变】农村土地承包后，土地的所有权性质不变。承包地不得买卖。

第五条　【保护土地承包经营权】农村集体经济组织成员有权依法承包由本集体经济组织发包的农村土地。

任何组织和个人不得剥夺和非法限制农村集体经济组织成员承包土地的权利。

第六条　【保护妇女土地承包经营权】农村土地承包，妇女与男子享有平等的权利。承包中应当保护妇女的合法权益，任何组织和个人不得剥夺、侵害妇女应当享有的土地承包经营权。

第七条　【土地承包原则】农村土地承包应当坚持公开、公平、公正的原则，正确处理国家、集体、个人三者的利益关系。

第八条　【国家保护各方合法权益】国家保护集体土地所有者的合法权益，保护承包方的土地承包经营权，任何组织和个人不得侵犯。

第九条　【经营的选择】承包方承包土地后，享有土地承包经营权，可以自己经营，也可以保留土地承包权，流转其承包地的土地经营权，由他人经营。

第十条　【保护土地经营权流转】国家保护承包方依法、自愿、有偿流转土地经营权，保护土地经营权人的合法权益，任何组织和个人不得侵犯。

第十一条　【合理利用】农村土地承包经营应当遵守法律、法规，保护土地资源的合理开发和可持续利用。未经依法批准不得将承包地用于非农建设。

国家鼓励增加对土地的投入，培肥地力，提高农业生产能力。

第十二条　【各级行政主管部门职责】国务院农业农村、林业和草原主管部门分别依照国务院规定的职责负责全国农村土地承包经营及承包经营合同管理的指导。

县级以上地方人民政府农业农村、林业和草原等主管部门分别依照各自职责，负责本行政区域内农村土地承包经营及承包经营合同管理。

乡（镇）人民政府负责本行政区域内农村土地承包经营及承包经营合同管理。

第二章　家庭承包

第一节　发包方和承包方的权利和义务

第十三条　【发包方】农民集体所有的土地依法属于村农民集体所有的，由村集体经济组织或者村民委员会发包；已经分别属于村内两个以上农村集体经济组织的农民集体所有的，由村内各该农村集体经济组织或者村民小组发包。村集体经济组织或者村民委员会发包的，不得改变村内各集体经济组织农民集体所有的土地的所有权。

国家所有依法由农民集体使用的农村土地，由使用该土地的农村集体经济组织、村民委员会或者村民小组发包。

第十四条　【发包方权利】发包方享有下列权利：

（一）发包本集体所有的或者国家所有依法由本集体使用的农村土地；

（二）监督承包方依照承包合同约定的用途合理利用和保护土地；

（三）制止承包方损害承包地和农业资源的行为；

（四）法律、行政法规规定的其他权利。

第十五条　【发包方义务】发包方承担下列义务：

（一）维护承包方的土地承包经营权，不得非法变更、解除承包合同；

（二）尊重承包方的生产经营自主权，不得干涉承包方依法进行正常的生产经营活动；

（三）依照承包合同约定为承包方提供生产、技术、信息等服务；

（四）执行县、乡（镇）土地利用总体规划，组织本集体经济组织内的农业基础设施建设；

（五）法律、行政法规规定的其他义务。

第十六条　【承包方】家庭承包的承包方是本集体经济组织的农户。

农户内家庭成员依法平等享有承包土地的各项权益。

第十七条　【承包方权利】承包方享有下列权利：

（一）依法享有承包地使用、收益的权利，有权自主组织生产经营和处置产品；

（二）依法互换、转让土地承包经营权；

（三）依法流转土地经营权；

（四）承包地被依法征收、征用、占用的，有权依法获得相应的补偿；

（五）法律、行政法规规定的其他权利。

第十八条 【承包方义务】承包方承担下列义务：

（一）维持土地的农业用途，未经依法批准不得用于非农建设；

（二）依法保护和合理利用土地，不得给土地造成永久性损害；

（三）法律、行政法规规定的其他义务。

第二节 承包的原则和程序

第十九条 【承包原则】土地承包应当遵循以下原则：

（一）按照规定统一组织承包时，本集体经济组织成员依法平等地行使承包土地的权利，也可以自愿放弃承包土地的权利；

（二）民主协商，公平合理；

（三）承包方案应当按照本法第十三条的规定，依法经本集体经济组织成员的村民会议三分之二以上成员或者三分之二以上村民代表的同意；

（四）承包程序合法。

第二十条 【承包程序】土地承包应当按照以下程序进行：

（一）本集体经济组织成员的村民会议选举产生承包工作小组；

（二）承包工作小组依照法律、法规的规定拟订并公布承包方案；

（三）依法召开本集体经济组织成员的村民会议，讨论通过承包方案；

（四）公开组织实施承包方案；

（五）签订承包合同。

第三节 承包期限和承包合同

第二十一条 【承包期】耕地的承包期为三十年。草地的承包期为三十年至五十年。林地的承包期为三十年至七十年。

前款规定的耕地承包期届满后再延长三十年，草地、林地承包期届满后依照前款规定相应延长。

第二十二条 【承包合同】发包方应当与承包方签订书面承包合同。

承包合同一般包括以下条款：

（一）发包方、承包方的名称，发包方负责人和承包方代表的姓名、住所；

（二）承包土地的名称、坐落、面积、质量等级；

（三）承包期限和起止日期；

（四）承包土地的用途；

（五）发包方和承包方的权利和义务；

（六）违约责任。

第二十三条 【承包合同生效】承包合同自成立之日起生效。承包方自承包合同生效时取得土地承包经营权。

第二十四条 【承包经营权证】国家对耕地、林地和草地等实行统一登记，登记机构应当向承包方颁发土地承包经营权证或者林权证等证书，并登记造册，确认土地承包经营权。

土地承包经营权证或者林权证等证书应当将具有土地承包经营权的全部家庭成员列入。

登记机构除按规定收取证书工本费外，不得收取其他费用。

第二十五条【不得随意变更承包合同】承包合同生效后，发包方不得因承办人或者负责人的变动而变更或者解除，也不得因集体经济组织的分立或者合并而变更或者解除。

第二十六条 【不得利用职权干涉承包】国家机关及其工作人员不得利用职权干涉农村土地承包或者变更、解除承包合同。

第四节 土地承包经营权的保护和互换、转让

第二十七条 【承包地的合理收回】承包期内，发包方不得收回承包地。

国家保护进城农户的土地承包经营权。不得以退出土地承包经营权作为农户进城落户的条件。

承包期内，承包农户进城落户的，引导支持其按照自愿有偿原则依法在本集体经济组织内转让土地承包经营权或者将承包地交回发包方，也可以鼓励其流转土地经营权。

承包期内，承包方交回承包地或者发包方依法收回承包地时，承包方对其在承包地上投入而提高土地生产能力的，有权获得相应的补偿。

第二十八条 【承包地的合理调整】承包期内，发包方不得调整承包地。

承包期内，因自然灾害严重毁损承包地等特殊情形对个别农户之间承包的耕地和草地需要适当调整的，必须经本集体经济组织成员的村民会议三分之二以上成员或者三分之二以上村民代表的同意，并报乡(镇)人民政府和县级人民政府农业农村、林业和草原等主管部门批准。承包合同中约定不得调整的，按照其约定。

第二十九条 【可用于调整承包的土地】下列土地应当用于调整承包土地或者承包给新增人口：

(一)集体经济组织依法预留的机动地；

(二)通过依法开垦等方式增加的；

(三)发包方依法收回和承包方依法、自愿交回的。

第三十条 【自愿交回承包地】承包期内，承包方可以自愿将承包地交回发包方。承包方自愿交回承包地的，可以获得合理补偿，但是应当提前半年以书面形式通知发包方。承包方在承包期内交回承包地的，在承包期内不得再要求承包土地。

第三十一条 【妇女婚姻状况变更不影响承包权】承包期内，妇女结婚，在新居住地未取得承包地的，发包方不得收回其原承包地；妇女离婚或者丧偶，仍在原居住地生活或者不在原居住地生活但在新居住地未取得承包地的，发包方不得收回其原承包地。

第三十二条 【承包继承】承包人应得的承包收益，依照继承法的规定继承。

林地承包的承包人死亡，其继承人可以在承包期内继续承包。

第三十三条【土地承包经营权互换】承包方之间为方便耕种或者各自需要，可以对属于同一集体经济组织的土地的土地承包经营权进行互换，并向发包方备案。

第三十四条 【土地承包经营权转让】经发包方同意，承包方可以将全部或者部分的土地承包经营权转让给本集体经济组织的其他农户，由该农户同发包方确立新的承包关系，原承包方与发包方在该土地上的承包关系即行终止。

第三十五条 【登记】土地承包经营权互换、转让的，当事人可以向登记机构申请登记。未经登记，不得对抗善意第三人。

第五节 土地经营权

第三十六条 【土地经营权自主流转】承包方可以自主决定依法采取出租(转包)、入股或者其他方式向他人流转土地经营权，并向发包方备案。

第三十七条 【土地经营权人权利】土地经

营权人有权在合同约定的期限内占有农村土地，自主开展农业生产经营并取得收益。

第三十八条　【土地经营权流转原则】土地经营权流转应当遵循以下原则：

（一）依法、自愿、有偿，任何组织和个人不得强迫或者阻碍土地经营权流转；

（二）不得改变土地所有权的性质和土地的农业用途，不得破坏农业综合生产能力和农业生态环境；

（三）流转期限不得超过承包期的剩余期限；

（四）受让方须有农业经营能力或者资质；

（五）在同等条件下，本集体经济组织成员享有优先权。

第三十九条　【土地经营权流转价款与收益】土地经营权流转的价款，应当由当事人双方协商确定。流转的收益归承包方所有，任何组织和个人不得擅自截留、扣缴。

第四十条　【土地经营权流转合同】土地经营权流转，当事人双方应当签订书面流转合同。

土地经营权流转合同一般包括以下条款：

（一）双方当事人的姓名、住所；

（二）流转土地的名称、坐落、面积、质量等级；

（三）流转期限和起止日期；

（四）流转土地的用途；

（五）双方当事人的权利和义务；

（六）流转价款及支付方式；

（七）土地被依法征收、征用、占用时有关补偿费的归属；

（八）违约责任。

承包方将土地交由他人代耕不超过一年的，可以不签订书面合同。

第四十一条　【土地经营权流转登记】土地经营权流转期限为五年以上的，当事人可以向登记机构申请土地经营权登记。未经登记，不得对抗善意第三人。

第四十二条　【承包方单方解除合同】承包方不得单方解除土地经营权流转合同，但受让方有下列情形之一的除外：

（一）擅自改变土地的农业用途；

（二）弃耕抛荒连续两年以上；

（三）给土地造成严重损害或者严重破坏土地生态环境；

（四）其他严重违约行为。

第四十三条　【受让方投资】经承包方同意，受让方可以依法投资改良土壤，建设农业生产附属、配套设施，并按照合同约定对其投资部分获得合理补偿。

第四十四条　【承包关系不变】承包方流转土地经营权的，其与发包方的承包关系不变。

第四十五条　【社会资本取得土地经营权的相关制度】县级以上地方人民政府应当建立工商企业等社会资本通过流转取得土地经营权的资格审查、项目审核和风险防范制度。

工商企业等社会资本通过流转取得土地经营权的，本集体经济组织可以收取适量管理费用。

具体办法由国务院农业农村、林业和草原主管部门规定。

第四十六条　【土地经营权再流转】经承包方书面同意，并向本集体经济组织备案，受让方可以再流转土地经营权。

第四十七条　【土地经营权担保】承包方可以用承包地的土地经营权向金融机构融资担保，并向发包方备案。受让方通过流转取得的土地经营权，经承包方书面同意并向发包方备案,可以向金融机构融资担保。

担保物权自融资担保合同生效时设立。当事人可以向登记机构申请登记;未经登记,不得对抗善意第三人。

实现担保物权时,担保物权人有权就土地经营权优先受偿。

土地经营权融资担保办法由国务院有关部门规定。

第三章　其他方式的承包

第四十八条　【其他承包方式的法律适用】不宜采取家庭承包方式的荒山、荒沟、荒丘、荒滩等农村土地,通过招标、拍卖、公开协商等方式承包的,适用本章规定。

第四十九条　【承包合同】以其他方式承包农村土地的,应当签订承包合同,承包方取得土地经营权。当事人的权利和义务、承包期限等,由双方协商确定。以招标、拍卖方式承包的,承包费通过公开竞标、竞价确定;以公开协商等方式承包的,承包费由双方议定。

第五十条　【承包或股份经营】荒山、荒沟、荒丘、荒滩等可以直接通过招标、拍卖、公开协商等方式实行承包经营,也可以将土地经营权折股分给本集体经济组织成员后,再实行承包经营或者股份合作经营。

承包荒山、荒沟、荒丘、荒滩的,应当遵守有关法律、行政法规的规定,防止水土流失,保护生态环境。

第五十一条　【优先承包权】以其他方式承包农村土地,在同等条件下,本集体经济组织成员有权优先承包。

第五十二条　【本集体经济组织以外单位、个人的承包】发包方将农村土地发包给本集体经济组织以外的单位或者个人承包,应当事先经本集体经济组织成员的村民会议三分之二以上成员或者三分之二以上村民代表的同意,并报乡(镇)人民政府批准。

由本集体经济组织以外的单位或者个人承包的,应当对承包方的资信情况和经营能力进行审查后,再签订承包合同。

第五十三条　【土地经营权流转】通过招标、拍卖、公开协商等方式承包农村土地,经依法登记取得权属证书的,可以依法采取出租、入股、抵押或者其他方式流转土地经营权。

第五十四条　【土地经营权继承】依照本章规定通过招标、拍卖、公开协商等方式取得土地经营权的,该承包人死亡,其应得的承包收益,依照继承法的规定继承;在承包期内,其继承人可以继续承包。

第四章　争议的解决和法律责任

第五十五条　【承包纠纷解决方式】因土地承包经营发生纠纷的,双方当事人可以通过协商解决,也可以请求村民委员会、乡(镇)人民政府等调解解决。

当事人不愿协商、调解或者协商、调解不成的,可以向农村土地承包仲裁机构申请仲裁,也可以直接向人民法院起诉。

第五十六条　【侵权责任】任何组织和个人侵害土地承包经营权、土地经营权的,应当承担民事责任。

第五十七条　【发包方的侵权责任】发包方有下列行为之一的,应当承担停止侵害、排除妨碍、消除危险、返还财产、恢复原状、赔偿损失等民事责任:

(一)干涉承包方依法享有的生产经营自主权;

(二)违反本法规定收回、调整承包地;

(三)强迫或者阻碍承包方进行土地承包经营权的互换、转让或者土地经营权流转;

（四）假借少数服从多数强迫承包方放弃或者变更土地承包经营权；

（五）以划分“口粮田”和“责任田”等为由收回承包地搞招标承包；

（六）将承包地收回抵顶欠款；

（七）剥夺、侵害妇女依法享有的土地承包经营权；

（八）其他侵害土地承包经营权的行为。

第五十八条　【违反强制性规定的约定无效】承包合同中违背承包方意愿或者违反法律、行政法规有关不得收回、调整承包地等强制性规定的约定无效。

第五十九条　【违约责任】当事人一方不履行合同义务或者履行义务不符合约定的，应当依法承担违约责任。

第六十条　【强迫流转无效】任何组织和个人强迫进行土地承包经营权互换、转让或者土地经营权流转的，该互换、转让或者流转无效。

第六十一条　【流转收益的退还】任何组织和个人擅自截留、扣缴土地承包经营权互换、转让或者土地经营权流转收益的，应当退还。

第六十二条　【刑事责任】违反土地管理法规，非法征收、征用、占用土地或者贪污、挪用土地征收、征用补偿费用，构成犯罪的，依法追究刑事责任；造成他人损害的，应当承担损害赔偿等责任。

第六十三条　【承包方的违法责任】承包方、土地经营权人违法将承包地用于非农建设的，由县级以上地方人民政府有关主管部门依法予以处罚。

承包方给承包地造成永久性损害的，发包方有权制止，并有权要求赔偿由此造成的损失。

第六十四条　【土地经营权人违规使用土地的后果】土地经营权人擅自改变土地的农业用途、弃耕抛荒连续两年以上、给土地造成严重损害或者严重破坏土地生态环境，承包方在合理期限内不解除土地经营权流转合同的，发包方有权要求终止土地经营权流转合同。土地经营权人对土地和土地生态环境造成的损害应当予以赔偿。

第六十五条　【国家机关及其工作人员的违法责任】国家机关及其工作人员有利用职权干涉农村土地承包经营，变更、解除承包经营合同，干涉承包经营当事人依法享有的生产经营自主权，强迫、阻碍承包经营当事人进行土地承包经营权互换、转让或者土地经营权流转等侵害土地承包经营权、土地经营权的行为，给承包经营当事人造成损失的，应当承担损害赔偿等责任；情节严重的，由上级机关或者所在单位给予直接责任人员处分；构成犯罪的，依法追究刑事责任。

第五章　附　　则

第六十六条　【本法实施前的承包效力】本法实施前已经按照国家有关农村土地承包的规定承包，包括承包期限长于本法规定的，本法实施后继续有效，不得重新承包土地。未向承包方颁发土地承包经营权证或者林权证等证书的，应当补发证书。

第六十七条　【机动地】本法实施前已经预留机动地的，机动地面积不得超过本集体经济组织耕地总面积的百分之五。不足百分之五的，不得再增加机动地。

本法实施前未留机动地的，本法实施后不得再留机动地。

第六十八条　【制定实施办法的授权】各省、自治区、直辖市人民代表大会常务委员会可以根据本法，结合本行政区域的实际情况，制定实施办法。

第六十九条 【特别事项由法律、法规规定】确认农村集体经济组织成员身份的原则、程序等，由法律、法规规定。

第七十条 【施行日期】本法自2003年3月1日起施行。

中华人民共和国农村土地承包经营纠纷调解仲裁法

1. 2009年6月27日第十一届全国人民代表大会常务委员会第九次会议通过

2. 2009年6月27日中华人民共和国主席令第14号公布

3. 自2010年1月1日起施行

目　录

第一章　总　　则

第一条 【立法目的】为了公正、及时解决农村土地承包经营纠纷，维护当事人的合法权益，促进农村经济发展和社会稳定，制定本法。

第二条 【适用范围】农村土地承包经营纠纷调解和仲裁，适用本法。

农村土地承包经营纠纷包括：

（一）因订立、履行、变更、解除和终止农村土地承包合同发生的纠纷；

（二）因农村土地承包经营权转包、出租、互换、转让、入股等流转发生的纠纷；

（三）因收回、调整承包地发生的纠纷；

（四）因确认农村土地承包经营权发生的纠纷；

（五）因侵害农村土地承包经营权发生的纠纷；

（六）法律、法规规定的其他农村土地承包经营纠纷。

因征收集体所有的土地及其补偿发生的纠纷，不属于农村土地承包仲裁委员会的受理范围，可以通过行政复议或者诉讼等方式解决。

第三条 【和解与调解】发生农村土地承包经营纠纷的，当事人可以自行和解，也可以请求村民委员会、乡（镇）人民政府等调解。

第四条 【申请仲裁与起诉】当事人和解、调解不成或者不愿和解、调解的，可以向农村土地承包仲裁委员会申请仲裁，也可以直接向人民法院起诉。

第五条 【调解、仲裁的原则】农村土地承包经营纠纷调解和仲裁，应当公开、公平、公正，便民高效，根据事实，符合法律，尊重社会公德。

第六条 【县级以上人民政府加强对调解、仲裁的指导】县级以上人民政府应当加强对农村土地承包经营纠纷调解和仲裁工作的指导。

县级以上人民政府农村土地承包管理部门及其他有关部门应当依照职责分工，支持有关调解组织和农村土地承包仲裁委员会依法开展工作。

第二章　调　　解

第七条 【村民委员会、乡镇人民政府应加强调解工作】村民委员会、乡（镇）人民政府应当加强农村土地承包经营纠纷的调解工作，帮助当事人达成协议解决纠纷。

第八条 【调解可以书面申请，也可以口头申请】当事人申请农村土地承包经营纠纷调解可以书面申请，也可以口头申请。口头申请的，由村民委员会或者乡（镇）人民政府当场记录申请人的基本情况、申请调解的纠纷事项、理由和时间。

第九条 【调解时，充分听取当事人陈述、讲解法律、政策】调解农村土地承包经营纠纷，村民委员会或者乡（镇）人民政府应当充分听取当事人对事实和理由的陈述，讲解有关法律以及国家政策，耐心疏导，帮助当事人达成协议。

第十条 【达成协议的，制作调解协议书】经调解达成协议的，村民委员会或者乡（镇）人民政府应当制作调解协议书。

调解协议书由双方当事人签名、盖章或者按指印，经调解人员签名并加盖调解组织印章后生效。

第十一条 【仲裁庭应当进行调解】仲裁庭对农村土地承包经营纠纷应当进行调解。调解达成协议的，仲裁庭应当制作调解书；调解不成的，应当及时作出裁决。

调解书应当写明仲裁请求和当事人协议的结果。调解书由仲裁员签名，加盖农村土地承包仲裁委员会印章，送达双方当事人。

调解书经双方当事人签收后，即发生法律效力。在调解书签收前当事人反悔的，仲裁庭应当及时作出裁决。

第三章 仲 裁

第一节 仲裁委员会和仲裁员

第十二条 【仲裁委员会的设立】农村土地承包仲裁委员会，根据解决农村土地承包经营纠纷的实际需要设立。农村土地承包仲裁委员会可以在县和不设区的市设立，也可以在设区的市或者其市辖区设立。

农村土地承包仲裁委员会在当地人民政府指导下设立。设立农村土地承包仲裁委员会的，其日常工作由当地农村土地承包管理部门承担。

第十三条 【仲裁委员会的组成】农村土地承包仲裁委员会由当地人民政府及其有关部门代表、有关人民团体代表、农村集体经济组织代表、农民代表和法律、经济等相关专业人员兼任组成，其中农民代表和法律、经济等相关专业人员不得少于组成人员的二分之一。

农村土地承包仲裁委员会设主任一人、副主任一至二人和委员若干人。主任、副主任由全体组成人员选举产生。

第十四条 【仲裁委员会的职责】农村土地承包仲裁委员会依法履行下列职责：

（一）聘任、解聘仲裁员；

（二）受理仲裁申请；

（三）监督仲裁活动。

农村土地承包仲裁委员会应当依照本法制定章程，对其组成人员的产生方式及任期、议事规则等作出规定。

第十五条 【仲裁员应具备的条件】农村土地承包仲裁委员会应当从公道正派的人员中聘任仲裁员。

仲裁员应当符合下列条件之一：

（一）从事农村土地承包管理工作满五年；

（二）从事法律工作或者人民调解工作满五年；

（三）在当地威信较高，并熟悉农村土地承包法律以及国家政策的居民。

第十六条 【仲裁员的培训】农村土地承包仲裁委员会应当对仲裁员进行农村土地承包法律以及国家政策的培训。

省、自治区、直辖市人民政府农村土

地承包管理部门应当制定仲裁员培训计划，加强对仲裁员培训工作的组织和指导。

第十七条 【仲裁员渎职行为的处理】农村土地承包仲裁委员会组成人员、仲裁员应当依法履行职责，遵守农村土地承包仲裁委员会章程和仲裁规则，不得索贿受贿、徇私舞弊，不得侵害当事人的合法权益。

仲裁员有索贿受贿、徇私舞弊、枉法裁决以及接受当事人请客送礼等违法违纪行为的，农村土地承包仲裁委员会应当将其除名；构成犯罪的，依法追究刑事责任。

县级以上地方人民政府及有关部门应当受理对农村土地承包仲裁委员会组成人员、仲裁员违法违纪行为的投诉和举报，并依法组织查处。

第二节 申请和受理

第十八条 【申请仲裁的时效】农村土地承包经营纠纷申请仲裁的时效期间为二年，自当事人知道或者应当知道其权利被侵害之日起计算。

第十九条 【仲裁的当事人、第三人】农村土地承包经营纠纷仲裁的申请人、被申请人为当事人。家庭承包的，可以由农户代表人参加仲裁。当事人一方人数众多的，可以推选代表人参加仲裁。

与案件处理结果有利害关系的，可以申请作为第三人参加仲裁，或者由农村土地承包仲裁委员会通知其参加仲裁。

当事人、第三人可以委托代理人参加仲裁。

第二十条 【申请仲裁应具备的条件】申请农村土地承包经营纠纷仲裁应当符合下列条件：

（一）申请人与纠纷有直接的利害关系；

（二）有明确的被申请人；

（三）有具体的仲裁请求和事实、理由；

（四）属于农村土地承包仲裁委员会的受理范围。

第二十一条 【申请仲裁应当提出仲裁申请书；口头申请的，记入笔录】当事人申请仲裁，应当向纠纷涉及的土地所在地的农村土地承包仲裁委员会递交仲裁申请书。仲裁申请书可以邮寄或者委托他人代交。仲裁申请书应当载明申请人和被申请人的基本情况，仲裁请求和所根据的事实、理由，并提供相应的证据和证据来源。

书面申请确有困难的，可以口头申请，由农村土地承包仲裁委员会记入笔录，经申请人核实后由其签名、盖章或者按指印。

第二十二条 【仲裁申请的受理与不受理】农村土地承包仲裁委员会应当对仲裁申请予以审查，认为符合本法第二十条规定的，应当受理。有下列情形之一的，不予受理；已受理的，终止仲裁程序：

（一）不符合申请条件；

（二）人民法院已受理该纠纷；

（三）法律规定该纠纷应当由其他机构处理；

（四）对该纠纷已有生效的判决、裁定、仲裁裁决、行政处理决定等。

第二十三条 【受理通知；不受理或终止仲裁的通知】农村土地承包仲裁委员会决定受理的，应当自收到仲裁申请之日起五个工作日内，将受理通知书、仲裁规则和仲裁员名册送达申请人；决定不予受理或者终止仲裁程序的，应当自收到仲裁申请或者发现终止仲裁程序情形之日起五个工作日内书面通知申请人，并说明理由。

第二十四条 【向被申请人送达受理通知书、仲裁申请书、副本、仲裁规则、仲裁员名册】农村土地承包仲裁委员会应当自受理仲裁申请之日起五个工作日内,将受理通知书、仲裁申请书副本、仲裁规则和仲裁员名册送达被申请人。

第二十五条 【被申请人答辩书副本送达申请人】被申请人应当自收到仲裁申请书副本之日起十日内向农村土地承包仲裁委员会提交答辩书;书面答辩确有困难的,可以口头答辩,由农村土地承包仲裁委员会记入笔录,经被申请人核实后由其签名、盖章或者按指印。农村土地承包仲裁委员会应当自收到答辩书之日起五个工作日内将答辩书副本送达申请人。被申请人未答辩的,不影响仲裁程序的进行。

第二十六条 【财产保全】一方当事人因另一方当事人的行为或者其他原因,可能使裁决不能执行或者难以执行的,可以申请财产保全。

当事人申请财产保全的,农村土地承包仲裁委员会应当将当事人的申请提交被申请人住所地或者财产所在地的基层人民法院。

申请有错误的,申请人应当赔偿被申请人因财产保全所遭受的损失。

第三节 仲裁庭的组成

第二十七条 【仲裁庭组成】仲裁庭由三名仲裁员组成,首席仲裁员由当事人共同选定,其他二名仲裁员由当事人各自选定;当事人不能选定的,由农村土地承包仲裁委员会主任指定。

事实清楚、权利义务关系明确、争议不大的农村土地承包经营纠纷,经双方当事人同意,可以由一名仲裁员仲裁。仲裁员由当事人共同选定或者由农村土地承包仲裁委员会主任指定。

农村土地承包仲裁委员会应当自仲裁庭组成之日起二个工作日内将仲裁庭组成情况通知当事人。

第二十八条 【仲裁员的回避】仲裁员有下列情形之一的,必须回避,当事人也有权以口头或者书面方式申请其回避:

(一)是本案当事人或者当事人、代理人的近亲属;

(二)与本案有利害关系;

(三)与本案当事人、代理人有其他关系,可能影响公正仲裁;

(四)私自会见当事人、代理人,或者接受当事人、代理人的请客送礼。

当事人提出回避申请,应当说明理由,在首次开庭前提出。回避事由在首次开庭后知道的,可以在最后一次开庭终结前提出。

第二十九条 【仲裁委员会对回避的决定】农村土地承包仲裁委员会对回避申请应当及时作出决定,以口头或者书面方式通知当事人,并说明理由。

仲裁员是否回避,由农村土地承包仲裁委员会主任决定;农村土地承包仲裁委员会主任担任仲裁员时,由农村土地承包仲裁委员会集体决定。

仲裁员因回避或者其他原因不能履行职责的,应当依照本法规定重新选定或者指定仲裁员。

第四节 开庭和裁决

第三十条 【开庭】农村土地承包经营纠纷仲裁应当开庭进行。

开庭可以在纠纷涉及的土地所在地的乡(镇)或者村进行,也可以在农村土地承包仲裁委员会所在地进行。当事人双方要求在乡(镇)或者村开庭的,应当在该乡(镇)或者村开庭。

开庭应当公开,但涉及国家秘密、商业秘密和个人隐私以及当事人约定不公开的除外。

第三十一条 【开庭时间、地点的通知】仲裁庭应当在开庭五个工作日前将开庭的时间、地点通知当事人和其他仲裁参与人。

当事人有正当理由的,可以向仲裁庭请求变更开庭的时间、地点。是否变更,由仲裁庭决定。

第三十二条 【自行和解】当事人申请仲裁后,可以自行和解。达成和解协议的,可以请求仲裁庭根据和解协议作出裁决书,也可以撤回仲裁申请。

第三十三条 【仲裁请求的放弃和变更】申请人可以放弃或者变更仲裁请求。被申请人可以承认或者反驳仲裁请求,有权提出反请求。

第三十四条 【终止仲裁】仲裁庭作出裁决前,申请人撤回仲裁申请的,除被申请人提出反请求的外,仲裁庭应当终止仲裁。

第三十五条 【撤回仲裁申请,缺席裁决】申请人经书面通知,无正当理由不到庭或者未经仲裁庭许可中途退庭的,可以视为撤回仲裁申请。

被申请人经书面通知,无正当理由不到庭或者未经仲裁庭许可中途退庭的,可以缺席裁决。

第三十六条 【当事人在开庭中的权利】当事人在开庭过程中有权发表意见、陈述事实和理由、提供证据、进行质证和辩论。对不通晓当地通用语言文字的当事人,农村土地承包仲裁委员会应当为其提供翻译。

第三十七条 【谁主张,谁举证】当事人应当对自己的主张提供证据。与纠纷有关的证据由作为当事人一方的发包方等掌握管理的,该当事人应当在仲裁庭指定的期限内提供,逾期不提供的,应当承担不利后果。

第三十八条 【仲裁庭收集证据】仲裁庭认为有必要收集的证据,可以自行收集。

第三十九条 【鉴定】仲裁庭对专门性问题认为需要鉴定的,可以交由当事人约定的鉴定机构鉴定;当事人没有约定的,由仲裁庭指定的鉴定机构鉴定。

根据当事人的请求或者仲裁庭的要求,鉴定机构应当派鉴定人参加开庭。当事人经仲裁庭许可,可以向鉴定人提问。

第四十条 【证据应当当庭出示】证据应当在开庭时出示,但涉及国家秘密、商业秘密和个人隐私的证据不得在公开开庭时出示。

仲裁庭应当依照仲裁规则的规定开庭,给予双方当事人平等陈述、辩论的机会,并组织当事人进行质证。

经仲裁庭查证属实的证据,应当作为认定事实的根据。

第四十一条 【证据保全】在证据可能灭失或者以后难以取得的情况下,当事人可以申请证据保全。当事人申请证据保全的,农村土地承包仲裁委员会应当将当事人的申请提交证据所在地的基层人民法院。

第四十二条 【先行裁定】对权利义务关系明确的纠纷,经当事人申请,仲裁庭可以先行裁定维持现状、恢复农业生产以及停止取土、占地等行为。

一方当事人不履行先行裁定的,另一方当事人可以向人民法院申请执行,但应当提供相应的担保。

第四十三条 【笔录】仲裁庭应当将开庭情况记入笔录,由仲裁员、记录人员、当事人和其他仲裁参与人签名、盖章或者按指印。

当事人和其他仲裁参与人认为对自己陈述的记录有遗漏或者差错的,有权申请补正。如果不予补正,应当记录该申请。

第四十四条 【裁决书的制作】仲裁庭应当根据认定的事实和法律以及国家政策作出裁决并制作裁决书。

裁决应当按照多数仲裁员的意见作出,少数仲裁员的不同意见可以记入笔录。仲裁庭不能形成多数意见时,裁决应当按照首席仲裁员的意见作出。

第四十五条 【裁决书的内容、送达】裁决书应当写明仲裁请求、争议事实、裁决理由、裁决结果、裁决日期以及当事人不服仲裁裁决的起诉权利、期限,由仲裁员签名,加盖农村土地承包仲裁委员会印章。

农村土地承包仲裁委员会应当在裁决作出之日起三个工作日内将裁决书送达当事人,并告知当事人不服仲裁裁决的起诉权利、期限。

第四十六条 【仲裁庭独立履行职责】仲裁庭依法独立履行职责,不受行政机关、社会团体和个人的干涉。

第四十七条 【仲裁期限】仲裁农村土地承包经营纠纷,应当自受理仲裁申请之日起六十日内结束;案情复杂需要延长的,经农村土地承包仲裁委员会主任批准可以延长,并书面通知当事人,但延长期限不得超过三十日。

第四十八条 【不服仲裁,可向法院起诉】当事人不服仲裁裁决的,可以自收到裁决书之日起三十日内向人民法院起诉。逾期不起诉的,裁决书即发生法律效力。

第四十九条 【申请执行】当事人对发生法律效力的调解书、裁决书,应当依照规定的期限履行。一方当事人逾期不履行的,另一方当事人可以向被申请人住所地或者财产所在地的基层人民法院申请执行。受理申请的人民法院应当依法执行。

第四章 附　　则

第五十条 【农村土地定义】本法所称农村土地,是指农民集体所有和国家所有依法由农民集体使用的耕地、林地、草地,以及其他依法用于农业的土地。

第五十一条 【仲裁规则、仲裁委员会示范章程的制定】农村土地承包经营纠纷仲裁规则和农村土地承包仲裁委员会示范章程,由国务院农业、林业行政主管部门依照本法规定共同制定。

第五十二条 【仲裁不收费】农村土地承包经营纠纷仲裁不得向当事人收取费用,仲裁工作经费纳入财政预算予以保障。

第五十三条 【施行】本法自 2010 年 1 月 1 日起施行。

中华人民共和国农村土地承包经营权证管理办法

1. 2003 年 11 月 14 日农业部令第 33 号公布
2. 自 2004 年 1 月 1 日起施行

第一条 为稳定和完善农村土地承包关系,维护承包方依法取得的土地承包经营权,加强农村土地承包经营权证管理,根据《中华人民共和国农村土地承包法》,制定本办法。

第二条 农村土地承包经营权证是农村土地承包合同生效后,国家依法确认承包方享有土地承包经营权的法律凭证。

农村土地承包经营权证只限承包方使用。

第三条 承包耕地、园地、荒山、荒沟、荒丘、荒滩等农村土地从事种植业生产活动,承包方依法取得农村土地承包经营权后,应颁发农村土地承包经营权证予以确认。

承包草原、水面、滩涂从事养殖业生产活动的，依照《中华人民共和国草原法》、《中华人民共和国渔业法》等有关规定确权发证。

第四条 实行家庭承包经营的承包方，由县级以上地方人民政府颁发农村土地承包经营权证。

实行其他方式承包经营的承包方，经依法登记，由县级以上地方人民政府颁发农村土地承包经营权证。

县级以上地方人民政府农业行政主管部门负责农村土地承包经营权证的备案、登记、发放等具体工作。

第五条 农村土地承包经营权证所载明的权利有效期限，应与依法签订的土地承包合同约定的承包期一致。

第六条 农村土地承包经营权证应包括以下内容：

（一）名称和编号；

（二）发证机关及日期；

（三）承包期限和起止日期；

（四）承包土地名称、坐落、面积、用途；

（五）农村土地承包经营权变动情况；

（六）其他应当注明的事项。

第七条 实行家庭承包的，按下列程序颁发农村土地承包经营权证：

（一）土地承包合同生效后，发包方应在30个工作日内，将土地承包方案、承包方及承包土地的详细情况、土地承包合同等材料一式两份报乡（镇）人民政府农村经营管理部门。

（二）乡（镇）人民政府农村经营管理部门对发包方报送的材料予以初审。材料符合规定的，及时登记造册，由乡（镇）人民政府向县级以上地方人民政府提出颁发农村土地承包经营权证的书面申请；材料不符合规定的，应在15个工作日内补正。

（三）县级以上地方人民政府农业行政主管部门对乡（镇）人民政府报送的申请材料予以审核。申请材料符合规定的，编制农村土地承包经营权证登记簿，报同级人民政府颁发农村土地承包经营权证；申请材料不符合规定的，书面通知乡（镇）人民政府补正。

第八条 实行招标、拍卖、公开协商等方式承包农村土地的，按下列程序办理农村土地承包经营权证：

（一）土地承包合同生效后，承包方填写农村土地承包经营权证登记申请书，报承包土地所在乡（镇）人民政府农村经营管理部门。

（二）乡（镇）人民政府农村经营管理部门对发包方和承包方的资格、发包程序、承包期限、承包地用途等予以初审，并在农村土地承包经营权证登记申请书上签署初审意见。

（三）承包方持乡（镇）人民政府初审通过的农村土地承包经营权登记申请书，向县级以上地方人民政府申请农村土地承包经营权证登记。

（四）县级以上地方人民政府农业行政主管部门对登记申请予以审核。申请材料符合规定的，编制农村土地承包经营权证登记簿，报请同级人民政府颁发农村土地承包经营权证；申请材料不符合规定的，书面通知申请人补正。

第九条 农村土地承包经营权证登记簿记载农村土地承包经营权的基本内容。农村土地承包经营权证、农村土地承包合同、农村土地承包经营权证登记簿记载的事项应一致。

第十条 农村土地承包经营权证登记簿、承包合同登记及其他登记材料，由县级以上地方农业行政主管部门管理。

农村土地承包方有权查阅、复制农村土地承包经营权证登记簿和其他登记材料。县级以上农业行政主管部门不得限制和阻挠。

第十一条 农村土地承包当事人认为农村土地承包经营权证和登记簿记载错误的，有权申请更正。

第十二条 乡（镇）农村经营管理部门和县级以上地方人民政府农业行政主管部门在办理农村土地承包经营权证过程中应当履行下列职责：

（一）查验申请人提交的有关材料；

（二）就有关登记事项询问申请人；

（三）如实、及时地登记有关事项；

（四）需要实地查看的，应进行查验。在实地查验过程中，申请人有义务给予协助。

第十三条 乡（镇）人民政府农村经营管理部门领取农村土地承包经营权证后，应在30个工作日内将农村土地承包经营权证发给承包方。发包方不得为承包方保存农村土地承包经营权证。

第十四条 承包期内，承包方采取转包、出租、入股方式流转土地承包经营权的，不须办理农村土地承包经营权证变更。

采取转让、互换方式流转土地承包经营权的，当事人可以要求办理农村土地承包经营权证变更登记。

因转让、互换以外的其他方式导致农村土地承包经营权分立、合并的，应当办理农村土地承包经营权证变更。

第十五条 办理农村土地承包经营权变更申请应提交以下材料：

（一）变更的书面请求；

（二）已变更的农村土地承包合同或其他证明材料；

（三）农村土地承包经营权证原件。

第十六条 乡（镇）人民政府农村经营管理部门受理变更申请后，应及时对申请材料进行审核。符合规定的，报请原发证机关办理变更手续，并在农村土地承包经营权证登记簿上记载。

第十七条 农村土地承包经营权证严重污损、毁坏、遗失的，承包方应向乡（镇）人民政府农村经营管理部门申请换发、补发。

经乡（镇）人民政府农村经营管理部门审核后，报请原发证机关办理换发、补发手续。

第十八条 办理农村土地承包经营权证换发、补发手续，应以农村土地经营权证登记簿记载的内容为准。

第十九条 农村土地承包经营权证换发、补发，应当在农村土地承包经营权证上注明“换发”、“补发”字样。

第二十条 承包期内，发生下列情形之一的，应依法收回农村土地承包经营权证：

（一）承包期内，承包方全家迁入设区的市，转为非农业户口的。

（二）承包期内，承包方提出书面申请，自愿放弃全部承包土地的。

（三）承包土地被依法征用、占用，导致农村土地承包经营权全部丧失的。

（四）其他收回土地承包经营权证的情形。

第二十一条 符合本办法第二十条规定，承包方无正当理由拒绝交回农村土地承包经营权证的，由原发证机关注销该证（包括编号），并予以公告。

第二十二条 收回的农村土地承包经营权

证,应退回原发证机关,加盖“作废”章。

第二十三条 县级人民政府农业行政主管部门和乡(镇)人民政府要完善农村土地承包方案、农村土地承包合同、农村土地承包经营权证及其相关文件档案的管理制度,建立健全农村土地承包信息化管理系统。

第二十四条 地方各级人民政府农业行政主管部门要加强对农村土地承包经营权证的发放管理,确保农村土地承包经营权证全部落实到户。

第二十五条 对不按规定及时发放农村土地承包经营权证的责任人,予以批评教育;造成严重后果的,应追究行政责任。

第二十六条 颁发农村土地承包经营权证,除工本费外,不得向承包方收取任何费用。

农村土地承包经营权证工本费的支出要严格执行国家有关财务管理的规定。

第二十七条 本办法实施以前颁发的农村土地承包经营权证,符合《农村土地承包法》有关规定,并已加盖县级以上地方人民政府印章的,继续有效。个别条款如承包期限、承包方承担义务等违反《农村土地承包法》规定的,该条款无效,是否换发新证,由承包方决定。

未加盖县级以上地方人民政府印章的,应按本《办法》规定重新颁发。重新颁发农村土地承包经营权证,土地承包期限应符合《农村土地承包法》的有关规定,不得借机调整土地。

第二十八条 农村土地承包经营权证由农业部监制,由省级人民政府农业行政主管部门统一组织印制,加盖县级以上地方人民政府印章。

第二十九条 本办法由农业部负责解释。

第三十条 本办法自2004年1月1日起正式施行。

附件1:农村土地承包经营权证(样本)(略)

附件2:农村土地承包经营权证申请书(家庭承包方式样本)(略)

附件3:农村土地承包经营权证登记申请书(其他承包方式样本)(略)

附件4:农村土地承包经营权证登记簿(样本)(略)

农村土地承包经营权流转管理办法

1. 2005年1月19日农业部令第47号公布
2. 自2005年3月1日起施行

第一章 总 则

第一条 为规范农村土地承包经营权流转行为,维护流转双方当事人合法权益,促进农业和农村经济发展,根据《农村土地承包法》及有关规定制定本办法。

第二条 农村土地承包经营权流转应当在坚持农户家庭承包经营制度和稳定农村土地承包关系的基础上,遵循平等协商、依法、自愿、有偿的原则。

第三条 农村土地承包经营权流转不得改变承包土地的农业用途,流转期限不得超过承包期的剩余期限,不得损害利害关系人和农村集体经济组织的合法权益。

第四条 农村土地承包经营权流转应当规范有序。依法形成的流转关系应当受到保护。

第五条 县级以上人民政府农业行政主管(或农村经营管理)部门依照同级人民政府规定的职责负责本行政区域内的农村

土地承包经营权流转及合同管理的指导。

第二章　流转当事人

第六条　承包方有权依法自主决定承包土地是否流转、流转的对象和方式。任何单位和个人不得强迫或者阻碍承包方依法流转其承包土地。

第七条　农村土地承包经营权流转收益归承包方所有,任何组织和个人不得侵占、截留、扣缴。

第八条　承包方自愿委托发包方或中介组织流转其承包土地的,应当由承包方出具土地流转委托书。委托书应当载明委托的事项、权限和期限等,并有委托人的签名或盖章。

没有承包方的书面委托,任何组织和个人无权以任何方式决定流转农户的承包土地。

第九条　农村土地承包经营权流转的受让方可以是承包农户,也可以是其他按有关法律及有关规定允许从事农业生产经营的组织和个人。在同等条件下,本集体经济组织成员享有优先权。

受让方应当具有农业经营能力。

第十条　农村土地承包经营权流转方式、期限和具体条件,由流转双方平等协商确定。

第十一条　承包方与受让方达成流转意向后,以转包、出租、互换或者其他方式流转的,承包方应当及时向发包方备案;以转让方式流转的,应当事先向发包方提出转让申请。

第十二条　受让方应当依照有关法律、法规的规定保护土地,禁止改变流转土地的农业用途。

第十三条　受让方将承包方以转包、出租方式流转的土地实行再流转,应当取得原承包方的同意。

第十四条　受让方在流转期间因投入而提高土地生产能力的,土地流转合同到期或者未到期由承包方依法收回承包土地时,受让方有权获得相应的补偿。具体补偿办法可以在土地流转合同中约定或双方通过协商解决。

第三章　流转方式

第十五条　承包方依法取得的农村土地承包经营权可以采取转包、出租、互换、转让或者其他符合有关法律和国家政策规定的方式流转。

第十六条　承包方依法采取转包、出租、入股方式将农村土地承包经营权部分或者全部流转的,承包方与发包方的承包关系不变,双方享有的权利和承担的义务不变。

第十七条　同一集体经济组织的承包方之间自愿将土地承包经营权进行互换,双方对互换土地原享有的承包权利和承担的义务也相应互换,当事人可以要求办理农村土地承包经营权证变更登记手续。

第十八条　承包方采取转让方式流转农村土地承包经营权的,经发包方同意后,当事人可以要求及时办理农村土地承包经营权证变更、注销或重发手续。

第十九条　承包方之间可以自愿将承包土地入股发展农业合作生产,但股份合作解散时入股土地应当退回原承包农户。

第二十条　通过转让、互换方式取得的土地承包经营权经依法登记获得土地承包经营权证后,可以依法采取转包、出租、互换、转让或者其他符合法律和国家政策规定的方式流转。

第四章　流转合同

第二十一条　承包方流转农村土地承包经营权,应当与受让方在协商一致的基础上签订书面流转合同。

农村土地承包经营权流转合同一式四份,流转双方各执一份,发包方和乡

(镇)人民政府农村土地承包管理部门各备案一份。

承包方将土地交由他人代耕不超过一年的,可以不签订书面合同。

第二十二条 承包方委托发包方或者中介服务组织流转其承包土地的,流转合同应当由承包方或其书面委托的代理人签订。

第二十三条 农村土地承包经营权流转合同一般包括以下内容:

(一)双方当事人的姓名、住所;

(二)流转土地的四至、坐落、面积、质量等级;

(三)流转的期限和起止日期;

(四)流转方式;

(五)流转土地的用途;

(六)双方当事人的权利和义务;

(七)流转价款及支付方式;

(八)流转合同到期后地上附着物及相关设施的处理;

(九)违约责任。

农村土地承包经营权流转合同文本格式由省级人民政府农业行政主管部门确定。

第二十四条 农村土地承包经营权流转当事人可以向乡(镇)人民政府农村土地承包管理部门申请合同鉴证。

乡(镇)人民政府农村土地承包管理部门不得强迫土地承包经营权流转当事人接受鉴证。

第五章　流转管理

第二十五条 发包方对承包方提出的转包、出租、互换或者其他方式流转承包土地的要求,应当及时办理备案,并报告乡(镇)人民政府农村土地承包管理部门。

承包方转让承包土地,发包方同意转让的,应当及时向乡(镇)人民政府农村土地承包管理部门报告,并配合办理有关变更手续;发包方不同意转让的,应当于七日内向承包方书面说明理由。

第二十六条 乡(镇)人民政府农村土地承包管理部门应当及时向达成流转意向的承包方提供统一文本格式的流转合同,并指导签订。

第二十七条 乡(镇)人民政府农村土地承包管理部门应当建立农村土地承包经营权流转情况登记册,及时准确记载农村土地承包经营权流转情况。以转包、出租或者其他方式流转承包土地的,及时办理相关登记;以转让、互换方式流转承包土地的,及时办理有关承包合同和土地承包经营权证变更等手续。

第二十八条 乡(镇)人民政府农村土地承包管理部门应当对农村土地承包经营权流转合同及有关文件、文本、资料等进行归档并妥善保管。

第二十九条 采取互换、转让方式流转土地承包经营权,当事人申请办理土地承包经营权流转登记的,县级人民政府农业行政(或农村经营管理)主管部门应当予以受理,并依照《农村土地承包经营权证管理办法》的规定办理。

第三十条 从事农村土地承包经营权流转服务的中介组织应当向县级以上地方人民政府农业行政(或农村经营管理)主管部门备案并接受其指导,依照法律和有关规定提供流转中介服务。

第三十一条 乡(镇)人民政府农村土地承包管理部门在指导流转合同签订或流转合同鉴证中,发现流转双方有违反法律法规的约定,要及时予以纠正。

第三十二条 县级以上地方人民政府农业行政(或农村经营管理)主管部门应当加强对乡(镇)人民政府农村土地承包管理部门工作的指导。乡(镇)人民政府农村土地承包管理部门应当依法开展农村土地承包经营权流转的指导和管理工作,正确履行职责。

第三十三条 农村土地承包经营权流转发生争议或者纠纷,当事人应当依法协商解决。

当事人协商不成的,可以请求村民委员会、乡(镇)人民政府调解。

当事人不愿协商或者调解不成的,可以向农村土地承包仲裁机构申请仲裁,也可以直接向人民法院起诉。

第六章 附 则

第三十四条 通过招标、拍卖和公开协商等方式承包荒山、荒沟、荒丘、荒滩等农村土地,经依法登记取得农村土地承包经营权证的,可以采取转让、出租、入股、抵押或者其他方式流转,其流转管理参照本办法执行。

第三十五条 本办法所称转让是指承包方有稳定的非农职业或者有稳定的收入来源,经承包方申请和发包方同意,将部分或全部土地承包经营权让渡给其他从事农业生产经营的农户,由其履行相应土地承包合同的权利和义务。转让后原土地承包关系自行终止,原承包方承包期内的土地承包经营权部分或全部灭失。

转包是指承包方将部分或全部土地承包经营权以一定期限转给同一集体经济组织的其他农户从事农业生产经营。转包后原土地承包关系不变,原承包方继续履行原土地承包合同规定的权利和义务。接包方按转包时约定的条件对转包方负责。承包方将土地交他人代耕不足一年的除外。

互换是指承包方之间为方便耕作或者各自需要,对属于同一集体经济组织的承包地块进行交换,同时交换相应的土地承包经营权。

入股是指实行家庭承包方式的承包方之间为发展农业经济,将土地承包经营权作为股权,自愿联合从事农业合作生产经营;其他承包方式的承包方将土地承包经营权量化为股权,入股组成股份公司或者合作社等,从事农业生产经营。

出租是指承包方将部分或全部土地承包经营权以一定期限租赁给他人从事农业生产经营。出租后原土地承包关系不变,原承包方继续履行原土地承包合同规定的权利和义务。承租方按出租时约定的条件对承包方负责。

本办法所称受让方包括接包方、承租方等。

第三十六条 本办法自2005年3月1日起正式施行。

最高人民法院关于审理涉及农村土地承包经营纠纷调解仲裁案件适用法律若干问题的解释

1. *2013年12月27日最高人民法院审判委员会第1601次会议通过*
2. *2014年1月9日公布*
3. *法释〔2014〕1号*
4. *自2014年1月24日起施行*

为正确审理涉及农村土地承包经营纠纷调解仲裁案件,根据《中华人民共和国农村土地承包法》《中华人民共和国农村土地承包经营纠纷调解仲裁法》《中华人民共和国民事诉讼法》等法律的规定,结合民事审判实践,就审理涉及农村土地承包经营纠纷调解仲裁案件适用法律的若干问题,制定本解释。

第一条 农村土地承包仲裁委员会根据农村土地承包经营纠纷调解仲裁法第十八

条规定，以超过申请仲裁的时效期间为由驳回申请后，当事人就同一纠纷提起诉讼的，人民法院应予受理。

第二条 当事人在收到农村土地承包仲裁委员会作出的裁决书之日起三十日后或者签收农村土地承包仲裁委员会作出的调解书后，就同一纠纷向人民法院提起诉讼的，裁定不予受理；已经受理的，裁定驳回起诉。

第三条 当事人在收到农村土地承包仲裁委员会作出的裁决书之日起三十日内，向人民法院提起诉讼，请求撤销仲裁裁决的，人民法院应当告知当事人就原纠纷提起诉讼。

第四条 农村土地承包仲裁委员会依法向人民法院提交当事人财产保全申请的，申请财产保全的当事人为申请人。

农村土地承包仲裁委员会应当提交下列材料：

（一）财产保全申请书；

（二）农村土地承包仲裁委员会发出的受理案件通知书；

（三）申请人的身份证明；

（四）申请保全财产的具体情况。

人民法院采取保全措施，可以责令申请人提供担保，申请人不提供担保的，裁定驳回申请。

第五条 人民法院对农村土地承包仲裁委员会提交的财产保全申请材料，应当进行审查。符合前条规定的，应予受理；申请材料不齐全或不符合规定的，人民法院应当告知农村土地承包仲裁委员会需要补齐的内容。

人民法院决定受理的，应当于三日内向当事人送达受理通知书并告知农村土地承包仲裁委员会。

第六条 人民法院受理财产保全申请后，应当在十日内作出裁定。因特殊情况需要延长的，经本院院长批准，可以延长五日。

人民法院接受申请后，对情况紧急的，必须在四十八小时内作出裁定；裁定采取保全措施的，应当立即开始执行。

第七条 农村土地承包经营纠纷仲裁中采取的财产保全措施，在申请保全的当事人依法提起诉讼后，自动转为诉讼中的财产保全措施，并适用《最高人民法院关于人民法院民事执行中查封、扣押、冻结财产的规定》第二十九条关于查封、扣押、冻结期限的规定。

第八条 农村土地承包仲裁委员会依法向人民法院提交当事人证据保全申请的，应当提供下列材料：

（一）证据保全申请书；

（二）农村土地承包仲裁委员会发出的受理案件通知书；

（三）申请人的身份证明；

（四）申请保全证据的具体情况。

对证据保全的具体程序事项，适用本解释第五、六、七条关于财产保全的规定。

第九条 农村土地承包仲裁委员会作出先行裁定后，一方当事人依法向被执行人住所地或者被执行的财产所在地基层人民法院申请执行的，人民法院应予受理和执行。

申请执行先行裁定的，应当提供以下材料：

（一）申请执行书；

（二）农村土地承包仲裁委员会作出的先行裁定书；

（三）申请执行人的身份证明；

（四）申请执行人提供的担保情况；

（五）其他应当提交的文件或证件。

第十条 当事人根据农村土地承包经营纠纷调解仲裁法第四十九条规定，向人民法院申请执行调解书、裁决书，符合《最高人民法院关于人民法院执行工作若干问题的规定（试行）》第十八条规定条件的，人民法院应予受理和执行。

第十一条 当事人因不服农村土地承包仲裁委员会作出的仲裁裁决向人民法院提起诉讼的，起诉期从其收到裁决书的次日起计算。

第十二条 本解释施行后，人民法院尚未审结的一审、二审案件适用本解释规定。本解释施行前已经作出生效裁判的案件，本解释施行后依法再审的，不适用本解释规定。

最高人民法院关于审理涉及农村土地承包纠纷案件适用法律问题的解释

1. *2005年3月29日最高人民法院审判委员会第1346次会议通过*
2. *2005年7月29日公布*
3. *法释〔2005〕6号*
4. *自2005年9月1日起施行*

根据《中华人民共和国民法通则》、《中华人民共和国合同法》、《中华人民共和国民事诉讼法》、《中华人民共和国农村土地承包法》、《中华人民共和国土地管理法》等法律的规定，结合民事审判实践，对审理涉及农村土地承包纠纷案件适用法律的若干问题解释如下：

一、受理与诉讼主体

第一条 下列涉及农村土地承包民事纠纷，人民法院应当依法受理：

（一）承包合同纠纷；

（二）承包经营权侵权纠纷；

（三）承包经营权流转纠纷；

（四）承包地征收补偿费用分配纠纷；

（五）承包经营权继承纠纷。

集体经济组织成员因未实际取得土地承包经营权提起民事诉讼的，人民法院应当告知其向有关行政主管部门申请解决。

集体经济组织成员就用于分配的土地补偿费数额提起民事诉讼的，人民法院不予受理。

第二条 当事人自愿达成书面仲裁协议的，受诉人民法院应当参照最高人民法院《关于适用〈中华人民共和国民事诉讼法〉若干问题的意见》第145条至第148条的规定处理。

当事人未达成书面仲裁协议，一方当事人向农村土地承包仲裁机构申请仲裁，另一方当事人提起诉讼的，人民法院应予受理，并书面通知仲裁机构。但另一方当事人接受仲裁管辖后又起诉的，人民法院不予受理。

当事人对仲裁裁决不服并在收到裁决书之日起三十日内提起诉讼的，人民法院应予受理。

第三条 承包合同纠纷，以发包方和承包方为当事人。

前款所称承包方是指以家庭承包方式承包本集体经济组织农村土地的农户，以及以其他方式承包农村土地的单位或者个人。

第四条 农户成员为多人的，由其代表人进行诉讼。

农户代表人按照下列情形确定：

（一）土地承包经营权证等证书上记载的人；

（二）未依法登记取得土地承包经营权证等证书的，为在承包合同上签字的人；

（三）前两项规定的人死亡、丧失民事行为能力或者因其他原因无法进行诉讼的，为农户成员推选的人。

二、家庭承包纠纷案件的处理

第五条 承包合同中有关收回、调整承包地的约定违反农村土地承包法第二十六条、第二十七条、第三十条、第三十五条规定的，应当认定该约定无效。

第六条 因发包方违法收回、调整承包地，或者因发包方收回承包方弃耕、撂荒的承包地产生的纠纷，按照下列情形，分别处理：

（一）发包方未将承包地另行发包，承包方请求返还承包地的，应予支持；

（二）发包方已将承包地另行发包给第三人，承包方以发包方和第三人为共同被告，请求确认其所签订的承包合同无效、返还承包地并赔偿损失的，应予支持。但属于承包方弃耕、撂荒情形的，对其赔偿损失的诉讼请求，不予支持。

前款第（二）项所称的第三人，请求受益方补偿其在承包地上的合理投入的，应予支持。

第七条 承包合同约定或者土地承包经营权证等证书记载的承包期限短于农村土地承包法规定的期限，承包方请求延长的，应予支持。

第八条 承包方违反农村土地承包法第十七条规定，将承包地用于非农建设或者对承包地造成永久性损害，发包方请求承包方停止侵害、恢复原状或者赔偿损失的，应予支持。

第九条 发包方根据农村土地承包法第二十六条规定收回承包地前，承包方已经以转包、出租等形式将其土地承包经营权流转给第三人，且流转期限尚未届满，因流转价款收取产生的纠纷，按照下列情形，分别处理：

（一）承包方已经一次性收取了流转价款，发包方请求承包方返还剩余流转期限的流转价款的，应予支持；

（二）流转价款为分期支付，发包方请求第三人按照流转合同的约定支付流转价款的，应予支持。

第十条 承包方交回承包地不符合农村土地承包法第二十九条规定程序的，不得认定其为自愿交回。

第十一条 土地承包经营权流转中，本集体经济组织成员在流转价款、流转期限等主要内容相同的条件下主张优先权的，应予支持。但下列情形除外：

（一）在书面公示的合理期限内未提出优先权主张的；

（二）未经书面公示，在本集体经济组织以外的人开始使用承包地两个月内未提出优先权主张的。

第十二条 发包方强迫承包方将土地承包经营权流转给第三人，承包方请求确认其与第三人签订的流转合同无效的，应予支持。

发包方阻碍承包方依法流转土地承包经营权，承包方请求排除妨碍、赔偿损失的，应予支持。

第十三条 承包方未经发包方同意，采取转让方式流转其土地承包经营权的，转让合同无效。但发包方无法定理由不同意或者拖延表态的除外。

第十四条 承包方依法采取转包、出租、互换或者其他方式流转土地承包经营权，发包方仅以该土地承包经营权流转合同未报其备案为由，请求确认合同无效的，不予支持。

第十五条 承包方以其土地承包经营权进行抵押或者抵偿债务的，应当认定无效。

对因此造成的损失，当事人有过错的，应当承担相应的民事责任。

第十六条 因承包方不收取流转价款或者向对方支付费用的约定产生纠纷，当事人协商变更无法达成一致，且继续履行又显失公平的，人民法院可以根据发生变更的客观情况，按照公平原则处理。

第十七条 当事人对转包、出租地流转期限没有约定或者约定不明的，参照合同法第二百三十二条规定处理。除当事人另有约定或者属于林地承包经营外，承包地交回的时间应当在农作物收获期结束后或者下一耕种期开始前。

对提高土地生产能力的投入，对方当事人请求承包方给予相应补偿的，应予支持。

第十八条 发包方或者其他组织、个人擅自截留、扣缴承包收益或者土地承包经营权流转收益，承包方请求返还的，应予支持。

发包方或者其他组织、个人主张抵销的，不予支持。

三、其他方式承包纠纷的处理

第十九条 本集体经济组织成员在承包费、承包期限等主要内容相同的条件下主张优先承包权的，应予支持。但在发包方将农村土地发包给本集体经济组织以外的单位或者个人，已经法律规定的民主议定程序通过，并由乡（镇）人民政府批准后主张优先承包权的，不予支持。

第二十条 发包方就同一土地签订两个以上承包合同，承包方均主张取得土地承包经营权的，按照下列情形，分别处理：

（一）已经依法登记的承包方，取得土地承包经营权；

（二）均未依法登记的，生效在先合同的承包方取得土地承包经营权；

（三）依前两项规定无法确定的，已经根据承包合同合法占有使用承包地的人取得土地承包经营权，但争议发生后一方强行先占承包地的行为和事实，不得作为确定土地承包经营权的依据。

第二十一条 承包方未依法登记取得土地承包经营权证等证书，即以转让、出租、入股、抵押等方式流转土地承包经营权，发包方请求确认该流转无效的，应予支持。但非因承包方原因未登记取得土地承包经营权证等证书的除外。

承包方流转土地承包经营权，除法律或者本解释有特殊规定外，按照有关家庭承包土地承包经营权流转的规定处理。

四、土地征收补偿费用分配及土地承包经营权继承纠纷的处理

第二十二条 承包地被依法征收，承包方请求发包方给付已经收到的地上附着物和青苗的补偿费的，应予支持。

承包方已将土地承包经营权以转包、出租等方式流转给第三人的，除当事人另有约定外，青苗补偿费归实际投入人所有，地上附着物补偿费归附着物所有人所有。

第二十三条 承包地被依法征收，放弃统一安置的家庭承包方，请求发包方给付已经收到的安置补助费的，应予支持。

第二十四条 农村集体经济组织或者村民委员会、村民小组，可以依照法律规定的民主议定程序，决定在本集体经济组织内部分配已经收到的土地补偿费。征地补偿安置方案确定时已经具有本集体经济组织成员资格的人，请求支付相应份额的，应予支持。但已报全国人大常委会、国务院备案的地方性法规、自治条例和单行条例、地方政府规章对土地补偿费在农村集体经济组织内部的分配办法另有规定的除外。

第二十五条 林地家庭承包中，承包方的继承人请求在承包期内继续承包的，应予支持。

其他方式承包中，承包方的继承人或者权利义务承受者请求在承包期内继续承包的，应予支持。

五、其 他 规 定

第二十六条 人民法院在审理涉及本解释第五条、第六条第一款第(二)项及第二款、第十六条的纠纷案件时，应当着重进行调解。必要时可以委托人民调解组织进行调解。

第二十七条 本解释自2005年9月1日起施行。施行后受理的第一审案件，适用本解释的规定。

施行前已经生效的司法解释与本解释不一致的，以本解释为准。

文书范本

土地联产经营承包合同

订立合同双方：

________县________乡________村________组，以下简称甲方。

承包户主__________，以下简称乙方。

为了落实联产承包责任制，充分调动农民的生产积极性，明确甲乙双方的权利义务，根据中央(83)、(84)一号文件精神，经村民大会讨论同意和甲乙双方充分协商，特订立本合同，以便双方共同遵守。

第一条 承包土地的面积、地点、等级

甲方将______亩土地(田)发包给乙方，该土地位于________，东至________，西至________，南至________，北至________。其中，一等地______亩，二等地______亩，三等地______亩，四等地______亩，______。承包土地的所有权属于集体，乙方只有土地使用权，不得买卖、出租、荒芜，不准转作宅基地和构筑其他建筑物。

第二条 承包期限

承包时间共____年，自________年____月____日起至________年____月____日止。

第三条 乙方的权利义务

1. 乙方有权获得国家下拨用于发展农业生产的化肥、农药、良种、贷款指标和其他农业物资。

2. 乙方必须完成上级下达的种植计划，在完成种植计划的前提下，可以自己决定种植经营。

3. 乙方必须完成按土地亩数摊派的统购指标任务和上缴农业税的任务，每年向国家交售______斤______，______斤______，______斤______，______。交售时间是______。每年向国家缴纳农业税______元，纳税时间是______。乙方必须每年向甲方上交公积金______元，公益金______元，管理费______元，上交时间为每年的____月____日以前。乙方必须完成甲方按承包土地亩数摊派的义务工日，或上交按义务工日折价的金额。

4. 乙方经甲方同意，可以自找对象转包土地，可以与转承包户协商，平价购买生活用粮。土地转包后，转包户必须承担原由乙方承担的所有统购任务和缴纳农业税任务，承担向甲方上交"三全"和完成义务工任务。

5. 乙方如遇生(不能违背计划生育规定)、死、嫁、娶,承包土地一般不变动但必须按规定调整所承担的义务。乙方如因劳动力减少无法继续承包土地又无人愿转承包时,可向甲方提出退回承包土地的一部或全部,由甲方另行统一安排。乙方对国家、集体承担的义务相应减少或免除。

6. 乙方有责任保护承包土地上的林木、排灌、通电等国家或集体设施。

第四条 甲方的权利义务

1. 甲方有权监督乙方完成国家下达的种植计划、统购任务和纳税任务,有权敦促乙方完成对集体的义务。

2. 国家按计划分配用于农业生产的化肥、农药、良种、贷款指标和其他农用物资,甲方应及时按承包土地的数量和等级分配给乙方。

3. 甲方应定期公布集体财务账目和公积金、公益金、管理费的使用情况,必须接受乙方的监督检查。

第五条 违约责任

1. 乙方如不按时履行对国家和集体的事务,除应继续履行外,还应按迟延项目价值的____%向甲方偿付违约金。乙方如仍然拒不履行义务的,甲方除可请求有关部门处理外,有权收回乙方承包的土地。

2. 乙方如荒芜承包的土地,除应履行对国家、集体的一切义务外,甲方有权收回土地。乙方如果擅自出卖和租让承包的土地,甲方可宣布买卖与租让关系无效,并可收回土地。乙方如果在承包的土地上建房,甲方有权责令乙方拆除。乙方如果毁坏承包土地上的树木和集体设施,应照价(毁坏树木折价)赔偿。

3. 甲方如不及时拨给乙方国家分配的化肥、农药、良种、贷款指标和其他农用物资,应按其价值的____%向乙方偿付违约金,并应如数补发所欠物资。

第六条 不可抗力

乙方如因不可抗力的自然灾害,造成承包土地内农作物的减产或绝产,经调查核实后,可根据实际情况减少或免除乙方对国家或集体的义务。

第七条 其他:______。

本合同从承包期开始之日起生效。承包期内,承包户主如去世,其家庭成员有承包继承权。本合同不因甲方代表人的变更而变更。合同执行期间,任何一方不得擅自变更或解除合同;合同如有未尽事宜,应由甲乙双方共同协商,作出补充规定。

补充规定与本合同具有同等效力。

本合同正本一式二份,甲乙双方各执一份;合同副本一式____份,送村委员(如经公证或鉴证,还应送公证或鉴证机关)______各留存一份。

甲　方(盖章):______　　乙方户主(签字):______

代表人(签字):______

________年____月____日　　________年____月____日

实用图表

农村土地承包操作流程图

本集体经济组织成员的村民会议选举产生承包工作小组

↓

承包工作小组依照法律、法规的规定拟订并公布承包方案

↓

依法召开本集体经济组织成员的村民会议，讨论通过承包方案

↓

公开并组织实施承包方案

↓

村小组分别对每块田进行确权，并将地块名称、面积、等级、地类、基本农田、四至以及共有人情况等填写清楚，并由村小组干部和农户签名确认

↓

发包方根据确权表填写农村土地承包合同，并由发包方负责人、农户和鉴证单位签名盖章确认。

↓

根据签订的承包合同填写农村土地承包经营权证，并由县农业行政主管部门审核无误后盖章

↓

编制农村土地承包基本情况汇总表，发放农村土地承包经营权证，并由农户在基本情况汇总表上签名领取

农村土地承包纠纷仲裁流程图

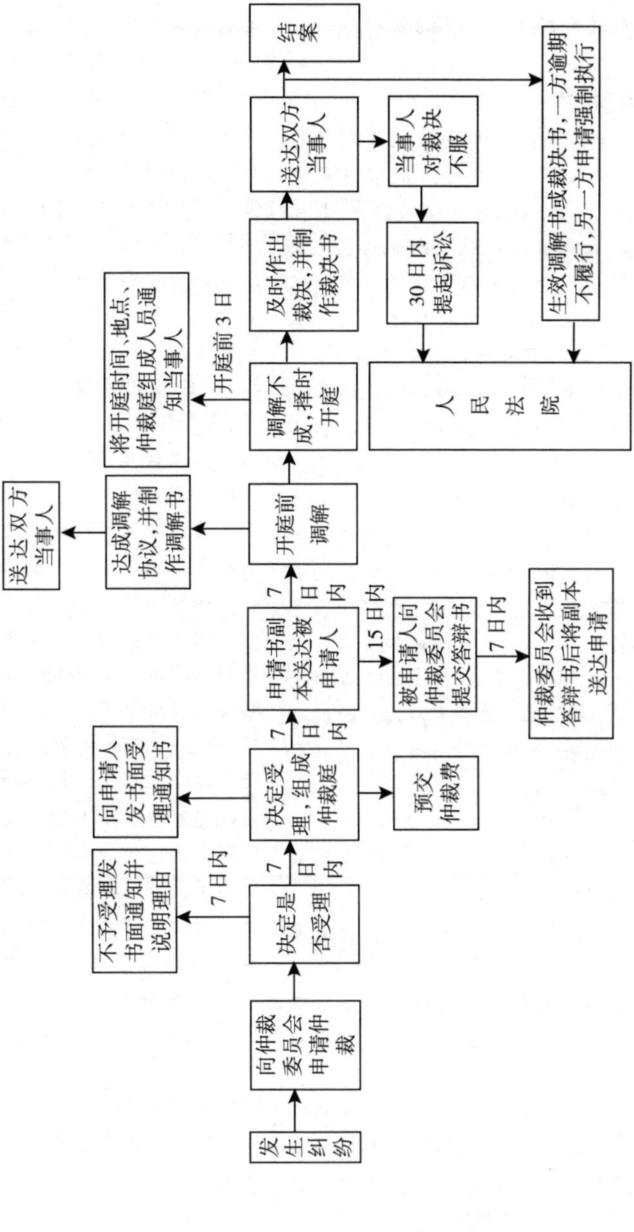

典型案例

李维祥诉李格梅继承权纠纷案①

【裁判摘要】

根据《中华人民共和国农村土地承包法》第十五条的规定，农村土地家庭承包的，承包方是本集体经济组织的农户，其本质特征是以本集体经济组织内部的农户家庭为单位实行农村土地承包经营。家庭承包方式的农村土地承包经营权属于农户家庭，而不属于某一个家庭成员。根据《中华人民共和国继承法》第三条的规定，遗产是公民死亡时遗留的个人合法财产。农村土地承包经营权不属于个人财产，故不发生继承问题。除林地外的家庭承包，当承包农地的农户家庭中的一人或几人死亡，承包经营仍然是以户为单位，承包地仍由该农户的其他家庭成员继续承包经营；当承包经营农户家庭的成员全部死亡，由于承包经营权的取得是以集体成员权为基础，该土地承包经营权归于消灭，不能由该农户家庭成员的继承人继续承包经营，更不能作为该农户家庭成员的遗产处理。

原告：李维祥，男，41岁，汉族，住南京市江宁区江宁街道司家社区。

被告：李格梅，女，43岁，汉族，住南京市江宁区江宁街道司家社区。

原告李维祥因与被告李格梅发生继承权纠纷，向江苏省南京市江宁区人民法院提起诉讼。

原告李维祥诉称：原告与被告李格梅系姐弟关系。1998年2月13日，原告父亲李圣云将其承包的农田3.08亩转包给同村村民芮国宁经营，因李圣云不识字，转包合同由李格梅代签。后李圣云于2004年去世，去世前将上述3.08亩农地的承包证交给原告，并言明该3.08亩土地由本人和李格梅共同继承，每人一半。但李格梅一直将该3.08亩土地全部据为己有。原告曾多次与李格梅协商，李格梅均不同意返还。请求判令原告对该3.08亩土地中的1.54亩土地享有继承权，判令被告向原告交付该部分土地。

被告李格梅辩称：讼争土地应全部由被告承包经营，理由为：1. 原告李维祥系非农业户口，不应享有农村土地的承包经营权；2. 原、被告的父母去世的时间均已超过两年，原告的起诉已过诉讼时效；3. 被告家庭人口比原告多，父母因此将讼争土地交给被告耕种；4. 原告对父母所尽赡养义务较少，而被告对父母所尽赡养义务较多，应该多享有诉争土地承包权的继承份额。

南京市江宁区人民法院一审查明：

被告李格梅与原告李维祥系姐弟关系。农村土地实行第一轮家庭承包经营时，原、被告及其父李圣云、母周桂香共同生活。当时，李圣云家庭取得了6.68亩土地的承包经营权。此后李格梅、李维祥相继结婚并各自组建家庭。至1995年农村土地实行第二轮家庭承包经营时，当地农村集体经济组织对李圣云家庭原有6.68亩土地的承包经营权进行了重新划分，李维祥家庭取得了1.8亩土地的承包经营权，李格梅家庭取得了3.34亩土地的承包经营权，李圣云家庭取得了1.54亩土地的承包经营权，三个家庭均取得了相应的承包经营权证书。1998年2月，李圣云将其承包的1.54亩土地流转给本村村民芮国宁经营，流转协议由李格梅代签。2004年11月3日和2005年4月4

① 摘自《最高人民法院公报》2009年第12期。

日，李圣云、周桂香夫妇相继去世。此后，李圣云家庭原承包的1.54亩土地的流转收益被李格梅占有。

本案的争议焦点是：家庭承包方式的农村土地承包经营权是否可以继承。

南京市江宁区人民法院一审认为：

根据《中华人民共和国农村土地承包法》（以下简称农村土地承包法）第三条第二款的规定，农村土地承包采取农村集体经济组织内部的家庭承包方式，不宜采取家庭承包方式的荒山、荒沟、荒丘、荒滩等农村土地，可以采取招标、拍卖、公开协商等方式承包。因此，我国的农村土地承包经营权分为家庭承包和以其他方式承包两种类型。

以家庭承包方式实行农村土地承包经营，主要目的在于为农村集体经济组织的每一位成员提供基本的生活保障。根据农村土地承包法第十五条的规定，家庭承包方式的农村土地承包经营权，其承包方是本集体经济组织的农户，其本质特征是以本集体经济组织内部的农户家庭为单位实行农村土地承包经营。因此，这种形式的农村土地承包经营权只能属于农户家庭，而不可能属于某一个家庭成员。根据《中华人民共和国继承法》（以下简称继承法）第三条的规定，遗产是公民死亡时遗留的个人合法财产。农村土地承包经营权不属于个人财产，故不发生继承问题。

家庭承包中的林地承包和针对“四荒”地的以其他方式的承包，由于土地性质特殊，投资周期长，见效慢，收益期间长，为维护承包合同的长期稳定性，保护承包方的利益，维护社会稳定，根据农村土地承包法第三十一条第二款、第五十条的规定，林地承包的承包人死亡，其继承人可以在承包期内继续承包。以其他方式承包的承包人死亡，在承包期内，其继承人也可以继续承包。但是，继承人继续承包并不等同于继承法所规定的继承。而对于除林地外的家庭承包，法律未授予继承人可以继续承包的权利。当承包农地的农户家庭中的一人或几人死亡，承包经营仍然是以户为单位，承包地仍由该农户的其他家庭成员继续承包经营；当承包经营农户家庭的成员全部死亡，由于承包经营权的取得是以集体成员权为基础，该土地承包经营权归于消灭，农地应收归农村集体经济组织另行分配，不能由该农户家庭成员的继承人继续承包经营。否则，对集体经济组织其他成员的权益造成损害，对农地的社会保障功能产生消极影响。

本案中，讼争土地的承包经营权属于李圣云家庭，系家庭承包方式的承包，且讼争土地并非林地，因此，李圣云夫妇死亡后，讼争土地应收归当地农村集体经济组织另行分配，不能由李圣云夫妇的继承人继续承包，更不能将讼争农地的承包权作为李圣云夫妇的遗产处理。

李圣云、周桂香夫妇虽系原告李维祥和被告李格梅的父母，但李维祥、李格梅均已在婚后组成了各自的家庭。农村土地实行第二轮家庭承包经营时，李圣云家庭、李维祥家庭、李格梅家庭均各自取得了土地承包经营权及相应的土地承包经营权证书，至此，李维祥、李格梅已不属于李圣云土地承包户的成员，而是各自独立的三个土地承包户。李圣云夫妇均已去世，该承包户已无继续承包人，李圣云夫妇去世后遗留的1.54亩土地的承包经营权应由该土地的发包人予以收回。根据《中华人民共和国民事诉讼法》第五十六条的规定，对当事人双方的诉讼标的，第三人虽然没有独立请求权，但案件处理结果同其有法律上的利害关系，可以申请参加诉讼，或者由人民法院通知其参加诉讼。在本案的审理过程中，法院通知发包方参加诉讼，并向发包方释明相关的权利义务，但发包方明确表示不参加诉讼，根据不告不理的原则，在本案中，法院对于讼争土地的承包经营权的权属问题不做处理。李维祥、李格梅虽系李圣云夫妇的子女，但各自的家庭均已取得了相应的土地承包经营权，故李维祥、李格梅均不具备其父母去世后遗留土地承包经营权继续承包的法定条件。故对李维祥要求李格梅返还讼争土地的诉讼请求予以驳回。

据此，南京市江宁区人民法院依照《中华人民共和国民事诉讼法》第六十四条第一款和农村土地承包法第九条、第十五条、第三十一条、第五十条之规定，于2009年5月13日判决：

驳回原告李维祥的全部诉讼请求。

一审宣判后，双方当事人在法定期限内均未提出上诉，一审判决已经发生法律效力。

2. 建设用地使用权

中华人民共和国城镇国有土地使用权出让和转让暂行条例

1990年5月19日国务院令第55号公布施行

第一章 总 则

第一条 为了改革城镇国有土地使用制度，合理开发、利用、经营土地，加强土地管理，促进城市建设和经济发展，制定本条例。

第二条 国家按照所有权与使用权分离的原则，实行城镇国有土地使用权出让、转让制度，但地下资源、埋藏物和市政公用设施除外。

前款所称城镇国有土地是指市、县城、建制镇、工矿区范围内属于全民所有的土地（以下简称土地）。

第三条 中华人民共和国境内外的公司、企业、其他组织和个人，除法律另有规定者外，均可依照本条例的规定取得土地使用权，进行土地开发、利用、经营。

第四条 依照本条例的规定取得土地使用权的土地使用者，其使用权在使用年限内可以转让、出租、抵押或者用于其他经济活动，合法权益受国家法律保护。

第五条 土地使用者开发、利用、经营土地的活动，应当遵守国家法律、法规的规定，并不得损害社会公共利益。

第六条 县级以上人民政府土地管理部门依法对土地使用权的出让、转让、出租、抵押、终止进行监督检查。

第七条 土地使用权出让、转让、出租、抵押、终止及有关的地上建筑物、其他附着物的登记，由政府土地管理部门、房产管理部门依照法律和国务院的有关规定办理。

登记文件可以公开查阅。

第二章 土地使用权出让

第八条 土地使用权出让是指国家以土地所有者的身份将土地使用权在一定年限内让与土地使用者，并由土地使用者向国家支付土地使用权出让金的行为。

土地使用权出让应当签订出让合同。

第九条 土地使用权的出让，由市、县人民政府负责，有计划、有步骤地进行。

第十条 土地使用权出让的地块、用途、年限和其他条件，由市、县人民政府土地管理部门会同城市规划和建设管理部门、房产管理部门共同拟定方案，按照国务院规定的批准权限报经批准后，由土地管理部门实施。

第十一条 土地使用权出让合同应当按照平等、自愿、有偿的原则,由市、县人民政府土地管理部门(以下简称出让方)与土地使用者签订。

第十二条 土地使用权出让最高年限按下列用途确定:

(一)居住用地七十年;

(二)工业用地五十年;

(三)教育、科技、文化、卫生、体育用地五十年;

(四)商业、旅游、娱乐用地四十年;

(五)综合或者其他用地五十年。

第十三条 土地使用权出让可以采取下列方式:

(一)协议;

(二)招标;

(三)拍卖。

依照前款规定方式出让土地使用权的具体程序和步骤,由省、自治区、直辖市人民政府规定。

第十四条 土地使用者应当在签订土地使用权出让合同后六十日内,支付全部土地使用权出让金。逾期未全部支付的,出让方有权解除合同,并可请求违约赔偿。

第十五条 出让方应当按照合同规定,提供出让的土地使用权。未按合同规定提供土地使用权的,土地使用者有权解除合同,并可请求违约赔偿。

第十六条 土地使用者在支付全部土地使用权出让金后,应当依照规定办理登记,领取土地使用证,取得土地使用权。

第十七条 土地使用者应当按照土地使用权出让合同的规定和城市规划的要求,开发、利用、经营土地。

未按合同规定的期限和条件开发、利用土地的,市、县人民政府土地管理部门应当予以纠正,并根据情节可以给予警告、罚款直至无偿收回土地使用权的处罚。

第十八条 土地使用者需要改变土地使用权出让合同规定的土地用途的,应当征得出让方同意并经土地管理部门和城市规划部门批准,依照本章的有关规定重新签订土地使用权出让合同,调整土地使用权出让金,并办理登记。

第三章 土地使用权转让

第十九条 土地使用权转让是指土地使用者将土地使用权再转移的行为,包括出售、交换和赠与。

未按土地使用权出让合同规定的期限和条件投资开发、利用土地的,土地使用权不得转让。

第二十条 土地使用权转让应当签订转让合同。

第二十一条 土地使用权转让时,土地使用权出让合同和登记文件中所载明的权利、义务随之转移。

第二十二条 土地使用者通过转让方式取得的土地使用权,其使用年限为土地使用权出让合同规定的使用年限减去原土地使用者已使用年限后的剩余年限。

第二十三条 土地使用权转让时,其地上建筑物、其他附着物所有权随之转让。

第二十四条 地上建筑物、其他附着物的所有人或者共有人,享有该建筑物、附着物使用范围内的土地使用权。

土地使用者转让地上建筑物、其他附着物所有权时,其使用范围内的土地使用权随之转让,但地上建筑物、其他附着物作为动产转让的除外。

第二十五条 土地使用权和地上建筑物、其他附着物所有权转让,应当依照规定办理过户登记。

土地使用权和地上建筑物、其他附着物所有权分割转让的，应当经市、县人民政府土地管理部门和房产管理部门批准，并依照规定办理过户登记。

第二十六条 土地使用权转让价格明显低于市场价格的，市、县人民政府有优先购买权。

土地使用权转让的市场价格不合理上涨时，市、县人民政府可以采取必要的措施。

第二十七条 土地使用权转让后，需要改变土地使用权出让合同规定的土地用途的，依照本条例第十八条的规定办理。

第四章 土地使用权出租

第二十八条 土地使用权出租是指土地使用者作为出租人将土地使用权随同地上建筑物、其他附着物租赁给承租人使用，由承租人向出租人支付租金的行为。

未按土地使用权出让合同规定的期限和条件投资开发、利用土地的，土地使用权不得出租。

第二十九条 土地使用权出租，出租人与承租人应当签订租赁合同。

租赁合同不得违背国家法律、法规和土地使用权出让合同的规定。

第三十条 土地使用权出租后，出租人必须继续履行土地使用权出让合同。

第三十一条 土地使用权和地上建筑物、其他附着物出租，出租人应当依照规定办理登记。

第五章 土地使用权抵押

第三十二条 土地使用权可以抵押。

第三十三条 土地使用权抵押时，其地上建筑物、其他附着物随之抵押。

地上建筑物、其他附着物抵押时，其使用范围内的土地使用权随之抵押。

第三十四条 土地使用权抵押，抵押人与抵押权人应当签订抵押合同。

抵押合同不得违背国家法律、法规和土地使用权出让合同的规定。

第三十五条 土地使用权和地上建筑物、其他附着物抵押，应当依照规定办理抵押登记。

第三十六条 抵押人到期未能履行债务或者在抵押合同期间宣告解散、破产的，抵押权人有权依照国家法律、法规和抵押合同的规定处分抵押财产。

因处分抵押财产而取得土地使用权和地上建筑物、其他附着物所有权的，应当依照规定办理过户登记。

第三十七条 处分抵押财产所得，抵押权人有优先受偿权。

第三十八条 抵押权因债务清偿或者其他原因而消灭的，应当依照规定办理注销抵押登记。

第六章 土地使用权终止

第三十九条 土地使用权因土地使用权出让合同规定的使用年限届满、提前收回及土地灭失等原因而终止。

第四十条 土地使用权期满，土地使用权及其地上建筑物、其他附着物所有权由国家无偿取得。土地使用者应当交还土地使用证，并依照规定办理注销登记。

第四十一条 土地使用权期满，土地使用者可以申请续期。需要续期的，应当依照本条例第二章的规定重新签订合同，支付土地使用权出让金，并办理登记。

第四十二条 国家对土地使用者依法取得的土地使用权不提前收回。在特殊情况下，根据社会公共利益的需要，国家可以依照法律程序提前收回，并根据土地使用者已使用的年限和开发、利用土地的实际情况给予相应的补偿。

第七章 划拨土地使用权

第四十三条 划拨土地使用权是指土地使

用者通过各种方式依法无偿取得的土地使用权。

前款土地使用者应当依照《中华人民共和国城镇土地使用税暂行条例》的规定缴纳土地使用税。

第四十四条 划拨土地使用权,除本条例第四十五条规定的情况外,不得转让、出租、抵押。

第四十五条 符合下列条件的,经市、县人民政府土地管理部门和房产管理部门批准,其划拨土地使用权和地上建筑物、其他附着物所有权可以转让、出租、抵押:

(一)土地使用者为公司、企业、其他经济组织和个人;

(二)领有国有土地使用证;

(三)具有地上建筑物、其他附着物合法的产权证明;

(四)依照本条例第二章的规定签订土地使用权出让合同,向当地市、县人民政府补交土地使用权出让金或者以转让、出租、抵押所获收益抵交土地使用权出让金。

转让、出租、抵押前款划拨土地使用权的,分别依照本条例第三章、第四章和第五章的规定办理。

第四十六条 对未经批准擅自转让、出租、抵押划拨土地使用权的单位和个人,市、县人民政府土地管理部门应当没收其非法收入,并根据情节处以罚款。

第四十七条 无偿取得划拨土地使用权的土地使用者,因迁移、解散、撤销、破产或者其他原因而停止使用土地的,市、县人民政府应当无偿收回其划拨土地使用权,并可依照本条例的规定予以出让。

对划拨土地使用权,市、县人民政府根据城市建设发展需要和城市规划的要求,可以无偿收回,并可依照本条例的规定予以出让。

无偿收回划拨土地使用权时,对其地上建筑物、其他附着物,市、县人民政府应当根据实际情况给予适当补偿。

第八章　附　　则

第四十八条 依照本条例的规定取得土地使用权的个人,其土地使用权可以继承。

第四十九条 土地使用者应当依照国家税收法规的规定纳税。

第五十条 依照本条例收取的土地使用权出让金列入财政预算,作为专项基金管理,主要用于城市建设和土地开发。具体使用管理办法,由财政部另行制定。

第五十一条 各省、自治区、直辖市人民政府应当根据本条例的规定和当地的实际情况选择部分条件比较成熟的城镇先行试点。

第五十二条 外商投资从事开发经营成片土地的,其土地使用权的管理依照国务院的有关规定执行。

第五十三条 本条例由国家土地管理局负责解释;实施办法由省、自治区、直辖市人民政府制定。

第五十四条 本条例自发布之日起施行。

协议出让国有土地使用权规定

1. *2003年6月11日国土资源部令第21号公布*
2. *自2003年8月1日起施行*

第一条 为加强国有土地资产管理,优化土地资源配置,规范协议出让国有土地使用权行为,根据《中华人民共和国城市房地产管理法》、《中华人民共和国土地管理法》和《中华人民共和国土地管理法实施条例》,制定本规定。

第二条 在中华人民共和国境内以协议方

式出让国有土地使用权的，适用本规定。

本规定所称协议出让国有土地使用权，是指国家以协议方式将国有土地使用权在一定年限内出让给土地使用者，由土地使用者向国家支付土地使用权出让金的行为。

第三条 出让国有土地使用权，除依照法律、法规和规章的规定应当采用招标、拍卖或者挂牌方式外，方可采取协议方式。

第四条 协议出让国有土地使用权，应当遵循公开、公平、公正和诚实信用的原则。

以协议方式出让国有土地使用权的出让金不得低于按国家规定所确定的最低价。

第五条 协议出让最低价不得低于新增建设用地的土地有偿使用费、征地（拆迁）补偿费用以及按照国家规定应当缴纳的有关税费之和；有基准地价的地区，协议出让最低价不得低于出让地块所在级别基准地价的70%。

低于最低价时国有土地使用权不得出让。

第六条 省、自治区、直辖市人民政府国土资源行政主管部门应当依据本规定第五条的规定拟定协议出让最低价，报同级人民政府批准后公布，由市、县人民政府国土资源行政主管部门实施。

第七条 市、县人民政府国土资源行政主管部门应当根据经济社会发展计划、国家产业政策、土地利用总体规划、土地利用年度计划、城市规划和土地市场状况，编制国有土地使用权出让计划，报同级人民政府批准后组织实施。

国有土地使用权出让计划经批准后，市、县人民政府国土资源行政主管部门应当在土地有形市场等指定场所，或者通过报纸、互联网等媒介向社会公布。

因特殊原因，需要对国有土地使用权出让计划进行调整的，应当报原批准机关批准，并按照前款规定及时向社会公布。

国有土地使用权出让计划应当包括年度土地供应总量、不同用途土地供应面积、地段以及供地时间等内容。

第八条 国有土地使用权出让计划公布后，需要使用土地的单位和个人可以根据国有土地使用权出让计划，在市、县人民政府国土资源行政主管部门公布的时限内，向市、县人民政府国土资源行政主管部门提出意向用地申请。

市、县人民政府国土资源行政主管部门公布计划接受申请的时间不得少于30日。

第九条 在公布的地段上，同一地块只有一个意向用地者的，市、县人民政府国土资源行政主管部门方可按照本规定采取协议方式出让；但商业、旅游、娱乐和商品住宅等经营性用地除外。

同一地块有两个或者两个以上意向用地者的，市、县人民政府国土资源行政主管部门应当按照《招标拍卖挂牌出让国有土地使用权规定》，采取招标、拍卖或者挂牌方式出让。

第十条 对符合协议出让条件的，市、县人民政府国土资源行政主管部门会同城市规划等有关部门，依据国有土地使用权出让计划、城市规划和意向用地者申请的用地项目类型、规模等，制订协议出让土地方案。

协议出让土地方案应当包括拟出让地块的具体位置、界址、用途、面积、年限、土地使用条件、规划设计条件、供地时间等。

第十一条 市、县人民政府国土资源行政主管部门应当根据国家产业政策和拟出让地块的情况,按照《城镇土地估价规程》的规定,对拟出让地块的土地价格进行评估,经市、县人民政府国土资源行政主管部门集体决策、合理确定协议出让底价。

协议出让底价不得低于协议出让最低价。

协议出让底价确定后应当保密,任何单位和个人不得泄露。

第十二条 协议出让土地方案和底价经有批准权的人民政府批准后,市、县人民政府国土资源行政主管部门应当与意向用地者就土地出让价格等进行充分协商,协商一致且议定的出让价格不低于出让底价的,方可达成协议。

第十三条 市、县人民政府国土资源行政主管部门应当根据协议结果,与意向用地者签订《国有土地使用权出让合同》。

第十四条 《国有土地使用权出让合同》签订后7日内,市、县人民政府国土资源行政主管部门应当将协议出让结果在土地有形市场等指定场所,或者通过报纸、互联网等媒介向社会公布,接受社会监督。

公布协议出让结果的时间不得少于15日。

第十五条 土地使用者按照《国有土地使用权出让合同》的约定,付清土地使用权出让金、依法办理土地登记手续后,取得国有土地使用权。

第十六条 以协议出让方式取得国有土地使用权的土地使用者,需要将土地使用权出让合同约定的土地用途改变为商业、旅游、娱乐和商品住宅等经营性用途的,应当取得出让方和市、县人民政府城市规划部门的同意,签订土地使用权出让合同变更协议或者重新签订土地使用权出让合同,按变更后的土地用途,以变更时的土地市场价格补交相应的土地使用权出让金,并依法办理土地使用权变更登记手续。

第十七条 违反本规定,有下列行为之一的,对直接负责的主管人员和其他直接责任人员依法给予行政处分:

(一)不按照规定公布国有土地使用权出让计划或者协议出让结果的;

(二)确定出让底价时未经集体决策的;

(三)泄露出让底价的;

(四)低于协议出让最低价出让国有土地使用权的;

(五)减免国有土地使用权出让金的。

违反前款有关规定,情节严重构成犯罪的,依法追究刑事责任。

第十八条 国土资源行政主管部门工作人员在协议出让国有土地使用权活动中玩忽职守、滥用职权、徇私舞弊的,依法给予行政处分;构成犯罪的,依法追究刑事责任。

第十九条 采用协议方式租赁国有土地使用权的,参照本规定执行。

第二十条 本规定自2003年8月1日起施行。原国家土地管理局1995年6月28日发布的《协议出让国有土地使用权最低价确定办法》同时废止。

招标拍卖挂牌出让国有建设用地使用权规定

1. *2007年9月28日国土资源部令第39号修订公布*
2. *自2007年11月1日起施行*

第一条 为规范国有建设用地使用权出让行为,优化土地资源配置,建立公开、公平、公正的土地使用制度,根据《中华人民共和国物权法》、《中华人民共和国土地管理法》、《中华人民共和国城市房地产管理法》和《中华人民共和国土地管理法实施条例》，制定本规定。

第二条　在中华人民共和国境内以招标、拍卖或者挂牌出让方式在土地的地表、地上或者地下设立国有建设用地使用权的，适用本规定。

本规定所称招标出让国有建设用地使用权，是指市、县人民政府国土资源行政主管部门（以下简称出让人）发布招标公告，邀请特定或者不特定的自然人、法人和其他组织参加国有建设用地使用权投标，根据投标结果确定国有建设用地使用权人的行为。

本规定所称拍卖出让国有建设用地使用权，是指出让人发布拍卖公告，由竞买人在指定时间、地点进行公开竞价，根据出价结果确定国有建设用地使用权人的行为。

本规定所称挂牌出让国有建设用地使用权，是指出让人发布挂牌公告，按公告规定的期限将拟出让宗地的交易条件在指定的土地交易场所挂牌公布，接受竞买人的报价申请并更新挂牌价格，根据挂牌期限截止时的出价结果或者现场竞价结果确定国有建设用地使用权人的行为。

第三条　招标、拍卖或者挂牌出让国有建设用地使用权，应当遵循公开、公平、公正和诚信的原则。

第四条　工业、商业、旅游、娱乐和商品住宅等经营性用地以及同一宗地有两个以上意向用地者的，应当以招标、拍卖或者挂牌方式出让。

前款规定的工业用地包括仓储用地，但不包括采矿用地。

第五条　国有建设用地使用权招标、拍卖或者挂牌出让活动，应当有计划地进行。

市、县人民政府国土资源行政主管部门根据经济社会发展计划、产业政策、土地利用总体规划、土地利用年度计划、城市规划和土地市场状况，编制国有建设用地使用权出让年度计划，报经同级人民政府批准后，及时向社会公开发布。

第六条　市、县人民政府国土资源行政主管部门应当按照出让年度计划，会同城市规划等有关部门共同拟订拟招标拍卖挂牌出让地块的出让方案，报经市、县人民政府批准后，由市、县人民政府国土资源行政主管部门组织实施。

前款规定的出让方案应当包括出让地块的空间范围、用途、年限、出让方式、时间和其他条件等。

第七条　出让人应当根据招标拍卖挂牌出让地块的情况，编制招标拍卖挂牌出让文件。

招标拍卖挂牌出让文件应当包括出让公告、投标或者竞买须知、土地使用条件、标书或者竞买申请书、报价单、中标通知书或者成交确认书、国有建设用地使用权出让合同文本。

第八条　出让人应当至少在投标、拍卖或者挂牌开始日前20日，在土地有形市场或者指定的场所、媒介发布招标、拍卖或者挂牌公告，公布招标拍卖挂牌出让宗地的基本情况和招标拍卖挂牌的时间、地点。

第九条　招标拍卖挂牌公告应当包括下列内容：

（一）出让人的名称和地址；

（二）出让宗地的面积、界址、空间范围、现状、使用年期、用途、规划指标要求；

（三）投标人、竞买人的资格要求以及申请取得投标、竞买资格的办法；

（四）索取招标拍卖挂牌出让文件的

时间、地点和方式；

（五）招标拍卖挂牌时间、地点、投标挂牌期限、投标和竞价方式等；

（六）确定中标人、竞得人的标准和方法；

（七）投标、竞买保证金；

（八）其他需要公告的事项。

第十条 市、县人民政府国土资源行政主管部门应当根据土地估价结果和政府产业政策综合确定标底或者底价。

标底或者底价不得低于国家规定的最低价标准。

确定招标标底，拍卖和挂牌的起叫价、起始价、底价，投标、竞买保证金，应当实行集体决策。

招标标底和拍卖挂牌的底价，在招标开标前和拍卖挂牌出让活动结束之前应当保密。

第十一条 中华人民共和国境内外的自然人、法人和其他组织，除法律、法规另有规定外，均可申请参加国有建设用地使用权招标拍卖挂牌出让活动。

出让人在招标拍卖挂牌出让公告中不得设定影响公平、公正竞争的限制条件。挂牌出让的，出让公告中规定的申请截止时间，应当为挂牌出让结束日前2天。对符合招标拍卖挂牌公告规定条件的申请人，出让人应当通知其参加招标拍卖挂牌活动。

第十二条 市、县人民政府国土资源行政主管部门应当为投标人、竞买人查询拟出让土地的有关情况提供便利。

第十三条 投标、开标依照下列程序进行：

（一）投标人在投标截止时间前将标书投入标箱。招标公告允许邮寄标书的，投标人可以邮寄，但出让人在投标截止时间前收到的方为有效。

标书投入标箱后，不可撤回。投标人应当对标书和有关书面承诺承担责任。

（二）出让人按照招标公告规定的时间、地点开标，邀请所有投标人参加。由投标人或者其推选的代表检查标箱的密封情况，当众开启标箱，点算标书。投标人少于三人的，出让人应当终止招标活动。投标人不少于三人的，应当逐一宣布投标人名称、投标价格和投标文件的主要内容。

（三）评标小组进行评标。评标小组由出让人代表、有关专家组成，成员人数为五人以上的单数。

评标小组可以要求投标人对投标文件作出必要的澄清或者说明，但是澄清或者说明不得超出投标文件的范围或者改变投标文件的实质性内容。

评标小组应当按照招标文件确定的评标标准和方法，对投标文件进行评审。

（四）招标人根据评标结果，确定中标人。

按照价高者得的原则确定中标人的，可以不成立评标小组，由招标主持人根据开标结果，确定中标人。

第十四条 对能够最大限度地满足招标文件中规定的各项综合评价标准，或者能够满足招标文件的实质性要求且价格最高的投标人，应当确定为中标人。

第十五条 拍卖会依照下列程序进行：

（一）主持人点算竞买人；

（二）主持人介绍拍卖宗地的面积、界址、空间范围、现状、用途、使用年期、规划指标要求、开工和竣工时间以及其他有关事项；

（三）主持人宣布起叫价和增价规则及增价幅度。没有底价的，应当明确提示；

（四）主持人报出起叫价；

（五）竞买人举牌应价或者报价；

（六）主持人确认该应价或者报价后继续竞价；

（七）主持人连续三次宣布同一应价或者报价而没有再应价或者报价的，主持人落槌表示拍卖成交；

（八）主持人宣布最高应价或者报价者为竞得人。

第十六条 竞买人的最高应价或者报价未达到底价时，主持人应当终止拍卖。

拍卖主持人在拍卖中可以根据竞买人竞价情况调整拍卖增价幅度。

第十七条 挂牌依照以下程序进行：

（一）在挂牌公告规定的挂牌起始日，出让人将挂牌宗地的面积、界址、空间范围、现状、用途、使用年期、规划指标要求、开工时间和竣工时间、起始价、增价规则及增价幅度等，在挂牌公告规定的土地交易场所挂牌公布；

（二）符合条件的竞买人填写报价单报价；

（三）挂牌主持人确认该报价后，更新显示挂牌价格；

（四）挂牌主持人在挂牌公告规定的挂牌截止时间确定竞得人。

第十八条 挂牌时间不得少于10日。挂牌期间可根据竞买人竞价情况调整增价幅度。

第十九条 挂牌截止应当由挂牌主持人主持确定。挂牌期限届满，挂牌主持人现场宣布最高报价及其报价者，并询问竞买人是否愿意继续竞价。有竞买人表示愿意继续竞价的，挂牌出让转入现场竞价，通过现场竞价确定竞得人。挂牌主持人连续三次报出最高挂牌价格，没有竞买人表示愿意继续竞价的，按照下列规定确定是否成交：

（一）在挂牌期限内只有一个竞买人报价，且报价不低于底价，并符合其他条件的，挂牌成交；

（二）在挂牌期限内有两个或者两个以上的竞买人报价的，出价最高者为竞得人；报价相同的，先提交报价单者为竞得人，但报价低于底价者除外；

（三）在挂牌期限内无应价者或者竞买人的报价均低于底价或者均不符合其他条件的，挂牌不成交。

第二十条 以招标、拍卖或者挂牌方式确定中标人、竞得人后，中标人、竞得人支付的投标、竞买保证金，转作受让地块的定金。出让人应当向中标人发出中标通知书或者与竞得人签订成交确认书。

中标通知书或者成交确认书应当包括出让人和中标人或者竞得人的名称，出让标的，成交时间、地点、价款以及签订国有建设用地使用权出让合同的时间、地点等内容。

中标通知书或者成交确认书对出让人和中标人或者竞得人具有法律效力。出让人改变竞得结果，或者中标人、竞得人放弃中标宗地、竞得宗地的，应当依法承担责任。

第二十一条 中标人、竞得人应当按照中标通知书或者成交确认书约定的时间，与出让人签订国有建设用地使用权出让合同。中标人、竞得人支付的投标、竞买保证金抵作土地出让价款；其他投标人、竞买人支付的投标、竞买保证金，出让人必须在招标拍卖挂牌活动结束后5个工作日内予以退还，不计利息。

第二十二条 招标拍卖挂牌活动结束后，出让人应在10个工作日内将招标拍卖挂牌出让结果在土地有形市场或者指定的场所、媒介公布。

出让人公布出让结果,不得向受让人收取费用。

第二十三条 受让人依照国有建设用地使用权出让合同的约定付清全部土地出让价款后,方可申请办理土地登记,领取国有建设用地使用权证书。

未按出让合同约定缴清全部土地出让价款的,不得发放国有建设用地使用权证书,也不得按出让价款缴纳比例分割发放国有建设用地使用权证书。

第二十四条 应当以招标拍卖挂牌方式出让国有建设用地使用权而擅自采用协议方式出让的,对直接负责的主管人员和其他直接责任人员依法给予处分;构成犯罪的,依法追究刑事责任。

第二十五条 中标人、竞得人有下列行为之一的,中标、竞得结果无效;造成损失的,应当依法承担赔偿责任:

(一)提供虚假文件隐瞒事实的;

(二)采取行贿、恶意串通等非法手段中标或者竞得的。

第二十六条 国土资源行政主管部门的工作人员在招标拍卖挂牌出让活动中玩忽职守、滥用职权、徇私舞弊的,依法给予处分;构成犯罪的,依法追究刑事责任。

第二十七条 以招标拍卖挂牌方式租赁国有建设用地使用权的,参照本规定执行。

第二十八条 本规定自 2007 年 11 月 1 日起施行。

城市国有土地使用权出让转让规划管理办法

1. *1992 年 12 月 4 日建设部令第 22 号发布*
2. *根据 2011 年 1 月 26 日住房和城乡建设部令第 9 号《关于废止和修改部分规章的决定》修正*

第一条 为了加强城市国有土地使用权出让、转让的规划管理,保证城市规划实施,科学、合理利用城市土地,根据《中华人民共和国城乡规划法》、《中华人民共和国土地管理法》、《中华人民共和国城镇国有土地使用权出让和转让暂行条例》和《外商投资开发经营成片土地暂行管理办法》等制定本办法。

第二条 在城市规划区内城市国有土地使用权出让、转让必须符合城市规划,有利于城市经济社会的发展,并遵守本办法。

第三条 国务院城市规划行政主管部门负责全国城市国有土地使用权出让、转让规划管理的指导工作。

省、自治区、直辖市人民政府城市规划行政主管部门负责本省、自治区、直辖市行政区域内城市国有土地使用权出让、转让规划管理的指导工作。

直辖市、市和县人民政府城市规划行政主管部门负责城市规划区内城市国有土地使用权出让、转让的规划管理工作。

第四条 城市国有土地使用权出让的投放量应当与城市土地资源、经济社会发展和市场需求相适应。土地使用权出让、转让应当与建设项目相结合。城市规划行政主管部门和有关部门要根据城市规划实施的步骤和要求,编制城市国有土地使用权出让规划和计划,包括地块数量、用地面积、地块位置、出让步骤等,保证城市国有土地使用权的出让有规划、有步骤、有计划地进行。

第五条 出让城市国有土地使用权,出让前应当制定控制性详细规划。

出让的地块,必须具有城市规划行政主管部门提出的规划设计条件及附图。

第六条 规划设计条件应当包括:地块面积,土地使用性质,容积率,建筑密度,建筑高度,停车泊位,主要出入口,绿地比例,须配置的公共设施、工程设施,建筑界线,开发期限以及其他要求。

附图应当包括:地块区位和现状,地块坐标、标高,道路红线坐标、标高,出入口位置,建筑界线以及地块周围地区环境与基础设施条件。

第七条 城市国有土地使用权出让、转让合同必须附具规划设计条件及附图。

规划设计条件及附图,出让方和受让方不得擅自变更。在出让、转让过程中确需变更的,必须经城市规划行政主管部门批准。

第八条 城市用地分等定级应当根据城市各地段的现状和规划要求等因素确定。土地出让金的测算应当把出让地块的规划设计条件作为重要依据之一。在城市政府的统一组织下,城市规划行政主管部门应当和有关部门进行城市用地分等定级和土地出让金的测算。

第九条 已取得土地出让合同的,受让方应当持出让合同依法向城市规划行政主管部门申请建设用地规划许可证。在取得建设用地规划许可证后,方可办理土地使用权属证明。

第十条 通过出让获得的土地使用权再转让时,受让方应当遵守原出让合同附具的规划设计条件,并由受让方向城市规划行政主管部门办理登记手续。

受让方如需改变原规划设计条件,应当先经城市规划行政主管部门批准。

第十一条 受让方在符合规划设计条件外为公众提供公共使用空间或设施的,经城市规划行政主管部门批准后,可给予适当提高容积率的补偿。

受让方经城市规划行政主管部门批准变更规划设计条件而获得的收益,应当按规定比例上交城市政府。

第十二条 城市规划行政主管部门有权对城市国有土地使用权出让、转让过程是否符合城市规划进行监督检查。

第十三条 凡持未附具城市规划行政主管部门提供规划设计条件及附图的出让、转让合同,或擅自变更的,城市规划行政主管部门不予办理建设用地规划许可证。

凡未取得或擅自变更建设用地规划许可证而办理土地使用权属证明的,土地权属证明无效。

第十四条 各级人民政府城市规划行政主管部门,应当对本行政区域内的城市国有土地使用权出让、转让规划管理情况逐项登记,定期汇总。

第十五条 城市规划行政主管部门应当深化城市土地利用规划,加强规划管理工作。城市规划行政主管部门必须提高办事效率,对申领规划设计条件及附图、建设用地规划许可证的,应当在规定的期限内完成。

第十六条 各省、自治区、直辖市城市规划行政主管部门可以根据本办法制定实施细则,报当地人民政府批准后执行。

第十七条 本办法由建设部负责解释。

第十八条 本办法自1993年1月1日起施行。

划拨用地目录

2001年10月22日国土资源部令第9号公布

一、根据《中华人民共和国土地管理法》和《中华人民共和国城市房地产管理法》的规定,制定本目录。

二、符合本目录的建设用地项目,由建设单位提出申请,经有批准权的人民政府批准,方可以划拨方式提供土地使用权。

三、对国家重点扶持的能源、交通、水利等基础设施用地项目，可以以划拨方式提供土地使用权。对以营利为目的，非国家重点扶持的能源、交通、水利等基础设施用地项目，应当以有偿方式提供土地使用权。

四、以划拨方式取得的土地使用权，因企业改制、土地使用权转让或者改变土地用途等不再符合本目录的，应当实行有偿使用。

五、本目录施行后，法律、行政法规和国务院的有关政策另有规定的，按有关规定执行。

六、本目录自发布之日起施行。原国家土地管理局颁布的《划拨用地项目目录》同时废止。

国家机关用地和军事用地

（一）党政机关和人民团体用地

1. 办公用地。

2. 安全、保密、通讯等特殊专用设施。

（二）军事用地

1. 指挥机关、地面和地下的指挥工程、作战工程。

2. 营区、训练场、试验场。

3. 军用公路、铁路专用线、机场、港口、码头。

4. 军用洞库、仓库、输电、输油、输气管线。

5. 军用通信、通讯线路、侦察、观测台站和测量、导航标志。

6. 国防军品科研、试验设施。

7. 其他军事设施。

城市基础设施用地和公益事业用地

（三）城市基础设施用地

1. 供水设施：包括水源地、取水工程、净水厂、输配水工程、水质检测中心、调度中心、控制中心。

2. 燃气供应设施：包括人工煤气生产设施、液化石油气气化站、液化石油气储配站、天然气输配气设施。

3. 供热设施：包括热电厂、热力网设施。

4. 公共交通设施：包括城市轻轨、地下铁路线路、公共交通车辆停车场、首末站（总站）、调度中心、整流站、车辆保养场。

5. 环境卫生设施：包括雨水处理设施、污水处理厂、垃圾（粪便）处理设施、其他环卫设施。

6. 道路广场：包括市政道路、市政广场。

7. 绿地：包括公共绿地（住宅小区、工程建设项目的配套绿地除外）、防护绿地。

（四）非营利性邮政设施用地

1. 邮件处理中心、邮政支局（所）。

2. 邮政运输、物流配送中心。

3. 邮件转运站。

4. 国际邮件互换局、交换站。

5. 集装容器（邮袋、报皮）维护调配处理场。

（五）非营利性教育设施用地

1. 学校教学、办公、实验、科研及校内文化体育设施。

2. 高等、中等、职业学校的学生宿舍、食堂、教学实习及训练基地。

3. 托儿所、幼儿园的教学、办公、园内活动场地。

4. 特殊教育学校（盲校、聋哑学校、弱智学校）康复、技能训练设施。

（六）公益性科研机构用地

1. 科学研究、调查、观测、实验、试验（站、场、基地）设施。

2. 科研机构办公设施。

（七）非营利性体育设施用地

1. 各类体育运动项目专业比赛和专业

训练场（馆）、配套设施（高尔夫球场除外）。

2. 体育信息、科研、兴奋剂检测设施。

3. 全民健身运动设施（住宅小区、企业单位内配套的除外）。

（八）非营利性公共文化设施用地

1. 图书馆。

2. 博物馆。

3. 文化馆。

4. 青少年宫、青少年科技馆、青少年（儿童）活动中心。

（九）非营利性医疗卫生设施用地

1. 医院、门诊部（所）、急救中心（站）、城乡卫生院。

2. 各级政府所属的卫生防疫站（疾病控制中心）、健康教育所、专科疾病防治所（站）。

3. 各级政府所属的妇幼保健所（院、站）、母婴保健机构、儿童保健机构、血站（血液中心、中心血站）。

（十）非营利性社会福利设施用地

1. 福利性住宅。

2. 综合性社会福利设施。

3. 老年人社会福利设施。

4. 儿童社会福利设施。

5. 残疾人社会福利设施。

6. 收容遣送设施。

7. 殡葬设施。

国家重点扶持的能源、交通、水利等基础设施用地

（十一）石油天然气设施用地

1. 油（气、水）井场及作业配套设施。

2. 油（气、汽、水）计量站、转接站、增压站、热采站、处理厂（站）、联合站、注水（气、汽、化学助剂）站、配气（水）站、原油（气）库、海上油气陆上终端。

3. 防腐、防砂、钻井泥浆、三次采油制剂厂（站）、材料配制站（厂、车间）、预制厂（车间）。

4. 油（气）田机械、设备、仪器、管材加工和维修设施。

5. 油、气（汽）、水集输和长输管道、专用交通运输设施。

6. 油（气）田物资仓库（站）、露天货场、废旧料场、成品油（气）库（站）、液化气站。

7. 供排水设施、供配电设施、通讯设施。

8. 环境保护检测、污染治理、废旧料（物）综合处理设施。

9. 消防、安全、保卫设施。

（十二）煤炭设施用地

1. 矿井、露天矿、煤炭加工设施，共伴生矿物开采与加工场地。

2. 矿井通风、抽放瓦斯、煤层气开采、防火灌浆、井下热害防治设施。

3. 采掘场与疏干设施（含控制站）。

4. 自备发电厂、热电站、输变电设施。

5. 矿区内煤炭机电设备、仪器仪表、配件、器材供应与维修设施。

6. 矿区生产供水、供电、燃气、供气、通讯设施。

7. 矿山救护、消防防护设施。

8. 中心试验站。

9. 专用交通、运输设施。

（十三）电力设施用地

1. 发（变）电主厂房设施及配套库房设施。

2. 发（变）电厂（站）的专用交通设施。

3. 配套环保、安全防护设施。

4. 火力发电工程配电装置、网控楼、通信楼、微波塔。

5. 火力发电工程循环水管（沟）、冷却塔（池）、阀门井水工设施。

6. 火力发电工程燃料供应、供热设施，

化学楼、输煤综合楼,启动锅炉房、空压机房。

7. 火力发电工程乙炔站、制氢(氧)站,化学水处理设施。

8. 核能发电工程应急给水储存室、循环水泵房、安全用水泵房、循环水进排水口及管沟、加氯间、配电装置。

9. 核能发电工程燃油储运及油处理设施。

10. 核能发电工程制氢站及相应设施。

11. 核能发电工程淡水水源设施,净水设施,污水、废水处理装置。

12. 新能源发电工程电机,厢变、输电(含专用送出工程)、变电站设施,资源观测设施。

13. 输配电线路塔(杆),巡线站、线路工区,线路维护、检修道路。

14. 变(配)电装置,直流输电换流站及接地极。

15. 输变电、配电工程给排水、水处理等水工设施。

16. 输变电工区、高压工区。

(十四)水利设施用地

1. 水利工程用地:包括挡水、泄水建筑物、引水系统、尾水系统、分洪道及其附属建筑物,附属道路、交通设施,供电、供水、供风、供热及制冷设施。

2. 水库淹没区。

3. 堤防工程。

4. 河道治理工程。

5. 水闸、泵站、涵洞、桥梁、道路工程及其管护设施。

6. 蓄滞洪区、防护林带、滩区安全建设工程。

7. 取水系统:包括水闸、堰、进水口、泵站、机电井及其管护设施。

8. 输(排)水设施(含明渠、暗渠、隧道、管道、桥、渡槽、倒虹、调蓄水库、水池等)、加压(抽、排)泵站、水厂。

9. 防汛抗旱通信设施,水文、气象测报设施。

10. 水土保持管理站、科研技术推广所(站)、试验地设施。

(十五)铁路交通设施用地

1. 铁路线路、车站及站场设施。

2. 铁路运输生产及维修、养护设施。

3. 铁路防洪、防冻、防雪、防风沙设施(含苗圃及植被保护带)、生产防疫、环保、水保设施。

4. 铁路给排水、供电、供暖、制冷、节能、专用通信、信号、信息系统设施。

5. 铁路轮渡、码头及相应的防风、防浪堤、护岸、栈桥、渡船整备设施。

6. 铁路专用物资仓储库(场)。

7. 铁路安全守备、消防、战备设施。

(十六)公路交通设施用地

1. 公路线路、桥梁、交叉工程、隧道和渡口。

2. 公路通信、监控、安全设施。

3. 高速公路服务区(区内经营性用地除外)。

4. 公路养护道班(工区)。

5. 公路线路用地界外设置的公路防护、排水、防洪、防雪、防波、防风沙设施及公路环境保护、监测设施。

(十七)水路交通设施用地

1. 码头、栈桥、防波堤、防沙导流堤、引堤、护岸、围堰水工工程。

2. 人工开挖的航道、港池、锚地及停泊区工程。

3. 港口生产作业区。

4. 港口机械设备停放场地及维修设施。

5. 港口专用铁路、公路、管道设施。

6. 港口给排水、供电、供暖、节能、防洪设施。

7. 水上安全监督(包括沿海和内河)、救助打捞、港航消防设施。

8. 通讯导航设施、环境保护设施。

9. 内河航运管理设施、内河航运枢纽工程、通航建筑物及管理维修区。

(十八)民用机场设施用地

1. 机场飞行区。

2. 公共航空运输客、货业务设施:包括航站楼、机场场区内的货运库(站)、特殊货物(危险品)业务仓库。

3. 空中交通管理系统。

4. 航材供应、航空器维修、适航检查及校验设施。

5. 机场地面专用设备、特种车辆保障设施。

6. 油料运输、中转、储油及加油设施。

7. 消防、应急救援、安全检查、机场公用设施。

8. 环境保护设施:包括污水处理、航空垃圾处理、环保监测、防噪声设施。

9. 训练机场、通用航空机场、公共航运机场中的通用航空业务配套设施。

法律、行政法规规定的其他用地

(十九)特殊用地

1. 监狱。

2. 劳教所。

3. 戒毒所、看守所、治安拘留所、收容教育所。

规范国有土地租赁若干意见

1. 1999年7月27日国土资源部发布

2. 国土资发〔1999〕222号

一、严格依照《中华人民共和国城市房地产管理法》、《中华人民共和国土地管理法》的有关规定,确定国有土地租赁的适用范围。

国有土地租赁是指国家将国有土地出租给使用者使用,由使用者与县级以上人民政府土地行政主管部门签订一定年期的土地租赁合同,并支付租金的行为。国有土地租赁是国有土地有偿使用的一种形式,是出让方式的补充。当前应以完善国有土地出让为主,稳妥地推行国有土地租赁。

对原有建设用地,法律规定可以划拨使用的仍维持划拨,不实行有偿使用,也不实行租赁;对因发生土地转让、场地出租、企业改制和改变土地用途后依法应当有偿使用的,可以实行租赁。对于新增建设用地,重点仍应是推行和完善国有土地出让,租赁只作为出让方式的补充。对于经营性房地产开发用地,无论是利用原有建设用地,还是利用新增建设用地,都必须实行出让,不实行租赁。

二、国有土地租赁,可以采用招标、拍卖或者双方协议的方式,有条件的,必须采取招标、拍卖方式。采取双方协议方式出租国有土地的租金,不得低于出租底价和按国家规定的最低地价折算的最低租金标准,协议出租结果要报上级土地行政主管部门备案,并向社会公开披露,接受上级土地行政主管部门和社会监督。

三、国有土地租赁的租金标准应与地价标准相均衡。承租人取得土地使用权时未支付其他土地费用的,租金标准应按全额地价折算;承租人取得土地使用权时支付了征地、拆迁等土地费用的,租金标准应按扣除有关费用后的地价余额折算。

采用短期租赁的,一般按年度或季度支付租金;采用长期租赁的,应在国有土地租赁合同中明确约定土地租金支付时间、租金调整的时间间隔和调整方式。

四、国有土地租赁可以根据具体情况实行短期租赁和长期租赁。对短期使用或用于修建临时建筑物的土地，应实行短期租赁，短期租赁年限一般不超过 5 年；对需要进行地上建筑物、构筑物建设后长期使用的土地，应实行长期租赁，具体租赁期限由租赁合同约定，但最长租赁期限不得超过法律规定的同类用途土地出让最高年期。

五、租赁期限六个月以上的国有土地租赁，应当由市、县土地行政主管部门与土地使用者签订租赁合同。租赁合同内容应当包括出租方、承租方、出租宗地的位置、范围、面积、用途、租赁期限、土地使用条件、土地租金标准。支付时间和支付方式、土地租金标准调整的时间和调整幅度、出租方和承租方的权利义务等。

六、国有土地租赁，承租人取得承租土地使用权。承租人在按规定支付土地租金并完成开发建设后，经土地行政主管部门同意或根据租赁合同约定，可将承租土地使用权转租、转让或抵押。承租土地使用权转租、转让或抵押，必须依法登记。

承租人将承租土地转租或分租给第三人的，承租土地使用权仍由原承租人持有，承租人与第三人建立了附加租赁关系，第三人取得土地的他项权利。

承租人转让土地租赁合同的，租赁合同约定的权利义务随之转给第三人，承租土地使用权由第三人取得，租赁合同经更名后继续有效。

地上房屋等建筑物、构筑物依法抵押的，承租土地使用权可随之抵押，但承租土地使用权只能按合同租金与市场租金的差值及租期估价，抵押权实现时土地租赁合同同时转让。

在使用年期内，承租人有优先受让权，租赁土地在办理出让手续后，终止租赁关系。

七、国家对土地使用者依法取得的承租土地使用权，在租赁合同约定的使用年限届满前不收回；因社会公共利益的需要，依照法律程序提前收回的，应对承租人给予合理补偿。

承租土地使用权期满，承租人可申请续期，除根据社会公共利益需要收回该幅土地的，应予以批准。未申请续期或者虽申请续期但未获批准的，承租土地使用权由国家依法无偿收回，并可要求承租人拆除地上建筑物、构筑物，恢复土地原状。

承租人未按合同约定开发建设、未经土地行政主管部门同意转让、转租或不按合同约定按时交纳土地租金的，土地行政主管部门可以解除合同，依法收回承租土地使用权。

八、各级土地行政主管部门要切实加强国有土地租金的征收工作，协助财政部门做好土地租金的使用管理。收取的土地租金应当参照国有土地出让金的管理办法进行管理，按规定纳入当地国有土地有偿使用收入，专项用于城市基础设施建设和土地开发。

九、各省、市在本《意见》下发前对国有土地租赁适用范围已有规定或各地已签订《国有土地租赁合同》的，暂按已有规定及《国有土地租赁合同》的约定执行，并在今后工作中逐步规范；本《意见》下发后实施国有土地租赁的，一律按本《意见》要求规范办理。

最高人民法院关于审理涉及国有土地使用权合同纠纷案件适用法律问题的解释

1. *2004年11月23日最高人民法院审判委员会第1334次会议通过*
2. *2005年6月18日公布*
3. *法释〔2005〕5号*
4. *自2005年8月1日起施行*

根据《中华人民共和国民法通则》、《中华人民共和国合同法》、《中华人民共和国土地管理法》、《中华人民共和国城市房地产管理法》等法律规定,结合民事审判实践,就审理涉及国有土地使用权合同纠纷案件适用法律的问题,制定本解释。

一、土地使用权出让合同纠纷

第一条 本解释所称的土地使用权出让合同,是指市、县人民政府土地管理部门作为出让方将国有土地使用权在一定年限内让与受让方,受让方支付土地使用权出让金的协议。

第二条 开发区管理委员会作为出让方与受让方订立的土地使用权出让合同,应当认定无效。

本解释实施前,开发区管理委员会作为出让方与受让方订立的土地使用权出让合同,起诉前经市、县人民政府土地管理部门追认的,可以认定合同有效。

第三条 经市、县人民政府批准同意以协议方式出让的土地使用权,土地使用权出让金低于订立合同时当地政府按照国家规定确定的最低价的,应当认定土地使用权出让合同约定的价格条款无效。

当事人请求按照订立合同时的市场评估价格交纳土地使用权出让金的,应予支持;受让方不同意按照市场评估价格补足,请求解除合同的,应予支持。因此造成的损失,由当事人按照过错承担责任。

第四条 土地使用权出让合同的出让方因未办理土地使用权出让批准手续而不能交付土地,受让方请求解除合同的,应予支持。

第五条 受让方经出让方和市、县人民政府城市规划行政主管部门同意,改变土地使用权出让合同约定的土地用途,当事人请求按照起诉时同种用途的土地出让金标准调整土地出让金的,应予支持。

第六条 受让方擅自改变土地使用权出让合同约定的土地用途,出让方请求解除合同的,应予支持。

二、土地使用权转让合同纠纷

第七条 本解释所称的土地使用权转让合同,是指土地使用权人作为转让方将出让土地使用权转让于受让方,受让方支付价款的协议。

第八条 土地使用权人作为转让方与受让方订立土地使用权转让合同后,当事人一方以双方之间未办理土地使用权变更登记手续为由,请求确认合同无效的,不予支持。

第九条 转让方未取得出让土地使用权证书与受让方订立合同转让土地使用权,起诉前转让方已经取得出让土地使用权证书或者有批准权的人民政府同意转让的,应当认定合同有效。

第十条 土地使用权人作为转让方就同一出让土地使用权订立数个转让合同,在转让合同有效的情况下,受让方均要求履行合同的,按照以下情形分别处理:

(一)已经办理土地使用权变更登记手续的受让方,请求转让方履行交付土地等合同义务的，应予支持；

（二）均未办理土地使用权变更登记手续，已先行合法占有投资开发土地的受让方请求转让方履行土地使用权变更登记等合同义务的，应予支持；

（三）均未办理土地使用权变更登记手续，又未合法占有投资开发土地，先行支付土地转让款的受让方请求转让方履行交付土地和办理土地使用权变更登记等合同义务的，应予支持；

（四）合同均未履行，依法成立在先的合同受让方请求履行合同的，应予支持。

未能取得土地使用权的受让方请求解除合同、赔偿损失的，按照《中华人民共和国合同法》的有关规定处理。

第十一条 土地使用权人未经有批准权的人民政府批准，与受让方订立合同转让划拨土地使用权的，应当认定合同无效。但起诉前经有批准权的人民政府批准办理土地使用权出让手续的，应当认定合同有效。

第十二条 土地使用权人与受让方订立合同转让划拨土地使用权，起诉前经有批准权的人民政府同意转让，并由受让方办理土地使用权出让手续的，土地使用权人与受让方订立的合同可以按照补偿性质的合同处理。

第十三条 土地使用权人与受让方订立合同转让划拨土地使用权，起诉前经有批准权的人民政府决定不办理土地使用权出让手续，并将该划拨土地使用权直接划拨给受让方使用的，土地使用权人与受让方订立的合同可以按照补偿性质的合同处理。

三、合作开发房地产合同纠纷

第十四条 本解释所称的合作开发房地产合同，是指当事人订立的以提供出让土地使用权、资金等作为共同投资，共享利润、共担风险合作开发房地产为基本内容的协议。

第十五条 合作开发房地产合同的当事人一方具备房地产开发经营资质的，应当认定合同有效。

当事人双方均不具备房地产开发经营资质的，应当认定合同无效。但起诉前当事人一方已经取得房地产开发经营资质或者已依法合作成立具有房地产开发经营资质的房地产开发企业的，应当认定合同有效。

第十六条 土地使用权人未经有批准权的人民政府批准，以划拨土地使用权作为投资与他人订立合同合作开发房地产的，应当认定合同无效。但起诉前已经办理批准手续的，应当认定合同有效。

第十七条 投资数额超出合作开发房地产合同的约定，对增加的投资数额的承担比例，当事人协商不成的，按照当事人的过错确定；因不可归责于当事人的事由或者当事人的过错无法确定的，按照约定的投资比例确定；没有约定投资比例的，按照约定的利润分配比例确定。

第十八条 房屋实际建筑面积少于合作开发房地产合同的约定，对房屋实际建筑面积的分配比例，当事人协商不成的，按照当事人的过错确定；因不可归责于当事人的事由或者当事人过错无法确定的，按照约定的利润分配比例确定。

第十九条 在下列情形下，合作开发房地产合同的当事人请求分配房地产项目利益的，不予受理；已经受理的，驳回起诉：

（一）依法需经批准的房地产建设项目未经有批准权的人民政府主管部门批准；

（二）房地产建设项目未取得建设工

程规划许可证；

（三）擅自变更建设工程规划。

因当事人隐瞒建设工程规划变更的事实所造成的损失，由当事人按照过错承担。

第二十条 房屋实际建筑面积超出规划建筑面积，经有批准权的人民政府主管部门批准后，当事人对超出部分的房屋分配比例协商不成的，按照约定的利润分配比例确定。对增加的投资数额的承担比例，当事人协商不成的，按照约定的投资比例确定；没有约定投资比例的，按照约定的利润分配比例确定。

第二十一条 当事人违反规划开发建设的房屋，被有批准权的人民政府主管部门认定为违法建筑责令拆除，当事人对损失承担协商不成的，按照当事人过错确定责任；过错无法确定的，按照约定的投资比例确定责任；没有约定投资比例的，按照约定的利润分配比例确定责任。

第二十二条 合作开发房地产合同约定仅以投资数额确定利润分配比例，当事人未足额交纳出资的，按照当事人的实际投资比例分配利润。

第二十三条 合作开发房地产合同的当事人要求将房屋预售款充抵投资参与利润分配的，不予支持。

第二十四条 合作开发房地产合同约定提供土地使用权的当事人不承担经营风险，只收取固定利益的，应当认定为土地使用权转让合同。

第二十五条 合作开发房地产合同约定提供资金的当事人不承担经营风险，只分配固定数量房屋的，应当认定为房屋买卖合同。

第二十六条 合作开发房地产合同约定提供资金的当事人不承担经营风险，只收取固定数额货币的，应当认定为借款合同。

第二十七条 合作开发房地产合同约定提供资金的当事人不承担经营风险，只以租赁或者其他形式使用房屋的，应当认定为房屋租赁合同。

四、其　　他

第二十八条 本解释自2005年8月1日起施行；施行后受理的第一审案件适用本解释。

本解释施行前最高人民法院发布的司法解释与本解释不一致的，以本解释为准。

最高人民法院关于国有土地开荒后用于农耕的土地使用权转让合同纠纷案件如何适用法律问题的批复

1. 2011年11月21日最高人民法院审判委员会第1532次会议通过

2. 2012年9月4日公布

3. 法释〔2012〕14号

4. 自2012年11月1日起施行

甘肃省高级人民法院：

你院《关于对国有土地经营权转让如何适用法律的请示》（甘高法〔2010〕84号）收悉。经研究，答复如下：

开荒后用于农耕而未交由农民集体使用的国有土地，不属于《中华人民共和国农村土地承包法》第二条规定的农村土地。此类土地使用权的转让，不适用《中华人民共和国农村土地承包法》的规定，应适用《中华人民共和国合同法》和《中华人民共和国土地管理法》等相关法律规定加以规范。

对于国有土地开荒后用于农耕的土地

使用权转让合同,不违反法律、行政法规的强制性规定的,当事人仅以转让方未取得土地使用权证书为由请求确认合同无效的,人民法院依法不予支持;当事人根据合同约定主张对方当事人履行办理土地使用权证书义务的,人民法院依法应予支持。

3. 宅基地使用权

中华人民共和国村民委员会组织法(节录)

1. *1998年11月4日第九届全国人民代表大会常务委员会第五次会议通过*
2. *2010年10月28日第十一届全国人民代表大会常务委员会第十七次会议修订*
3. *根据2018年12月29日第十三届全国人民代表大会常务委员会第七次会议《关于修改〈中华人民共和国村民委员会组织法〉〈中华人民共和国城市居民委员会组织法〉的决定》修正*

第二十四条 【经村民会议讨论决定方可办理的事项】涉及村民利益的下列事项,经村民会议讨论决定方可办理:

(一)本村享受误工补贴的人员及补贴标准;

(二)从村集体经济所得收益的使用;

(三)本村公益事业的兴办和筹资筹劳方案及建设承包方案;

(四)土地承包经营方案;

(五)村集体经济项目的立项、承包方案;

(六)宅基地的使用方案;

(七)征地补偿费的使用、分配方案;

(八)以借贷、租赁或者其他方式处分村集体财产;

(九)村民会议认为应当由村民会议讨论决定的涉及村民利益的其他事项。

村民会议可以授权村民代表会议讨论决定前款规定的事项。

法律对讨论决定村集体经济组织财产和成员权益的事项另有规定的,依照其规定。

第三十四条 【村务档案】村民委员会和村务监督机构应当建立村务档案。村务档案包括:选举文件和选票,会议记录,土地发包方案和承包合同,经济合同,集体财务账目,集体资产登记文件,公益设施基本资料,基本建设资料,宅基地使用方案,征地补偿费使用及分配方案等。村务档案应当真实、准确、完整、规范。

实用图表

宅基地申请、审批法律流程图

申请人	1. 个人宅基地申请书必须用钢笔书写。 2. 本人家庭人口状况。 3. 原宅基地使用情况。 4. 申请新划宅基地理由。 5. 申请本着谁用地谁申请的原则。
⇩	
申请人所在村民组	1. 村民组接到个人用地申请后，必须召开村民组会议或村民代表会议讨论。要有详细的会议记录并存档备查。 2. 讨论通过的，由村民组在申请资料上签署明确意见并加盖公章。 3. 张榜公示(公示时间为5天)。 4. 公示期满无异议的，将申请资料上报本村村民委员会。
⇩	
申请人所在村民委员会	1. 村委会接到申报资料后，组织召开村民会议或村民代表大会讨论，要有详细的会议记录，并存档备查。 2. 讨论通过的，由村委会在申请资料上签署明确意见并加盖公章。 3. 张榜公布(时效为15日)。 4. 村民委员会在新划宅基地需要占用耕地的必须依法办理农用地转用手续和耕地占补平衡。 5. 公布期满无异议的，将申请资料上报本乡(镇)人民政府、街道办事处。
⇩	
乡(镇)人民政府 街道办事处	1. 乡(镇)人民政府、街道办事处接到申请资料后，对申请人新划宅基地是否符合宅基地审批条件进行审核确认。 2. 会同村、组有关人员进行现场勘查，拟定申请人新划宅基地具体用地位置，并绘制用地示意图。 3. 经审核合格后在申请人所在地张榜公布(公布时效为15日)。 4. 公布期满无异议的，按规定填写农村宅基地审批表，并签署明确意见加盖公章并在宅基地审批责任书上签字盖章。
⇩	
县级国土资源局	1. 县级国土资源局接到报批资料后，有关科室进行初审，查看现场。 2. 初审符合条件的，将申报资料提交本局，组织会审。 3. 会审通过后，经办人签署审批意见上报有关领导批准，由县级国土资源局负责加盖公章。 4. 签发县宅基地临时用地许可证。 5. 将审批资料转交本局地籍科颁发集体土地使用证。 6. 经审核合格的将申报审批资料按规定通过区行政审批窗口返还有关乡(镇)办事处登记存档。不符合审批条件的要在申请人的审批表上签署意见，将审批资料返回原乡(镇)办事处，并由乡(镇)办事处告知申请人不予审批的事项和理由。

4. 探矿权、采矿权

矿产资源开采登记管理办法

1. 1998 年 2 月 12 日国务院令第 241 号公布
2. 根据 2014 年 7 月 29 日国务院令第 653 号《关于修改部分行政法规的决定》修订

第一条 为了加强对矿产资源开采的管理，保护采矿权人的合法权益，维护矿产资源开采秩序，促进矿业发展，根据《中华人民共和国矿产资源法》，制定本办法。

第二条 在中华人民共和国领域及管辖的其他海域开采矿产资源，必须遵守本办法。

第三条 开采下列矿产资源，由国务院地质矿产主管部门审批登记，颁发采矿许可证：

（一）国家规划矿区和对国民经济具有重要价值的矿区内的矿产资源；

（二）领海及中国管辖的其他海域的矿产资源；

（三）外商投资开采的矿产资源；

（四）本办法附录所列的矿产资源。

开采石油、天然气矿产的，经国务院指定的机关审查同意后，由国务院地质矿产主管部门登记，颁发采矿许可证。

开采下列矿产资源，由省、自治区、直辖市人民政府地质矿产主管部门审批登记，颁发采矿许可证：

（一）本条第一款、第二款规定以外的矿产储量规模中型以上的矿产资源；

（二）国务院地质矿产主管部门授权省、自治区、直辖市人民政府地质矿产主管部门审批登记的矿产资源。

开采本条第一款、第二款、第三款规定以外的矿产资源，由县级以上地方人民政府负责地质矿产管理工作的部门，按照省、自治区、直辖市人民代表大会常务委员会制定的管理办法审批登记，颁发采矿许可证。

矿区范围跨县级以上行政区域的，由所涉及行政区域的共同上一级登记管理机关审批登记，颁发采矿许可证。

县级以上地方人民政府负责地质矿产管理工作的部门在审批发证后，应当逐级向上一级人民政府负责地质矿产管理工作的部门备案。

第四条 采矿权申请人在提出采矿权申请前，应当根据经批准的地质勘查储量报告，向登记管理机关申请划定矿区范围。

需要申请立项，设立矿山企业的，应当根据划定的矿区范围，按照国家规定办理有关手续。

第五条 采矿权申请人申请办理采矿许可证时，应当向登记管理机关提交下列资料：

（一）申请登记书和矿区范围图；

（二）采矿权申请人资质条件的证明；

（三）矿产资源开发利用方案；

（四）依法设立矿山企业的批准文件；

（五）开采矿产资源的环境影响评价报告；

（六）国务院地质矿产主管部门规定提交的其他资料。

申请开采国家规划矿区或者对国民经济具有重要价值的矿区内的矿产资源和国家实行保护性开采的特定矿种的，还应当提交国务院有关主管部门的批准文件。

申请开采石油、天然气的，还应当提交国务院批准设立石油公司或者同意进行石油、天然气开采的批准文件以及采矿企业法人资格证明。

第六条 登记管理机关应当自收到申请之日起40日内,作出准予登记或者不予登记的决定,并通知采矿权申请人。

需要采矿权申请人修改或者补充本办法第五条规定的资料的,登记管理机关应当通知采矿权申请人限期修改或者补充。

准予登记的,采矿权申请人应当自收到通知之日起30日内,依照本办法第九条的规定缴纳采矿权使用费,并依照本办法第十条的规定缴纳国家出资勘查形成的采矿权价款,办理登记手续,领取采矿许可证,成为采矿权人。

不予登记的,登记管理机关应当向采矿权申请人说明理由。

第七条 采矿许可证有效期,按照矿山建设规模确定:大型以上的,采矿许可证有效期最长为30年;中型的,采矿许可证有效期最长为20年;小型的,采矿许可证有效期最长为10年。采矿许可证有效期满,需要继续采矿的,采矿权人应当在采矿许可证有效期届满的30日前,到登记管理机关办理延续登记手续。

采矿权人逾期不办理延续登记手续的,采矿许可证自行废止。

第八条 登记管理机关在颁发采矿许可证后,应当通知矿区范围所在地的有关县级人民政府。有关县级人民政府应当自收到通知之日起90日内,对矿区范围予以公告,并可以根据采矿权人的申请,组织埋设界桩或者设置地面标志。

第九条 国家实行采矿权有偿取得的制度。采矿权使用费,按照矿区范围的面积逐年缴纳,标准为每平方公里每年1000元。

第十条 申请国家出资勘查并已经探明矿产地的采矿权的,采矿权申请人除依照本办法第九条的规定缴纳采矿权使用费外,还应当缴纳国家出资勘查形成的采矿权价款;采矿权价款按照国家有关规定,可以一次缴纳,也可以分期缴纳。

国家出资勘查形成的采矿权价款,由具有矿业权评估资质的评估机构进行评估;评估报告报登记管理机关备案。

第十一条 采矿权使用费和国家出资勘查形成的采矿权价款由登记管理机关收取,全部纳入国家预算管理。具体管理、使用办法,由国务院地质矿产主管部门会同国务院财政部门、计划主管部门制定。

第十二条 有下列情形之一的,由采矿权人提出申请,经省级以上人民政府登记管理机关按照国务院地质矿产主管部门会同国务院财政部门制定的采矿权使用费和采矿权价款的减免办法审查批准,可以减缴、免缴采矿权使用费和采矿权价款:

(一)开采边远贫困地区的矿产资源的;

(二)开采国家紧缺的矿种的;

(三)因自然灾害等不可抗力的原因,造成矿山企业严重亏损或者停产的;

(四)国务院地质矿产主管部门和国务院财政部门规定的其他情形。

第十三条 采矿权可以通过招标投标的方式有偿取得。

登记管理机关依照本办法第三条规定的权限确定招标的矿区范围,发布招标公告,提出投标要求和截止日期;但是,对境外招标的矿区范围由国务院地质矿产主管部门确定。

登记管理机关组织评标,采取择优原则确定中标人。中标人缴纳本办法第九条、第十条规定的费用后,办理登记手续,领取采矿许可证,成为采矿权人,并履行标书中承诺的义务。

第十四条 登记管理机关应当对本行政区域内的采矿权人合理开发利用矿产资源、保护环境及其他应当履行的法定义务等情况依法进行监督检查。采矿权人应当如实报告有关情况,并提交年度报告。

第十五条 有下列情形之一的,采矿权人应当在采矿许可证有效期内,向登记管理机关申请变更登记:

(一)变更矿区范围的;

(二)变更主要开采矿种的;

(三)变更开采方式的;

(四)变更矿山企业名称的;

(五)经依法批准转让采矿权的。

第十六条 采矿权人在采矿许可证有效期内或者有效期届满,停办、关闭矿山的,应当自决定停办或者关闭矿山之日起30日内,向原发证机关申请办理采矿许可证注销登记手续。

第十七条 任何单位和个人未领取采矿许可证擅自采矿的,擅自进入国家规划矿区和对国民经济具有重要价值的矿区范围采矿的,擅自开采国家规定实行保护性开采的特定矿种的,超越批准的矿区范围采矿的,由登记管理机关依照有关法律、行政法规的规定予以处罚。

第十八条 不依照本办法规定提交年度报告、拒绝接受监督检查或者弄虚作假的,由县级以上人民政府负责地质矿产管理工作的部门按照国务院地质矿产主管部门规定的权限,责令停止违法行为,予以警告,可以并处5万元以下的罚款;情节严重的,由原发证机关吊销采矿许可证。

第十九条 破坏或者擅自移动矿区范围界桩或者地面标志的,由县级以上人民政府负责地质矿产管理工作的部门按照国务院地质矿产主管部门规定的权限,责令限期恢复;情节严重的,处3万元以下的罚款。

第二十条 擅自印制或者伪造、冒用采矿许可证的,由县级以上人民政府负责地质矿产管理工作的部门按照国务院地质矿产主管部门规定的权限,没收违法所得,可以并处10万元以下的罚款;构成犯罪的,依法追究刑事责任。

第二十一条 违反本办法规定,不按期缴纳本办法规定应当缴纳的费用的,由登记管理机关责令限期缴纳,并从滞纳之日起每日加收千分之二的滞纳金;逾期仍不缴纳的,由原发证机关吊销采矿许可证。

第二十二条 违反本办法规定,不办理采矿许可证变更登记或者注销登记手续的,由登记管理机关责令限期改正;逾期不改正的,由原发证机关吊销采矿许可证。

第二十三条 违反本办法规定开采石油、天然气矿产的,由国务院地质矿产主管部门按照本办法的有关规定给予行政处罚。

第二十四条 采矿权人被吊销采矿许可证的,自采矿许可证被吊销之日起2年内不得再申请采矿权。

第二十五条 登记管理机关工作人员徇私舞弊、滥用职权、玩忽职守,构成犯罪的,依法追究刑事责任;尚不构成犯罪的,依法给予行政处分。

第二十六条 采矿许可证由国务院地质矿产主管部门统一印制。申请登记书、变更申请登记书和注销申请登记书的格式,由国务院地质矿产主管部门统一制定。

第二十七条 办理采矿登记手续,应当按照规定缴纳登记费。收费标准和管理、使用办法,由国务院物价主管部门会同国务院地质矿产主管部门、财政部门规定。

第二十八条 外商投资开采矿产资源,依照本办法的规定办理;法律、行政法规另有特别规定的,从其规定。

第二十九条　中外合作开采矿产资源的,中方合作者应当在签订合同后,将合同向原发证机关备案。

第三十条　本办法施行前已经取得采矿许可证的,由国务院地质矿产主管部门统一组织换领新采矿许可证。

本办法施行前已经开办的矿山企业,应当自本办法施行之日起开始缴纳采矿权使用费,并可以依照本办法的规定申请减缴、免缴。

第三十一条　登记管理机关应当对颁发的采矿许可证和吊销的采矿许可证予以公告。

第三十二条　本办法所称矿区范围,是指经登记管理机关依法划定的可供开采矿产资源的范围、井巷工程设施分布范围或者露天剥离范围的立体空间区域。

本办法所称开采方式,是指地下开采或者露天开采。

第三十三条　本办法附录的修改,由国务院地质矿产主管部门报国务院批准后公布。

第三十四条　本办法自发布之日起施行。1987年4月29日国务院发布的《全民所有制矿山企业采矿登记管理暂行办法》和1990年11月22日《国务院关于修改〈全民所有制矿山企业采矿登记管理暂行办法〉的决定》同时废止。

附录

国务院地质矿产主管部门
审批发证矿种目录

1煤　2石油　3油页岩　4烃类天然气　5二氧化碳气　6煤成(层)气　7地热　8放射性矿产　9金　10银　11铂　12锰　13铬　14钴　15铁　16铜　17铅　18锌　19铝　20镍　21钨　22锡　23锑　24钼　25稀土　26磷　27钾　28硫　29锶　30金刚石　31铌　32钽　33石棉　34矿泉水

矿产资源勘查区块登记管理办法

1. 1998年2月12日国务院令第240号公布

2. 根据2014年7月29日国务院令第653号《关于修改部分行政法规的决定》修订

第一条　为了加强对矿产资源勘查的管理,保护探矿权人的合法权益,维护矿产资源勘查秩序,促进矿业发展,根据《中华人民共和国矿产资源法》,制定本办法。

第二条　在中华人民共和国领域及管辖的其他海域勘查矿产资源,必须遵守本办法。

第三条　国家对矿产资源勘查实行统一的区块登记管理制度。矿产资源勘查工作区范围以经纬度1′×1′划分的区块为基本单位区块。每个勘查项目允许登记的最大范围:

(一)矿泉水为10个基本单位区块;

(二)金属矿产、非金属矿产、放射性矿产为40个基本单位区块;

(三)地热、煤、水气矿产为200个基本单位区块;

(四)石油、天然气矿产为2500个基本单位区块。

第四条　勘查下列矿产资源,由国务院地质矿产主管部门审批登记,颁发勘查许可证:

(一)跨省、自治区、直辖市的矿产资源;

(二)领海及中国管辖的其他海域的矿产资源;

（三）外商投资勘查的矿产资源；

（四）本办法附录所列的矿产资源。

勘查石油、天然气矿产的，经国务院指定的机关审查同意后，由国务院地质矿产主管部门登记，颁发勘查许可证。

勘查下列矿产资源，由省、自治区、直辖市人民政府地质矿产主管部门审批登记，颁发勘查许可证，并应当自发证之日起10日内，向国务院地质矿产主管部门备案：

（一）本条第一款、第二款规定以外的矿产资源；

（二）国务院地质矿产主管部门授权省、自治区、直辖市人民政府地质矿产主管部门审批登记的矿产资源。

第五条　勘查出资人为探矿权申请人；但是，国家出资勘查的，国家委托勘查的单位为探矿权申请人。

第六条　探矿权申请人申请探矿权时，应当向登记管理机关提交下列资料：

（一）申请登记书和申请的区块范围图；

（二）勘查单位的资格证书复印件；

（三）勘查工作计划、勘查合同或者委托勘查的证明文件；

（四）勘查实施方案及附件；

（五）勘查项目资金来源证明；

（六）国务院地质矿产主管部门规定提交的其他资料。

申请勘查石油、天然气的，还应当提交国务院批准设立石油公司或者同意进行石油、天然气勘查的批准文件以及勘查单位法人资格证明。

第七条　申请石油、天然气滚动勘探开发的，应当向登记管理机关提交下列资料，经批准，办理登记手续，领取滚动勘探开发的采矿许可证：

（一）申请登记书和滚动勘探开发矿区范围图；

（二）国务院计划主管部门批准的项目建议书；

（三）需要进行滚动勘探开发的论证材料；

（四）经国务院矿产储量审批机构批准进行石油、天然气滚动勘探开发的储量报告；

（五）滚动勘探开发利用方案。

第八条　登记管理机关应当自收到申请之日起40日内，按照申请在先的原则作出准予登记或者不予登记的决定，并通知探矿权申请人。对申请勘查石油、天然气的，登记管理机关还应当在收到申请后及时予以公告或者提供查询。

登记管理机关应当保证国家地质勘查计划一类项目的登记，具体办法由国务院地质矿产主管部门会同国务院计划主管部门制定。

需要探矿权申请人修改或者补充本办法第六条规定的资料的，登记管理机关应当通知探矿权申请人限期修改或者补充。

准予登记的，探矿权申请人应当自收到通知之日起30日内，依照本办法第十二条的规定缴纳探矿权使用费，并依照本办法第十三条的规定缴纳国家出资勘查形成的探矿权价款，办理登记手续，领取勘查许可证，成为探矿权人。

不予登记的，登记管理机关应当向探矿权申请人说明理由。

第九条　禁止任何单位和个人进入他人依法取得探矿权的勘查作业区内进行勘查或者采矿活动。

探矿权人与采矿权人对勘查作业区范围和矿区范围发生争议的，由当事人协商解决；协商不成的，由发证的登记管理机关中级别高的登记管理机关裁决。

第十条 勘查许可证有效期最长为3年；但是，石油、天然气勘查许可证有效期最长为7年。需要延长勘查工作时间的，探矿权人应当在勘查许可证有效期届满的30日前，到登记管理机关办理延续登记手续，每次延续时间不得超过2年。

探矿权人逾期不办理延续登记手续的，勘查许可证自行废止。

石油、天然气滚动勘探开发的采矿许可证有效期最长为15年；但是，探明储量的区块，应当申请办理采矿许可证。

第十一条 登记管理机关应当自颁发勘查许可证之日起10日内，将登记发证项目的名称、探矿权人、区块范围和勘查许可证期限等事项，通知勘查项目所在地的县级人民政府负责地质矿产管理工作的部门。

登记管理机关对勘查区块登记发证情况，应当定期予以公告。

第十二条 国家实行探矿权有偿取得的制度。探矿权使用费以勘查年度计算，逐年缴纳。

探矿权使用费标准：第一个勘查年度至第三个勘查年度，每平方公里每年缴纳100元；从第四个勘查年度起，每平方公里每年增加100元，但是最高不得超过每平方公里每年500元。

第十三条 申请国家出资勘查并已经探明矿产地的区块的探矿权的，探矿权申请人除依照本办法第十二条的规定缴纳探矿权使用费外，还应当缴纳国家出资勘查形成的探矿权价款；探矿权价款按照国家有关规定，可以一次缴纳，也可以分期缴纳。

国家出资勘查形成的探矿权价款，由具有矿业权评估资质的评估机构进行评估；评估报告报登记管理机关备案。

第十四条 探矿权使用费和国家出资勘查形成的探矿权价款，由登记管理机关收取，全部纳入国家预算管理。具体管理、使用办法，由国务院地质矿产主管部门会同国务院财政部门、计划主管部门制定。

第十五条 有下列情形之一的，由探矿权人提出申请，经登记管理机关按照国务院地质矿产主管部门会同国务院财政部门制定的探矿权使用费和探矿权价款的减免办法审查批准，可以减缴、免缴探矿权使用费和探矿权价款：

（一）国家鼓励勘查的矿种；

（二）国家鼓励勘查的区域；

（三）国务院地质矿产主管部门会同国务院财政部门规定的其他情形。

第十六条 探矿权可以通过招标投标的方式有偿取得。

登记管理机关依照本办法第四条规定的权限确定招标区块，发布招标公告，提出投标要求和截止日期；但是，对境外招标的区块由国务院地质矿产主管部门确定。

登记管理机关组织评标，采取择优原则确定中标人。中标人缴纳本办法第十二条、第十三条规定的费用后，办理登记手续，领取勘查许可证，成为探矿权人，并履行标书中承诺的义务。

第十七条 探矿权人应当自领取勘查许可证之日起，按照下列规定完成最低勘查投入：

（一）第一个勘查年度，每平方公里2000元；

（二）第二个勘查年度，每平方公里5000元；

（三）从第三个勘查年度起，每个勘查年度每平方公里10000元。

探矿权人当年度的勘查投入高于最低勘查投入标准的,高于的部分可以计入下一个勘查年度的勘查投入。

因自然灾害等不可抗力的原因,致使勘查工作不能正常进行的,探矿权人应当自恢复正常勘查工作之日起30日内,向登记管理机关提交申请核减相应的最低勘查投入的报告;登记管理机关应当自收到报告之日起30日内予以批复。

第十八条 探矿权人应当自领取勘查许可证之日起6个月内开始施工;在开始勘查工作时,应当向勘查项目所在地的县级人民政府负责地质矿产管理工作的部门报告,并向登记管理机关报告开工情况。

第十九条 探矿权人在勘查许可证有效期内进行勘查时,发现符合国家边探边采规定要求的复杂类型矿床的,可以申请开采,经登记管理机关批准,办理采矿登记手续。

第二十条 探矿权人在勘查石油、天然气等流体矿产期间,需要试采的,应当向登记管理机关提交试采申请,经批准后可以试采1年;需要延长试采时间的,必须办理登记手续。

第二十一条 探矿权人在勘查许可证有效期内探明可供开采的矿体后,经登记管理机关批准,可以停止相应区块的最低勘查投入,并可以在勘查许可证有效期届满的30日前,申请保留探矿权。但是,国家为了公共利益或者因技术条件暂时难以利用等情况,需要延期开采的除外。

保留探矿权的期限,最长不得超过2年,需要延长保留期的,可以申请延长2次,每次不得超过2年;保留探矿权的范围为可供开采的矿体范围。

在停止最低勘查投入期间或者探矿权保留期间,探矿权人应当依照本办法的规定,缴纳探矿权使用费。

探矿权保留期届满,勘查许可证应当予以注销。

第二十二条 有下列情形之一的,探矿权人应当在勘查许可证有效期内,向登记管理机关申请变更登记:

(一)扩大或者缩小勘查区块范围的;

(二)改变勘查工作对象的;

(三)经依法批准转让探矿权的;

(四)探矿权人改变名称或者地址的。

第二十三条 探矿权延续登记和变更登记,其勘查年度、探矿权使用费和最低勘查投入连续计算。

第二十四条 有下列情形之一的,探矿权人应当在勘查许可证有效期内,向登记管理机关递交勘查项目完成报告或者勘查项目终止报告,报送资金投入情况报表和有关证明文件,由登记管理机关核定其实际勘查投入后,办理勘查许可证注销登记手续:

(一)勘查许可证有效期届满,不办理延续登记或者不申请保留探矿权的;

(二)申请采矿权的;

(三)因故需要撤销勘查项目的。

自勘查许可证注销之日起90日内,原探矿权人不得申请已经注销的区块范围内的探矿权。

第二十五条 登记管理机关需要调查勘查投入、勘查工作进展情况,探矿权人应当如实报告并提供有关资料,不得虚报、瞒报,不得拒绝检查。

对探矿权人要求保密的申请登记资料、勘查工作成果资料和财务报表,登记管理机关应当予以保密。

第二十六条 违反本办法规定,未取得勘查许可证擅自进行勘查工作的，超越批准的勘查区块范围进行勘查工作的，由县级以上人民政府负责地质矿产管理工作的部门按照国务院地质矿产主管部门规定的权限，责令停止违法行为，予以警告，可以并处10万元以下的罚款。

第二十七条 违反本办法规定，未经批准，擅自进行滚动勘探开发、边探边采或者试采的，由县级以上人民政府负责地质矿产管理工作的部门按照国务院地质矿产主管部门规定的权限，责令停止违法行为，予以警告，没收违法所得，可以并处10万元以下的罚款。

第二十八条 违反本办法规定，擅自印制或者伪造、冒用勘查许可证的，由县级以上人民政府负责地质矿产管理工作的部门按照国务院地质矿产主管部门规定的权限，没收违法所得，可以并处10万元以下的罚款；构成犯罪的，依法追究刑事责任。

第二十九条 违反本办法规定，有下列行为之一的，由县级以上人民政府负责地质矿产管理工作的部门按照国务院地质矿产主管部门规定的权限，责令限期改正；逾期不改正的，处5万元以下的罚款；情节严重的，原发证机关可以吊销勘查许可证：

（一）不按照本办法的规定备案、报告有关情况、拒绝接受监督检查或者弄虚作假的；

（二）未完成最低勘查投入的；

（三）已经领取勘查许可证的勘查项目，满6个月未开始施工，或者施工后无故停止勘查工作满6个月的。

第三十条 违反本办法规定，不办理勘查许可证变更登记或者注销登记手续的，由登记管理机关责令限期改正；逾期不改正的，由原发证机关吊销勘查许可证。

第三十一条 违反本办法规定，不按期缴纳本办法规定应当缴纳的费用的，由登记管理机关责令限期缴纳，并从滞纳之日起每日加收千分之二的滞纳金；逾期仍不缴纳的，由原发证机关吊销勘查许可证。

第三十二条 违反本办法规定勘查石油、天然气矿产的，由国务院地质矿产主管部门按照本办法的有关规定给予行政处罚。

第三十三条 探矿权人被吊销勘查许可证的，自勘查许可证被吊销之日起6个月内，不得再申请探矿权。

第三十四条 登记管理机关工作人员徇私舞弊、滥用职权、玩忽职守，构成犯罪的，依法追究刑事责任；尚不构成犯罪的，依法给予行政处分。

第三十五条 勘查许可证由国务院地质矿产主管部门统一印制。申请登记书、变更申请登记书、探矿权保留申请登记书和注销申请登记书的格式，由国务院地质矿产主管部门统一制定。

第三十六条 办理勘查登记手续，应当按照规定缴纳登记费。收费标准和管理、使用办法，由国务院物价主管部门会同国务院地质矿产主管部门、财政部门规定。

第三十七条 外商投资勘查矿产资源的，依照本办法的规定办理；法律、行政法规另有特别规定的，从其规定。

第三十八条 中外合作勘查矿产资源的，中方合作者应当在签订合同后，将合同向原发证机关备案。

第三十九条 本办法施行前已经取得勘查许可证的，由国务院地质矿产主管部门统一组织换领新的勘查许可证。探矿权使用费、最低勘查投入按照重新登记后的第一个勘查年度计算，并可以依照本办法的规定申请减缴、免缴。

第四十条 本办法附录的修改，由国务院地质矿产主管部门报国务院批准后公布。

第四十一条 本办法自发布之日起施行。1987 年 4 月 29 日国务院发布的《矿产资源勘查登记管理暂行办法》和 1987 年 12 月 16 日国务院批准、石油工业部发布的《石油及天然气勘查、开采登记管理暂行办法》同时废止。

附录

国务院地质矿产主管部门
审批发证矿种目录

1 煤 2 石油 3 油页岩 4 烃类天然气 5 二氧化碳气 6 煤成(层)气 7 地热 8 放射性矿产 9 金 10 银 11 铂 12 锰 13 铬 14 钴 15 铁 16 铜 17 铅 18 锌 19 铝 20 镍 21 钨 22 锡 23 锑 24 钼 25 稀土 26 磷 27 钾 28 硫 29 锶 30 金刚石 31 铌 32 钽 33 石棉 34 矿泉水

探矿权采矿权转让管理办法

1. 1998 年 2 月 12 日国务院令第 242 号公布
2. 根据 2014 年 7 月 29 日国务院令第 653 号《关于修改部分行政法规的决定》修订

第一条 为了加强对探矿权、采矿权转让的管理,保护探矿权人、采矿权人的合法权益,促进矿业发展,根据《中华人民共和国矿产资源法》,制定本办法。

第二条 在中华人民共和国领域及管辖的其他海域转让依法取得的探矿权、采矿权的,必须遵守本办法。

第三条 除按照下列规定可以转让外,探矿权、采矿权不得转让:

(一)探矿权人有权在划定的勘查作业区内进行规定的勘查作业,有权优先取得勘查作业区内矿产资源的采矿权。探矿权人在完成规定的最低勘查投入后,经依法批准,可以将探矿权转让他人。

(二)已经取得采矿权的矿山企业,因企业合并、分立,与他人合资、合作经营,或者因企业资产出售以及有其他变更企业资产产权的情形,需要变更采矿权主体的,经依法批准,可以将采矿权转让他人采矿。

第四条 国务院地质矿产主管部门和省、自治区、直辖市人民政府地质矿产主管部门是探矿权、采矿权转让的审批管理机关。

国务院地质矿产主管部门负责由其审批发证的探矿权、采矿权转让的审批。

省、自治区、直辖市人民政府地质矿产主管部门负责本条第二款规定以外的探矿权、采矿权转让的审批。

第五条 转让探矿权,应当具备下列条件:

(一)自颁发勘查许可证之日起满 2 年,或者在勘查作业区内发现可供进一步勘查或者开采的矿产资源;

(二)完成规定的最低勘查投入;

(三)探矿权属无争议;

(四)按照国家有关规定已经缴纳探矿权使用费、探矿权价款;

(五)国务院地质矿产主管部门规定的其他条件。

第六条 转让采矿权,应当具备下列条件:

(一)矿山企业投入采矿生产满 1 年;

(二)采矿权属无争议;

(三)按照国家有关规定已经缴纳采矿权使用费、采矿权价款、矿产资源补偿费和资源税;

（四）国务院地质矿产主管部门规定的其他条件。

国有矿山企业在申请转让采矿权前，应当征得矿山企业主管部门的同意。

第七条 探矿权或者采矿权转让的受让人，应当符合《矿产资源勘查区块登记管理办法》或者《矿产资源开采登记管理办法》规定的有关探矿权申请人或者采矿权申请人的条件。

第八条 探矿权人或者采矿权人在申请转让探矿权或者采矿权时，应当向审批管理机关提交下列资料：

（一）转让申请书；

（二）转让人与受让人签订的转让合同；

（三）受让人资质条件的证明文件；

（四）转让人具备本办法第五条或者第六条规定的转让条件的证明；

（五）矿产资源勘查或者开采情况的报告；

（六）审批管理机关要求提交的其他有关资料。

国有矿山企业转让采矿权时，还应当提交有关主管部门同意转让采矿权的批准文件。

第九条 转让国家出资勘查所形成的探矿权、采矿权的，必须进行评估。

国家出资勘查形成的探矿权、采矿权价款，由具有矿业权评估资质的评估机构进行评估；评估报告报探矿权、采矿权登记管理机关备案。

第十条 申请转让探矿权、采矿权的，审批管理机关应当自收到转让申请之日起40日内，作出准予转让或者不准转让的决定，并通知转让人和受让人。

准予转让的，转让人和受让人应当自收到批准转让通知之日起60日内，到原发证机关办理变更登记手续；受让人按照国家规定缴纳有关费用后，领取勘查许可证或者采矿许可证，成为探矿权人或者采矿权人。

批准转让的，转让合同自批准之日起生效。

不准转让的，审批管理机关应当说明理由。

第十一条 审批管理机关批准转让探矿权、采矿权后，应当及时通知原发证机关。

第十二条 探矿权、采矿权转让后，探矿权人、采矿权人的权利、义务随之转移。

第十三条 探矿权、采矿权转让后，勘查许可证、采矿许可证的有效期限，为原勘查许可证、采矿许可证的有效期减去已经进行勘查、采矿的年限的剩余期限。

第十四条 未经审批管理机关批准，擅自转让探矿权、采矿权的，由登记管理机关责令改正，没收违法所得，处10万元以下的罚款；情节严重的，由原发证机关吊销勘查许可证、采矿许可证。

第十五条 违反本办法第三条第（二）项的规定，以承包等方式擅自将采矿权转给他人进行采矿的，由县级以上人民政府负责地质矿产管理工作的部门按照国务院地质矿产主管部门规定的权限，责令改正，没收违法所得，处10万元以下的罚款；情节严重的，由原发证机关吊销采矿许可证。

第十六条 审批管理机关工作人员徇私舞弊、滥用职权、玩忽职守，构成犯罪的，依法追究刑事责任；尚不构成犯罪的，依法给予行政处分。

第十七条 探矿权转让申请书、采矿权转让申请书的格式，由国务院地质矿产主管部门统一制定。

第十八条 本办法自发布之日起施行。

探矿权采矿权招标拍卖挂牌管理办法(试行)

1. 2003年6月11日国土资源部发布
2. 国土资发〔2003〕197号
3. 自2003年8月1日起施行

第一章 总 则

第一条 为完善探矿权采矿权有偿取得制度,规范探矿权采矿权招标拍卖挂牌活动,维护国家对矿产资源的所有权,保护探矿权人、采矿权人合法权益,根据《中华人民共和国矿产资源法》、《矿产资源勘查区块登记管理办法》和《矿产资源开采登记管理办法》,制定本办法。

第二条 探矿权采矿权招标拍卖挂牌活动,按照颁发勘查许可证、采矿许可证的法定权限,由县级以上人民政府国土资源行政主管部门(以下简称主管部门)负责组织实施。

第三条 本办法所称探矿权采矿权招标,是指主管部门发布招标公告,邀请特定或者不特定的投标人参加投标,根据投标结果确定探矿权采矿权中标人的活动。

本办法所称探矿权采矿权拍卖,是指主管部门发布拍卖公告,由竞买人在指定的时间、地点进行公开竞价,根据出价结果确定探矿权采矿权竞得人的活动。

本办法所称探矿权采矿权挂牌,是指主管部门发布挂牌公告,在挂牌公告规定的期限和场所接受竞买人的报价申请并更新挂牌价格,根据挂牌期限截止时的出价结果确定探矿权采矿权竞得人的活动。

第四条 探矿权采矿权招标拍卖挂牌活动,应当遵循公开、公平、公正和诚实信用的原则。

第五条 国土资源部负责全国探矿权采矿权招标拍卖挂牌活动的监督管理。

上级主管部门负责监督下级主管部门的探矿权采矿权招标拍卖挂牌活动。

第六条 主管部门工作人员在探矿权采矿权招标拍卖挂牌活动中玩忽职守、滥用职权、徇私舞弊的,依法给予行政处分。

第二章 范 围

第七条 新设探矿权有下列情形之一的,主管部门应当以招标拍卖挂牌的方式授予:

(一)国家出资勘查并已探明可供进一步勘查的矿产地;

(二)探矿权灭失的矿产地;

(三)国家和省两级矿产资源勘查专项规划划定的勘查区块;

(四)主管部门规定的其他情形。

第八条 新设采矿权有下列情形之一的,主管部门应当以招标拍卖挂牌的方式授予:

(一)国家出资勘查并已探明可供开采的矿产地;

(二)采矿权灭失的矿产地;

(三)探矿权灭失的可供开采的矿产地;

(四)主管部门规定无需勘查即可直接开采的矿产;

(五)国土资源部、省级主管部门规定的其他情形。

第九条 符合本办法第七条、第八条规定的范围,有下列情形之一的,主管部门应当以招标的方式授予探矿权采矿权:

(一)国家出资的勘查项目;

(二)矿产资源储量规模为大型的能源、金属矿产地;

(三)共伴生组分多、综合利用技术水平要求高的矿产地;

(四)对国民经济具有重要价值的矿区;

（五）根据法律法规、国家政策规定可以新设探矿权采矿权的环境敏感地区和未达到国家规定的环境质量标准的地区。

第十条 有下列情形之一的，主管部门不得以招标拍卖挂牌的方式授予：

（一）探矿权人依法申请其勘查区块范围内的采矿权；

（二）符合矿产资源规划或者矿区总体规划的矿山企业的接续矿区、已设采矿权的矿区范围上下部需要统一开采的区域；

（三）为国家重点基础设施建设项目提供建筑用矿产；

（四）探矿权采矿权权属有争议；

（五）法律法规另有规定以及主管部门规定因特殊情形不适于以招标拍卖挂牌方式授予的。

第十一条 违反本办法第七条、第八条、第九条和第十条的规定授予探矿权采矿权的，由上级主管部门责令限期改正；逾期不改正的，对直接负责的主管人员和其他直接责任人员依法给予行政处分。

第三章 实 施

第一节 一般规定

第十二条 探矿权采矿权招标拍卖挂牌活动，应当有计划地进行。

主管部门应当根据矿产资源规划、矿产资源勘查专项规划、矿区总体规划、国家产业政策以及市场供需情况，按照颁发勘查许可证、采矿许可证的法定权限，编制探矿权采矿权招标拍卖挂牌年度计划，报上级主管部门备案。

第十三条 上级主管部门可以委托下级主管部门组织探矿权采矿权招标拍卖挂牌的具体工作，勘查许可证、采矿许可证由委托机关审核颁发。

受委托的主管部门不得再委托下级主管部门组织探矿权采矿权招标拍卖挂牌的具体工作。

第十四条 主管部门应当根据探矿权采矿权招标拍卖挂牌年度计划和《外商投资产业指导目录》，编制招标拍卖挂牌方案；招标拍卖挂牌方案，县级以上地方主管部门可以根据实际情况报同级人民政府组织审定。

第十五条 主管部门应当根据招标拍卖挂牌方案，编制招标拍卖挂牌文件。

招标拍卖挂牌文件，应当包括招标拍卖挂牌公告、标书、竞买申请书、报价单、矿产地的地质报告、矿产资源开发利用和矿山环境保护要求、成交确认书等。

第十六条 招标标底、拍卖挂牌底价，由主管部门依规定委托有探矿权采矿权评估资质的评估机构或者采取询价、类比等方式进行评估，并根据评估结果和国家产业政策等综合因素集体决定。

在招标拍卖挂牌活动结束之前，招标标底、拍卖挂牌底价须保密，且不得变更。

第十七条 招标拍卖挂牌公告应当包括下列内容：

（一）主管部门的名称和地址；

（二）拟招标拍卖挂牌的勘查区块、开采矿区的简要情况；

（三）申请探矿权采矿权的资质条件以及取得投标人、竞买人资格的要求；

（四）获取招标拍卖挂牌文件的办法；

（五）招标拍卖挂牌的时间、地点；

（六）投标或者竞价方式；

（七）确定中标人或者竞得人的标准和方法；

（八）投标、竞买保证金及其缴纳方式和处置方式；

（九）其他需要公告的事项。

第十八条 主管部门应当依规定对投标人、竞买人进行资格审查。对符合资质条件和资格要求的，应当通知投标人、竞买人参加招标拍卖挂牌活动以及缴纳投标、竞买保证金的时间和地点。

第十九条 投标人、竞买人按照通知要求的时间和地点缴纳投标、竞买保证金后，方可参加探矿权采矿权招标拍卖挂牌活动；逾期未缴纳的，视为放弃。

第二十条 以招标拍卖挂牌方式确定中标人、竞得人后，主管部门应当与中标人、竞得人签订成交确认书。中标人、竞得人逾期不签订的，中标、竞得结果无效，所缴纳的投标、竞买保证金不予退还。

成交确认书应当包括下列内容：

（一）主管部门和中标人、竞得人的名称、地址；

（二）成交时间、地点；

（三）中标、竞得的勘查区块、开采矿区的简要情况；

（四）探矿权采矿权价款；

（五）探矿权采矿权价款的缴纳时间、方式；

（六）矿产资源开发利用和矿山环境保护要求；

（七）办理登记时间；

（八）主管部门和中标人、竞得人约定的其他事项。

成交确认书具有合同效力。

第二十一条 主管部门应当在颁发勘查许可证、采矿许可证前一次性收取探矿权采矿权价款。探矿权采矿权价款数额较大的，经上级主管部门同意可以分期收取。

探矿权采矿权价款的使用和管理按照有关规定执行。

第二十二条 中标人、竞得人缴纳的投标、竞买保证金，可以抵作价款。其他投标人、竞买人缴纳的投标、竞买保证金，主管部门须在招标拍卖挂牌活动结束后5个工作日内予以退还，不计利息。

第二十三条 招标拍卖挂牌活动结束后，主管部门应当在10个工作日内将中标、竞得结果在指定的场所、媒介公布。

第二十四条 中标人、竞得人提供虚假文件隐瞒事实、恶意串通、向主管部门或者评标委员会及其成员行贿或者采取其他非法手段中标或者竞得的，中标、竞得结果无效，所缴纳的投标、竞买保证金不予退还。

第二十五条 主管部门应当按照成交确认书所约定的时间为中标人、竞得人办理登记，颁发勘查许可证、采矿许可证，并依法保护中标人、竞得人的合法权益。

第二十六条 主管部门在签订成交确认书后，改变中标、竞得结果或者未依法办理勘查许可证、采矿许可证的，由上级主管部门责令限期改正，对直接负责的主管人员和其他直接责任人员依法给予行政处分；给中标人、竞得人造成损失的，中标人、竞得人可以依法申请行政赔偿。

第二十七条 主管部门负责建立招标拍卖挂牌的档案，档案包括投标人、评标委员会、中标人、竞买人和竞得人的基本情况、招标拍卖挂牌过程、中标、竞得结果等。

第二节　招　　标

第二十八条 探矿权采矿权招标的，投标人不得少于三人。

投标人少于三人，属采矿权招标的，主管部门应当依照本办法重新组织招标；属探矿权招标的，主管部门可以以挂牌方式授予探矿权。

第二十九条 主管部门应当确定投标人编制投标文件所需的合理时间；但是自招标

文件发出之日起至投标人提交投标文件截止之日，最短不得少于30日。

第三十条　投标、开标依照下列程序进行：

（一）投标人按照招标文件的要求编制投标文件，在提交投标文件截止之日前，将投标文件密封后送达指定地点，并附具对投标文件承担责任的书面承诺。

在提交投标文件截止之日前，投标人可以补充、修改但不得撤回投标文件。补充、修改的内容作为投标文件的组成部分。

（二）主管部门签收投标文件后，在开标之前不得开启；对在提交投标文件的截止之日后送达的，不予受理。

（三）开标应当在招标文件确定的时间、地点公开进行。开标由主管部门主持，邀请全部投标人参加。

开标时，由投标人或者其推选的代表检查投标文件的密封情况，当众拆封，宣读投标人名称、投标价格和投标文件的主要内容。

（四）评标由主管部门组建的评标委员会负责。评标委员会应当按照招标文件确定的评标标准和方法，对投标文件进行评审。评审时，可以要求投标人对投标文件作出必要的澄清或者说明，但该澄清或者说明不得超出投标文件的范围或者改变投标文件的实质内容。

评标委员会完成评标后，应当提出书面评标报告和中标候选人，报主管部门确定中标人；主管部门也可委托评标委员会直接确定中标人。

评标委员会经评审，认为所有的投标文件都不符合招标文件要求的，可以否决所有的投标。

第三十一条　评标委员会成员人数为五人以上单数，由主管部门根据拟招标的探矿权采矿权确定，有关技术、经济方面的专家不得少于成员总数的三分之二。

在中标结果公布前，评标委员会成员名单须保密。

第三十二条　评标委员会成员收受投标人的财物或其他好处的，或者向他人透露标底或有关其他情况的，主管部门应当取消其担任评标委员会成员的资格。

第三十三条　确定的中标人应当符合下列条件之一：

（一）能够最大限度地满足招标文件中规定的各项综合评价标准；

（二）能够满足招标文件的实质性要求，并且经评审的投标价格最高，但投标价格低于标底的除外。

第三十四条　中标人确定后，主管部门应当通知中标人在接到通知之日起5日内签订成交确认书，并同时将中标结果通知所有投标人。

第三节　拍　　卖

第三十五条　探矿权采矿权拍卖的，竞买人不得少于三人。少于三人的，主管部门应当停止拍卖。

第三十六条　探矿权采矿权拍卖的，主管部门应当于拍卖日20日前发布拍卖公告。

第三十七条　拍卖会依照下列程序进行：

（一）拍卖主持人点算竞买人；

（二）拍卖主持人介绍探矿权采矿权的简要情况；

（三）宣布拍卖规则和注意事项；

（四）主持人报出起叫价；

（五）竞买人应价。

第三十八条　无底价的，拍卖主持人应当在拍卖前予以说明；有底价的，竞买人的最高应价未达到底价的，该应价不发生效力，拍卖主持人应当停止拍卖。

第三十九条　竞买人的最高应价经拍卖主

持人落槌表示拍卖成交，拍卖主持人宣布该最高应价的竞买人为竞得人。

主管部门和竞得人应当当场签订成交确认书。

第四节 挂 牌

第四十条 探矿权采矿权挂牌的，主管部门应当于挂牌起始日20日前发布挂牌公告。

第四十一条 探矿权采矿权挂牌的，主管部门应当在挂牌起始日，将起始价、增价规则、增价幅度、挂牌时间等，在挂牌公告指定的场所挂牌公布。

挂牌时间不得少于10个工作日。

第四十二条 竞买人的竞买保证金在挂牌期限截止前缴纳的，方可填写报价单报价。主管部门受理其报价并确认后，更新挂牌价格。

第四十三条 挂牌期间，主管部门可以根据竞买人的竞价情况调整增价幅度。

第四十四条 挂牌期限届满，主管部门按照下列规定确定是否成交：

（一）在挂牌期限内只有一个竞买人报价，且报价高于底价的，挂牌成交；

（二）在挂牌期限内有两个或者两个以上的竞买人报价的，出价最高者为竞得人；报价相同的，先提交报价单者为竞得人，但报价低于底价者除外；

（三）在挂牌期限内无人竞买或者竞买人的报价低于底价的，挂牌不成交。

在挂牌期限截止前30分钟仍有竞买人要求报价的，主管部门应当以当时挂牌价为起始价进行现场竞价，出价最高且高于底价的竞买人为竞得人。

第四十五条 挂牌成交的，主管部门和竞得人应当当场签订成交确认书。

第四章 附 则

第四十六条 本办法自2003年8月1日施行。

本办法发布前制定的有关文件的内容与本办法的规定不一致的，按照本办法规定执行。

探矿权采矿权使用费和价款管理办法

1. 1999年6月7日财政部、国土资源部发布

2. 财综字〔1999〕74号

第一条 为维护矿产资源的国家所有权，加强探矿权采矿权使用费和价款管理，依据《中华人民共和国矿产资源法》和《矿产资源勘查区块登记管理办法》、《矿产资源开采登记管理办法》、《探矿权采矿权转让管理办法》的有关规定，制定本办法。

第二条 在中华人民共和国领域及管辖海域勘查、开采矿产资源，均须按规定交纳探矿权采矿权使用费、价款。

第三条 探矿权采矿权使用费包括

（一）探矿权使用费。国家将矿产资源探矿权出让给探矿权人，按规定向探矿权人收取的使用费。

（二）采矿权使用费。国家将矿产资源采矿权出让给采矿权人，按规定向采矿权人收取的使用费。

第四条 探矿权采矿权价款包括

（一）探矿权价款。国家将其出资勘查形成的探矿权出让给探矿权人，按规定向探矿权人收取的价款。

（二）采矿权价款。国家将其出资勘查形成的采矿权出让给采矿权人，按规定向采矿权人收取的价款。

第五条 探矿权采矿权使用费收取标准

（一）探矿权使用费以勘查年度计算，按区块面积逐年缴纳，第一个勘查年度至第三个勘查年度，每平方公里每年缴纳100元，从第四个勘查年度起每平方公里每年增加100元，最高不超过每平方公里每年500元。

（二）采矿权使用费按矿区范围面积逐年缴纳，每平方公里每年1000元。

第六条 探矿权采矿权价款收取标准

探矿权采矿权价款以国务院地质矿产主管部门确认的评估价格为依据，一次或分期缴纳；但探矿权价款缴纳期限最长不得超过2年，采矿权价款缴纳期限最长不得超过6年。

第七条 探矿权采矿权使用费和价款由探矿权采矿权登记管理机关负责收取。探矿权采矿权使用费和价款由探矿权采矿权人在办理勘查、采矿登记或年检时缴纳。

探矿权人采矿权人在办理勘查、采矿登记或年检时，按照登记管理机关确定的标准，将探矿权采矿权使用费和价款直接缴入同级财政部门开设的"探矿权采矿权使用费和价款财政专户"。探矿权采矿权人凭银行的收款凭证到登记管理机关办理登记手续，领取"探矿权采矿权使用费和价款专用收据"和勘查、开采许可证。

"探矿权采矿权使用费和价款专用收据"由财政部门统一印制。

第八条 属于国务院地质矿产主管部门登记管理范围的探矿权采矿权，其使用费和价款，由国务院地质矿产主管部门登记机关收取，缴入财政部开设的"探矿权采矿权使用费和价款财政专户"；属于省级地质矿产主管部门登记管理范围的探矿权采矿权，其使用费和价款，由省级地质矿产主管部门登记机关收取，缴入省级财政部门开设的"探矿权采矿权使用费和价款财政专户"。

第九条 探矿权采矿权使用费和价款收入应专项用于矿产资源勘查、保护和管理支出，由国务院地质矿产主管部门和省级地质矿产主管部门提出使用计划，报同级财政部门审批后，拨付使用。

第十条 探矿权、采矿权使用费中可以开支对探矿权、采矿权使用进行审批、登记的管理和业务费用。

探矿权、采矿权价款中可以开支以下成本费用：出让探矿权、采矿权的评估、确认费用，公告费、咨询费、中介机构佣金、场地租金以及其他必需的成本、费用等。

第十一条 国有企业实际占有的由国家出资勘查形成的探矿权、采矿权在转让时，其探矿权、采矿权价款经国务院地质矿产主管部门会同财政部批准，可全部或部分转增企业的国家资本金。

国有地勘单位实际占有的由国家出资勘查形成的探矿权、采矿权在转让时，其探矿权、采矿权价款按照有关规定处理。

第十二条 未按规定及时缴纳探矿权采矿权使用费和价款的，由探矿权采矿权登记管理机关责令其在30日内缴纳，并从滞纳之日起，每日增收2‰滞纳金；逾期仍不缴纳的，由探矿权、采矿权登记管理机关吊销其勘查许可证或采矿许可证。

第十三条 财政部门和地质矿产主管部门要切实加强探矿权采矿权使用费和价款收入的财务管理与监督，定期检查探矿权采矿权使用费和价款收入的情况。

第十四条 本办法由财政部、国土资源部解释。

第十五条 本办法自发布之日起实施。本办法发布之前已经收取的探矿权、采矿权使用费和价款按本办法的规定处理。

附件:

探矿权采矿权使用费和价款专用收据

缴款单位: 编号:

勘查项目或矿区名称	探矿权采矿权使用费				探矿权采矿权价款			金额									
	种类	年度	面积(平方公里)	标准(元)	种类(元)	总价款(元)	本次缴纳(元)	千	百	拾	万	仟	佰	十	元	角	分
小写金额合计																	
大写金额合计 千 百 拾 万 仟 佰 十 元 角 分																	

登记管理部门(盖章) 交款人: 年 月 日 经办人:

第一联:登记管理部门存查

第二联:财政部门记账凭证

第三联:付款方收据

第四联:登记管理部门记账凭证

探矿权采矿权使用费减免办法

1. 2000年6月6日财政部、国土资源部发布

2. 根据2010年12月3日国土资源部《关于修改部分规范性文件的决定》(国土资发〔2010〕190号)修正

第一条 为鼓励矿产资源勘查开采,根据《矿产资源勘查区块登记管理办法》和《矿产资源开采登记管理办法》的有关规定制定本办法。

第二条 依照《中华人民共和国矿产资源法》及其配套法规取得探矿权、采矿权的矿业权人或探矿权、采矿权申请人,可以依照本办法的规定向探矿权、采矿权登记管理机关(以下简称登记机关)申请探矿权、采矿权使用费的减缴或免缴。

第三条 在我国西部地区、国务院确定的边远贫困地区和海域从事符合下列条件的矿产资源勘查开采活动,可以依照本规定申请探矿权、采矿权使用费的减免:

(一)国家紧缺矿产资源的勘查、开发;

(二)大中型矿山企业为寻找接替资源申请的勘查、开发;

(三)运用新技术、新方法提高综合利用水平的(包括低品位、难选冶的矿产资源开发及老矿区尾矿利用)矿产资源开发;

(四)国务院地质矿产主管部门和财政部门认定的其他情况。

国家紧缺矿产资源由国土资源部确定并发布。

第四条 探矿权、采矿权使用费的减免按以下幅度审批。

(一)探矿权使用费:第一个勘查年度可以免缴,第二至第三个勘查年度可以减缴50%；第四至第七个勘查年度可以减缴25%。

（二）采矿权使用费：矿山基建期和矿山投产第一年可以免缴，矿山投产第二至第三年可以减缴50%；第四至第七年可以减缴25%；矿山闭坑当年可以免缴。

第五条 探矿权、采矿权使用费的减免，实行两级审批制。

国务院地质矿产主管部门审批登记、颁发勘查许可证、采矿许可证的探矿权采矿权使用费的减免，由国务院地质矿产主管部门负责审批，并报国务院财政部门备案。

省级地质矿产主管部门审批登记、颁发勘查许可证、采矿许可证和省级以下地质矿产主管部门审批登记颁发采矿许可证的探矿权采矿权使用费的减免，由省级地质矿产主管部门负责审批。

省级地质矿产主管部门应将探矿权采矿权使用费的核准文件报送上级登记管理机关和财政部门备案。

第六条 申请减免探矿权、采矿权使用费的矿业投资人，应在收到矿业权领证通知后的10日内填写探矿权、采矿权使用费减免申请书，按照本法第五条的管辖规定，报送矿业权登记管理机关审批，同时抄送同级财政部门。矿业权登记管理机关应在收到申请后的10日内作出是否减免的决定，并通知申请人。申请人凭批准减免文件办理缴费、登记和领取勘查、采矿许可证手续。

第七条 本办法颁发以前已收缴的探矿权、采矿权使用费不办理减免返还。

第八条 本办法原则适用于外商投资勘查、开采矿产资源。但是，国家另有规定的，从其规定。

第九条 在中华人民共和国领域及管辖的其他海域勘查开采矿产资源遇有自然灾害等不可抗力因素的，在不可抗力期间可以申请探矿权、采矿权使用费减免。

第十条 本办法自发布之日起实施。

中央所得探矿权采矿权使用费和价款使用管理暂行办法

1. 2002年12月30日国土资源部发布
2. 国土资发〔2002〕433号

第一章 总 则

第一条 为规范和加强探矿权采矿权使用费和价款（以下简称：两权使用费和价款）的预算管理，根据《探矿权采矿权使用费和价款管理办法》（财综字〔1999〕74号）及预算管理的有关规定制定本办法。

第二条 由国土资源部负责收取中央所得的两权使用费和价款的使用管理，应当遵守本办法。

第三条 两权使用费和价款实行“收支两条线”管理，坚持“以收定支、专款专用、预算控制、超支不补”的原则。

第四条 两权使用费和价款实行预、决算管理。

第二章 支出范围

第五条 两权使用费和价款收入专项用于矿产资源勘查、保护和管理性支出。

第六条 矿产资源勘查支出：指为满足国家对战略性、紧缺性矿产资源的要求，以及国家在出让探矿权采矿权前必须进行的矿产资源勘查所发生的支出。

第七条 矿产资源保护支出：指用于维护矿产资源的勘查、开采正常工作秩序，合理开发、利用矿产资源发生的各项支出。具体包括：矿产资源规划、矿区规划工作费，矿产资源利用方案的编制、审查费,探矿权采矿权纠纷调处费,矿山尾矿治理与开发利用及因采矿活动引起的次生地质灾害的勘查与防治费,矿山地质环境保护治理和地质遗迹保护等项目经费。

第八条 管理性支出:指用于探矿权采矿权审批、登记、出让、转让监督管理过程中发生的各种管理性支出和业务支出。具体包括:勘查区块的审批、登记业务费,专用文书、票据、报表的购置或印刷费,勘查、开采矿产资源的监督管理费、矿产资源管理的政策调查研究费、宣传和业务培训费,资源储量核查费,勘查、开发和资源信息系统管理费,以及采用挂牌、招标、拍卖形式出让探矿权采矿权的评估费、公告费、咨询费、中介机构佣金、场地租金以及其他必需的成本费用等支出。

第九条 矿产资源勘查和保护项目经费的具体支出范围是从事项目所发生的全部成本、费用支出。

第三章 预算管理

第十条 两权使用费和价款的年度收入预算,由部探矿权采矿权登记职能部门于每年8月31日前,按附件一(略)规定的表式向部财务主管部门编报下一年度两权使用费和价款收入预算建议。

第十一条 两权使用费和价款用于矿产资源勘查、保护项目的支出预算,实行“项目管理、专款专用、专项核算”的预算管理办法。项目承担单位要严格按批准的项目预算,规定的开支范围,专款专用。项目完成后,应及时办理项目验收和结算。

第十二条 两权使用费和价款用于管理性支出预算,实行“预算控制,超支不补”的预算管理办法。在经费使用上,严格按批准的预算数和开支范围支出,不得超范围、超标准开支,更不得用于各种捐赠和福利性支出。

第十三条 矿产资源勘查、保护项目的年度支出预算建议由部有关职能部门和部直属事业单位依据财政部关于年度预算编制的有关要求及项目重要性的排序进行编报。项目预算编制办法及表式另行制定。管理性支出预算建议由部有关职能部门按《国土资源部专项经费管理暂行办法》(国土资发〔2001〕67号)和财政部关于年度预算编制要求编报。

第十四条 项目承担单位应根据工作的实际需要,在充分调查研究和论证的基础上,编制项目支出预算建议。报送项目支出预算建议时应提交项目建议书及经批准的工作设计,同时附送项目可行性研究报告和项目施工方案。项目建议书应包括以下内容:

1. 立项背景依据、工作任务和目标;
2. 经济和社会效益分析;
3. 项目预算及预算支出明细;
4. 工作进度安排计划;
5. 项目执行单位和协作单位。

第十五条 部负责组织专家对项目支出预算建议以评审或评议的方式进行审查,综合优选矿产资源勘查、保护项目。部有关职能部门负责项目立项及技术论证等审查;部财务主管部门负责项目经费预算的审查。审查合格的项目进入项目库,进行分类排序,滚动安排。

第十六条 部财务主管部门根据两权使用费和价款收缴情况、结合项目申报和下一年度管理工作的实际需要及项目的排序,审核、汇总和编制两权使用费和价款年度收支预算草案,报部领导批准,纳入部门预算,并按规定的时间报财政部审核、批准。

第十七条 部依据财政部审核和批准的部门预算,在规定的期限内下达两权使用费和价款支出预算。

第十八条 项目支出预算按财政主管部门关于项目预算管理的有关规定批复下达到项目承担单位,并由部有关职能部门与项目承担单位签订项目任务委托书,项目任务委托书的格式见附件二(略)。

第十九条 支出预算一经批准,任何单位和个人不得随意调整;确需调整的,应按照预算管理程序报批。

第四章 财务管理

第二十条 部有关职能部门负责项目的组织实施,部财务主管部门按财政部关于资金拨付的有关规定办理资金拨付,并监督资金的使用。

第二十一条 项目承担单位要严格按批准下达的项目支出预算合理安排项目经费的使用。项目完成后,应及时办理项目竣工验收和结算。有协作单位的项目,应在项目设计书中明确协作单位、工作任务、经费额度和账户,并据此向协作单位转拨经费。若协作单位为部门系统以外的单位,原则上应采用任务招标方式确定外协单位,签订任务合同书。

第二十二条 年度未完项目的经费结余,可转下年度继续使用。已完项目的经费结余,应严格按照有关财务制度的规定进行分配。但因调整项目设计或未按项目设计开展工作形成的经费结余按原渠道返回;因特殊情况,不能按设计进度完成的项目,最多可延期一年完成。对超过一年仍不能完成的,部将终止该项目,并按项目任务委托书中的有关条款追究违约责任。

第二十三条 项目承担单位应按照事前审核、事中监控、事后检查的要求,建立健全两权使用费和价款经费使用的监督检查制度,定期或不定期地开展两权使用费和价款经费使用的检查。

部负责组织对两权使用费和价款经费使用的重点检查。对截留、挪用和坐支两权使用费和价款经费等行为,按有关法律、法规的规定处理。

第五章 附 则

第二十四条 本办法由国土资源部财务主管部门负责解释。

第二十五条 本办法自发布之日起执行。

国土资源部关于国家紧缺矿产资源探矿权采矿权使用费减免办法的通知

1. 2000年9月21日
2. 国土资厅发〔2000〕76号

各省、自治区、直辖市国土资源厅(国土环境资源厅、国土资源和房屋管理局、房屋土地资源管理局、规划和国土资源局):

根据国土资源部、财政部联合印发的《关于印发〈探矿权采矿权使用费减免办法〉的通知》(国土资发〔2000〕174号)精神,现将国家紧缺矿产资源及其他可减免的适用范围通知如下:

一、勘查富铁矿 TFe > 50%、铜矿、优质锰矿、铬铁矿、钾盐、铂族金属六个矿种(类),以及石油、天然气、煤层气共九种(类)矿产资源,可申请探矿权使用费的减免;

二、开采菱镁矿、钾盐、铜矿的,可申请减免采矿权使用费;

三、在我国西部严重缺水地区为解决人畜饮用水而进行的地下水源地的勘查工作,可申请减免探矿权使用费；

四、凡开采低渗透、稠油和进行三次采油的，以及从事煤层气勘查、开采的，可参照《探矿权采矿权使用费减免办法》申请减免；

五、矿区范围大于100平方公里的煤矿企业和矿区范围大于30平方公里的金属矿山企业，确有困难的可申请减免采矿权使用费。

探矿权、采矿权使用费减免申请书由国土资源部统一制定。

附件：探矿权、采矿权使用费减免申请书（略）

最高人民法院关于审理矿业权纠纷案件适用法律若干问题的解释

1. 2017年2月20日由最高人民法院审判委员会第1710次会议通过
2. 2017年6月24日公布
3. 法释〔2017〕12号
4. 自2017年7月27日起施行

为正确审理矿业权纠纷案件，依法保护当事人的合法权益，根据《中华人民共和国物权法》《中华人民共和国合同法》《中华人民共和国矿产资源法》《中华人民共和国环境保护法》等法律法规的规定，结合审判实践，制定本解释。

第一条 人民法院审理探矿权、采矿权等矿业权纠纷案件，应当依法保护矿业权流转，维护市场秩序和交易安全，保障矿产资源合理开发利用，促进资源节约与环境保护。

第二条 县级以上人民政府国土资源主管部门作为出让人与受让人签订的矿业权出让合同，除法律、行政法规另有规定的情形外，当事人请求确认自依法成立之日起生效的，人民法院应予支持。

第三条 受让人请求自矿产资源勘查许可证、采矿许可证载明的有效期起始日确认其探矿权、采矿权的，人民法院应予支持。

矿业权出让合同生效后、矿产资源勘查许可证或者采矿许可证颁发前，第三人越界或者以其他方式非法勘查开采，经出让人同意已实际占有勘查作业区或者矿区的受让人，请求第三人承担停止侵害、排除妨碍、赔偿损失等侵权责任的，人民法院应予支持。

第四条 出让人未按照出让合同的约定移交勘查作业区或者矿区、颁发矿产资源勘查许可证或者采矿许可证，受让人请求解除出让合同的，人民法院应予支持。

受让人勘查开采矿产资源未达到国土资源主管部门批准的矿山地质环境保护与治理恢复方案要求，在国土资源主管部门规定的期限内拒不改正，或者因违反法律法规被吊销矿产资源勘查许可证、采矿许可证，或者未按照出让合同的约定支付矿业权出让价款，出让人请求解除出让合同的，人民法院应予支持。

第五条 未取得矿产资源勘查许可证、采矿许可证，签订合同将矿产资源交由他人勘查开采的，人民法院应依法认定合同无效。

第六条 矿业权转让合同自依法成立之日起具有法律约束力。矿业权转让申请未经国土资源主管部门批准，受让人请求转让人办理矿业权变更登记手续的，人民法院不予支持。

当事人仅以矿业权转让申请未经国土资源主管部门批准为由请求确认转让合同无效的，人民法院不予支持。

第七条 矿业权转让合同依法成立后，在不具有法定无效情形下，受让人请求转让人履行报批义务或者转让人请求受让人履行协助报批义务的，人民法院应予支持，但法律上或者事实上不具备履行条件的除外。

人民法院可以依据案件事实和受让人的请求，判决受让人代为办理报批手续，转让人应当履行协助义务，并承担由此产生的费用。

第八条 矿业权转让合同依法成立后，转让人无正当理由拒不履行报批义务，受让人请求解除合同、返还已付转让款及利息，并由转让人承担违约责任的，人民法院应予支持。

第九条 矿业权转让合同约定受让人支付全部或者部分转让款后办理报批手续，转让人在办理报批手续前请求受让人先履行付款义务的，人民法院应予支持，但受让人有确切证据证明存在转让人将同一矿业权转让给第三人、矿业权人将被兼并重组等符合合同法第六十八条规定情形的除外。

第十条 国土资源主管部门不予批准矿业权转让申请致使矿业权转让合同被解除，受让人请求返还已付转让款及利息，采矿权人请求受让人返还获得的矿产品及收益，或者探矿权人请求受让人返还勘查资料和勘查中回收的矿产品及收益的，人民法院应予支持，但受让人可请求扣除相关的成本费用。

当事人一方对矿业权转让申请未获批准有过错的，应赔偿对方因此受到的损失；双方均有过错的，应当各自承担相应的责任。

第十一条 矿业权转让合同依法成立后、国土资源主管部门批准前，矿业权人又将矿业权转让给第三人并经国土资源主管部门批准、登记，受让人请求解除转让合同、返还已付转让款及利息，并由矿业权人承担违约责任的，人民法院应予支持。

第十二条 当事人请求确认矿业权租赁、承包合同自依法成立之日起生效的，人民法院应予支持。

矿业权租赁、承包合同约定矿业权人仅收取租金、承包费，放弃矿山管理，不履行安全生产、生态环境修复等法定义务，不承担相应法律责任的，人民法院应依法认定合同无效。

第十三条 矿业权人与他人合作进行矿产资源勘查开采所签订的合同，当事人请求确认自依法成立之日起生效的，人民法院应予支持。

合同中有关矿业权转让的条款适用本解释关于矿业权转让合同的规定。

第十四条 矿业权人为担保自己或者他人债务的履行，将矿业权抵押给债权人的，抵押合同自依法成立之日起生效，但法律、行政法规规定不得抵押的除外。

当事人仅以未经主管部门批准或者登记、备案为由请求确认抵押合同无效的，人民法院不予支持。

第十五条 当事人请求确认矿业权之抵押权自依法登记时设立的，人民法院应予支持。

颁发矿产资源勘查许可证或者采矿许可证的国土资源主管部门根据相关规定办理的矿业权抵押备案手续，视为前款规定的登记。

第十六条 债务人不履行到期债务或者发生当事人约定的实现抵押权的情形，抵押权人依据民事诉讼法第一百九十六条、第一百九十七条规定申请实现抵押权的，人民法院可以拍卖、变卖矿业权或者裁定以矿业权抵债,但矿业权竞买人、受让人应具备相应的资质条件。

第十七条 矿业权抵押期间因抵押人被兼并重组或者矿床被压覆等原因导致矿业权全部或者部分灭失,抵押权人请求就抵押人因此获得的保险金、赔偿金或者补偿金等款项优先受偿或者将该款项予以提存的,人民法院应予支持。

第十八条 当事人约定在自然保护区、风景名胜区、重点生态功能区、生态环境敏感区和脆弱区等区域内勘查开采矿产资源,违反法律、行政法规的强制性规定或者损害环境公共利益的,人民法院应依法认定合同无效。

第十九条 因越界勘查开采矿产资源引发的侵权责任纠纷,涉及国土资源主管部门批准的勘查开采范围重复或者界限不清的,人民法院应告知当事人先向国土资源主管部门申请解决。

第二十条 因他人越界勘查开采矿产资源,矿业权人请求侵权人承担停止侵害、排除妨碍、返还财产、赔偿损失等侵权责任的,人民法院应予支持,但探矿权人请求侵权人返还越界开采的矿产品及收益的除外。

第二十一条 勘查开采矿产资源造成环境污染,或者导致地质灾害、植被毁损等生态破坏,法律规定的机关和有关组织提起环境公益诉讼的,人民法院应依法予以受理。

法律规定的机关和有关组织提起环境公益诉讼的,不影响因同一勘查开采行为受到人身、财产损害的自然人、法人和其他组织依据民事诉讼法第一百一十九条的规定提起诉讼。

第二十二条 人民法院在审理案件中,发现无证勘查开采,勘查资质、地质资料造假,或者勘查开采未履行生态环境修复义务等违法情形的,可以向有关行政主管部门提出司法建议,由其依法处理;涉嫌犯罪的,依法移送侦查机关处理。

第二十三条 本解释施行后,人民法院尚未审结的一审、二审案件适用本解释规定。本解释施行前已经作出生效裁判的案件,本解释施行后依法再审的,不适用本解释。

最高人民法院、最高人民检察院关于办理非法采矿、破坏性采矿刑事案件适用法律若干问题的解释

1. *2016年9月26日最高人民法院审判委员会第1694次会议、2016年11月4日最高人民检察院第十二届检察委员会第57次会议通过*
2. *2016年11月28日公布*
3. *法释〔2016〕25号*
4. *自2016年12月1日起施行*

为依法惩处非法采矿、破坏性采矿犯罪活动,根据《中华人民共和国刑法》《中华人民共和国刑事诉讼法》的有关规定,现就办理此类刑事案件适用法律的若干问题解释如下:

第一条 违反《中华人民共和国矿产资源法》《中华人民共和国水法》等法律、行政法规有关矿产资源开发、利用、保护和管理的规定的,应当认定为刑法第三百四十三条规定的“违反矿产资源法的规定”。

第二条 具有下列情形之一的,应当认定为刑法第三百四十三条第一款规定的“未取得采矿许可证”:

(一)无许可证的;

(二)许可证被注销、吊销、撤销的;

(三)超越许可证规定的矿区范围或者开采范围的;

(四)超出许可证规定的矿种的(共

生、伴生矿种除外)；

(五)其他未取得许可证的情形。

第三条 实施非法采矿行为，具有下列情形之一的，应当认定为刑法第三百四十三条第一款规定的“情节严重”：

(一)开采的矿产品价值或者造成矿产资源破坏的价值在十万元至三十万元以上的；

(二)在国家规划矿区、对国民经济具有重要价值的矿区采矿，开采国家规定实行保护性开采的特定矿种，或者在禁采区、禁采期内采矿，开采的矿产品价值或者造成矿产资源破坏的价值在五万元至十五万元以上的；

(三)二年内曾因非法采矿受过两次以上行政处罚，又实施非法采矿行为的；

(四)造成生态环境严重损害的；

(五)其他情节严重的情形。

实施非法采矿行为，具有下列情形之一的，应当认定为刑法第三百四十三条第一款规定的“情节特别严重”：

(一)数额达到前款第一项、第二项规定标准五倍以上的；

(二)造成生态环境特别严重损害的；

(三)其他情节特别严重的情形。

第四条 在河道管理范围内采砂，具有下列情形之一，符合刑法第三百四十三条第一款和本解释第二条、第三条规定的，以非法采矿罪定罪处罚：

(一)依据相关规定应当办理河道采砂许可证，未取得河道采砂许可证的；

(二)依据相关规定应当办理河道采砂许可证和采矿许可证，既未取得河道采砂许可证，又未取得采矿许可证的。

实施前款规定行为，虽不具有本解释第三条第一款规定的情形，但严重影响河势稳定，危害防洪安全的，应当认定为刑法第三百四十三条第一款规定的“情节严重”。

第五条 未取得海砂开采海域使用权证，且未取得采矿许可证，采挖海砂，符合刑法第三百四十三条第一款和本解释第二条、第三条规定的，以非法采矿罪定罪处罚。

实施前款规定行为，虽不具有本解释第三条第一款规定的情形，但造成海岸线严重破坏的，应当认定为刑法第三百四十三条第一款规定的“情节严重”。

第六条 造成矿产资源破坏的价值在五十万元至一百万元以上，或者造成国家规划矿区、对国民经济具有重要价值的矿区和国家规定实行保护性开采的特定矿种资源破坏的价值在二十五万元至五十万元以上的，应当认定为刑法第三百四十三条第二款规定的“造成矿产资源严重破坏”。

第七条 明知是犯罪所得的矿产品及其产生的收益，而予以窝藏、转移、收购、代为销售或者以其他方法掩饰、隐瞒的，依照刑法第三百一十二条的规定，以掩饰、隐瞒犯罪所得、犯罪所得收益罪定罪处罚。

实施前款规定的犯罪行为，事前通谋的，以共同犯罪论处。

第八条 多次非法采矿、破坏性采矿构成犯罪，依法应当追诉的，或者二年内多次非法采矿、破坏性采矿未经处理的，价值数额累计计算。

第九条 单位犯刑法第三百四十三条规定之罪的，依照本解释规定的相应自然人犯罪的定罪量刑标准，对直接负责的主管人员和其他直接责任人员定罪处罚，并对单位判处罚金。

第十条 实施非法采矿犯罪，不属于“情节特别严重”，或者实施破坏性采矿犯罪，行为人系初犯，全部退赃退赔，积极修复环境，并确有悔改表现的，可以认定为犯罪情节轻微，不起诉或者免予刑事处罚。

第十一条 对受雇佣为非法采矿、破坏性采矿犯罪提供劳务的人员，除参与利润分成或者领取高额固定工资的以外，一般不以犯罪论处，但曾因非法采矿、破坏性采矿受过处罚的除外。

第十二条 对非法采矿、破坏性采矿犯罪的违法所得及其收益，应当依法追缴或者责令退赔。

对用于非法采矿、破坏性采矿犯罪的专门工具和供犯罪所用的本人财物，应当依法没收。

第十三条 非法开采的矿产品价值，根据销赃数额认定；无销赃数额，销赃数额难以查证，或者根据销赃数额认定明显不合理的，根据矿产品价格和数量认定。

矿产品价值难以确定的，依据下列机构出具的报告，结合其他证据作出认定：

（一）价格认证机构出具的报告；

（二）省级以上人民政府国土资源、水行政、海洋等主管部门出具的报告；

（三）国务院水行政主管部门在国家确定的重要江河、湖泊设立的流域管理机构出具的报告。

第十四条 对案件所涉的有关专门性问题难以确定的，依据下列机构出具的鉴定意见或者报告，结合其他证据作出认定：

（一）司法鉴定机构就生态环境损害出具的鉴定意见；

（二）省级以上人民政府国土资源主管部门就造成矿产资源破坏的价值、是否属于破坏性开采方法出具的报告；

（三）省级以上人民政府水行政主管部门或者国务院水行政主管部门在国家确定的重要江河、湖泊设立的流域管理机构就是否危害防洪安全出具的报告；

（四）省级以上人民政府海洋主管部门就是否造成海岸线严重破坏出具的报告。

第十五条 各省、自治区、直辖市高级人民法院、人民检察院，可以根据本地区实际情况，在本解释第三条、第六条规定的数额幅度内，确定本地区执行的具体数额标准，报最高人民法院、最高人民检察院备案。

第十六条 本解释自2016年12月1日起施行。本解释施行后，《最高人民法院关于审理非法采矿、破坏性采矿刑事案件具体应用法律若干问题的解释》（法释〔2003〕9号）同时废止。

典型案例

陈允斗与宽甸满族自治县虎山镇老边墙村民委员会采矿权转让合同纠纷案①

【裁判摘要】

一、租赁采矿权属于一种特殊的矿业权转让方式，采矿权转让合同属于批准后才生效的合同。根据国务院《探矿权采矿权转让管理办法》第十条第三款的规定，出租采矿权须经有权批准的机关审批，批准转让的，转让合同自批准之日起生效。

二、诉讼中，采矿权租赁合同未经批准，人民法院应认定该合同未生效。采矿权合同虽未生效，但合同约定的报批条款依然有

① 摘自《最高人民法院公报》2012年第3期。

效。如果一方当事人据此请求对方继续履行报批义务，人民法院经审查认为客观条件允许的，对其请求应予支持；继续报批缺乏客观条件的，依法驳回其请求。

最高人民法院
民事判决书

(2011)民提字第81号

申诉人(一审原告、二审上诉人、再审申请人)：陈允斗，男，汉族，1952年8月9日出生，住辽宁省宽甸满族自治县虎山镇老边墙村3组4号。

委托代理人：曲凤智，辽宁明格律师事务所律师。

被申诉人(一审被告、二审被上诉人、再审被申请人)：宽甸满族自治县虎山镇老边墙村民委员会，住所地：辽宁省宽甸满族自治县虎山镇老边墙村。

法定代表人：刘家发，该村村民委员会主任。

委托代理人：潘宁，男，汉族，1964年1月14日出生，住辽宁省沈阳市皇姑区宁山中路66－2－461号。

委托代理人：程绍武，男，汉族，1954年10月18日出生，住辽宁省丹东市振安区九连城镇套外村夏家堡村民组，丹东九龙集团有限公司员工。

陈允斗因与宽甸满族自治县虎山镇老边墙村民委员会(以下简称村委会)采矿权转让合同纠纷一案，不服辽宁省高级人民法院(以下简称辽宁高院)于2009年8月14日作出的(2008)辽民再字第26号民事判决，向本院提出申诉。本院于2010年12月15日作出(2010)民监字第2号民事裁定，本案由本院提审。本院依法组成合议庭，于2011年4月1日开庭审理了本案。申诉人陈允斗及其委托代理人曲凤智，村委会的法定代表人刘家发及其委托代理人潘宁、程绍武到庭参加了诉讼。本案现已审理终结。

陈允斗于2006年8月8日向辽宁省丹东市中级人民法院(以下简称丹东中院)起诉称，2001年10月6日，陈允斗经依法投标取得村委会所有的老边墙第一、第二金矿的开采经营权，同日双方又签订了《老边墙金矿租赁协议书》，约定：开采经营期限为五年，即自2001年10月至2006年10月。合同签订后，由于案外人程绍武对村委会提起诉讼，村委会至今未将老边墙第一金矿(以下简称第一金矿)交给陈允斗经营。老边墙第二金矿(以下简称第二金矿)由于村委会不能全部交付金矿设施，陈允斗不得不另行投资重开巷道开采。并且由于村委会与他人的纠纷，致使第二金矿的采矿证有三年无法办理，合同无法履行。陈允斗请求法院判令：(1)村委会履行合同约定的将第一金矿交给其经营的义务；(2)如不能交付，由第二金矿代为履行；(3)村委会顺延履行第二金矿的合同期限三年；(4)村委会赔偿其经济损失160万元。

村委会一审答辩称：陈允斗的诉讼请求没有事实和法律依据，村委会没有义务向陈允斗交付金矿的设施，陈允斗无法办理采矿许可证与村委会无关。陈允斗请求村委会赔偿损失没有客观依据，其损失不应由村委会承担。

丹东中院一审查明：2001年8月31日，村委会与老边墙金矿(分为第一金矿、第二金矿)原承包人的承包协议到期，村委会于同年9月28日发布了《老边墙金矿租赁告示》，其主要内容为：老边墙金矿于2001年9月1日承包到期，根据矿产资源法的有关规定和县政府1999年第34、35号文件精神，经村民代表大会讨论决定，现对外公开招标：标的40万元，格外加投标总额20%镇政府管理费；合同期限五年；金矿所有手续由承包者自行办理，费用自负；设备和电力及毛台上矿石归原承包者，限期在投标之日起20日内撤除；在承包期内矿山发生的一切法律责任、经济纠纷等均由新承包者承担，村委会不承担经济责任。

2001年10月6日，陈允斗（乙方）中标并与村委会（甲方）签订《老边墙金矿租赁协议书》，约定：村委会通过招标将老边墙金矿租赁给陈允斗开采经营，开采经营期限五年，即自2001年10月至2006年10月，陈允斗一次性向村委会缴纳五年的经济补偿金，并按中标数额的20%一次性向所在镇政府缴纳补偿金；金矿所有手续由承包者自行办理，费用自负。如因有关手续办理不妥无法开采，租金不予返还，所造成的损失亦由陈允斗自负，设备、电力、毛台上矿石及矿井内原承包者开采的矿石归原承包者所有；在租赁期内矿山产生的一切经济、法律责任均由陈允斗承担，村委会不承担任何责任。五年期满后，村委会与陈允斗协商另行签订协议，但补偿金不得低于本次中标数和按中标额20%上交给镇政府的补偿金。如陈允斗不继续经营，村委会收回金矿开采权进行招标；陈允斗不继续经营必须在20日内将设备拆除，否则村委会有权强行拆除，费用由陈允斗承担，后果自负：如有一方违约要赔偿给对方造成的直接经济损失，另赔偿违约金2万元。双方还对其他事宜进行了约定。

协议签订后，由于老边墙金矿原承包人程绍武未及时将其设备从第一金矿撤出，致使陈允斗不能依据协议约定正常经营该矿。同时，也由于程绍武及其亲属的原因，致使辽宁省国土资源厅只颁发了第二金矿2002年和2005年的采矿许可证。第二金矿2001年、2003年和2004年的采矿许可证未予办理和颁发。另查，陈允斗经营老边墙金矿期间，对矿山的井巷工程进行了增建。经评估，陈允斗增建的矿山井巷工程价值706 874.90元。

丹东中院一审认为，陈允斗与村委会签订租赁协议之前，均知道该矿的原租赁人程绍武因刑事犯罪被拘押，其租赁合同的期限已经届满，但采矿证没有交还村委会，其采矿设备及部分矿石仍在矿内没有运走。村委会在告示中也示明了有关情况。村委会的做法属于规避商业风险，维护自身利益的行为，该行为并不违反法律规定。陈允斗自愿接受村委会设定的条件参加竞标，双方在协议中就有关情况的约定亦为有效。

在协议履行过程中，村委会在排除案外人妨碍、办理采矿权证等方面，均对陈允斗尽了协助义务。对此陈允斗、村委会均无异议。现陈允斗主张在协议履行过程中，因案外人妨碍使其无法行使五年开采权，而要求由村委会顺延履行协议规定的租赁期限，其理由是村委会应从案外人处收回已出租的金矿，不符合双方签订的租赁协议的约定。造成陈允斗不能完全履行租赁协议的原因，是案外人的侵权行为所致，陈允斗应向侵权人主张权利。村委会在租赁协议履行过程中并无过错，不应承担民事责任。该院遂于2006年12月18日作出（2006）丹民三初字第52号民事判决，驳回陈允斗的诉讼请求。

陈允斗不服一审判决，于2006年12月30日向辽宁高院上诉称：（1）一审判决认定事实错误。该判决认定租赁协议未能完全履行的原因是案外人侵权行为所致，陈允斗应向侵权人主张权利。村委会在协议履行过程中并无过错，不应承担民事责任，这种认定是错误的。村委会未履行协议本身就是一种违约行为。村委会在《老边墙金矿租赁告示》中示明:“设备和电力及毛台上矿石归原承包者,限期在投标之日起20日内将原承包者的所有设备撤除。”陈允斗正是对此相信才参与投标并与村委会签租赁协议的。村委会作为采矿权人,只有它能够从原承包人手中索回采矿许可证,一审判决认定该风险由陈允斗承担是错误的。(2)一审判决未适用《中华人民共和国合同法》是错误的。本案是合同纠纷。合同法第一百二十一条规定,“当事人一方因第三人的原因造成违约的,应当向对方承担违约责任,当事人一方和第三方之间的纠纷,依照法律规定或者按照约定解决。”但一审判决却认定应由陈允斗向案外人主张权利。本案租赁协议合法有效,陈允斗按照中标的租金数额交纳了相应的款额,理应享有协议中约定的权利。其上诉请求是:(1)撤销一审判决;(2)村委会履行协议约定的将第一金矿交给陈允斗经营的义务;如不能交付,则由第二金矿代为履行五年;(3)村委会赔偿陈允斗经济损失706 874.90元。

村委会在二审庭审中答辩称,根据合同约定和客观事实,村委会没有任何违约事实,其已经交付了金矿,陈允斗请求如不能交付第一金矿则由第二金矿代为交付没有法律依据;对于没有办理采矿权证的问题,协议约定由陈允斗自行办理,如无法开采,损失自负,并且在合同履行过程中,陈允斗也有开采行为。另按照国务院《民用爆炸物品安全管理条例》第六条的规定,受过刑事处罚的人不得从事民用爆炸物品的购买和爆破作业,陈允斗因盗伐林木被判刑,依法不能从事矿山开采经营,其提出顺延履行合同的请求和理由,不能成立。因村委会没有任何违约行为,不应承担赔偿责任。原审法院认定事实清楚,适用法律正确,审判程序合法,二审法院应驳回其上诉,维持原判。

辽宁高院对一审法院查明的事实予以确认。二审中双方当事人没有提供新证据。

辽宁高院另查明:一审法院于2005年3月7日对关联另案作出(2003)丹民一合初字第117号民事判决,该案原告为案外人程绍武,被告为陈允斗和村委会,案由是金矿承包合同经营权、财产所有权、财产返还纠纷。该院判决驳回程绍武的诉讼请求。程绍武上诉后,辽宁高院于2005年10月11日作出(2005)辽民一终字第235号民事判决,驳回上诉,维持原判。

辽宁高院二审认为,涉案租赁协议是双方当事人的真实意思表示,已经成立。关于采矿经营权的取得和转让,《中华人民共和国矿产资源法》及其实施细则,国务院《探矿权采矿权转让管理办法》、国土资源部《矿业权出让转让管理暂行规定》等法律法规的相关内容,均明确规定采矿经营权是特许经营权,其批准应严格履行审批程序。涉案租赁协议没有履行法定强制性规定的审批手续,符合合同法第五十二条第(五)项的规定,应为无效。

无效协议自始没有效力,部分无效,不影响其他部分效力。陈允斗所诉村委会违约行为的请求,没有法律依据,不予采纳。协议无效涉及的损失赔偿,应以签约时双方的过错情况予以考虑。但鉴于陈允斗在一审中并未主张村委会应承担缔约过失责任及举出相关证据,因此,其所称损失应予赔偿的理由,法律依据不充分,不予支持。该院于2007年7月30日作出(2007)辽民二终字第91号民事判决,驳回上诉,维持原判。

陈允斗不服二审判决,向辽宁高院申请再审称:(1)二审判决认定事实、适用法律均有错误。二审法院将陈允斗与村委会之间的租赁关系认定为采矿权的承包转让关系,并认定协议没有履行法定强制性规定的审批手续的主要证据不足,认定事实错误。二审判决依据法律、行政法规和行政规章的规定,认定协议无效属适用法律错误。该判决依据之一的《矿业权出让转让管理暂行规定》是行政规章,不能作为认定协议无效的依据。即便当事人未办理登记手续也不影响协议的效力,因为相关法律和行政法规既未规定采矿租赁协议应当办理登记手续,更未规定登记后才生效。(2)村委会的违约行为,致使陈允斗未能完全取得金矿租赁权,村委会应当承担违约责任,赔偿给陈允斗造成的损失。故请求:(1)撤销本案二审判决;(2)改判按照租赁协议约定,村委会交付第一金矿给陈允斗;如不能交付,则由第二金矿代为履行五年;顺延履行第二金矿的协议期限三年;(3)村委会赔偿陈允斗经济损失160万元。

村委会再审答辩称:原审判决正确,应予维持。

辽宁高院于2008年5月20日以(2007)辽立民监字第489号民事裁定书裁定再审本案。

辽宁高院再审查明:2001年10月14日,村委会填报《采矿权出租申请登记表》,此表载明租赁期限为五年,宽甸满族自治县地矿办公室及丹东市规划和国土资源局签署同意,但未经辽宁省国土资源厅审批。有效期分别截至2004年4月30日和2006年4月30日的《企业法人执照》副本载明,陈允斗是第二金矿的法定代表人,村委会于2005年7月5日决定免去陈允斗该职务,任命江新德为该矿法定代表人。

辽宁高院再审查明的其他事实与二审查明的事实一致。

辽宁高院再审认为:关于涉案租赁协议是否有效的问题。根据矿产资源法第六条、《探矿权采矿权转让管理办法》第三条第(二)项规定:除非发生合并、分立、合资、合营等几种变更企业资产产权的情形,变更采矿权主体,经依法批准可以将采矿权转让外,不得转让采矿权。《矿业权出让转让管理暂行规定》第三十六条规定:矿业权转让是指矿业权人将矿业权转移的行为,包括出售、作价出资、合作、重组改制等;矿业权的出租、抵押,按照矿业权转让的条件和程序进行管理,由原发证机关审查批准。上述法律、行政法规对采矿权的出租及其他转让方式设定了强行性规范。对涉案金矿采矿权的出租,亦应符合国务院规定的条件,并按照条件和程序管理,由原发证机关审查批准。陈允斗与村委会于2001年填报的《采矿权出租申请登记表》,虽经宽甸满族自治县地矿办公室及丹东市规划和国土资源局同意,但其是作为下一级地矿主管部门的审查意见呈请审批的,是请批过程中需要履行的行政程序,不具有行政许可的效力。根据矿产资源法第十一条第二款的规定,市级地矿部门没有审批权。在辽宁省国土资源厅作出行政许可前,应认定该项请批尚处于申请阶段,并未得到审批管理机关的批准。因此,本案金矿租赁协议因违反法律的强制性规定而无效。

关于村委会是否构成违约、应否对陈允斗进行赔偿的问题。因涉案租赁协议无效,故不存在按该协议有效追究违约责任的问题。无效的后果是在当事人之间产生返还财产及赔偿损失的请求权。陈允斗在一、二审及再审程序中,均要求追究违约赔偿责任,而未诉缔约过失责任。鉴于陈允斗并未以村委会应承担缔约过失责任诉请赔偿损失和提供证据,因此,其所提由于第一金矿没有交付,致使其投入巨资重新打造井巷工程造成的损失予以赔偿的理由,法律依据不充分,不应支持。

经辽宁高院审判委员会讨论决定,该院于2009年8月14日作出(2008)辽民再字第26号民事判决,维持(2007)辽民二终字第91号民事判决。

陈允斗不服(2008)辽民再字第26号民事再审判决,于2009年11月27日向本院申诉称,其与村委会之间是租赁合同关系,租赁合同内容不违反法律的强制性规定,而且按照有关规定履行了登记手续,辽宁省国土资源厅亦在2002年为其办理过采矿许可证,原再审判决认定协议无效是错误的。再则,在程绍武诉村委会和陈允斗一案中,法院已经认定本案所涉租赁协议有效,并据此驳回程绍武的诉讼请求。同样的协议,原审法院作出相反的判决,显然错误。故请求:(1)撤销辽宁高院(2008)辽民再字第26号民事判决;(2)支持陈允斗的诉讼请求。

本院再审查明:涉案租赁协议签订后,陈允斗依约一次性交清了补偿金(即租金)54万元。2006年10月9日,村委会与程显锋签订《宽甸县虎山镇老边墙村第二金矿采矿权转让协议书》。此后,程显锋又将该矿的采矿许可证办理到自己名下,成为该矿的采矿权人,有效期至2012年3月7日。村委会现已不是第一金矿、第二金矿的采矿权人。

本院查明的其他事实与辽宁高院查明的事实一致。

本院认为,本案是出租人村委会与承租人陈允斗因《老边墙金矿租赁协议书》的履行发生的纠纷,在此法律关系中,村委会是采矿权人,双方约定租赁的是采矿权而非包括采矿设备在内的整个矿山。采矿权租赁是采矿权转让的一种特殊形式,不发生采矿权主体的变更。根据本案当事人主张的民事法律关系性质,应确定本案案由为采矿权转让合同纠纷。原判决确定本案案由为“矿山租赁合同租期延续及赔偿纠纷”不妥,应予变更。

根据本院查明的事实和双方当事人的诉辩情况,本案当事人争议的焦点问题是:(1)涉案《老边墙金矿租赁协议书》是否有效;(2)村委会是否违约并应承担违约责任以及租赁协议应否继续履行。现分别分析论述如下:

一、关于涉案《老边墙金矿租赁协议书》的效力问题

陈允斗主张涉案租赁协议有效。其理由是:(1)涉案金矿此前已办理采矿许可证并已承包给他人;(2)当地县、市国土部门已同意村委会报批的采矿权出租申请,只因另一诉讼影响未办成;(3)在另一类似诉讼中法院认定采矿权租赁协议有效。村委会则主张涉案租赁协议未经辽宁省国土资源厅批准,因此无效。本院认为,采矿业属于特许行业,根据有关法律、行政法规的规定,取得涉案金矿的采矿权和租赁权都要经过辽宁省国土资源厅审批,其中任何一项权利未经批准,其采矿行为不受法律保护。1998年2月12日国务院《探矿权采矿权转让管理办法》第十条第三款规定:“批准转让的,转让合同自批准之日起生效。”2000年11月1日国土资源部《矿业权出让转让管理暂行规定》第三十六条第二款规定:“矿业权的出租、抵押,按照矿业权转让的条件和程序进行管理,由原发证机关审查批准。”据此,本院认定涉案租赁协议已合法成立,尚未生效,该协议条款对双方当事人没有约束力,也不产生违约责任。

涉案《老边墙金矿租赁告示》和《老边墙金矿租赁协议书》均属于合同的组成部

分，后者是对前者的确认和补充。两者第四条均约定："金矿所有手续由承包者自行办理，费用自负。"后者还约定："如因有关手续办理不妥无法开采，租金不予返还。所造成的损失亦由乙方（即陈允斗）负担。"由此看出，协议约定的办理金矿所有手续的义务人是陈允斗，手续办理不全的责任亦由陈允斗承担。签约当时，陈允斗明知村委会尚未从原承包人手中收回采矿许可证，租赁该金矿会冒巨大商业风险，却执意投标并签订上述协议，是一种甘冒风险的行为。协议签订后，村委会积极办理采矿权租赁审批手续，当地县、市政府有关主管部门已审核同意，只因程绍武拒不交出原采矿许可证并起诉村委会而未获辽宁省国土资源厅批准。村委会对此尽了协助义务，没有过错。据此，村委会对采矿权租赁手续不全并不构成违约，不应承担违约责任。

二、关于村委会是否违约并应承担违约责任以及租赁协议应否继续履行的问题

陈允斗主张村委会未办理全部采矿许可证并交付涉案金矿，使其不得不重开巷道，构成违约，应承担违约责任。村委会则主张涉案租赁协议无效，不产生违约责任。本院认为，涉案租赁协议签订后，由于多种原因导致协议没有全部履行，致使陈允斗无法正常开矿，确实遭受了经济损失。但由于该协议未生效，对双方当事人不具有约束力，陈允斗遭受的损失不能依据该协议的违约条款获得救济，故对于陈允斗主张的协议无法履行的责任在村委会，村委会应承担违约责任的主张，不予支持。出租采矿权以拥有合法采矿权为前提，鉴于目前村委会已不是涉案金矿的采矿权主体，丧失了履约条件和能力，依约办理相关审批手续，继续履行涉案租赁协议已不可能，对于陈允斗关于涉案租赁协议应继续履行的主张，本院不予支持。

陈允斗虽然因采矿遭受了经济损失，但其在明知租赁协议未生效的情况下，擅自开挖巷道，属于违法开采行为，该行为不受法律保护，后果自负。对其关于村委会因违约应赔偿其160万元的请求，因缺乏法律依据，本院不予支持。涉案租赁协议未生效，村委会据此取得的陈允斗交付的租金本应返还，但鉴于陈允斗在本案中对此未提出主张，本院不能直接判决返还，陈允斗可以另寻法律途径解决。

综上，涉案采矿权租赁协议未生效，村委会不应承担违约责任。退一步讲，即使认定租赁协议有效，鉴于该协议均约定村委会免责，陈允斗对不能依约采矿经营产生的风险自担，村委会同样不应承担违约责任。鉴于村委会现已不是采矿权主体，涉案租赁协议已无法继续履行，陈允斗主张继续履行该协议的依据不足，对其诉求不予支持。辽宁高院再审判决认定事实基本清楚，虽在认定涉案租赁协议无效和案由方面存在瑕疵，但判决结果正确，应予维持。依照《中华人民共和国民事诉讼法》第一百八十六条第一款、《最高人民法院关于适用〈中华人民共和国民事诉讼法〉审判监督程序若干问题的解释》第三十七条的规定，判决如下：

维持辽宁省高级人民法院（2008）辽民再字第26号民事判决。

本判决为终审判决。

五、担保物权

1. 一般规定

中华人民共和国民法典(节录)

1. 2020年5月28日第十三届全国人民代表大会第三次会议通过
2. 2020年5月28日中华人民共和国主席令第45号公布
3. 自2021年1月1日起施行

第二编 物 权

第四分编 担 保 物 权

第十六章 一 般 规 定

第三百八十六条 【担保物权的定义】担保物权人在债务人不履行到期债务或者发生当事人约定的实现担保物权的情形,依法享有就担保财产优先受偿的权利,但是法律另有规定的除外。

第三百八十七条 【担保物权的适用范围和反担保】债权人在借贷、买卖等民事活动中,为保障实现其债权,需要担保的,可以依照本法和其他法律的规定设立担保物权。

第三人为债务人向债权人提供担保的,可以要求债务人提供反担保。反担保适用本法和其他法律的规定。

第三百八十八条 【担保合同】设立担保物权,应当依照本法和其他法律的规定订立担保合同。担保合同包括抵押合同、质押合同和其他具有担保功能的合同。担保合同是主债权债务合同的从合同。主债权债务合同无效的,担保合同无效,但是法律另有规定的除外。

担保合同被确认无效后,债务人、担保人、债权人有过错的,应当根据其过错各自承担相应的民事责任。

第三百八十九条 【担保物权的担保范围】担保物权的担保范围包括主债权及其利息、违约金、损害赔偿金、保管担保财产和实现担保物权的费用。当事人另有约定的,按照其约定。

第三百九十条 【担保物权的物上代位性及代位物的提存】担保期间,担保财产毁损、灭失或者被征收等,担保物权人可以就获得的保险金、赔偿金或者补偿金等优先受偿。被担保债权的履行期限未届满的,也可以提存该保险金、赔偿金或者补偿金等。

第三百九十一条 【未经担保人同意转移债务的法律后果】第三人提供担保,未经其书面同意,债权人允许债务人转移全部或者部分债务的,担保人不再承担相应的担保责任。

第三百九十二条 【人保和物保并存时担保权的实行规则】被担保的债权既有物的担保又有人的担保的,债务人不履行到期债务或者发生当事人约定的实现担保物权的情形,债权人应当按照约定实现债权;没有约定或者约定不明确,债务人自己提供物的担保的,债权人应当先就该物的担保实现债权;第三人提供物的担保的，债权人可以就物的担保实现债权，也可以请求保证人承担保证责任。提供担保的第三人承担担保责任后，有权向债务人追偿。

第三百九十三条 【担保物权消灭事由】有下列情形之一的，担保物权消灭：

（一）主债权消灭；

（二）担保物权实现；

（三）债权人放弃担保物权；

（四）法律规定担保物权消灭的其他情形。

第十七章 抵 押 权

第一节 一般抵押权

第三百九十四条 【抵押权的定义】为担保债务的履行，债务人或者第三人不转移财产的占有，将该财产抵押给债权人的，债务人不履行到期债务或者发生当事人约定的实现抵押权的情形，债权人有权就该财产优先受偿。

前款规定的债务人或者第三人为抵押人，债权人为抵押权人，提供担保的财产为抵押财产。

第三百九十五条 【抵押财产的范围】债务人或者第三人有权处分的下列财产可以抵押：

（一）建筑物和其他土地附着物；

（二）建设用地使用权；

（三）海域使用权；

（四）生产设备、原材料、半成品、产品；

（五）正在建造的建筑物、船舶、航空器；

（六）交通运输工具；

（七）法律、行政法规未禁止抵押的其他财产。

抵押人可以将前款所列财产一并抵押。

第三百九十六条 【浮动抵押】企业、个体工商户、农业生产经营者可以将现有的以及将有的生产设备、原材料、半成品、产品抵押，债务人不履行到期债务或者发生当事人约定的实现抵押权的情形，债权人有权就抵押财产确定时的动产优先受偿。

第三百九十七条 【建筑物与建设用地使用权同时抵押规则】以建筑物抵押的，该建筑物占用范围内的建设用地使用权一并抵押。以建设用地使用权抵押的，该土地上的建筑物一并抵押。

抵押人未依据前款规定一并抵押的，未抵押的财产视为一并抵押。

第三百九十八条 【乡镇、村企业的建设用地使用权抵押限制】乡镇、村企业的建设用地使用权不得单独抵押。以乡镇、村企业的厂房等建筑物抵押的，其占用范围内的建设用地使用权一并抵押。

第三百九十九条 【禁止抵押的财产范围】下列财产不得抵押：

（一）土地所有权；

（二）宅基地、自留地、自留山等集体所有土地的使用权，但是法律规定可以抵押的除外；

（三）学校、幼儿园、医疗机构等为公益目的成立的非营利法人的教育设施、医疗卫生设施和其他公益设施；

（四）所有权、使用权不明或者有争议的财产；

（五）依法被查封、扣押、监管的财产；

（六）法律、行政法规规定不得抵押的其他财产。

第四百条 【抵押合同】设立抵押权，当事人应当采用书面形式订立抵押合同。

抵押合同一般包括下列条款：

（一）被担保债权的种类和数额；

（二）债务人履行债务的期限；

（三）抵押财产的名称、数量等情况；

（四）担保的范围。

第四百零一条 【流押】抵押权人在债务履行期限届满前，与抵押人约定债务人不履行到期债务时抵押财产归债权人所有的，只能依法就抵押财产优先受偿。

第四百零二条 【不动产抵押登记】以本法第三百九十五条第一款第一项至第三项规定的财产或者第五项规定的正在建造的建筑物抵押的，应当办理抵押登记。抵押权自登记时设立。

第四百零三条 【动产抵押的效力】以动产抵押的，抵押权自抵押合同生效时设立；未经登记，不得对抗善意第三人。

第四百零四条 【动产抵押权无追及效力】以动产抵押的，不得对抗正常经营活动中已经支付合理价款并取得抵押财产的买受人。

第四百零五条 【抵押权与租赁权的关系】抵押权设立前，抵押财产已经出租并转移占有的，原租赁关系不受该抵押权的影响。

第四百零六条 【抵押财产的处分】抵押期间，抵押人可以转让抵押财产。当事人另有约定的，按照其约定。抵押财产转让的，抵押权不受影响。

抵押人转让抵押财产的，应当及时通知抵押权人。抵押权人能够证明抵押财产转让可能损害抵押权的，可以请求抵押人将转让所得的价款向抵押权人提前清偿债务或者提存。转让的价款超过债权数额的部分归抵押人所有，不足部分由债务人清偿。

第四百零七条 【抵押权处分的从属性】抵押权不得与债权分离而单独转让或者作为其他债权的担保。债权转让的，担保该债权的抵押权一并转让，但是法律另有规定或者当事人另有约定的除外。

第四百零八条 【抵押权的保护】抵押人的行为足以使抵押财产价值减少的，抵押权人有权请求抵押人停止其行为；抵押财产价值减少的，抵押权人有权请求恢复抵押财产的价值，或者提供与减少的价值相应的担保。抵押人不恢复抵押财产的价值，也不提供担保的，抵押权人有权请求债务人提前清偿债务。

第四百零九条 【抵押权及其顺位的处分】抵押权人可以放弃抵押权或者抵押权的顺位。抵押权人与抵押人可以协议变更抵押权顺位以及被担保的债权数额等内容。但是，抵押权的变更未经其他抵押权人书面同意的，不得对其他抵押权人产生不利影响。

债务人以自己的财产设定抵押，抵押权人放弃该抵押权、抵押权顺位或者变更抵押权的，其他担保人在抵押权人丧失优先受偿权益的范围内免除担保责任，但是其他担保人承诺仍然提供担保的除外。

第四百一十条 【抵押权的实现】债务人不履行到期债务或者发生当事人约定的实现抵押权的情形，抵押权人可以与抵押人协议以抵押财产折价或者以拍卖、变卖该抵押财产所得的价款优先受偿。协议损害其他债权人利益的，其他债权人可以请求人民法院撤销该协议。

抵押权人与抵押人未就抵押权实现方式达成协议的，抵押权人可以请求人民法院拍卖、变卖抵押财产。

抵押财产折价或者变卖的，应当参照市场价格。

第四百一十一条 【浮动抵押财产的确定】依据本法第三百九十六条规定设定抵押的，抵押财产自下列情形之一发生时确定：

（一）债务履行期限届满，债权未实现；

（二）抵押人被宣告破产或者解散；

（三）当事人约定的实现抵押权的情形；

（四）严重影响债权实现的其他情形。

第四百一十二条　【抵押权对抵押财产孳息的效力】债务人不履行到期债务或者发生当事人约定的实现抵押权的情形，致使抵押财产被人民法院依法扣押的，自扣押之日起，抵押权人有权收取该抵押财产的天然孳息或者法定孳息，但是抵押权人未通知应当清偿法定孳息义务人的除外。

前款规定的孳息应当先充抵收取孳息的费用。

第四百一十三条　【抵押财产变价后的处理】抵押财产折价或者拍卖、变卖后，其价款超过债权数额的部分归抵押人所有，不足部分由债务人清偿。

第四百一十四条　【数个抵押权的清偿顺序】同一财产向两个以上债权人抵押的，拍卖、变卖抵押财产所得的价款依照下列规定清偿：

（一）抵押权已经登记的，按照登记的时间先后确定清偿顺序；

（二）抵押权已经登记的先于未登记的受偿；

（三）抵押权未登记的，按照债权比例清偿。

其他可以登记的担保物权，清偿顺序参照适用前款规定。

第四百一十五条　【抵押权与质权的清偿顺序】同一财产既设立抵押权又设立质权的，拍卖、变卖该财产所得的价款按照登记、交付的时间先后确定清偿顺序。

第四百一十六条　【动产购买价款抵押担保的优先权】动产抵押担保的主债权是抵押物的价款，标的物交付后十日内办理抵押登记的，该抵押权人优先于抵押物买受人的其他担保物权人受偿，但是留置权人除外。

第四百一十七条　【抵押权对新增建筑物的效力】建设用地使用权抵押后，该土地上新增的建筑物不属于抵押财产。该建设用地使用权实现抵押权时，应当将该土地上新增的建筑物与建设用地使用权一并处分。但是，新增建筑物所得的价款，抵押权人无权优先受偿。

第四百一十八条　【集体所有土地使用权抵押权的实行效果】以集体所有土地的使用权依法抵押的，实现抵押权后，未经法定程序，不得改变土地所有权的性质和土地用途。

第四百一十九条　【抵押权存续期间】抵押权人应当在主债权诉讼时效期间行使抵押权；未行使的，人民法院不予保护。

第二节　最高额抵押权

第四百二十条　【最高额抵押权的定义】为担保债务的履行，债务人或者第三人对一定期间内将要连续发生的债权提供担保财产的，债务人不履行到期债务或者发生当事人约定的实现抵押权的情形，抵押权人有权在最高债权额限度内就该担保财产优先受偿。

最高额抵押权设立前已经存在的债权，经当事人同意，可以转入最高额抵押担保的债权范围。

第四百二十一条　【最高额抵押权担保的债权转让】最高额抵押担保的债权确定前，部分债权转让的，最高额抵押权不得转让，但是当事人另有约定的除外。

**第四百二十二条　【最高额抵押合同条款

变更】最高额抵押担保的债权确定前，抵押权人与抵押人可以通过协议变更债权确定的期间、债权范围以及最高债权额。但是，变更的内容不得对其他抵押权人产生不利影响。

第四百二十三条　【最高额抵押权所担保的债权确定】有下列情形之一的，抵押权人的债权确定：

（一）约定的债权确定期间届满；

（二）没有约定债权确定期间或者约定不明确，抵押权人或者抵押人自最高额抵押权设立之日起满二年后请求确定债权；

（三）新的债权不可能发生；

（四）抵押权人知道或者应当知道抵押财产被查封、扣押；

（五）债务人、抵押人被宣告破产或者解散；

（六）法律规定债权确定的其他情形。

第四百二十四条　【最高额抵押权的法律适用】最高额抵押权除适用本节规定外，适用本章第一节的有关规定。

第十八章　质　　权

第一节　动 产 质 权

第四百二十五条　【动产质权的定义】为担保债务的履行，债务人或者第三人将其动产出质给债权人占有的，债务人不履行到期债务或者发生当事人约定的实现质权的情形，债权人有权就该动产优先受偿。

前款规定的债务人或者第三人为出质人，债权人为质权人，交付的动产为质押财产。

第四百二十六条　【禁止质押的动产范围】法律、行政法规禁止转让的动产不得出质。

第四百二十七条　【质押合同】设立质权，当事人应当采用书面形式订立质押合同。

质押合同一般包括下列条款：

（一）被担保债权的种类和数额；

（二）债务人履行债务的期限；

（三）质押财产的名称、数量等情况；

（四）担保的范围；

（五）质押财产交付的时间、方式。

第四百二十八条　【流质】质权人在债务履行期限届满前，与出质人约定债务人不履行到期债务时质押财产归债权人所有的，只能依法就质押财产优先受偿。

第四百二十九条　【质权生效时间】质权自出质人交付质押财产时设立。

第四百三十条　【质权人孳息收取权及孳息首要清偿用途】质权人有权收取质押财产的孳息，但是合同另有约定的除外。

前款规定的孳息应当先充抵收取孳息的费用。

第四百三十一条　【质权人擅自使用、处分质押财产的责任】质权人在质权存续期间，未经出质人同意，擅自使用、处分质押财产，造成出质人损害的，应当承担赔偿责任。

第四百三十二条　【质权人的保管义务和赔偿责任】质权人负有妥善保管质押财产的义务；因保管不善致使质押财产毁损、灭失的，应当承担赔偿责任。

质权人的行为可能使质押财产毁损、灭失的，出质人可以请求质权人将质押财产提存，或者请求提前清偿债务并返还质押财产。

第四百三十三条　【质权的保护】因不可归责于质权人的事由可能使质押财产毁损或者价值明显减少，足以危害质权人权利的，质权人有权请求出质人提供相应的担保；出质人不提供的，质权人可以拍卖、变卖质押财产，并与出质人协议将拍卖、变卖所得的价款提前清偿债务或者提存。

第四百三十四条 【责任转质】质权人在质权存续期间，未经出质人同意转质，造成质押财产毁损、灭失的，应当承担赔偿责任。

第四百三十五条 【质权的放弃】质权人可以放弃质权。债务人以自己的财产出质，质权人放弃该质权的，其他担保人在质权人丧失优先受偿权益的范围内免除担保责任，但是其他担保人承诺仍然提供担保的除外。

第四百三十六条 【质物返还及质权实现】债务人履行债务或者出质人提前清偿所担保的债权的，质权人应当返还质押财产。

债务人不履行到期债务或者发生当事人约定的实现质权的情形，质权人可以与出质人协议以质押财产折价，也可以就拍卖、变卖质押财产所得的价款优先受偿。

质押财产折价或者变卖的，应当参照市场价格。

第四百三十七条 【质权的及时行使】出质人可以请求质权人在债务履行期限届满后及时行使质权；质权人不行使的，出质人可以请求人民法院拍卖、变卖质押财产。

出质人请求质权人及时行使质权，因质权人怠于行使权利造成出质人损害的，由质权人承担赔偿责任。

第四百三十八条 【质押财产变价后的处理】质押财产折价或者拍卖、变卖后，其价款超过债权数额的部分归出质人所有，不足部分由债务人清偿。

第四百三十九条 【最高额质权】出质人与质权人可以协议设立最高额质权。

最高额质权除适用本节有关规定外，参照适用本编第十七章第二节的有关规定。

第二节 权利质权

第四百四十条 【权利质权的范围】债务人或者第三人有权处分的下列权利可以出质：

（一）汇票、本票、支票；

（二）债券、存款单；

（三）仓单、提单；

（四）可以转让的基金份额、股权；

（五）可以转让的注册商标专用权、专利权、著作权等知识产权中的财产权；

（六）现有的以及将有的应收账款；

（七）法律、行政法规规定可以出质的其他财产权利。

第四百四十一条 【有价证券出质的质权的设立】以汇票、本票、支票、债券、存款单、仓单、提单出质的，质权自权利凭证交付质权人时设立；没有权利凭证的，质权自办理出质登记时设立。法律另有规定的，依照其规定。

第四百四十二条 【有价证券出质的质权的特别实现方式】汇票、本票、支票、债券、存款单、仓单、提单的兑现日期或者提货日期先于主债权到期的，质权人可以兑现或者提货，并与出质人协议将兑现的价款或者提取的货物提前清偿债务或者提存。

第四百四十三条 【以基金份额、股权出质的质权设立及转让限制】以基金份额、股权出质的，质权自办理出质登记时设立。

基金份额、股权出质后，不得转让，但是出质人与质权人协商同意的除外。出质人转让基金份额、股权所得的价款，应当向质权人提前清偿债务或者提存。

第四百四十四条 【以知识产权中的财产权出质的质权的设立及转让限制】以注

册商标专用权、专利权、著作权等知识产权中的财产权出质的,质权自办理出质登记时设立。

知识产权中的财产权出质后,出质人不得转让或者许可他人使用,但是出质人与质权人协商同意的除外。出质人转让或者许可他人使用出质的知识产权中的财产权所得的价款,应当向质权人提前清偿债务或者提存。

第四百四十五条 【以应收账款出质的质权的设立及转让限制】以应收账款出质的,质权自办理出质登记时设立。

应收账款出质后,不得转让,但是出质人与质权人协商同意的除外。出质人转让应收账款所得的价款,应当向质权人提前清偿债务或者提存。

第四百四十六条 【权利质权的法律适用】权利质权除适用本节规定外,适用本章第一节的有关规定。

第十九章 留 置 权

第四百四十七条 【留置权的定义】债务人不履行到期债务,债权人可以留置已经合法占有的债务人的动产,并有权就该动产优先受偿。

前款规定的债权人为留置权人,占有的动产为留置财产。

第四百四十八条 【留置财产与债权的关系】债权人留置的动产,应当与债权属于同一法律关系,但是企业之间留置的除外。

第四百四十九条 【留置权适用范围限制】法律规定或者当事人约定不得留置的动产,不得留置。

第四百五十条 【留置财产为可分物的特殊规定】留置财产为可分物的,留置财产的价值应当相当于债务的金额。

第四百五十一条 【留置权人的保管义务】留置权人负有妥善保管留置财产的义务;因保管不善致使留置财产毁损、灭失的,应当承担赔偿责任。

第四百五十二条 【留置权人收取孳息的权利】留置权人有权收取留置财产的孳息。

前款规定的孳息应当先充抵收取孳息的费用。

第四百五十三条 【留置权债务人的债务履行期】留置权人与债务人应当约定留置财产后的债务履行期限;没有约定或者约定不明确的,留置权人应当给债务人六十日以上履行债务的期限,但是鲜活易腐等不易保管的动产除外。债务人逾期未履行的,留置权人可以与债务人协议以留置财产折价,也可以就拍卖、变卖留置财产所得的价款优先受偿。

留置财产折价或者变卖的,应当参照市场价格。

第四百五十四条 【留置权债务人的请求权】债务人可以请求留置权人在债务履行期限届满后行使留置权;留置权人不行使的,债务人可以请求人民法院拍卖、变卖留置财产。

第四百五十五条 【留置权的实现】留置财产折价或者拍卖、变卖后,其价款超过债权数额的部分归债务人所有,不足部分由债务人清偿。

第四百五十六条 【留置权、抵押权与质权竞合时的顺位原则】同一动产上已经设立抵押权或者质权,该动产又被留置的,留置权人优先受偿。

第四百五十七条 【留置权消灭的特殊情形】留置权人对留置财产丧失占有或者留置权人接受债务人另行提供担保的,留置权消灭。

最高人民法院关于适用《中华人民共和国担保法》若干问题的解释

1. *2000年9月29日最高人民法院审判委员会第1133次会议通过*
2. *2000年12月8日公布*
3. *法释〔2000〕44号*
4. *自2000年12月13日起施行*

为了正确适用《中华人民共和国担保法》(以下简称担保法),结合审判实践经验,对人民法院审理担保纠纷案件适用法律问题作出如下解释。

一、关于总则部分的解释

第一条 当事人对由民事关系产生的债权,在不违反法律、法规强制性规定的情况下,以担保法规定的方式设定担保的,可以认定为有效。

第二条 反担保人可以是债务人,也可以是债务人之外的其他人。

反担保方式可以是债务人提供的抵押或者质押,也可以是其他人提供的保证、抵押或者质押。

第三条 国家机关和以公益为目的的事业单位、社会团体违反法律规定提供担保的,担保合同无效。因此给债权人造成损失的,应当根据担保法第五条第二款的规定处理。

第四条 董事、经理违反《中华人民共和国公司法》第六十条的规定,以公司资产为本公司的股东或者其他个人债务提供担保的,担保合同无效。除债权人知道或者应当知道的外,债务人、担保人应当对债权人的损失承担连带赔偿责任。

第五条 以法律、法规禁止流通的财产或者不可转让的财产设定担保的,担保合同无效。

以法律、法规限制流通的财产设定担保的,在实现债权时,人民法院应当按照有关法律、法规的规定对该财产进行处理。

第六条 有下列情形之一的,对外担保合同无效:

(一)未经国家有关主管部门批准或者登记对外担保的;

(二)未经国家有关主管部门批准或者登记,为境外机构向境内债权人提供担保的;

(三)为外商投资企业注册资本、外商投资企业中的外方投资部分的对外债务提供担保的;

(四)无权经营外汇担保业务的金融机构、无外汇收入的非金融性质的企业法人提供外汇担保的;

(五)主合同变更或者债权人将对外担保合同项下的权利转让,未经担保人同意和国家有关主管部门批准的,担保人不再承担担保责任。但法律、法规另有规定的除外。

第七条 主合同有效而担保合同无效,债权人无过错的,担保人与债务人对主合同债权人的经济损失,承担连带赔偿责任;债权人、担保人有过错的,担保人承担民事责任的部分,不应超过债务人不能清偿部分的二分之一。

第八条 主合同无效而导致担保合同无效,担保人无过错的,担保人不承担民事责任;担保人有过错的,担保人承担民事责任的部分,不应超过债务人不能清偿部分的三分之一。

第九条 担保人因无效担保合同向债权人承担赔偿责任后,可以向债务人追偿,或者在承担赔偿责任的范围内，要求有过错的反担保人承担赔偿责任。

担保人可以根据承担赔偿责任的事实对债务人或者反担保人另行提起诉讼。

第十条 主合同解除后，担保人对债务人应当承担的民事责任仍应承担担保责任。但是，担保合同另有约定的除外。

第十一条 法人或者其他组织的法定代表人、负责人超越权限订立的担保合同，除相对人知道或者应当知道其超越权限的以外，该代表行为有效。

第十二条 当事人约定的或者登记部门要求登记的担保期间，对担保物权的存续不具有法律约束力。

担保物权所担保的债权的诉讼时效结束后，担保权人在诉讼时效结束后的二年内行使担保物权的，人民法院应当予以支持。

二、关于保证部分的解释

第十三条 保证合同中约定保证人代为履行非金钱债务的，如果保证人不能实际代为履行，对债权人因此造成的损失，保证人应当承担赔偿责任。

第十四条 不具有完全代偿能力的法人、其他组织或者自然人，以保证人身份订立保证合同后，又以自己没有代偿能力要求免除保证责任的，人民法院不予支持。

第十五条 担保法第七条规定的其他组织主要包括：

（一）依法登记领取营业执照的独资企业、合伙企业；

（二）依法登记领取营业执照的联营企业；

（三）依法登记领取营业执照的中外合作经营企业；

（四）经民政部门核准登记的社会团体；

（五）经核准登记领取营业执照的乡镇、街道、村办企业。

第十六条 从事经营活动的事业单位、社会团体为保证人的，如无其他导致保证合同无效的情况，其所签定的保证合同应当认定为有效。

第十七条 企业法人的分支机构未经法人书面授权提供保证的，保证合同无效。因此给债权人造成损失的，应当根据担保法第五条第二款的规定处理。

企业法人的分支机构经法人书面授权提供保证的，如果法人的书面授权范围不明，法人的分支机构应当对保证合同约定的全部债务承担保证责任。

企业法人的分支机构经营管理的财产不足以承担保证责任的，由企业法人承担民事责任。

企业法人的分支机构提供的保证无效后应当承担赔偿责任的，由分支机构经营管理的财产承担。企业法人有过错的，按照担保法第二十九条的规定处理。

第十八条 企业法人的职能部门提供保证的，保证合同无效。债权人知道或者应当知道保证人为企业法人的职能部门的，因此造成的损失由债权人自行承担。

债权人不知保证人为企业法人的职能部门，因此造成的损失，可以参照担保法第五条第二款的规定和第二十九条的规定处理。

第十九条 两个以上保证人对同一债务同时或者分别提供保证时，各保证人与债权人没有约定保证份额的，应当认定为连带共同保证。

连带共同保证的保证人以其相互之间约定各自承担的份额对抗债权人的，人民法院不予支持。

第二十条 连带共同保证的债务人在主合

同规定的债务履行期届满没有履行债务的，债权人可以要求债务人履行债务，也可以要求任何一个保证人承担全部保证责任。

连带共同保证的保证人承担保证责任后，向债务人不能追偿的部分，由各连带保证人按其内部约定的比例分担。没有约定的，平均分担。

第二十一条 按份共同保证的保证人按照保证合同约定的保证份额承担保证责任后，在其履行保证责任的范围内对债务人行使追偿权。

第二十二条 第三人单方以书面形式向债权人出具担保书，债权人接受且未提出异议的，保证合同成立。

主合同中虽然没有保证条款，但是，保证人在主合同上以保证人的身份签字或者盖章的，保证合同成立。

第二十三条 最高额保证合同的不特定债权确定后，保证人应当对在最高债权额限度内就一定期间连续发生的债权余额承担保证责任。

第二十四条 一般保证的保证人在主债权履行期间届满后，向债权人提供了债务人可供执行财产的真实情况的，债权人放弃或者怠于行使权利致使该财产不能被执行，保证人可以请求人民法院在其提供可供执行财产的实际价值范围内免除保证责任。

第二十五条 担保法第十七条第三款第（一）项规定的债权人要求债务人履行债务发生的重大困难情形，包括债务人下落不明、移居境外，且无财产可供执行。

第二十六条 第三人向债权人保证监督支付专款专用的，在履行了监督支付专款专用的义务后，不再承担责任。未尽监督义务造成资金流失的，应当对流失的资金承担补充赔偿责任。

第二十七条 保证人对债务人的注册资金提供保证的，债务人的实际投资与注册资金不符，或者抽逃转移注册资金的，保证人在注册资金不足或者抽逃转移注册资金的范围内承担连带保证责任。

第二十八条 保证期间，债权人依法将主债权转让给第三人的，保证债权同时转让，保证人在原保证担保的范围内对受让人承担保证责任。但是保证人与债权人事先约定仅对特定的债权人承担保证责任或者禁止债权转让的，保证人不再承担保证责任。

第二十九条 保证期间，债权人许可债务人转让部分债务未经保证人书面同意的，保证人对未经其同意转让部分的债务，不再承担保证责任。但是，保证人仍应当对未转让部分的债务承担保证责任。

第三十条 保证期间，债权人与债务人对主合同数量、价款、币种、利率等内容作了变动，未经保证人同意的，如果减轻债务人的债务的，保证人仍应当对变更后的合同承担保证责任；如果加重债务人的债务的，保证人对加重的部分不承担保证责任。

债权人与债务人对主合同履行期限作了变动，未经保证人书面同意的，保证期间为原合同约定的或者法律规定的期间。

债权人与债务人协议变动主合同内容，但并未实际履行的，保证人仍应当承担保证责任。

第三十一条 保证期间不因任何事由发生中断、中止、延长的法律后果。

第三十二条 保证合同约定的保证期间早于或者等于主债务履行期限的，视为没有约定，保证期间为主债务履行期届满之日起六个月。

保证合同约定保证人承担保证责任直至主债务本息还清时为止等类似内容的，视为约定不明，保证期间为主债务履行期届满之日起二年。

第三十三条 主合同对主债务履行期限没有约定或者约定不明的，保证期间自债权人要求债务人履行义务的宽限期届满之日起计算。

第三十四条 一般保证的债权人在保证期间届满前对债务人提起诉讼或者申请仲裁的，从判决或者仲裁裁决生效之日起，开始计算保证合同的诉讼时效。

连带责任保证的债权人在保证期间届满前要求保证人承担保证责任的，从债权人要求保证人承担保证责任之日起，开始计算保证合同的诉讼时效。

第三十五条 保证人对已经超过诉讼时效期间的债务承担保证责任或者提供保证的，又以超过诉讼时效为由抗辩的，人民法院不予支持。

第三十六条 一般保证中，主债务诉讼时效中断，保证债务诉讼时效中断；连带责任保证中，主债务诉讼时效中断，保证债务诉讼时效不中断。

一般保证和连带责任保证中，主债务诉讼时效中止的，保证债务的诉讼时效同时中止。

第三十七条 最高额保证合同对保证期间没有约定或者约定不明的，如最高额保证合同约定有保证人清偿债务期限的，保证期间为清偿期限届满之日起六个月。没有约定债务清偿期限的，保证期间自最高额保证终止之日或自债权人收到保证人终止保证合同的书面通知到达之日起六个月。

第三十八条 同一债权既有保证又有第三人提供物的担保的，债权人可以请求保证人或者物的担保人承担担保责任。当事人对保证担保的范围或者物的担保的范围没有约定或者约定不明的，承担了担保责任的担保人，可以向债务人追偿，也可以要求其他担保人清偿其应当分担的份额。

同一债权既有保证又有物的担保的，物的担保合同被确认无效或者被撤销，或者担保物因不可抗力的原因灭失而没有代位物的，保证人仍应当按合同的约定或者法律的规定承担保证责任。

债权人在主合同履行期届满后怠于行使担保物权，致使担保物的价值减少或者毁损、灭失的，视为债权人放弃部分或者全部物的担保。保证人在债权人放弃权利的范围内减轻或者免除保证责任。

第三十九条 主合同当事人双方协议以新贷偿还旧贷，除保证人知道或者应当知道的外，保证人不承担民事责任。

新贷与旧贷系同一保证人的，不适用前款的规定。

第四十条 主合同债务人采取欺诈、胁迫等手段，使保证人在违背真实意思的情况下提供保证的，债权人知道或者应当知道欺诈、胁迫事实的，按照担保法第三十条的规定处理。

第四十一条 债务人与保证人共同欺骗债权人，订立主合同和保证合同的，债权人可以请求人民法院予以撤销。因此给债权人造成损失的，由保证人与债务人承担连带赔偿责任。

第四十二条 人民法院判决保证人承担保证责任或者赔偿责任的，应当在判决书主文中明确保证人享有担保法第三十一条规定的权利。判决书中未予明确追偿权的，保证人只能按照承担责任的事实，另行提起诉讼。

保证人对债务人行使追偿权的诉讼时效,自保证人向债权人承担责任之日起开始计算。

第四十三条 保证人自行履行保证责任时,其实际清偿额大于主债权范围的,保证人只能在主债权范围内对债务人行使追偿权。

第四十四条 保证期间,人民法院受理债务人破产案件的,债权人既可以向人民法院申报债权,也可以向保证人主张权利。

债权人申报债权后在破产程序中未受清偿的部分,保证人仍应当承担保证责任。债权人要求保证人承担保证责任的,应当在破产程序终结后六个月内提出。

第四十五条 债权人知道或者应当知道债务人破产,既未申报债权也未通知保证人,致使保证人不能预先行使追偿权的,保证人在该债权在破产程序中可能受偿的范围内免除保证责任。

第四十六条 人民法院受理债务人破产案件后,债权人未申报债权的,各连带共同保证的保证人应当作为一个主体申报债权,预先行使追偿权。

三、关于抵押部分的解释

第四十七条 以依法获准尚未建造的或者正在建造中的房屋或者其他建筑物抵押的,当事人办理了抵押物登记,人民法院可以认定抵押有效。

第四十八条 以法定程序确认为违法、违章的建筑物抵押的,抵押无效。

第四十九条 以尚未办理权属证书的财产抵押的,在第一审法庭辩论终结前能够提供权利证书或者补办登记手续的,可以认定抵押有效。

当事人未办理抵押物登记手续的,不得对抗第三人。

第五十条 以担保法第三十四条第一款所列财产一并抵押的,抵押财产的范围应当以登记的财产为准。抵押财产的价值在抵押权实现时予以确定。

第五十一条 抵押人所担保的债权超出其抵押物价值的,超出的部分不具有优先受偿的效力。

第五十二条 当事人以农作物和与其尚未分离的土地使用权同时抵押的,土地使用权部分的抵押无效。

第五十三条 学校、幼儿园、医院等以公益为目的的事业单位、社会团体,以其教育设施、医疗卫生设施和其他社会公益设施以外的财产为自身债务设定抵押的,人民法院可以认定抵押有效。

第五十四条 按份共有人以其共有财产中享有的份额设定抵押的,抵押有效。

共同共有人以其共有财产设定抵押,未经其他共有人的同意,抵押无效。但是,其他共有人知道或者应当知道而未提出异议的视为同意,抵押有效。

第五十五条 已经设定抵押的财产被采取查封、扣押等财产保全或者执行措施的,不影响抵押权的效力。

第五十六条 抵押合同对被担保的主债权种类、抵押财产没有约定或者约定不明,根据主合同和抵押合同不能补正或者无法推定的,抵押不成立。

法律规定登记生效的抵押合同签订后,抵押人违背诚实信用原则拒绝办理抵押登记致使债权人受到损失的,抵押人应当承担赔偿责任。

第五十七条 当事人在抵押合同中约定,债务履行期届满抵押权人未受清偿时,抵押物的所有权转移为债权人所有的内容无效。该内容的无效不影响抵押合同其他部分内容的效力。

债务履行期届满后抵押权人未受清偿时，抵押权人和抵押人可以协议以抵押物折价取得抵押物。但是，损害顺序在后的担保物权人和其他债权人利益的，人民法院可以适用合同法第七十四条、第七十五条的有关规定。

第五十八条 当事人同一天在不同的法定登记部门办理抵押物登记的，视为顺序相同。

因登记部门的原因致使抵押物进行连续登记的，抵押物第一次登记的日期，视为抵押登记的日期，并依此确定抵押权的顺序。

第五十九条 当事人办理抵押物登记手续时，因登记部门的原因致使其无法办理抵押物登记，抵押人向债权人交付权利凭证的，可以认定债权人对该财产有优先受偿权。但是，未办理抵押物登记的，不得对抗第三人。

第六十条 以担保法第四十二条第（二）项规定的不动产抵押的，县级以上地方人民政府对登记部门未作规定，当事人在土地管理部门或者房产管理部门办理了抵押物登记手续，人民法院可以确认其登记的效力。

第六十一条 抵押物登记记载的内容与抵押合同约定的内容不一致的，以登记记载的内容为准。

第六十二条 抵押物因附合、混合或者加工使抵押物的所有权为第三人所有的，抵押权的效力及于补偿金；抵押物所有人为附合物、混合物或者加工物的所有人的，抵押权的效力及于附合物、混合物或者加工物；第三人与抵押物所有人为附合物、混合物或者加工物的共有人的，抵押权的效力及于抵押人对共有物享有的份额。

第六十三条 抵押权设定前为抵押物的从物的，抵押权的效力及于抵押物的从物。但是，抵押物与其从物为两个以上的人分别所有时，抵押权的效力不及于抵押物的从物。

第六十四条 债务履行期届满，债务人不履行债务致使抵押物被人民法院依法扣押的，自扣押之日起抵押权人收取的由抵押物分离的天然孳息和法定孳息，按照下列顺序清偿：

（一）收取孳息的费用；

（二）主债权的利息；

（三）主债权。

第六十五条 抵押人将已出租的财产抵押的，抵押权实现后，租赁合同在有效期内对抵押物的受让人继续有效。

第六十六条 抵押人将已抵押的财产出租的，抵押权实现后，租赁合同对受让人不具有约束力。

抵押人将已抵押的财产出租时，如果抵押人未书面告知承租人该财产已抵押的，抵押人对出租抵押物造成承租人的损失承担赔偿责任；如果抵押人已书面告知承租人该财产已抵押的，抵押权实现造成承租人的损失，由承租人自己承担。

第六十七条 抵押权存续期间，抵押人转让抵押物未通知抵押权人或者未告知受让人的，如果抵押物已经登记的，抵押权人仍可以行使抵押权；取得抵押物所有权的受让人，可以代替债务人清偿其全部债务，使抵押权消灭。受让人清偿债务后可以向抵押人追偿。

如果抵押物未经登记的，抵押权不得对抗受让人，因此给抵押权人造成损失的，由抵押人承担赔偿责任。

第六十八条 抵押物依法被继承或者赠与的，抵押权不受影响。

第六十九条 债务人有多个普通债权人的，

在清偿债务时，债务人与其中一个债权人恶意串通，将其全部或者部分财产抵押给该债权人，因此丧失了履行其他债务的能力，损害了其他债权人的合法权益，受损害的其他债权人可以请求人民法院撤销该抵押行为。

第七十条 抵押人的行为足以使抵押物价值减少的，抵押权人请求抵押人恢复原状或提供担保遭到拒绝时，抵押权人可以请求债务人履行债务，也可以请求提前行使抵押权。

第七十一条 主债权未受全部清偿的，抵押权人可以就抵押物的全部行使其抵押权。

抵押物被分割或者部分转让的，抵押权人可以就分割或者转让后的抵押物行使抵押权。

第七十二条 主债权被分割或者部分转让的，各债权人可以就其享有的债权份额行使抵押权。

主债务被分割或者部分转让的，抵押人仍以其抵押物担保数个债务人履行债务。但是，第三人提供抵押的，债权人许可债务人转让债务未经抵押人书面同意的，抵押人对未经其同意转让的债务，不再承担担保责任。

第七十三条 抵押物折价或者拍卖、变卖该抵押物的价款低于抵押权设定时约定价值的，应当按照抵押物实现的价值进行清偿。不足清偿的剩余部分，由债务人清偿。

第七十四条 抵押物折价或者拍卖、变卖所得的价款，当事人没有约定的，按下列顺序清偿：

（一）实现抵押权的费用；

（二）主债权的利息；

（三）主债权。

第七十五条 同一债权有两个以上抵押人的，债权人放弃债务人提供的抵押担保的，其他抵押人可以请求人民法院减轻或者免除其应当承担的担保责任。

同一债权有两个以上抵押人的，当事人对其提供的抵押财产所担保的债权份额或者顺序没有约定或者约定不明的，抵押权人可以就其中任一或者各个财产行使抵押权。

抵押人承担担保责任后，可以向债务人追偿，也可以要求其他抵押人清偿其应当承担的份额。

第七十六条 同一动产向两个以上债权人抵押的，当事人未办理抵押物登记，实现抵押权时，各抵押权人按照债权比例受偿。

第七十七条 同一财产向两个以上债权人抵押的，顺序在先的抵押权与该财产的所有权归属一人时，该财产的所有权人可以以其抵押权对抗顺序在后的抵押权。

第七十八条 同一财产向两个以上债权人抵押的，顺序在后的抵押权所担保的债权先到期的，抵押权人只能就抵押物价值超出顺序在先的抵押担保债权的部分受偿。

顺序在先的抵押权所担保的债权先到期的，抵押权实现后的剩余价款应予提存，留待清偿顺序在后的抵押担保债权。

第七十九条 同一财产法定登记的抵押权与质权并存时，抵押权人优先于质权人受偿。

同一财产抵押权与留置权并存时，留置权人优先于抵押权人受偿。

第八十条 在抵押物灭失、毁损或者被征用的情况下，抵押权人可以就该抵押物的保险金、赔偿金或者补偿金优先受偿。

抵押物灭失、毁损或者被征用的情况下，抵押权所担保的债权未届清偿期的，抵押权人可以请求人民法院对保险金、赔偿金或补偿金等采取保全措施。

第八十一条 最高额抵押权所担保的债权范围，不包括抵押物因财产保全或者执行程序被查封后或债务人、抵押人破产后发生的债权。

第八十二条 当事人对最高额抵押合同的最高限额、最高额抵押期间进行变更，以其变更对抗顺序在后的抵押权人的，人民法院不予支持。

第八十三条 最高额抵押权所担保的不特定债权，在特定后，债权已届清偿期的，最高额抵押权人可以根据普通抵押权的规定行使其抵押权。

抵押权人实现最高额抵押权时，如果实际发生的债权余额高于最高限额的，以最高限额为限，超过部分不具有优先受偿的效力；如果实际发生的债权余额低于最高限额的，以实际发生的债权余额为限对抵押物优先受偿。

四、关于质押部分的解释

（一）动 产 质 押

第八十四条 出质人以其不具有所有权但合法占有的动产出质的，不知出质人无处分权的质权人行使质权后，因此给动产所有人造成损失的，由出质人承担赔偿责任。

第八十五条 债务人或者第三人将其金钱以特户、封金、保证金等形式特定化后，移交债权人占有作为债权的担保，债务人不履行债务时，债权人可以以该金钱优先受偿。

第八十六条 债务人或者第三人未按质押合同约定的时间移交质物的，因此给质权人造成损失的，出质人应当根据其过错承担赔偿责任。

第八十七条 出质人代质权人占有质物的，质押合同不生效；质权人将质物返还于出质人后，以其质权对抗第三人的，人民法院不予支持。

因不可归责于质权人的事由而丧失对质物的占有，质权人可以向不当占有人请求停止侵害、恢复原状、返还质物。

第八十八条 出质人以间接占有的财产出质的，质押合同自书面通知送达占有人时视为移交。占有人收到出质通知后，仍接受出质人的指示处分出质财产的，该行为无效。

第八十九条 质押合同中对质押的财产约定不明，或者约定的出质财产与实际移交的财产不一致的，以实际交付占有的财产为准。

第九十条 质物有隐蔽瑕疵造成质权人其他财产损害的，应由出质人承担赔偿责任。但是，质权人在质物移交时明知质物有瑕疵而予以接受的除外。

第九十一条 动产质权的效力及于质物的从物。但是，从物未随同质物移交质权人占有的，质权的效力不及于从物。

第九十二条 按照担保法第六十九条的规定将质物提存的，质物提存费用由质权人负担；出质人提前清偿债权的，应当扣除未到期部分的利息。

第九十三条 质权人在质权存续期间，未经出质人同意，擅自使用、出租、处分质物，因此给出质人造成损失的，由质权人承担赔偿责任。

第九十四条 质权人在质权存续期间，为担保自己的债务，经出质人同意，以其所占有的质物为第三人设定质权的，应当在原质权所担保的债权范围之内，超过的部分不具有优先受偿的效力。转质权的效力优于原质权。

质权人在质权存续期间，未经出质人同意，为担保自己的债务，在其所占有的质物上为第三人设定质权的无效。质权人对因转质而发生的损害承担赔偿责任。

第九十五条 债务履行期届满质权人未受清偿的,质权人可以继续留置质物,并以质物的全部行使权利。出质人清偿所担保的债权后,质权人应当返还质物。

债务履行期届满,出质人请求质权人及时行使权利,而质权人怠于行使权利致使质物价格下跌的,由此造成的损失,质权人应当承担赔偿责任。

第九十六条 本解释第五十七条、第六十二条、第六十四条、第七十一条、第七十二条、第七十三条、第七十四条、第八十条之规定,适用于动产质押。

(二)权利质押

第九十七条 以公路桥梁、公路隧道或者公路渡口等不动产收益权出质的,按照担保法第七十五条第(四)项的规定处理。

第九十八条 以汇票、支票、本票出质,出质人与质权人没有背书记载"质押"字样,以票据出质对抗善意第三人的,人民法院不予支持。

第九十九条 以公司债券出质的,出质人与质权人没有背书记载"质押"字样,以债券出质对抗公司和第三人的,人民法院不予支持。

第一百条 以存款单出质的,签发银行核押后又受理挂失并造成存款流失的,应当承担民事责任。

第一百零一条 以票据、债券、存款单、仓单、提单出质的,质权人再转让或者质押的无效。

第一百零二条 以载明兑现或者提货日期的汇票、支票、本票、债券、存款单、仓单、提单出质的,其兑现或者提货日期后于债务履行期的,质权人只能在兑现或者提货日期届满时兑现款项或者提取货物。

第一百零三条 以股份有限公司的股份出质的,适用《中华人民共和国公司法》有关股份转让的规定。

以上市公司的股份出质的,质押合同自股份出质向证券登记机构办理出质登记之日起生效。

以非上市公司的股份出质的,质押合同自股份出质记载于股东名册之日起生效。

第一百零四条 以依法可以转让的股份、股票出质的,质权的效力及于股份、股票的法定孳息。

第一百零五条 以依法可以转让的商标专用权,专利权、著作权中的财产权出质的,出质人未经质权人同意而转让或者许可他人使用已出质权利的,应当认定为无效。因此给质权人或者第三人造成损失的,由出质人承担民事责任。

第一百零六条 质权人向出质人、出质债权的债务人行使质权时,出质人、出质债权的债务人拒绝的,质权人可以起诉出质人和出质债权的债务人,也可以单独起诉出质债权的债务人。

五、关于留置部分的解释

第一百零七条 当事人在合同中约定排除留置权,债务履行期届满,债权人行使留置权的,人民法院不予支持。

第一百零八条 债权人合法占有债务人交付的动产时,不知债务人无处分该动产的权利,债权人可以按照担保法第八十二条的规定行使留置权。

第一百零九条 债权人的债权已届清偿期,债权人对动产的占有与其债权的发生有牵连关系,债权人可以留置其所占有的动产。

第一百一十条 留置权人在债权未受全部清偿前,留置物为不可分物的,留置权人可以就其留置物的全部行使留置权。

第一百一十一条 债权人行使留置权与其承担的义务或者合同的特殊约定相抵触的，人民法院不予支持。

第一百一十二条 债权人的债权未届清偿期，其交付占有标的物的义务已届履行期的，不能行使留置权。但是，债权人能够证明债务人无支付能力的除外。

第一百一十三条 债权人未按担保法第八十七条规定的期限通知债务人履行义务，直接变价处分留置物的，应当对此造成的损失承担赔偿责任。债权人与债务人按照担保法第八十七条的规定在合同中约定宽限期的，债权人可以不经通知，直接行使留置权。

第一百一十四条 本解释第六十四条、第八十条、第八十七条、第九十一条、第九十三条的规定，适用于留置。

六、关于定金部分的解释

第一百一十五条 当事人约定以交付定金作为订立主合同担保的，给付定金的一方拒绝订立主合同的，无权要求返还定金；收受定金的一方拒绝订立合同的，应当双倍返还定金。

第一百一十六条 当事人约定以交付定金作为主合同成立或者生效要件的，给付定金的一方未支付定金，但主合同已经履行或者已经履行主要部分的，不影响主合同的成立或者生效。

第一百一十七条 定金交付后，交付定金的一方可以按照合同的约定以丧失定金为代价而解除主合同，收受定金的一方可以双倍返还定金为代价而解除主合同。对解除主合同后责任的处理，适用《中华人民共和国合同法》的规定。

第一百一十八条 当事人交付留置金、担保金、保证金、订约金、押金或者订金等，但没有约定定金性质的，当事人主张定金权利的，人民法院不予支持。

第一百一十九条 实际交付的定金数额多于或者少于约定数额，视为变更定金合同；收受定金一方提出异议并拒绝接受定金的，定金合同不生效。

第一百二十条 因当事人一方迟延履行或者其他违约行为，致使合同目的不能实现，可以适用定金罚则。但法律另有规定或者当事人另有约定的除外。

当事人一方不完全履行合同的，应当按照未履行部分所占合同约定内容的比例，适用定金罚则。

第一百二十一条 当事人约定的定金数额超过主合同标的额百分之二十的，超过的部分，人民法院不予支持。

第一百二十二条 因不可抗力、意外事件致使主合同不能履行的，不适用定金罚则。因合同关系以外第三人的过错，致使主合同不能履行的，适用定金罚则。受定金处罚的一方当事人，可以依法向第三人追偿。

七、关于其他问题的解释

第一百二十三条 同一债权上数个担保物权并存时，债权人放弃债务人提供的物的担保的，其他担保人在其放弃权利的范围内减轻或者免除担保责任。

第一百二十四条 企业法人的分支机构为他人提供保证的，人民法院在审理保证纠纷案件中可以将该企业法人作为共同被告参加诉讼。但是商业银行、保险公司的分支机构提供保证的除外。

第一百二十五条 一般保证的债权人向债务人和保证人一并提起诉讼的，人民法院可以将债务人和保证人列为共同被告参加诉讼。但是，应当在判决书中明确在对债务人财产依法强制执行后仍不能履行债务时，由保证人承担保证责任。

第一百二十六条 连带责任保证的债权人可以将债务人或者保证人作为被告提起诉讼，也可以将债务人和保证人作为共同被告提起诉讼。

第一百二十七条 债务人对债权人提起诉讼，债权人提起反诉的，保证人可以作为第三人参加诉讼。

第一百二十八条 债权人向人民法院请求行使担保物权时，债务人和担保人应当作为共同被告参加诉讼。

同一债权既有保证又有物的担保的，当事人发生纠纷提起诉讼的，债务人与保证人、抵押人或者出质人可以作为共同被告参加诉讼。

第一百二十九条 主合同和担保合同发生纠纷提起诉讼的，应当根据主合同确定案件管辖。担保人承担连带责任的担保合同发生纠纷，债权人向担保人主张权利的，应当由担保人住所地的法院管辖。

主合同和担保合同选择管辖的法院不一致的，应当根据主合同确定案件管辖。

第一百三十条 在主合同纠纷案件中，对担保合同未经审判，人民法院不应当依据对主合同当事人所作出的判决或者裁定，直接执行担保人的财产。

第一百三十一条 本解释所称“不能清偿”指对债务人的存款、现金、有价证券、成品、半成品、原材料、交通工具等可以执行的动产和其他方便执行的财产执行完毕后，债务仍未能得到清偿的状态。

第一百三十二条 在案件审理或者执行程序中，当事人提供财产担保的，人民法院应当对该财产的权属证书予以扣押，同时向有关部门发出协助执行通知书，要求其在规定的时间内不予办理担保财产的转移手续。

第一百三十三条 担保法施行以前发生的担保行为，适用担保行为发生时的法律、法规和有关司法解释。

担保法施行以后因担保行为发生的纠纷案件，在本解释公布施行前已经终审，当事人申请再审或者按审判监督程序决定再审的，不适用本解释。

担保法施行以后因担保行为发生的纠纷案件，在本解释公布施行后尚在一审或二审阶段的，适用担保法和本解释。

第一百三十四条 最高人民法院在担保法施行以前作出的有关担保问题的司法解释，与担保法和本解释相抵触的，不再适用。

最高人民法院关于涉及担保纠纷案件的司法解释的适用和保证责任方式认定问题的批复

1. *2002年11月11日最高人民法院审判委员会第1256次会议通过*
2. *2002年11月23日公布*
3. *法释〔2002〕38号*
4. *自2002年12月6日起施行*

山东省高级人民法院：

你院鲁法民二字〔2002〕2号《关于担保法适用有关问题的请示》收悉。经研究，答复如下：

一、最高人民法院法发〔1994〕8号《关于审理经济合同纠纷案件有关保证的若干问题的规定》，适用于该规定施行后发生的担保纠纷案件和该规定施行前发生的尚未审结的第一审、第二审担保纠纷案件。该规定施行前判决、裁定已经发生法律效力的担保纠纷案件，进行再审的，不适用该《规定》。《中华人民共和国担保法》生效后发生的担保行为和担保纠纷,适用担保法和担保法相关司法解释的规定。

二、担保法生效之前订立的保证合同中对保证责任方式没有约定或者约定不明的,应当认定为一般保证。保证合同中明确约定保证人在债务人不能履行债务时始承担保证责任的,视为一般保证。保证合同中明确约定保证人在被保证人不履行债务时承担保证责任,且根据当事人订立合同的本意推定不出为一般保证责任的,视为连带责任保证。

在本批复施行前,判决、裁定已经发生法律效力的担保纠纷案件,当事人申请再审或者按审判监督程序决定再审的,不适用本批复。

此复

最高人民法院关于审理独立保函纠纷案件若干问题的规定

1. *2016年7月11日最高人民法院审判委员会第1688次会议通过*
2. *2016年11月18日公布*
3. *法释〔2016〕24号*
4. *自2016年12月1日起施行*

为正确审理独立保函纠纷案件,切实维护当事人的合法权益,服务和保障“一带一路”建设,促进对外开放,根据《中华人民共和国民法通则》《中华人民共和国合同法》《中华人民共和国担保法》《中华人民共和国涉外民事关系法律适用法》《中华人民共和国民事诉讼法》等法律,结合审判实际,制定本规定:

第一条 本规定所称的独立保函,是指银行或非银行金融机构作为开立人,以书面形式向受益人出具的,同意在受益人请求付款并提交符合保函要求的单据时,向其支付特定款项或在保函最高金额内付款的承诺。

前款所称的单据,是指独立保函载明的受益人应提交的付款请求书、违约声明、第三方签发的文件、法院判决、仲裁裁决、汇票、发票等表明发生付款到期事件的书面文件。

独立保函可以依保函申请人的申请而开立,也可以依另一金融机构的指示而开立。开立人依指示开立独立保函的,可以要求指示人向其开立用以保障追偿权的独立保函。

第二条 本规定所称的独立保函纠纷,是指在独立保函的开立、撤销、修改、转让、付款、追偿等环节产生的纠纷。

第三条 保函具有下列情形之一,当事人主张保函性质为独立保函的,人民法院应予支持,但保函未载明据以付款的单据和最高金额的除外:

(一)保函载明见索即付;

(二)保函载明适用国际商会《见索即付保函统一规则》等独立保函交易示范规则;

(三)根据保函文本内容,开立人的付款义务独立于基础交易关系及保函申请法律关系,其仅承担相符交单的付款责任。

当事人以独立保函记载了对应的基础交易为由,主张该保函性质为一般保证或连带保证的,人民法院不予支持。

当事人主张独立保函适用担保法关于一般保证或连带保证规定的,人民法院不予支持。

第四条 独立保函的开立时间为开立人发出独立保函的时间。

独立保函一经开立即生效,但独立保函载明生效日期或事件的除外。

独立保函未载明可撤销，当事人主张独立保函开立后不可撤销的，人民法院应予支持。

第五条 独立保函载明适用《见索即付保函统一规则》等独立保函交易示范规则，或开立人和受益人在一审法庭辩论终结前一致援引的，人民法院应当认定交易示范规则的内容构成独立保函条款的组成部分。

不具有前款情形，当事人主张独立保函适用相关交易示范规则的，人民法院不予支持。

第六条 受益人提交的单据与独立保函条款之间、单据与单据之间表面相符，受益人请求开立人依据独立保函承担付款责任的，人民法院应予支持。

开立人以基础交易关系或独立保函申请关系对付款义务提出抗辩的，人民法院不予支持，但有本规定第十二条情形的除外。

第七条 人民法院在认定是否构成表面相符时，应当根据独立保函载明的审单标准进行审查；独立保函未载明的，可以参照适用国际商会确定的相关审单标准。

单据与独立保函条款之间、单据与单据之间表面上不完全一致，但并不导致相互之间产生歧义的，人民法院应当认定构成表面相符。

第八条 开立人有独立审查单据的权利与义务，有权自行决定单据与独立保函条款之间、单据与单据之间是否表面相符，并自行决定接受或拒绝接受不符点。

开立人已向受益人明确表示接受不符点，受益人请求开立人承担付款责任的，人民法院应予支持。

开立人拒绝接受不符点，受益人以保函申请人已接受不符点为由请求开立人承担付款责任的，人民法院不予支持。

第九条 开立人依据独立保函付款后向保函申请人追偿的，人民法院应予支持，但受益人提交的单据存在不符点的除外。

第十条 独立保函未同时载明可转让和据以确定新受益人的单据，开立人主张受益人付款请求权的转让对其不发生效力的，人民法院应予支持。独立保函对受益人付款请求权的转让有特别约定的，从其约定。

第十一条 独立保函具有下列情形之一，当事人主张独立保函权利义务终止的，人民法院应予支持：

（一）独立保函载明的到期日或到期事件届至，受益人未提交符合独立保函要求的单据；

（二）独立保函项下的应付款项已经全部支付；

（三）独立保函的金额已减额至零；

（四）开立人收到受益人出具的免除独立保函项下付款义务的文件；

（五）法律规定或者当事人约定终止的其他情形。

独立保函具有前款权利义务终止的情形，受益人以其持有独立保函文本为由主张享有付款请求权的，人民法院不予支持。

第十二条 具有下列情形之一的，人民法院应当认定构成独立保函欺诈：

（一）受益人与保函申请人或其他人串通，虚构基础交易的；

（二）受益人提交的第三方单据系伪造或内容虚假的；

（三）法院判决或仲裁裁决认定基础交易债务人没有付款或赔偿责任的；

（四）受益人确认基础交易债务已得到完全履行或者确认独立保函载明的付

款到期事件并未发生的；

（五）受益人明知其没有付款请求权仍滥用该权利的其他情形。

第十三条　独立保函的申请人、开立人或指示人发现有本规定第十二条情形的，可以在提起诉讼或申请仲裁前，向开立人住所地或其他对独立保函欺诈纠纷案件具有管辖权的人民法院申请中止支付独立保函项下的款项，也可以在诉讼或仲裁过程中提出申请。

第十四条　人民法院裁定中止支付独立保函项下的款项，必须同时具备下列条件：

（一）止付申请人提交的证据材料证明本规定第十二条情形的存在具有高度可能性；

（二）情况紧急，不立即采取止付措施，将给止付申请人的合法权益造成难以弥补的损害；

（三）止付申请人提供了足以弥补被申请人因止付可能遭受损失的担保。

止付申请人以受益人在基础交易中违约为由请求止付的，人民法院不予支持。

开立人在依指示开立的独立保函项下已经善意付款的，对保障该开立人追偿权的独立保函，人民法院不得裁定止付。

第十五条　因止付申请错误造成损失，当事人请求止付申请人赔偿的，人民法院应予支持。

第十六条　人民法院受理止付申请后，应当在四十八小时内作出书面裁定。裁定应当列明申请人、被申请人和第三人，并包括初步查明的事实和是否准许止付申请的理由。

裁定中止支付的，应当立即执行。

止付申请人在止付裁定作出后三十日内未依法提起独立保函欺诈纠纷诉讼或申请仲裁的，人民法院应当解除止付裁定。

第十七条　当事人对人民法院就止付申请作出的裁定有异议的，可以在裁定书送达之日起十日内向作出裁定的人民法院申请复议。复议期间不停止裁定的执行。

人民法院应当在收到复议申请后十日内审查，并询问当事人。

第十八条　人民法院审理独立保函欺诈纠纷案件或处理止付申请，可以就当事人主张的本规定第十二条的具体情形，审查认定基础交易的相关事实。

第十九条　保函申请人在独立保函欺诈诉讼中仅起诉受益人的，独立保函的开立人、指示人可以作为第三人申请参加，或由人民法院通知其参加。

第二十条　人民法院经审理独立保函欺诈纠纷案件，能够排除合理怀疑地认定构成独立保函欺诈，并且不存在本规定第十四条第三款情形的，应当判决开立人终止支付独立保函项下被请求的款项。

第二十一条　受益人和开立人之间因独立保函而产生的纠纷案件，由开立人住所地或被告住所地人民法院管辖，独立保函载明由其他法院管辖或提交仲裁的除外。当事人主张根据基础交易合同争议解决条款确定管辖法院或提交仲裁的，人民法院不予支持。

独立保函欺诈纠纷案件由被请求止付的独立保函的开立人住所地或被告住所地人民法院管辖，当事人书面协议由其他法院管辖或提交仲裁的除外。当事人主张根据基础交易合同或独立保函的争议解决条款确定管辖法院或提交仲裁的，人民法院不予支持。

第二十二条　涉外独立保函未载明适用法律，开立人和受益人在一审法庭辩论终结前亦未就适用法律达成一致的，开立人和受益人之间因涉外独立保函而产生的纠纷适用开立人经常居所地法律；独立保函由金融机构依法登记设立的分支机构开立的，适用分支机构登记地法律。

涉外独立保函欺诈纠纷，当事人就适用法律不能达成一致的，适用被请求止付的独立保函的开立人经常居所地法律；独立保函由金融机构依法登记设立的分支机构开立的，适用分支机构登记地法律；当事人有共同经常居所地的，适用共同经常居所地法律。

涉外独立保函止付保全程序，适用中华人民共和国法律。

第二十三条 当事人约定在国内交易中适用独立保函，一方当事人以独立保函不具有涉外因素为由，主张保函独立性的约定无效的，人民法院不予支持。

第二十四条 对于按照特户管理并移交开立人占有的独立保函开立保证金，人民法院可以采取冻结措施，但不得扣划。保证金账户内的款项丧失开立保证金的功能时，人民法院可以依法采取扣划措施。

开立人已履行对外支付义务的，根据该开立人的申请，人民法院应当解除对开立保证金相应部分的冻结措施。

第二十五条 本规定施行后尚未终审的案件，适用本规定；本规定施行前已经终审的案件，当事人申请再审或者人民法院按照审判监督程序再审的，不适用本规定。

第二十六条 本规定自 2016 年 12 月 1 日起施行。

2. 抵押权

(1)一般规定

公证机构办理抵押登记办法

2002 年 2 月 20 日司法部令第 68 号公布施行

第一条 为规范公证机构的抵押登记活动，根据《中华人民共和国担保法》和《中华人民共和国公证暂行条例》等规定，制定本办法。

第二条 《中华人民共和国担保法》第四十三条第二款规定的公证部门为依法设立的公证机构。

第三条 《中华人民共和国担保法》第四十三条规定的“其他财产”包括下列内容：

（一）个人、事业单位、社会团体和其他非企业组织所有的机械设备、牲畜等生产资料；

（二）位于农村的个人私有房产；

（三）个人所有的家具、家用电器、金银珠宝及其制品等生活资料；

（四）其他除《中华人民共和国担保法》第三十七条和第四十二条规定之外的财产。

当事人以前款规定的财产抵押的，抵押人所在地的公证机构为登记部门，公证机构办理登记适用本办法规定。

第四条 以《中华人民共和国担保法》第四十二条第（二）项的规定的财产抵押，县级以上地方人民政府规定由公证机构登记的；以及法律、法规规定的抵押合同自公证机构办理登记之日起生效的，公证机构办理登记适用本办法规定。

第五条 以本办法第三条规定的财产抵押的，抵押权人自公证机构出具《抵押登记证书》之日起获得对抗第三人的权利。

以本办法第四条规定的财产抵押的,抵押合同自公证机构出具《抵押登记证书》之日起生效。

第六条 申办抵押登记,由抵押合同双方当事人共同提出申请,并填写《抵押登记申请表》。

《抵押登记申请表》应载明下列内容:

(一)申请人为个人的,应载明其姓名、性别、出生日期、身份证明号码、工作单位、住址、联系方式等;申请人为法人或其他组织的,应载明法人或其他组织的名称、地址、法定代表人或负责人和代理人的姓名、性别、职务、联系方式;

(二)主合同和抵押合同的名称;

(三)被担保的主债权的种类、数额;

(四)抵押物的名称、数量、质量、状况、所在地、所有权或者使用权权属;

(五)债务人履行债务的期限;

(六)抵押担保的范围;

(七)抵押物属再次抵押的,应载明再次抵押的情况;

(八)申请抵押登记的日期;

(九)其他需要说明的问题。

申请人应当在申请表上签名或盖章。

第七条 申请人应向公证机构提交下列材料:

(一)申请人和代理人的身份、资格证明;

(二)主合同、抵押合同及其他相关合同;

(三)以本办法第四条规定的财产抵押的,应提交抵押物所有权或者使用权证书;以本办法第三条规定的财产抵押的,应提交抵押物所有权或者使用权证书或其他证明材料;

(四)抵押物清单;

(五)与抵押登记事项有关的其他材料。

第八条 符合下列条件的申请,公证机构应予以受理:

(一)申请抵押登记的财产符合本办法第三条、第四条的规定;

(二)抵押登记事项属于本公证机构管辖;

(三)本办法第七条所列各项材料齐全。

公证机构不予受理的,应记录在案,并及时告知申请人。

第九条 公证机构应当在受理之日起5个工作日内审查完毕,并决定是否予以登记。

第十条 有下列情形之一的,公证机构不予办理抵押登记:

(一)申请人提交的材料无效;

(二)申请人对抵押物的名称、数量、质量、状况、所在地、所有权或者使用权权属存在争议;

(三)以法律、法规规定的不得抵押的财产设定抵押的。

对不予登记的,公证机构应记录在案,并书面告知申请人。

第十一条 公证机构决定予以登记的,应向当事人出具《抵押登记证书》。

《抵押登记证书》应载明下列内容:

(一)抵押人、抵押权人的姓名、身份证明号码或名称、单位代码、地址;

(二)抵押担保的主债权的种类、数额;

(三)抵押物的名称、数量、质量、状况、所在地、所有权或者使用权权属;

(四)债务人履行债务的期限;

(五)抵押担保的范围;

（六）再次抵押情况；

（七）抵押登记的日期；

（八）其他事项。

第十二条 公证机构办理房地产抵押登记的，应在出具《抵押登记证书》后告知房地产管理部门。

第十三条 办理抵押登记的公证机构应配备计算机，录入抵押登记信息，并设立书面登录簿，登录本公证机构办理抵押登记的资料。

办理抵押登记的公证机构应及时与其他公证机构交换抵押登记信息，信息的交换办法由各省、自治区、直辖市司法厅（局）制定。

第十四条 当事人变更抵押合同向公证机构申请变更登记，经审查符合抵押登记规定的，公证机构应予以办理变更抵押登记。

当事人变更抵押合同未办理变更抵押登记的，自行变更后的抵押不发生《中华人民共和国担保法》规定的抵押登记效力。

第十五条 当事人履行完毕主债务或提前终止、解除抵押合同向公证机构申请办理注销登记的，公证机构应予以办理注销抵押登记。

第十六条 公证机构办理抵押登记，按规定收取抵押登记费。抵押登记费由当事人双方共同承担或从约定。

第十七条 当事人及有关人员可以查阅、抄录或复印抵押登记的资料，但应按规定交纳费用。

第十八条 以承包经营权等合同权益、应收账款或未来可得权益进行物权担保的，公证机构办理登记可比照本办法执行。

第十九条 本办法由司法部解释。

第二十条 本办法自发布之日起施行。

最高人民法院关于财产保险单能否用于抵押的复函

1. 1992年4月2日公布
2. 法函〔1992〕47号

江西省高级人民法院：

你院赣法经〔1991〕6号《关于保险单能否抵押的请示》收悉。经商中国人民银行和中国人民保险公司，答复如下：

依照《中华人民共和国民法通则》第八十九条第（二）项的规定，抵押物应当是特定的、可以折价或变卖的财产。财产保险单是保险人与被保险人订立保险合同的书面证明，并不是有价证券，也不是可以折价或者变卖的财产。因此，财产保险单不能用于抵押。

最高人民法院经济庭关于同一抵押物设立数个抵押权依次受偿问题的函

1. 1992年4月18日公布
2. 法经〔1992〕68号

广东省高级人民法院：

你院〔1992〕粤高法经请字第1号《关于造成重复抵押无效的原因消除后该重复抵押行为的效力应如何确认的问题的请示》收悉。经研究，答复如下：

我院《关于贯彻执行〈中华人民共和国民法通则〉若干问题的意见（试行）》第一百一十五条对抵押的问题已有规定。按照该规定，当抵押物价值较大时，抵押人可就同一抵押物的剩余担保价值另行设立抵押权；同一抵押物有数个抵押权时，按设立的先后顺序依次受偿。你院请示的案件抵押物价值近40万元，第一个抵押权只有17万元，抵押人可以就剩余担保价值另设立抵押权，而不应按无效抵押处理。

此复

最高人民法院关于债务人有多个债权人将其全部财产抵押给其中一个债权人是否有效问题的批复

1. 1994年3月26日公布
2. 法复〔1994〕2号

山东省高级人民法院：

你院鲁高法〔1992〕70号请示收悉。关于债务人有多个债权人，将其全部财产抵押给一个债权人是否有效的问题，经研究，答复如下：

在债务人有多个债权人的情况下，债务人将其全部财产抵押给其中一个债权人，因而使该债务人丧失了履行其他债务的能力，侵犯了其他债权人的合法权益，根据《中华人民共和国民法通则》第四条、第五条的规定，应当认定该抵押协议无效。

此复

最高人民法院研究室关于抵押权不受抵押登记机关规定的抵押期限影响问题的函

1. 2000年9月28日发布
2. 法(研)明传〔2000〕22号

广东省高级人民法院：

你院〔1999〕粤高法经一请字第23号《关于抵押登记机关规定的抵押期限是否有效问题的请示》收悉。经研究，答复如下：

依照《中华人民共和国担保法》第五十二条的规定，抵押权与其担保的债权同时存在，办理抵押物登记的部门规定的抵押期限对抵押权的效力不发生影响。

最高人民法院关于担保法司法解释第五十九条中的"第三人"范围问题的答复

1. 2006年5月18日发布
2. 法函〔2006〕51号

四川省高级人民法院：

你院川高法〔2005〕496号《关于对〈最高人民法院关于适用《中华人民共和国担保法》若干问题的解释〉第五十九条的理解与适用的请示》收悉。经研究，答复如下：

根据《中华人民共和国担保法》第四十一条、第四十三条第二款规定，应当办理抵押物登记而未经登记的，抵押权不成立；自愿办理抵押物登记而未办理的，抵押权不得对抗第三人。因登记部门的原因致使当事人无法办理抵押物登记是抵押未登记的特殊情形，如果抵押人向债权人交付了权利凭证，人民法院可以基于抵押当事人的真实意思认定该抵押合同对抵押权人和抵押人有效，但此种抵押对抵押当事人之外的第三人不具有法律效力。

此复

文书范本

财产抵押合同

编号:________

贷款方:________________	借款方:________________
身份证:________________	身份证:________________
地址:________________	地址:________________
邮政编码:________________	邮政编码:________________
联系电话:________________	联系电话:________________

借款方为取得借款,贷款方为确保贷款安全,经借贷双方协商同意,特签订本 财产抵押契约。双方在共同遵守国家法律和信贷政策的前提下,保证恪守下列条款:

第一条　借款方自愿以本单位所拥有的财产作为贷款抵押物抵押给贷款方:包括固定资产________元;可封存的流动资产________元,有价证券________元;其他________元(详见抵押物清单),评估现值共计________万元。抵押期限最长不超过一年。即自________年____月____日起至________年____月____日止,贷款方根据抵押率不得超过现值的70%的规定,同意以借款方抵押物为条件,核定借款方最高贷款额度________万元。在这个额度内,按照中国工商银行贷款办法和信贷政策,可以一次申请贷款,也可分次申请借款,在抵押期限内,贷款归还后可以申请贷款,但借款期不得超过抵押期。

第二条　经贷款方同意,抵押清单所列由借款方保管(使用)的抵押财产。抵押期间借款方可继续使用、保管,并负责保养、维修,其费用开支由借款方负担。

在借款方保管(使用或封存)的抵押物,未经贷款方同意,借款方不得变卖、转移、租借或另行抵押。在抵押期间,属借款方保管使用的抵押物如有损坏、损失或变质,由借款方负责,并在十日内通知贷款方由借款方另行提供其他等值的财产作为抵押物,或由贷款方核减相应的贷款额。抵押清单所列的由贷款方保管的抵押物,自本契约签订之时,移交贷款方保管。

第三条　借款方不能按期还清借款本息时,贷款方有权处理抵押物,收回贷款本息。如处理抵押物不足以收回贷款本息时,借款方应用其他资金归还。

第四条　在抵押期间,如充当抵押物的有价证券到期兑现,由借贷双方共同负责办理并偿还贷款。

第五条　在抵押期间,如发生抵押物价格下降时,贷款方相应调低放款额度。

第六条　抵押物必须参加财产保险(有价证券等除外)。如遇保险公司不同意保险或续保,借款方应另找意外财产损失担保人。在抵押期间抵押物保险到期,借款方应负责续保,并将续保的保险单交贷款方保管,如发生灾害损失,借款方必须以保险理赔款归还贷款本息。

第七条　抵押物的保险、鉴定、登记、运输、保管以及合同公证等费用开支由借款方负担。

第八条　贷款方有权随时对借方保管和使用的抵押物进行监督检查，借款方须在工作上保证协助。

第九条　抵押合同依法需变更或解除的，必须经借贷双方协商同意。协商未成之前，原抵押合同继续有效。

第十条　借款方发生合并、分立时，由变更后的当事人承担或分别承担履行合同的义务和享受应有的权利。

第十一条　借贷双方根据实际情况共同商定增加下列条款：

第十二条　本契约自借贷双方签字并经公证后即具有法律效力，借款方按合同规定归还全部贷款本息（含提前还清贷款本息），抵押物返还借款方，本契约自动终止。

第十三条　本契约一式三份，签约方和公证机关各执一份，均具有同等法律效力。并与借款合同一起保存。

附件：1. 抵押物清单____张。

2. ________________

3. ________________

4. ________________

借款方（签章）：____________　　　　贷款方（签章）：____________

________年____月____日　　　　________年____月____日

附：

抵押物清单

抵押契约编号

单位：元

<table>
<tr><td colspan="3">企业名称</td><td colspan="5"></td><td colspan="2">经济性质</td><td colspan="4"></td></tr>
<tr><td colspan="3">地　　址</td><td colspan="5"></td><td colspan="2">电　　话</td><td colspan="4"></td></tr>
<tr><td rowspan="2">抵押物名称</td><td rowspan="2">规格</td><td rowspan="2">单位</td><td rowspan="2">数量</td><td colspan="2">账面价值</td><td rowspan="2">抵押现值</td><td rowspan="2">折扣率</td><td rowspan="2">抵押价值</td><td rowspan="2">存放地点</td><td colspan="4">保险单</td></tr>
<tr><td>原值</td><td>净值</td><td>保险号码</td><td></td><td>起止时间</td><td></td></tr>
<tr><td></td><td></td><td></td><td></td><td></td><td></td><td></td><td></td><td></td><td></td><td colspan="4"></td></tr>
<tr><td></td><td></td><td></td><td></td><td></td><td></td><td></td><td></td><td></td><td></td><td colspan="4"></td></tr>
<tr><td></td><td></td><td></td><td></td><td></td><td></td><td></td><td></td><td></td><td></td><td colspan="4"></td></tr>
<tr><td></td><td></td><td></td><td></td><td></td><td></td><td></td><td></td><td></td><td></td><td colspan="4"></td></tr>
<tr><td></td><td></td><td></td><td></td><td></td><td></td><td></td><td></td><td></td><td></td><td colspan="4"></td></tr>
</table>

以上所列财产已在保险公司投保，到期后由借方负责续保。保险单据由贷方保管。经双方协商，本单所列抵押财产在________方保管（使用）或封存，按合同要求负责管理。

借款方（签章）：____________　　　　贷款方（签章）：____________

________年____月____日　　　　________年____月____日

典型案例

百花公司诉浩鑫公司买卖合同纠纷案[①]

【裁判摘要】

一、根据担保法第四十九条第一款和《关于适用〈中华人民共和国担保法〉若干问题的解释》第六十七条，在未通知抵押权人和未告知受让人的情况下，抵押人转让已办理登记的抵押物，只要抵押人在转让后向抵押权人清偿了债务，或者受让人在得知受让物上有抵押权后代抵押人清偿了债务，使物上设定的抵押权消灭，转让行为仍可以有效。

二、能够援引担保法第四十九条第一款规定来主张转让行为无效的，应当是合法权益受到损害的抵押权人或者受让人，不是不履行此款规定通知、告知义务的抵押人。抵押人提起诉讼主张确认转让行为无效的，在确保抵押权实现的前提下，其诉讼请求应当驳回。

原告：贵州百花药业有限公司，住所地：贵州省遵义市红花岗区凤凰南路。

法定代表人：涂斌，该公司董事长。

被告：遵义浩鑫房地产开发有限责任公司，住所地：贵州省遵义市红花岗区公园路。

法定代表人：袁树民，该公司董事长。

原告贵州百花药业有限公司（以下简称百花公司）因与被告遵义浩鑫房地产开发有限责任公司（以下简称浩鑫公司）发生买卖合同纠纷，向贵州省遵义市中级人民法院提起诉讼。

原告诉称：通过签订《资产折换协议书》，原告将下属企业原遵义市制药厂（以下简称原制药厂）的土地使用权、地上所有建筑物、附属物，等量折换450万元资产后转让给被告。这份《资产折换协议书》及其补充协议存在以下问题：1. 资产折换前没有征得国有资产管理部门同意，没有进行评估和招标，违反了国有资产的交易程序，造成国有资产流失；2. 资产折换前也没有取得行业主管部门的同意，以致双方签约时要追求的目的根本不能实现，合同可以解除；3. 折换的资产在转让前，已经被抵押给中国工商银行遵义营业部（以下简称遵义工行），并且办理过抵押登记。请求依照《中华人民共和国担保法》（以下简称担保法）第四十九条第一款的规定，确认原告与被告签订的《资产折换协议书》及其补充协议无效，本案诉讼费由双方共同负担。

原告百花公司提交以下证据：

1. 企业法人营业执照、法定代表人证书以及公司法人变更函，用以证明百花公司的法人身份，以及该公司的名称变更为遵义雪清绿色食品有限公司（以下简称雪清公司）。

2.《资产折换协议书》及其三份补充协议，用以证明双方当事人之间的资产折换合同关系于1998年12月12日成立，1998年12月22日、1999年2月3日、2000年11月1日三次签订补充协议。

3.《最高额抵押合同》和抵押物登记证，用以证明折换的土地使用权已于1996年12月18日被原制药厂抵押，并办理了抵押登记。

4. 国有土地使用权证，用以证明原制药厂对折换的土地享有使用权。

被告浩鑫公司辩称：原告百花公司违反

① 摘自《最高人民法院公报》2006年第3期。

诚实信用原则，在向被告转让财产时故意隐瞒了抵押实情。被告对抵押一事不知情，在履行《资产折换协议书》过程中投入很大财力。

原告将抵押的土地使用权转让后，抵押权人遵义工行曾以百花公司为被告、浩鑫公司为第三人，提起过借款担保合同纠纷诉讼。考虑到遵义工行并非想占有抵押财产，而是为了收回其发放的贷款，如果确认《资产折换协议书》无效，无疑会给善意的浩鑫公司造成巨额损失，故在借款担保合同纠纷案中，遵义市中级人民法院以(2002)遵市法民二初字第39号(以下简称遵初39号判决)、贵州省高级人民法院以(2004)黔高民二终字第16号民事判决书(以下简称黔高16号判决)判决：在百花公司不能清偿遵义工行的债务时，由浩鑫公司代为清偿；浩鑫公司代偿债务后，取得对百花公司的追偿权，同时遵义工行的抵押权消灭。本被告履行了上述判决确定的代偿义务，遵义工行的抵押权当然应该消灭。现在原告起诉主张《资产折换协议书》无效，不是为维护法律尊严，而是看到其转让的财产正在不断升值，企图通过诉讼来重新占有这份财产。原告是有限公司，不是国有企业；原告转让给被告的财产，是几经转让得来，并非国有资产；原告即便是国有企业，所转让的财产即便是国有资产，但作为一个市场主体，原告有自己独立的经营权；原告未征得国有资产管理部门同意而转让国有财产，是其与国有资产管理部门内部的关系，不应该影响到对外签订转让协议的效力；原告起诉既请求确认合同无效，又称双方当事人签订合同的目的根本不能实现，合同可以解除，而只有有效合同才涉及解除。原告的起诉理由自相矛盾，不能成立，其诉讼请求应当驳回。

被告浩鑫公司提交黔高16号判决书、遵初39号判决书、遵义市中级人民法院协助执行通知书和收据各一张、遵义工行的收条两张等证据，用以证明根据贵州省高级人民法院和遵义市中级人民法院的生效判决，浩鑫公司已经划款到法院，由法院转交给遵义工行，代百花公司清偿了欠抵押权人的债务，原告再主张《资产折换协议书》及其补充协议无效，理由不能成立。

法庭主持了质证。被告浩鑫公司认为：百花公司的证据一只能证明其正在申请变更公司名称，不能证明雪清公司这一名称已经注册；证据三已被借款担保合同纠纷案的生效判决确认，不应再作为本案证据；证据四中涉及的原制药厂早已不存在，该土地使用证已被注销，而且该宗土地已由浩鑫公司办理了预登记证，这个事实也由生效民事判决确认；只有证据二才可以作为本案证据。原告百花公司认为：浩鑫公司证据中的两份判决虽已生效，但这两份判决不涉及《资产折换协议书》的效力问题，不能以此认为这两份判决已经解决了百花公司在本案中提出的诉讼请求；收条与本案无关。法庭认为：百花公司证据一的真实性可以确认，但因无变更登记，故不能认定百花公司已经变更为雪清公司；证据二、三真实、合法且与本案有关，应当确认；证据四涉及的原制药厂已被注销，涉及的土地已由浩鑫公司办理了预登记证，对该证据不予确认。浩鑫公司的证据均客观、真实且与本案有关，应当确认。

经质证、认证，遵义市中级人民法院查明：

1996年12月18日，原制药厂与遵义工行签订《最高额抵押合同》，约定原制药厂以其房屋、机器设备、土地使用权，对其1996年12月18日至1999年12月18日之间向遵义工行的贷款在380万元限额内提供抵押担保，抵押物由工商行政管理部门办理登记。1998 年 5 月 13 日,原制药厂被其上级主管部门遵义市红花岗区工业经济局(以下简称红花岗工业局)转让给瑞康公司。1998 年 11 月 5 日,瑞康公司又与本案原告百花公司签订《瑞康公司出让其下属遵义市制药厂协议书》,约定:瑞康公司将收购原制药厂的全部资产(包括厂名、商标、药品批准文号、生产工艺文件、药品生产企业合格证等无形资产和土地使用权、生产厂房设备、交通工具、通讯工具、办公用品等有形资产以及债权)出让给百花公司,由百花公司承担原制药厂的全部债务和经济责任。协议生效后,百花公司向遵义工行支付了原制药厂的借款利息。

1998 年 12 月 12 日,原告百花公司与被告浩鑫公司签订《资产折换协议书》约定:一、百花公司将原制药厂的土地使用权及地上所有建筑物、附属物,与浩鑫公司等量资产折换后转让给浩鑫公司;二、浩鑫公司以 450 万元资产折换百花公司上述资产,折换后浩鑫公司拥有原制药厂全部土地使用权及地上建筑物、附属物的所有权;三、签订合同时,浩鑫公司给百花公司支付 20 万元保证金;合同生效,双方共同办理好浩鑫公司的土地使用证并交付给浩鑫公司后,浩鑫公司再给百花公司支付 130 万元保证金;150 万元保证金的同期银行贷款利息由百花公司承担,浩鑫公司在结算时扣除;四、浩鑫公司新建的厂房完工后,百花公司必须在 30 日内将原制药厂设备搬入新厂,以便浩鑫公司进场建设;百花公司搬迁到新厂后,即与浩鑫公司组成移交小组进行资产移交;五、一方违约必须向对方支付违约金 25 万元,造成损失的赔偿损失。该《资产折换协议书》签订时,百花公司既未向抵押权人遵义工行通知,也未将财产抵押情况向受让人浩鑫公司告知。同年 12 月 22 日,百花公司与浩鑫公司签订《资产折换补充协议(一)》,约定:一、浩鑫公司向百花公司支付的 150 万元保证金,百花公司只承担其中 100 万元的同期银行贷款利息,剩余 50 万元的利息由浩鑫公司自行承担;二、浩鑫公司对原制药厂厂址进行土地开发的一切费用,由浩鑫公司承担。

1999 年 2 月 3 日,百花公司与浩鑫公司签订《补充协议(二)》,约定:一、本补充协议签订之日,浩鑫公司应向百花公司支付 300 万元保证金;扣除已支付的 40 万元,再需支付 260 万元;百花公司承担其中 250 万元的同期同类银行贷款利息;利息从付款翌日起,每季度末由百花公司支付给浩鑫公司;二、新建厂房保证在一年内竣工。如不能按期竣工,谁的原因谁负责;三、自浩鑫公司新建的厂房及车间竣工交付日起 30 日内,百花公司如不能将原制药厂使用的土地交给浩鑫公司,则应每月向浩鑫公司交纳租赁费 5 万元,直到土地交付时止。之后,浩鑫公司向百花公司付款 340 万元,并根据百花公司提供的地籍资料,申办了土地使用权预登记证,将原制药厂的 4517.6 平方米土地变更为浩鑫公司的住宅建设用地。

2000 年 11 月 1 日,百花公司与浩鑫公司签订第三份补充协议,约定:一、百花公司收取浩鑫公司的 340 万元,加上应承担的银行利息366172.63元,作为已支付的置换土地款。按 450 万元资产总价扣除前述款项后,浩鑫公司还应向百花公司支付 733827.37 元,此款应在本协议生效后的 11 月 8 日支付;二、浩鑫公司付款后 3 个月内,百花公司必须将土地及地上建筑物、附着物全部交付给浩鑫公司。百花公司搬迁之前,须向浩鑫公司支付租金,租赁合同另行签订;三、任何一方未按本协议条款执行,则应向另一方承担 20 万元违约金,并承担继续履行义务。

此后，浩鑫公司向百花公司指定的账户汇入733827.37元。遵初39号判决与黔高16号判决发生法律效力后，浩鑫公司又根据这两份生效判决，代百花公司履行了偿还160万元借款及此款相应利息的义务，遵义工行的抵押权已实现。

以上事实，由《资产折换协议书》、《补充协议(一)》、《补充协议(二)》、补充协议书(三)、《最高额抵押合同》、《抵押物登记证》、遵初39号判决书、黔高16号判决书、协助执行通知书、收条等证据证实。

遵义市中级人民法院认为：

原告百花公司与被告浩鑫公司签订的《资产折换协议书》及其补充协议，是平等主体的两个法人之间自愿达成的合意，是双方当事人的真实意思表示，且不违反法律、法规的强制性规定，依法成立，受法律保护。

原告百花公司起诉主张，其向被告浩鑫公司转让财产时违反了国有资产的交易程序，这是其请求确认《资产折换协议书》及其补充协议无效的理由之一。经查，红花岗工业局向瑞康公司转让原制药厂时，其中包括土地使用权转让；而瑞康公司向百花公司转让原制药厂时，其中也包括土地使用权转让，几经转让的财产早已脱离国有资产范畴。《中华人民共和国民事诉讼法》第六十四条第一款规定："当事人对自己提出的主张，有责任提供证据。"最高人民法院《关于民事诉讼证据的若干规定》第二条第二款规定："没有证据或者证据不足以证明当事人的事实主张的，由负有举证责任的当事人承担不利后果。"根据诉讼主张，百花公司有证明自己是国有公司、转让财产是国有资产的举证责任。百花公司提交的证据，不能证明这两个问题，应当承担不利后果。百花公司主张其转让财产违反了国有资产交易程序，该主张因没有事实根据和法律依据而不能成立。

原告百花公司起诉主张，资产折换前没有取得行业主管部门的同意，以致双方签约时要追求的目的根本不能实现，合同可以解除，这是其请求确认《资产折换协议书》及其补充协议无效的理由之二。《中华人民共和国合同法》(以下简称合同法)第九十三条规定当事人协商一致可以解除合同，当事人可以在合同中约定一方解除合同的条件，第九十四条还规定了可以解除合同的五种情形。但法律规定可以解除的合同，都是有效合同，无效合同自始就没有法律约束力，无须解除。百花公司既认为《资产折换协议书》及其补充协议是可以解除的合同，又请求确认《资产折换协议书》及其补充协议无效，请求与理由互相矛盾。

原告百花公司起诉还主张，财产在转让前已经抵押并办理过抵押登记，依照担保法第四十九条第一款规定转让行为无效，这是其请求确认《资产折换协议书》及其补充协议无效的理由之三。担保法第四十九条的立法目的是保障抵押权人享有的债权能够实现。该条第一款虽然规定了"抵押期间，抵押人转让已办理登记的抵押物的，应当通知抵押权人并告知受让人转让物已经抵押的情况；抵押人未通知抵押权人或者未告知受让人的，转让行为无效"，但最高人民法院《关于适用〈中华人民共和国担保法〉若干问题的解释》(以下简称担保法解释)第六十七条第一款还规定："抵押权存续期间，抵押人转让抵押物未通知抵押权人或者未告知受让人的，如果抵押物已经登记的，抵押权人仍可以行使抵押权；取得抵押物所有权的受让人，可以代替债务人清偿其全部债务，使抵押权消灭。受让人清偿债务后可以向抵押人追偿。"据此可以认为，在未通知抵押权人或者未告知受让人的情形下，抵押人转让已办理登记的抵押物，该转让行为并非绝对无效。如果受让人代替抵押人向抵押权人清偿了全部债务，使抵押权消灭，那么转让行为可以有效。在抵押权人的债权实现后，即丧失了担保法第四十九条第一款的适用前提。遵初39号判决已确认《资产折换协议书》及其补充协议有效，黔高16号判决维持原判，这两份判决已发生法律效力。在本案中，受让人、被告浩鑫公司根据生效民事判决，代抵押人百花公司履行了还款义务，抵押权人遵义工行的债权得到实现，抵押权从而消灭，限制抵押财产转让的权利瑕疵不复存在，故对百花公司的这一诉讼理由不予支持。合同法第五十二条规定："有下列情形之一的，合同无效：(一)一方以欺诈、胁迫的手段订立合同，损害国家利益；(二)恶意串通，损害国家、集体或者第三人利益；(三)以合法形式掩盖非法目的；(四)损害社会公共利益；(五)违反法律、行政法规的强制性规定。"在浩鑫公司代百花公司履行还款义务后，《资产折换协议书》及其补充协议不存在无效合同的法定情形，应当认定有效，对双方当事人均有法律约束力。

据此，遵义市中级人民法院于2004年11月30日判决：

驳回原告百花公司的诉讼请求。

一审案件受理费32510元，由原告百花公司负担。

一审宣判后，百花公司不服，向贵州省高级人民法院提出上诉。理由是：1. 一审时，上诉人已提交相应证据，证明上诉人的名称变更为雪清公司，这个变更已经工商行政管理机关核准。一审在无相反证据的情况下，认定上诉人的名称尚未变更，是认定诉讼主体不当。2. 虽然遵初39号判决及黔高16号判决中都提到《资产折换协议书》及其补充协议，但都对其效力未作认定。一审称《资产折换协议书》及其补充协议已被生效判决确认，没有事实根据与法律依据。3. 担保法第四十九条第一款的规定是法律硬性规定，只要在抵押期间，抵押人不履行通知、告知义务，转让已办理登记的抵押物，转让行为就是无效的。上诉人与被上诉人签订《资产折换协议书》时，既未通知抵押权人也未告知受让人，明显违反担保法的规定，《资产折换协议书》应为无效。一审认定其有效，属适用法律不当。4. 一审的立案时间是2004年7月18日，而被上诉人是在同年9月29日才履行完代偿义务。这就是说，上诉人提起本案诉讼时，抵押权并未消灭。一审未清楚认定抵押权消灭的时间，判决以抵押权消灭为由驳回上诉人的诉讼请求，是错判。请求二审改判。

上诉人百花公司提交公司变更登记申请书和遵义市工商行政管理局红花岗区分局出具的证明，用以证明经工商行政管理机关核准，百花公司的名称已于2004年9月30日变更为雪清公司。

贵州省高级人民法院经审理，确认一审查明的事实基本属实。

二审应解决的争议焦点是：1. 上诉人的公司名称如何认定？2.《资产折换协议书》及其补充协议的效力是否已被生效判决确认？3.《资产折换协议书》及其补充协议是否有效？4. 抵押权消灭时间有无必要认定？5. 上诉人在抵押权未消灭时提起本案诉讼，其诉讼请求能否驳回？

贵州省高级人民法院认为：

关于第一点。上诉人百花公司在二审提交的新证据，足以证明其公司名称已变更为雪清公司，且这个变更已经工商行政管理机关核准，被上诉人浩鑫公司对此也无异议，故应当将上诉人的公司名称确定为雪清公司，原百花公司的诉权依法由雪清公司承继。在一审立案时，由于雪清公司提交的证据不能证明公司更名经过工商行政管理机关核准，故一审仍将百花公司列为本案诉讼当事人，并无不当。雪清公司关于一审认定诉讼主体不当的上诉理由不能成立，予以驳回。

关于第二点。遵初39号判决在解决抵押权人遵义工行和抵押人百花公司主张确认《资产折换协议书》及其补充协议无效的问题时，曾经论述："在因百花公司清偿或浩鑫公司代偿债务后，抵押权丧失，限制抵押财产转让的权利瑕疵消灭，即应认定《资产折换协议书》以及补充协议有效，故本院对前述要求确认《资产折换协议书》以及补充协议无效的主张不予采信，予以驳回。"其时，被上诉人浩鑫公司尚未代偿百花公司的债务，因此遵初39号判决中的这段论述，应当理解为是附条件地承认《资产折换协议书》以及补充协议的效力，并非直接确认《资产折换协议书》以及补充协议有效。遵初39号是一审判决，不是生效法律文书，在黔高16号这一生效的二审民事判决中，未提及《资产折换协议书》以及补充协议的效力问题。一审关于"遵初39号判决已确认《资产折换协议书》及其补充协议有效"的表述与事实不符，上诉人雪清公司的此条上诉理由应予采纳。对《资产折换协议书》以及补充协议的效力，应当在本案中确认。

关于第三点。《资产折换协议书》签订后，被上诉人浩鑫公司已根据协议，向上诉人雪清公司支付了折换款，并根据雪清公司提供的地籍资料，到遵义市红花岗区国土局申办了土地使用权预登记证。这些事实证明，签订《资产折换协议书》以及补充协议，是雪清公司与浩鑫公司的真实意思表示。担保法第三十三条第一款规定："本法所称抵押，是指债务人或者第三人不转移对本法第三十四条所列财产的占有，将该财产作为债权的担保。债务人不履行债务时，债权人有权依照本法规定以该财产折价或者以拍卖、变卖该财产的价款优先受偿。"据此可以认为，抵押权是以确保债务清偿为目的设立的物权，是依附于主债权而存在的从权利。主债权消灭，抵押权亦消灭。抵押权设定后，抵押人对抵押物的所有权并未丧失，而所有权中就包括了对物的处分权。抵押人并非不能向他人转让抵押物，只是应当在转让时履行通知抵押权人和告知受让人的义务。抵押人不履行通知、告知义务就转让抵押物，只要在转让后抵押人向抵押权人清偿债务，或者受让人在得知受让物上有抵押权后代抵押人清偿债务，使物上设定的抵押权消灭，转让仍可以有效。现查明，浩鑫公司已经向抵押权人遵义工行代偿了雪清公司的全部债务，从而使抵押权因债权实现而消灭，限制雪清公司向浩鑫公司转让抵押物的权利瑕疵不复存在，因此可以认定，雪清公司与浩鑫公司签订的《资产折换协议书》以及补充协议，未损害他人利益，并已实际履行完毕，应为有效。

关于第四点。一审在查明被上诉人浩鑫公司向抵押权人遵义工行代偿了上诉人雪清公司的全部债务后，认定抵押权因债权实现而消灭。雪清公司上诉认为，抵押权消灭的时间应以诉讼提起的时间为准；在其提起本案诉讼时，浩鑫公司并未代其向遵义工行履行还款义务，抵押权并未消灭，一审这一认定属认定事实错误。法律和司法解释只规定了抵押权可以因担保的债权实现而消灭，没有规定抵押权消灭以何时为准。雪清公司的这一上诉理由没有法律依据，予以驳回。

关于第五点。担保法第一条开宗明义地规定:“为促进资金融通和商品流通,保障债权的实现,发展社会主义市场经济,制定本法。”这是担保法的立法目的。该法第四十九条第一款虽然规定抵押人未履行通知、告知义务的转让行为无效,但是第二款、第三款还规定“转让抵押物的价款明显低于其价值的,抵押权人可以要求抵押人提供相应的担保;抵押人不提供的,不得转让抵押物”,“抵押人转让抵押物所得的价款,应当向抵押权人提前清偿所担保的债权或者向与抵押权人约定的第三人提存。超过债权数额的部分,归抵押人所有,不足部分由债务人清偿”。纵观担保法第四十九条可以看出,此条并非剥夺抵押人对抵押物的转让权,而是要保障抵押权人享有的债权能够实现。

法律确立公民、法人和其他组织的权利与义务,建立和规范社会秩序,最终体现的是国家整体利益。公民、法人和其他组织在法律面前一律平等。任何公民、法人和其他组织都享有法律规定的权利,同时必须履行法律规定的义务,都应当从立法本意上去理解和遵守法律,不能断章取义地利用法律。能够援引担保法第四十九条第一款的规定来主张转让行为无效的,应当是合法权益受到损害的抵押权人或者受让人。是否行使这一权利,应当由抵押权人或者受让人决定。在担保法第四十九条中,抵押人只有通知、告知、提供相应担保、清偿担保债权等义务,没有据以起诉抵押权人或者受让人的权利。只要抵押人本着诚信原则,依法履行这些义务,他人合法权益就不会受到侵害,从而也不会发生纠纷。作为抵押人,上诉人雪清公司在转让抵押财产时不履行法定的通知、告知义务,转让抵押财产后,仍然不履行清偿债权的义务,却执意援引担保法第四十九条第一款来主张转让无效,以达到依法不应达到的毁约目的,其行为不是维护法律。只要抵押权能消灭,无论是在消灭前还是消灭后提起本案诉讼,雪清公司的诉讼请求均不应满足。

综上,一审判决驳回上诉人雪清公司的诉讼请求,适用法律并无不当,应当维持。雪清公司的上诉理由不能成立,应予驳回。据此,贵州省高级人民法院于2005年9月28日判决:

驳回上诉,维持原判。

一、二审案件受理费共65020元,由上诉人雪清公司负担。

本判决为终审判决。

(2)不动产抵押

城市房地产抵押管理办法

1. 1997年5月9日建设部令第56号公布

2. 2001年8月15日建设部令第98号《关于修改〈城市房地产抵押管理办法〉的决定》修正

第一章 总 则

第一条 为了加强房地产抵押管理,维护房地产市场秩序,保障房地产抵押当事人的合法权益,根据《中华人民共和国城市房地产管理法》、《中华人民共和国担保法》,制定本办法。

第二条 凡在城市规划区国有土地范围内从事房地产抵押活动的,应当遵守本办法。

地上无房屋(包括建筑物、构筑物及在建工程)的国有土地使用权设定抵押的,不适用本办法。

第三条 本办法所称房地产抵押,是指抵押人以其合法的房地产以不转移占有的方式向抵押权人提供债务履行担保的行为。债务人不履行债务时，债权人有权依法以抵押的房地产拍卖所得的价款优先受偿。

本办法所称抵押人，是指将依法取得的房地产提供给抵押权人，作为本人或者第三人履行债务担保的公民、法人或者其他组织。

本办法所称抵押权人，是指接受房地产抵押作为债务人履行债务担保的公民、法人或者其他组织。

本办法所称预购商品房贷款抵押，是指购房人在支付首期规定的房价款后，由贷款银行代其支付其余的购房款，将所购商品房抵押给贷款银行作为偿还贷款履行担保的行为。

本办法所称在建工程抵押，是指抵押人为取得在建工程继续建造资金的贷款，以其合法方式取得的土地使用权连同在建工程的投入资产，以不转移占有的方式抵押给贷款银行作为偿还贷款履行担保的行为。

第四条　以依法取得的房屋所有权抵押的，该房屋占用范围内的土地使用权必须同时抵押。

第五条　房地产抵押，应当遵循自愿、互利、公平和诚实信用的原则。

依法设定的房地产抵押，受国家法律保护。

第六条　国家实行房地产抵押登记制度。

第七条　国务院建设行政主管部门归口管理全国城市房地产抵押管理工作。

省、自治区建设行政主管部门归口管理本行政区域内的城市房地产抵押管理工作。

直辖市、市、县人民政府房地产行政主管部门（以下简称房地产管理部门）负责管理本行政区域内的房地产抵押管理工作。

第二章　房地产抵押权的设定

第八条　下列房地产不得设定抵押：

（一）权属有争议的房地产；

（二）用于教育、医疗、市政等公共福利事业的房地产；

（三）列入文物保护的建筑物和有重要纪念意义的其他建筑物；

（四）已依法公告列入拆迁范围的房地产；

（五）被依法查封、扣押、监管或者以其他形式限制的房地产；

（六）依法不得抵押的其他房地产。

第九条　同一房地产设定两个以上抵押权的，抵押人应当将已经设定过的抵押情况告知抵押权人。

抵押人所担保的债权不得超出其抵押物的价值。

房地产抵押后，该抵押房地产的价值大于所担保债权的余额部分，可以再次抵押，但不得超出余额部分。

第十条　以两宗以上房地产设定同一抵押权的，视为同一抵押房地产。但抵押当事人另有约定的除外。

第十一条　以在建工程已完工部分抵押的，其土地使用权随之抵押。

第十二条　以享受国家优惠政策购买的房地产抵押的，其抵押额以房地产权利人可以处分和收益的份额比例为限。

第十三条　国有企业、事业单位法人以国家授予其经营管理的房地产抵押的，应当符合国有资产管理的有关规定。

第十四条　以集体所有制企业的房地产抵押的，必须经集体所有制企业职工（代表）大会通过，并报其上级主管机关备案。

第十五条　以中外合资企业、合作经营企业和外商独资企业的房地产抵押的，必须经董事会通过，但企业章程另有规定的除外。

第十六条 以有限责任公司、股份有限公司的房地产抵押的，必须经董事会或者股东大会通过，但企业章程另有规定的除外。

第十七条 有经营期限的企业以其所有的房地产设定抵押的，所担保债务的履行期限不应当超过该企业的经营期限。

第十八条 以具有土地使用年限的房地产设定抵押的，所担保债务的履行期限不得超过土地使用权出让合同规定的使用年限减去已经使用年限后的剩余年限。

第十九条 以共有的房地产抵押的，抵押人应当事先征得其他共有人的书面同意。

第二十条 预购商品房贷款抵押的，商品房开发项目必须符合房地产转让条件并取得商品房预售许可证。

第二十一条 以已出租的房地产抵押的，抵押人应当将租赁情况告知抵押权人，并将抵押情况告知承租人。原租赁合同继续有效。

第二十二条 设定房地产抵押时，抵押房地产的价值可以由抵押当事人协商议定，也可以由房地产价格评估机构评估确定。

法律、法规另有规定的除外。

第二十三条 抵押当事人约定对抵押房地产保险的，由抵押人为抵押的房地产投保，保险费由抵押人负担。抵押房地产投保的，抵押人应当将保险单移送抵押权人保管。在抵押期间，抵押权人为保险赔偿的第一受益人。

第二十四条 企业、事业单位法人分立或者合并后，原抵押合同继续有效，其权利和义务由变更后的法人享有和承担。

抵押人死亡、依法被宣告死亡或者被宣告失踪时，其房地产合法继承人或者代管人应当继续履行原抵押合同。

第三章 房地产抵押合同的订立

第二十五条 房地产抵押，抵押当事人应当签订书面抵押合同。

第二十六条 房地产抵押合同应当载明下列主要内容：

（一）抵押人、抵押权人的名称或者个人姓名、住所；

（二）主债权的种类、数额；

（三）抵押房地产的处所、名称、状况、建筑面积、用地面积以及四至等；

（四）抵押房地产的价值；

（五）抵押房地产的占用管理人、占用管理方式、占用管理责任以及意外损毁、灭失的责任；

（六）债务人履行债务的期限；

（七）抵押权灭失的条件；

（八）违约责任；

（九）争议解决方式；

（十）抵押合同订立的时间与地点；

（十一）双方约定的其他事项。

第二十七条 以预购商品房贷款抵押的，须提交生效的预购房屋合同。

第二十八条 以在建工程抵押的，抵押合同还应当载明以下内容：

（一）《国有土地使用权证》、《建设用地规划许可证》和《建设工程规划许可证》编号；

（二）已交纳的土地使用权出让金或需交纳的相当于土地使用权出让金的款额；

（三）已投入在建工程的工程款；

（四）施工进度及工程竣工日期；

（五）已完成的工作量和工程量。

第二十九条 抵押权人要求抵押房地产保险的，以及要求在房地产抵押后限制抵押人出租、转让抵押房地产或者改变抵押房地产用途的，抵押当事人应当在抵押合同中载明。

第四章 房地产抵押登记

第三十条 房地产抵押合同自签订之日起30日内，抵押当事人应当到房地产所在地的房地产管理部门办理房地产抵押登记。

第三十一条 房地产抵押合同自抵押登记之日起生效。

第三十二条 办理房地产抵押登记，应当向登记机关交验下列文件：

（一）抵押当事人的身份证明或法人资格证明；

（二）抵押登记申请书；

（三）抵押合同；

（四）《国有土地使用权证》、《房屋所有权证》或《房地产权证》，共有的房屋还必须提交《房屋共有权证》和其他共有人同意抵押的证明；

（五）可以证明抵押人有权设定抵押权的文件与证明材料；

（六）可以证明抵押房地产价值的资料；

（七）登记机关认为必要的其他文件。

第三十三条 登记机关应当对申请人的申请进行审核。凡权属清楚、证明材料齐全的，应当在受理登记之日起7日内决定是否予以登记，对不予登记的，应当书面通知申请人。

第三十四条 以依法取得的房屋所有权证书的房地产抵押的，登记机关应当在原《房屋所有权证》上作他项权利记载后，由抵押人收执。并向抵押权人颁发《房屋他项权证》。

以预售商品房或者在建工程抵押的，登记机关应当在抵押合同上作记载。抵押的房地产在抵押期间竣工的，当事人应当在抵押人领取房地产权属证书后，重新办理房地产抵押登记。

第三十五条 抵押合同发生变更或者抵押关系终止时，抵押当事人应当在变更或者终止之日起15日内，到原登记机关办理变更或者注销抵押登记。

因依法处分抵押房地产而取得土地使用权和土地建筑物、其他附着物所有权的，抵押当事人应当自处分行为生效之日起30日内，到县级以上地方人民政府房地产管理部门申请房屋所有权转移登记，并凭变更后的房屋所有权证书向同级人民政府土地管理部门申请土地使用权变更登记。

第五章 抵押房地产的占用与管理

第三十六条 已作抵押的房地产，由抵押人占用与管理。

抵押人在抵押房地产占用与管理期间应当维护抵押房地产的安全与完好。抵押权人有权按照抵押合同的规定监督、检查抵押房地产的管理情况。

第三十七条 抵押权可以随债权转让。抵押权转让时，应当签订抵押权转让合同，并办理抵押权变更登记。抵押权转让后，原抵押权人应当告知抵押人。

经抵押权人同意，抵押房地产可以转让或者出租。

抵押房地产转让或者出租所得价款，应当向抵押权人提前清偿所担保的债权。超过债权数额的部分，归抵押人所有，不足部分由债务人清偿。

第三十八条 因国家建设需要，将已设定抵押权的房地产列入拆迁范围的，抵押人应当及时书面通知抵押权人；抵押双方可以重新设定抵押房地产,也可以依法清理债权债务,解除抵押合同。

第三十九条 抵押人占用与管理的房地产发生损毁、灭失的,抵押人应当及时将情况告知抵押权人,并应当采取措施防止损失的扩大。抵押的房地产因抵押人的行为造成损失使抵押房地产价值不足以作为履行债务的担保时,抵押权人有权要求抵押人重新提供或者增加担保以弥补不足。

抵押人对抵押房地产价值减少无过错的,抵押权人只能在抵押人因损害而得到的赔偿的范围内要求提供担保。抵押房地产价值未减少的部分,仍作为债务的担保。

第六章 抵押房地产的处分

第四十条 有下列情况之一的,抵押权人有权要求处分抵押的房地产:

(一)债务履行期满,抵押权人未受清偿的,债务人又未能与抵押权人达成延期履行协议的;

(二)抵押人死亡,或者被宣告死亡而无人代为履行到期债务的;或者抵押人的合法继承人、受遗赠人拒绝履行到期债务的;

(三)抵押人被依法宣告解散或者破产的;

(四)抵押人违反本办法的有关规定,擅自处分抵押房地产的;

(五)抵押合同约定的其他情况。

第四十一条 有本办法第四十条规定情况之一的,经抵押当事人协商可以通过拍卖等合法方式处分抵押房地产。协议不成的,抵押权人可以向人民法院提起诉讼。

第四十二条 抵押权人处分抵押房地产时,应当事先书面通知抵押人;抵押房地产为共有或者出租的,还应当同时书面通知共有人或承租人;在同等条件下,共有人或承租人依法享有优先购买权。

第四十三条 同一房地产设定两个以上抵押权时,以抵押登记的先后顺序受偿。

第四十四条 处分抵押房地产时,可以依法将土地上新增的房屋与抵押财产一同处分,但对处分新增房屋所得,抵押权人无权优先受偿。

第四十五条 以划拨方式取得的土地使用权连同地上建筑物设定的房地产抵押进行处分时,应当从处分所得的价款中缴纳相当于应当缴纳的土地使用权出让金的款额后,抵押权人方可优先受偿。

法律、法规另有规定的依照其规定。

第四十六条 抵押权人对抵押房地产的处分,因下列情况而中止:

(一)抵押权人请求中止的;

(二)抵押人申请愿意并证明能够及时履行债务,并经抵押权人同意的;

(三)发现被拍卖抵押物有权属争议的;

(四)诉讼或仲裁中的抵押房地产;

(五)其他应当中止的情况。

第四十七条 处分抵押房地产所得金额,依下列顺序分配:

(一)支付处分抵押房地产的费用;

(二)扣除抵押房地产应缴纳的税款;

(三)偿还抵押权人债权本息及支付违约金;

(四)赔偿由债务人违反合同而对抵押权人造成的损害;

(五)剩余金额交还抵押人。

处分抵押房地产所得金额不足以支付债务和违约金、赔偿金时,抵押权人有权向债务人追索不足部分。

第七章 法律责任

第四十八条 抵押人隐瞒抵押的房地产存

在共有、产权争议或者被查封、扣押等情况的，抵押人应当承担由此产生的法律责任。

第四十九条 抵押人擅自以出售、出租、交换、赠与或者以其他方式处分抵押房地产的，其行为无效；造成第三人损失的，由抵押人予以赔偿。

第五十条 抵押当事人因履行抵押合同或者处分抵押房地产发生争议的，可以协商解决；协商不成的，抵押当事人可以根据双方达成的仲裁协议向仲裁机构申请仲裁；没有仲裁协议的，也可以直接向人民法院提起诉讼。

第五十一条 因国家建设需要，将已设定抵押权的房地产列入拆迁范围时，抵押人违反前述第三十八条的规定，不依法清理债务，也不重新设定抵押房地产的，抵押权人可以向人民法院提起诉讼。

第五十二条 登记机关工作人员玩忽职守、滥用职权，或者利用职务上的便利，索取他人财物，或者非法收受他人财物为他人谋取利益的，依法给予行政处分；构成犯罪的，依法追究刑事责任。

第八章 附 则

第五十三条 在城市规划区外国有土地上进行房地产抵押活动的，参照本办法执行。

第五十四条 本办法由国务院建设行政主管部门负责解释。

第五十五条 本办法自1997年6月1日起施行。

最高人民法院关于能否将国有土地使用权折价抵偿给抵押权人问题的批复

1. 1998年9月1日最高人民法院审判委员会第1019次会议通过
2. 1998年9月3日公布
3. 法释〔1998〕25号
4. 自1998年9月9日起施行

四川省高级人民法院：

你院川高法〔1998〕19号《关于能否将国有土地使用权以国土部门认定的价格抵偿给抵押权人的请示》收悉。经研究，答复如下：

在依法以国有土地使用权作抵押的担保纠纷案件中，债务履行期届满抵押权人未受清偿的，可以通过拍卖的方式将土地使用权变现。如果无法变现，债务人又没有其他可供清偿的财产时，应当对国有土地使用权依法评估。人民法院可以参考政府土地管理部门确认的地价评估结果将土地使用权折价，经抵押权人同意，将折价后的土地使用权抵偿给抵押权人，土地使用权由抵押权人享有。

此复

最高人民法院关于审理商品房买卖合同纠纷案件适用法律若干问题的解释（节录）

1. 2003年3月24日最高人民法院审判委员会第1267次会议通过
2. 2003年4月28日公布
3. 法释〔2003〕7号
4. 自2003年6月1日起施行

为正确、及时审理商品房买卖合同纠

纷案件，根据《中华人民共和国民法通则》、《中华人民共和国合同法》、《中华人民共和国城市房地产管理法》、《中华人民共和国担保法》等相关法律，结合民事审判实践，制定本解释。

第八条 具有下列情形之一，导致商品房买卖合同目的不能实现的，无法取得房屋的买受人可以请求解除合同、返还已付购房款及利息、赔偿损失，并可以请求出卖人承担不超过已付购房款一倍的赔偿责任：

（一）商品房买卖合同订立后，出卖人未告知买受人又将该房屋抵押给第三人；

（二）商品房买卖合同订立后，出卖人又将该房屋出卖给第三人。

第九条 出卖人订立商品房买卖合同时，具有下列情形之一，导致合同无效或者被撤销、解除的，买受人可以请求返还已付购房款及利息、赔偿损失，并可以请求出卖人承担不超过已付购房款一倍的赔偿责任：

（一）故意隐瞒没有取得商品房预售许可证明的事实或者提供虚假商品房预售许可证明；

（二）故意隐瞒所售房屋已经抵押的事实；

（三）故意隐瞒所售房屋已经出卖给第三人或者为拆迁补偿安置房屋的事实。

第二十三条 商品房买卖合同约定，买受人以担保贷款方式付款、因当事人一方原因未能订立商品房担保贷款合同并导致商品房买卖合同不能继续履行的，对方当事人可以请求解除合同和赔偿损失。因不可归责于当事人双方的事由未能订立商品房担保贷款合同并导致商品房买卖合同不能继续履行的，当事人可以请求解除合同，出卖人应当将收受的购房款本金及其利息或者定金返还买受人。

第二十四条 因商品房买卖合同被确认无效或者被撤销、解除，致使商品房担保贷款合同的目的无法实现，当事人请求解除商品房担保贷款合同的，应予支持。

第二十五条 以担保贷款为付款方式的商品房买卖合同的当事人一方请求确认商品房买卖合同无效或者撤销、解除合同的，如果担保权人作为有独立请求权第三人提出诉讼请求，应当与商品房担保贷款合同纠纷合并审理；未提出诉讼请求的，仅处理商品房买卖合同纠纷。担保权人就商品房担保贷款合同纠纷另行起诉的，可以与商品房买卖合同纠纷合并审理。

商品房买卖合同被确认无效或者被撤销、解除后，商品房担保贷款合同也被解除的、出卖人应当将收受的购房贷款和购房款的本金及利息分别返还担保权人和买受人。

第二十六条 买受人未按照商品房担保贷款合同的约定偿还贷款，亦未与担保权人办理商品房抵押登记手续，担保权人起诉买受人，请求处分商品房买卖合同项下买受人合同权利的，应当通知出卖人参加诉讼；担保权人同时起诉出卖人时，如果出卖人为商品房担保贷款合同提供保证的，应当列为共同被告。

第二十七条 买受人未按照商品房担保贷款合同的约定偿还贷款，但是已经取得房屋权属证书并与担保权人办理了商品房抵押登记手续，抵押权人请求买受人偿还贷款或者就抵押的房屋优先受偿的，不应当追加出卖人为当事人，但出卖人提供保证的除外。

最高人民法院关于房地产管理机关能否撤销错误的注销抵押登记行为问题的批复

1. 2003年10月14日最高人民法院审判委员会第1293次会议通过
2. 2003年10月17日公布
3. 法释〔2003〕17号
4. 自2003年11月20日起施行

广西壮族自治区高级人民法院：

你院《关于首长机电设备贸易（香港）有限公司不服柳州市房产局注销抵押登记、吊销〔1997〕柳房他证字第0410号房屋他项权证并要求发还0410号房屋他项权证上诉一案的请示》收悉。经研究答复如下：

房地产管理机关可以撤销错误的注销抵押登记行为。

此复

最高人民法院关于人民法院执行设定抵押的房屋的规定①

1. 2005年11月14日最高人民法院审判委员会第1371次会议通过
2. 2005年12月14日公布
3. 法释〔2005〕14号
4. 自2005年12月21日起施行

根据《中华人民共和国民事诉讼法》等法律的规定，结合人民法院民事执行工作的实践，对人民法院根据抵押权人的申请，执行设定抵押的房屋的问题规定如下：

第一条 对于被执行人所有的已经依法设定抵押的房屋，人民法院可以查封，并可以根据抵押权人的申请，依法拍卖、变卖或者抵债。

第二条 人民法院对已经依法设定抵押的被执行人及其所扶养家属居住的房屋，在裁定拍卖、变卖或者抵债后，应当给予被执行人六个月的宽限期。在此期限内，被执行人应当主动腾空房屋，人民法院不得强制被执行人及其所扶养家属迁出该房屋。

第三条 上述宽限期届满后，被执行人仍未迁出的，人民法院可以作出强制迁出裁定，并按照民事诉讼法第二百二十六条②的规定执行。

强制迁出时，被执行人无法自行解决居住问题的，经人民法院审查属实，可以由申请执行人为被执行人及其所扶养家属提供临时住房。

第四条 申请执行人提供的临时住房，其房屋品质、地段可以不同于被执行人原住房，面积参照建设部、财政部、民政部、国土资源部和国家税务总局联合发布的《城镇最低收入家庭廉租住房管理办法》所规定的人均廉租住房面积标准确定。

第五条 申请执行人提供的临时住房，应当计收租金。租金标准由申请执行人和被执行人双方协商确定；协商不成的，由人民法院参照当地同类房屋租金标准确定，当地无同类房屋租金标准可以参照的，参照当地房屋租赁市场平均租金标准确定。

已经产生的租金，可以从房屋拍卖或者变卖价款中优先扣除。

第六条 被执行人属于低保对象且无法自行

---

① 本篇法规已根据2008年12月16日最高人民法院《关于调整司法解释等文件中引用〈中华人民共和国民事诉讼法〉条文序号的决定》调整相关条文序号。

② 对应2012年8月31日第十一届全国人民代表大会常务委员会第二十八次会议《关于修改〈中华人民共和国民事诉讼法〉的决定》第二次修正的《民事诉讼法》第二百五十条。

解决居住问题的，人民法院不应强制迁出。

第七条 本规定自公布之日起施行。施行前本院已公布的司法解释与本规定不一致的，以本规定为准。

最高人民法院关于转发国土资源部《关于国有划拨土地使用权抵押登记有关问题的通知》的通知

1. 2004年3月23日发布
2. 法发〔2004〕11号

各省、自治区、直辖市高级人民法院，解放军军事法院，新疆维吾尔自治区高级人民法院生产建设兵团分院：

国土资源部于2004年1月15日发布了国土资发〔2004〕9号《关于国有划拨土地使用权抵押登记有关问题的通知》。现将该《通知》转发给你们，在《通知》发布之日起，人民法院尚未审结的涉及国有划拨土地使用权抵押经过有审批权限的土地行政管理部门依法办理抵押登记手续的案件，不以国有划拨土地使用权抵押未经批准而认定抵押无效。已经审结的案件不应该依据该《通知》提起再审。

特此通知。

附：

国土资源部关于国有划拨土地使用权抵押登记有关问题的通知

（2004年1月15日 国土资发〔2004〕9号）

各省、自治区、直辖市国土资源厅（国土环境资源厅、国土资源和房屋管理局、房屋土地管理局、规划和国土资源局）：

根据国家有关法律法规的规定，现将国有划拨土地使用权抵押登记中的有关问题通知如下：

以国有划拨土地使用权为标的物设定抵押，土地行政管理部门依法办理抵押登记手续，即视同已经具有审批权限的土地行政管理部门批准，不必再另行办理土地使用权抵押的审批手续。

（3）动产抵押

动产抵押登记办法

1. 2007年10月17日国家工商行政管理总局令第30号公布
2. 2016年7月5日国家工商行政管理总局令第88号第一次修订
3. 2019年3月18日国家市场监督管理总局令第5号第二次修订

第一条 为了规范动产抵押登记工作，保障交易安全，促进资金融通，根据《中华人民共和国担保法》《中华人民共和国物权法》《企业信息公示暂行条例》等法律、行政法规，制定本办法。

第二条 企业、个体工商户、农业生产经营者以《中华人民共和国物权法》第一百八十条第一款第四项、第一百八十一条规定的动产抵押的，应当向抵押人住所地的县级市场监督管理部门（以下简称登记机关）办理登记。抵押权自抵押合同生效时设立；未经登记，不得对抗善意第三人。

第三条 动产抵押登记的设立、变更和注销，可以由抵押合同一方作为代表到登记机关办理，也可以由抵押合同双方共同委托的代理人到登记机关办理。

当事人应当保证其提交的材料内容

真实准确。

第四条 当事人设立抵押权符合本办法第二条所规定情形的，应当持下列文件向登记机关办理设立登记：

（一）抵押人、抵押权人签字或者盖章的《动产抵押登记书》；

（二）抵押人、抵押权人主体资格证明或者自然人身份证明文件；

（三）抵押合同双方指定代表或者共同委托代理人的身份证明。

第五条 《动产抵押登记书》应当载明下列内容：

（一）抵押人、抵押权人名称（姓名）、住所地等；

（二）抵押财产的名称、数量、状况等概况；

（三）被担保债权的种类和数额；

（四）抵押担保的范围；

（五）债务人履行债务的期限；

（六）抵押合同双方指定代表或者共同委托代理人的姓名、联系方式等；

（七）抵押人、抵押权人签字或者盖章；

（八）抵押人、抵押权人认为其他应当登记的抵押权信息。

第六条 抵押合同变更、《动产抵押登记书》内容需要变更的，当事人应当持下列文件，向原登记机关办理变更登记：

（一）抵押人、抵押权人签字或者盖章的《动产抵押登记变更书》；

（二）抵押人、抵押权人主体资格证明或者自然人身份证明文件；

（三）抵押合同双方指定代表或者共同委托代理人的身份证明。

第七条 在主债权消灭、担保物权实现、债权人放弃担保物权或者法律规定担保物权消灭的其他情形下，当事人应当持下列文件，向原登记机关办理注销登记：

（一）抵押人、抵押权人签字或者盖章的《动产抵押登记注销书》；

（二）抵押人、抵押权人主体资格证明或者自然人身份证明文件；

（三）抵押合同双方指定代表或者共同委托代理人的身份证明。

第八条 当事人办理动产抵押登记的设立、变更、注销，提交材料齐全，符合本办法形式要求的，登记机关应当予以办理，在当事人所提交的《动产抵押登记书》《动产抵押登记变更书》《动产抵押登记注销书》上加盖动产抵押登记专用章，并注明盖章日期。

当事人办理动产抵押登记的设立、变更、注销，提交的材料不符合本办法规定的，登记机关不予办理，并应当向当事人告知理由。

第九条 登记机关应当根据加盖动产抵押登记专用章的《动产抵押登记书》《动产抵押登记变更书》《动产抵押登记注销书》设立动产抵押登记档案，并按照《企业信息公示暂行条例》的规定，及时将动产抵押登记信息通过国家企业信用信息公示系统公示。

第十条 有关单位和个人可以登录国家企业信用信息公示系统查询有关动产抵押登记信息，也可以持合法身份证明文件，到登记机关查阅、抄录动产抵押登记档案。

第十一条 当事人有证据证明登记机关的动产抵押登记信息与其提交材料内容不一致的，有权要求登记机关予以更正。

登记机关发现其登记的动产抵押登记信息与当事人提交材料内容不一致的，应当对有关信息进行更正。

第十二条 经当事人或者利害关系人申请，

登记机关可以根据人民法院、仲裁委员会生效的法律文书或者人民政府生效的决定等，对相关的动产抵押登记进行变更或者撤销。动产抵押登记变更或者撤销后，登记机关应当告知原抵押合同双方当事人。

第十三条 当事人可以通过全国市场监管动产抵押登记业务系统在线办理动产抵押登记的设立、变更、注销；社会公众可以通过全国市场监管动产抵押登记业务系统查询相关动产抵押登记信息。

第十四条 本办法由国家市场监督管理总局负责解释。

第十五条 本办法自 2019 年 4 月 20 日起施行。

最高人民法院关于国有工业企业以机器设备等财产为抵押物与债权人签订的抵押合同的效力问题的批复

1. 2002 年 6 月 11 日最高人民法院审判委员会第 1225 次会议通过
2. 2002 年 6 月 18 日公布
3. 法释〔2002〕14 号
4. 自 2002 年 6 月 22 日起施行

重庆市高级人民法院：

你院渝高法〔2001〕37 号《关于认定国有工业企业以机器设备、厂房为抵押物与债权人签订的抵押合同的法律效力的请示》收悉。经研究，答复如下：

根据《中华人民共和国担保法》第三十四条和最高人民法院《关于适用〈中华人民共和国合同法〉若干问题的解释（一）》第九条规定的精神，国有工业企业以机器设备、厂房等财产与债权人签订的抵押合同，如无其他法定的无效情形，不应当仅以未经政府主管部门批准为由认定抵押合同无效。

本批复施行后，正在审理或者尚未审理的案件，适用本批复，但判决、裁定已经发生法律效力的案件提起再审的除外。

此复

3. 质权

凭证式国债质押贷款办法

1. 1999 年 7 月 9 日中国人民银行、财政部发布
2. 银发〔1999〕231 号

第一条 为了满足凭证式国债投资者的融资需求，促进国债市场发展，特制定本办法。

第二条 本办法所称的凭证式国债，是指 1999 年后（含 1999 年）财政部发行，各承销银行以“中华人民共和国凭证式国债收款凭证”方式销售的国债（以下简称“凭证式国债”），不包括 1999 年以前发行的凭证式国债。

第三条 凭证式国债质押贷款，是指借款人以未到期的凭证式国债作质押，从商业银行取得人民币贷款，到期归还贷款本息的一种贷款业务。

第四条 经中国人民银行批准，允许办理个人定期储蓄存款存单小额抵押贷款业务，并承担凭证式国债发行业务的商业银行，均可以办理凭证式国债质押贷款业务。

第五条 作为质押贷款质押品的凭证式国债，就应是未到期的凭证式国债。凡所有权有争议、已作挂失或被依法止付的凭证式国债，不得作为质押品。

第六条 借款人申请办理质押贷款业务时，应向其原认购国债银行提出申请，经对申请人的债权进行确认并审核批准后，由借贷双方签订质押贷款合同。作为质押品的凭证式国债交贷款机构保管，由贷款机构出具保管收据。保管收据是借款人办理凭证式国债质押贷款的凭据，不准转让、出借和再抵押。各商业银行之间不得跨系统办理凭证式国债质押贷款业务。不承办凭证式国债发行业务的商业银行，不得受理此项业务。

第七条　借款人申请办理凭证式国债质押贷款业务时，必须持本人名下的凭证式国债和能证明本人身份的有效证件。使用第三人的凭证式国债办理质押业务的，需以书面形式征得第三人同意，并同时出示本人和第三人的有效身份证件。

第八条　凭证式国债质押贷款期限由贷款机构与借款人自行商定，但最长不得超过凭证式国债的到期日。若用不同期限的多张凭证式国债作质押，以距离到期日最近者确定贷款期限。

第九条　凭证式国债质押贷款额度起点为5000元，每笔贷款应不超过质押品面额的90%。

第十条　凭证式国债质押贷款利率，按照同期同档次法定贷款利率（含浮动）和有关规定执行。贷款期限不足6个月的，按6个月的法定贷款利率确定。如借款人提前还贷，贷款利率按合同利率和实际借款天数计算。凭证式国债质押贷款实行利随本清。在贷款期限内如遇利率调整，贷款利率不变。

第十一条　凭证式国债质押贷款应按期归还。逾期1个月以内（含1个月）的，自逾期之日起，贷款机构按法定罚息利率向借款人计收罚息。逾期超过1个月，贷款机构有权处理质押的凭证式国债，抵偿贷款本息。贷款机构在处理逾期的凭证式国债质押贷款时，如凭证式国债尚未到期，贷款机构可按提前兑付的正常程序办理兑付（提前兑取时，银行按国债票面值收取千分之二的手续费，手续费由借款人承担），在抵偿了贷款本息及罚息后，应将剩余款项退还借款人。

第十二条　借款人按质押贷款合同约定还清贷款本息后，凭保管收据取回质押的凭证式国债。若借款人将保管收据丢失，可向贷款机构申请补办。

第十三条　贷款机构应妥善保管质押品。因保管不善如丢失、损坏等造成的损失，由贷款机构承担相应的责任。贷款机构要建立健全保管收据的开具、收回、补办等制度，做好保管收据的管理工作。

第十四条　质押贷款履行期间，如借款人死亡，可依据《中华人民共和国继承法》及其他有关法律规定，处理有关债务继承问题。

第十五条　质押贷款合同发生纠纷时，任何一方均可向仲裁机构申请仲裁，也可向人民法院起诉。

第十六条　各商业银行应根据本办法制定实施细则并报中国人民银行总行和财政部备案。

第十七条　商业银行所属机构在办理凭证式国债质押贷款业务时应严格遵守本办法。如有违反本办法的行为，人民银行将根据《金融违法行为处罚办法》的有关规定予以处罚。

第十八条　本办法由中国人民银行负责解释。

第十九条　本办法自发布之日起执行。

证券公司股票质押贷款管理办法

1. *2004年11月4日中国人民银行、中国银行业监督管理委员会、中国证券监督管理委员会发布*
2. *银发〔2004〕256号*

第一章 总 则

第一条 为规范股票质押贷款业务,维护借贷双方的合法权益,防范金融风险,促进我国资本市场的稳健发展,根据《中华人民共和国中国人民银行法》、《中华人民共和国银行业监督管理法》、《中华人民共和国商业银行法》、《中华人民共和国证券法》、《中华人民共和国担保法》的有关规定,特制定本办法。

第二条 本办法所称股票质押贷款,是指证券公司以自营的股票、证券投资基金券和上市公司可转换债券作质押,从商业银行获得资金的一种贷款方式。

第三条 本办法所称质物,是指在证券交易所上市流通的、证券公司自营的人民币普通股票(A股)、证券投资基金券和上市公司可转换债券(以下统称股票)。

第四条 本办法所称借款人为依法设立并经中国证券监督管理委员会批准可经营证券自营业务的证券公司(指法人总部,下同),贷款人为依法设立并经中国银行业监督管理委员会批准可经营股票质押贷款业务的商业银行(以下统称商业银行)。证券登记结算机构为本办法所指质物的法定登记结算机构。

第五条 商业银行授权其分支机构办理股票质押贷款业务须报中国银行业监督管理委员会备案。

第六条 借款人通过股票质押贷款所得资金的用途,必须符合《中华人民共和国证券法》的有关规定,用于弥补流动资金的不足。

第七条 中国人民银行、中国银行业监督管理委员会依法对股票质押贷款业务实施监督管理。

第二章 贷款人、借款人

第八条 申请开办股票质押贷款业务的贷款人,应具备以下条件:

(一)资本充足率等监管指标符合中国银行业监督管理委员会的有关规定;

(二)内控机制健全,制定和实施了统一授信制度;

(三)制定了与办理股票质押贷款业务相关的风险控制措施和业务操作流程;

(四)有专职部门和人员负责经营和管理股票质押贷款业务;

(五)有专门的业务管理信息系统,能同步了解股票市场行情以及上市公司有关重要信息,具备对分类股票分析、研究和确定质押率的能力;

(六)中国银行业监督管理委员会认为应具备的其他条件。

第九条 借款人应具备以下条件:

(一)资产具有充足的流动性,且具备还本付息能力;

(二)其自营业务符合中国证券监督管理委员会规定的有关风险控制比率;

(三)已按中国证券监督管理委员会规定提取足额的交易风险准备金;

(四)已按中国证券监督管理委员会规定定期披露资产负债表、净资本计算表、利润表及利润分配表等信息;

(五)最近一年经营中未出现中国证券监督管理委员会认定的重大违规违纪行为或特别风险事项,现任高级管理人员和主要业务人员无中国证券监督管理委员会认定的重大不良记录；

（六）客户交易结算资金经中国证券监督管理委员会认定已实现有效独立存管，未挪用客户交易结算资金；

（七）贷款人要求的其他条件。

第三章 贷款的期限、利率、质押率

第十条 股票质押贷款期限由借贷双方协商确定，但最长为一年。借款合同到期后，不得展期，新发生的质押贷款按本办法规定重新审查办理。借款人提前还款，须经贷款人同意。

第十一条 股票质押贷款利率水平及计结息方式按照中国人民银行利率管理规定执行。

第十二条 用于质押贷款的股票应业绩优良、流通股本规模适度、流动性较好。贷款人不得接受以下几种股票作为质物：

（一）上一年度亏损的上市公司股票；

（二）前六个月内股票价格的波动幅度（最高价/最低价）超过200%的股票；

（三）可流通股股份过度集中的股票；

（四）证券交易所停牌或除牌的股票；

（五）证券交易所特别处理的股票；

（六）证券公司持有一家上市公司已发行股份的5%以上的，该证券公司不得以该种股票质押；但是，证券公司因包销购入售后剩余股票而持有5%以上股份的，不受此限。

第十三条 股票质押率由贷款人依据被质押的股票质量及借款人的财务和资信状况与借款人商定，但股票质押率最高不能超过60%。质押率上限的调整由中国人民银行和中国银行业监督管理委员会决定。

质押率的计算公式：

质押率＝（贷款本金/质押股票市值）×100%

质押股票市值＝质押股票数量×前七个交易日股票平均收盘价。

第四章 贷款程序

第十四条 借款人申请质押贷款时，必须向贷款人提供以下材料：

（一）企业法人营业执照、法人代码证、法定代表人证明文件；

（二）中国人民银行颁发的贷款卡（证）；

（三）上月的资产负债表、损益表和净资本计算表及经会计（审计）师事务所审计的上一年度的财务报表（含附注）；

（四）由证券登记结算机构出具的质物的权利证明文件；

（五）用作质物的股票上市公司的基本情况；

（六）贷款人要求的其他材料。

第十五条 贷款人收到借款人的借款申请后，对借款人的借款用途、资信状况、偿还能力、资料的真实性，以及用作质物的股票的基本情况进行调查核实，并及时对借款人给予答复。

第十六条 贷款人在贷款前，应审慎分析借款人信贷风险和财务承担能力，根据统一授信管理办法，核定借款人的贷款限额。

第十七条 贷款人对借款人的借款申请审查同意后，根据有关法律、法规与借款人签订借款合同。

第十八条 借款人和贷款人签订借款合同后，双方应共同在证券登记结算机构办理出质登记。证券登记结算机构应向贷款人出具股票质押登记的证明文件。

第十九条 贷款人在发放股票质押贷款前，

应在证券交易所开设股票质押贷款业务特别席位，专门保管和处分作为质物的股票。贷款人应在贷款发放后，将股票质押贷款的有关信息及时录入信贷登记咨询系统。

第二十条 借款人应按借款合同的约定偿还贷款本息。在借款人清偿贷款后，借款合同自行终止。贷款人应在借款合同终止的同时办理质押登记注销手续，并将股票质押登记的证明文件退还给借款人。

第五章 贷款风险控制

第二十一条 贷款人发放的股票质押贷款余额，不得超过其资本净额的15%；贷款人对一家证券公司发放的股票质押贷款余额，不得超过贷款人资本净额的5%。

第二十二条 借款人出现下列情形之一时，应当及时通知贷款人：

（一）预计到期难以偿付贷款利息或本金；

（二）减资、合并、分立、解散及申请破产；

（三）股权变更；

（四）借款合同中约定的其他情形。

第二十三条 一家商业银行及其分支机构接受的用于质押的一家上市公司股票，不得高于该上市公司全部流通股票的10%。一家证券公司用于质押的一家上市公司股票，不得高于该上市公司全部流通股票的10%，并且不得高于该上市公司已发行股份的5%。被质押的一家上市公司股票不得高于该上市公司全部流通股票的20%。上述比率由证券登记结算机构负责监控，对超过规定比率的股票，证券登记结算机构不得进行出质登记。中国人民银行和中国银行业监督管理委员会可根据需要适时调整上述比率。

第二十四条 贷款人有权向证券登记结算机构核实质物的真实性、合法性，证券登记结算机构应根据贷款人的要求，及时真实地提供有关情况。

第二十五条 贷款人应随时分析每只股票的风险和价值，选择适合本行质押贷款的股票，并根据其价格、盈利性、流动性和上市公司的经营情况、财务指标以及股票市场的总体情况等，制定本行可接受质押的股票及其质押率的清单。

第二十六条 贷款人应随时对持有的质押股票市值进行跟踪，并在每个交易日至少评估一次每个借款人出质股票的总市值。

第二十七条 为控制因股票价格波动带来的风险，特设立警戒线和平仓线。警戒线比例（质押股票市值/贷款本金×100%）最低为135%，平仓线比例（质押股票市值/贷款本金×100%）最低为120%。在质押股票市值与贷款本金之比降至警戒线时，贷款人应要求借款人即时补足因证券价格下跌造成的质押价值缺口。在质押股票市值与贷款本金之比降至平仓线时，贷款人应及时出售质押股票，所得款项用于还本付息，余款清退给借款人，不足部分由借款人清偿。

第六章 质物的保管和处分

第二十八条 贷款人应在证券交易所开设股票质押特别席位（以下简称特别席位），用于质物的存放和处分；在证券登记结算机构开设特别资金结算账户（以下简称资金账户），用于相关的资金结算。借款合同存续期间，存放在特别席位下的股票，借款人不得转让，但本办法第三十三条规定以及借款人和贷款人协商同意的情形除外。

第二十九条 证券登记结算机构应根据出

质人及贷款人的申请将出质股票足额、及时转移至贷款人特别席位下存放。

第三十条 借款人可向贷款人提出申请，经贷款人同意后，双方重新签订合同，进行部分(或全部)质物的置换，经贷款人同意后，由双方共同向证券登记结算机构办理质押变更登记。质押变更后，证券登记结算机构应向贷款人重新出具股票质物登记证明。

第三十一条 在质押合同期内，借款人可向贷款人申请，贷款人同意后，按借款人的指令，由贷款人进行部分(或全部)质物的卖出，卖出资金必须进入贷款人资金账户存放，该资金用于全部(或部分)提前归还贷款，多余款项退借款人。

第三十二条 出现以下情况之一，贷款人应通知借款人，并要求借款人立即追加质物、置换质物或增加在贷款人资金账户存放资金：

(一)质物的市值处于本办法第二十七条规定的警戒线以下；

(二)质物出现本办法第十二条中的情形之一。

第三十三条 用于质押股票的市值处于本办法第二十七条规定的平仓线以下(含平仓线)的，贷款人有权无条件处分该质押股票，所得的价款直接用于清偿所担保的贷款人债权。

第三十四条 借款合同期满，借款人履行还款义务的，贷款人应将质物归还借款人；借款合同期满，借款人没有履行还款义务的，贷款人有权依照合同约定通过特别席位卖出质押股票，所得的价款直接用于清偿所担保的贷款人债权。

第三十五条 质物在质押期间所产生的孳息(包括送股、分红、派息等)随质物一起质押。

质物在质押期间发生配股时，出质人应当购买并随质物一起质押。出质人不购买而出现质物价值缺口的，出质人应当及时补足。

第七章 罚 则

第三十六条 贷款人有下列行为之一的，由中国银行业监督管理委员会依法给予警告。情节严重的，暂停或取消其办理股票质押贷款业务资格，并追究有关人员的责任：

(一)未经中国银行业监督管理委员会批准从事股票质押贷款业务；

(二)对不具备本办法规定资格的证券公司发放股票质押贷款；

(三)发放股票质押贷款的期限超过一年；

(四)接受本办法禁止质押的股票为质物；

(五)质押率和其他贷款额度控制比率超过本办法规定的比率；

(六)未按统一授信制度和审慎原则等规定发放股票质押贷款；

(七)泄露与股票质押贷款相关的重要信息和借款人商业秘密。

第三十七条 借款人有下列行为之一的，由中国证券监督管理委员会视情节轻重，给予警告、通报，并追究有关人员的责任：

(一)用非自营股票办理股票质押贷款；

(二)未按合同约定的用途使用贷款；

(三)拒绝或阻挠贷款人监督检查贷款使用情况；

(四)未按本办法第九条第(四)项之规定履行信息披露义务。

第三十八条 证券登记结算机构有下列行为之一的，由其主管机关视情节轻重，给

予警告、通报,并追究有关人员的责任:

(一)未按贷款人要求核实股票的真实性与合法性;

(二)未按贷款人要求及时办理质押股票的冻结和解冻;

(三)为超过本办法第二十三条规定比率的股票办理质押登记;

(四)为借款人虚增质物数量或出具虚假质押证明。

第三十九条 中国人民银行及其分支机构可以建议中国银行业监督管理委员会、中国证券监督管理委员会及上述两个机构的派出机构对违反本办法规定的行为进行监督检查。监管机关对上述行为的查处结果应及时抄送中国人民银行或其分支机构。

第八章 附 则

第四十条 证券登记结算机构应按照本办法制定有关实施细则。

第四十一条 商业银行从事股票质押贷款业务,应根据本办法制定实施细则,以及相应的业务操作流程和管理制度,并报中国人民银行和中国银行业监督管理委员会备案。

第四十二条 贷款人办理股票质押业务中所发生的相关费用由借贷双方协商解决。

第四十三条 本办法由中国人民银行会同中国银行业监督管理委员会和中国证券监督管理委员会解释。

第四十四条 本办法自发布之日起执行,2000 年 2 月 2 日由中国人民银行和中国证券监督管理委员会颁布的《证券公司股票质押贷款管理办法》同时废止。

中国人民银行自动质押融资业务管理办法

1. 2017 年 12 月 13 日中国人民银行公告〔2017〕第 18 号公布

2. 自 2018 年 1 月 29 日起施行

第一条 为规范自动质押融资业务,提高支付清算效率,防范支付清算风险,根据《中华人民共和国中国人民银行法》及相关法律法规,制定本办法。

第二条 本办法所称自动质押融资业务,是指成员机构清算账户日间头寸不足清算时,通过自动质押融资业务系统向人民银行质押债券融入资金,待资金归还后自动解押债券的行为。

第三条 本办法所称成员机构,是指在中华人民共和国境内依法设立并办理自动质押融资业务的存款类金融机构法人,以及人民银行认可的其他金融机构法人。

第四条 本办法所称自动质押融资业务系统,是指办理成员机构债券自动质押、融资、还款、债券自动解押等业务的应用系统。

第五条 本办法所称质押债券,包括记账式国债、中央银行票据、开发性和政策性银行金融债券,以及人民银行认可的地方政府债券及其他有价证券。

第六条 申请成为成员机构的金融机构法人应具备以下条件:

(一)是大额支付系统直接参与者;

(二)为银行间市场甲类或乙类结算成员;

(三)在人民银行指定的债券登记托管结算机构(以下简称债券登记托管结算机构)开立债券托管账户;

(四)人民银行规定的其他条件。

第七条 金融机构法人向人民银行申请办理自动质押融资业务应提交以下材料：

(一)办理自动质押融资业务申请书；

(二)经营金融业务许可证、债券登记托管结算机构开户确认书(均为复印件)；

(三)上年末实收资本金额(不含附属资本,下同)；

(四)人民银行要求的其他材料。

第八条 全国性银行申请办理自动质押融资业务由人民银行总行受理,其他金融机构法人申请办理自动质押融资业务应向法人所在地人民银行分支机构提出申请,由人民银行分支机构初审后报人民银行总行受理。

本办法所称人民银行分支机构包括人民银行上海总部,各分行、营业管理部,各省会(首府)城市中心支行,深圳市中心支行。

第九条 经人民银行受理,符合自动质押融资业务办理条件的金融机构,应与人民银行签署《自动质押融资主协议》。

第十条 国家开发银行、政策性银行、国有商业银行、中国邮政储蓄银行自动质押融资余额不超过其上年末实收资本的4%；全国性股份制商业银行自动质押融资余额不超过其上年末实收资本的10%；其他金融机构自动质押融资余额不超过其上年末实收资本的15%。人民银行可根据宏观审慎管理需要调整上述比例,并根据成员机构信用状况和流动性管理情况调整其自动质押融资余额上限。

第十一条 成员机构开展自动质押融资业务须足额质押债券。人民银行根据宏观审慎管理需要和市场情况确定和调整质押债券范围及质押率等要素,并通知成员机构。

第十二条 成员机构办理自动质押融资业务原则上应于当日偿还资金,最长期限不超过隔夜。如当日未能足额偿还资金本息的,成员机构应根据本办法第八条规定的业务受理范围向人民银行总行或所在地人民银行分支机构说明情况。

第十三条 日间和隔夜自动质押融资利率统一按业务发生时的人民银行隔夜常备借贷便利(SLF)利率确定。

第十四条 日间自动质押融资利息按照实际融资金额和时间、以小时为单位计算,不足1小时按照1小时计算,利息计算公式为：

$$日间自动质押融资利息=\frac{融资金额\times融资时间\times融资利率}{360\times24}$$

第十五条 隔夜自动质押融资利息按日计算,计算公式为：

$$隔夜自动质押融资利息=\frac{融资金额\times实际占款天数\times融资利率}{360}$$

第十六条 自动质押融资须逐笔融资、逐笔归还,成员机构须在还款时点一次性还本付息；还款时点资金不足时顺延至下一还款时点重新计息后还本付息。

自动质押融资业务的还款时点由人民银行在自动质押融资业务系统设置,并通知成员机构。

第十七条 隔夜未足额偿还自动质押融资资金本息的视为逾期,人民银行对逾期未偿还资金部分额外加3个百分点按日收取利息。

第十八条 逾期超过3天仍未足额偿还自动质押融资应计本息的视为违约,人民银行将按照市场惯例和相关法律法规处理。

第十九条 自动质押融资业务的金额单位为万元人民币,小数点后保留两位。单笔融资最低金额为 50 万元人民币。

第二十条 债券登记托管结算机构经人民银行授权，根据本办法及相关业务规则为成员机构办理自动质押融资业务提供服务，维护和保障自动质押融资业务系统正常运行。

债券登记托管结算机构应根据本办法制定自动质押融资业务操作细则及应急方案。

第二十一条 成员机构出现违约，或债券登记托管结算机构未充分履行自身职责，导致质押、融资、还款、解押等环节延误或中断，给有关各方造成损失的，应各自承担相应责任。

第二十二条 成员机构如出现违约或继续办理业务可能影响人民银行资金安全等情形，人民银行可暂停该机构的自动质押融资业务。

第二十三条 因不可抗力造成自动质押融资业务系统无法正常运行，使质押、融资、还款、解押等环节延误或中断，有关当事人均有及时排除障碍和采取补救措施的义务，但不承担赔偿责任。

第二十四条 本办法由人民银行负责解释。

第二十五条 本办法自 2018 年 1 月 29 日起施行。《中国人民银行自动质押融资业务管理暂行办法》(中国人民银行公告〔2005〕第 25 号)同时废止。

储蓄国债(电子式)质押管理暂行办法

1. 2006 年 8 月 18 日中国人民银行、财政部发布
2. 银发〔2006〕291 号

第一条 为满足储蓄国债(电子式)(以下简称储蓄国债)投资者的融资需求，规范储蓄国债质押贷款业务，维护借贷双方的合法权益，防范金融风险，促进国债市场的稳健发展，制定本办法。

第二条 本办法所称的储蓄国债指财政部在中华人民共和国境内发行，通过试点商业银行(以下简称试点银行)面向个人投资者销售的、以电子方式记录债权的不可流通人民币债券。

第三条 本办法所称试点银行是指经批准办理储蓄国债代销试点业务的商业银行。

第四条 借款人以储蓄国债为质押品向试点银行取得人民币贷款适用本办法。

第五条 以储蓄国债为质押品取得贷款仅限在试点银行开办储蓄国债业务的网点(同一城市内应包括所有网点)办理。各试点银行办理以储蓄国债为质押品的贷款时，其质押品应为本系统售出的储蓄国债。借款人申请办理质押贷款业务时，应向原购买银行提出申请。经审核批准后，由借贷双方签订质押贷款合同，作为质押的储蓄国债的债权由贷款人予以冻结，贷款人同时向借款人出具债权冻结证明。

第六条 作为质押贷款质押品的储蓄国债应是未到期的合格储蓄国债。凡所有权有争议、已作挂失或被依法止付的储蓄国债不得作为质押品。

第七条 借款人申请办理储蓄国债质押贷款业务时，本人名下必须拥有足额储蓄国债债权，并向贷款人提供本人有效身份证件。代他人办理质押业务的，应有债权人的书面委托证明，同时需持有债权人和代办人的有效身份证件。

第八条 储蓄国债质押贷款期限不得超过储蓄国债的最后到期日。若用多种期限储蓄国债作质押，以距离到期日最近者确定贷款期限。

第九条 以储蓄国债为质押品申请贷款额

度的起点为 5000 元,每笔贷款额由贷款人根据被质押的储蓄国债预期收益、贷款利率、贷款期限等因素自行确定,但应不超过其作为质押品的储蓄国债面额的 100%。

第十条 储蓄国债质押贷款利率水平及计息方式按照中国人民银行利率管理规定执行。

第十一条 储蓄国债质押贷款应按期归还。逾期贷款罚息利率、罚息方式按中国人民银行的有关利率管理规定执行。如需执行尚未到期的储蓄国债,贷款人可按提前兑取的正常程序办理兑付,提前兑取可进行一定的利益扣除,并按兑付本金的一定比例收取由借款人承担的手续费,在抵偿了贷款本息及罚息后,应将剩余款项退还借款人。

第十二条 借款人按质押贷款合同约定还清贷款本息后,凭债权冻结证明要求贷款人对储蓄国债予以解冻。若借款人将债权冻结证明丢失,可向贷款人申请挂失。

第十三条 储蓄国债在质押期间所产生的利息随本金一起质押。

第十四条 贷款人以储蓄国债为质押品申请贷款时,须及时办理储蓄国债债权冻结与解冻,因债权处理失误给借款人造成的损失,由贷款人承担相应的责任。

第十五条 如借款人死亡,其合法继承人可依据《中华人民共和国继承法》及其他有关法律规定,办理有关债务的过户和继承手续,并继续履行原借款人签订的质押贷款合同。若无继承人履行合同,贷款人有权处理质押的储蓄国债,抵偿贷款本息。

第十六条 中国人民银行、财政部以及人民银行分支机构、各地财政厅局可以根据需要,会同有关部门对试点银行办理储蓄国债质押贷款业务资格、网点范围、业务流程等情况进行监督检查。

第十七条 试点银行及其分支机构须将办理储蓄国债质押贷款业务情况,定期向中国人民银行当地分支机构和当地财政部门报送。

第十八条 试点银行应根据本办法制定实施细则并报中国人民银行和财政部备案。

第十九条 试点银行在办理储蓄国债质押贷款业务时应严格遵守本办法。

第二十条 本办法由中国人民银行、财政部负责解释。

第二十一条 本办法自发布之日起执行。

个人定期存单质押贷款办法

2007 年 7 月 3 日中国银行业监督管理委员会令第 4 号公布施行

第一条 为加强个人定期存单质押贷款管理,根据《中华人民共和国商业银行法》、《中华人民共和国担保法》及其他有关法律、行政法规,制定本办法。

第二条 个人定期存单质押贷款(以下统称存单质押贷款)是指借款人以未到期的个人定期存单作质押,从商业银行(以下简称贷款人)取得一定金额的人民币贷款,到期由借款人偿还本息的贷款业务。

第三条 本办法所称借款人,是指中华人民共和国境内具有相应民事行为能力的自然人、法人和其他组织。

外国人、无国籍人以及港、澳、台居民为借款人的,应在中华人民共和国境内居住满一年并有固定居所和职业。

第四条 作为质押品的定期存单包括未到期的整存整取、存本取息和外币定期储蓄存款存单等具有定期存款性质的权利凭证。

所有权有争议、已作担保、挂失、失效或被依法止付的存单不得作为质押品。

第五条 借款人以本人名下定期存单作质押的小额贷款(以下统称小额存单质押贷款),存单开户银行可授权办理储蓄业务的营业网点直接受理并发放。

各商业银行总行可根据本行实际,确定前款小额存单质押贷款额度。

第六条 以第三人存单作质押的,贷款人应制定严格的内部程序,认真审查存单的真实性、合法性和有效性,防止发生权利瑕疵的情形。对于借款人以公开向不特定的自然人、法人和其他组织募集的存单申请质押贷款的,贷款人不得向其发放贷款。

第七条 存单质押担保的范围包括贷款本金和利息、罚息、损害赔偿金、违约金和实现质权的费用。

存单质押贷款金额原则上不超过存单本金的90%(外币存款按当日公布的外汇(钞)买入价折成人民币计算)。各行也可以根据存单质押担保的范围合理确定贷款金额,但存单金额应能覆盖贷款本息。

第八条 存单质押贷款期限不得超过质押存单的到期日。若为多张存单质押,以距离到期日时间最近者确定贷款期限,分笔发放的贷款除外。

第九条 存单质押贷款利率按国家利率管理规定执行,计、结息方式由借贷双方协商确定。

第十条 在贷款到期日前,借款人可申请展期。贷款人办理展期应当根据借款人资信状况和生产经营实际需要,按审慎管理原则,合理确定贷款展期期限,但累计贷款期限不得超过质押存单的到期日。

第十一条 质押存单存期内按正常存款利率计息。存本取息定期存款存单用于质押时,停止取息。

第十二条 凭预留印鉴或密码支取的存单作为质押时,出质人须向发放贷款的银行提供印鉴或密码;以凭有效身份证明支取的存单作为质押时,出质人应转为凭印鉴或密码支取,否则银行有权拒绝发放贷款。

以存单作质押申请贷款时,出质人应委托贷款行申请办理存单确认和登记止付手续。

第十三条 办理存单质押贷款,贷款人和出质人应当订立书面质押合同,或者贷款人、借款人和出质人在借款合同中订立符合本办法规定的质押条款。

第十四条 质押合同应当载明下列内容:

(一)出质人、借款人和质权人姓名(名称)、住址或营业场所;

(二)被担保的贷款的种类、数额、期限、利率、贷款用途以及贷款合同号;

(三)定期存单号码及所载存款的种类、户名、开立机构、数额、期限、利率;

(四)质押担保的范围;

(五)定期存单确认情况;

(六)定期存单的保管责任;

(七)质权的实现方式;

(八)违约责任;

(九)争议的解决方式;

(十)当事人认为需要约定的其他事项。

第十五条 质押存续期间,除法律另有规定外,任何人不得擅自动用质押存单。

第十六条 出质人和贷款人可以在质押合同中约定,当借款人没有依法履行合同的,贷款人可直接将存单兑现以实现质权。存单到期日后于借款到期日的,贷款人可继续保管质押存单,在存单到期日兑现以实现质权。

第十七条 存单开户行(以下简称存款行)应根据出质人的申请及质押合同办理存

单确认和登记止付手续，并妥善保管有关文件和资料。

第十八条 贷款人应妥善管理质押存单及出质人提供的预留印鉴或密码。因保管不善造成丢失、损坏，由贷款人承担责任。

用于质押的定期存单在质押期间丢失、毁损的，贷款人应立即通知借款人和出质人，并与出质人共同向存款开户行申请挂失、补办。补办的存单仍应继续作为质物。

质押存单的挂失申请应采用书面形式。在特殊情况下，可以用口头或函电形式，但必须在五个工作日内补办书面挂失手续。

申请挂失时，除出质人应按规定提交的申请资料外，贷款人应提交营业执照复印件、质押合同副本。

挂失生效，原定期存单所载的金额及利息应继续作为出质资产。

质押期间，未经贷款人同意，存款行不得受理存款人提出的挂失申请。

第十九条 质押存续期间如出质人死亡，其合法继承人依法办理存款过户和继承手续，并继续履行原出质人签订的质押合同。

第二十条 贷款期满借款人履行债务的，或者借款人提前偿还质押贷款的，贷款人应当及时将质押的定期存单退还出质人，并及时到存单开户行办理登记注销手续。

第二十一条 借款人按贷款合同约定还清贷款本息后，出质人凭存单保管收据取回质押存单。若出质人将存单保管收据丢失，由出质人、借款人共同出具书面证明，并凭合法身份证明到贷款行取回质押存单。

第二十二条 有下列情形之一的，贷款人可依第十六条的约定方式或其他法定方式处分质押的定期存单：

（一）质押贷款合同期满，借款人未按期归还贷款本金和利息的；

（二）借款人或出质人违约，贷款人需依法提前收回贷款的；

（三）借款人或出质人被宣告破产的；

（四）借款人或出质人死亡而无继承人履行合同的。

第二十三条 质押合同、贷款合同发生纠纷时，各方当事人均可按协议向仲裁机构申请调解或仲裁，或者向人民法院起诉。

第二十四条 存款行出具虚假的个人定期储蓄存单或个人定期储蓄存单确认书的，依照《金融违法行为处罚办法》第十三条的规定予以处罚。

第二十五条 存款行不按本办法规定对质物进行确认，或者贷款行接受未经确认的个人定期储蓄存单质押的，由中国银行业监督管理委员会给予警告，并处三万元以下的罚款，并责令对其主要负责人和直接责任人员依法给予行政处分。

第二十六条 借款人已履行合同，贷款人不按规定及时向出质人退回个人定期储蓄存单或在质押存续期间，未经贷款人同意，存款行受理存款人提出的挂失申请并挂失的，由中国银行业监督管理委员会给予警告，并处三万元以下罚款。构成犯罪的，由司法机关依法追究刑事责任。

第二十七条 各商业银行总行可根据本办法制定实施细则，并报中国银业监督管理委员会或其派出机构备案。

第二十八条 城市信用社、农村信用社、村镇银行、贷款公司、农村资金互助社办理个人存单质押贷款业务适用本办法。

第二十九条 本办法由中国银行业监督管理委员会负责解释和修改。

第三十条 本办法自公布之日起施行，本办法施行之前有关规定与本办法相抵触的，以本办法为准。

单位定期存单质押贷款管理规定

2007年7月3日中国银行业监督管理委员会令第9号公布施行

第一章 总 则

第一条 为加强单位定期存单质押贷款管理,根据《中华人民共和国银行业监督管理法》、《中华人民共和国商业银行法》、《中华人民共和国物权法》及其他有关法律、行政法规,制定本规定。

第二条 在中华人民共和国境内从事单位定期存单质押贷款活动适用本规定。

本规定所称单位包括企业、事业单位、社会团体以及其他组织。

第三条 本规定所称单位定期存单是指借款人为办理质押贷款而委托贷款人依据开户证实书向接受存款的金融机构(以下简称存款行)申请开具的人民币定期存款权利凭证。

单位定期存单只能以质押贷款为目的开立和使用。

单位在金融机构办理定期存款时,金融机构为其开具的《单位定期存款开户证实书》不得作为质押的权利凭证。

金融机构应制定相应的管理制度,加强对开具《单位定期存款开户证实书》和开立、使用单位定期存单的管理。

第四条 单位定期存单质押贷款活动应当遵守国家法律、行政法规,遵循平等、自愿、诚实信用的原则。

第二章 单位定期存单的开立与确认

第五条 借款人办理单位定期存单质押贷款,除按其他有关规定提交文件、资料外,还应向贷款人提交下列文件、资料:

(一)开户证实书,包括借款人所有的或第三人所有而向借款人提供的开户证实书;

(二)存款人委托贷款人向存款行申请开具单位定期存单的委托书;

(三)存款人在存款行的预留印鉴或密码。

开户证实书为第三人向借款人提供的,应同时提交第三人同意由借款人为质押贷款目的而使用其开户证实书的协议书。

第六条 贷款人经审查同意借款人的贷款申请的,应将开户证实书和开具单位定期存单的委托书一并提交给存款行,向存款行申请开具单位定期存单和确认书。

贷款人经审查不同意借款人的贷款申请的,应将开户证实书和委托书及时退还给借款人。

第七条 存款行收到贷款人提交的有关材料后,应认真审查开户证实书是否真实,存款人与本行是否存在真实的存款关系,以及开具单位定期存单的申请书上的预留印鉴或提供的密码是否和存款人在存款时预留的印鉴或密码一致。必要时,存款行可以向存款人核实有关情况。

第八条 存款行经过审查认为开户证实书证明的存款属实的,应保留开户证实书及第三人同意由借款人使用其开户证实书的协议书,并在收到贷款人的有关材料后3个工作日内开具单位定期存单。

存款行不得开具没有存款关系的虚假单位定期存单或与真实存款情况不一致的单位定期存单。

第九条 存款行在开具单位定期存单的同时,应对单位定期存单进行确认,确认后认为存单内容真实的,应出具单位定期存单确认书。确认书应由存款行的负责人签字并加盖单位公章，与单位定期存单一并递交给贷款人。

第十条 存款行对单位定期存单进行确认的内容包括：

（一）单位定期存单所载开立机构、户名、账号、存款数额、存单号码、期限、利率等是否真实准确；

（二）借款人提供的预留印鉴或密码是否一致；

（三）需要确认的其他事项。

第十一条 存款行经过审查，发现开户证实书所载事项与账户记载不符的，不得开具单位定期存单，并及时告知贷款人，认为有犯罪嫌疑的，应及时向司法机关报案。

第十二条 经确认后的单位定期存单用于贷款质押时，其质押的贷款数额一般不超过确认数额的90%。各行也可以根据存单质押担保的范围合理确定贷款金额，但存单金额应能覆盖贷款本息。

第十三条 贷款人不得接受未经确认的单位定期存单作为贷款的担保。

第十四条 贷款人对质押的单位定期存单及借款人或第三人提供的预留印鉴和密码等应妥善保管，因保管不善造成其丢失、毁损或泄密的，由贷款人承担责任。

第三章 质押合同

第十五条 办理单位定期存单质押贷款，贷款人和出质人应当订立书面质押合同。在借款合同中订立质押条款的，质押条款应符合本章的规定。

第十六条 质押合同应当载明下列内容：

（一）出质人、借款人和质权人名称、住址或营业场所；

（二）被担保的贷款的种类、数额、期限、利率、贷款用途以及贷款合同号；

（三）单位定期存单号码及所载存款的种类、户名、账户、开立机构、数额、期限、利率；

（四）质押担保的范围；

（五）存款行是否对单位定期存单进行了确认；

（六）单位定期存单的保管责任；

（七）质权的实现方式；

（八）违约责任；

（九）争议的解决方式；

（十）当事人认为需要约定的其他事项。

第十七条 质押合同应当由出质人和贷款人签章。签章为其法定代表人、经法定代表人授权的代理人或主要负责人的签字并加盖单位公章。

第十八条 质押期间，除法律另有规定外，任何人不得擅自动用质押款项。

第十九条 出质人和贷款人可以在质押合同中约定，当借款人没有依约履行合同的，贷款人可直接将存单兑现以实现质权。

第二十条 存款行应对其开具并经过确认的单位定期存单进行登记备查，并妥善保管有关文件和材料。质押的单位定期存单被退回时，也应及时登记注销。

第四章 质权的实现

第二十一条 单位定期存单质押担保的范围包括贷款本金和利息、罚息、损害赔偿金、违约金和实现质权的费用。质押合同另有约定的，按照约定执行。

第二十二条 贷款期满借款人履行债务的，或者借款人提前偿还所担保的贷款的，贷款人应当及时将质押的单位定期存单退还存款行。存款行收到退回的单位定期存单后，应将开户证实书退还贷款人并由贷款人退还借款人。

第二十三条 有下列情形之一的，贷款人可依法定方式处分单位定期存单：

（一）质押贷款合同期满，借款人未按期归还贷款本金和利息的；

（二）借款人或出质人违约，贷款人需依法提前收回贷款的；

（三）借款人或出质人被宣告破产或解散的。

第二十四条 有第二十三条所列情形之一的，贷款人和出质人可以协议以单位定期存单兑现或以法律规定的其他方式处分单位定期存单。以单位定期存单兑现时，贷款人应向存款行提交单位定期存单和其与出质人的协议。

单位定期存单处分所得不足偿付第二十一条规定的款项的，贷款人应当向借款人另行追偿；偿还第二十一条规定的款项后有剩余的，其超出部分应当退还出质人。

第二十五条 质押存单期限先于贷款期限届满的，贷款人可以提前兑现存单，并与出质人协议将兑现的款项提前清偿借款或向与出质人约定的第三人提存，质押合同另有约定的，从其约定。提存的具体办法由各当事人自行协商确定。

贷款期限先于质押的单位定期存单期限届满，借款人未履行其债务的，贷款人可以继续保管定期存单，在存单期限届满时兑现用于抵偿贷款本息。

第二十六条 经与出质人协商一致，贷款人提前兑现或提前支取的，应向存款行提供单位定期存单、质押合同、需要提前兑现或提前支取的有关协议。

第二十七条 用于质押的单位定期存单项下的款项在质押期间被司法机关或法律规定的其他机关采取冻结、扣划等强制措施的，贷款人应当在处分此定期存款时优先受偿。

第二十八条 用于质押的单位定期存单在质押期间丢失，贷款人应立即通知借款人和出质人，并申请挂失；单位定期存单毁损的，贷款人应持有关证明申请补办。

质押期间，存款行不得受理存款人提出的挂失申请。

第二十九条 贷款人申请挂失时，应向存款行提交挂失申请书，并提供贷款人的营业执照复印件、质押合同副本。

挂失申请应采用书面形式。在特殊情况下，可以用口头或函电形式，但必须在五个工作日内补办书面挂失手续。

挂失生效，原单位定期存单所载的金额及利息应继续作为出质资产。

第三十条 出质人合并、分立或债权债务发生变更时，贷款人仍然拥有单位定期存单所代表的质权。

第五章 罚　　则

第三十一条 存款行出具虚假的单位定期存单或单位定期存单确认书的，依照《金融违法行为处罚办法》第十三条的规定对存款行及相关责任人予以处罚。

第三十二条 存款行不按本规定对质物进行确认或贷款行接受未经确认的单位定期存单质押的，由中国银行业监督管理委员会给予警告，并处以三万元以下的罚款，并责令对其主要负责人和直接责任人员依法给予行政处分。

第三十三条 贷款人不按规定及时向存款行退回单位定期存单的，由中国银行业监督管理委员会给予警告，并处以三万元以下罚款。给存款人造成损失的，依法承担相应的民事责任。构成犯罪的，由司法机关依法追究刑事责任。

第六章 附　　则

第三十四条 个人定期储蓄存款存单质押贷款不适用本规定。

第三十五条 中华人民共和国境内的国际

结算和融资活动中需用单位定期存单作质押担保的，参照本规定执行。

第三十六条　本规定由中国银行业监督管理委员会负责解释和修改。

第三十七条　本规定自公布之日起施行。本规定公布施行前的有关规定与本规定有抵触的，以本规定为准。

应收账款质押登记办法

1. 2019年11月22日中国人民银行令〔2019〕第4号公布

2. 自2020年1月1日起施行

第一章　总　　则

第一条　为规范应收账款质押登记，保护质押当事人和利害关系人的合法权益，根据《中华人民共和国物权法》等相关法律规定，制定本办法。

第二条　本办法所称应收账款是指权利人因提供一定的货物、服务或设施而获得的要求义务人付款的权利以及依法享有的其他付款请求权，包括现有的和未来的金钱债权，但不包括因票据或其他有价证券而产生的付款请求权，以及法律、行政法规禁止转让的付款请求权。

本办法所称的应收账款包括下列权利：

（一）销售、出租产生的债权，包括销售货物，供应水、电、气、暖，知识产权的许可使用，出租动产或不动产等；

（二）提供医疗、教育、旅游等服务或劳务产生的债权；

（三）能源、交通运输、水利、环境保护、市政工程等基础设施和公用事业项目收益权；

（四）提供贷款或其他信用活动产生的债权；

（五）其他以合同为基础的具有金钱给付内容的债权。

第三条　本办法所称应收账款质押是指《中华人民共和国物权法》第二百二十三条规定的应收账款出质，具体是指为担保债务的履行，债务人或者第三人将其合法拥有的应收账款出质给债权人，债务人不履行到期债务或者发生当事人约定的实现质权的情形，债权人有权就该应收账款及其收益优先受偿。

前款规定的债务人或者第三人为出质人，债权人为质权人。

第四条　中国人民银行征信中心（以下简称征信中心）是应收账款质押的登记机构。

征信中心建立基于互联网的登记公示系统（以下简称登记公示系统），办理应收账款质押登记，并为社会公众提供查询服务。

第五条　中国人民银行对征信中心办理应收账款质押登记有关活动进行管理。

第六条　在同一应收账款上设立多个权利的，质权人按照登记的先后顺序行使质权。

第二章　登记与查询

第七条　应收账款质押登记通过登记公示系统办理。

第八条　应收账款质押登记由质权人办理。质权人办理质押登记的，应当与出质人就登记内容达成一致。

质权人也可以委托他人办理登记。委托他人办理登记的，适用本办法关于质权人办理登记的规定。

第九条　质权人办理应收账款质押登记时，应当注册为登记公示系统的用户。

第十条　登记内容包括质权人和出质人的基本信息、应收账款的描述、登记期限。

出质人或质权人为单位的,应当填写单位的法定注册名称、住所、法定代表人或负责人姓名、组织机构代码或金融机构编码、工商注册号、法人和其他组织统一社会信用代码、全球法人机构识别编码等机构代码或编码。

出质人或质权人为个人的,应当填写有效身份证件号码、有效身份证件载明的地址等信息。

质权人可以与出质人约定将主债权金额等项目作为登记内容。

第十一条 质权人应当将填写完毕的登记内容提交登记公示系统。登记公示系统记录提交时间并分配登记编号,生成应收账款质押登记初始登记证明和修改码提供给质权人。

第十二条 质权人应当根据主债权履行期限合理确定登记期限。登记期限最短1个月,最长不超过30年。

第十三条 在登记期限届满前90日内,质权人可以申请展期。

质权人可以多次展期,展期期限最短1个月,每次不得超过30年。

第十四条 登记内容存在遗漏、错误等情形或登记内容发生变化的,质权人应当办理变更登记。

质权人在原质押登记中增加新的应收账款出质的,新增加的部分视为新的质押登记。

第十五条 质权人办理登记时所填写的出质人法定注册名称或有效身份证件号码变更的,质权人应当在变更之日起4个月内办理变更登记。

第十六条 质权人办理展期、变更登记的,应当与出质人就展期、变更事项达成一致。

第十七条 有下列情形之一的,质权人应当自该情形产生之日起10个工作日内办理注销登记:

(一)主债权消灭;

(二)质权实现;

(三)质权人放弃登记载明的应收账款之上的全部质权;

(四)其他导致所登记权利消灭的情形。

质权人迟延办理注销登记,给他人造成损害的,应当承担相应的法律责任。

第十八条 质权人凭修改码办理展期、变更登记、注销登记。

第十九条 出质人或其他利害关系人认为登记内容错误的,可以要求质权人变更登记或注销登记。质权人不同意变更或注销的,出质人或其他利害关系人可以办理异议登记。

办理异议登记的出质人或其他利害关系人可以自行注销异议登记。

第二十条 出质人或其他利害关系人应当在异议登记办理完毕之日起7日内通知质权人。

第二十一条 出质人或其他利害关系人自异议登记之日起30日内,未将争议起诉或提请仲裁并在登记公示系统提交案件受理通知的,征信中心撤销异议登记。

第二十二条 应出质人或其他利害关系人、质权人的申请,征信中心根据对出质人或其他利害关系人、质权人生效的法院判决、裁定或仲裁机构裁决撤销应收账款质押登记或异议登记。

第二十三条 质权人办理变更登记和注销登记、出质人或其他利害关系人办理异议登记后,登记公示系统记录登记时间、分配登记编号,并生成变更登记、注销登记或异议登记证明。

第二十四条 质权人开展应收账款质押融

资业务时，应当严格审核确认应收账款的真实性，并在登记公示系统中查询应收账款的权利负担状况。

第二十五条　质权人、出质人和其他利害关系人应当按照登记公示系统提示项目如实登记，并对登记内容的真实性、完整性和合法性负责。办理登记时，存在提供虚假材料等行为给他人造成损害的，应当承担相应的法律责任。

第二十六条　任何单位和个人均可以在注册为登记公示系统的用户后，查询应收账款质押登记信息。

第二十七条　出质人为单位的，查询人以出质人的法定注册名称进行查询。

出质人为个人的，查询人以出质人的身份证件号码进行查询。

第二十八条　征信中心根据查询人的申请，提供查询证明。

第二十九条　质权人、出质人或其他利害关系人、查询人可以通过证明编号在登记公示系统对登记证明和查询证明进行验证。

第三章　征信中心的职责

第三十条　征信中心应当采取技术措施和其他必要措施，维护登记公示系统安全、正常运行，防止登记信息泄露、丢失。

第三十一条　征信中心应当制定登记操作规则和内部管理制度，并报中国人民银行备案。

第三十二条　登记注销或登记期限届满后，征信中心应当对登记记录进行电子化离线保存，保存期限为15年。

第四章　附　　则

第三十三条　征信中心按照国务院价格主管部门批准的收费标准收取应收账款登记服务费用。

第三十四条　权利人在登记公示系统办理以融资为目的的应收账款转让登记，参照本办法的规定。

第三十五条　权利人在登记公示系统办理其他动产和权利担保登记的，参照本办法的规定执行。

本办法所称动产和权利担保包括当事人通过约定在动产和权利上设定的、为偿付债务或以其他方式履行债务提供的、具有担保性质的各类交易形式，包括但不限于融资租赁、保证金质押、存货和仓单质押等，法律法规另有规定的除外。

第三十六条　本办法由中国人民银行负责解释。

第三十七条　本办法自2020年1月1日起施行。《应收账款质押登记办法》（中国人民银行令〔2017〕第3号发布）同时废止。

工商行政管理机关股权出质登记办法

1. *2008年9月1日国家工商行政管理总局令第32号公布*
2. *根据2016年4月29日国家工商行政管理总局令第86号《关于废止和修改部分工商行政管理规章的决定》修订*

第一条　为规范股权出质登记行为，根据《中华人民共和国物权法》等法律的规定，制定本办法。

第二条　以持有的有限责任公司和股份有限公司股权出质，办理出质登记的，适用本办法。已在证券登记结算机构登记的股份有限公司的股权除外。

第三条　负责出质股权所在公司登记的工商行政管理机关是股权出质登记机关（以下简称登记机关）。

各级工商行政管理机关的企业登记机构是股权出质登记机构。

第四条 股权出质登记事项包括：

（一）出质人和质权人的姓名或名称；

（二）出质股权所在公司的名称；

（三）出质股权的数额。

第五条 申请出质登记的股权应当是依法可以转让和出质的股权。对于已经被人民法院冻结的股权，在解除冻结之前，不得申请办理股权出质登记。

第六条 申请股权出质设立登记、变更登记和注销登记，应当由出质人和质权人共同提出。申请股权出质撤销登记，可以由出质人或者质权人单方提出。

申请人应当对申请材料的真实性、质权合同的合法性有效性、出质股权权能的完整性承担法律责任。

第七条 申请股权出质设立登记，应当提交下列材料：

（一）申请人签字或者盖章的《股权出质设立登记申请书》；

（二）记载有出质人姓名（名称）及其出资额的有限责任公司股东名册复印件或者出质人持有的股份公司股票复印件（均需加盖公司印章）；

（三）质权合同；

（四）出质人、质权人的主体资格证明或者自然人身份证明复印件（出质人、质权人属于自然人的由本人签名，属于法人的加盖法人印章，下同）；

（五）国家工商行政管理总局要求提交的其他材料。

指定代表或者共同委托代理人办理的，还应当提交申请人指定代表或者共同委托代理人的证明。

第八条 出质股权数额变更，以及出质人、质权人姓名（名称）或者出质股权所在公司名称更改的，应当申请办理变更登记。

第九条 申请股权出质变更登记，应当提交下列材料：

（一）申请人签字或者盖章的《股权出质变更登记申请书》；

（二）有关登记事项变更的证明文件。属于出质股权数额变更的，提交质权合同修正案或者补充合同；属于出质人、质权人姓名（名称）或者出质股权所在公司名称更改的，提交姓名或者名称更改的证明文件和更改后的主体资格证明或者自然人身份证明复印件；

（三）国家工商行政管理总局要求提交的其他材料。

指定代表或者共同委托代理人办理的，还应当提交申请人指定代表或者共同委托代理人的证明。

第十条 出现主债权消灭、质权实现、质权人放弃质权或法律规定的其他情形导致质权消灭的，应当申请办理注销登记。

第十一条 申请股权出质注销登记，应当提交申请人签字或者盖章的《股权出质注销登记申请书》。

指定代表或者共同委托代理人办理的，还应当提交申请人指定代表或者共同委托代理人的证明。

第十二条 质权合同被依法确认无效或者被撤销的，应当申请办理撤销登记。

第十三条 申请股权出质撤销登记，应当提交下列材料：

（一）申请人签字或者盖章的《股权出质撤销登记申请书》；

（二）质权合同被依法确认无效或者被撤销的法律文件；

指定代表或者委托代理人办理的，还应当提交申请人指定代表或者委托代理人的证明。

第十四条 登记机关对登记申请应当当场办理登记手续并发给登记通知书。通知书加盖登记机关的股权出质登记专用章。

对于不属于股权出质登记范围或者不属于本机关登记管辖范围以及不符合本办法规定的，登记机关应当当场告知申请人，并退回申请材料。

第十五条 登记机关应当将股权出质登记事项在企业信用信息公示系统公示，供社会公众查询。

因自身原因导致股权出质登记事项记载错误的，登记机关应当及时予以更正。

第十六条 股权出质登记的有关文书格式文本，由国家工商行政管理总局统一制定。

第十七条 本办法自2008年10月1日起施行。

注册商标专用权质押登记程序规定

1. 2020年4月22日国家知识产权局公告第358号发布
2. 自2020年5月1日起施行

第一条 为充分发挥注册商标专用权无形资产的价值，促进经济发展，根据《物权法》、《担保法》、《商标法》和《商标法实施条例》的有关规定，制定本规定。

国家知识产权局负责办理注册商标专用权质权登记。

第二条 自然人、法人或者其他组织以其注册商标专用权出质的，出质人与质权人应当订立书面合同，并向国家知识产权局办理质权登记。

质权登记申请应由质权人和出质人共同提出。质权人和出质人可以直接向国家知识产权局申请，也可以委托商标代理机构代理办理。在中国没有经常居所或者营业所的外国人或者外国企业应当委托代理机构办理。

第三条 办理注册商标专用权质权登记，出质人应当将在相同或者类似商品/服务上注册的相同或者近似商标一并办理质权登记。质权合同和质权登记申请书中应当载明出质的商标注册号。

共有商标办理质权登记的，除全体共有人另有约定的以外，应当取得其他共有人的同意。

第四条 申请注册商标专用权质权登记的，应提交下列文件：

（一）申请人签字或者盖章的《商标专用权质权登记申请书》；

（二）主合同和注册商标专用权质权合同；

（三）申请人签署的承诺书；

（四）委托商标代理机构办理的，还应当提交商标代理委托书。

上述文件为外文的，应当同时提交其中文译文。中文译文应当由翻译单位和翻译人员签字盖章确认。

第五条 注册商标专用权质权合同一般包括以下内容：

（一）出质人、质权人的姓名（名称）及住址；

（二）被担保的债权种类、数额；

（三）债务人履行债务的期限；

（四）出质注册商标的清单（列明注册商标的注册号、类别及专用期）；

（五）担保的范围；

（六）当事人约定的其他事项。

第六条 申请登记书件齐备、符合规定的，国家知识产权局予以受理并登记。质权自登记之日起设立。国家知识产权局自登记之日起2个工作日内向双方当事人发放《商标专用权质权登记证》。

《商标专用权质权登记证》应当载明

下列内容：出质人和质权人的名称（姓名）、出质商标注册号、被担保的债权数额、质权登记期限、质权登记日期。

第七条 质权登记申请不符合本办法第二条、第三条、第四条、第五条规定的，国家知识产权局应当通知申请人，并允许其在30日内补正。申请人逾期不补正或者补正不符合要求的，视为其放弃该质权登记申请，国家知识产权局应当通知申请人。

第八条 有下列情形之一的，国家知识产权局不予登记：

（一）出质人名称与国家知识产权局档案所记载的名称不一致，且不能提供相关证明证实其为注册商标权利人的；

（二）合同的签订违反法律法规强制性规定的；

（三）注册商标专用权已经被撤销、被注销或者有效期满未续展的；

（四）注册商标专用权已被人民法院查封、冻结的；

（五）其他不符合出质条件的。

不予登记的，国家知识产权局应当通知当事人，并说明理由。

第九条 质权登记后，有下列情形之一的，国家知识产权局应当撤销登记：

（一）发现有属于本办法第八条所列情形之一的；

（二）质权合同无效或者被撤销；

（三）出质的注册商标因法定程序丧失专用权的；

（四）提交虚假证明文件或者以其他欺骗手段取得注册商标专用权质权登记的。

撤销登记的，国家知识产权局应当通知当事人。

第十条 质权人或出质人的名称（姓名）更改，以及质权合同担保的主债权数额变更的，当事人可以凭下列文件申请办理变更登记：

（一）申请人签字或者盖章的《商标专用权质权登记事项变更申请书》；

（二）主债权数额变更的，双方签订的有关的补充或变更协议；

（三）申请人签署的相关承诺书；

（四）委托商标代理机构办理的，还应当提交商标代理委托书。

出质人名称（姓名）发生变更的，还应按照《商标法》及《商标法实施条例》的相关规定在国家知识产权局办理变更注册人名义申请。

第十一条 因被担保的主合同履行期限延长、主债权未能按期实现等原因需要延长质权登记期限的，质权人和出质人双方应当在质权登记期限到期前，持以下文件申请办理延期登记：

（一）申请人签字或者盖章的《商标专用权质权登记期限延期申请书》；

（二）当事人双方签署的延期协议；

（三）申请人签署的相关承诺书；

（四）委托商标代理机构办理的，还应当提交商标代理委托书。

主债权未能按期实现，双方又未能达成有关延期协议的，质权人可以出具相关书面保证函，说明债权未能实现的相关情况，申请延期。国家知识产权局予以延期登记的，应当通知出质人。

第十二条 办理质权登记事项变更申请或者质权登记期限延期申请后，由国家知识产权局在2个工作日内重新核发《商标专用权质权登记证》。

第十三条 注册商标专用权质权登记需要注销的，质权人和出质人双方可以持下列文件办理注销申请：

（一）申请人签字或者盖章的《商标

专用权质权登记注销申请书》；

（二）申请人签署的相关承诺书；

（三）委托商标代理机构办理的，还应当提交商标代理委托书。

注销登记的，国家知识产权局应当在2个工作日内通知当事人。

质权登记期限届满后，该质权登记自动失效。

第十四条 《商标专用权质权登记证》遗失的，可以向国家知识产权局申请补发。

第十五条 国家知识产权局对注册商标质权登记的相关信息进行公告。

第十六条 反担保及最高额质权适用本规定。

第十七条 本规定自2020年5月1日起施行，原《注册商标专用权质权登记程序规定》（工商标字〔2009〕182号）同日起不再执行。

附件：1. 商标专用权质权登记申请书（略）

2. 办理商标专用权质权登记承诺书（略）

3. 商标专用权质权登记事项变更申请书（略）

4. 办理商标专用权质权登记事项变更承诺书（略）

5. 商标专用权质权登记期限延期申请书（略）

6. 办理商标专用权质权登记期限延期承诺书（略）

7. 商标专用权质权登记注销申请书（略）

8. 办理商标专用权质权登记注销承诺书（略）

9. 商标专用权质权登记证补发申请书（略）

专利权质押登记办法

1. 2010年8月26日国家知识产权局令第56号公布

2. 自2010年10月1日起施行

第一条 为了促进专利权的运用和资金融通，保障债权的实现，规范专利权质押登记，根据《中华人民共和国物权法》、《中华人民共和国担保法》、《中华人民共和国专利法》及有关规定，制定本办法。

第二条 国家知识产权局负责专利权质押登记工作。

第三条 以专利权出质的，出质人与质权人应当订立书面质押合同。

质押合同可以是单独订立的合同，也可以是主合同中的担保条款。

第四条 以共有的专利权出质的，除全体共有人另有约定的以外，应当取得其他共有人的同意。

第五条 在中国没有经常居所或者营业所的外国人、外国企业或者外国其他组织办理专利权质押登记手续的，应当委托依法设立的专利代理机构办理。

中国单位或者个人办理专利权质押登记手续的，可以委托依法设立的专利代理机构办理。

第六条 当事人可以通过邮寄、直接送交等方式办理专利权质押登记相关手续。

第七条 申请专利权质押登记的，当事人应当向国家知识产权局提交下列文件：

（一）出质人和质权人共同签字或者盖章的专利权质押登记申请表；

（二）专利权质押合同；

（三）双方当事人的身份证明；

（四）委托代理的，注明委托权限的委托书；

（五）其他需要提供的材料。

专利权经过资产评估的，当事人还应当提交资产评估报告。

除身份证明外，当事人提交的其他各种文件应当使用中文。身份证明是外文的，当事人应当附送中文译文；未附送的，视为未提交。

对于本条第一款和第二款规定的文件，当事人可以提交电子扫描件。

第八条 国家知识产权局收到当事人提交的质押登记申请文件后，应当通知申请人。

第九条 当事人提交的专利权质押合同应当包括以下与质押登记相关的内容：

（一）当事人的姓名或者名称、地址；

（二）被担保债权的种类和数额；

（三）债务人履行债务的期限；

（四）专利权项数以及每项专利权的名称、专利号、申请日、授权公告日；

（五）质押担保的范围。

第十条 除本办法第九条规定的事项外，当事人可以在专利权质押合同中约定下列事项：

（一）质押期间专利权年费的缴纳；

（二）质押期间专利权的转让、实施许可；

（三）质押期间专利权被宣告无效或者专利权归属发生变更时的处理；

（四）实现质权时，相关技术资料的交付。

第十一条 国家知识产权局自收到专利权质押登记申请文件之日起7个工作日内进行审查并决定是否予以登记。

第十二条 专利权质押登记申请经审查合格的，国家知识产权局在专利登记簿上予以登记，并向当事人发送《专利权质押登记通知书》。质权自国家知识产权局登记时设立。

经审查发现有下列情形之一的，国家知识产权局作出不予登记的决定，并向当事人发送《专利权质押不予登记通知书》：

（一）出质人与专利登记簿记载的专利权人不一致的；

（二）专利权已终止或者已被宣告无效的；

（三）专利申请尚未被授予专利权的；

（四）专利权处于年费缴纳滞纳期的；

（五）专利权已被启动无效宣告程序的；

（六）因专利权的归属发生纠纷或者人民法院裁定对专利权采取保全措施，专利权的质押手续被暂停办理的；

（七）债务人履行债务的期限超过专利权有效期的；

（八）质押合同约定在债务履行期届满质权人未受清偿时，专利权归质权人所有的；

（九）质押合同不符合本办法第九条规定的；

（十）以共有专利权出质但未取得全体共有人同意的；

（十一）专利权已被申请质押登记且处于质押期间的；

（十二）其他应当不予登记的情形。

第十三条 专利权质押期间，国家知识产权局发现质押登记存在本办法第十二条第二款所列情形并且尚未消除的，或者发现其他应当撤销专利权质押登记的情形的，应当撤销专利权质押登记，并向当事人发出《专利权质押登记撤销通知书》。

专利权质押登记被撤销的，质押登记的效力自始无效。

第十四条 国家知识产权局在专利公报上公告专利权质押登记的下列内容：出质人、质权人、主分类号、专利号、授权公告日、质押登记日等。

专利权质押登记后变更、注销的，国家知识产权局予以登记和公告。

第十五条 专利权质押期间，出质人未提交质权人同意其放弃该专利权的证明材料的，国家知识产权局不予办理专利权放弃手续。

第十六条 专利权质押期间，出质人未提交质权人同意转让或者许可实施该专利权的证明材料的，国家知识产权局不予办理专利权转让登记手续或者专利实施合同备案手续。

出质人转让或者许可他人实施出质的专利权的，出质人所得的转让费、许可费应当向质权人提前清偿债务或者提存。

第十七条 专利权质押期间，当事人的姓名或者名称、地址、被担保的主债权种类及数额或者质押担保的范围发生变更的，当事人应当自变更之日起30日内持变更协议、原《专利权质押登记通知书》和其他有关文件，向国家知识产权局办理专利权质押登记变更手续。

第十八条 有下列情形之一的，当事人应当持《专利权质押登记通知书》以及相关证明文件，向国家知识产权局办理质押登记注销手续：

（一）债务人按期履行债务或者出质人提前清偿所担保的债务的；

（二）质权已经实现的；

（三）质权人放弃质权的；

（四）因主合同无效、被撤销致使质押合同无效、被撤销的；

（五）法律规定质权消灭的其他情形。

国家知识产权局收到注销登记申请后，经审核，向当事人发出《专利权质押登记注销通知书》。专利权质押登记的效力自注销之日起终止。

第十九条 专利权在质押期间被宣告无效或者终止的，国家知识产权局应当通知质权人。

第二十条 专利权人没有按照规定缴纳已经质押的专利权的年费的，国家知识产权局应当在向专利权人发出缴费通知书的同时通知质权人。

第二十一条 本办法由国家知识产权局负责解释。

第二十二条 本办法自2010年10月1日起施行。1996年9月19日中华人民共和国专利局令第八号发布的《专利权质押合同登记管理暂行办法》同时废止。

著作权质权登记办法

1. *2010年11月25日国家版权局令第8号公布*
2. *自2011年1月1日起施行*

第一条 为规范著作权出质行为，保护债权人合法权益，维护著作权交易秩序，根据《中华人民共和国物权法》、《中华人民共和国担保法》和《中华人民共和国著作权法》的有关规定，制定本办法。

第二条 国家版权局负责著作权质权登记工作。

第三条 《中华人民共和国著作权法》规定的著作权以及与著作权有关的权利（以下统称“著作权”）中的财产权可以出质。

以共有的著作权出质的，除另有约定外，应当取得全体共有人的同意。

第四条 以著作权出质的，出质人和质权人应当订立书面质权合同，并由双方共同向登记机构办理著作权质权登记。

出质人和质权人可以自行办理,也可以委托代理人办理。

第五条 著作权质权的设立、变更、转让和消灭,自记载于《著作权质权登记簿》时发生效力。

第六条 申请著作权质权登记的,应提交下列文件:

(一)著作权质权登记申请表;

(二)出质人和质权人的身份证明;

(三)主合同和著作权质权合同;

(四)委托代理人办理的,提交委托书和受托人的身份证明;

(五)以共有的著作权出质的,提交共有人同意出质的书面文件;

(六)出质前授权他人使用的,提交授权合同;

(七)出质的著作权经过价值评估的、质权人要求价值评估的或相关法律法规要求价值评估的,提交有效的价值评估报告;

(八)其他需要提供的材料。

提交的文件是外文的,需同时附送中文译本。

第七条 著作权质权合同一般包括以下内容:

(一)出质人和质权人的基本信息;

(二)被担保债权的种类和数额;

(三)债务人履行债务的期限;

(四)出质著作权的内容和保护期;

(五)质权担保的范围和期限;

(六)当事人约定的其他事项。

第八条 申请人提交材料齐全的,登记机构应当予以受理。提交的材料不齐全的,登记机构不予受理。

第九条 经审查符合要求的,登记机构应当自受理之日起 10 日内予以登记,并向出质人和质权人发放《著作权质权登记证书》。

第十条 经审查不符合要求的,登记机构应当自受理之日起 10 日内通知申请人补正。补正通知书应载明补正事项和合理的补正期限。无正当理由逾期不补正的,视为撤回申请。

第十一条 《著作权质权登记证书》的内容包括:

(一)出质人和质权人的基本信息;

(二)出质著作权的基本信息;

(三)著作权质权登记号;

(四)登记日期。

《著作权质权登记证书》应当标明:著作权质权自登记之日起设立。

第十二条 有下列情形之一的,登记机构不予登记:

(一)出质人不是著作权人的;

(二)合同违反法律法规强制性规定的;

(三)出质著作权的保护期届满的;

(四)债务人履行债务的期限超过著作权保护期的;

(五)出质著作权存在权属争议的;

(六)其他不符合出质条件的。

第十三条 登记机构办理著作权质权登记前,申请人可以撤回登记申请。

第十四条 著作权出质期间,未经质权人同意,出质人不得转让或者许可他人使用已经出质的权利。

出质人转让或者许可他人使用出质的权利所得的价款,应当向质权人提前清偿债务或者提存。

第十五条 有下列情形之一的,登记机构应当撤销质权登记:

(一)登记后发现有第十二条所列情形的;

(二)根据司法机关、仲裁机关或行

政管理机关作出的影响质权效力的生效裁决或行政处罚决定书应当撤销的；

（三）著作权质权合同无效或者被撤销的；

（四）申请人提供虚假文件或者以其他手段骗取著作权质权登记的；

（五）其他应当撤销的。

第十六条 著作权出质期间，申请人的基本信息、著作权的基本信息、担保的债权种类及数额、或者担保的范围等事项发生变更的，申请人持变更协议、原《著作权质权登记证书》和其他相关材料向登记机构申请变更登记。

第十七条 申请变更登记的，登记机构自受理之日起10日内完成审查。经审查符合要求的，对变更事项予以登记。

变更事项涉及证书内容变更的，应交回原登记证书，由登记机构发放新的证书。

第十八条 有下列情形之一的，申请人应当申请注销质权登记：

（一）出质人和质权人协商一致同意注销的；

（二）主合同履行完毕的；

（三）质权实现的；

（四）质权人放弃质权的；

（五）其他导致质权消灭的。

第十九条 申请注销质权登记的，应当提交注销登记申请书、注销登记证明、申请人身份证明等材料，并交回原《著作权质权登记证书》。

登记机构应当自受理之日起10日内办理完毕，并发放注销登记通知书。

第二十条 登记机构应当设立《著作权质权登记簿》，记载著作权质权登记的相关信息，供社会公众查询。

《著作权质权登记证书》的内容应当与《著作权质权登记簿》的内容一致。记载不一致的，除有证据证明《著作权质权登记簿》确有错误外，以《著作权质权登记簿》为准。

第二十一条 《著作权质权登记簿》应当包括以下内容：

（一）出质人和质权人的基本信息；

（二）著作权质权合同的主要内容；

（三）著作权质权登记号；

（四）登记日期；

（五）登记撤销情况；

（六）登记变更情况；

（七）登记注销情况；

（八）其他需要记载的内容。

第二十二条 《著作权质权登记证书》灭失或者毁损的，可以向登记机构申请补发或换发。登记机构应自收到申请之日起5日内予以补发或换发。

第二十三条 登记机构应当通过国家版权局网站公布著作权质权登记的基本信息。

第二十四条 本办法由国家版权局负责解释。

第二十五条 本办法自2011年1月1日起施行。1996年9月23日国家版权局发布的《著作权质押合同登记办法》同时废止。

财政部关于上市公司国有股质押有关问题的通知

1. 2001年10月25日发布

2. 财企〔2001〕651号

国务院各部委、各直属机构，各省、自治区、直辖市、计划单列市财政厅（局），上海市、深圳市国有资产管理办公室，各中央管理企业，新疆生产建设兵团财务局，中国人民解放军总后勤部：

为了加强上市公司国有股质押的管理，规范国有股东行为，根据《国务院关于印发〈减持国有股筹集社会保障资金管理暂行办法〉的通知》和国家有关法律、法规的规定，现就上市公司国有股质押有关问题通知如下：

一、国有股东授权代表单位将其持有的国有股用于银行贷款和发行企业债券质押，应当遵守《中华人民共和国公司法》、《中华人民共和国担保法》及有关国有股权管理等法律法规的规定，并制定严格的内部管理制度和责任追究制度。

二、公司发起人持有的国有股，在法律限制转让期限内不得用于质押。

三、国有股东授权代表单位持有的国有股只限于为本单位及其全资或控股子公司提供质押。

四、国有股东授权代表单位用于质押的国有股数量不得超过其所持该上市公司国有股总额的50%。

五、国有股东授权代表单位以国有股进行质押，必须事先进行充分的可行性论证，明确资金用途，制订还款计划，并经董事会（不设董事会的由总经理办公会）审议决定。

六、国有股东授权代表单位以国有股质押所获贷款资金，应当按照规定的用途使用，不得用于买卖股票。

七、以国有股质押的，国有股东授权代表单位在质押协议签订后，按照财务隶属关系报省级以上主管财政机关备案，并根据省级以上主管财政机关出具的《上市公司国有股质押备案表》，按照规定到证券登记结算公司办理国有股质押登记手续。

（一）国有股东授权代表单位办理国有股质押备案应当向省级以上主管财政机关提交如下文件：

1. 国有股东授权代表单位持有上市公司国有股证明文件；

2. 质押的可行性报告及公司董事会（或总经理办公会）决议；

3. 质押协议副本；

4. 资金使用及还款计划；

5. 关于国有股质押的法律意见书。

（二）各省、自治区、直辖市、计划单列市财政厅（局）应于每年1月31日前，将本地区上年度上市公司国有股质押情况上报财政部。具体内容包括：

1. 国有股质押总量；

2. 各国有股东授权代表单位国有股质押情况；

3. 各国有股东授权代表单位国有股解除质押情况；

4. 各国有股东授权代表单位国有股因质押被人民法院冻结、拍卖情况。

八、国有股东授权代表单位将其持有的国有股用于银行贷款和发行企业债权质押，应当按照证券市场监管和国有股权管理的有关规定履行信息披露的义务。

九、国有股用于质押后，国有股东授权代表单位应当按时清偿债务。若国有股东授权代表单位不能按时清偿债务的，应当通过法律、法规规定的方式和程序将国有股变现后清偿，不得将国有股直接过户到债权人名下。

十、国有股变现清偿时，涉及国有股协议转让的，应按规定报财政部核准；导致上市公司实际控制权发生变化的，质押权人应当同时遵循有关上市公司收购的规定。

十一、本通知自印发之日起执行。

文书范本

质押合同

出质人(以下称甲方):________________

地址:________________________________

电话:________________________________　传真:__________________

授权代表(签字):____________________　职务:__________________

质权人(以下称乙方):________________

地址:________________________________

电话:________________________________　传真:__________________

授权代表(签字):____________________　职务:__________________

为确保________号合同(以下称主合同)的履行,甲方愿意以其有权处分的财产或股权作质押。乙方经审查,同意接受甲方的财产质押。双方经协商一致,按以下条款订立本合同:

第一条　甲方用作质押的财产或股权为:(附详细清单及出质人所有权证明)

第二条　本合同项下质物共作价人民币________(大写)元整,质押率为____%,实际质押额为________(大写)元整。

第三条　甲方应在本合同订立后____日内将质物移交乙方占有,双方商定移交事项如下:________

第四条　在质押有效期内,乙方应负责妥善保管质物,并不得挪用,甲方一次性向乙方支付保管费人民币________元整。

第五条　甲方应按乙方要求,对质物中的________办理财产保险,并将保险单交乙方保存。投保期限应长于主合同约定期限。如主合同经双方同意延长期限的,甲方应办理延长投保期限的手续。保险财产如发生意外损失,所得赔偿金应由甲方到________银行办理专项存款,并将存款单交由乙方保管。

第六条　在本合同有效期内,甲方如需转让质物,须经乙方书面同意,并将转让所得款项交________银行专项存储,存款单交由乙方保管,或者以该款项提前清偿债务。

第七条　本合同项下有关公证、保险、鉴定、登记、运输及保管等费用由甲方承担。

第八条　在本合同有效期内,甲方如发生分立、合并,由变更后的机构承担或分别承担本合同项下义务。甲方被宣布解散或破产,乙方有权提前处分质物。

第九条　出现下列情况之一时,乙方有权依法定方式处分质物:

(1)主合同债务履行期限届满或经延期后仍未履行债务;

(2)债务人死亡而无继承人或继承人放弃继承的;

(3)债务人被宣告解散、破产的。

处理质物所得价款,不足清偿债务的,乙方有权另行追索;价款偿还债务还有剩余的,乙方应退还给甲方。

第十条 本合同生效后，甲、乙任何一方不得擅自变更或解除合同。需要变更或解除合同的，应经双方协商一致，达成书面协议。协议未达成前，本合同条款仍然有效。

第十一条 主合同债务人按合同约定的期限履行合同的，质押权即自动终止，乙方应返还质物及有关单据。

第十二条 违约责任：

(1)依照本合同第四条的约定，因乙方保管不善造成质物毁损的，甲方有权要求乙方恢复原状；或者要求乙方赔偿因此而遭受的损失。

(2)乙方擅自挪用质物的，甲方有权要求乙方停止挪用行为，或返还原物，亦可请求赔偿因此而遭受的损失。

(3)甲方因隐瞒质物存在共有、争议、被查封、被扣押或其他类似情况而给乙方造成经济损失的，应给予赔偿。

(4)甲、乙任何一方违反第九条约定，应向对方支付主合同项下债务总额____%的违约金。

(5)在本合同有效期内，未经出质人同意，变更主合同条款或转让主合同项下的义务，甲方可自行解除本合同，并要求乙方返还质物及有关单据。

(6)本条所列违约金的支付方式，双方商定如下：

第十三条 双方商定的其他事项：

1. ____；

2. ____；

3. ____。

第十四条 争议的解决方式：

凡因本合同引起的或与本合同有关的任何争议，双方应友好协商解决。协商不成，应提交仲裁委员会，按照申请仲裁时该会实施的仲裁规则进行仲裁。仲裁裁决是终局的，对双方均有约束力。

第十五条 本合同由甲、乙双方法定代表人或其授权的委托代理人签字并加盖单位公章，自质物移交完毕之日起生效。

第十六条 本合同一式____份，甲、乙双方各执一份。

附：质物清单及有关证书、单据一式____份。（略）

甲方（印章）：________________ 乙方（印章）：________________

授权代表（签字）：____________ 授权代表（签字）：____________

________年____月____日 ________年____月____日

签订合同地点：____________

典型案例

福建海峡银行股份有限公司福州五一支行诉长乐亚新污水处理有限公司、福州市政工程有限公司金融借款合同纠纷案[①]

（最高人民法院审判委员会讨论通过
2015年11月19日发布）

【关键词】

民事　金融借款合同　收益权质押　出质登记　质权实现

【裁判要点】

1. 特许经营权的收益权可以质押，并可作为应收账款进行出质登记。

2. 特许经营权的收益权依其性质不宜折价、拍卖或变卖，质权人主张优先受偿权的，人民法院可以判令出质债权的债务人将收益权的应收账款优先支付质权人。

【相关法条】

《中华人民共和国物权法》第208条、第223条、第228条第1款

【基本案情】

原告福建海峡银行股份有限公司福州五一支行（以下简称海峡银行五一支行）诉称：原告与被告长乐亚新污水处理有限公司（以下简称长乐亚新公司）签订单位借款合同后向被告贷款3000万元。被告福州市政工程有限公司（以下简称福州市政公司）为上述借款提供连带责任保证。原告海峡银行五一支行、被告长乐亚新公司、福州市政公司、案外人长乐市建设局四方签订了《特许经营权质押担保协议》，福州市政公司以长乐市污水处理项目的特许经营权提供质押担保。因长乐亚新公司未能按期偿还贷款本金和利息，故诉请法院判令：长乐亚新公司偿还原告借款本金和利息；确认《特许经营权质押担保协议》合法有效，拍卖、变卖该协议项下的质物，原告有优先受偿权；将长乐市建设局支付给两被告的污水处理服务费优先用于清偿应偿还原告的所有款项；福州市政公司承担连带清偿责任。

被告长乐亚新公司和福州市政公司辩称：长乐市城区污水处理厂特许经营权，并非法定的可以质押的权利，且该特许经营权并未办理质押登记，故原告诉请拍卖、变卖长乐市城区污水处理厂特许经营权，于法无据。

法院经审理查明：2003年，长乐市建设局为让与方、福州市政公司为受让方、长乐市财政局为见证方，三方签订《长乐市城区污水处理厂特许建设经营合同》，约定：长乐市建设局授予福州市政公司负责投资、建设、运营和维护长乐市城区污水处理厂项目及其附属设施的特许权，并就合同双方权利义务进行了详细约定。2004年10月22日，长乐亚新公司成立。该公司系福州市政公司为履行《长乐市城区污水处理厂特许建设经营合同》而设立的项目公司。

2005年3月24日，福州市商业银行五一支行与长乐亚新公司签订《单位借款合同》，约定：长乐亚新公司向福州市商业银行五一支行借款3000万元；借款用途为长乐市城区污水处理厂BOT项目；借款期限为13年，自2005年3月25日至2018年3月25日；还就利息及逾期罚息的计算方式作了明确约定。福州市政公司为长乐亚新公司的上述借款承担连带责任保证。

---

① 最高人民法院指导案例53号，摘自最高人民法院官网。

同日，福州市商业银行五一支行与长乐亚新公司、福州市政公司、长乐市建设局共同签订《特许经营权质押担保协议》，约定：福州市政公司以《长乐市城区污水处理厂特许建设经营协议》授予的特许经营权为长乐亚新公司向福州市商业银行五一支行的借款提供质押担保，长乐市建设局同意该担保；福州市政公司同意将特许经营权收益优先用于清偿借款合同项下的长乐亚新公司的债务，长乐市建设局和福州市政公司同意将污水处理费优先用于清偿借款合同项下的长乐亚新公司的债务；福州市商业银行五一支行未受清偿的，有权依法通过拍卖等方式实现质押权利等。

上述合同签订后，福州市商业银行五一支行依约向长乐亚新公司发放贷款3000万元。长乐亚新公司于2007年10月21日起未依约按期足额还本付息。

另查明，福州市商业银行五一支行于2007年4月28日名称变更为福州市商业银行股份有限公司五一支行；2009年12月1日其名称再次变更为福建海峡银行股份有限公司五一支行。

【裁判结果】

福建省福州市中级人民法院于2013年5月16日作出(2012)榕民初字第661号民事判决：一、长乐亚新污水处理有限公司应于本判决生效之日起十日内向福建海峡银行股份有限公司福州五一支行偿还借款本金28714764.43元及利息(暂计至2012年8月21日为2142597.6元，此后利息按《单位借款合同》的约定计至借款本息还清之日止)；二、长乐亚新污水处理有限公司应于本判决生效之日起十日内向福建海峡银行股份有限公司福州五一支行支付律师代理费人民币123640元；三、福建海峡银行股份有限公司福州五一支行于本判决生效之日起有权直接向长乐市建设局收取应由长乐市建设局支付给长乐亚新污水处理有限公司、福州市政工程有限公司的污水处理服务费，并对该污水处理服务费就本判决第一、二项所确定的债务行使优先受偿权；四、福州市政工程有限公司对本判决第一、二项确定的债务承担连带清偿责任；五、驳回福建海峡银行股份有限公司福州五一支行的其他诉讼请求。宣判后，两被告均提起上诉。福建省高级人民法院于2013年9月17日作出福建省高级人民法院(2013)闽民终字第870号民事判决，驳回上诉，维持原判。

【裁判理由】

法院生效裁判认为：被告长乐亚新公司未依约偿还原告借款本金及利息，已构成违约，应向原告偿还借款本金，并支付利息及实现债权的费用。福州市政公司作为连带责任保证人，应对讼争债务承担连带清偿责任。本案争议焦点主要涉及污水处理项目特许经营权质押是否有效以及该质权如何实现问题。

一、关于污水处理项目特许经营权能否出质问题

污水处理项目特许经营权是对污水处理厂进行运营和维护，并获得相应收益的权利。污水处理厂的运营和维护，属于经营者的义务，而其收益权，则属于经营者的权利。由于对污水处理厂的运营和维护，并不属于可转让的财产权利，故讼争的污水处理项目特许经营权质押，实质上系污水处理项目收益权的质押。

关于污水处理项目等特许经营的收益权能否出质问题，应当考虑以下方面：其一，本案讼争污水处理项目《特许经营权质押担保协议》签订于2005年，尽管当时法律、行政法规及相关司法解释并未规定污水处理项目收益权可质押，但污水处理项目收益权与公路收益权性质上相类似。《最高人民法院关于适用〈中华人民共和国担保法〉若干问题的解释》第九十七条规定，“以公路桥梁、公路隧道或者公路渡口等不动产收益权出质的，按照担保法第七十五条第（四）项的规定处理”，明确公路收益权属于依法可质押的其他权利，与其类似的污水处理收益权亦应允许出质。其二，国务院办公厅2001年9月29日转发的《国务院西部开发办〈关于西部大开发若干政策措施的实施意见〉》（国办发〔2001〕73号）中提出，“对具有一定还贷能力的水利开发项目和城市环保项目（如城市污水处理和垃圾处理等），探索逐步开办以项目收益权或收费权为质押发放贷款的业务”，首次明确可试行将污水处理项目的收益权进行质押。其三，污水处理项目收益权虽系将来金钱债权，但其行使期间及收益金额均可确定，其属于确定的财产权利。其四，在《中华人民共和国物权法》（以下简称《物权法》）颁布实施后，因污水处理项目收益权系基于提供污水处理服务而产生的将来金钱债权，依其性质亦可纳入依法可出质的“应收账款”的范畴。因此，讼争污水处理项目收益权作为特定化的财产权利，可以允许其出质。

二、关于污水处理项目收益权质权的公示问题

对于污水处理项目收益权的质权公示问题，在《物权法》自2007年10月1日起施行后，因收益权已纳入该法第二百二十三条第六项的“应收账款”范畴，故应当在中国人民银行征信中心的应收账款质押登记公示系统进行出质登记，质权才能依法成立。由于本案的质押担保协议签订于2005年，在《物权法》施行之前，故不适用《物权法》关于应收账款的统一登记制度。因当时并未有统一的登记公示的规定，故参照当时公路收费权质押登记的规定，由其主管部门进行备案登记，有关利害关系人可通过其主管部门了解该收益权是否存在质押之情况，该权利即具备物权公示的效果。

本案中，长乐市建设局在《特许经营权质押担保协议》上盖章，且协议第七条明确约定“长乐市建设局同意为原告和福州市政公司办理质押登记出质登记手续”，故可认定讼争污水处理项目的主管部门已知晓并认可该权利质押情况，有关利害关系人亦可通过长乐市建设局查询了解讼争污水处理厂的有关权利质押的情况。因此，本案讼争的权利质押已具备公示之要件，质权已设立。

三、关于污水处理项目收益权的质权实现方式问题

我国担保法和物权法均未具体规定权利质权的具体实现方式，仅就质权的实现作出一般性的规定，即质权人在行使质权时，可与出质人协议以质押财产折价，或就拍卖、变卖质押财产所得的价款优先受偿。但污水处理项目收益权属于将来金钱债权，质权人可请求法院判令其直接向出质人的债务人收取金钱并对该金钱行使优先受偿权，故无须采取折价或拍卖、变卖之方式。况且收益权均附有一定之负担，且其经营主体具有特定性，故依其性质亦不宜拍卖、变卖。因此，原告请求将《特许经营权质押担保协议》项下的质物予以拍卖、变卖并行使优先受偿权，不予支持。

根据协议约定，原告海峡银行五一支行有权直接向长乐市建设局收取污水处理服务费，并对所收取的污水处理服务费行使优先受偿权。由于被告仍应依约对污水处理厂进行正常运营和维护，若无法正常运营，则将影响到长乐市城区污水的处理，亦将影响原告对污水处理费的收取，故原告在向长乐市建设局收取污水处理服务费时，应当合理行使权利，为被告预留经营污水处理厂的必要合理费用。

中国农业发展银行安徽省分行诉张大标、安徽长江融资担保集团有限公司执行异议之诉纠纷案①

（最高人民法院审判委员会讨论通过
2015年11月19日发布）

【关键词】

民事　执行异议之诉　金钱质押　特定化　移交占有

【裁判要点】

当事人依约为出质的金钱开立保证金专门账户，且质权人取得对该专门账户的占有控制权，符合金钱特定化和移交占有的要求，即使该账户内资金余额发生浮动，也不影响该金钱质权的设立。

【相关法条】

《中华人民共和国物权法》第212条

【基本案情】

原告中国农业发展银行安徽省分行（以下简称农发行安徽分行）诉称：其与第三人安徽长江融资担保集团有限公司（以下简称长江担保公司）按照签订的《信贷担保业务合作协议》，就信贷担保业务按约进行了合作。长江担保公司在农发行安徽分行处开设的担保保证金专户内的资金实际是长江担保公司向其提供的质押担保，请求判令其对该账户内的资金享有质权。

被告张大标辩称：农发行安徽分行与第三人长江担保公司之间的《贷款担保业务合作协议》没有质押的意思表示；案涉账户资金本身是浮动的，不符合金钱特定化要求，农发行安徽分行对案涉保证金账户内的资金不享有质权。

第三人长江担保公司认可农发行安徽分行对账户资金享有质权的意见。

法院经审理查明：2009年4月7日，农发行安徽分行与长江担保公司签订一份《贷款担保业务合作协议》。其中第三条“担保方式及担保责任”约定：甲方（长江担保公司）向乙方（农发行安徽分行）提供的保证担保为连带责任保证；保证担保的范围包括主债权及利息、违约金和实现债权的费用等。第四条“担保保证金（担保存款）”约定：甲方在乙方开立担保保证金专户，担保保证金专户行为农发行安徽分行营业部，账号尾号为9511；甲方需将具体担保业务约定的保证金在保证合同签订前存入担保保证金专户，甲方需缴存的保证金不低于贷款额度的10%；未经乙方同意，甲方不得动用担保保证金专户内的资金。第六条“贷款的催收、展期及担保责任的承担”约定：借款人逾期未能足额还款的，甲方在接到乙方书面通知后五日内按照第三条约定向乙方承担担保责任，并将相应款项划入乙方指定账户。第八条“违约责任”约定：甲方在乙方开立的担保专户的余额无论因何原因而小于约定的额度时，甲方应在接到乙方通知后三个工作日内补足，补足前乙方可以中止本协议项下业务。甲方违反本协议第六条的约定，没有按时履行保证责任的，乙方有权从甲方在其开立的担保基金专户或其他任一账户中扣划相应的款项。2009年10月30日、2010年10月30日，农发行安徽分行与长江担保公司还分别签订与上述合作协议内容相似的两份《信贷担保业务合作协议》。

上述协议签订后，农发行安徽分行与长

① 最高人民法院指导案例54号，摘自最高人民法院官网。

江担保公司就贷款担保业务进行合作，长江担保公司在农发行安徽分行处开立担保保证金账户，账号尾号为9511。长江担保公司按照协议约定缴存规定比例的担保保证金，并据此为相应额度的贷款提供了连带保证责任担保。自2009年4月3日至2012年12月31日，该账户共发生了107笔业务，其中贷方业务为长江担保公司缴存的保证金；借方业务主要涉及两大类，一类是贷款归还后长江担保公司申请农发行安徽分行退还的保证金，部分退至债务人的账户；另一类是贷款逾期后农发行安徽分行从该账户内扣划的保证金。

2011年12月19日，安徽省合肥市中级人民法院在审理张大标诉安徽省六本食品有限责任公司、长江担保公司等民间借贷纠纷一案过程中，根据张大标的申请，对长江担保公司上述保证金账户内的资金1495.7852万元进行保全。该案判决生效后，合肥市中级人民法院将上述保证金账户内的资金1338.313257万元划至该院账户。农发行安徽分行作为案外人提出执行异议，2012年11月2日被合肥市中级人民法院裁定驳回异议。随后，农发行安徽分行因与被告张大标、第三人长江担保公司发生执行异议纠纷，提起本案诉讼。

【裁判结果】

安徽省合肥市中级人民法院于2013年3月28日作出(2012)合民一初字第00505号民事判决：驳回农发行安徽分行的诉讼请求。宣判后，农发行安徽分行提出上诉。安徽省高级人民法院于2013年11月19日作出(2013)皖民二终字第00261号民事判决：一、撤销安徽省合肥市中级人民法院(2012)合民一初字第00505号民事判决；二、农发行安徽分行对长江担保公司账户(账号尾号9511)内的13383132.57元资金享有质权。

【裁判理由】

法院生效裁判认为：本案二审的争议焦点为农发行安徽分行对案涉账户内的资金是否享有质权。对此应当从农发行安徽分行与长江担保公司之间是否存在质押关系以及质权是否设立两个方面进行审查。

一、农发行安徽分行与长江担保公司是否存在质押关系

《中华人民共和国物权法》(以下简称《物权法》)第二百一十条规定："设立质权，当事人应当采取书面形式订立质权合同。质权合同一般包括下列条款：(一)被担保债权的种类和数额；(二)债务人履行债务的期限；(三)质押财产的名称、数量、质量、状况；(四)担保的范围；(五)质押财产交付的时间。"本案中，农发行安徽分行与长江担保公司之间虽没有单独订立带有"质押"字样的合同，但依据该协议第四条、第六条、第八条约定的条款内容，农发行安徽分行与长江担保公司之间协商一致，对以下事项达成合意：长江担保公司为担保业务所缴存的保证金设立担保保证金专户，长江担保公司按照贷款额度的一定比例缴存保证金；农发行安徽分行作为开户行对长江担保公司存入该账户的保证金取得控制权，未经同意，长江担保公司不能自由使用该账户内的资金；长江担保公司未履行保证责任，农发行安徽分行有权从该账户中扣划相应的款项。该合意明确约定了所担保债权的种类和数量、债务履行期限、质物数量和移交时间、担保范围、质权行使条件，具备《物权法》第二百一十条规定的质押合同的一般条款，故应认定农发行安徽分行与长江担保公司之间订立了书面质押合同。

二、案涉质权是否设立

《物权法》第二百一十二条规定："质权

自出质人交付质押财产时设立。”《最高人民法院关于适用〈中华人民共和国担保法〉若干问题的解释》第八十五条规定，债务人或者第三人将其金钱以特户、封金、保证金等形式特定化后，移交债权人占有作为债权的担保，债务人不履行债务时，债权人可以以该金钱优先受偿。依照上述法律和司法解释规定，金钱作为一种特殊的动产，可以用于质押。金钱质押作为特殊的动产质押，不同于不动产抵押和权利质押，还应当符合金钱特定化和移交债权人占有两个要件，以使金钱既不与出质人其他财产相混同，又能独立于质权人的财产。

本案中，首先金钱以保证金形式特定化。长江担保公司于2009年4月3日在农发行安徽分行开户，且与《贷款担保业务合作协议》约定的账号一致，即双方当事人已经按照协议约定为出质金钱开立了担保保证金专户。保证金专户开立后，账户内转入的资金为长江担保公司根据每次担保贷款额度的一定比例向该账户缴存保证金；账户内转出的资金为农发行安徽分行对保证金的退还和扣划，该账户未作日常结算使用，故符合《最高人民法院关于适用〈中华人民共和国担保法〉若干问题的解释》第八十五条规定的金钱以特户等形式特定化的要求。其次，特定化金钱已移交债权人占有。占有是指对物进行控制和管理的事实状态。案涉保证金账户开立在农发行安徽分行，长江担保公司作为担保保证金专户内资金的所有权人，本应享有自由支取的权利，但《贷款担保业务合作协议》约定未经农发行安徽分行同意，长江担保公司不得动用担保保证金专户内的资金。同时，《贷款担保业务合作协议》约定在担保的贷款到期未获清偿时，农发行安徽分行有权直接扣划担保保证金专户内的资金，农发行安徽分行作为债权人取得了案涉保证金账户的控制权，实际控制和管理该账户，此种控制权移交符合出质金钱移交债权人占有的要求。据此，应当认定双方当事人已就案涉保证金账户内的资金设立质权。

关于账户资金浮动是否影响金钱特定化的问题。保证金以专门账户形式特定化并不等于固定化。案涉账户在使用过程中，随着担保业务的开展，保证金账户的资金余额是浮动的。担保公司开展新的贷款担保业务时，需要按照约定存入一定比例的保证金，必然导致账户资金的增加；在担保公司担保的贷款到期未获清偿时，扣划保证金账户内的资金，必然导致账户资金的减少。虽然账户内资金根据业务发生情况处于浮动状态，但均与保证金业务相对应，除缴存的保证金外，支出的款项均用于保证金的退还和扣划，未用于非保证金业务的日常结算。即农发行安徽分行可以控制该账户，长江担保公司对该账户内的资金使用受到限制，故该账户资金浮动仍符合金钱作为质权的特定化和移交占有的要求，不影响该金钱质权的设立。

4. 留置权

最高人民法院关于能否对连带责任保证人所有的船舶行使留置权的请示的复函

1. 2001年8月17日发布

2. 〔2001〕民四他字第5号

天津市高级人民法院：

你院津高法〔2001〕13号《关于能否对连带责任保证人所有的船舶行使留置权的

请示》收悉。本院经研究认为：

船舶留置权是设定于船舶之上的法定担保物权。根据《中华人民共和国海商法》第二十五条第二款的规定，当修船合同的委托方未履行合同时，修船人基于修船合同为保证修船费用得以实现，可以留置所占有的船舶，而不论该船舶是否为修船合同的委托方所有。但修船人不得基于连带责任保证对连带责任保证人所有的船舶行使留置权。

天津新港船厂修船分厂作为修船人，依据其与英国伦敦尤恩开尔公司订立的修船合同，对俄罗斯籍"东方之岸"轮进行修理后未取得合同约定的修船费用，有权留置该轮。"东方之岸"轮的所有人东方航运公司虽不是本案修船合同的当事人，但不影响该留置权的成立。

据此，同意你院关于天津新港船厂修船分厂对"东方之岸"轮的留置行为合法有效，并可以基于留置权先于抵押权人受偿的处理意见。

典型案例

长三角商品交易所有限公司诉卢海云返还原物纠纷案[①]

【裁判摘要】

留置权是平等主体之间实现债权的担保方式；除企业之间留置的以外，债权人留置的动产，应当与债权属于同一法律关系。

劳动关系主体双方在履行劳动合同过程中处于管理与被管理的不平等关系。劳动者以用人单位拖欠劳动报酬为由，主张对用人单位供其使用的工具、物品等动产行使留置权，因此类动产不是劳动合同关系的标的物，与劳动债权不属于同一法律关系，故人民法院不予支持该主张。

原告：长三角商品交易所有限公司，住所地：江苏省无锡市滨湖区高浪东路。

法定代表人：翟小平，该公司董事长。

被告：卢海云，男，汉族，50岁，住江苏省无锡市崇安区。

原告长三角商品交易所有限公司（以下简称长三角公司）因与被告卢海云发生返还原物纠纷，向江苏省无锡市崇安区人民法院提起诉讼。

原告长三角公司诉称：被告卢海云原系长三角公司副总经理，为方便卢海云工作，长三角公司将捷达苏B×××××轿车配给卢海云使用。后长三角公司管理层进行调整，卢海云拒绝调整安排并且旷工多日，因此长三角公司于2014年2月21日作出处罚通告1份，载明卢海云连续旷工13日，从即日起给予辞退处理等内容，并于当日将该通告送达给卢海云，故长三角公司与卢海云之间的劳动关系已经解除。因此，卢海云无权继续占用该车辆，也无权以劳资纠纷为由对苏B×××××轿车行使留置权，理由：1.卢海云与长三角公司之间的劳资纠纷应适用劳动法，不能适用物权法上的留置权来对抗长三角公司。2.长三角公司将车辆配置给卢海云使用并非基于劳动关系，而是提供给高管的一种福利，与工资、社保金纠纷并非同一法律关系，长三角公司有权按照民法上的所有权要求卢海云返还车辆。3.即使卢海云申请劳动仲裁，但仲裁裁决书尚未生效，债权债务没有确定，卢海云无权留置长三角公司的财产。4.由于卢海云拒

① 摘自《最高人民法院公报》2017年第1期。

不返还苏B×××××轿车，造成长三角公司必须额外支付公司员工外出打车、租车的费用。经向各车辆租赁公司咨询，捷达轿车的租赁价格约每日100元。故请求法院判令卢海云向长三角公司返还苏B×××××轿车；卢海云向长三角公司支付苏B×××××轿车的使用费（自2014年2月21日起至返还车辆之日止，按每天100元计算）。

被告卢海云辩称：原告长三角公司确实将捷达苏B×××××轿车配给卢海云使用，也收到长三角公司于2014年2月21日向卢海云送达的处罚通告，卢海云同意解除与长三角公司之间的劳动关系，但不同意返还苏B×××××轿车：1. 因长三角公司结欠被告工资、社保金及经济赔偿金，故卢海云对长三角公司享有债权。同时，卢海云已就劳资纠纷向无锡市滨湖区劳动人事争议仲裁委员会申请劳动仲裁。2. 苏B×××××轿车是卢海云担任公司副总经理期间由长三角公司配置给其使用，因此卢海云是基于劳动关系合法占有苏B×××××轿车。3. 卢海云占有的车辆与债权同属劳动关系，故可以对苏B×××××汽车行使留置权，直至长三角公司付清相关费用。4. 长三角公司主张的车辆使用费没有事实和法律依据，因此不同意支付车辆使用费。

无锡市崇安区人民法院一审查明：

捷达苏B×××××轿车登记在原告长三角公司名下，被告卢海云原系长三角公司副总经理，长三角公司2013年9月6日购买该车后即交付卢海云使用。2014年2月21日，长三角公司向卢海云送达《关于卢海云同志旷工和挪/占用公司财产处罚通告》，载明卢海云“连续旷工13日，我公司多次通知拒不去集团物流园报到也不来交易所并挪用和拒还公司小车（捷达苏B×××××），其行为违反了我司《员工手册》第三章第十五条关于旷工的规定和第十三章第七十二条第十款挪用公司财务的规定，属于严重的违纪行为，从即日起给予辞退处理”等内容。卢海云对解除劳动关系并无异议，但认为长三角公司解除劳动关系违法，应向其支付拖欠的工资、社保金及经济补偿金，故拒绝向长三角公司返还苏B×××××轿车。

另查明：被告卢海云于2014年6月9日向无锡市滨湖区劳动人事争议仲裁委员会申请劳动仲裁，2014年7月25日该委作出锡滨劳人仲案字［2014］第339号仲裁裁决书，载明原告长三角公司应支付卢海云2013年1月至2014年1月的工资差额12.6万元及违法解除劳动合同的经济赔偿金8万元等内容。

无锡市崇安区人民法院一审认为：

原告长三角公司因被告卢海云担任长三角公司副总经理，将苏B×××××汽车配置给卢海云使用，故卢海云因长三角公司的安排合法占有、使用该车辆。卢海云系基于其与长三角公司的劳动关系合法占有该车辆，又主张基于该劳动关系长三角公司结欠其工资及经济赔偿金，故卢海云依法有权对该车行使留置权。因此，卢海云在长三角公司与其解除劳动关系后，基于长三角公司尚欠其工资及经济补偿金事宜，有权对苏B×××××汽车行使留置权，故对长三角公司要求卢海云返还车辆、支付车辆使用费的主张不予支持。

综上，无锡市崇安区人民法院依照《中华人民共和国民法通则》第五条之规定，于2014年8月6日作出判决：

驳回长三角公司的诉讼请求。

长三角公司不服一审判决，向无锡市中级人民法院提起上诉。

上诉人长三角公司上诉称：1. 因劳动关系产生的债权不能适用留置权。留置权属于担保物权，具有自主救济性，根据担保法第 84 条规定，留置权只适用保管合同、运输合同、加工承揽合同发生的债权债务纠纷。本案系劳资纠纷，且已经提请仲裁，寻求了公力救济，因此不能再适用留置权。2. 卢海云对苏 B×××××汽车属于非法占有。卢海云只是获得在职期间使用该车的权利，并没有取得该车的完整使用权，该车的使用权是有时间限制和条件限制的，而卢海云作为公司高管只是获得不需批准使用的权利，这种临时的、短期的使用权不属于合法占有，因此也无留置权适用余地。请求二审法院依法改判。诉讼中，长三角公司放弃要求卢海云支付苏 B×××××轿车使用费的主张，仅要求卢海云返还苏 B×××××轿车。

被上诉人卢海云辩称：1. 物权法对原担保法中的留置权适用范围进行了扩大，不局限于保管、运输、加工承揽合同发生的债权，卢海云基于劳动关系产生的债权可以适用留置权。2. 卢海云系担任长三角公司总经理而合法占有苏 B×××××轿车，符合留置权成立的"合法占有"要件，虽然长三角公司对劳动仲裁不服又提起了诉讼，但是卢海云的债权仍未得到清偿，应有权行使留置权。请求二审维持原判。

无锡市中级人民法院经二审，确认了一审查明的事实。

另查明：

1. 上诉人长三角公司不服锡滨劳人仲案字[2014]第 339 号仲裁裁决书，已向无锡市滨湖区人民法院提起诉讼，该案尚处于诉讼程序中。

2. 二审中，上诉人长三角公司提供《全日制劳动合同书》1 份，用以证明被上诉人卢海云作为公司高管，被安排在管理岗位。长三角公司并进一步对管理岗位的工作内容作出解释，即行政管理、财务以及人事工作。卢海云对《全日制劳动合同书》的真实性、合法性没有异议，也认可卢海云名义上是主持交易所全面工作，实际是分管行政管理、财务以及人事工作。据此，法院对卢海云的管理岗位及主要分管"行政管理、财务以及人事"的工作内容予以认可。

本案二审的争议焦点为：被上诉人卢海云是否可以就其劳动债权对上诉人长三角公司的苏 B×××××汽车行使留置权。

无锡市中级人民法院二审认为：

留置权是平等主体之间实现债权的担保方式；除企业之间留置的以外，债权人留置的动产，应当与债权属于同一法律关系。劳动关系主体双方在履行劳动合同过程中处于管理与被管理的不平等关系。劳动者以用人单位拖欠劳动报酬为由，主张对用人单位供其使用的工具、物品等动产行使留置权，因此类动产不是劳动合同关系的标的物，与劳动债权不属于同一法律关系，故该主张与法律规定相悖。上诉人长三角公司的上诉理由成立，应予采纳。理由如下：

1. 基于劳动关系产生的债权不能行使留置权。《物权法》第 230 条规定"债务人不履行到期债务，债权人可以留置已经合法占有的债务人的动产，并有权就该动产优先受偿"；第 231 条规定"债权人留置的动产，应当与债权属于同一法律关系，但企业之间留置的除外"。根据法律规定及法律体系的架构，留置权的行使要件之一应为存在平等主体间的债权债务关系。留置权是担保物权之一，规定在我国的《民法通则》、《担保法》、《物权法》等民法体系中，其调整对象应是平等主体间的民事担保关系，排除因管理行为产生的债权债务对担保法的运用。留置权在性质上是平等主体间实现债权的一种方式，其平等性表现在债权人可通过留置债务人的动产对抗债务人,督促其履行债务,并可通过对留置物进行变价优先受偿来保护债权。而劳动关系一方为用人单位,另一方为劳动者,与一般的民事关系相比,双方在履行劳动合同过程中处于管理和被管理的不平等关系,劳动者不能基于劳动管理关系而对所占有的用人单位的财产适用留置,否则将导致劳动管理秩序的紊乱。我国的劳动法及劳动合同法已经对劳动者的合法权利设置了倾斜性保护条款,劳动者完全可以通过法定的正当途径保护自己的劳动债权,如再使用私力救济方式保护劳动债权,不仅影响劳动生产和管理秩序,还将造成债权债务保护的不公平性。另外,由于留置权具有优先受偿性,不仅优于一般债权人,还优先于享有抵押权、质押权人的其他债权人,而劳资纠纷产生于用人单位与劳动者之间,本质上系经济组织的内部纠纷,从用人单位与劳动者共担经营风险的角度而言,也不应通过行使留置权而优先于外部债权人受偿。

2. 被上诉人卢海云所扣留的苏B×××××轿车,不是双方劳动合同关系的标的物,不符合"同一法律关系"的构成要件。除企业间留置外,留置的动产应与债权属于同一法律关系。这实际上对留置的动产范围作了严格限定。所谓同一法律关系,是指债权人占有动产是基于与其债权发生的同一法律关系发生,动产与债权发生具有紧密联系性。劳动合同的基本法律关系为劳动者承担向用人单位提供劳动和接受用人单位管理的义务,并有权要求用人单位依约支付劳动报酬。本案中,卢海云被上诉人长三角公司安排在管理岗位,分管行政事务、财务以及人事工作,因此卢海云所扣留的苏B×××××轿车,仅仅是长三角公司为公司高管出行提供的便利,并非是双方建立的劳动关系的标的物,长三角公司可以随时收回车辆也并不影响原有劳动关系的履行,长三角公司是基于所有权而不是基于劳动关系要求卢海云返还车辆,因此卢海云占有苏B×××××轿车与其主张的工资、社保金等劳动债权并非基于同一法律关系。

3. 双方劳动关系已经解除,被上诉人卢海云丧失合法占有苏B×××××轿车的基础。作为上诉人长三角公司高管所享受的便利,卢海云合法占有苏B×××××轿车是有时间限制和条件限制的,在双方劳动关系解除后,卢海云合法占有苏B×××××轿车的条件已不存在,理应向长三角公司返还苏B×××××轿车。

综上,一审判决事实认定清楚,但适用法律错误,应予纠正。上诉人长三角公司放弃被上诉人卢海云支付苏B×××××轿车使用费的主张,是对自身合法权利的处分。据此,无锡市中级人民法院根据《中华人民共和国物权法》第二百三十条、二百三十一条和《中华人民共和国民事诉讼法》第一百七十条第(一)款第(二)项之规定,于2014年11月17日判决如下:

一、撤销无锡市崇安区人民法院于2014年8月6日作出的(2014)崇民初字第0562号民事判决;

二、卢海云自本判决生效之日起十日内向长三角公司返还苏B×××××轿车。

一审案件诉讼费875元、二审案件受理费875元,均由卢海云负担。

本判决为终审判决。

附：

《物权法》与《民法典》物权编对照表*

《物权法》	《民法典》
	第一分编　通　　则
	第一章　一 般 规 定
第二条第一款　因物的归属和利用而产生的民事关系，*适用本法*。	**第二百零五条**　*本编调整*因物的归属和利用产生的民事关系。
第三条　国家~~在社会主义初级阶段，~~坚持公有制为主体、多种所有制经济共同发展的基本经济制度。 国家巩固和发展公有制经济，鼓励、支持和引导非公有制经济的发展。 国家实行社会主义市场经济，保障一切市场主体的平等法律地位和发展权利。	**第二百零六条**　国家坚持**和完善**公有制为主体、多种所有制经济共同发展，**按劳分配为主体、多种分配方式并存，社会主义市场经济体制等社会主义**基本经济制度。 国家巩固和发展公有制经济，鼓励、支持和引导非公有制经济的发展。 国家实行社会主义市场经济，保障一切市场主体的平等法律地位和发展权利。
第四条　国家、集体、私人的物权和其他权利人的物权受法律保护，任何*单位*和个人不得侵犯。	**第二百零七条**　国家、集体、私人的物权和其他权利人的物权受法律**平等**保护，任何*组织*或者个人不得侵犯。
第六条　不动产物权的设立、变更、转让和消灭，应当依照法律规定登记。动产物权的设立和转让，应当依照法律规定交付。	**第二百零八条**　不动产物权的设立、变更、转让和消灭，应当依照法律规定登记。动产物权的设立和转让，应当依照法律规定交付。

* 本表参考杜月秋、孙政编：《民法典条文对照与重点解读》，法律出版社 2020 年版。——笔者注

续表

《物权法》	《民法典》
	第二章 物权的设立、变更、转让和消灭
	第一节 不动产登记
第九条 不动产物权的设立、变更、转让和消灭,经依法登记,发生效力;未经登记,不发生效力,但法律另有规定的除外。 依法属于国家所有的自然资源,所有权可以不登记。	**第二百零九条** 不动产物权的设立、变更、转让和消灭,经依法登记,发生效力;未经登记,不发生效力,但是法律另有规定的除外。 依法属于国家所有的自然资源,所有权可以不登记。
第十条 不动产登记,由不动产所在地的登记机构办理。 国家对不动产实行统一登记制度。统一登记的范围、登记机构和登记办法,由法律、行政法规规定。	**第二百一十条** 不动产登记,由不动产所在地的登记机构办理。 国家对不动产实行统一登记制度。统一登记的范围、登记机构和登记办法,由法律、行政法规规定。
第十一条 当事人申请登记,应当根据不同登记事项提供权属证明和不动产界址、面积等必要材料。	**第二百一十一条** 当事人申请登记,应当根据不同登记事项提供权属证明和不动产界址、面积等必要材料。
第十二条 登记机构应当履行下列职责: (一)查验申请人提供的权属证明和其他必要材料; (二)就有关登记事项询问申请人; (三)如实、及时登记有关事项; (四)法律、行政法规规定的其他职责。 申请登记的不动产的有关情况需要进一步证明的,登记机构可以要求申请人补充材料,必要时可以实地查看。	**第二百一十二条** 登记机构应当履行下列职责: (一)查验申请人提供的权属证明和其他必要材料; (二)就有关登记事项询问申请人; (三)如实、及时登记有关事项; (四)法律、行政法规规定的其他职责。 申请登记的不动产的有关情况需要进一步证明的,登记机构可以要求申请人补充材料,必要时可以实地查看。

续表

《物权法》	《民法典》
第十三条 登记机构不得有下列行为： （一）要求对不动产进行评估； （二）以年检等名义进行重复登记； （三）超出登记职责范围的其他行为。	**第二百一十三条** 登记机构不得有下列行为： （一）要求对不动产进行评估； （二）以年检等名义进行重复登记； （三）超出登记职责范围的其他行为。
第十四条 不动产物权的设立、变更、转让和消灭，依照法律规定应当登记的，自记载于不动产登记簿时发生效力。	**第二百一十四条** 不动产物权的设立、变更、转让和消灭，依照法律规定应当登记的，自记载于不动产登记簿时发生效力。
第十五条 当事人之间订立有关设立、变更、转让和消灭不动产物权的合同，除法律另有规定或者合同另有约定外，自合同成立时生效；未办理物权登记的，不影响合同效力。	**第二百一十五条** 当事人之间订立有关设立、变更、转让和消灭不动产物权的合同，除法律另有规定或者当事人另有约定外，自合同成立时生效；未办理物权登记的，不影响合同效力。
第十六条 不动产登记簿是物权归属和内容的根据。不动产登记簿由登记机构管理。	**第二百一十六条** 不动产登记簿是物权归属和内容的根据。 不动产登记簿由登记机构管理。
第十七条 不动产权属证书是权利人享有该不动产物权的证明。不动产权属证书记载的事项，应当与不动产登记簿一致；记载不一致的，除有证据证明不动产登记簿确有错误外，以不动产登记簿为准。	**第二百一十七条** 不动产权属证书是权利人享有该不动产物权的证明。不动产权属证书记载的事项，应当与不动产登记簿一致；记载不一致的，除有证据证明不动产登记簿确有错误外，以不动产登记簿为准。
第十八条 权利人、利害关系人可以申请查询、复制登记资料，登记机构应当提供。	**第二百一十八条** 权利人、利害关系人可以申请查询、复制不动产登记资料，登记机构应当提供。
	第二百一十九条 利害关系人不得公开、非法使用权利人的不动产登记资料。

续表

《物权法》	《民法典》
第十九条 权利人、利害关系人认为不动产登记簿记载的事项错误的,可以申请更正登记。不动产登记簿记载的权利人书面同意更正或者有证据证明登记确有错误的,登记机构应当予以更正。 不动产登记簿记载的权利人不同意更正的,利害关系人可以申请异议登记。登记机构予以异议登记的,申请人在异议登记之日起十五日内不起诉,异议登记失效。异议登记不当,造成权利人损害的,权利人可以向申请人请求损害赔偿。	**第二百二十条** 权利人、利害关系人认为不动产登记簿记载的事项错误的,可以申请更正登记。不动产登记簿记载的权利人书面同意更正或者有证据证明登记确有错误的,登记机构应当予以更正。 不动产登记簿记载的权利人不同意更正的,利害关系人可以申请异议登记。登记机构予以异议登记,申请人自异议登记之日起十五日内不提起诉讼的,异议登记失效。异议登记不当,造成权利人损害的,权利人可以向申请人请求损害赔偿。
第二十条 当事人签订买卖房屋或者其他不动产物权的协议,为保障将来实现物权,按照约定可以向登记机构申请预告登记。预告登记后,未经预告登记的权利人同意,处分该不动产的,不发生物权效力。 预告登记后,债权消灭或者自能够进行不动产登记之日起三个月内未申请登记的,预告登记失效。	**第二百二十一条** 当事人签订买卖房屋的协议或者签订其他不动产物权的协议,为保障将来实现物权,按照约定可以向登记机构申请预告登记。预告登记后,未经预告登记的权利人同意,处分该不动产的,不发生物权效力。 预告登记后,债权消灭或者自能够进行不动产登记之日起九十日内未申请登记的,预告登记失效。
第二十一条 当事人提供虚假材料申请登记,给他人造成损害的,应当承担赔偿责任。 因登记错误,给他人造成损害的,登记机构应当承担赔偿责任。登记机构赔偿后,可以向造成登记错误的人追偿。	**第二百二十二条** 当事人提供虚假材料申请登记,造成他人损害的,应当承担赔偿责任。 因登记错误,造成他人损害的,登记机构应当承担赔偿责任。登记机构赔偿后,可以向造成登记错误的人追偿。
第二十二条 不动产登记费按件收取,不得按照不动产的面积、体积或者价款的比例收取。~~具体收费标准由国务院有关部门会同价格主管部门规定~~。	**第二百二十三条** 不动产登记费按件收取,不得按照不动产的面积、体积或者价款的比例收取。

续表

《物权法》	《民法典》
	第二节 动产交付
第二十三条 动产物权的设立和转让，自交付时发生效力，但法律另有规定的除外。	**第二百二十四条** 动产物权的设立和转让，自交付时发生效力，但是法律另有规定的除外。
第二十四条 船舶、航空器和机动车等物权的设立、变更、转让和消灭，未经登记，不得对抗善意第三人。	**第二百二十五条** 船舶、航空器和机动车等的物权的设立、变更、转让和消灭，未经登记，不得对抗善意第三人。
第二十五条 动产物权设立和转让前，权利人已经依法占有该动产的，物权自法律行为生效时发生效力。	**第二百二十六条** 动产物权设立和转让前，权利人已经占有该动产的，物权自民事法律行为生效时发生效力。
第二十六条 动产物权设立和转让前，第三人依法占有该动产的，负有交付义务的人可以通过转让请求第三人返还原物的权利代替交付。	**第二百二十七条** 动产物权设立和转让前，第三人占有该动产的，负有交付义务的人可以通过转让请求第三人返还原物的权利代替交付。
第二十七条 动产物权转让时，~~双方~~又约定由出让人继续占有该动产的，物权自该约定生效时发生效力。	**第二百二十八条** 动产物权转让时，当事人又约定由出让人继续占有该动产的，物权自该约定生效时发生效力。
	第三节 其他规定
第二十八条 因人民法院、仲裁*委员会*的法律文书或者人民政府的征收决定等，导致物权设立、变更、转让或者消灭的，自法律文书或者人民政府的征收决定等生效时发生效力。	**第二百二十九条** 因人民法院、仲裁*机构*的法律文书或者人民政府的征收决定等，导致物权设立、变更、转让或者消灭的，自法律文书或者征收决定等生效时发生效力。
第二十九条 因继承~~或者受遗赠~~取得物权的，自继承~~或者受遗赠~~开始时发生效力。	**第二百三十条** 因继承取得物权的，自继承开始时发生效力。
第三十条 因合法建造、拆除房屋等事实行为设立或者消灭物权的，自事实行为成就时发生效力。	**第二百三十一条** 因合法建造、拆除房屋等事实行为设立或者消灭物权的，自事实行为成就时发生效力。

续表

《物权法》	《民法典》
第三十一条 ~~依照本法第二十八条至第三十条~~规定享有不动产物权的,~~处分该物权时,~~依照法律规定需要办理登记的,未经登记,不发生物权效力。	**第二百三十二条** *处分依照本节规定*享有的不动产物权,依照法律规定需要办理登记的,未经登记,不发生物权效力。
	第三章 物权的保护
第三十二条 物权受到侵害的,权利人可以通过和解、调解、仲裁、诉讼等途径解决。	**第二百三十三条** 物权受到侵害的,权利人可以通过和解、调解、仲裁、诉讼等途径解决。
第三十三条 因物权的归属、内容发生争议的,利害关系人可以请求确认权利。	**第二百三十四条** 因物权的归属、内容发生争议的,利害关系人可以请求确认权利。
第三十四条 无权占有不动产或者动产的,权利人可以请求返还原物。	**第二百三十五条** 无权占有不动产或者动产的,权利人可以请求返还原物。
第三十五条 妨害物权或者可能妨害物权的,权利人可以请求排除妨害或者消除危险。	**第二百三十六条** 妨害物权或者可能妨害物权的,权利人可以请求排除妨害或者消除危险。
第三十六条 造成不动产或者动产毁损的,权利人可以请求修理、重作、更换或者恢复原状。	**第二百三十七条** 造成不动产或者动产毁损的,权利人可以**依法**请求修理、重作、更换或者恢复原状。
第三十七条 侵害物权,造成权利人损害的,权利人可以请求损害赔偿,也可以请求承担其他民事责任。	**第二百三十八条** 侵害物权,造成权利人损害的,权利人可以**依法**请求损害赔偿,也可以**依法**请求承担其他民事责任。
第三十八条 本章规定的物权保护方式,可以单独适用,也可以根据权利被侵害的情形合并适用。 ~~侵害物权,除承担民事责任外,违反行政管理规定的,依法承担行政责任;构成犯罪的,依法追究刑事责任。~~	**第二百三十九条** 本章规定的物权保护方式,可以单独适用,也可以根据权利被侵害的情形合并适用。

续表

《物权法》	《民法典》
	第二分编 所 有 权
	第四章 一 般 规 定
第三十九条 所有权人对自己的不动产或者动产，依法享有占有、使用、收益和处分的权利。	**第二百四十条** 所有权人对自己的不动产或者动产，依法享有占有、使用、收益和处分的权利。
第四十条 所有权人有权在自己的不动产或者动产上设立用益物权和担保物权。用益物权人、担保物权人行使权利，不得损害所有权人的权益。	**第二百四十一条** 所有权人有权在自己的不动产或者动产上设立用益物权和担保物权。用益物权人、担保物权人行使权利，不得损害所有权人的权益。
第四十一条 法律规定专属于国家所有的不动产和动产，任何*单位和*个人不能取得所有权。	**第二百四十二条** 法律规定专属于国家所有的不动产和动产，任何*组织或者*个人不能取得所有权。
第四十二条 为了公共利益的需要，依照法律规定的权限和程序可以征收集体所有的土地和*单位*、个人的房屋及其他不动产。 征收集体所有的土地，应当依法足额支付土地补偿费、安置补助费、地上附着物和青苗的补偿费等费用，安排被征地农民的社会保障费用，保障被征地农民的生活，维护被征地农民的合法权益。 征收*单位*、个人的房屋及其他不动产，应当依法给予*拆迁*补偿，维护被征收人的合法权益；征收个人住宅的，还应当保障被征收人的居住条件。 任何*单位和*个人不得贪污、挪用、私分、截留、拖欠征收补偿费等费用。	**第二百四十三条** 为了公共利益的需要，依照法律规定的权限和程序可以征收集体所有的土地和*组织*、个人的房屋以及其他不动产。 征收集体所有的土地，应当依法**及时**足额支付土地补偿费、安置补助费**以及农村村民住宅、其他**地上附着物和青苗等的补偿费用，**并**安排被征地农民的社会保障费用，保障被征地农民的生活，维护被征地农民的合法权益。 征收*组织*、个人的房屋以及其他不动产，应当依法给予*征收*补偿，维护被征收人的合法权益；征收个人住宅的，还应当保障被征收人的居住条件。 任何*组织或者*个人不得贪污、挪用、私分、截留、拖欠征收补偿费等费用。

续表

《物权法》	《民法典》
第四十三条 国家对耕地实行特殊保护,严格限制农用地转为建设用地,控制建设用地总量。不得违反法律规定的权限和程序征收集体所有的土地。	**第二百四十四条** 国家对耕地实行特殊保护,严格限制农用地转为建设用地,控制建设用地总量。不得违反法律规定的权限和程序征收集体所有的土地。
第四十四条 因抢险、救灾等紧急需要,依照法律规定的权限和程序可以征用单位、个人的不动产或者动产。被征用的不动产或者动产使用后,应当返还被征用人。~~单位~~、个人的不动产或者动产被征用或者征用后毁损、灭失的,应当给予补偿。	**第二百四十五条** 因抢险救灾、**疫情防控**等紧急需要,依照法律规定的权限和程序可以征用*组织*、个人的不动产或者动产。被征用的不动产或者动产使用后,应当返还被征用人。*组织*、个人的不动产或者动产被征用或者征用后毁损、灭失的,应当给予补偿。
	第五章 国家所有权和集体所有权、私人所有权
第四十五条 法律规定属于国家所有的财产,属于国家所有即全民所有。 国有财产由国务院代表国家行使所有权;法律另有规定的,依照其规定。	**第二百四十六条** 法律规定属于国家所有的财产,属于国家所有即全民所有。 国有财产由国务院代表国家行使所有权。法律另有规定的,依照其规定。
第四十六条 矿藏、水流、海域属于国家所有。	**第二百四十七条** 矿藏、水流、海域属于国家所有。
	第二百四十八条 无居民海岛属于国家所有,国务院代表国家行使无居民海岛所有权。
第四十七条 城市的土地,属于国家所有。法律规定属于国家所有的农村和城市郊区的土地,属于国家所有。	**第二百四十九条** 城市的土地,属于国家所有。法律规定属于国家所有的农村和城市郊区的土地,属于国家所有。
第四十八条 森林、山岭、草原、荒地、滩涂等自然资源,属于国家所有,但法律规定属于集体所有的除外。	**第二百五十条** 森林、山岭、草原、荒地、滩涂等自然资源,属于国家所有,但是法律规定属于集体所有的除外。
第四十九条 法律规定属于国家所有的野生动植物资源,属于国家所有。	**第二百五十一条** 法律规定属于国家所有的野生动植物资源,属于国家所有。

续表

《物权法》	《民法典》
第五十条 无线电频谱资源属于国家所有。	**第二百五十二条** 无线电频谱资源属于国家所有。
第五十一条 法律规定属于国家所有的文物,属于国家所有。	**第二百五十三条** 法律规定属于国家所有的文物,属于国家所有。
第五十二条 国防资产属于国家所有。 铁路、公路、电力设施、电信设施和油气管道等基础设施,依照法律规定为国家所有的,属于国家所有。	**第二百五十四条** 国防资产属于国家所有。 铁路、公路、电力设施、电信设施和油气管道等基础设施,依照法律规定为国家所有的,属于国家所有。
第五十三条 国家机关对其直接支配的不动产和动产,享有占有、使用以及依照法律和国务院的有关规定处分的权利。	**第二百五十五条** 国家机关对其直接支配的不动产和动产,享有占有、使用以及依照法律和国务院的有关规定处分的权利。
第五十四条 国家举办的事业单位对其直接支配的不动产和动产,享有占有、使用以及依照法律和国务院的有关规定收益、处分的权利。	**第二百五十六条** 国家举办的事业单位对其直接支配的不动产和动产,享有占有、使用以及依照法律和国务院的有关规定收益、处分的权利。
第五十五条 国家出资的企业,由国务院、地方人民政府依照法律、行政法规规定分别代表国家履行出资人职责,享有出资人权益。	**第二百五十七条** 国家出资的企业,由国务院、地方人民政府依照法律、行政法规规定分别代表国家履行出资人职责,享有出资人权益。
第五十六条 国家所有的财产受法律保护,禁止任何*单位和*个人侵占、哄抢、私分、截留、破坏。	**第二百五十八条** 国家所有的财产受法律保护,禁止任何*组织或者*个人侵占、哄抢、私分、截留、破坏。
第五十七条 履行国有财产管理、监督职责的机构及其工作人员,应当依法加强对国有财产的管理、监督,促进国有财产保值增值,防止国有财产损失;滥用职权,玩忽职守,造成国有财产损失的,应当依法承担法律责任。	**第二百五十九条** 履行国有财产管理、监督职责的机构及其工作人员,应当依法加强对国有财产的管理、监督,促进国有财产保值增值,防止国有财产损失;滥用职权,玩忽职守,造成国有财产损失的,应当依法承担法律责任。

续表

《物权法》	《民法典》
违反国有财产管理规定,在企业改制、合并分立、关联交易等过程中,低价转让、合谋私分、擅自担保或者以其他方式造成国有财产损失的,应当依法承担法律责任。	违反国有财产管理规定,在企业改制、合并分立、关联交易等过程中,低价转让、合谋私分、擅自担保或者以其他方式造成国有财产损失的,应当依法承担法律责任。
第五十八条 集体所有的不动产和动产包括: (一)法律规定属于集体所有的土地和森林、山岭、草原、荒地、滩涂; (二)集体所有的建筑物、生产设施、农田水利设施; (三)集体所有的教育、科学、文化、卫生、体育等设施; (四)集体所有的其他不动产和动产。	**第二百六十条** 集体所有的不动产和动产包括: (一)法律规定属于集体所有的土地和森林、山岭、草原、荒地、滩涂; (二)集体所有的建筑物、生产设施、农田水利设施; (三)集体所有的教育、科学、文化、卫生、体育等设施; (四)集体所有的其他不动产和动产。
第五十九条 农民集体所有的不动产和动产,属于本集体成员集体所有。 下列事项应当依照法定程序经本集体成员决定: (一)土地承包方案以及将土地发包给本集体以外的单位或者个人承包; (二)个别土地承包经营权人之间承包地的调整; (三)土地补偿费等费用的使用、分配办法; (四)集体出资的企业的所有权变动等事项; (五)法律规定的其他事项。	**第二百六十一条** 农民集体所有的不动产和动产,属于本集体成员集体所有。 下列事项应当依照法定程序经本集体成员决定: (一)土地承包方案以及将土地发包给本集体以外的组织或者个人承包; (二)个别土地承包经营权人之间承包地的调整; (三)土地补偿费等费用的使用、分配办法; (四)集体出资的企业的所有权变动等事项; (五)法律规定的其他事项。
第六十条 对于集体所有的土地和森林、山岭、草原、荒地、滩涂等,依照下列规定行使所有权: (一)属于村农民集体所有的,由村集体经济组织或者村民委员会代表集体行使所有权;	**第二百六十二条** 对于集体所有的土地和森林、山岭、草原、荒地、滩涂等,依照下列规定行使所有权: (一)属于村农民集体所有的,由村集体经济组织或者村民委员会**依法**代表集体行使所有权;

续表

《物权法》	《民法典》
（二）分别属于村内两个以上农民集体所有的，由村内各该集体经济组织或者村民小组代表集体行使所有权； （三）属于乡镇农民集体所有的，由乡镇集体经济组织代表集体行使所有权。	（二）分别属于村内两个以上农民集体所有的，由村内各该集体经济组织或者村民小组**依法**代表集体行使所有权； （三）属于乡镇农民集体所有的，由乡镇集体经济组织代表集体行使所有权。
第六十一条 城镇集体所有的不动产和动产，依照法律、行政法规的规定由本集体享有占有、使用、收益和处分的权利。	**第二百六十三条** 城镇集体所有的不动产和动产，依照法律、行政法规的规定由本集体享有占有、使用、收益和处分的权利。
第六十二条 集体经济组织或者村民委员会、村民小组应当依照法律、行政法规以及章程、村规民约向本集体成员公布集体财产的状况。	**第二百六十四条** **农村**集体经济组织或者村民委员会、村民小组应当依照法律、行政法规以及章程、村规民约向本集体成员公布集体财产的状况。**集体成员有权查阅、复制相关资料。**
第六十三条 集体所有的财产受法律保护，禁止任何*单位和*个人侵占、哄抢、私分、破坏。 集体经济组织、村民委员会或者其负责人作出的决定侵害集体成员合法权益的，受侵害的集体成员可以请求人民法院予以撤销。	**第二百六十五条** 集体所有的财产受法律保护，禁止任何*组织或者*个人侵占、哄抢、私分、破坏。 **农村**集体经济组织、村民委员会或者其负责人作出的决定侵害集体成员合法权益的，受侵害的集体成员可以请求人民法院予以撤销。
第六十四条 私人对其合法的收入、房屋、生活用品、生产工具、原材料等不动产和动产享有所有权。	**第二百六十六条** 私人对其合法的收入、房屋、生活用品、生产工具、原材料等不动产和动产享有所有权。
第六十六条 私人的合法财产受法律保护，禁止任何*单位和*个人侵占、哄抢、破坏。	**第二百六十七条** 私人的合法财产受法律保护，禁止任何*组织或者*个人侵占、哄抢、破坏。
第六十七条 国家、集体和私人依法可以出资设立有限责任公司、股份有限公司或者其他企业。国家、集体和私人所有的不动产或者动产，投到企业的，由出资人按照约定或者出资比例享有资产收益、重大决策以及选择经营管理者等权利并履行义务。	**第二百六十八条** 国家、集体和私人依法可以出资设立有限责任公司、股份有限公司或者其他企业。国家、集体和私人所有的不动产或者动产投到企业的，由出资人按照约定或者出资比例享有资产收益、重大决策以及选择经营管理者等权利并履行义务。

续表

《物权法》	《民法典》
第六十八条 企业法人对其不动产和动产依照法律、行政法规以及章程享有占有、使用、收益和处分的权利。 企业法人以外的法人,对其不动产和动产的权利,适用有关法律、行政法规以及章程的规定。营利法人包括有限责任公司、股份有限公司和其他企业法人等。	**第二百六十九条** *营利法人*对其不动产和动产依照法律、行政法规以及章程享有占有、使用、收益和处分的权利。 *营利法人*以外的法人,对其不动产和动产的权利,适用有关法律、行政法规以及章程的规定。
第六十九条 社会团体依法所有的不动产和动产,受法律保护。	**第二百七十条** 社会团体**法人、捐助法人**依法所有的不动产和动产,受法律保护。
	第六章 业主的建筑物区分所有权
第七十条 业主对建筑物内的住宅、经营性用房等专有部分享有所有权,对专有部分以外的共有部分享有共有和共同管理的权利。	**第二百七十一条** 业主对建筑物内的住宅、经营性用房等专有部分享有所有权,对专有部分以外的共有部分享有共有和共同管理的权利。
第七十一条 业主对其建筑物专有部分享有占有、使用、收益和处分的权利。业主行使权利不得危及建筑物的安全,不得损害其他业主的合法权益。	**第二百七十二条** 业主对其建筑物专有部分享有占有、使用、收益和处分的权利。业主行使权利不得危及建筑物的安全,不得损害其他业主的合法权益。
第七十二条 业主对建筑物专有部分以外的共有部分,享有权利,承担义务;不得以放弃权利不履行义务。 业主转让建筑物内的住宅、经营性用房,其对共有部分享有的共有和共同管理的权利一并转让。	**第二百七十三条** 业主对建筑物专有部分以外的共有部分,享有权利,承担义务;不得以放弃权利**为由**不履行义务。 业主转让建筑物内的住宅、经营性用房,其对共有部分享有的共有和共同管理的权利一并转让。
第七十三条 建筑区划内的道路,属于业主共有,但属于城镇公共道路的除外。建筑区划内的绿地,属于业主共有,但属于城镇公共绿地或者明示属于个人的除外。建筑区划内的其他公共场所、公用设施和物业服务用房,属于业主共有。	**第二百七十四条** 建筑区划内的道路,属于业主共有,但是属于城镇公共道路的除外。建筑区划内的绿地,属于业主共有,但是属于城镇公共绿地或者明示属于个人的除外。建筑区划内的其他公共场所、公用设施和物业服务用房,属于业主共有。

续表

《物权法》	《民法典》
第七十四条第二款、第三款　建筑区划内，规划用于停放汽车的车位、车库的归属，由当事人通过出售、附赠或者出租等方式约定。 占用业主共有的道路或者其他场地用于停放汽车的车位，属于业主共有。	**第二百七十五条**　建筑区划内，规划用于停放汽车的车位、车库的归属，由当事人通过出售、附赠或者出租等方式约定。 占用业主共有的道路或者其他场地用于停放汽车的车位，属于业主共有。
第七十四条第一款　建筑区划内，规划用于停放汽车的车位、车库应当首先满足业主的需要。	**第二百七十六条**　建筑区划内，规划用于停放汽车的车位、车库应当首先满足业主的需要。
第七十五条　业主可以设立业主大会，选举业主委员会。 地方人民政府有关部门应当对设立业主大会和选举业主委员会给予指导和协助。	**第二百七十七条**　业主可以设立业主大会，选举业主委员会。**业主大会、业主委员会成立的具体条件和程序，依照法律、法规的规定。** 地方人民政府有关部门、**居民委员会**应当对设立业主大会和选举业主委员会给予指导和协助。
第七十六条　下列事项由业主共同决定： （一）制定和修改业主大会议事规则； （二）制定和修改建~~筑物及其附属设施~~的管理规约； （三）选举业主委员会或者更换业主委员会成员； （四）选聘和解聘物业服务企业或者其他管理人； *（五）筹集和使用建筑物及其附属设施的维修资金；* （六）改建、重建建筑物及其附属设施； （七）有关共有和共同管理权利的其他重大事项。 决定前款第五项和第六项规定的事项，应当经*专有部分占建筑物总面积~~三分之二~~以上的业主且占总人数~~三分之二~~以上*	**第二百七十八条**　下列事项由业主共同决定： （一）制定和修改业主大会议事规则； （二）制定和修改管理规约； （三）选举业主委员会或者更换业主委员会成员； （四）选聘和解聘物业服务企业或者其他管理人； **（五）使用建筑物及其附属设施的维修资金；** *（六）筹集建筑物及其附属设施的维修资金；* （七）改建、重建建筑物及其附属设施； **（八）改变共有部分的用途或者利用共有部分从事经营活动；** （九）有关共有和共同管理权利的其他重大事项。

续表

《物权法》	《民法典》
的业主同意。决定前款其他事项,应当经专有部分占建筑物总面积过半数的业主且占总人数过半数的业主同意。	**业主共同决定事项,应当由专有部分面积占比三分之二以上的业主且人数占比三分之二以上的业主参与表决。**决定前款第六项至第八项规定的事项,应当经参与表决专有部分面积四分之三以上的业主且参与表决人数四分之三以上的业主同意。决定前款其他事项,应当经参与表决专有部分面积过半数的业主且参与表决人数过半数的业主同意。
第七十七条 业主不得违反法律、法规以及管理规约,将住宅改变为经营性用房。业主将住宅改变为经营性用房的,除遵守法律、法规以及管理规约外,应当经有利害关系的业主同意。	**第二百七十九条** 业主不得违反法律、法规以及管理规约,将住宅改变为经营性用房。业主将住宅改变为经营性用房的,除遵守法律、法规以及管理规约外,应当经有利害关系的业主**一致**同意。
第七十八条 业主大会或者业主委员会的决定,对业主具有约束力。 业主大会或者业主委员会作出的决定侵害业主合法权益的,受侵害的业主可以请求人民法院予以撤销。	**第二百八十条** 业主大会或者业主委员会的决定,对业主具有**法律**约束力。 业主大会或者业主委员会作出的决定侵害业主合法权益的,受侵害的业主可以请求人民法院予以撤销。
第七十九条 建筑物及其附属设施的维修资金,属于业主共有。经业主共同决定,可以用于电梯、水箱等共有部分的维修。维修资金的筹集、使用情况应当公布。	**第二百八十一条** 建筑物及其附属设施的维修资金,属于业主共有。经业主共同决定,可以用于电梯、**屋顶、外墙、无障碍设施**等共有部分的维修、**更新和改造。建筑物及其附属设施的**维修资金的筹集、使用情况应当**定期**公布。 **紧急情况下需要维修建筑物及其附属设施的,业主大会或者业主委员会可以依法申请使用建筑物及其附属设施的维修资金。**
	第二百八十二条 建设单位、物业服务企业或者其他管理人等利用业主的共有部分产生的收入,在扣除合理成本之后,属于业主共有。

续表

《物权法》	《民法典》
第八十条 建筑物及其附属设施的费用分摊、收益分配等事项，有约定的，按照约定；没有约定或者约定不明确的，按照业主专有部分~~占建筑物总面积的比例~~确定。	**第二百八十三条** 建筑物及其附属设施的费用分摊、收益分配等事项，有约定的，按照约定；没有约定或者约定不明确的，按照业主专有部分*面积所占比例*确定。
第八十一条 业主可以自行管理建筑物及其附属设施，也可以委托物业服务企业或者其他管理人管理。 对建设单位聘请的物业服务企业或者其他管理人，业主有权依法更换。	**第二百八十四条** 业主可以自行管理建筑物及其附属设施，也可以委托物业服务企业或者其他管理人管理。 对建设单位聘请的物业服务企业或者其他管理人，业主有权依法更换。
第八十二条 物业服务企业或者其他管理人根据业主的委托管理建筑区划内的建筑物及其附属设施，并接受业主的监督。	**第二百八十五条** 物业服务企业或者其他管理人根据业主的委托，**依照本法第三编有关物业服务合同的规定**管理建筑区划内的建筑物及其附属设施，接受业主的监督，**并及时答复业主对物业服务情况提出的询问。** **物业服务企业或者其他管理人应当执行政府依法实施的应急处置措施和其他管理措施，积极配合开展相关工作。**
第八十三条 业主应当遵守法律、法规以及管理规约。 业主大会和业主委员会，对任意弃置垃圾、排放污染物或者噪声、违反规定饲养动物、违章搭建、侵占通道、拒付物业费等损害他人合法权益的行为，有权依照法律、法规以及管理规约，要求行为人停止侵害、消除危险、排除妨害、赔偿损失。~~业主对侵害自己合法权益的行为，可以依法向人民法院提起诉讼。~~	**第二百八十六条** 业主应当遵守法律、法规以及管理规约，**相关行为应当符合节约资源、保护生态环境的要求。对于物业服务企业或者其他管理人执行政府依法实施的应急处置措施和其他管理措施，业主应当依法予以配合。** 业主大会或者业主委员会，对任意弃置垃圾、排放污染物或者噪声、违反规定饲养动物、违章搭建、侵占通道、拒付物业费等损害他人合法权益的行为，有权依照法律、法规以及管理规约，请求行为人停止侵害、排除妨碍、消除危险、**恢复原状**、赔偿损失。

续表

《物权法》	《民法典》
	业主或者其他行为人拒不履行相关义务的,有关当事人可以向有关行政主管部门报告或者投诉,有关行政主管部门应当依法处理。
第八十三条第二款 ……业主对侵害自己合法权益的行为,~~可以依法向人民法院提起诉讼~~。	**第二百八十七条** 业主对**建设单位、物业服务企业或者其他管理人以及其他业主**侵害自己合法权益的行为,*有权请求其承担民事责任*。
	第七章 相 邻 关 系
第八十四条 不动产的相邻权利人应当按照有利生产、方便生活、团结互助、公平合理的原则,正确处理相邻关系。	**第二百八十八条** 不动产的相邻权利人应当按照有利生产、方便生活、团结互助、公平合理的原则,正确处理相邻关系。
第八十五条 法律、法规对处理相邻关系有规定的,依照其规定;法律、法规没有规定的,可以按照当地习惯。	**第二百八十九条** 法律、法规对处理相邻关系有规定的,依照其规定;法律、法规没有规定的,可以按照当地习惯。
第八十六条 不动产权利人应当为相邻权利人用水、排水提供必要的便利。 对自然流水的利用,应当在不动产的相邻权利人之间合理分配。对自然流水的排放,应当尊重自然流向。	**第二百九十条** 不动产权利人应当为相邻权利人用水、排水提供必要的便利。 对自然流水的利用,应当在不动产的相邻权利人之间合理分配。对自然流水的排放,应当尊重自然流向。
第八十七条 不动产权利人对相邻权利人因通行等必须利用其土地的,应当提供必要的便利。	**第二百九十一条** 不动产权利人对相邻权利人因通行等必须利用其土地的,应当提供必要的便利。
第八十八条 不动产权利人因建造、修缮建筑物以及铺设电线、电缆、水管、暖气和燃气管线等必须利用相邻土地、建筑物的,该土地、建筑物的权利人应当提供必要的便利。	**第二百九十二条** 不动产权利人因建造、修缮建筑物以及铺设电线、电缆、水管、暖气和燃气管线等必须利用相邻土地、建筑物的,该土地、建筑物的权利人应当提供必要的便利。

续表

《物权法》	《民法典》
第八十九条 建造建筑物,不得违反国家有关工程建设标准,妨碍相邻建筑物的通风、采光和日照。	**第二百九十三条** 建造建筑物,不得违反国家有关工程建设标准,**不得**妨碍相邻建筑物的通风、采光和日照。
第九十条 不动产权利人不得违反国家规定弃置固体废物,排放大气污染物、水污染物、噪声、光、电磁波辐射等有害物质。	**第二百九十四条** 不动产权利人不得违反国家规定弃置固体废物,排放大气污染物、水污染物、**土壤污染物、**噪声、光**辐射**、电磁辐射等有害物质。
第九十一条 不动产权利人挖掘土地、建造建筑物、铺设管线以及安装设备等,不得危及相邻不动产的安全。	**第二百九十五条** 不动产权利人挖掘土地、建造建筑物、铺设管线以及安装设备等,不得危及相邻不动产的安全。
第九十二条 不动产权利人因用水、排水、通行、铺设管线等利用相邻不动产的,应当尽量避免对相邻的不动产权利人造成损害~~;造成损害的,应当给予赔偿~~。	**第二百九十六条** 不动产权利人因用水、排水、通行、铺设管线等利用相邻不动产的,应当尽量避免对相邻的不动产权利人造成损害。
	第八章 共　　有
第九十三条 不动产或者动产可以由两个以上单位、个人共有。共有包括按份共有和共同共有。	**第二百九十七条** 不动产或者动产可以由两个以上组织、个人共有。共有包括按份共有和共同共有。
第九十四条 按份共有人对共有的不动产或者动产按照其份额享有所有权。	**第二百九十八条** 按份共有人对共有的不动产或者动产按照其份额享有所有权。
第九十五条 共同共有人对共有的不动产或者动产共同享有所有权。	**第二百九十九条** 共同共有人对共有的不动产或者动产共同享有所有权。
第九十六条 共有人按照约定管理共有的不动产或者动产;没有约定或者约定不明确的,各共有人都有管理的权利和义务。	**第三百条** 共有人按照约定管理共有的不动产或者动产;没有约定或者约定不明确的,各共有人都有管理的权利和义务。
第九十七条 处分共有的不动产或者动产以及对共有的不动产或者动产作重大修缮的,应当经占份额三分之二以上的按份共有人或者全体共同共有人同意,但共有人之间另有约定的除外。	**第三百零一条** 处分共有的不动产或者动产以及对共有的不动产或者动产作重大修缮**、变更性质或者用途**的,应当经占份额三分之二以上的按份共有人或者全体共同共有人同意,但**是**共有人之间另有约定的除外。

续表

《物权法》	《民法典》
第九十八条 对共有物的管理费用以及其他负担,有约定的,按照约定;没有约定或者约定不明确的,按份共有人按照其份额负担,共同共有人共同负担。	**第三百零二条** **共有人**对共有物的管理费用以及其他负担,有约定的,按照其约定;没有约定或者约定不明确的,按份共有人按照其份额负担,共同共有人共同负担。
第九十九条 共有人约定不得分割共有的不动产或者动产,以维持共有关系的,应当按照约定,但共有人有重大理由需要分割的,可以请求分割;没有约定或者约定不明确的,按份共有人可以随时请求分割,共同共有人在共有的基础丧失或者有重大理由需要分割时可以请求分割。因分割对其他共有人造成损害的,应当给予赔偿。	**第三百零三条** 共有人约定不得分割共有的不动产或者动产,以维持共有关系的,应当按照约定,但是共有人有重大理由需要分割的,可以请求分割;没有约定或者约定不明确的,按份共有人可以随时请求分割,共同共有人在共有的基础丧失或者有重大理由需要分割时可以请求分割。因分割造成其他共有人损害的,应当给予赔偿。
第一百条 共有人可以协商确定分割方式。达不成协议,共有的不动产或者动产可以分割并且不会因分割减损价值的,应当对实物予以分割;难以分割或者因分割会减损价值的,应当对折价或者拍卖、变卖取得的价款予以分割。 共有人分割所得的不动产或者动产有瑕疵的,其他共有人应当分担损失。	**第三百零四条** 共有人可以协商确定分割方式。达不成协议,共有的不动产或者动产可以分割且不会因分割减损价值的,应当对实物予以分割;难以分割或者因分割会减损价值的,应当对折价或者拍卖、变卖取得的价款予以分割。 共有人分割所得的不动产或者动产有瑕疵的,其他共有人应当分担损失。
第一百零一条 按份共有人可以转让其享有的共有的不动产或者动产份额。其他共有人在同等条件下享有优先购买的权利。	**第三百零五条** 按份共有人可以转让其享有的共有的不动产或者动产份额。其他共有人在同等条件下享有优先购买的权利。
	第三百零六条　按份共有人转让其享有的共有的不动产或者动产份额的,应当将转让条件及时通知其他共有人。其他共有人应当在合理期限内行使优先购买权。 **两个以上其他共有人主张行使优先购买权的,协商确定各自的购买比例;协商不成的,按照转让时各自的共有份额比例行使优先购买权。**

续表

《物权法》	《民法典》
第一百零二条 因共有的不动产或者动产产生的债权债务，在对外关系上，共有人享有连带债权、承担连带债务，但法律另有规定或者第三人知道共有人不具有连带债权债务关系的除外；在共有人内部关系上，除共有人另有约定外，按份共有人按照份额享有债权、承担债务，共同共有人共同享有债权、承担债务。偿还债务超过自己应当承担份额的按份共有人，有权向其他共有人追偿。	**第三百零七条** 因共有的不动产或者动产产生的债权债务，在对外关系上，共有人享有连带债权、承担连带债务，但是法律另有规定或者第三人知道共有人不具有连带债权债务关系的除外；在共有人内部关系上，除共有人另有约定外，按份共有人按照份额享有债权、承担债务，共同共有人共同享有债权、承担债务。偿还债务超过自己应当承担份额的按份共有人，有权向其他共有人追偿。
第一百零三条 共有人对共有的不动产或者动产没有约定为按份共有或者共同共有，或者约定不明确的，除共有人具有家庭关系等外，视为按份共有。	**第三百零八条** 共有人对共有的不动产或者动产没有约定为按份共有或者共同共有，或者约定不明确的，除共有人具有家庭关系等外，视为按份共有。
第一百零四条 按份共有人对共有的不动产或者动产享有的份额，没有约定或者约定不明确的，按照出资额确定；不能确定出资额的，视为等额享有。	**第三百零九条** 按份共有人对共有的不动产或者动产享有的份额，没有约定或者约定不明确的，按照出资额确定；不能确定出资额的，视为等额享有。
第一百零五条 两个以上*单位*、个人共同享有用益物权、担保物权的，参照本章规定。	**第三百一十条** 两个以上*组织*、个人共同享有用益物权、担保物权的，参照*适用*本章*的有关*规定。
	第九章 所有权取得的特别规定
第一百零六条 无处分权人将不动产或者动产转让给受让人的，所有权人有权追回；除法律另有规定外，符合下列情形的，受让人取得该不动产或者动产的所有权： （一）受让人受让该不动产或者动产时是善意的； （二）以合理的价格转让； （三）转让的不动产或者动产依照法律规定应当登记的已经登记，不需要登记的	**第三百一十一条** 无处分权人将不动产或者动产转让给受让人的，所有权人有权追回；除法律另有规定外，符合下列情形的，受让人取得该不动产或者动产的所有权： （一）受让人受让该不动产或者动产时是善意； （二）以合理的价格转让； （三）转让的不动产或者动产依照法律规定应当登记的已经登记，不需要登记的

续表

《物权法》	《民法典》
已经交付给受让人。 受让人依照前款规定取得不动产或者动产的所有权的，原所有权人有权向无处分权人请求*赔偿损失*。 当事人善意取得其他物权的，参照前两款规定。	已经交付给受让人。 受让人依据前款规定取得不动产或者动产的所有权的，原所有权人有权向无处分权人请求*损害赔偿*。 当事人善意取得其他物权的，参照**适用**前两款规定。
第一百零七条　所有权人或者其他权利人有权追回遗失物。该遗失物通过转让被他人占有的，权利人有权向无处分权人请求损害赔偿，或者自知道或者应当知道受让人之日起二年内向受让人请求返还原物，但受让人通过拍卖或者向具有经营资格的经营者购得该遗失物的，权利人请求返还原物时应当支付受让人所付的费用。权利人向受让人支付所付费用后，有权向无处分权人追偿。	**第三百一十二条**　所有权人或者其他权利人有权追回遗失物。该遗失物通过转让被他人占有的，权利人有权向无处分权人请求损害赔偿，或者自知道或者应当知道受让人之日起二年内向受让人请求返还原物；但是，受让人通过拍卖或者向具有经营资格的经营者购得该遗失物的，权利人请求返还原物时应当支付受让人所付的费用。权利人向受让人支付所付费用后，有权向无处分权人追偿。
第一百零八条　善意受让人取得动产后，该动产上的原有权利消灭，但善意受让人在受让时知道或者应当知道该权利的除外。	**第三百一十三条**　善意受让人取得动产后，该动产上的原有权利消灭。但是，善意受让人在受让时知道或者应当知道该权利的除外。
第一百零九条　拾得遗失物，应当返还权利人。拾得人应当及时通知权利人领取，或者送交公安等有关部门。	**第三百一十四条**　拾得遗失物，应当返还权利人。拾得人应当及时通知权利人领取，或者送交公安等有关部门。
第一百一十条　有关部门收到遗失物，知道权利人的，应当及时通知其领取；不知道的，应当及时发布招领公告。	**第三百一十五条**　有关部门收到遗失物，知道权利人的，应当及时通知其领取；不知道的，应当及时发布招领公告。
第一百一十一条　拾得人在遗失物送交有关部门前，有关部门在遗失物被领取前，应当妥善保管遗失物。因故意或者重大过失致使遗失物毁损、灭失的，应当承担民事责任。	**第三百一十六条**　拾得人在遗失物送交有关部门前，有关部门在遗失物被领取前，应当妥善保管遗失物。因故意或者重大过失致使遗失物毁损、灭失的，应当承担民事责任。

续表

《物权法》	《民法典》
第一百一十二条 权利人领取遗失物时,应当向拾得人或者有关部门支付保管遗失物等支出的必要费用。 权利人悬赏寻找遗失物的,领取遗失物时应当按照承诺履行义务。 拾得人侵占遗失物的,无权请求保管遗失物等支出的费用,也无权请求权利人按照承诺履行义务。	**第三百一十七条** 权利人领取遗失物时,应当向拾得人或者有关部门支付保管遗失物等支出的必要费用。 权利人悬赏寻找遗失物的,领取遗失物时应当按照承诺履行义务。 拾得人侵占遗失物的,无权请求保管遗失物等支出的费用,也无权请求权利人按照承诺履行义务。
第一百一十三条 遗失物自发布招领公告之日起~~六个月~~内无人认领的,归国家所有。	**第三百一十八条** 遗失物自发布招领公告之日起一年内无人认领的,归国家所有。
第一百一十四条 拾得漂流物、发现埋藏物或者隐藏物的,参照拾得遗失物的有关规定。~~文物保护法~~等法律另有规定的,依照其规定。	**第三百一十九条** 拾得漂流物、发现埋藏物或者隐藏物的,参照适用拾得遗失物的有关规定。法律另有规定的,依照其规定。
第一百一十五条 主物转让的,从物随主物转让,但当事人另有约定的除外。	**第三百二十条** 主物转让的,从物随主物转让,但是当事人另有约定的除外。
第一百一十六条 天然孳息,由所有权人取得;既有所有权人又有用益物权人的,由用益物权人取得。当事人另有约定的,按照约定。 法定孳息,当事人有约定的,按照约定取得;没有约定或者约定不明确的,按照交易习惯取得。	**第三百二十一条** 天然孳息,由所有权人取得;既有所有权人又有用益物权人的,由用益物权人取得。当事人另有约定的,按照其约定。 法定孳息,当事人有约定的,按照约定取得;没有约定或者约定不明确的,按照交易习惯取得。
	第三百二十二条 因加工、附合、混合而产生的物的归属,有约定的,按照约定;没有约定或者约定不明确的,依照法律规定;法律没有规定的,按照充分发挥物的效用以及保护无过错当事人的原则确定。因一方当事人的过错或者确定物的归属造成另一方当事人损害的,应当给予赔偿或者补偿。

续表

《物权法》	《民法典》
	第三分编 用益物权
	第十章 一般规定
第一百一十七条 用益物权人对他人所有的不动产或者动产,依法享有占有、使用和收益的权利。	**第三百二十三条** 用益物权人对他人所有的不动产或者动产,依法享有占有、使用和收益的权利。
第一百一十八条 国家所有或者国家所有由集体使用以及法律规定属于集体所有的自然资源,单位、个人依法可以占有、使用和收益。	**第三百二十四条** 国家所有或者国家所有由集体使用以及法律规定属于集体所有的自然资源,*组织*、个人依法可以占有、使用和收益。
第一百一十九条 国家实行自然资源有偿使用制度,但法律另有规定的除外。	**第三百二十五条** 国家实行自然资源有偿使用制度,但是法律另有规定的除外。
第一百二十条 用益物权人行使权利,应当遵守法律有关保护和合理开发利用资源的规定。所有权人不得干涉用益物权人行使权利。	**第三百二十六条** 用益物权人行使权利,应当遵守法律有关保护和合理开发利用资源**、保护生态环境**的规定。所有权人不得干涉用益物权人行使权利。
第一百二十一条 因不动产或者动产被征收、征用致使用益物权消灭或者影响用益物权行使的,用益物权人有权*依照本法第四十二条*、*第四十四条*的规定获得相应补偿。	**第三百二十七条** 因不动产或者动产被征收、征用致使用益物权消灭或者影响用益物权行使的,用益物权人有权*依据本法第二百四十三条*、*第二百四十五条*的规定获得相应补偿。
第一百二十二条 依法取得的海域使用权受法律保护。	**第三百二十八条** 依法取得的海域使用权受法律保护。
第一百二十三条 依法取得的探矿权、采矿权、取水权和使用水域、滩涂从事养殖、捕捞的权利受法律保护。	**第三百二十九条** 依法取得的探矿权、采矿权、取水权和使用水域、滩涂从事养殖、捕捞的权利受法律保护。
	第十一章 土地承包经营权
第一百二十四条 农村集体经济组织实行家庭承包经营为基础、统分结合的双层经营体制。	**第三百三十条** 农村集体经济组织实行家庭承包经营为基础、统分结合的双层经营体制。

续表

《物权法》	《民法典》
农民集体所有和国家所有由农民集体使用的耕地、林地、草地以及其他用于农业的土地，依法实行土地承包经营制度。	农民集体所有和国家所有由农民集体使用的耕地、林地、草地以及其他用于农业的土地，依法实行土地承包经营制度。
第一百二十五条　土地承包经营权人依法对其承包经营的耕地、林地、草地等享有占有、使用和收益的权利，有权从事种植业、林业、畜牧业等农业生产。	**第三百三十一条**　土地承包经营权人依法对其承包经营的耕地、林地、草地等享有占有、使用和收益的权利，有权从事种植业、林业、畜牧业等农业生产。
第一百二十六条　耕地的承包期为三十年。草地的承包期为三十年至五十年。林地的承包期为三十年至七十年~~；特殊林木的林地承包期，经国务院林业行政主管部门批准可以延长~~。 前款规定的承包期届满，由土地承包经营权人*按照国家有关规定*继续承包。	**第三百三十二条**　耕地的承包期为三十年。草地的承包期为三十年至五十年。林地的承包期为三十年至七十年。 前款规定的承包期限届满，由土地承包经营权人*依照农村土地承包的法律规定*继续承包。
第一百二十七条　土地承包经营权自土地承包经营权合同生效时设立。 ~~县级以上地方人民政府~~应当向土地承包经营权人发放土地承包经营权证、林权证、*草原使用权证*，并登记造册，确认土地承包经营权。	**第三百三十三条**　土地承包经营权自土地承包经营权合同生效时设立。 *登记机构*应当向土地承包经营权人发放土地承包经营权证、林权证等证书，并登记造册，确认土地承包经营权。
第一百二十八条　土地承包经营权人依照*农村土地承包法的*规定，有权将土地承包经营权~~采取转包、~~互换、转让等~~方式流转~~。~~流转的期限不得超过承包期的剩余期限。~~未经依法批准，不得将承包地用于非农建设。	**第三百三十四条**　土地承包经营权人依照*法律*规定，有权将土地承包经营权互换、转让。未经依法批准，不得将承包地用于非农建设。
第一百二十九条　~~土地承包经营权人~~将土地承包经营权互换、转让，当事人~~*要求*登记的，应当向*县级以上地方人民政府*~~*申*请~~土地承包经营权变更~~登记；未经登记，不得对抗善意第三人。	**第三百三十五条**　土地承包经营权互换、转让的，当事人*可以向登记机构申请*登记；未经登记，不得对抗善意第三人。

续表

《物权法》	《民法典》
第一百三十条 承包期内发包人不得调整承包地。 因自然灾害严重毁损承包地等特殊情形,需要适当调整承包的耕地和草地的,应当依照农村土地承包法等*法律规定*办理。	**第三百三十六条** 承包期内发包人不得调整承包地。 因自然灾害严重毁损承包地等特殊情形,需要适当调整承包的耕地和草地的,应当依照农村土地承包*的法律规定*办理。
第一百三十一条 承包期内发包人不得收回承包地。~~*农村土地承包法*~~等*法律*另有规定的,依照其规定。	**第三百三十七条** 承包期内发包人不得收回承包地。*法律*另有规定的,依照其规定。
第一百三十二条 承包地被征收的,土地承包经营权人有权依照本法第*四十二*条第二款的规定获得相应补偿。	**第三百三十八条** 承包地被征收的,土地承包经营权人有权依据本法第二*百四十三*条的规定获得相应补偿。
	第三百三十九条 土地承包经营权人可以自主决定依法采取出租、入股或者其他方式向他人流转土地经营权。
	第三百四十条 土地经营权人有权在合同约定的期限内占有农村土地,自主开展农业生产经营并取得收益。
	第三百四十一条 流转期限为五年以上的土地经营权,自流转合同生效时设立。当事人可以向登记机构申请土地经营权登记;未经登记,不得对抗善意第三人。
第一百三十三条 通过招标、拍卖、公开协商等方式承包~~荒地~~等农村土地,*依照农村土地承包法等法律和国务院的有关规定,其土地承包经营权可以转让、入股、抵押或者以其他方式流转。*	**第三百四十二条** 通过招标、拍卖、公开协商等方式承包农村土地,**经依法登记取得权属证书的**,*可以依法采取出租、入股、抵押或者其他方式流转土地经营权。*
第一百三十四条 国家所有的农用地实行承包经营的,参照~~本法~~的有关规定。	**第三百四十三条** 国家所有的农用地实行承包经营的,参照适用本*编*的有关规定。

续表

《物权法》	《民法典》
	第十二章　建设用地使用权
第一百三十五条　建设用地使用权人依法对国家所有的土地享有占有、使用和收益的权利，有权利用该土地建造建筑物、构筑物及其附属设施。	**第三百四十四条**　建设用地使用权人依法对国家所有的土地享有占有、使用和收益的权利，有权利用该土地建造建筑物、构筑物及其附属设施。
第一百三十六条　建设用地使用权可以在土地的地表、地上或者地下分别设立。 ……	**第三百四十五条**　建设用地使用权可以在土地的地表、地上或者地下分别设立。
第一百三十六条　……新设立的建设用地使用权，不得损害已设立的用益物权。	**第三百四十六条**　设立建设用地使用权，**应当符合节约资源、保护生态环境的要求，遵守法律、行政法规关于土地用途的规定**，不得损害已经设立的用益物权。
第一百三十七条　设立建设用地使用权，可以采取出让或者划拨等方式。 工业、商业、旅游、娱乐和商品住宅等经营性用地以及同一土地有两个以上意向用地者的，应当采取招标、拍卖等公开竞价的方式出让。 严格限制以划拨方式设立建设用地使用权。~~采取划拨方式的，应当遵守法律、行政法规关于土地用途的规定~~。	**第三百四十七条**　设立建设用地使用权，可以采取出让或者划拨等方式。 工业、商业、旅游、娱乐和商品住宅等经营性用地以及同一土地有两个以上意向用地者的，应当采取招标、拍卖等公开竞价的方式出让。 严格限制以划拨方式设立建设用地使用权。
第一百三十八条　~~采取~~招标、拍卖、协议等出让方式设立建设用地使用权的，当事人应当采取书面形式订立建设用地使用权出让合同。 建设用地使用权出让合同一般包括下列条款： （一）当事人的名称和住所； （二）土地界址、面积等； （三）建筑物、构筑物及其附属设施占用的空间； （四）土地用途；	**第三百四十八条**　*通过*招标、拍卖、协议等出让方式设立建设用地使用权的，当事人应当采用书面形式订立建设用地使用权出让合同。 建设用地使用权出让合同一般包括下列条款： （一）当事人的名称和住所； （二）土地界址、面积等； （三）建筑物、构筑物及其附属设施占用的空间； （四）土地用途**、规划条件**；

续表

《物权法》	《民法典》
(五)使用期限; (六)出让金等费用及其支付方式; (七)解决争议的方法。	(五)**建设用地**使用**权**期限; (六)出让金等费用及其支付方式; (七)解决争议的方法。
第一百三十九条 设立建设用地使用权的,应当向登记机构申请建设用地使用权登记。建设用地使用权自登记时设立。登记机构应当向建设用地使用权人发放~~建设用地使用权证书~~。	**第三百四十九条** 设立建设用地使用权的,应当向登记机构申请建设用地使用权登记。建设用地使用权自登记时设立。登记机构应当向建设用地使用权人发放*权属证书*。
第一百四十条 建设用地使用权人应当合理利用土地,不得改变土地用途;需要改变土地用途的,应当依法经有关行政主管部门批准。	**第三百五十条** 建设用地使用权人应当合理利用土地,不得改变土地用途;需要改变土地用途的,应当依法经有关行政主管部门批准。
第一百四十一条 建设用地使用权人应当依照法律规定以及合同约定支付出让金等费用。	**第三百五十一条** 建设用地使用权人应当依照法律规定以及合同约定支付出让金等费用。
第一百四十二条 建设用地使用权人建造的建筑物、构筑物及其附属设施的所有权属于建设用地使用权人,但有相反证据证明的除外。	**第三百五十二条** 建设用地使用权人建造的建筑物、构筑物及其附属设施的所有权属于建设用地使用权人,但是有相反证据证明的除外。
第一百四十三条 建设用地使用权人有权将建设用地使用权转让、互换、出资、赠与或者抵押,但法律另有规定的除外。	**第三百五十三条** 建设用地使用权人有权将建设用地使用权转让、互换、出资、赠与或者抵押,但是法律另有规定的除外。
第一百四十四条 建设用地使用权转让、互换、出资、赠与或者抵押的,当事人应当采取书面形式订立相应的合同。使用期限由当事人约定,但不得超过建设用地使用权的剩余期限。	**第三百五十四条** 建设用地使用权转让、互换、出资、赠与或者抵押的,当事人应当采用书面形式订立相应的合同。使用期限由当事人约定,但是不得超过建设用地使用权的剩余期限。
第一百四十五条 建设用地使用权转让、互换、出资或者赠与的,应当向登记机构申请变更登记。	**第三百五十五条** 建设用地使用权转让、互换、出资或者赠与的,应当向登记机构申请变更登记。

续表

《物权法》	《民法典》
第一百四十六条 建设用地使用权转让、互换、出资或者赠与的，附着于该土地上的建筑物、构筑物及其附属设施一并处分。	**第三百五十六条** 建设用地使用权转让、互换、出资或者赠与的，附着于该土地上的建筑物、构筑物及其附属设施一并处分。
第一百四十七条 建筑物、构筑物及其附属设施转让、互换、出资或者赠与的，该建筑物、构筑物及其附属设施占用范围内的建设用地使用权一并处分。	**第三百五十七条** 建筑物、构筑物及其附属设施转让、互换、出资或者赠与的，该建筑物、构筑物及其附属设施占用范围内的建设用地使用权一并处分。
第一百四十八条 建设用地使用权期间届满前，因公共利益需要提前收回该土地的，应当依照本法*第四十二条*的规定对该土地上的房屋及其他不动产给予补偿，并退还相应的出让金。	**第三百五十八条** 建设用地使用权期限届满前，因公共利益需要提前收回该土地的，应当依据本法*第二百四十三条*的规定对该土地上的房屋以及其他不动产给予补偿，并退还相应的出让金。
第一百四十九条 住宅建设用地使用权期间届满的，自动续期。 非住宅建设用地使用权期间届满后的续期，依照法律规定办理。该土地上的房屋及其他不动产的归属，有约定的，按照约定；没有约定或者约定不明确的，依照法律、行政法规的规定办理。	**第三百五十九条** 住宅建设用地使用权期限届满的，自动续期。**续期费用的缴纳或者减免，依照法律、行政法规的规定办理。** 非住宅建设用地使用权期限届满后的续期，依照法律规定办理。该土地上的房屋以及其他不动产的归属，有约定的，按照约定；没有约定或者约定不明确的，依照法律、行政法规的规定办理。
第一百五十条 建设用地使用权消灭的，出让人应当及时办理注销登记。登记机构应当收回*建设用地使用权证书*。	**第三百六十条** 建设用地使用权消灭的，出让人应当及时办理注销登记。登记机构应当收回*权属证书*。
第一百五十一条 集体所有的土地作为建设用地的，应当依照土地管理法等法律规定办理。	**第三百六十一条** 集体所有的土地作为建设用地的，应当依照土地管理*的*法律规定办理。
	第十三章 宅基地使用权
第一百五十二条 宅基地使用权人依法对集体所有的土地享有占有和使用的权利，有权依法利用该土地建造住宅及其附属设施。	**第三百六十二条** 宅基地使用权人依法对集体所有的土地享有占有和使用的权利，有权依法利用该土地建造住宅及其附属设施。

续表

《物权法》	《民法典》
第一百五十三条　宅基地使用权的取得、行使和转让,适用土地管理法等法律和国家有关规定。	**第三百六十三条**　宅基地使用权的取得、行使和转让,适用土地管理的法律和国家有关规定。
第一百五十四条　宅基地因自然灾害等原因灭失的,宅基地使用权消灭。对失去宅基地的村民,应当重新分配宅基地。	**第三百六十四条**　宅基地因自然灾害等原因灭失的,宅基地使用权消灭。对失去宅基地的村民,应当依法重新分配宅基
第一百五十五条　已经登记的宅基地使用权转让或者消灭的,应当及时办理变更登记或者注销登记。	地。**第三百六十五条**　已经登记的宅基地使用权转让或者消灭的,应当及时办理变更登记或者注销登记。
	第十四章　居　住　权
	第三百六十六条　居住权人有权按照合同约定,对他人的住宅享有占有、使用的用益物权,以满足生活居住的需要。
	第三百六十七条　设立居住权,当事人应当采用书面形式订立居住权合同。 居住权合同一般包括下列条款: (一)当事人的姓名或者名称和住所; (二)住宅的位置; (三)居住的条件和要求; (四)居住权期限; (五)解决争议的方法。
	第三百六十八条　居住权无偿设立,但是当事人另有约定的除外。设立居住权的,应当向登记机构申请居住权登记。居住权自登记时设立。
	第三百六十九条　居住权不得转让、继承。设立居住权的住宅不得出租,但是当事人另有约定的除外。
	第三百七十条　居住权期限届满或者居住权人死亡的,居住权消灭。居住权消灭的,应当及时办理注销登记。

续表

《物权法》	《民法典》
	第三百七十一条　以遗嘱方式设立居住权的，参照适用本章的有关规定。
	第十五章　地　役　权
第一百五十六条　地役权人有权按照合同约定，利用他人的不动产，以提高自己的不动产的效益。 前款所称他人的不动产为供役地，自己的不动产为需役地。	**第三百七十二条**　地役权人有权按照合同约定，利用他人的不动产，以提高自己的不动产的效益。 前款所称他人的不动产为供役地，自己的不动产为需役地。
第一百五十七条　设立地役权，当事人应当采取书面形式订立地役权合同。 地役权合同一般包括下列条款： （一）当事人的姓名或者名称和住所； （二）供役地和需役地的位置； （三）利用目的和方法； （四）~~利用~~期限； （五）费用及其支付方式； （六）解决争议的方法。	**第三百七十三条**　设立地役权，当事人应当采用书面形式订立地役权合同。 地役权合同一般包括下列条款： （一）当事人的姓名或者名称和住所； （二）供役地和需役地的位置； （三）利用目的和方法； （四）地役权期限； （五）费用及其支付方式； （六）解决争议的方法。
第一百五十八条　地役权自地役权合同生效时设立。当事人要求登记的，可以向登记机构申请地役权登记；未经登记，不得对抗善意第三人。	**第三百七十四条**　地役权自地役权合同生效时设立。当事人要求登记的，可以向登记机构申请地役权登记；未经登记，不得对抗善意第三人。
第一百五十九条　供役地权利人应当按照合同约定，允许地役权人利用其~~土地~~，不得妨害地役权人行使权利。	**第三百七十五条**　供役地权利人应当按照合同约定，允许地役权人利用其不动产，不得妨害地役权人行使权利。
第一百六十条　地役权人应当按照合同约定的利用目的和方法利用供役地，尽量减少对供役地权利人物权的限制。	**第三百七十六条**　地役权人应当按照合同约定的利用目的和方法利用供役地，尽量减少对供役地权利人物权的限制。
第一百六十一条　地役权的期限由当事人约定，但不得超过土地承包经营权、建设用地使用权等用益物权的剩余期限。	**第三百七十七条**　地役权期限由当事人约定；但是，不得超过土地承包经营权、建设用地使用权等用益物权的剩余期限。

续表

《物权法》	《民法典》
第一百六十二条 土地所有权人享有地役权或者负担地役权的,设立土地承包经营权、宅基地使用权时,该~~土地承包经营权人、宅基地使用权人~~继续享有或者负担已设立的地役权。	**第三百七十八条** 土地所有权人享有地役权或者负担地役权的,设立土地承包经营权、宅基地使用权**等用益物权**时,该*用益物权*人继续享有或者负担已经设立的地役权。
第一百六十三条 土地上已设立土地承包经营权、建设用地使用权、宅基地使用权等*权利*的,未经用益物权人同意,土地所有权人不得设立地役权。	**第三百七十九条** 土地上已经设立土地承包经营权、建设用地使用权、宅基地使用权等*用益物权*的,未经用益物权人同意,土地所有权人不得设立地役权。
第一百六十四条 地役权不得单独转让。土地承包经营权、建设用地使用权等转让的,地役权一并转让,但合同另有约定的除外。	**第三百八十条** 地役权不得单独转让。土地承包经营权、建设用地使用权等转让的,地役权一并转让,但**是**合同另有约定的除外。
第一百六十五条 地役权不得单独抵押。土地承包经营权、建设用地使用权等抵押的,在实现抵押权时,地役权一并转让。	**第三百八十一条** 地役权不得单独抵押。土地经营权、建设用地使用权等抵押的,在实现抵押权时,地役权一并转让。
第一百六十六条 需役地以及需役地上的土地承包经营权、建设用地使用权部分转让时,转让部分涉及地役权的,受让人同时享有地役权。	**第三百八十二条** 需役地以及需役地上的土地承包经营权、建设用地使用权**等**部分转让时,转让部分涉及地役权的,受让人同时享有地役权。
第一百六十七条 供役地以及供役地上的土地承包经营权、建设用地使用权部分转让时,转让部分涉及地役权的,地役权对受让人具有约束力。	**第三百八十三条** 供役地以及供役地上的土地承包经营权、建设用地使用权**等**部分转让时,转让部分涉及地役权的,地役权对受让人具有**法律**约束力。
第一百六十八条 地役权人有下列情形之一的,供役地权利人有权解除地役权合同,地役权消灭: (一)违反法律规定或者合同约定,滥用地役权;	**第三百八十四条** 地役权人有下列情形之一的,供役地权利人有权解除地役权合同,地役权消灭: (一)违反法律规定或者合同约定,滥用地役权;

续表

《物权法》	《民法典》
（二）有偿利用供役地，约定的付款期间届满后在合理期限内经两次催告未支付费用。	（二）有偿利用供役地，约定的付款期限届满后在合理期限内经两次催告未支付费用。
第一百六十九条 已经登记的地役权变更、转让或者消灭的，应当及时办理变更登记或者注销登记。	**第三百八十五条** 已经登记的地役权变更、转让或者消灭的，应当及时办理变更登记或者注销登记。
	第四分编 担 保 物 权
	第十六章 一 般 规 定
第一百七十条 担保物权人在债务人不履行到期债务或者发生当事人约定的实现担保物权的情形，依法享有就担保财产优先受偿的权利，但法律另有规定的除外。	**第三百八十六条** 担保物权人在债务人不履行到期债务或者发生当事人约定的实现担保物权的情形，依法享有就担保财产优先受偿的权利，但是法律另有规定的除外。
第一百七十一条 债权人在借贷、买卖等民事活动中，为保障实现其债权，需要担保的，可以依照本法和其他法律的规定设立担保物权。 第三人为债务人向债权人提供担保的，可以要求债务人提供反担保。反担保适用本法和其他法律的规定。	**第三百八十七条** 债权人在借贷、买卖等民事活动中，为保障实现其债权，需要担保的，可以依照本法和其他法律的规定设立担保物权。 第三人为债务人向债权人提供担保的，可以要求债务人提供反担保。反担保适用本法和其他法律的规定。
第一百七十二条 设立担保物权，应当依照本法和其他法律的规定订立担保合同。担保合同是主债权债务合同的从合同。主债权债务合同无效，担保合同无效，但法律另有规定的除外。 担保合同被确认无效后，债务人、担保人、债权人有过错的，应当根据其过错各自承担相应的民事责任。	**第三百八十八条** 设立担保物权，应当依照本法和其他法律的规定订立担保合同。**担保合同包括抵押合同、质押合同和其他具有担保功能的合同**。担保合同是主债权债务合同的从合同。主债权债务合同无效**的**，担保合同无效，但是法律另有规定的除外。 担保合同被确认无效后，债务人、担保人、债权人有过错的，应当根据其过错各自承担相应的民事责任。

续表

《物权法》	《民法典》
第一百七十三条 担保物权的担保范围包括主债权及其利息、违约金、损害赔偿金、保管担保财产和实现担保物权的费用。当事人另有约定的,按照约定。	**第三百八十九条** 担保物权的担保范围包括主债权及其利息、违约金、损害赔偿金、保管担保财产和实现担保物权的费用。当事人另有约定的,按照**其**约定。
第一百七十四条 担保期间,担保财产毁损、灭失或者被征收等,担保物权人可以就获得的保险金、赔偿金或者补偿金等优先受偿。被担保债权的履行*期*未届满的,也可以提存该保险金、赔偿金或者补偿金等。	**第三百九十条** 担保期间,担保财产毁损、灭失或者被征收等,担保物权人可以就获得的保险金、赔偿金或者补偿金等优先受偿。被担保债权的履行*期限*未届满的,也可以提存该保险金、赔偿金或者补偿金等。
第一百七十五条 第三人提供担保,未经其书面同意,债权人允许债务人转移全部或者部分债务的,担保人不再承担相应的担保责任。	**第三百九十一条** 第三人提供担保,未经其书面同意,债权人允许债务人转移全部或者部分债务的,担保人不再承担相应的担保责任。
第一百七十六条 被担保的债权既有物的担保又有人的担保的,债务人不履行到期债务或者发生当事人约定的实现担保物权的情形,债权人应当按照约定实现债权;没有约定或者约定不明确,债务人自己提供物的担保的,债权人应当先就该物的担保实现债权;第三人提供物的担保的,债权人可以就物的担保实现债权,也可以要求保证人承担保证责任。提供担保的第三人承担担保责任后,有权向债务人追偿。	**第三百九十二条** 被担保的债权既有物的担保又有人的担保的,债务人不履行到期债务或者发生当事人约定的实现担保物权的情形,债权人应当按照约定实现债权;没有约定或者约定不明确,债务人自己提供物的担保的,债权人应当先就该物的担保实现债权;第三人提供物的担保的,债权人可以就物的担保实现债权,也可以请求保证人承担保证责任。提供担保的第三人承担担保责任后,有权向债务人追偿。
第一百七十七条 有下列情形之一的,担保物权消灭: (一)主债权消灭; (二)担保物权实现; (三)债权人放弃担保物权; (四)法律规定担保物权消灭的其他情形。	**第三百九十三条** 有下列情形之一的,担保物权消灭: (一)主债权消灭; (二)担保物权实现; (三)债权人放弃担保物权; (四)法律规定担保物权消灭的其他情形。

续表

《物权法》	《民法典》
	第十七章　抵　押　权
	第一节　一般抵押权
第一百七十九条　为担保债务的履行,债务人或者第三人不转移财产的占有,将该财产抵押给债权人的,债务人不履行到期债务或者发生当事人约定的实现抵押权的情形,债权人有权就该财产优先受偿。 前款规定的债务人或者第三人为抵押人,债权人为抵押权人,提供担保的财产为抵押财产。	**第三百九十四条**　为担保债务的履行,债务人或者第三人不转移财产的占有,将该财产抵押给债权人的,债务人不履行到期债务或者发生当事人约定的实现抵押权的情形,债权人有权就该财产优先受偿。 前款规定的债务人或者第三人为抵押人,债权人为抵押权人,提供担保的财产为抵押财产。
第一百八十条　债务人或者第三人有权处分的下列财产可以抵押: (一)建筑物和其他土地附着物; (二)建设用地使用权; (三)~~以招标、拍卖、公开协商等方式取得的荒地等土地承包经营权~~; (四)生产设备、原材料、半成品、产品; (五)正在建造的建筑物、船舶、航空器; (六)交通运输工具; (七)法律、行政法规未禁止抵押的其他财产。 抵押人可以将前款所列财产一并抵押。	**第三百九十五条**　债务人或者第三人有权处分的下列财产可以抵押: (一)建筑物和其他土地附着物; (二)建设用地使用权; (三)**海域使用权**; (四)生产设备、原材料、半成品、产品; (五)正在建造的建筑物、船舶、航空器; (六)交通运输工具; (七)法律、行政法规未禁止抵押的其他财产。 抵押人可以将前款所列财产一并抵押。
第一百八十一条　~~经当事人书面协议,~~企业、个体工商户、农业生产经营者可以将现有的以及将有的生产设备、原材料、半成品、产品抵押,债务人不履行到期债务或者发生当事人约定的实现抵押权的情形,债权人有权就~~实现~~*抵押*权时的动产优先受偿。	**第三百九十六条**　企业、个体工商户、农业生产经营者可以将现有的以及将有的生产设备、原材料、半成品、产品抵押,债务人不履行到期债务或者发生当事人约定的实现抵押权的情形,债权人有权***就抵押财产确定***时的动产优先受偿。

续表

《物权法》	《民法典》
第一百八十二条 以建筑物抵押的,该建筑物占用范围内的建设用地使用权一并抵押。以建设用地使用权抵押的,该土地上的建筑物一并抵押。 抵押人未依照前款规定一并抵押的,未抵押的财产视为一并抵押。	**第三百九十七条** 以建筑物抵押的,该建筑物占用范围内的建设用地使用权一并抵押。以建设用地使用权抵押的,该土地上的建筑物一并抵押。 抵押人未依据前款规定一并抵押的,未抵押的财产视为一并抵押。
第一百八十三条 乡镇、村企业的建设用地使用权不得单独抵押。以乡镇、村企业的厂房等建筑物抵押的,其占用范围内的建设用地使用权一并抵押。	**第三百九十八条** 乡镇、村企业的建设用地使用权不得单独抵押。以乡镇、村企业的厂房等建筑物抵押的,其占用范围内的建设用地使用权一并抵押。
第一百八十四条 下列财产不得抵押: (一)土地所有权; (二)~~耕地、~~宅基地、自留地、自留山等集体所有的土地使用权,但法律规定可以抵押的除外; (三)学校、幼儿园、医院等以公益为目的的~~事业单位、社会团体~~的教育设施、医疗卫生设施和其他~~社会~~公益设施; (四)所有权、使用权不明或者有争议的财产; (五)依法被查封、扣押、监管的财产; (六)法律、行政法规规定不得抵押的其他财产。	**第三百九十九条** 下列财产不得抵押: (一)土地所有权; (二)宅基地、自留地、自留山等集体所有土地的使用权,但**是**法律规定可以抵押的除外; (三)学校、幼儿园、医疗**机构**等为公益目的**成立的非营利法人**的教育设施、医疗卫生设施和其他公益设施; (四)所有权、使用权不明或者有争议的财产; (五)依法被查封、扣押、监管的财产; (六)法律、行政法规规定不得抵押的其他财产。
第一百八十五条 设立抵押权,当事人应当采取书面形式订立抵押合同。 抵押合同一般包括下列条款: (一)被担保债权的种类和数额; (二)债务人履行债务的期限; (三)抵押财产的名称、数量、*质量、状况、所在地、所有权归属或者使用权归属*; (四)担保的范围。	**第四百条** 设立抵押权,当事人应当采用书面形式订立抵押合同。 抵押合同一般包括下列条款: (一)被担保债权的种类和数额; (二)债务人履行债务的期限; (三)抵押财产的名称、数量*等情况*; (四)担保的范围。

续表

《物权法》	《民法典》
第一百八十六条　抵押权人在债务履行期届满前，~~不得~~*与抵押人约定债务人不履行到期债务时抵押财产归债权人所有*。	**第四百零一条**　抵押权人在债务履行期限届满前，*与抵押人约定债务人不履行到期债务时抵押财产归债权人所有的*，**只能依法就抵押财产优先受偿**。
第一百八十七条　*以本法第一百八十*条第一款第一项至第三项规定的财产或者第五项规定的正在建造的建筑物抵押的，应当办理抵押登记。抵押权自登记时设立。	**第四百零二条**　*以本法第三百九十五*条第一款第一项至第三项规定的财产或者第五项规定的正在建造的建筑物抵押的，应当办理抵押登记。抵押权自登记时设立。
第一百八十八条　~~以本法第一百八十条第一款第四项、第六项规定的财产或者第五项规定的正在建造的船舶、航空器抵押的，~~抵押权自抵押合同生效时设立；未经登记，不得对抗善意第三人。	**第四百零三条　以动产抵押的，**抵押权自抵押合同生效时设立；未经登记，不得对抗善意第三人。
第一百八十九条　~~企业、个体工商户、农业生产经营者以本法第一百八十一条规定的动产抵押的，应当向抵押人住所地的工商行政管理部门办理登记。抵押权自抵押合同生效时设立；未经登记，不得对抗善意第三人~~。 ~~依照本法第一百八十一条规定抵押的，~~不得对抗正常经营活动中已支付合理价款并取得抵押财产的买受人。	**第四百零四条　以动产抵押的，**不得对抗正常经营活动中已经支付合理价款并取得抵押财产的买受人。
第一百九十条　~~订立抵押合~~同前抵押财产已出租的，原租赁关系不受该抵押权的影响。~~抵押权设立后抵押财产出租的，该租赁关系不得对抗已登记的抵押权~~。	**第四百零五条　抵押权设立**前，抵押财产已经出租**并转移占有**的，原租赁关系不受该抵押权的影响。
第一百九十一条　抵押期间，抵押人~~经抵押权人同意~~转让抵押财产的，~~应当~~*将转让所得的价款向抵押权人提前清偿债务或者提存*。转让的价款超过债权数额的部分归抵押人所有，不足部分由债务人清偿。	**第四百零六条**　抵押期间，**抵押人可以转让抵押财产。当事人另有约定的，按照其约定。抵押财产转让的，抵押权不受影响**。

续表

《物权法》	《民法典》
~~抵押期间，抵押人未经抵押权人同意，不得转让抵押财产，但受让人代为清偿债务消灭抵押权的除外~~。	抵押人转让抵押财产的，**应当及时通知抵押权人。抵押权人能够证明抵押财产转让可能损害抵押权的，可以请求抵押人***将转让所得的价款向抵押权人提前清偿债务或者提存*。转让的价款超过债权数额的部分归抵押人所有，不足部分由债务人清偿。
第一百九十二条 抵押权不得与债权分离而单独转让或者作为其他债权的担保。债权转让的，担保该债权的抵押权一并转让，但法律另有规定或者当事人另有约定的除外。	**第四百零七条** 抵押权不得与债权分离而单独转让或者作为其他债权的担保。债权转让的，担保该债权的抵押权一并转让，但是法律另有规定或者当事人另有约定的除外。
第一百九十三条 抵押人的行为足以使抵押财产价值减少的，抵押权人有权要求抵押人停止其行为。抵押财产价值减少的，抵押权人有权要求恢复抵押财产的价值，或者提供与减少的价值相应的担保。抵押人不恢复抵押财产的价值也不提供担保的，抵押权人有权要求债务人提前清偿债务。	**第四百零八条** 抵押人的行为足以使抵押财产价值减少的，抵押权人有权请求抵押人停止其行为；抵押财产价值减少的，抵押权人有权*请求*恢复抵押财产的价值，或者提供与减少的价值相应的担保。抵押人不恢复抵押财产的价值，也不提供担保的，抵押权人有权请求债务人提前清偿债务。
第一百九十四条 抵押权人可以放弃抵押权或者抵押权的顺位。抵押权人与抵押人可以协议变更抵押权顺位以及被担保的债权数额等内容，但抵押权的变更，未经其他抵押权人书面同意，不得对其他抵押权人产生不利影响。 债务人以自己的财产设定抵押，抵押权人放弃该抵押权、抵押权顺位或者变更抵押权的，其他担保人在抵押权人丧失优先受偿权益的范围内免除担保责任，但其他担保人承诺仍然提供担保的除外。	**第四百零九条** 抵押权人可以放弃抵押权或者抵押权的顺位。抵押权人与抵押人可以协议变更抵押权顺位以及被担保的债权数额等内容。但是，抵押权的变更未经其他抵押权人书面同意**的**，不得对其他抵押权人产生不利影响。 债务人以自己的财产设定抵押，抵押权人放弃该抵押权、抵押权顺位或者变更抵押权的，其他担保人在抵押权人丧失优先受偿权益的范围内免除担保责任，但是其他担保人承诺仍然提供担保的除外。

续表

《物权法》	《民法典》
第一百九十五条 债务人不履行到期债务或者发生当事人约定的实现抵押权的情形，抵押权人可以与抵押人协议以抵押财产折价或者以拍卖、变卖该抵押财产所得的价款优先受偿。协议损害其他债权人利益的，其他债权人可以~~在知道或者应当知道撤销事由之日起一年内~~请求人民法院撤销该协议。 抵押权人与抵押人未就抵押权实现方式达成协议的，抵押权人可以请求人民法院拍卖、变卖抵押财产。 抵押财产折价或者变卖的，应当参照市场价格。	**第四百一十条** 债务人不履行到期债务或者发生当事人约定的实现抵押权的情形，抵押权人可以与抵押人协议以抵押财产折价或者以拍卖、变卖该抵押财产所得的价款优先受偿。协议损害其他债权人利益的，其他债权人可以请求人民法院撤销该协议。 抵押权人与抵押人未就抵押权实现方式达成协议的，抵押权人可以请求人民法院拍卖、变卖抵押财产。 抵押财产折价或者变卖的，应当参照市场价格。
第一百九十六条 *依照本法第一百八十一条*规定设定抵押的，抵押财产自下列情形之一发生时确定： （一）债务履行期届满，债权未实现； （二）抵押人被宣告破产或者被撤销； （三）当事人约定的实现抵押权的情形； （四）严重影响债权实现的其他情形。	**第四百一十一条** *依据本法第三百九十六条*规定设定抵押的，抵押财产自下列情形之一发生时确定： （一）债务履行期**限**届满，债权未实现； （二）抵押人被宣告破产或者解散； （三）当事人约定的实现抵押权的情形； （四）严重影响债权实现的其他情形。
第一百九十七条 债务人不履行到期债务或者发生当事人约定的实现抵押权的情形，致使抵押财产被人民法院依法扣押的，自扣押之日起抵押权人有权收取该抵押财产的天然孳息或者法定孳息，但抵押权人未通知应当清偿法定孳息的义务人的除外。 前款规定的孳息应当先充抵收取孳息的费用。	**第四百一十二条** 债务人不履行到期债务或者发生当事人约定的实现抵押权的情形，致使抵押财产被人民法院依法扣押的，自扣押之日起，抵押权人有权收取该抵押财产的天然孳息或者法定孳息，但是抵押权人未通知应当清偿法定孳息义务人的除外。 前款规定的孳息应当先充抵收取孳息的费用。

续表

《物权法》	《民法典》
第一百九十八条 抵押财产折价或者拍卖、变卖后,其价款超过债权数额的部分归抵押人所有,不足部分由债务人清偿。	**第四百一十三条** 抵押财产折价或者拍卖、变卖后,其价款超过债权数额的部分归抵押人所有,不足部分由债务人清偿。
第一百九十九条 同一财产向两个以上债权人抵押的,拍卖、变卖抵押财产所得的价款依照下列规定清偿: (一)抵押权已登记的,按照登记的先后*顺序清偿*~~;顺序相同的,按照债权比例清~~偿; (二)抵押权已登记的先于未登记的受偿; (三)抵押权未登记的,按照债权比例清偿。	**第四百一十四条** 同一财产向两个以上债权人抵押的,拍卖、变卖抵押财产所得的价款依照下列规定清偿: (一)抵押权已经登记的,按照登记的**时间**先后*确定清偿顺序*; (二)抵押权已经登记的先于未登记的受偿; (三)抵押权未登记的,按照债权比例清偿。 **其他可以登记的担保物权,清偿顺序参照适用前款规定。**
	第四百一十五条 同一财产既设立抵押权又设立质权的,拍卖、变卖该财产所得的价款按照登记、交付的时间先后确定清偿顺序。
	第四百一十六条 动产抵押担保的主债权是抵押物的价款,标的物交付后十日内办理抵押登记的,该抵押权人优先于抵押物买受人的其他担保物权人受偿,但是留置权人除外。
第二百条 建设用地使用权抵押后,该土地上新增的建筑物不属于抵押财产。该建设用地使用权实现抵押权时,应当将该土地上新增的建筑物与建设用地使用权一并处分,但新增建筑物所得的价款,抵押权人无权优先受偿。	**第四百一十七条** 建设用地使用权抵押后,该土地上新增的建筑物不属于抵押财产。该建设用地使用权实现抵押权时,应当将该土地上新增的建筑物与建设用地使用权一并处分。但是,新增建筑物所得的价款,抵押权人无权优先受偿。

续表

《物权法》	《民法典》
第二百零一条 ~~依照本法第一百八十条第一款第三项规定的土地承包经营权抵押的，或者依照本法第一百八十三条规定以乡镇、村企业的厂房等建筑物占用范围内的建设用地使用权一并抵押的，~~实现抵押权后，未经法定程序，不得改变土地所有权的性质和土地用途。	**第四百一十八条　以集体所有土地的使用权依法**抵押的，实现抵押权后，未经法定程序，不得改变土地所有权的性质和土地用途。
第二百零二条　抵押权人应当在主债权诉讼时效期间行使抵押权；未行使的，人民法院不予保护。	**第四百一十九条**　抵押权人应当在主债权诉讼时效期间行使抵押权；未行使的，人民法院不予保护。
	第二节　最高额抵押权
第二百零三条　为担保债务的履行，债务人或者第三人对一定期间内将要连续发生的债权提供担保财产的，债务人不履行到期债务或者发生当事人约定的实现抵押权的情形，抵押权人有权在最高债权额限度内就该担保财产优先受偿。 最高额抵押权设立前已经存在的债权，经当事人同意，可以转入最高额抵押担保的债权范围。	**第四百二十条**　为担保债务的履行，债务人或者第三人对一定期间内将要连续发生的债权提供担保财产的，债务人不履行到期债务或者发生当事人约定的实现抵押权的情形，抵押权人有权在最高债权额限度内就该担保财产优先受偿。 最高额抵押权设立前已经存在的债权，经当事人同意，可以转入最高额抵押担保的债权范围。
第二百零四条　最高额抵押担保的债权确定前，部分债权转让的，最高额抵押权不得转让，但当事人另有约定的除外。	**第四百二十一条**　最高额抵押担保的债权确定前，部分债权转让的，最高额抵押权不得转让，但是当事人另有约定的除外。
第二百零五条　最高额抵押担保的债权确定前，抵押权人与抵押人可以通过协议变更债权确定的期间、债权范围以及最高债权额，但变更的内容不得对其他抵押权人产生不利影响。	**第四百二十二条**　最高额抵押担保的债权确定前，抵押权人与抵押人可以通过协议变更债权确定的期间、债权范围以及最高债权额。但是，变更的内容不得对其他抵押权人产生不利影响。

续表

《物权法》	《民法典》
第二百零六条 有下列情形之一的，抵押权人的债权确定： （一）约定的债权确定期间届满； （二）没有约定债权确定期间或者约定不明确，抵押权人或者抵押人自最高额抵押权设立之日起满二年后请求确定债权； （三）新的债权不可能发生； （四）抵押财产被查封、扣押； （五）债务人、抵押人被宣告破产或者~~被撤销~~； （六）法律规定债权确定的其他情形。	**第四百二十三条** 有下列情形之一的，抵押权人的债权确定： （一）约定的债权确定期间届满； （二）没有约定债权确定期间或者约定不明确，抵押权人或者抵押人自最高额抵押权设立之日起满二年后请求确定债权； （三）新的债权不可能发生； （四）**抵押权人知道或者应当知道**抵押财产被查封、扣押； （五）债务人、抵押人被宣告破产或者**解散**； （六）法律规定债权确定的其他情形。
第二百零七条 最高额抵押权除适用本节规定外，适用本章第一节~~一般抵押权~~的规定。	**第四百二十四条** 最高额抵押权除适用本节规定外，适用本章第一节的**有关**规定。
	第十八章 质 权
	第一节 动产质权
第二百零八条 为担保债务的履行，债务人或者第三人将其动产出质给债权人占有的，债务人不履行到期债务或者发生当事人约定的实现质权的情形，债权人有权就该动产优先受偿。 前款规定的债务人或者第三人为出质人，债权人为质权人，交付的动产为质押财产。	**第四百二十五条** 为担保债务的履行，债务人或者第三人将其动产出质给债权人占有的，债务人不履行到期债务或者发生当事人约定的实现质权的情形，债权人有权就该动产优先受偿。 前款规定的债务人或者第三人为出质人，债权人为质权人，交付的动产为质押财产。
第二百零九条 法律、行政法规禁止转让的动产不得出质。	**第四百二十六条** 法律、行政法规禁止转让的动产不得出质。
第二百一十条 设立质权，当事人应当采取书面形式订立质权合同。 *质权*合同一般包括下列条款： （一）被担保债权的种类和数额；	**第四百二十七条** 设立质权，当事人应当采用书面形式订立质押合同。 *质押*合同一般包括下列条款： （一）被担保债权的种类和数额；

续表

《物权法》	《民法典》
（二）债务人履行债务的期限； （三）质押财产的名称、数量、*质量*、*状况*； （四）担保的范围； （五）质押财产交付的时间。	（二）债务人履行债务的期限； （三）质押财产的名称、数量等情况； （四）担保的范围； （五）质押财产交付的时间、**方式**。
第二百一十一条 质权人在债务履行期届满前，~~不得~~与*出质人约定债务人不履行到期债务时质押财产归债权人所有*。	**第四百二十八条** 质权人在债务履行期限届满前，与*出质人约定债务人不履行到期债务时质押财产归债权人所有***的，只能依法就质押财产优先受偿**。
第二百一十二条 质权自出质人交付质押财产时设立。	**第四百二十九条** 质权自出质人交付质押财产时设立。
第二百一十三条 质权人有权收取质押财产的孳息，但合同另有约定的除外。 前款规定的孳息应当先充抵收取孳息的费用。	**第四百三十条** 质权人有权收取质押财产的孳息，但**是**合同另有约定的除外。 前款规定的孳息应当先充抵收取孳息的费用。
第二百一十四条 质权人在质权存续期间，未经出质人同意，擅自使用、处分质押财产，*给出质人造成损害的*，应当承担赔偿责任。	**第四百三十一条** 质权人在质权存续期间，未经出质人同意，擅自使用、处分质押财产，*造成出质人损害的*，应当承担赔偿责任。
第二百一十五条 质权人负有妥善保管质押财产的义务；因保管不善致使质押财产毁损、灭失的，应当承担赔偿责任。 质权人的行为可能使质押财产毁损、灭失的，出质人可以要求质权人将质押财产提存，或者*要求*提前清偿债务并返还质押财产。	**第四百三十二条** 质权人负有妥善保管质押财产的义务；因保管不善致使质押财产毁损、灭失的，应当承担赔偿责任。 质权人的行为可能使质押财产毁损、灭失的，出质人可以请求质权人将质押财产提存，或者*请求*提前清偿债务并返还质押财产。
第二百一十六条 因不*能*归责于质权人的事由可能使质押财产毁损或者价值明显减少，足以危害质权人权利的，质权人有权*要求*出质人提供相应的担保；出质人不提供的，质权人可以拍卖、变卖质押财产，并与出质人~~通过~~协议将拍卖、变卖所得的价款提前清偿债务或者提存。	**第四百三十三条** 因不*可*归责于质权人的事由可能使质押财产毁损或者价值明显减少，足以危害质权人权利的，质权人有权*请求*出质人提供相应的担保；出质人不提供的，质权人可以拍卖、变卖质押财产，并与出质人协议将拍卖、变卖所得的价款提前清偿债务或者提存。

续表

《物权法》	《民法典》
第二百一十七条 质权人在质权存续期间,未经出质人同意转质,造成质押财产毁损、灭失的,应当~~向出质人~~承担赔偿责任。	**第四百三十四条** 质权人在质权存续期间,未经出质人同意转质,造成质押财产毁损、灭失的,应当承担赔偿责任。
第二百一十八条 质权人可以放弃质权。债务人以自己的财产出质,质权人放弃该质权的,其他担保人在质权人丧失优先受偿权益的范围内免除担保责任,但其他担保人承诺仍然提供担保的除外。	**第四百三十五条** 质权人可以放弃质权。债务人以自己的财产出质,质权人放弃该质权的,其他担保人在质权人丧失优先受偿权益的范围内免除担保责任,但是其他担保人承诺仍然提供担保的除外。
第二百一十九条 债务人履行债务或者出质人提前清偿所担保的债权的,质权人应当返还质押财产。 债务人不履行到期债务或者发生当事人约定的实现质权的情形,质权人可以与出质人协议以质押财产折价,也可以就拍卖、变卖质押财产所得的价款优先受偿。 质押财产折价或者变卖的,应当参照市场价格。	**第四百三十六条** 债务人履行债务或者出质人提前清偿所担保的债权的,质权人应当返还质押财产。 债务人不履行到期债务或者发生当事人约定的实现质权的情形,质权人可以与出质人协议以质押财产折价,也可以就拍卖、变卖质押财产所得的价款优先受偿。 质押财产折价或者变卖的,应当参照市场价格。
第二百二十条 出质人可以请求质权人在债务履行期届满后及时行使质权;质权人不行使的,出质人可以请求人民法院拍卖、变卖质押财产。 出质人请求质权人及时行使质权,因质权人怠于行使权利造成损害的,由质权人承担赔偿责任。	**第四百三十七条** 出质人可以请求质权人在债务履行期限届满后及时行使质权;质权人不行使的,出质人可以请求人民法院拍卖、变卖质押财产。 出质人请求质权人及时行使质权,因质权人怠于行使权利造成**出质人**损害的,由质权人承担赔偿责任。
第二百二十一条 质押财产折价或者拍卖、变卖后,其价款超过债权数额的部分归出质人所有,不足部分由债务人清偿。	**第四百三十八条** 质押财产折价或者拍卖、变卖后,其价款超过债权数额的部分归出质人所有,不足部分由债务人清偿。

续表

《物权法》	《民法典》
第二百二十二条　出质人与质权人可以协议设立最高额质权。 最高额质权除适用本节有关规定外，参照*本法第十六章第二节最高额抵押权*的规定。	**第四百三十九条**　出质人与质权人可以协议设立最高额质权。 最高额质权除适用本节有关规定外，参照适用*本编第十七章第二节*的有关规定。
	第二节　权利质权
第二百二十三条　债务人或者第三人有权处分的下列权利可以出质： （一）汇票、支票、本票； （二）债券、存款单； （三）仓单、提单； （四）可以转让的基金份额、股权； （五）可以转让的注册商标专用权、专利权、著作权等知识产权中的财产权； （六）应收账款； （七）法律、行政法规规定可以出质的其他财产权利。	**第四百四十条**　债务人或者第三人有权处分的下列权利可以出质： （一）汇票、本票、支票； （二）债券、存款单； （三）仓单、提单； （四）可以转让的基金份额、股权； （五）可以转让的注册商标专用权、专利权、著作权等知识产权中的财产权； （六）**现有的以及将有的**应收账款； （七）法律、行政法规规定可以出质的其他财产权利。
第二百二十四条　以汇票、支票、本票、债券、存款单、仓单、提单出质的，~~当事人应当订立书面合同~~。质权自权利凭证交付质权人时设立；没有权利凭证的，质权自有关部门办理出质登记时设立。	**第四百四十一条**　以汇票、本票、支票、债券、存款单、仓单、提单出质的，质权自权利凭证交付质权人时设立；没有权利凭证的，质权自办理出质登记时设立。**法律另有规定的，依照其规定**。
第二百二十五条　汇票、支票、本票、债券、存款单、仓单、提单的兑现日期或者提货日期先于主债权到期的，质权人可以兑现或者提货，并与出质人协议将兑现的价款或者提取的货物提前清偿债务或者提存。	**第四百四十二条**　汇票、本票、支票、债券、存款单、仓单、提单的兑现日期或者提货日期先于主债权到期的，质权人可以兑现或者提货，并与出质人协议将兑现的价款或者提取的货物提前清偿债务或者提存。

续表

《物权法》	《民法典》
第二百二十六条　以基金份额、股权出质的，~~当事人应当订立书面合同。以基金份额、证券登记结算机构登记的股权出质的，质权自证券登记结算机构办理出质登记时设立；以其他股权出质的，~~质权自~~工商行政管理部门~~办理出质登记时设立。 基金份额、股权出质后，不得转让，但经出质人与质权人协商同意的除外。出质人转让基金份额、股权所得的价款，应当向质权人提前清偿债务或者提存。	**第四百四十三条**　以基金份额、股权出质的，*质权自办理出质登记时设立*。 基金份额、股权出质后，不得转让，但是出质人与质权人协商同意的除外。出质人转让基金份额、股权所得的价款，应当向质权人提前清偿债务或者提存。
第二百二十七条　以注册商标专用权、专利权、著作权等知识产权中的财产权出质的，~~当事人应当订立书面合同。~~质权自~~有关主管部门~~办理出质登记时设立。 知识产权中的财产权出质后，出质人不得转让或者许可他人使用，但经出质人与质权人协商同意的除外。出质人转让或者许可他人使用出质的知识产权中的财产权所得的价款，应当向质权人提前清偿债务或者提存。	**第四百四十四条**　以注册商标专用权、专利权、著作权等知识产权中的财产权出质的，质权自办理出质登记时设立。 知识产权中的财产权出质后，出质人不得转让或者许可他人使用，但是出质人与质权人协商同意的除外。出质人转让或者许可他人使用出质的知识产权中的财产权所得的价款，应当向质权人提前清偿债务或者提存。
第二百二十八条　以应收账款出质的，~~当事人应当订立书面合同。~~质权自~~信贷征信机构~~办理出质登记时设立。 应收账款出质后，不得转让，但经出质人与质权人协商同意的除外。出质人转让应收账款所得的价款，应当向质权人提前清偿债务或者提存。	**第四百四十五条**　以应收账款出质的，质权自办理出质登记时设立。 应收账款出质后，不得转让，但是出质人与质权人协商同意的除外。出质人转让应收账款所得的价款，应当向质权人提前清偿债务或者提存。
	第四百四十六条　权利质权除适用本节规定外，适用本章第一节的有关规定。

续表

《物权法》	《民法典》
	第十九章 留 置 权
第二百三十条 债务人不履行到期债务,债权人可以留置已经合法占有的债务人的动产,并有权就该动产优先受偿。 前款规定的债权人为留置权人,占有的动产为留置财产。	**第四百四十七条** 债务人不履行到期债务,债权人可以留置已经合法占有的债务人的动产,并有权就该动产优先受偿。 前款规定的债权人为留置权人,占有的动产为留置财产。
第二百三十一条 债权人留置的动产,应当与债权属于同一法律关系,但企业之间留置的除外。	**第四百四十八条** 债权人留置的动产,应当与债权属于同一法律关系,但是企业之间留置的除外。
第二百三十二条 法律规定或者当事人约定不得留置的动产,不得留置。	**第四百四十九条** 法律规定或者当事人约定不得留置的动产,不得留置。
第二百三十三条 留置财产为可分物的,留置财产的价值应当相当于债务的金额。	**第四百五十条** 留置财产为可分物的,留置财产的价值应当相当于债务的金额。
第二百三十四条 留置权人负有妥善保管留置财产的义务;因保管不善致使留置财产毁损、灭失的,应当承担赔偿责任。	**第四百五十一条** 留置权人负有妥善保管留置财产的义务;因保管不善致使留置财产毁损、灭失的,应当承担赔偿责任。
第二百三十五条 留置权人有权收取留置财产的孳息。 前款规定的孳息应当先充抵收取孳息的费用。	**第四百五十二条** 留置权人有权收取留置财产的孳息。 前款规定的孳息应当先充抵收取孳息的费用。
第二百三十六条 留置权人与债务人应当约定留置财产后的债务履行*期间*;没有约定或者约定不明确的,留置权人应当给债务人~~两个月~~以上履行债务的*期间*,但鲜活易腐等不易保管的动产除外。债务人逾期未履行的,留置权人可以与债务人协议以留置财产折价,也可以就拍卖、变卖留置财产所得的价款优先受偿。 留置财产折价或者变卖的,应当参照市场价格。	**第四百五十三条** 留置权人与债务人应当约定留置财产后的债务履行*期限*;没有约定或者约定不明确的,留置权人应当给债务人**六十日**以上履行债务的*期限*,但是鲜活易腐等不易保管的动产除外。债务人逾期未履行的,留置权人可以与债务人协议以留置财产折价,也可以就拍卖、变卖留置财产所得的价款优先受偿。 留置财产折价或者变卖的,应当参照市场价格。

续表

《物权法》	《民法典》
第二百三十七条 债务人可以请求留置权人在债务履行期届满后行使留置权;留置权人不行使的,债务人可以请求人民法院拍卖、变卖留置财产。	**第四百五十四条** 债务人可以请求留置权人在债务履行期限届满后行使留置权;留置权人不行使的,债务人可以请求人民法院拍卖、变卖留置财产。
第二百三十八条 留置财产折价或者拍卖、变卖后,其价款超过债权数额的部分归债务人所有,不足部分由债务人清偿。	**第四百五十五条** 留置财产折价或者拍卖、变卖后,其价款超过债权数额的部分归债务人所有,不足部分由债务人清偿。
第二百三十九条 同一动产上已设立抵押权或者质权,该动产又被留置的,留置权人优先受偿。	**第四百五十六条** 同一动产上已经设立抵押权或者质权,该动产又被留置的,留置权人优先受偿。
第二百四十条 留置权人对留置财产丧失占有或者留置权人接受债务人另行提供担保的,留置权消灭。	**第四百五十七条** 留置权人对留置财产丧失占有或者留置权人接受债务人另行提供担保的,留置权消灭。
	第五分编 占 有
	第二十章 占 有
第二百四十一条 基于合同关系等产生的占有,有关不动产或者动产的使用、收益、违约责任等,按照合同约定;合同没有约定或者约定不明确的,依照有关法律规定。	**第四百五十八条** 基于合同关系等产生的占有,有关不动产或者动产的使用、收益、违约责任等,按照合同约定;合同没有约定或者约定不明确的,依照有关法律规定。
第二百四十二条 占有人因使用占有的不动产或者动产,致使该不动产或者动产受到损害的,恶意占有人应当承担赔偿责任。	**第四百五十九条** 占有人因使用占有的不动产或者动产,致使该不动产或者动产受到损害的,恶意占有人应当承担赔偿责任。
第二百四十三条 不动产或者动产被占有人占有的,权利人可以请求返还原物及其孳息,但应当支付善意占有人因维护该不动产或者动产支出的必要费用。	**第四百六十条** 不动产或者动产被占有人占有的,权利人可以请求返还原物及其孳息;但是,应当支付善意占有人因维护该不动产或者动产支出的必要费用。

续表

《物权法》	《民法典》
第二百四十四条 占有的不动产或者动产毁损、灭失,该不动产或者动产的权利人请求赔偿的,占有人应当将因毁损、灭失取得的保险金、赔偿金或者补偿金等返还给权利人;权利人的损害未得到足够弥补的,恶意占有人还应当赔偿损失。	**第四百六十一条** 占有的不动产或者动产毁损、灭失,该不动产或者动产的权利人请求赔偿的,占有人应当将因毁损、灭失取得的保险金、赔偿金或者补偿金等返还给权利人;权利人的损害未得到足够弥补的,恶意占有人还应当赔偿损失。
第二百四十五条 占有的不动产或者动产被侵占的,占有人有权请求返还原物;对妨害占有的行为,占有人有权请求排除妨害或者消除危险;因侵占或者妨害造成损害的,占有人有权请求损害赔偿。 占有人返还原物的请求权,自侵占发生之日起一年内未行使的,该请求权消灭。	**第四百六十二条** 占有的不动产或者动产被侵占的,占有人有权请求返还原物;对妨害占有的行为,占有人有权请求排除妨害或者消除危险;因侵占或者妨害造成损害的,占有人有权**依法**请求损害赔偿。 占有人返还原物的请求权,自侵占发生之日起一年内未行使的,该请求权消灭。

专业法规信息平台　伴您走进法治时代

《新编物权法小全书》增补登记表

<table>
<tr><td>购书时间</td><td></td><td>购书地点</td><td>□新华书店　□法律书店　□网上书店</td></tr>
<tr><td>姓　　名</td><td></td><td>职　　业</td><td></td></tr>
<tr><td>电　　话</td><td colspan="3"></td></tr>
<tr><td>通讯地址</td><td colspan="3"></td></tr>
<tr><td rowspan="3">反馈意见</td><td colspan="3">1. 您最需要的法规文件是：</td></tr>
<tr><td colspan="3">2. 您对本书的期望是：</td></tr>
<tr><td colspan="3">3. 其他建议：</td></tr>
<tr><td>免费增补服务</td><td colspan="3">向________________________(电子邮箱)发送免费法规增补材料。
对所有认真填写反馈意见的读者，免费提供一次法规增补材料(电子版)。</td></tr>
</table>

备注：1. 您可将本表剪下寄回法规出版分社或传真至010－83938114，邮寄地址：北京市丰台区莲花池西里7号法律出版社法规分社(100073)，陶玉霞收。

2. 您可将本表拍照发至邮箱taoyuxia@sina.com，标明“免费增补”。